interconnections reisefieber
PROVENCE

interconnections

interconnections reisefieber

PROVENCE

interconnections

Herausgeber Georg Beckmann

Impressum:

interconnections reisefieber
PROVENCE – COTE D'AZUR

Philippe Gloaguen, Le Guide du Routard
copyright Hachette, Paris
übersetzt von Ewald Thoemmes
Umschlaggestaltung Anja Semling, Oberrotweil
bearbeitet von Claus Becker, Tanja Schlageter
herausgegeben von Georg Beckmann
interconnections, Freiburg, 1990

ISBN 3-924586-62-4

INHALTSVERZEICHNIS

Provence-Cote d'Azur

Anreise	11
● Mit dem Auto ● Mit dem Zug ● Mit dem Flugzeug	
Die provenzalische Küche	15
Die Getränke	17
● Die Weine ● Pastis	
Einige Daten zur Geschichte	18
Félibrige	19
Schießen oder legen ...	20
Die Welt der Santons	21

Rhonetal und Hochprovence

Tricastin	23
● Suze-la-Rosse ● Saint-Restitut	
● Saint-Paul-Trois-Château ● Clansayes	
● Garde-Adhémar ● Grignan ● Richerenches	
● Valréas ● Rousset-les-Vignes	
Orange	26
Vaison-la-Romaine	29
Die Dentelles de Montmirail	32
● Vaison bis Beaumes-de-Venise	
● Beaumes-de-Venise ● Von Beaumes zum Mont Ventoux	
Nesque-Schlucht und Mont Ventoux	33
● Monieux ● Bédoin	
Avignon	34
Carpentras	44
L'Isle-sur-la-Sorgue	46
Fontaine-de-Vaucluse	46
Cavaillon	48
Luberon	49
● Robin ● Oppède-le-Vieux ● Ménerbes ● Les Beaumettes	
● Gordes ● Roussillon ● Goult ● Lacoste ● Bonnieux	
● Buoux ● Sivergues ● Saignon ● Apt ● Colorado Rustrel	
● Cadenet ● Cucuron ● Ansouis	
Die Régalon-Schlucht und Umgebung	60
● Mallemort ● La Roque-d'Anthéron	
● Die Abtei Silvacane	
Alpilles	60
● Les Beaux-de-Provence	
Saint-Rémy-de-Provence	62
Maussane-les-Alpilles	63
Fontvieille	64
Tarascon	65
Montagnette-Höhenzug	67
● Barbentane ● Die Abtei Saint-Michel-de-Frigolet	
Arles	68
Les Saintes-Maries-de-la-Mer	70
Aix-en-Provence	72

Die Küste von Marseille bis Frejus

Marseille	81
Cassis	93
La Ciotat	96
Bandol	96
Toulon	99
Iles d'Hyères	104
● Porquerolles ● Port-Cros ● Les îles du Levant	
Hyères	108
Cabasson und Cap Brégançon	110
Le Lavandou	111
Bormes-les-Mimosas	112
Das Massif des Maures	114
● Collobrières ● Chartreuse de la Verne	
Von Lavandou nach Saint-Tropez an der Küste	116
● Cavalaire-sur-Mer ● La Croix-Valmer	
Saint-Tropez	117
Ramatuelle	124
Gassin	124
Port-Grimaud	125
Grimaud	125
La Garde-Freinet	125
Fréjus und Saint-Raphaël	127

Le Haut Var

Bagnols-en-Forêt	135
Callian, Montauroux und der Saint-Cassien-See	135
Fayence	136
Seillans	137
Bargemon	138
Bargème	138
Draguignan	138
Von Draguignan zu den Verdonschluchten	139
● Flayosc ● Lorgues ● Les Arcs-sur-Argens,	
● Die Zisterzienserabtei von Thoronet ● Cabasse	
● Entrecasteaux ● Cotignac ● Sillans-la-Cascade	
● Aups ● Tourtour ● Villecroze ● Ampus	
Verdon-Schlucht	146
Aguines	148
● Die linke Uferstraße	
● Das rechte Ufer ● La Palud-sur-Verdon	
Moustiers-Sainte-Marie	152

Die Küste von Saint-Raphael bis Menton und Hinterland

Estérel-Küstenstraße ● Le Dramont ● Agay ● Anthéor ● Le Trayas ● Miramar ● Théoule-sur-Mer ● Mandelieu-La Napoule	155
Die Via Aurelia	158
Cannes	159
Lérins-Inseln ● L'île Sainte-Marguerite ● L'île Saint-Honorat	168
Mougins	171
Valbonne	173
Sophia-Antipolis	174
Grasse	174
Saint-Vallier-de-Thiey	176
Golfe-Juan	177
Vallauris	178
Juan-les-Pins	180
Die Halbinsel Antibes	182
Antibes	183
Biot	188
Villeneuve-Loubet	191
Cagnes-sur-Mer	192
Saint-Paul-de-Vence	196
Vence	198
Die Loup-Schluchten ● Tourette-sur-Loup ● Gourdon ● Le Bar-sur-Loup ● La Colle-sur-Loup	202
Die Klusen der Hochprovence ● Coursegoules ● Gréolières ● Gréolières-les-Neiges ● Thorenc	206
Die Kammstraße (Route des crêtes) ● Bouyon ● Le Broc ● Carros ● Gattières ● Saint-Jeannet	209
Das Vésubie-Tal ● Utelle ● Levens ● Roquebillière ● Saint-Martin-Vésubie	212
Das Tinée-Tal ● La Tour ● Clans ● Marie ● Saint-Sauveur-sur-Tinée ● Isola 2000 ● Saint-Etienne-de-Tinée ● Auron	218
Der »Train des Pignes« ● Villars-sur-Var ● Touet-sur-Var ● Puget-Théniers ● Entrevaux ● Annot	224
Die Daluis- und Cians-Schluchten ● Valberg ● Beuil ● Les gorges du Cians ● Saint-André-des-Alpes ● Digne	228

Ausflüge ab Digne 232
- Von Digne nach Riez ● Riez
- Von Digne nach Sisteron ● Chateau-Arnoux
- Sisteron ● Von Digne nach Manosque
- Forcalquier ● Manosque

Nizza 237
In der Umgebung von Nizza 259
- Peillon ● Peille ● L'Escarène
- Contes ● Coaraze ● Châteauneuf-de-Contes

Untere Küstenstraße (La Basse Corniche) 264
- Villefranche-sur-Mer ● Cap Ferrat ● Beaulieu

Monaco 269
Mittlere Küstenstraße (La Moyenne Corniche) 277
- Eze

Obere Küstenstraße (La Grande Corniche) 229
- La Turbie ● Roquebrune

Menton 281
- Garavan

In der Umgebung von Menton 287
- Sainte-Agnès ● Gorbio
- Castellar ● Cap Martin

Sospel 289
Der Wald von Turine 290
- Von Sospel zum Turini-Paß ● L'Aution
- Vom Turini-Paß nach Lucéram ● Lucéram

Hochtal der Roya 293
- Breil-sur-Roya ● Saorge
- Saint-Dalmas-de-Tende ● La Brigue

Das Tal der Wunder (La vallée des Merveilles) 296
Tende 298

Fremdwörter 299

Bildlegende 300

Index 301

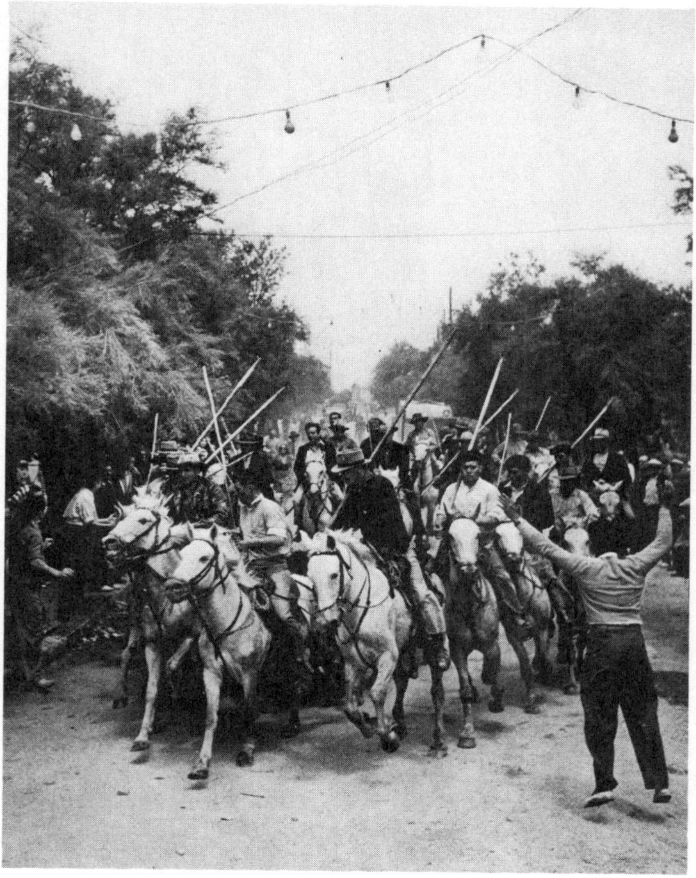

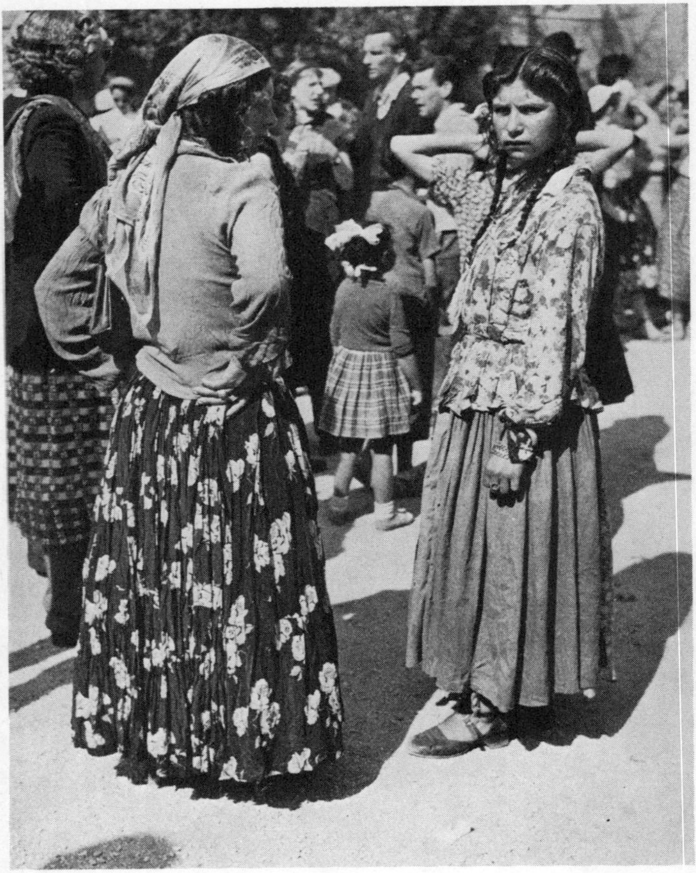

PROVENCE - COTE D'AZUR

Ein aussichtsloses Unterfangen, einen Reiseführer über die Provence und die Côte d'Azur schreiben zu wollen. So oder ähnlich fielen die Reaktionen aus. Zumindest die Côte d'Azur sei doch seit langem der hemmungslosen Ausbeutung durch skrupellose Tourismusmanager anheimgefallen, die den malerischen Küstenstreifen in einen überdimensionalen Parkplatz umfunktioniert hätten. Tatsächlich erinnert ja die *Promenade des Anglais* in Nizza eher an eine Stadtautobahn denn an eine Flaniermeile, der Strand ist steinig und die Unterkünfte zeichnen sich vor allem durch ihre gepfefferten Preise aus. Lohnt es sich wirklich, jeden Tag 50 km von der halbwegs erschwinglichen Unterkunft im Hinterland bis nach Nizza zu pendeln?

Und was die Haute Provence betrifft: ist sie nicht längst fest in der Hand neureicher Mitteleuropäer, die geschichtsträchtige Dörfer zu geleckt-galackten Operettenkulissen haben degenerieren lassen? Ist dort überhaupt noch Platz für Liebhaber von Natur und altem Gemäuer?

Wir beantworten die Frage mit einem klaren Ja und treten im folgenden den Beweis an, daß es hinter den bekannten monströsen Auswüchsen des Massentourismus noch fast unberührte Naturschönheiten zu bewundern gibt, liebenswürdige Dörfer, wo die Einheimischen ihren Gästen noch ehrlich lächelnd ein Bonjour erwidern, ohne daß vor ihren Augen bereits die Dollarnoten zu tanzen beginnen. Wo in bescheidenen Restaurants noch immer die jahrhundertealte Gastfreundschaft gewährt wird und sich die Küche auch weiterhin in altbewährten kulinarischen Bahnen bewegt. Geblieben ist abseits der Städte natürlich auch der blau leuchtende Himmel, der einst die Maler Renoir, Van Gogh, Bonnard und Cézanne in seinen Bann zog.

Die von ihrer Geographie her kontrastreiche Region im Südosten Frankreichs bietet neugierigen Besuchern ein schier unendlich großes Reservoir an zauberhaften Reisewegen, vorausgesetzt, man verläßt die ausgetretenen Touristenpfade. Wer immer Gelegenheit dazu hat, sollte also Saint-Trop im Mai aufsuchen und, sobald es Sommer geworden ist, schleunigst ins Hinterland ausweichen. Duftende Lavendelfelder, pittoreske Dörfer, verwunschene Wälder und in Vergessenheit geratene Sträßchen lassen einen die höllischen Zustände an der Küste bald vergessen, und man fragt sich unwillkürlich, warum man erst jetzt hinter das Geheimnis gekommen ist.

Anreise

● *Mit dem Auto*

– Aus *Norddeutschland* wird man die Autobahnen Karlsruhe-Saarbrücken-Metz-Nancy-Dijon benutzen. Südlich von Dijon erreicht man bei Beaune die A 6 (Autobahn Paris-Lyon), deren Fortsetzung, die A 7 und A 8, ins Herz der Provence und zur Côte d'Azur führen. Als Alternative kommt ebenfalls die nachstehende Streckenführung in Frage.

– Aus *Süddeutschland*, der *Schweiz* und den westlichen Gebieten *Österreichs* bietet sich die Anfahrt über das Schweizer Autobahnnetz nach Genf an, von wo man seinen Weg entweder über die gebührenpflichtige Autobahn A 41 über Annecy nach Grenoble oder über die mehr oder weniger parallel dazu verlaufenden N 201 bzw. N 90 fortsetzt. Von Grenoble aus führt die auch als *Route Napoléon* bekannte N 85 über Sisteron-Digne-Grasse bis nach Cannes.

– Reisende aus *Österreich* oder *Bayern* sollten sich überlegen, ob sie nicht besser die Strecke via Turin oder Mailand nach Genua und dann über die A 10 an der Mittelmeerküste entlang benutzen.

Die Benutzung der französischen Autobahnen ist mit Ausnahme weniger Teilstücke um die Städte herum kostenpflichtig (Péage). Die Schweizer Autobahn darf man nur mit der an der Grenze zu lösenden Autobahnplakette (40 Sfr., ein Jahr gültig) befahren. Die Italiener bitten an ihren Autobahnen ebenfalls zur Kasse.

Wenn irgendwie machbar, dann sollte man das erste Juli- und das erste Augustwochenende für die Anreise meiden, denn zu diesen Zeitpunkten ist jeweils halb

Frankreich auf Achse. Allgemein gilt auch, daß man zwischen 12 und 15 Uhr mit wesentlich weniger Straßenverkehr rechnen kann, da in dieser Zeit ein Großteil der Franzosen am Mittagstisch sitzt.
Die Preise für Benzin liegen in Frankreich rund 30% über den deutschen Benzinpreisen. Wer nachts durchfahren will, sollte am späten Abend nochmals den Tank füllen, denn selbst an den großen Nationalstraßen sind die Tankstellen nachts geschlossen. Zu den Nachtfahrten bleibt noch anzumerken, daß die Fälle von Straßenräuberei in den letzten Jahren rapide zugenommen haben. Waren es bis vor kurzem noch überwiegend Touristen in Wagen der Mittel- bzw. oberen Preisklasse, die angehalten und ausgeplündert wurden, so haben sich die Banditen mittlerweile auch der Touristen in Kleinwagen »angenommen«. Aus diesem Grunde sollte man auch abgelegene Plätze für notwendige nächtliche Pausen meiden.
Die Verkehrsregeln entsprechen mehr oder weniger jenen in der BRD, in der Schweiz und in Österreich. Beim Linksabbiegen umrundet man sich allerdings unerklärlicherweise immer noch, statt voreinander abzubiegen. Außerdem werden Kreuzungen bei Staus einfach nicht freigehalten: wer Grün hat, fährt selbstverständlich auf die Kreuzung, um diese dann zu blockieren, wenn die anderen grünes Licht erhalten. Achtzig Prozent der Riesenstaus in Paris z.B. sind also auf die eine oder andere Art hausgemacht. Nun ja, irgendwie haben so irrationale Späßchen schließlich auch ihren Reiz, und vielleicht lieben wir die Franzosen nicht zuletzt darum. Außerdem können wir uns mal so richtig entspannen, indem wir uns ungeniert auf die Hupe legen. Die Höchstgeschwindigkeit auf Autobahnen beträgt 130 km/h, bei Nässe 110 km/h, auf Landstraßen 90 km/h, bei Nässe 80 km/h, und in Ortschaften 60 km/h, wenn nicht ein Schild am Ortseingang eine noch niedrigere Geschwindigkeit vorschreibt. Bei Kontrollen läßt die französische Gendarmerie nicht mit sich spaßen: für Geschwindigkeitsüberschreitungen verlangt sie ganz ordentliche Beträge, und zwar in bar. Auf 100.000 Einwohner entfallen in der BRD 13 Verkehrsopfer, in Frankreich trotz dieser Geschwindigkeitsbeschränkungen aber 19; und dies bei etwas geringerer Einwohnerzahl aber der doppelten Fläche oder anders gesagt: weniger als der halben Verkehrsdichte. Alles klar? Die französischen Regierungen der letzten Zeit versuchen mit Brachialgewalt eine disziplinierte Fahrweise durchzusetzen. Der Punkteführerschein ist z.B. beschlossene Sache. Je nach Schwere eines Verstoßes werden Punkte von einem Bonus von 6 Punkten abgezogen. Wer nix mehr hat, darf nach einem Jahr den Führerschein nochmal absolvieren. Diese Idee muß von uns stammen und der Hohl muß sie Tonton (Mitterand) ins Ohr geflüstert haben. Ist bei uns ja nicht mehr nötig, wo ja jeder seine Ampel im Kopf hat. Das Überfahren einer durchgezogenen weißen Linie kostete schon vor drei Jahren 600 F, ebenso 90 km/h in einem völlig verlassenen Nest. Selbst für ein Überziehen der Parkzeit wird man rund 260 F los. Zahlen muß man auf der Stelle oder das Auto ist futsch. Bei Parkuhren natürlich nicht, und es flattert bei Ausländern auch keine Rechnung ins Haus. Sieht man aber jemanden die Nummer an der Parkuhr notieren, dann klugerweise ja nicht hinlaufen, um zu verhandeln, sondern lieber einen Kaffee um die Ecke trinken gehen bis die Gefahr vorüber ist.
Wir empfehlen, die meist gut ausgebauten und parallel zur Autobahn verlaufenden Nationalstraßen zu benutzen. Trotz des Schwerlastverkehrs kommt man im allgemeinen zügig voran.

● *Mit dem Zug*

– Das französische Eisenbahnnetz ist bestens ausgebaut und weit verzweigt, so daß die Anreise mit der Bahn oft bis zum Zielort möglich ist. Das gilt allerdings nicht für die meisten Orte des Hinterlandes und speziell der Hoch-Provence. Die bedeutendste Fernstrecke ist die Linie durch das Rhône-Tal. In Valence treffen die Routen von Paris über Lyon und von Genf über Grenoble zusammen. Die Côte d'Azur ist auch über Mailand-Genua zu erreichen, während der nördliche Teil des

EINLEITUNG / 13

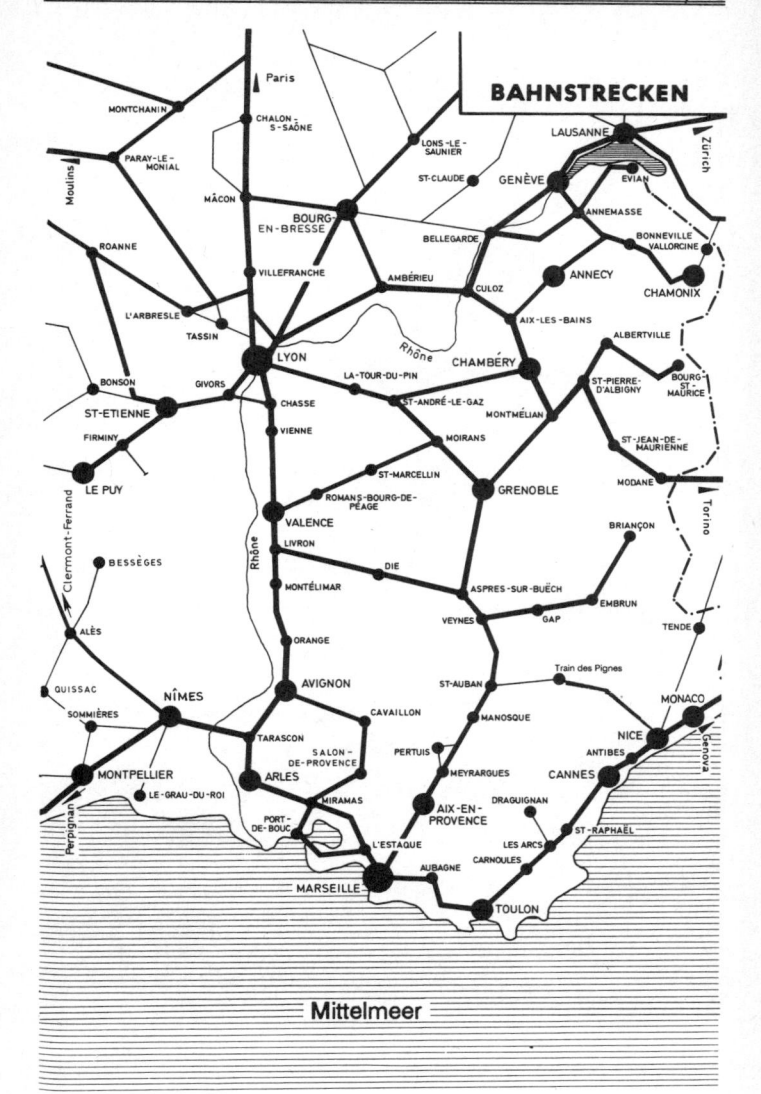

BAHNSTRECKEN

14 / PROVENCE - COTE D'AZUR

EINLEITUNG / 15

Zielgebietes auch über Genf-Chambéry-Grenoble angefahren werden kann.
– Wie bereits angedeutet, wurden die meisten Querstrecken in den letzten Jahren stillgelegt und durch Buslinien ersetzt. Von Bedeutung sind eigentlich nur noch die Strecken Marseille-Aix-Manosque-Digne und der berühmte Tannenzapfenzug (s. dort), der Nizza mit Digne verbindet und durch herrliche Landschaften führt.
Eine Alternative zur Anfahrt mit dem Auto besteht in der Benutzung von Autoreisezügen, die von der BRD aus auf folgenden Strecken verkehren:

– Hamburg-Altona - Hannover - Neu Isenburg (Frankfurt a.M.) - *Avignon*;
– Düsseldorf - Köln-Deutz - Neu Isenburg (Frankfurt a.M.) - *Avignon* - (Narbonne);
– Düsseldorf - Köln-Deutz - Neu Isenburg (Frankfurt a.M.) - Karlsruhe-Durlach - Avignon - *Fréjus* - *Saint-Raphaël*;
– Kassel - Neu Isenburg (Frankfurt a.M.) - Karlsruhe-Durlach - *Avignon* - (Narbonne);
– Saarbrücken - *Nizza*;

Ein Preisbeispiel: Karlsruhe-Avignon (11 Stunden), mittlerer Pkw, zwei Personen im Liegewagen, Rückfahrkarte zweiter Klasse für 800,- DM.
Mit dem Service *Train + Auto* besteht die Möglichkeit, am Zielbahnhof gleich einen Mietwagen zu günstigen Bedingungen zur Verfügung zu haben. Weitere Informationen bei der SNCF, den französischen Staatsbahnen, und bei den Filialen der *Budget-Auto-Vermietung*.
Je nach Alter, Reisezeit und Reisedauer lassen sich auch bei den französischen Eisenbahnen interessante Ermäßigungen erzielen. Am besten besorgt man sich die aktuellen Informationen bei der SNCF-Generalvertretung, Rüsterstr. 11, D-6000 Frankfurt/M. 1, Tel.: 069/72 84 44.

● *Mit dem Flugzeug*

Die beiden internationalen Flughäfen in unserem Reisegebiet, Nizza und Marseille, werden von der Air France, der Lufthansa, der Swissair und der Austrian Airlines angeflogen. Da diese Fluggesellschaften zusammenarbeiten, kann man überall den gewünschten Flug buchen. Preisbeispiel: Frankfurt-Nizza (Flugzeit: 1 Stunde 30 Minuten); für Hin- und Rückflug gilt ein Normaltarif von 1228 DM, wohingegen man beim Flieg- & Spartarif nur 628 DM auf den Tisch blättern muß. Es lohnt sich, nach verbilligten Sondertarifen und Ermäßigungen zu fragen.

Die provenzalische Küche

Hauptbestandteile dieser Regionalküche sind Olivenöl, Knoblauch sowie die hier besonders kräftig riechenden »Provenzalischen Kräuter« wie Salbei, Rosmarin, Thymian usw. (Herbes de Provence: Sauge, Romarin, Thym etc.).
– Über die *Bouillabaisse* sind schon ganze Bücher geschrieben worden. Wenn man sagt, daß sich Südfranzosen gerne streiten, dann fügt man oft noch hinzu, daß es eine Sache gibt, worüber sich keine zwei Provenzalen einigen können: das genaue Rezept für die Bouillabaisse, was man übrigens wörtlich mit »Koch's auf kleiner Flamme!« übersetzen könnte. Diese berühmte Mittelmeerspezialität war ursprünglich ein typisches Armeleute-Essen. Der Fischer warf nämlich die unverkauften Reste seines Fangs, kleine Mengen verschiedener Fischsorten, einfach in einen großen Topf, gab Tomaten, Zwiebeln, Knoblauch und andere Gewürze hinzu, ließ das Ganze allmählich garen *(bouillir à bas)* und fertig war der Eintopf für die ganze Familie. Seinen Kunden wird der Fischer das Rezept nicht verschwiegen haben, um ihnen seine Restposten verbilligt verkaufen zu können. Heute ist nun aus diesem praktischen Fischeintopf eine aufwendige, reichhaltige Fischsuppe geworden, über deren genaue Zutaten Uneinigkeit besteht. Wir wagen aber dennoch zu behaupten, das je nach Saison mindestens die nachfolgenden drei Fischarten zu einer gelungenen Bouillabaisse gehören: Drachenkopf *(Rascasse)*, Seeaal *(Congre)* und Knurrhahn *(Grondin)*. Über die weitere Zusammensetzung dieser Spezialität wird man vor Ort also die verschiedensten Auskünfte erhalten. Allerdings muß man mit mindestens 120 F/Person für eine vernünftige Bouillabaisse rechnen und oft gehört es auch dazu, daß man sich zwei bis drei Tage vorher anmeldet. Bei Sonderangeboten ist Vorsicht angebracht, denn selbst wenn der Geschmack einigermaßen stimmt, kann man dann getrost

davon ausgehen, daß die Fische nicht frisch sind. Zur Fischsuppe werden *Croutons* (geröstete Weißbrotscheiben) und die *Rouille* (eine stark aromatische, mit viel Knoblauch und Paprika gewürzte, Mayonnaise) gereicht. Bon appétit alors!
- Die *Bourride* ist mit der Bouillabaisse verwandt. Sie kommt meist schon mit einem Weißfisch wie z.B. dem Seeteufel *(Baudroie)* aus und ihre Brühe wird mit Aïoli verbunden.
- Um die Knoblauchmayonnaise *Aïoli* wird ein ähnlicher Kult wie um die Bouillabaisse getrieben. Hierbei werden vier Knoblauchzehen im Mörser gründlich zerkleinert und mit zwei oder drei Eigelb, einer Prise Salz sowie etwas Zitronensaft oder Essig gut vermischt, worauf man Tröpfchen für Tröpfchen und unter ständigem Rühren sorgsam einen Viertelliter Ölivenöl hinzugibt. Eine mühsame Angelegenheit! Zusammen mit gekochtem Gemüse und Fisch ergibt Aïoli einen kompletten Hauptgang, der sich besonders für große Tafelrunden eignet. So werden in etlichen provenzalischen Dörfern sogenannte *Aïoli monstre* veranstaltet. An diesen Riesen-Festessen kann jeder, gegen Entrichtung eines Unkostenbeitrags, teilnehmen: eine ideale Gelegenheit, Kontakte zu den Provenzalen zu knüpfen!
- Die *Anchoïade* ist eine Art Anchovispüree, das, mit Knoblauch und Kapern vermischt, vorzüglich schmeckt.
- Der *Boeuf en daube:* mariniertes Rindfleisch in Weiß- oder Rotwein, mit Kräutern, Speck und Knoblauch geschmort.
- Die *Gnocchi*, eine Art Grießklöße, werden mit weißer Sauce und Käse überbacken. Gibt's auch in Italien.
- Die *Grenouilles à la provençale:* die Froschschenkel mit Knoblauchbutter und Petersilie sind oft noch in einem Mehlmantel eingepackt.
- Beim *Lapin à la provençale* schmort das Kaninchen zusammen mit Champignons, Zwiebeln und Tomaten bei ganz kleiner Flamme.
- Beim *Loup au fenouil* handelt es sich um einen Wolfsbarsch, der mit Fenchel garniert wird. Der Loup, in manchen Gegenden auch »Bar« genannt, ist sehr ergiebig und auf Grund seines festen Fleisches auch der beliebteste – und teuerste! – Fisch.
- Das *Pan bagnat*, ursprünglich eine Nizzaer Spezialität, ist längst im ganzen Süden und selbst schon in Paris zu Hause. Die kleinen runden Brote oder Baguettes werden mit Tomaten, Zwiebeln, Paprikaschoten, Sardellen, hartgekochten Eiern und schwarzen Oliven gefüllt. Über das ganze kommt noch ein Schuß Olivenöl.
- Bei den *Pieds et paquets* handelt es sich um Hammelfüße und würzige gefüllte »Pakete« aus Innereien, die auf kleiner Flamme in Weißwein mit Zwiebeln, Karotten und magerem Speck zubereitet werden. Vielleicht etwas ungewöhnlich für einen deutschen »Durchschnittsgaumen«, aber gerade deshalb sollte man dieses Gericht einmal probieren! Obendrein im Verhältnis zu anderen Gerichten noch ziemlich preiswert.
- Die *Pissaladière*, eine Nizzaer Spezialität, ist ein Zwiebelkuchen, dem ein Sardellenpüree, die sogenannte Pissala, sowie schwarze Oliven als Würze beigegeben werden.
- Die *Soupe au pistou* bildet eine der Säulen der provenzalischen Küche. Die Suppe aus frischen Gemüsen der Saison wird angereichert mit Olivenöl, Speck, Knoblauch und Parmesan. Wichtigster Bestandteil ist jedoch das als Hauptgewürz in gestoßener oder gehackter Form verwendete Basilikum, das provenzalisch »Pistou« heißt.
Bei der *Ratatouille Niçoise* handelt es sich um ein leichtes, gesundes, wohlschmeckendes und zudem noch erschwingliches Gericht. Tomaten, Auberginen, Zucchini, Paprikaschoten und Zwiebeln werden mit Minze und anderen Kräutern gewürzt und langsam in Weißwein und Olivenöl gekocht.
- *Raviolis* werden in unseren Breiten leider allzuoft aus der Dose serviert. In Südfrankreich werden die viereckigen Nudeltaschen mit Fleisch und Mangold *(blette)* gefüllt und in einer Rindfleischbrühe gegart. In einigen Läden werden auch hausgemachte, frische Raviolis angeboten.
- Die *Rouille* heißt wörtlich übersetzt Rost, was wohl mit der rötlichen Farbe zusammenhängt, welche die Knoblauchmayonnaise durch den Cayennepfeffer erhält. Sie wird normalerweise zu allen Spielarten der Fischsuppe gereicht, wobei

man die Rouille auf geröstete Brotstückchen gibt und in die Suppe tunkt. Das verleiht dem Gericht eine würzige Schärfe und lenkt gleichzeitig etwas vom meist dominierenden Fischgeschmack ab.
- Die *Salade Niçoise* steht mittlerweile auch schon in ganz Frankreich auf der Speisekarte. Aber gerade hier unten schmeckt sie am besten, besonders, wenn es sehr heiß ist und man etwas Leckeres und Leichtes zu sich nehmen will. Die richtig zubereitete Salatspezialität enthält Tomaten, Artischocken, frische Bohnen, grüne Paprikaschoten, Gurkenscheiben, Zwiebeln, hartgekochte Eier, Basilikumblätter, Knoblauch, Anchovisfilets oder Thunfisch, schwarze Oliven und einen Schuß Olivenöl.
- Bei *Stockfish* oder *Stocaficada* handelt es sich - es darf geraten werden - um Stockfisch, der mit zahlreichen Gewürzen, Sardellen und schwarzen Oliven bei schwacher Hitze in Weißwein geschmort wird.
- *Suppions* sind kleine, in Mehl gerollte und dann in Olivenöl fritierte, Tintenfische.
- Die *Tapenade* wird von den Einheimischen oft spöttisch »unser Kaviar« genannt. Ein Püree aus schwarzen Oliven und Kapern wird mit Olivenöl und diversen Gewürzen vermischt und zu einer streichfähigen Masse verrührt. Auf gegrilltem, eventuell mit Knoblauch eingeriebenem, Brot ein wahrer Gaumenkitzel, genau wie die bereits erwähnte Sardellenpaste! Also am Sonntagmorgen den am Vorabend kaltgestellten *Blanc de Blancs* oder Champagner aus dem Kühlschrank zaubern, einige Scheiben Toast einwerfen und ihr/ihm ans Bett bringen. Wird garantiert ein gelungener Tag!

Die Getränke

● *Die Weine* der Provence sind weltbekannt und werden seit dem Altertum allseits geschätzt. Praktisch an den Toren der Provence findet der Reisende die *Côtes-du-Rhône*-Weine, die auf ca. 200 km Länge zwischen Vienne und Avignon gedeihen. Bei uns ist der Côtes-du-Rhône meist als minderer Rotwein der unteren Preisklasse bekannt. Wer aber einmal einen ordentlichen *Châteauneuf-du-Pape*, den »Papst« unter den Côtes-du-Rhône-Weinen, gekostet hat, der wird eines Besseren belehrt. Den schweren, vollmundigen, kräftigen (rund 14° Alkohol), rundum harmonischen Rotwein mit ausgeprägtem Bukett sollte man erst nach fünf oder zehn Jahren und dann am besten zu üppigen Fleischgerichten mit Sauce oder Wild schlürfen. Bei aller Bescheidenheit halten wir uns einiges auf unsere Kennerschaft zugute.
Von diesen Spitzenweinen einmal abgesehen, empfehlen wir den kleinen, sympathischen Côtes-du-Rhône aus der Gegend von Valréas bzw., noch präziser, den Wein von den Winzergenossenschaften Saint-Pantaléon-les-Vignes und Rousset-les-Vignes, die beide an der Straße von Nyons nach Valréas liegen. Nicht zu verachten ist ebenfalls der vollmundige Vinsobres.
Weiter südlich folgen mit Gigondas und Vacqueyras weitere berühmte Weinlagen.
Schließlich sind bei dieser Aufzählung die Süßweine *(Vins Doux Naturels)* nicht zu vergessen. Aufgrund ihres hohen Alkohol- und Traubenzuckergehalts werden sie als Apéritif oder zum Dessert gereicht. »Natürliche Süßweine« werden Sie deshalb genannt, weil jegliche Zuckerung, das Konzentrieren, Pasteurisieren oder Tiefkühlen verboten sind. Zwei dieser Süßweine, der *Rasteau* und der *Muscat de Beaumes-de-Venise*, stammen aus dem Rhône-Tal.
Es folgen die *Côtes-de-Provence*-Weine, bekannt vornehmlich wegen ihres *Rosé* und seiner charakteristischen Flasche. Hier finden wir keine berühmten Namen oder ausgewiesenen Lagen, aber die angenehmen Weine munden vortrefflich.
Das Klima der Provence, um das sie alle Welt beneidet, ist ideal für den Weinbau: heiße und trockene Sommer, milde Winter mit ausreichend Regen und selten mal Frost. Die Reben verkraften auch die sommerliche Trockenperiode und, durch die damit verbundene hohe Sonnenscheinintensität können die Trauben voll ausreifen. Das Meer spielt dabei eine wichtige ausgleichende Rolle, denn es gibt nachts die tagsüber aufgestaute Wärme wieder ab, wodurch schädlich hohe Temperaturunterschiede vermieden werden. Der eher kieselhaltige und damit durchlässige und trockene Boden ergänzt noch diese idealen Bedingungen.

18 / PROVENCE - COTE D'AZUR

Leider hat man in den letzten Jahren viel zu viele dieser Roséweine auf den Markt geworfen. Gerade der Rosé sollte übrigens in Maßen genossen werden. Er verführt zum Trinken, weil er meist an heißen Sommertagen kredenzt wird. Die Kehle ist staubig, der Rosé angenehm gekühlt, gefällig, süffig und somit herrlich erfrischend. Aber im Gegensatz zu anderen Weinen mit mehr Gerbstoffen bleibt hier der Alkohol länger im Körper. Zudem sorgt der Schwefel oft noch für, eventuell später auftretende, Kopfschmerzen. Deshalb sollte man bei der Auswahl ruhig etwas anspruchsvoll sein. Im Gegensatz zum massenhaft produzierten Rosé wird im 5000-Seelen-Badeort Cassis jährlich nur soviel Wein erzeugt (ein Hektoliter, also 100 l pro Einwohner), daß er rein statistisch gerade zur Selbstversorgung reichen würde. Denn nach der Statistik trinkt jeder Franzose knapp über 100 l Wein pro Jahr. Die Einwohner von *Cassis* sind jedoch so nett, daß sie auch uns etwas von ihrem ausgezeichneten *Weißwein* übrig lassen, der besonders gut zur Bouillabaisse und anderen Meeresgerichten paßt.

In der Côtes-de-Provence-Region werden zwar immer noch doppelt soviele Rosés wie Rotweine produziert, aber die Roten gewinnen zunehmend an Qualität und werden gerne zu Pasteten und Wildgerichten gebechert.

Der *Bandol*, den man noch wenig auf französischen Restauranttischen sieht, gilt eindeutig als der beste Provence-Rotwein. Seinen höchsten Reifegrad erreicht er allerdings erst nach ein paar Jahren Lagerzeit.

Schließlich bleibt noch das ganze Arsenal der sogenannten kleinen Landweine wie z.B. *Côtes-du-Ventoux*, *Côtes-du-Lubéron* und wie sie alle heißen zu erwähnen und zu kosten.

● *Pastis* ist, nüchtern betrachtet, nur ein Apéritif auf Anisbasis. Darüber hinaus ist der »Pastaga«, wie er auf provenzalisch heißt, aber auch eine feste Einrichtung sowie mittags und nach der Arbeit zu einem Ritual geworden. Da man normalerweise nicht allein am Tresen steht, sondern in Grüppchen, und jeder der Reihe nach einen ausgibt, werden nach dem vierten oder fünften Glas die Diskussionen auch schon mal etwas lauter. Die ungeschriebene Regel will, daß jeder eine Runde *(tournée)* ausgibt, und wenn man dann selber an der Reihe ist, braucht man nur noch »*C'est la mienne*« (Ich bin an der Reihe) zu sagen und der Wirt weiß schon Bescheid. Manchmal folgt auch noch eine *Tournée du Patron* zum Abschluß, nämlich wenn der Wirt noch einen ausgibt. In Frankreich existieren ein Dutzend Pastisvarianten, wobei auf die Firmen Pernod und Ricard der Löwenanteil entfällt. Im Norden wird der Anisschnaps stärker mit Wasser verdünnt als im Süden, ungefähr im Verhältnis 1:2. Der Kenner bestellt einen »Perroquet« (Papagei: damit ist der Schuß Pfefferminzsirup im Pastis gemeint) oder eine »Tomate« (Pastis mit Granatapfelsirup), die dann noch »bien mûre« (= gut reif, d.h. mit viel Grenadine) oder »pas trop mûre« (nicht zu reif) sein kann.

Einige Daten zur Geschichte der Region Provence-Côte d'Azur

– **1000 v. Chr.**: die Ligurer siedeln an einem breiten Streifen der Mittelmeerküste.
– **600 v. Chr.**: die griechischen Phokäer aus Kleinasien gründen Marseille (Massalia). Die Kulturpflanzen Ölbaum, Nußbaum, Feige, Kirsche und Weintraube werden eingeführt, ebenso wie das Geldwesen, das nun an die Stelle des Tauschhandels tritt.
– **1. Jh. v.Chr.**: die Römer festigen ihre Vorherrschaft in der Provence (Cäsar erobert von 58-51 ganz Gallien), gründen Städte und bauen Häfen und Straßen. Arles verdrängt Marseille aus seiner Vorrangstellung.
– **5. und 6. Jh.**: die großen Stämme der germanischen Völkerwanderung durchziehen Gallien und lassen sich auch eine Zeitlang in Südfrankreich nieder.
– **9. Jh.**: im Teilungsvertrag von Werden (Verdun) wird das Frankenreich unter den drei Enkeln Karls des Großen, Ludwig dem Deutschen, Karl dem Kahlen und Lothar I., aufgeteilt. Daß besagter Karl so groß war, stellen wir heftig in Abrede; jedenfalls verfolgte er listenreich und brutal seine Ziele, betätigte er sich doch als Sachsenschlächter – eine Hand wäscht die andere – da ihm der Papst die Kaiserkrone aufs Haupt gedrückt hatte. Missionieren von Heiden heißt das in der Kirchengeschichte und fand bekanntlich breiteste Anwendung während der Kreuzzüge sowie in Lateinamerika und andernorts. Tut uns deshalb auch nicht leid, daß

sein Sohn Ludwig der Fromme derart fromm und dumm war, daß das Reich Karls zu zerbrechen drohte. So teilte er das Reich zwischen Söhnen aus erster und zweiter Ehe hin und her, sein Heer fiel von ihm ab, die unzufriedenen Söhne zogen ihn durch das Kloster in Soissons aus dem Verkehr, wo ihn die noch habgierigeren befreiten usf. Zwei der drei oben erwähnten Sprößlinge, Karl der Kahle und Ludwig der Deutsche, versprechen sich in den »Straßburger Eiden« gegenseitig Hilfe, um Lothar nötigenfalls aufs Haupt zu schlagen. Ergebnis: der oben erwähnte Vertrag. Eine nette Familie, hier etwas ausführlicher dargestellt, da aus den Reichen Ludwigs und Karls zusammen mit dem später in den Verträgen von Meersen und Ribémont nochmals geteilten »Lotharingen« Frankreich und Deutschland entstehen. So ähnlich jedenfalls verlief die Geschichte, wenn auch Historiker Einwände geltend machen werden.

Kurz und gut: die Provence, Burgund und Lothringen fallen zunächst mal an Lothar I., der bald darauf die Provence für seinen Sohn Karl zum Königreich erklärt.

– **14. Jh.**: In der Bulle »Unam Sanctam« bezeichnet sich der größenwahnsinnige Papst Bonifaz als Inhaber der höchsten geistlichen und weltlichen Gewalt, die alle Könige und Kaiser nach Belieben ein- und absetzen könne. Philipp der Schöne von Frankreich lehrt ihn Mores; die Päpste residieren nun erstmal unter seiner Fuchtel in Avignon und während der Zeit der Kirchenspaltung regieren die Päpste 70 Jahre lang von Avignon aus.

– **1434**: René von Anjou, König von Neapel, wird Graf der Provence. Er hält in Aix und Tarascon Hof und ist als der »Gute König René« in die französische Geschichte eingegangen.

– **1481**: der Neffe des Königs René vermacht die Provence dem französischen König Ludwig XI.

– **17. Jh.**: Richelieu und nach ihm Ludwig XIV. stärken die Zentralgewalt.

– **1720**: eine fürchterliche Pestepidemie dezimiert die Bevölkerung. Marseille verliert die Hälfte seiner Einwohner.

– **1789**: mit dem aus Aix stammenden Mirabeau verfügt die Französische Revolution über einen wortgewaltigen Führer. Die Provence als Verwaltungseinheit verschwindet mit der Einteilung des Landes in Départements, die zum Teil recht willkürlich abgesteckt werden.

– **1815**: Napoleon landet nach seiner Verbannung auf Elba in Golfe-Juan, um für die Herrschaft der Hundert Tage nach Paris zurückzukehren.

– **1848 und 1851**: anläßlich der Revolution und 3 Jahre später beim Staatsstreich Napoleons III. befürworten die meisten provenzalischen Städte die Republik.

– **1854**: Gründung des Félibrige-Bundes, einer literarischen Schule, als regionalistische Kulturbewegung in der Provence.

– **1860**: im Vertrag von Turin und infolge eines Volksentscheids wird die Grafschaft Nizza Frankreich angeschlossen. Im folgenden Jahr werden Menton und Roquebrune von Napoleon III. für Frankreich von Monaco zurückgekauft.

– **1878**: das Kasino von Monte-Carlo wird eröffnet. Auftakt des winterlichen Fremdenverkehrs an der Französischen Riviera.

– **1946**: Beginn des sommerlichen Fremdenverkehrs an der Côte d'Azur.

Der Félibrige-Bund

Aus einer regionalistischen Bewegung heraus gründete man 1854 den Félibrige-Bund. Einmal sollte er die Vorherrschaft der französischen Sprache zurückdrängen, auf der anderen Seite wollte man die provenzalische Sprache und Kultur stärken. Nordfranzosen und Lehrerschaft als Vertreter der Zentralgewalt betrachteten die provenzalische Sprache nämlich mit einer gewissen Verachtung und in der Schule erhielten die Schüler Schläge mit dem Lineal, wenn sie provenzalisch sprachen. Diese Erfahrung machten übrigens auch Bewohner anderer Landesteile wie die der Bretagne, dem Elsaß, Nordkatalonien (Roussillon) usw.

Während der Römerzeit sprach man in Gallien Vulgärlatein, das sich im 6. bis 8. Jh. in zwei Sprachen aufspaltete. Im Norden entwickelte sich aus den Mundarten das Französische, während im Süden, etwa ab der Linie Lyon-Bordeaux, die provenzalische Sprache mit zahlreichen Dialekten entstand. Zur Unterscheidung wurden die beiden Sprachen ursprünglich in »Langue d'oc« und »Langue d'oeil« klas-

sifiziert. Während man nämlich im Süden für »Ja« »oc« sagte, sprachen die Nordfranzosen von »oeil«, aus dem später »oui« wurde. Daher wird die südfranzösische Sprache auch »Okzitanisch« (Occitan) genannt.
Wortführer der Félibrige-Bewegung war der Schriftsteller und Sprachwissenschaftler *Frédéric Mistral* (1830-1914). Er gab mit seinen Freunden ein provenzalisches Wörterbuch heraus, das noch heute an den Universitäten Verwendung findet. Für seine Dichtung »Mireille«, eine rührend-naive Liebesgeschichte, erhielt Mistral 1904 den Nobelpreis für Literatur. Einen Großteil des Preisgeldes steckte er in die Kulturbewegung und gründete u.a. in Arles damit ein provenzalisches Heimatmuseum. Wenn auch Provenzalisch heute noch an Universitäten außerhalb Frankreichs gelehrt wird (sogar in Japan!), so muß man doch mit Bedauern feststellen, daß seine Bedeutung immer weiter zurückgeht und sich auf ein rein akademisches Interesse zu beschränken droht. Daran kann auch die politische Bewegung der letzten zwanzig Jahre, die mehr Rechte für Okzitanien fordert, kaum etwas ändern. Aber selbst in den abgelegensten Dörfern erinnern mit »OC« übermalte Ortsschilder und Parolen wie »Volem viure al pais« (Wir wollen in *unserem* Land leben) an den Häuserwänden an dieses Problem.

Schießen oder legen ...

Im Sommer unterbricht das Klacken aneinanderschlagender Metallkugeln vielerorts die abendliche Stille. Manchmal folgen zudem noch Beifallsbekundungen. Vielleicht haben gerade der Briefträger und der Maurer den Patron des Cafés und den mitspielenden deutschen Hausbesitzer besiegt. Man spielt *Boule* oder *Pétanque*. Boule heißt Kugel und Pétanque kommt vom provenzalischen péd tanco, was soviel wie »mit geschlossenen Füßen« bedeutet.

Wir versuchen einmal, das umfangreiche Regelwerk, für das die *Fédération Internationale de Pétanque et Jeu Provençal* verantwortlich zeichnet, auf das Wesentliche zu beschränken. Normalerweise spielen immer zwei Parteien gegeneinander, jeweils mit der gleichen Anzahl von Kugeln. Bei den *Doublettes* spielen Zweiermannschaften, wobei jedem Spieler drei Kugeln zur Verfügung stehen und bei *Triplettes* spielen drei gegen drei, wobei jeder Spieler zwei Kugeln hat. Die Stahlkugeln mit einem Durchmesser von 70,5-80 mm dürfen 620-800 g wiegen. Von einem Abwurfkreis aus wird mit geschlossenen Füßen eine kleine, *Cochonnet* (= Schweinchen) genannte, Holzkugel auf eine Entfernung zwischen 6-10 m geworfen. Nachdem das Cochonnet die gewünschte Lage eingenommen hat, wird die erste Kugel möglichst nahe »drangelegt«. Nun muß die gegnerische Mannschaft versuchen, noch näher an die Holzkugel heranzukommen. Gelingt's, dann kommt wieder die andere Mannschaft an die Reihe. Legt sie ihre Boule besonders nah an das Cochonnet, dann kann der Gegner auch diese Kugel »wegschießen«: besonders spektakulär, wenn der Schütze die anvisierte Kugel voll in der Mitte trifft, so daß seine Kugel genau deren Platz einnimmt. Das nennt man *carreau* und der Schütze kann sich des Beifalls der Umstehenden sicher sein. Wenn alle Kugeln gespielt sind, ist die Aufnahme beendet. Für jede Kugel, die näher am Cochonnet liegt als die beste des Gegners, wird ein Punkt gezählt. Die Partie ist beendet, wenn eine Mannschaft 13 Punkte erreicht hat.

Das, was sich hier so nüchtern anhört, kann in südlichen Gefilden durchaus leidenschaftliche Ausmaße annehmen. Pétanque ist nämlich nicht nur ein Präzisionsspiel, das Geschicklichkeit und Konzentrationsfähigkeit erfordert, sondern es kann auch je nach Spielertyp und in Abhängigkeit von den Zuschauern zu einem Psychokrimi werden. Welche Bedeutung das Boulespiel auch schon in früheren Zeiten hatte, verdeutlichen die beiden nachfolgenden amtlichen Veröffentlichungen:

1833
Während des Baus der Eisenbahnlinie St.-Etienne-Lyon wurde von der Bauleitung folgendes Verbot verhängt:
» ... alle Personen, die beim Boulespielen, Trinken oder Tanzen an den Schienen überrascht werden, müssen mit einer gemeinsamen Strafe von mindestens 10 Francs rechnen.«
gez. Marc Seguin

22. Oktober 1870
Ich mußte erfahren, daß in gewissen bäuerlichen Gemeinden einige Nationalgardisten außerordentliche Nachlässigkeit bei der Erfüllung ihrer patriotischen Pflichten an den Tag legen.
Hiermit bevollmächtige ich die Bürgermeister, alle diejenigen zu schlechten Bürgern zu erklären, die zu den militärischen Übungsstunden Spiele oder unpassende Ablenkungen bevorzugen.
Unterläßt Belustigung und spielerische Geschicklichkeitsübungen, während Frankreich unter den Waffen steht.
Lassen wir die Boulekugeln ruhen, solange Kanonenkugeln die geheiligte Erde unseres Vaterlandes zerreißen.
Esquiros, Präfekt von Marseille

Das Boulespiel ist wie der Pastis Teil der provenzalischen Alltagskultur und wer sich einmal damit beschäftigt hat, der wird zeitlebens nicht mehr davon loskommen – vom Boulespiel, oder was dachten Sie denn?

Die Welt der Santons

Santon kommt aus dem Provenzalischen »Santoun«, was soviel wie kleiner Heiliger heißt. Man bezeichnet damit Ton- oder Gipsfigürchen, welche die Weihnachtskrippen schmücken. Die katholische Provence kennt die Tradition der Weihnachtskrippen seit dem 13. Jh. Der Brauch wird Franz von Assisi zugeschrieben, der mit einer Krippe zeigen wollte, unter welch ärmlichen Bedingungen Jesus geboren wurde. Ursprünglich bestanden die großen Krippenfiguren aus Holz.
Durch die Schließung der Kirchen förderte die Französische Revolution, ohne es zu wollen, auch einen Santon-Kult. Ein Töpfer aus Marseille schuf Santons aus Ton und erreichte durch Gußformen hohe Stückzahlen, so daß auch die bedürftigsten Haushalte ihre Krippe mit Santons aufbauen konnten. Die Popularität der Weihnachtskrippe wuchs und die cleveren Santonniers begannen nun auch, außerbiblische Gestalten zu entwerfen. Es entstanden typische Figuren des Dorflebens bzw. der provenzalischen Folklore wie z.B. der Flötenspieler, der Bauer, die Marktfrau, der Schäfer, der Fischer, der Nachtwächter, der Trommler usw. In der Mitte des 19. Jhs entwickelte sich eine richtig gehende Santons-Industrie und in allen Städten entstanden Werkstätten. Nach vielen Höhen und Tiefen hat sich das Handwerk der Santonniers stabilisiert. Nicht nur für Provenzalen sondern auch für Touristen stellen handgemachte und im provenzalischen Stil gekleidete Figuren ein wertvolles Mitbringsel dar. Gute Figuren – mittlerweile gibt es sogar Plastikexemplare made in Hongkong – findet man nur bei Antiquitätenhändlern bzw. in den Werkstätten von Aubagne, dicht bei Marseille.

22 / PROVENCE - COTE D'AZUR

RHONETAL UND HOCHPROVENCE

DER TRICASTIN

Auf dem Weg zu Sonne und Meer brausen die meisten Touristen auf der Autobahn ahnungslos an diesem Fleckchen Erde, das nur 30 Quadratkilometer mißt, vorbei. Dabei wäre gerade dieser Landstrich mit seinen sanften Hügeln, beschaulichen Wäldern, Weingärten und Zypressenhecken wie geschaffen, um sich auf die Provence einzustimmen. Denn neben der Naturlandschaft haben wir es hier mit einer ausgesprochenen Kulturlandschaft zu tun, deren Bedeutung sich herleitet von der Zeit der Kelten über die Bauwerke der Romanik bis zur Gründung der ersten Weinhochschule der Welt im Jahre 1978. In aller Ruhe sollte man die geschichtsträchtigen Dörfer mit ihren Schlössern, die selbst den meisten Franzosen unbekannt sind, durchstreifen, ehe man sich in den Trubel im Süden stürzt.

Sehenswert

● **Suze-la-Rousse:** schon von weitem sticht einem das mächtige Felsenschloß ins Auge. Aus dem 14. Jh. stammend, bilden seine Türme ein anschauliches Beispiel für Wehrbauten aus jener Zeit. Nachdem man diese trotzigen Außenmauern gebührend begutachtet hat, ist man verwundert über den kunstvoll ausgeschmückten Innenhof, der im 17. Jh. im italienisch beeinflußten Renaissancestil neu gestaltet wurde. Die allen offenstehende Weinhochschule wurde in diesem Schloß eingerichtet. Es gibt fast nichts, was mit Wein zu tun hat und was nicht in einem der Seminare und Kurse behandelt würde. Winzer, Weinkellner, Gastwirte sowie alle Weinliebhaber haben die Möglichkeit, ihre Kenntnisse hier zu verfeinern. Die Weinproben finden übrings in der ehemaligen Schloßkapelle statt. Für weitere Auskünfte wende man sich an: Université du Vin, Le château, 26130 Suze-la-Rousse, Tel.: 75 04 86 09.
● **Saint-Restitut:** das alte befestigte Bergdorf besitzt eine sehenswerte romanische Kirche.
● **Saint-Paul-Trois-Château:** das Interessanteste ist nicht die in Frankreich bekannte *Gerflor-Fabrik* – es sei denn, man wäre Spezialist für Plastik und Bodenbeläge – die am Rande der Autobahn die Uhrzeit und die Temperaturen anzeigt, sondern auch hier wieder eine Kirche aus dem 11. und 12. Jh., die eines der bemerkenswertesten Beispiele romanischer Architektur in der Provence darstellt. Die drei Schlösser, die man dem Ortsnamen nach hier vermuten könnte, haben nie existiert. Es handelt sich vielmehr um eine irrtümliche Übersetzung des lateinischen Tricastini, womit der kelto-ligurische Volksstamm der Tricastiner gemeint war.
● **Clansayes:** hier interessiert uns weniger der Ort als vielmehr das großartige Panorama über die zerklüfteten Höhen des Tricastin, das sich einem bei der unübersehbaren Marienstatue am Rande des Abhangs eröffnet. Bei den seit 1968 durchgeführten archäologischen Grabungen hat man bis jetzt herausbekommen, daß sich die Bewohner dieser Gegend schon um 6000 v.Chr. unterschiedlicher Werkzeuge bedient haben.
● **La Garde-Adhémar:** im Mittelalter galt der Ort als wichtige Feste der Familie Adhémar, der im 16. Jh. der Baron de La Garde folgte. Er war als einfacher Hirte Soldat geworden und stieg später bis zum Botschafter und General der französischen Galeeren auf. Die sehenswerte romanische Kirche besitzt einen zweistöckigen, achteckigen Glockenturm. Vom Kirchenvorplatz richtet sich der Blick auf die Rhône-Ebene und bleibt zwangsläufig an den klotzigen Türmen der Atomkraftwerke Pierrelatte und Tricastin hängen. Das Atomkraftwerk mit seinen vier Reaktoren liefert die Energie für die benachtbarte »Uran-Raffinerie«, die ein Viertel des Weltbedarfs an angereichertem Uran darf. Für den naiven Glauben der Franzosen an die moderne Technologie stellt es natürlich einen ungeheuren Fortschritt dar, daß das Kernkraftwerk von Tricastin zwölfmal soviel Strom erzeugt wie das benachtbarte Wasserkraftwerk von Donzère-Mondragon ...

24 / RHONETAL UND HOCHPROVENCE

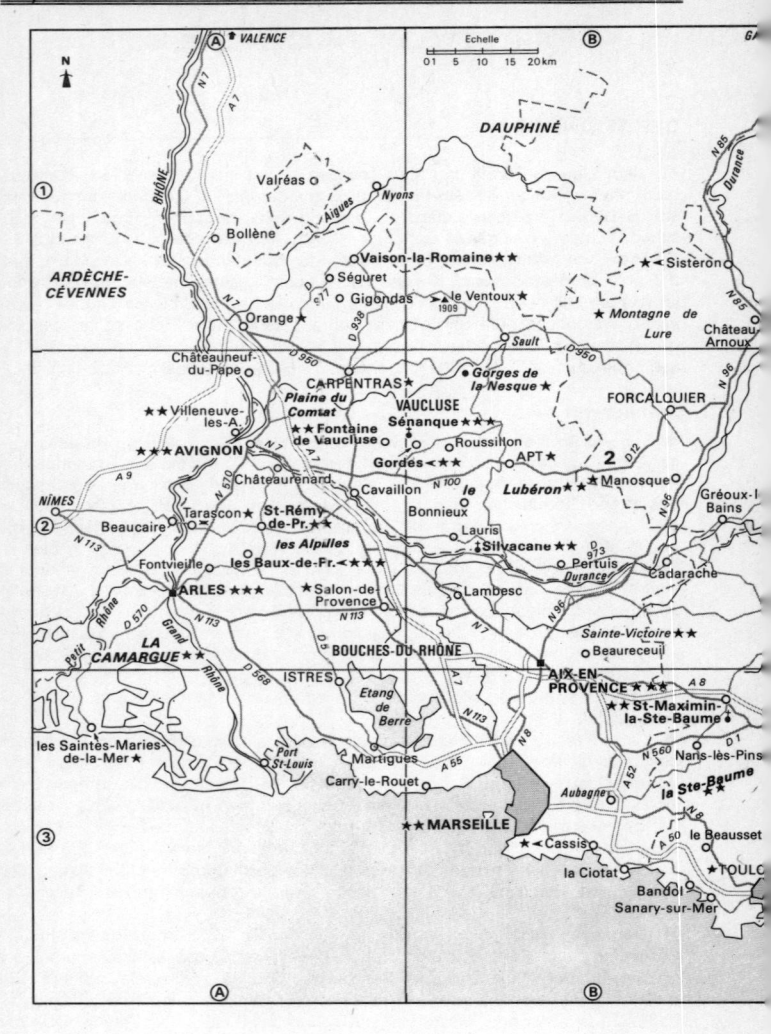

PROVENCE-CÔTE D'AZUR

TRICASTIN / 25

26 / RHONETAL UND HOCHPROVENCE

● **Grignan:** im Zentrum des Tricastin erhebt sich auf einem einzelnen Felsen das stolze und vornehme Schloß, das Kenner zu den schönsten von ganz Südfrankreich zählen. Seine eigentliche Berühmtheit verdankt das Schloß der Marquise de Sévigné (1626-1696), durch die es zu einer Art literarischem Wallfahrtsort wurde. Die früh verwitwete Marquise schrieb von Versailles aus eine Unzahl von Briefen an ihre Tochter, die mit dem Grafen von Grignan verheiratet war. Die Korrespondenz enthält alles Wichtige und Nebensächliche, wobei auch die Hofintrigen nicht vergessen wurden. Durch weitere Briefkontakte zu anderen Persönlichkeiten ihrer Zeit entstand so insgesamt eine Sammlung von 1500 Briefen, durch die man heute noch einen unschätzbaren Einblick in das aristokratische Leben Frankreichs im 17. Jh. erhält. Die dreiviertelstündige Führung (Eintritt: 8,50 F) erlaubt einen ausführlichen Blick in die fürstlichen Räumlichkeiten mit ihren wertvollen Möbeln und Wandteppichen.

● **Richerenches:** den vom Templerorden gegründeten, rechteckig angelegten, Ort umschließt noch die Stadtmauer mit vier Rundtürmen. Die alljährliche Trüffelernte zieht Kenner von weither an.

● **Valréas:** wir finden das ganze Städtchen bezaubernd. Dennoch möchten wir das stattliche Südportal der Kirche Notre-Dame-de-Nazareth aus dem 12. Jh. und das Palais de Simiane (heute Rathaus) besonders hervorheben. Die ehemalige Stadtmauer hat man in eine platanenbestandene Promenade umgewandelt. In der Nacht vom 23. auf den 24. Juni steigt alljährlich ein Riesenfest. Seit fünf Jahrhunderten wählt man an diesem Abend einen Jungen zwischen drei und fünf Jahren zum »petit Saint-Jean« (kleiner Sankt Johannes), der anschließend bei Fackelschein in einer Sänfte durch die Straßen getragen wird. Ein Jahr lang untersteht die Stadt symbolisch seiner Obhut. Keine schlechte Idee, auch mal die Kinder »regieren« zu lassen.

Aus seiner Sonderstellung als päpstliche Besitzung resultiert das Kuriosum, daß Valréas auch heute noch eine Enklave darstellt. Es gehört zum Département Vaucluse, ist aber ringsherum vom Département Drôme eingeschlossen.

● **Rousset-les-Vignes:** liegt etwas abseits der Straße Valréas-Nyons. Das Dorf, von einem kleinen Schloß überragt, steht ganz unter Denkmalschutz. Besonders zu beachten die niedliche Kirche mit ihrem freistehenden Glockenturm und gleich daneben das Priorat mit seiner Renaissancefassade.

Essen

– *Au Charbonellon:* in Rousset-les-Vignes, 26770 Taulignan, an der Hauptstraße in Richtung Osten. Die Besitzer, ehemalige Pariser, haben das Haus komplett renoviert und das Restaurant mit einem Speisesaal versehen, dessen persönliche Note unverkennbar ist. Der (Küchen-) Chef ist ein echter Profi und die Chefin empfängt die Gäste mit Pariser Charme. Die Speisekarte spiegelt stets das aktuelle Marktangebot wider. Besonders hervorzuheben, die Torten; aber auch sonst läßt sich sagen, daß sich das Preis-/Leistungsverhältnis über dem Durchschnitt bewegt. Es werden zwei Menüs zu 75 und 107 F angeboten.

– *Auberge du Prieuré:* in Vinsobres, 26110. Das Dorf mit seinem, für diese Weingegend, merkwürdig klingendem Namen (Vinsobres heißt soviel wie »karger Wein«) bringt einen der besten Côtes-du-Rhône-Weine hervor. In der Herberge im Süden von Rousset-les-Vignes, an der D 619, erwartet den Gast eine ausgezeichnete Küche, präsentiert in schickem Rahmen. Das kleine Menü zumindest ist erschwinglich, während die beachtliche Weinkarte auch etliche noble Tropfen verzeichnet.

ORANGE

Das zum Fürstentum erhobene Gebiet war 1544 an Wilhelm I. von Nassau gekommen. Als Prinz von Oranien trug er den Beinamen »der Schweiger« und ging als erster Statthalter der Niederlande in die Geschichte ein. Er hat nicht immer geschwiegen, denn von ihm sollen folgende markige Worte stammen:

»Man muß weder hoffen, um etwas zu unternehmen, noch Erfolg haben, um beharrlich zu sein!«

Von der einst bedeutenden römischen Stadt blieben nur noch das Theater und der Triumphbogen übrig. Alle übrigen römischen Gebäude, unter anderem eine 400 m lange und 80 m breite Sportanlage (Gymnasion), Tempel usw. sind überwiegend dem Bau eines geräumigen Schloßes sowie der Stadtmauer zum Opfer gefallen. Als Ludwig XIV. Krieg gegen Holland führte, welches unter der Regentschaft der Familie von Oranien-Nassau stand, wurde Orange eingenommen und Mauern und Schloß geschleift. So endete das ruhmreiche römische Arausio schließlich als Bezirkshauptstadt.

Die Thronfolger der Niederlande schmücken sich aber noch heute mit dem Titel eines Fürsten von Oranien.

Adressen

- *Verkehrsbüro:* place des Frères-Mounet, Tel.: 90 34 70 88 oder 90 34 06 00.
- *SNCF:* Tel.: 90 34 01 44 und 90 34 17 82. In Orange halten nur die Nachtzüge aus Paris. Ansonsten muß man in Avignon umsteigen.
- *Busbahnhof:* av. Frédéric-Mistral, Tel.: 90 34 15 59.

Unterkunft

● *Für schmale Geldbeutel*

- *Hôtel Fréau:* 13, rue de l'Ancien-Collège, 84100. Tel.: 90 34 06 26. Die Doppelzimmer mit fließendem Wasser oder Bad kosten 70 bis 100 F. Obwohl von außen nicht gerade vertrauenserweckend, wird jeder dieses alte Haus mit der Treppe aus provenzalischen Kacheln sowie seiner familiären Atmosphäre bald zu schätzen wissen. Die meisten Gäste sind übrigens Stammkunden. Rechtzeitige Buchung empfiehlt sich also. Im August geschlossen.
- *Hôtel Saint-Florent:* 4, rue du Mazeau, 84100, Tel.: 90 34 18 53. Die Doppelzimmer mit Dusche oder Bad in diesem älteren, aber gut erhaltenen, Haus liegen preislich zwischen 130 und 160 F.
- *Le Petit Saint-Jean:* 7, cours Pourtoules, Tel.: 90 34 08 40. Für eines der 16 Doppelzimmer muß man zwischen 85 und 135 F hinblättern. Wie das Schild erkennen läßt, war das Haus mal im Touring Club-Führer aufgeführt; aber das war 1955, als die Bar unten gerade eben ganz neu eingerichtet war. Zu dieser Zeit schien besonders das Resopal in Mode gewesen zu sein, aber die Zimmer sind trotzdem ok. Beim Menü zu 49 F gibt's als Vorspeise eine empfehlenswerte Wachtel-Terrine aus der Vaucluse gefolgt von einem Fisch-Spießchen.

● *Ziemlich preiswert*

- *Les Arts:* 1, cours Pourtoules, 84100, Tel.: 90 34 01 88. Doppelzimmer mit Dusche für 124 F, mit Bad 145 F. Die geräumigen Zimmer in diesem trefflich restaurierten Haus bieten überwiegend Ausblick auf eine ruhige, blumengeschmückte Terrasse.
- *Le Glacier:* 46, cours Aristide-Briand, 84100, Tel.: 90 34 02 01. Die Preise fürs Doppelzimmer bewegen sich zwischen 140 F (mit Waschbecken) und 170 F (mit Bad). Das Frühstück schlägt mit 16 F zu Buche. Dieses mustergültig geführte und äußerst komfortable Hotel mit seinen geräumigen Zimmern kann sicherlich mit dem besten Preis-/Leistungsverhältnis in Orange aufwarten. Das wissen auch die Musiker des Festivals zu schätzen.
- *Hôtel des Arènes:* place de Langes, 84100, Tel.: 90 34 10 95. Hier reichen die Preise fürs Doppelzimmer von 195 F bis 260 F (mit Bad), während für das Frühstück 18 F berechnet werden. Wem die 25 F für die Garage zuviel sind, der kann am Cours Aristide-Briand parken. Im *Hôtel des Arènes* erwarten den Gast ebenfalls viel Komfort und geräumige Zimmer; allerdings sind die beiden im Nebengebäude nicht ganz so gut.

28 / RHONETAL UND HOCHPROVENCE

● *Campingplätze*

– *Camping municipal:* colline Saint-Eutrope, Tel.: 90 34 09 22. Von Mitte März bis Ende Oktober geöffnet.
– *Camping Le Jonquier:* rue Alexis-Carret, Tel.: 90 34 19 83. Vom 15. März bis zum 31. Oktober in Betrieb. Der Zeltplatz im Nordwesten der Stadt ist komfortabler als der oben aufgeführte und dennoch preiswert. Kinderspielplatz und Ponys für die Kleinen, Tennisplatz für ältere Semester.

Essen

● *Billige Restaurants*

– *Le Yacca:* 24, place Silvain, 84100, Tel.: 90 34 70 03. Ganz in der Nähe des Theaters. Die hervortretenden Steine und Balken sind nicht so wuchtig, daß sie die übrige Innenausstattung erdrückten. Gemälde an den Wänden und frische Blumen auf jedem Tisch schaffen so einen angenehmen und intimen Rahmen. Beim Menü zum Grundpreis von 65 F hat man die Auswahl zwischen je zehn verschiedenen Vorspeisen, Hauptgerichten und Desserts. Allerdings läßt der eine oder andere Aufschlag die Rechnung fix auf 85 F klettern. Wir möchten besonders die hausgemachte Geflügelleber-Terrine mit eingemachten Zwiebeln empfehlen bzw. die nach skandinavischer Art geräucherten Fische (5 F Aufpreis). Die Fisch-Sahne-Creme mit drei Fischarten und Miesmuschelsoße (10 F Aufpreis) oder das Rinderlendchen am Spieß mit Zitrone schmecken ebenfalls vorzüglich. Beim Nachtisch fällt die Entscheidung zwischen Yacca-Becher und einem Stück Schokoladenkuchen ebenfalls nicht gerade leicht.
– *Au Bec Fin:* 14, rue Segond-Weber, 84100, Tel.: 90 34 14 76. Gleich gegenüber vom Theater. Draußen nehmen die Tische fast das ganze enge Sträßchen ein. Aber auch drinnen läßt's sich in angenehmer Umgebung schlemmen. Als Vorspeise, unter anderem eine Art Kaviar-Ersatz in Form von Meeräschen-Rogen (Poutargue Provençale), gefolgt von einem Grillspieß oder kaltem Braten, Käse oder Nachtisch. In der Nebensaison ist montags Ruhetag.

● *Etwas schicker*

– *Le Bel Canto:* 66, cours Aristide-Briand, 84100, Tel.: 90 34 16 22. In sympathischem Ambiente hat man hier die Qual der Wahl zwischen Geflügelleber-Terrine, Avokado mit Krebs oder Parmaschinken mit Melone. Das Dilemma setzt sich beim Hauptgericht fort, welches aus Osso Bucco (Kalbs- oder Ochsenbeinscheiben mit Tomaten-Weinsauce), venezianischer Kalbsleber, Auberginentorte mit Lamm, geschmortem Seeaal oder dem Lendenstück vom Rind mit Roquefort bestehen kann. In den 76 F sind auch noch Käse und Nachtisch eingeschlossen. Das Menü zu 58 F ist gleichfalls nicht zu verachten.
– *La Grotte:* montée des Princes-d'Orange, 84100, Tel.: 90 34 70 98. Ganz in der Nähe vom »Bel Canto«. Wie der Name schon ankündigt, hat hier vieles mit einer Höhle zu tun. Das fängt bei der Inneneinrichtung an und setzt sich fort bis zum, doch etwas aufgebauschten, Cro-Magnon-Menü. Das Zenturions-Menü zu 93 F weiß mit einer interessanten Lachspastete oder einer Art Blätterteigtorte mit Rotbarbe und Krabbensuppe zu beeindrucken. Beim Hauptgericht hat man unter anderem die Wahl zwischen Rotbarbe nach Müllerinart mit Anchovisbutter oder einem Seebarsch mit Knoblauchcreme, gefolgt von Käse und Nachtisch.

● *Sehr schick*

– *Le Pigraillet:* colline Saint-Eutrope, 84100, Tel.: 90 34 44 25. Sich ruhig einmal für läppische 117 F den Luxus leisten, in einem Park auf einer Terrasse mit Blick ins Rhônetal ein gepflegtes Mahl einzunehmen. Man wähle das Hefebrötchen mit verlorenen Eiern und Eier-Wein-Schaumcreme (Brioche d'oeufs pochés au pied de porc avec un sabayon de tomates). Als Alternative bietet sich die Drei-Gemüse-Sahnecreme und der kleine Krevettensalat an. Beim Hauptgericht gilt's, sich zwischen der warmen Geflügelpastete mit Mais und Curry-Früchte-Sauce, der Blätterteigtorte mit Kabeljau in Rotwein mit gekochten eingelegten Zucchini und Auberginen oder dem geschnetzelten Lammfleisch im Kartoffelmantel zu entscheiden. Wer glaubt, nach einem Nachtisch vom sogenannten Dessertwagen immer noch nicht satt sein zu können, ordere am besten von vorneherein das Menü zu 185 F.

Sehenswert

– Das *Römische Theater:* geöffnet von 9 bis 12 Uhr und von 14 bis 17 Uhr. Die Eintrittskarte zu 10 F ist auch für das Museum gültig. Das wahrscheinlich zur Zeit des Augustus entstandene Theater von Orange ist wohl das schönste und besterhaltene römische Bauwerk dieser Art in Europa. Erstaunlich ist die hervorragende Akustik. Sehr eindrucksvoll auch die 103 m lange und 36 m hohe Wand, die die Bühne abschließt, auch auf ihrer der Stadt zugewandten Seite, so daß Ludwig XIV. von ihr behaupten konnte, sie sei die schönste Mauer seines Königreichs. In den oberen Etagen sieht man zwei Reihen von Steinen, die in regelmäßigen Abständen aus dem Mauerverband hervortreten. Die oberen tragen kreisrunde Löcher und dienten zur Aufnahme der Masten für das *Velarium*, einem Sonnensegel, das die Zuschauer vor der starken Sonneneinstrahlung schützen sollte. Die Sitzstufen des Zuschauerraumes mit 10.000 Plätzen sind teilweise in den Hang hineingehauen und durch überwölbte Gänge abgestützt. Die Bühnenrückwand trägt noch ihr originales Augustus-Standbild: 3,55 m hoch, erscheint es von den Rängen aus gesehen doch nur lebensgroß zu sein. Westlich an das Theater angrenzend hat man bedeutende Fundamente freigelegt, Teil einer ausgedehnten Sportanlage: dem Gymnasion.
– Der dreitorige *Triumphbogen* (arc de triomphe, 21-26 n. Chr.) erhebt sich auf Fundamenten aus der Zeit der römischen Stadtgründung. Zwei aufeinanderfolgende Restaurierungen lassen jetzt die Details der Skulpturen besser erkennen. Besonders die, der Stadt abgewandte, Nordseite präsentiert anschauliche Reliefdarstellungen. Verewigt wurden u.a. die Siege der in der Stadt angesiedelten Gallischen Legion sowie die Schlacht Cäsars gegen die Marseiller Flotte.
– Vom Aussichtspunkt des *Saint-Eutrope-Hügels* (Colline Saint-Eutrope), ein beeindruckendes Panorama über Stadt und Umland. Das Theater ist ja bekanntlich in diesen Hügel hineingebaut worden, so daß man sich durch das Vorhandensein natürlicher Stützelemente eine Menge Arbeit erspart hat. Neben dem Mont Ventoux und den gezackten Spitzen der Dentelles de Montmirail sind von hier besonders die 80 bzw. 100 m hohen Schlote der Atomanlage von Marcoule unübersehbar.
– *Mornas:* 11 km nördlich von Orange wachen die Ruinen einer Burg über das mit dicken Mauern und Wehrgängen befestigte Dorf.

● *Das Festival*

Die ausgezeichnete Akustik des Römischen Theaters ließ bald die Idee aufkommen, das Theater für musikalische Darbietungen zu nutzen. Die 1869 zum ersten Mal organisierten *Chorégies d'Orange* wurden ab 1902 jährlich veranstaltet. Seit etwa 25 Jahren ist das Festival von hoher internationaler Qualität und die Karten für die von Mitte Juli bis Anfang August aufgeführten Tragödien, Opern sowie Symphoniekonzerte sind heiß begehrt.
Das Office du Tourisme, 41, cours Jean-Jaurès, 84000 Avignon, Tel.: 90 82 65 11 erteilt alle erforderlichen Auskünfte. Der Kartenvorverkauf beginnt alljährlich schon am 1. Februar!

VAISON-LA-ROMAINE

Jeder Historiker, der etwas auf sich hält, wird aus dem Stegreif einen kleinen Vortrag über Vaison, »die Römische«, und die noch immer andauernden Ausgrabungen halten können. Vaison war, von der Römerzeit einmal abgesehen, auch später noch von einer gewissen Bedeutung. So fanden im 5. und 6. Jh. hier zwei Konzile statt. Im Jahr 529 wurde z.B. auf dem Konzil die Einführung des Kyrie – seitdem allsonntäglich in der Messe zu hören – beschlossen.

30 / RHONETAL UND HOCHPROVENCE

Während der Zeit der Religionskriege sahen sich die Einwohner durch die zunehmenden Verwüstungen in der Unterstadt gezwungen, wieder auf dem Felsen, der schon das prähistorische Vaison beherbergte, zu siedeln. Die Grafen von Toulouse errichteten am linken Ufer des Ouvèze eine Burg, in deren Schutz sich eine neue Siedlung entwickelte, während die alte verfiel.
Im 19. Jh. verlagerte sich das Stadtgebiet erneut und ein Großteil der Bevölkerung kehrte in die bereits von den Römern gewählte Zone der Unterstadt zurück, wo schließlich die gegenwärtige Stadt entstand.
Deshalb ist Vaison sowohl von der Geschichte als auch von seiner Lage her eine hochinteressantes Städtchen, das sich prima als Ferienstützpunkt eignet.

Adresse

– *Verkehrsbüro:* place du Chanoine-Sautel, Tel.: 90 36 02 11.

Unterkunft

● *Für schmale Geldbeutel*

– *Hôtel du Théâtre Romain:* place de l'Abbé-Sautel, Tel.: 90 36 05 87. Der Preis für ein Doppelzimmer beträgt 110 bis 150 F. In der Nähe der Ausgrabungsstätten und des Verkehrsbüros und daher häufig ausgebucht. Also an eine rechtzeitige Reservierung denken!

● *Etwas schicker*

– *Hostellerie du Beffroi:* Haute-Ville, 84110, Tel.: 90 36 04 71. Das Quartier aus dem 16. Jh. liegt in mittelalterlicher Umgebung auf dem malerischen Altstadthügel. Antike Möbel, geblümte Tapeten sowie der große Komfort gestalten den Aufenthalt hier mehr als angenehm. Und wer sich mit einer Toilette auf dem Zimmer begnügt – auf dem Gang gibt's ein Gemeinschafts-Badezimmer – berappt für das Doppelzimmer nicht mehr als 199 F. Das Doppelzimmer mit Dusche kommt auf 300 F, mit Bad auf 360 F. Neben der Ruhe hier oben verfügt man als Gast auch noch über einen festen Parkplatz sowie einen Garten mit Blick auf die Dachlandschaft von Vaison. Die Küche (s.u.) ist ebenfalls recht empfehlenswert. Von Januar bis März geschlossen.
– *Le Logis du Château:* les Hauts-de-Vaison, 84110, Tel.: 90 36 09 98. Von Mitte März bis Allerheiligen geöffnet. Die Doppelzimmer für 213-286 F verlieren teilweise ihre Anziehungskraft, wenn man erfährt, daß fast die ganze Einrichtung aus Plastik zu sein scheint. Schade, denn Lage und Umgebung sind einmalig und einen Swimmingpool gibt's obendrein; aber wie gesagt ...

● *Campingplatz*

– *Le Moulin de César:* an der Straße nach Saint-Marcellin, ca. 1 km von der Ortsmitte entfernt. Tel.: 90 36 00 78. Für den schattigen Zeltplatz ist im Sommer Reservierung unbedingt notwendig. Von Anfang November bis Ende März ist geschlossen.

Essen

– *Le Bateleur:* place Th.-Aubanel, 84110, Tel.: 90 36 28 04. Sonntagabend, montags sowie im Oktober bleibt die Küche kalt. Ohne hier großartig Reklame machen zu wollen, können wir versichern, daß unsere Leser schon für 70 F ein Menü mit originellen Gerichten erwartet. Das fängt schon bei der Vorspeise an: Salat aus marinierten Tintenfischen in Weinessig, Avokado mit Räucherlachsfüllung, Ravioli de Royan mit Mimolette, einem Hartkäse aus der Normandie, Räucherlachs-Terrine und frische Sardinen stehen da zur Wahl. Beim Hauptgericht tut man sich genauso schwer: Hähnchenfleisch mit weißer Sauce und verschiedene Beilagen (suprême de volaille), Hammelkeule, Fischauflauf mit Krevetten, Zwischenrippenstück und gedämpftes Heilbuttfilet (filet de flétan à la vapeur) stehen da auf dem Programm. Dazu gibt's noch den bekannten Kartoffelauflauf mit Sahne oder Milch und Käse und das gerade auf dem Markt vorhandene Gemüse.

Bei den Desserts legen wir unsern Lesern besonders das Pfirsichsorbet mit einem Schuß Rasteau-Wein und den Bateleur-Becher (Zitronensorbet mit Obstsalat) ans Herz. Das Menü zu 92 F bietet als Vorspeise den Père Labeyrie-Feinschmecker-Teller (geräucherter Gänseschinken, Entenpastete, Entenleberschaumcreme), ein Quappennüßchen mit Senfkörnern, ein Stück Fleisch mit Auflauf und Gemüse sowie Käse und Nachtisch.
- *L'Hostellerie du Beffroi:* rue de l'Evêché, Haute-Ville, 84110, Tel.: 90 36 04 71. Montag und Dienstag mittag sowie vom 5. Januar bis zum 15. März geschlossen. Hier profitiert man zugleich von der ansprechenden Einrichtung wie vom gastronomischen Talent des Chefs, der seine Gäste mit einem scheinbar bescheidenen Menü in der Tat prima bewirtet. Für 89 F wird einem in Form von schlichten Speisen echter Luxus geboten: Tagessuppe, Geflügelleber-Terrine und gemischter Salat! Spanferkelragout oder Forelle mit Lauchspitzen! Käse und Nachtisch. Beim Menü für 146 F sorgen Forellenpastete im Teigmantel oder frisches Gemüse mit Gebäck, anschließend ein Lachsforellenschnitzel mit Pistou oder provenzalische Lammkoteletts und schließlich Käse und ein Nachtisch für Gaumenkitzel.

Sehenswert

● **Die römische Stadt** oder zumindest das, was davon übriggeblieben ist. Wir beginnen auf dem Ausgrabungsgelände Quartier de Puymin mit dem *Haus der Messii*. Es gewährt eine gute Vorstellung von der Architektur eines römischen Patrizierhauses. Eine Tafel erläutert die Anordnung der Wohnräume, obwohl noch nicht alle Fundamente freigelegt worden sind. Die Ausmaße der Villa sind wirklich frappierend, und man kommt gar nicht umhin, sich vorzustellen, wie man mit Familie und Sklaven dort gelebt hätte! Die Sitzstufen des *Theaters* auf der anderen Seite des Hügels, bescheidener dimensioniert und nicht ganz so gut erhalten wie das Römische Theater in Orange, nutzen das Gefälle des Puymin-Hügels. Die Bühne mit den Gräben für den Vorhang und die verschiedenen Maschinen ist ebenfalls aus dem anstehenden Fels gemeißelt. Ein Gang stellte die Verbindung mit der anderen Seite des Hügels her. Hier wurden einige der hübschen Statuen gefunden, heute im Museum ausgestellt. Zu erwähnen sind vor allem das Standbild eines geharnischten Kaisers, die Marmorstatuen Hadrians und seiner Gemahlin Sabina sowie die Gebrauchsgegenstände aus Bronze, Terrakotta und Glas und eine komplette Münzensammlung aus der Kaiserzeit. Das zweite Ausgrabungsgebiet, das *Quartier de la Villasse* bei der Kathedrale, birgt die Reste einer freigelegten Basilika sowie zweier Häuser.
● **Das romanische Vaison** kann mit der *Kathedrale Notre-Dame-de-Nazareth* als einem der fesselndsten romanischen Bauwerke der Provence aufwarten. Sie erhebt sich über den Fundamenten einer römischen Basilika. Vielfältigen Restaurierungen im Laufe der Jahrhunderte vermochten die Harmonie des Bauwerks kaum zu beeinträchtigen. Der vorromanische Hauptaltar besteht aus einer mächtigen Platte auf vier Säulen. Dahinter, Bischofsstuhl und Sitzstufen für die Priester. Der anschließende *Kreuzgang* aus dem 11. und 12. Jh. wurde im 19. Jh. gründlich restauriert und beherbergt heute ein kleines Museum für christliche Kunst. Schließlich sollte man sich noch die 300 m entfernte *Kapelle Saint-Quenin* anschauen. Man nimmt an, daß sie im 12. Jh. unter Verwendung älterer Bauelemente entstand. Das Schiff wurde im 17. Jh. erneuert.
● **Die mittelalterliche Stadt** erreicht man über die 200 Jahre alte *Römerbrücke*, deren einziger Bogen immerhin eine Spannweite von 17 m aufweist. Die Oberstadt ist wie geschaffen für Liebhaber alten Gemäuers. Zahlreiche Häuser sind verfallen, andere wurden instandgesetzt und sind inzwischen wieder bewohnt. Am reizvollsten sind die Straßen Rue de l'Horloge (Stadttor), Rue de l'Eglise, Rue de l'Evêché, Rue des Fours und die Place du Vieux-Marché. Unermüdlichen schlagen wir noch eine Besichtigung der Burgruine vor, die nur über einem recht schwierigen Fußweg zu erreichen ist.
● **»Die Weinstadt«** besitzt gleich neben dem Verkehrsbüro ein prachtvolles sogenanntes Weinhaus. Hier werden die Erzeugnisse der einheimischen und benachbarten Weingüter vorgestellt, aber auch verschiedene Fruchtsäfte sowie jener Heidelbeersirup, den man in Vaison zusammen mit einem Côtes-du-Rhône

als Aperitif, genannt *Myro*, schlürft. Jeden Mittwoch findet im Weinhaus von 9.15 bis 12 Uhr eine eingehende Côtes-du-Rhône-Weinprobe statt.

DIE DENTELLES DE MONTMIRAIL

Der pinien- und eichenbewachsene Höhenzug aus Kalkstein ist der letzte westliche Ausläufer des Ventoux-Massivs. Seine oberste, vertikal aufgefaltete, Zone haben die Erosionskräfte derartig stark abgeschliffen und gezackt, daß er seinen bildhaften Namen »Klöppelspitzen« (dentelles) durchaus verdient.

● VON VAISON NACH BEAUMES-DE-VENISE

In Vaison nehmen wir die D 977 und folgen nach sechs Kilometern der links abbiegenden D 88 nach *Séguret*. Das Dorf schmiegt sich an eine zerklüftete Anhöhe, gekrönt von einer Burgruine. Die »Gesellschaft der Freunde von Séguret« hat mit viel Sorgfalt das Dorf restauriert und in ein regelrechtes Kleinod verwandelt. Zu Weihnachten lockern lebende Krippenfiguren die provenzalischen Messfeiern auf. Solche Krippenspiele nennt man hier *Li Bergié de Séguret*. Für Leute mit schmalem Geldbeutel sei noch die Jugendherberge in Séguret erwähnt (Tel.: 90 46 93 31), die auch Workcamps (Chantiers de restauration) durchführt. Über Sablet gelangen wir nach *Gigondas*, bekannt vor allem für seinen köstlichen Rotwein. Vor dem Dorf hat man, unserer Meinung nach, mit die reizvollste Sicht auf die »Klöppelspitzen«. Hinter *Vacqueyras* verabschieden wir uns von der reizenden Hügellandschaft und erreichen wieder das Rhônetal.

Kost & Logis

– *Hôtel-Restaurant Montmirail:* in Montmirail, 84190 Gigondas, Tel.: 90 65 84 01. Dieser angenehme Landsitz besticht natürlich durch seine traumhafte Lage inmitten von Pinien und ganz nah an den großartigen *Dentelles de Montmirail*. Hoteleigener Park und einladender Swimmingpool. Während man für die Übernachtung mit 280 F rechnen muß, bietet das Restaurant zwei ausgezeichnete Menüs zu 95 und 140 F.

● BEAUMES-DE-VENISE

Die Felswände der *Dentelles de Montmirail* schützen das hübsche Dörfchen samt seiner Reben vor dem Mistral. Der Côtes-du-Rhône aus Beaumes ist zwar weniger bekannt als der Gigondas, aber deshalb keineswegs von minderer Qualität. Der würzige Muscat aus Beaumes, ein natürlicher Weißwein ohne Zucker, ist vielmehr der beste der Provence. Von daher rechtfertigt sich auch vollauf der Preis von 35 F für die hübsch anzusehende Flasche, auch »Venezianerin« genannt. Den Muscat sollte man allerdings nur (eis)gekühlt genießen. Wer dann noch die Melone mit Muscat kostet, bleibt bestimmt noch einen Tag länger in der Gegend!
Die wildromantische D 90 führt von Beaumes über *Lafare* und *Suzette* nach *Malaucène*. Hinter Lafare hat man auf der linken Seite ständig die felsigen Dentelles vor Augen, und bei Suzette bietet sich ein weiter Blick in die Rhôneebene. Die Straße steigt schließlich zu einer Paßhöhe auf, die einen Überblick auf die *Dentelles de Montmirail* einerseits und den Ventoux und das Ouvèze-Tal andererseits beschert.

● VON BEAUMES BIS ZUM FUSSE DES MONT VENTOUX

Die Dörfchen in dieser Gegend, mit Ausnahme von Malaucène, muten durchweg wildromantisch an und sehen ihre Hauptaufgabe in der Kultivierung der Weinrebe, die in dieser Ecke unter einer glühenden Sonne heranreift. Fast alle Orte besitzen mindestens ein kleines Speiselokal, wo ein Menü ohne hochtrabenden gastronomischen Anspruch für 42 oder 53 F zu haben ist.

Essen

– In Lafare, 84190, bringt das *Aventurine* eine sättigende Terrine und eine leckere Nachspeise aus Löffelbiskuits und Birnenkompott (Charlotte aux poires) für 50 F auf den Tisch.

In Malaucène, dem kleinen Marktflecken am Fuße des Ventoux, verdeckt eine ganze Reihe von Hotels und Restaurants an der platanenbestandenen Promenade das Restaurant *Le Siècle* (Tel.: 90 65 11 37). Allen, die gewaltig Kohldampf schieben, winkt hier in gepflegter Umgebung für 65 F ein einwandfreies Menü aus zwei Gerichten; mit etwas Glück sogar draußen im Schatten. Montag abend und Dienstag sowie die Zeit von Mitte November bis Mitte Dezember allerdings ausgenommen.

Unterkunft

– *L'Hôtel Le Cours:* 84340 Malaucène. Quartier ohne irgendwelche Besonderheiten; Doppelzimmer für 85 bis 170 F (mit Bad). Das Frühstück schlägt mit 14,50 F zu Buche.
– *L'Hôtel d'Origan:* 84340 Malaucène. Eine Kategorie höher einzuschätzen als das oben beschriebene Hotel; demzufolge auch schon mit befriedigendem Komfort. Die Tarife für ein Doppelzimmer mit Dusche oder Bad schwanken zwischen 143-165 F.
Wer im Sommer unmittelbar von Malaucène nach Vaison tuckert, wird tiefviolette Lavendelfelder durchqueren.

DIE NESQUE-SCHLUCHT UND DER MONT VENTOUX

Von Pernes-les-Fontaines kommend hat man kurz vor *Venasque* eine nette Steigung zu bewältigen. Als Belohnung winkt ein fabelhafter Blick auf die schnurgerade Häuserreihe, die Kirche und schließlich weiter hinten die Höhenstraße. Setzen wir unseren Weg fort in Richtung Nesque-Schlucht.

● *MONIEUX*

Essen

– *Restaurant du Lac:* 84390 Monieux. In freundlicher Umgebung und mit einem kleinen See, der noch zusätzlich für Erfrischung sorgt. Als wir dort Station machten, gab's noch kein richtiges Menü, sondern man verpflegte durchreisende Touristen just mit dem, was in Kühlschrank und Garten vorhanden war. Wir meinen, daß man diese gastronomische Initiative unterstützen sollte und sind gespannt auf Ihre Mitteilungen. Das Seeufer eigent sich zum Picknicken und Campen.

● Die Kleinstadt *Sault* ist ein Zentrum des Lavendelanbaus und der Imkerei rund um den Mont-Ventoux. Die D 1 nach la Gabelle schlängelt sich in vielen Kurven durch den Wald und bietet immer wieder reizvolle Perspektiven auf den über 1000 m höher aufragenden Ventoux-Gipfel. Hinter dem malerischen *Flassant* mit seinen ockerfarbenen Häusern folgen wir der schmalen Verbindungsstraße D 19 bzw. D 19 A Richtung Mont Ventoux. Während anfangs noch Weinberge und Olivenhaine unseren Weg begleiten, fahren wir mit zunehmender Höhe durch Zedernwald. Schließlich nimmt die Landschaft einen alpinen Charakter an und man entdeckt eine Berghütte und sogar mehrere Skipisten. Kurz vor dem Gipfel durchquert man ein weißes Geröllfeld, so daß man die karge Spitze des Mont-Ventoux auch schon aus der Ferne erkennt. Oben wacht eine Radarstation der französischen Luftwaffe und eine Sendeanlage. Südlich vom Parkplatz, eine Plattform mit Orientierungstafel. Ein überwältigendes Panorama tut sich auf: bei besonders klarem Wetter reicht der Blick sogar bis zum Pyrenäengipfel Canigou. Im Sommer bildet sich während der heißen Stunden häufig Dunst, weshalb man die Erstürmung des Gipfels für den frühen Vormittag bzw. gegen Abend einplanen sollte.

34 / RHONETAL UND HOCHPROVENCE

Der einsame Bergriese reizte schon den italienischen Dichter Petrarca, der im April des Jahres 1336 mit seinem Bruder die damals nicht ungefährliche Besteigung von Carpentras aus unternahm. In einem Brief ließ er sich dann zu einer begeisterten Schilderung von diesem ungewöhnlichen Ausflug hinreißen. Zwischen 1902 und 1973 fanden auf der Strecke Bédoin - Ventoux-Gipfel Autorennen statt. Zuletzt lag der Geschwindigkeitsrekord bei 142 km/h! Bisweilen hat die Tour de France eine Gipfeletappe auf dem Mont Ventoux als besondere Schikane in ihrem Programm.

Dank des hier besonders scharf blasenden Mistral liegt die Temperatur am Gipfel im Durchschnitt um 11° C niedriger als am Fuße des Berges. Es regnet doppelt soviel wie in der Ebene, doch versickert das Regenwasser rasch im stark zerklüfteten Kalkstein des Massivs und im südlich vorgelagerten Plateau von Vaucluse. Während der kalten Jahreszeit fällt das Thermometer auf dem Gipfel bis auf -27° C. Ab einer Meereshöhe von 1300-1400 m bleibt der Schnee von Dezember bis April liegen, so daß mehrere Orte des Nord- und Südhangs gute Wintersportmöglichkeiten bieten. Früher wurde der Ventoux im Volksmund »geschälter Berg« (Mont Pelé) genannt, weil er als Hauptholzlieferant der Werften von Toulon ziemlich kahlgeschlagen worden war. Mittlerweile wurde er mit den verschiedensten Baumarten wiederaufgeforstet, die ab ca. 1600 m Höhe einer grauweißen Steinwüste Platz machen. In der obersten Bergzone findet man sogar Flechten und Moose des Polarkreises.

Bei der Talfahrt vom 1909 m hohen Gipfel ist äußerste Vorsicht angebracht.

● *BEDOIN*

Kost & Logis

– *Camping municipal de la Pinède:* Tel.: 90 65 61 03. Der komfortable Zeltplatz wird vom 1. April bis zum 15. September betrieben.
– *Restaurant de l'Observatoire:* an der Promenade. In einer schmucklosen Umgebung wird für 38 F ein Menü mit z.B. Blumenkohlsalat, Paella, Käse oder Nachtisch serviert. Schöner sitzt man auf der Terrasse unter den Platanen.

AVIGNON

Avignon führt zurecht den Titel »Stadt der Päpste«: immerhin rückte die vergleichsweise unbedeutende Stadt plötzlich für einige Jahrzehnte in den Mittelpunkt der christlichen Welt. Zwischen 1309 und 1377 regierten hier nicht weniger als sieben Päpste, von den Gegenpäpsten, die sich nach dieser Zeit noch jahrzehntelang in der Provence aufhielten, ganz zu schweigen. Das Konzil von Konstanz (1414-1418) räumte schließlich mit dem ganzen Chaos auf.

Mit den Päpsten war plötzlich Geld nach Avignon gekommen, viel Geld, und es ist bestimmt nicht falsch, aus heutiger Sicht von einer Goldgräbermentalität zu sprechen, die sich in Avignon damals breitmachte. Denn neben Künstlern, Wissenschaftlern, Fürsten und Diplomaten strömten plötzlich aus allen Himmelsrichtungen Soldaten, Diebe, Zauberer, Prostituierte, Glücksspieler usw. hierher, um in dieser Aufbruchstimmung und in diesem Chaos ihr »Glück« zu versuchen. Aber lassen wir den philosophierenden Dichter Petrarca, der das Leben am päpstlichen Hofe kennengelernt und sich dann auf einen Landsitz in der Vaucluse zurückgezogen hatte, zu Wort kommen: »Diese Stadt ist eine Abfallgrube, wo sich aller Unrat der Welt versammelt. Man verachtet Gott und betet das Geld an; man tritt die göttlichen und die menschlichen Gesetze mit Füßen. Alles atmet Lüge: die Erde, die Häuser und vor allem die Schlafzimmer«. Er beschreibt die Kardinäle, »jene kindischen Greise im weißen Haar«, die sich arme Mädchen vom Lande zutreiben lassen, ihnen Geschenke versprechen und sie »mit hängenden Lippen« küssen, »mit zahnlosem Munde« beißen. Zum Leben im Zentrum der kirchlichen Macht meint er: »Dieses hektische Zusammenleben so vieler entwurzelter, aus ihrem Vaterland fortgereister, Menschen läßt im päpstlichen Palast alle Laster

gedeihen, die Luxus und Nichtstun nur entstehen lassen können«. Diese knapp siebzig Jahre ergäben wohl Stoff für viele Romane ...
Avignon wird vor dem Mistral durch die etwa 4,5 km lange Stadtmauer geschützt, überragt vom Papstpalast und der Kathedrale Notre-Dame-des-Doms. Für die »Durchblutung« von soviel altem Gemäuer sorgen einmal die Rhône und dann die Universität. Und natürlich das berühmte *Festival d'Avignon*. Es wurde 1947 von Jean Vilar begründet und verwandelt die Stadt jeden Sommer ab Mitte Juli in ein riesiges Freilichttheater unter dem warmen südlichen Himmel. Das Festival ist für sein Bemühen um hohe Qualität bekannt und die beachtlichen Besucherzahlen geben der ursprünglich heftig kritisierten Initiative Recht. In den vier Wochen werden über 300 Veranstaltungen dargeboten, und neben dem offiziellen Programm läuft schon seit Jahren ein alternatives, teils recht spontanes, Parallelprogramm. Wen Massenauftrieb und Hitze nicht stören, der sollte Avignon zur Festivalzeit besuchen. Eine miese Unterkunft – vielleicht versucht man's in der Umgebung – und mehr Francs als sonst für mäßiges Essen dürften dann auch nicht mehr ins Gewicht fallen. Eine volksfestbegeisterte Stadt, die erst spät nach Mitternacht zur Ruhe kommt, und eine Fröhlichkeit, die man in unseren Breitengraden nur selten findet, sind die Belohnung für diese Nachsicht. Karten für die offiziellen Veranstaltungen sind zum Teil schon sehr früh ausverkauft. Wegen der Kartenvorbestellung wende man sich am besten an den Office du Tourisme, 41, cours Jean-Jaurès, 84000 Avignon, Sonder-Tel.: 90 86 24 43. Und für ausgesprochene Adepten hier noch die Anschrift der Festivalleitung: Bureau du Festival, 8, rue de Mons, 84000 Avignon, Tel.: 90 82 67 08.

Adressen

– *Verkehrsbüro:* 41, cours Jean-Jaurès, Tel.: 90 82 65 11.
– *Flugplatz:* Avignon-Caumont, 8 km südlich; Tel.: 90 31 20 39.
– *SNCF:* 90 82 62 92 und 90 82 50 50. Der Hochgeschwindigkeitszug TGV (Train à Grande Vitesse) schafft die Strecke Paris-Avignon in 4½ Stunden.
– *Parken:* abgesehen von der Tiefgarage unter dem Papstpalast raten wir, selbst in der Nebensaison außerhalb der Stadtmauern, am besten auf der Westseite, zu parken.
– *Autovermietung: Ardam location*, Garage Saint-Valéry, boulevard Limbert, beim Bahnhof. Tel.: 90 86 81 11 und 90 82 10 31. Hier können Touristen einen Wagen zum halben Preis chartern.

Unterkunft

Von Mitte Juli bis Mitte August ist eine Reservierung unabdingbar! Wegen des Festivals entsteht in diesen vier Wochen ein derartiger Ansturm auf Hotelbetten, daß man ohne Reservierung tatsächlich das Risiko eingeht, eine Nacht auf der Straße zu verbringen. Deshalb nachfolgend jede Menge Informationen, die es ermöglichen sollten, sich von zuhause aus ein »Festivalbett« zu sichern. Ja, wir verraten sogar die einzige Adresse, für die man in dieser – im doppelten Sinne heißen – Zeit nicht reservieren muß!
– *Pax Christi:* eine Gruppe von Freiwilligen betreut dieses Notquartier, wo man ca. 55 F für die Übernachtung zahlt. Leider sind die Räumlichkeiten nicht jedes Jahr dieselben, so daß man die Nummer (1) 43 36 36 68 in Paris anrufen muß, um zu erfahren, wo genau man sein Haupt zur Ruhe betten kann.

● *Besonders preiswert*

Abgesehen von der Jugendherberge sind die nachfolgend aufgeführten Wohnheime überwiegend nur im Sommer für die Öffentlichkeit zugänglich. Zudem nimmt das einzige Wohnheim in der Altstadt nur Frauen auf.
– *Foyer des Jeunes Contadines:* 75, rue Vernet, 84000, Tel.: 90 86 10 52. Nicht gerade die billigste Lösung, aber wo kriegt eine Frau schon ein zentral gelegenes Einzelzimmer für 77 F? Für das Doppelzimmer zahlen zwei Frauen zusammen 110 F, während der Preis fürs Frühstück 10 F beträgt.

36 / RHONETAL UND HOCHPROVENCE

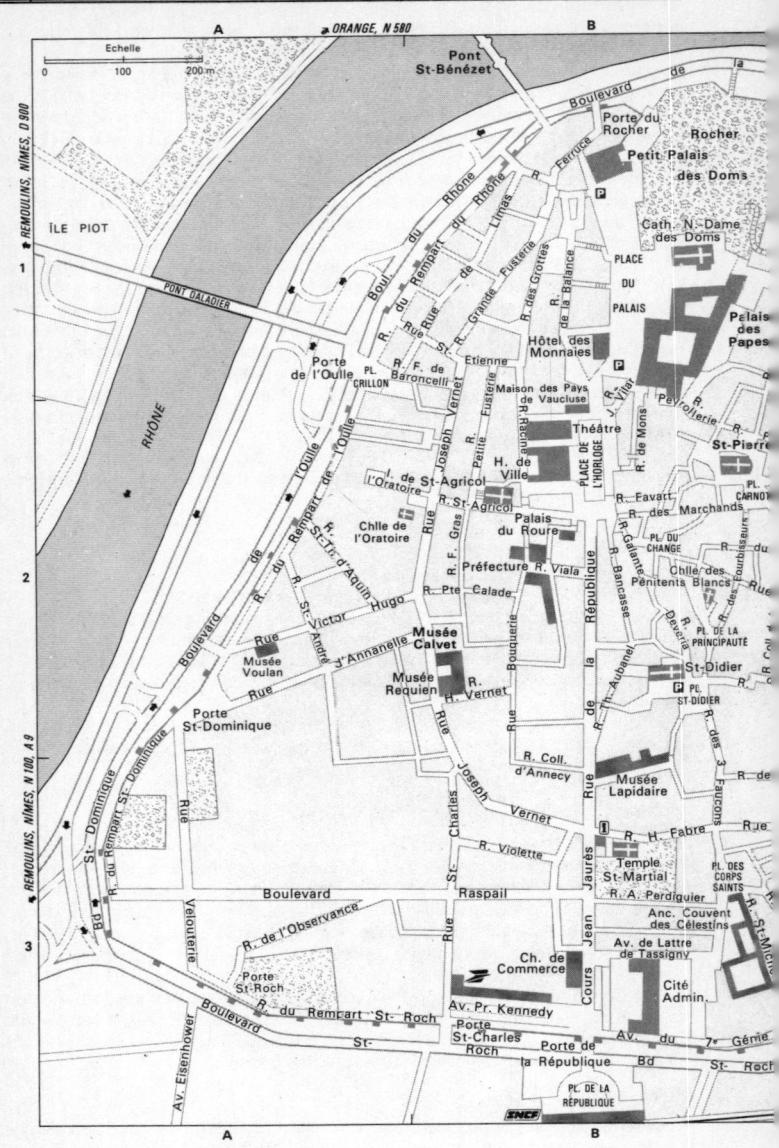

PLAN

AVIGNON / 37

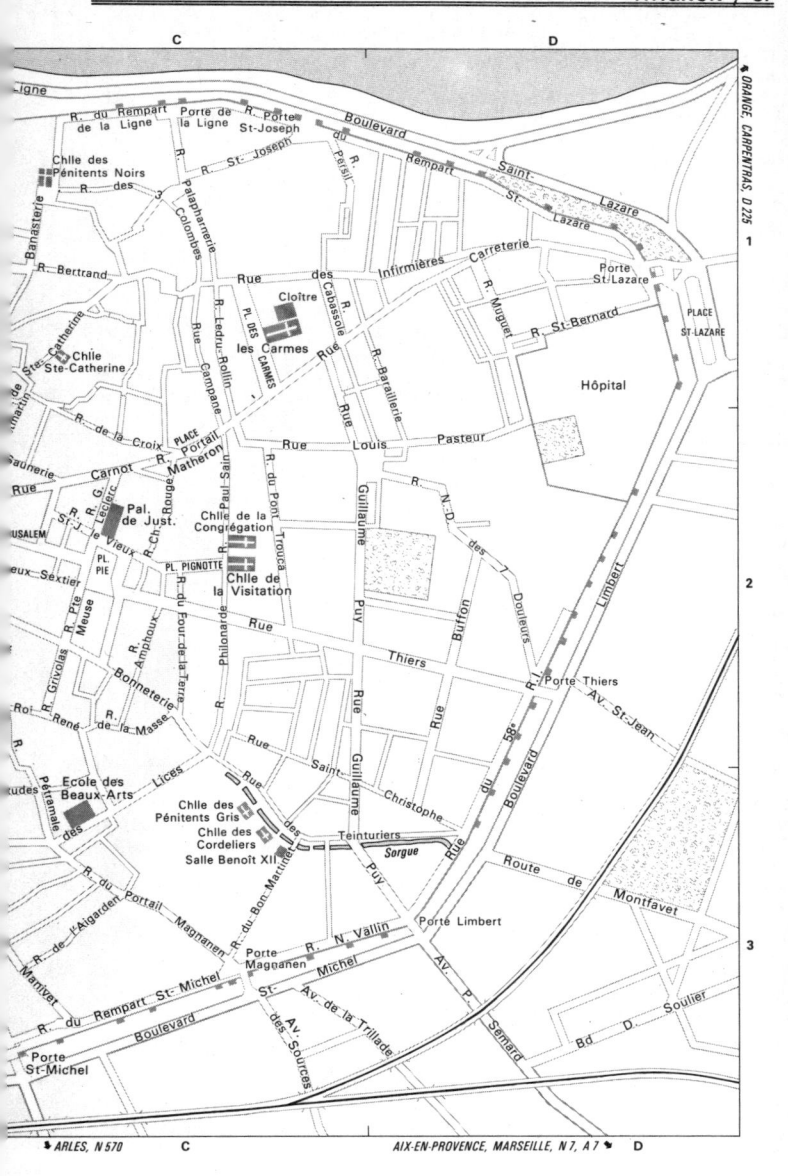

AVIGNON

38 / RHONETAL UND HOCHPROVENCE

Nur einen Steinwurf vom Zentrum und unweit der Rue des Teinturiers, wo wir mehrere sympathische Restaurants ausgemacht haben, aber jenseits der Stadtmauer, die:
- *Jugendherberge:* 32, bd Limbert, 84000, Tel.: 90 85 27 78. Für die Übernachtung in einem 16-Betten-Schlafsaal muß man mit Frühstück 50 F berappen. Zur Jugendherberge gehört ein kleiner Squash-Club. Also Squash-Schläger nicht vergessen, für alle Fälle!
- Dann haben wir hier noch eine Übernachtungsmöglichkeit, bei der, wie bei *Pax Christi*, die Unterbringung fast jedes Jahr woanders erfolgt. Allerdings muß man sich für mindestens vier Tage und mit Vollpension einquartieren. Wer mehr über dieses konkurrenzlose Angebot (121 F/Tag) erfahren möchte, wende sich an CEMEA, 76, bd de la Villette, 75940 Paris, Tel.: (1) 42 06 38 10.

● *Etwas außerhalb*

- In *Villeneuve-lès-Avignon*, 1 km von der Stadtmitte, befindet sich das Wohnheim *Foyer de l'UCJC*, chemin de la Justice, 30400 Villeneuve-lès-Avignon, Tel.: 90 25 46 20. Das von März bis Oktober geöffnete Haus mit einer Kapazität von 220 Betten besitzt sogar ein Schwimmbad. Für eine Übernachtung mit Vollpension sind 165 F fällig, für die Halbpension je nach Anzahl der Betten pro Zimmer (3 bis 12 Betten) 85 bis 132 F.
- In les Angles, le Canadeau de Bellevue, route de Nîmes, die in jeder Hinsicht preiswerte Vereinigung *Jeunesse Accueil*. Am besten kommt man mit einem Bus der Linie 10 von der Hauptpost in Avignon hin. Für die Übernachtung muß man hier 27 F, im eigenen Zelt 8 F, berappen. Die Essenspreise sind ebenfalls bescheiden: Frühstück 8 F, warme Mahlzeit 11 F und kalte Mahlzeit 10 F.
- *Le Rocher Pointu:* plan de Dève, 30390 Aramon, Tel.: 66 57 41 87. Es handelt sich um die Gästezimmer bei Madame Annie Malek, immerhin schon 13 km von Avignon rhôneaufwärts. Für eines der insgesamt drei Doppelzimmer zahlt man 250 F. Viertes Zimmer mit Doppelbett und kleinem Bett: bei Benutzung durch zwei Personen zu 300 F, bei drei Personen 380 F. Bei allen Tarifen ist ein ausgiebiges Frühstück inbegriffen. Allen Gästen stehen ein gemeinsamer Aufenthaltsraum mit Fernseher und Radio sowie draußen ein Grillgerät zur Verfügung.

● *Immer noch günstig*

- *Hôtel Savoy:* rue de la République, 84000, Tel.: 90 86 46 82. 44-Zimmer-Hotel mit einigen wenigen Gemächern zu 66 F, die meisten zu 89 F und noch ein paar noblere zu 139 F. Kostenpunkt Frühstück: 11 F. Das ruhig und zentral gelegene altväterliche Hotel nutzt die Räumlichkeiten eines herrschaftlichen Stadthauses, von dem auch heute noch die Riesentreppe und die originelle Bibliothek mit Perspektivmalerei sehenswert sind.
- *Hôtel Innova:* 100, rue Joseph-Vernet, 84000, Tel.: 90 82 54 10. Schlicht, aber bequem, wie auch Monsieur Duprieu, der sympathische Inhaber, meint. Das zum Hof hinausgehende Doppelzimmer mit Dusche ist für 96 F zu haben, das Frühstück für 13 F. Aufgepaßt: die elf Gästezimmer sind selbst in der Nebensaison im Handumdrehn ausgebucht.
- *Hostellerie de l'Isle:* auf der Insel *Ile de la Barthelasse*, aber doch noch 2 km von der Brücke entfernt. Tel.: 90 86 61 62. Obwohl in nächster Nähe zu Avignon, fühlt man sich hier glatt wie auf dem Land. Sonntag Ruhetag. Die Preise: Zimmer mit Bad und WC für 80 bis 100 F, Zimmer mit zwei Doppelbetten für 150 F, Frühstück zu 15 F. Verbringt man die Nacht zu viert in einem Doppelbett, kann der Bettrahmen schon mal bedrohlich ächzen.
- *Hôtel Beauséjour:* 61, av. Gabriel-Péri, 84000, Tel.: 90 25 20 56. Jenseits der Insel und der Rhône in Villeneuve-lès-Avignon, von wo man ohnehin die reizvollste Sicht auf Avignon hat. Das relativ neue Hotel mit Restaurant vermietet Doppelzimmer von 88 bis 117 F und Dreibettzimmer für 139 F. Für die Dusche muß man pro Zimmer nochmals 20 F dazurechnen.

● *Etwas teurer, dennoch nicht gerade umwerfend*

- An der vom Cours Jean-Jaurès zur Place des Corps-Saints führenden Rue Agricol-Perdiguier liegen drei Hotels mit insgesamt ca. 50 Zimmern. Das *Splendid*,

AVIGNON / 39

Tel.: 90 86 14 46, und *Le Parc*, Tel.: 90 82 71 55, sind in dieser Reihenfolge noch die beiden besten. Man sollte mit 140 F fürs Doppelzimmer und 10 bis 15 F fürs Frühstück rechnen.

– *Le Jacquemart:* 3, rue Félicien-David, 84000, Tel.: 90 86 34 71. Doppelzimmer mit Frühstück zu 127 F. Dieses altehrwürdige Hotel ist im wahrsten Sinn des Wortes wieder aufgemöbelt worden, allerdings derart geschmacklos, daß es wohl niemandem gefallen dürfte. Auf der anderen Seite wird sich wohl niemand beklagen, für einen derart niedrigen Preis mitten in der Stadt, nur ein paar Schritte von der Place de l'Horloge und vom Papstpalast, zu logieren!

● *Etwas teurer aber netter*

– *Hôtel Mignon:* 12, rue Joseph-Vernet, 84000. Tel.: 90 82 17 30. Das Haus trägt seinen Namen (mignon = reizend) zurecht. Geschmackvolle Zimmer mit einem kleinen Rundtisch, Stilsesseln und doppelten Vorhängen. Alle zur Straße hin besitzen Doppelfenster und eine wirksame Schallisolierung. Doppelzimmer mit Dusche liegen preislich um die 135 F herum, diejenigen mit Dusche und WC bei 150 F. In der Nebensaison geht's bei 95 F los. Vorher heißt's aber erstmal, drei Etagen ohne Aufzug zu bewältigen.

– *Hôtel Saint-Roch:* 9, rue Paul-Méruidal, 84000, Tel.: 90 82 18 63. Nach Verlassen der Innenstadt durch die Porte Saint-Roch auf der Avenue Eisenhower die erste Straße rechts. Hinein durch den rustikalen Eingang mit unverputzten Steinen und typisch rot gekacheltem Fußboden. Und schon steht man vor einer besonders sympathischen Dame. Für eines der 15 Durchschnittszimmer verlangt sie 113 F (mit Dusche). Ein weiteres Plus sind die guten Parkmöglichkeiten und der 600 m^2 große Garten.

– *Hôtel Florence:* in 30400 Villeneuve-lès-Avignon, 40, rue du Général-Leclerc – die Straße geht über den Pont Daladier hinaus in Richtung les Angles – Tel.: 90 25 55 00. Für 110 F darf man eines der niedlichen Zimmer mit Dusche vorübergehend sein Eigen nennen. Ein Café ist dem Hotelbetrieb angeschlossen.

● *Etwas schicker*

– *Hôtel Bristol Terminus:* 44, cours Jean-Jaurès, 84000, Tel.: 90 82 21 21. Ganzjährig geöffnetes Haus im Besitz einer alten Avignoner Familie: ein Familienmitglied ist sympathischer als das andere! Und irgendwie herrscht hier noch ein angenehm altmodisches Flair; ganz so könnte es vor 50 Jahren auch schon gewesen sein. Preis für ein Doppelzimmer: 180 F. Klar, daß dieses Drei-Sterne-Hotel beim Bahnhof mit den Preisen eines Zwei-Sterne-Hotels zu unseren Vorzugsadressen zählt.

– *Le Magnan:* 63, rue du Portail-Magnanan, 84000, Tel.: 90 86 36 51. Unweit der Stadtmauer. 32 neue, modernen Komfort ausstrahlende, Zimmer zum Garten hin; mithin ruhig. Doppelzimmer 150 F, mit Bad 160 F.

– *Hôtel d'Angleterre:* 29, bd Raspail, 84000, Tel.: 90 86 34 31. Vom 20. Dezember bis zum 24. Januar Betriebsruhe. Altes Hotel in einem ruhigen Viertel. Brauchbare Zimmer, ein Aufzug erspart das Treppensteigen, außerdem Parkmöglichkeiten auf dem Hof. Von den insgesamt 40 Zimmern sind drei Doppelzimmer für 115 F zu haben, die übrigen Doppelzimmer liegen zwischen 140 und 295 F.

– *La Cité des Papes:* 1, rue Jean-Vilar, 84000, Tel.: 90 86 22 45. Von Mitte Dezember bis Mitte Januar läuft hier nichts. Das Drei-Sterne-Hotel mit Aufzug für Kurzatmige ist relativ neu. Zimmer zum Wohlfühlen mit Klimaanlage, Radio, Telefon und Mini-Bar. Preis fürs Doppelzimmer mit Dusche: 200 bis 300 F, was in dieser zentralen Lage im Dunstkreis des Papstpalastes ein ausgezeichnetes Preis-/Leistungsverhältnis darstellt. Im *Bistrot d'Avignon* unterdrin, sieben verschiedene Eisbecher, die jeweils den Namen einer der Päpste von Avignon tragen. Es bestehen natürlich berechtigte Zweifel darüber, ob die Geschmäcker der lebenslustigen Päpste bis in diese Details bekannt waren ... Tatsache ist aber, daß für einen Eisbecher um die 30 F fällig werden.

– *La Ferme Jamet:* Ile de la Barthelasse, 84000, Tel.: 90 86 16 74. Von Avignon kommend biegt man hinter der Brücke rechts ab, danach braucht man nur noch den Schildern zu folgen, bis zu einem urigen Landhaus aus dem 16. Jh. Eines der fünf Zimmer mit altem Mobiliar oder der zwei supermodernen, wundervoll einge-

40 / RHONETAL UND HOCHPROVENCE

richteten, Appartements ist hoffentlich noch frei. Darüber hinaus stehen auch noch drei einfache Bungalows sowie ein Original-Zigeunerwagen zur Verfügung: wenn das keine Auswahl ist! In jedem Zimmer, eine Mini-Bibliothek; Schwimmbad und Tennisplatz betrachtet man bei einem solchen Angebot fast schon als Selbstverständlichkeit. Schließlich wollen wir noch den herzlichen Empfang durch Etienne und Martine erwähnen. Möglichst das sogenannte »Etienne-Zimmer« verlangen: allein schon die Waschecke ist sehenswert! Zwei Personen berappen für ein Appartement zwischen 196 bis 266 F. Wer möchte, kann sich auch wie viele seiner Vorgänger – darunter bekannte französische Schauspieler – in das Goldene Buch eintragen. Logisch, daß man auch hier an eine rechtzeitige Buchung zu denken hat.

● *Campingplätze*

– Allesamt auf der Rhône-Insel *Ile de la Barthelasse*, 80400. *Municipal*, Tel.: 90 82 63 50, und *Bagatelle*, Tel.: 90 86 30 39, machen einen etwas gediegeneren Eindruck als der *Deux-Rhônes*, Tel.: 90 85 49 70 und der *Parc des Libertés*, Tel.: 90 85 17 73. Davon abgesehen, genießt man von den beiden erstgenannten Plätzen eine hübsche Aussicht auf den *Pont d'Avignon* und den Papstpalast; gerade bei Sonnenuntergang, ein schickes Fotomotiv.
Motorisierte sollten während der Festivalzeit ihr Glück vielleicht auch beim *Camping du Grand Bois*, La Tapy, Tel.: 90 31 37 44, in Le Pontet versuchen.

Essen

Die vom Bahnhof zum Papstpalast verlaufende Verkehrsachse, der Cours Jean-Jaurès und die Place de l'Horloge, beherbergt sowohl die großen klassischen Cafés als auch die zuletzt wie Pilze aus dem Boden schießenden Schnellimbisse. Sobald man aber mal die Hauptstraße verläßt und die Seitenstraßen abklappert, stößt man auf den vielgepriesenen Charme einer kleinen Provinzstadt und auf eine Menge guter Adressen, wo auch das Preis-Leistungsverhältnis stimmt.

● *Für weniger als 50 F*

– *Le Maquis*: 55, rue des Teinturiers, 84000, Tel.: 90 86 48 46. Endlich einmal ein Restaurant, das noch unverfälschte korsische Speisen serviert. Mittags Tagesgericht zu 37 F. Zum gleichen Preis mittags und abends ein Tellergericht. Beim Menü zu 69 F besteht das Hauptgericht z.B. aus einem nach korsischer Art zubereiteten Zicklein (cabri cuit à la corse) oder einem Carpaccio (geschnetzeltes, mariniertes, Rindfleisch). Die Patrimonio, Figari, Domazan usw. sind keine Familien-Clans der korsischen Vendetta (einer Art Blutrache-Gesellschaft), sondern Tischweine von der Insel.
– *Tache d'Encre*: 22, rue des Teinturiers, 84000, Tel.: 90 85 46 03. Rundum sympathisches Kleinkunstcafé, wo man im Winter Gelegenheit hat, sich am Kaminfeuer zu wärmen. Mittags erhält man für 39 F eine Vorspeise, ein Hauptgericht – wobei eine Vorliebe für Aïoli de morue, d.h. pochierte Stockfischstücke mit Gemüse, Eiern, Muscheln und Knoblauchmayonnaise zu bestehen scheint – ein Viertel Wein oder einen Kaffee. Das Menü zu 49,50 F beinhaltet z.B. Linsensalat mit Speck und Goldbrasse. Wie wär's am Abend mit einem Menü zu 72 F, z.B. Seezunge nach Jerez-Art mit Estragoncreme? Kulturbeflissene dürfen sich freuen: abends findet oft noch eine Veranstaltung (Theater- oder Liederabend) statt.
– *La Ciboulette*: 1 bis, rue du Portail-Magnanan, 84000, Tel.: 90 85 09 95. Samstags- und sonntagmittags sowie montags ganztags geschlossen. Zum Preis von 53 F wähle man zwischen drei verschiedenen Salaten, wobei man beliebig viel nehmen darf, und anschließend gibt's ein Zwischenrippenstück vom Rind mit frischen Nudeln. Beim Menü zu 74 F wird's noch doller: da besteht sogar die Möglichkeit, sich durch sechs verschiedene Salate hindurchzufuttern, ehe man sich einem handfesterem Gericht zuwendet. Das Ganze spielt sich in einem eher schlichten, aber dennoch netten Rahmen ab.
– *Le Pain Bis*: 6, rue A.-de-Pontmartin, 84000, Tel.: 90 86 46 77. Vegetarisches Restaurant, das bereits für 44 F ein schmackhaftes Menü zaubert, dem die auf die Zubereitung verwendete Mühe anzumerken ist: Spinatsalat mit Haselnüssen, eine

Art Kürbistorte, ein Eintopfgericht aus Kohl, Kartoffeln und Speck mit Kümmel (potée au cumin), Nachtisch nach Art des Hauses usw. – wem liefe da nicht das Wasser im Mund zusammen?
– *La Ferme:* Ile de la Barthelasse, 84000, Tel.: 90 82 57 53. In der Nähe der *Ferme Jamet* – bis dahin ausgeschildert – erwartet einen ein richtiger Bauernhof. Dazu gehören auch hier ein Kamin, ein echter Backofen, das alte Mobiliar sowie die typischen Vorzeigestücke vom Gewehr angefangen bis zum ausgestopften Fuchs, der natürlich einen ausgestopften Vogel in seiner Schnauze hält. Die Bar im Stil der 60er Jahre paßt vielleicht nicht ganz hierher, aber wir befinden uns ja hier auf dem Land! Wir empfehlen die Vorspeisen, z.b. eine ganz ausgezeichnete Aufschnittplatte, das Zwiebel-Omelett, das im Kamin gegrillte Schweinekotelett und die hausgemachte Torte, das Ganze für 98 F. Ein Krug mit einem halben Liter des süffigen lokalen Weinchens kostet die Kleinigkeit von 6,30 F. Das andere Menü zu 66 F bietet natürlich eine breitere Auswahl.
– *Le Venaissin:* das einzige Lokal an der Place de l'Horloge, das wir an dieser Stelle erwähnen möchten. Wer 48 F übrig hat, dem serviert man in diesem Lokal ein originelles Menü mit Melone oder Spargel (5 F Aufpreis), geschmortem Hammelfleisch nach Avignoner Art und einen Nachtisch. Zwei weitere Menüs zu 46 und 64 F im Angebot. Eine Beschreibung der *Place* erübrigt sich: man muß sie erleben, am besten zu Zeiten des Festivals!

● *Zwischen 50 und 100 F*

– *La Bonne Croûte:* 27, rue des Teinturiers, 84000, Tel.: 90 82 71 19. Nur abends geöffnet, sonntags geschlossen. Zwischen einer Statue Marias mit dem Jesuskind, künstlichen Blumen in einer Glaskugel, zwischen irgendwelchen Engelsbüsten, Kunstbüchern, der Venus von Milo – natürlich nicht der echten! – und verschiedenen Spiegeln haben wir einige Tische ausgemacht; drei, wenn wir richtig gezählt haben und nicht schon wieder angesäuselt waren. Wer schon immer einmal in einem Antiquariat tafeln wollte, der sollte sich diese Adresse merken! Warmer Ziegenkäse oder eingelegtes Entenfleisch, ein Rippenstück vom Rind und eine »schwimmende Insel« (*Ile flottante*, eine leckere Nachspeise aus Bisquit und Vanillecreme) für 64 F.
– *La Ferigoulo:* 30, rue Vernet, 84000, Tel.: 90 82 12 28. Sonntags in der Nebensaison und Montag mittags sowie Anfang Juni und Anfang November leider geschlossen. Menü zu 52 F mit einem Viertel Wein nur über Mittag, ansonsten werden zwei Menüs zu 80 und 104 F aufgetischt. In angenehmer und gelöster Umgebung läßt sich hier gepflegt speisen. Der Tisch in der Mitte mit den Desserts und den verschiedenen Käsesorten versetzt die Geschmacksknospen gleich in frohe Erwartung.
– Der *Salon de la Fourchette* und *La Fourchette II:* 7, rue Racine, 84000, Tel.: 90 81 47 76. Zustände wie bei Rocky und Rambo: wahrscheinlich wird es auch hier eines Tages die Fourchette III. und IV. geben. In beiden Restaurants, für 85 F das gleiche Menü. Es handelt sich um Filialen von Hiely-Lucullus, dem Papst der feinen Küche in Avignon. Da fast jeder in den *Salon* rennt, steuern wir die Fourchette II an. Die Gerichte entsprechen jenen im Feinschmeckerlokal Hiely; auch der Geschmack, nur sind die Preise in diesen Filialen wesentlich günstiger. Besonders in Festivalzeiten trifft man hier auf den einen oder anderen bekannten Schauspieler von Theater oder Film. Wenden wir uns dem Menü zu 85 F zu. Bei den Vorspeisen wähle man zwischen: frischer Geflügelleber mit eingelegten Zwiebeln, frischen Sardinenfilets, Makrelen süß-sauer mit Lauch, einer Kräuterterrine, gefüllten Tomaten auf provenzalische Art und anderen Leckerbissen.
Schmeckt alles originell und köstlich, was sich beim Hauptgang fortsetzt: kaltes Spanferkelfilet mit Basilikum und Gemüse, warmer Wachtel- und Entensalat mit Rosenkohl, Goldbrassenfilet mit Senfsauce und frischen Tomaten. Schließlich noch die Auswahl unter zwölf verschiedenen Desserts, wobei wir von den Sorbets und dem Eis besonders angetan waren. Selbstverständlich ist das Lokal auch bestens geeignet, um hier nachmittags in aller Ruhe ein Eis zu schlecken. Zu den Weinen: einige junge frische Côtes-du-Rhône und Châteauneuf-du-Pape in der Karaffe zu erfreulich vernünftigen Preisen.

Um eine rechtzeitige Buchung führt kein Weg vorbei. Nach Möglichkeit sollte man sich um einen Tisch auf der Terrasse bemühen.
- *Le Chandelier:* 29, rue Saraillerie, 84000, Tel.: 90 85 21 83. Das familiäre Interieur liegt so zwischen rustikal und angestaubt: vergilbte Fotos, diskrete Musik und nette Inhaber, die in der Nebensaison auch schon mal selbst am Nachbartisch ihre Mahlzeit einnehmen. Jules, der Haushund, macht meist erst beim Nachtisch kläffend auf sich aufmerksam. Das Menü zu 60 F mit Thunfischschaumcreme, gefolgt von einem originellen Fisch nach Art des Hauses mit Safransauce und Rosinen, hat uns jedenfalls überzeugt. 85 F muß investieren, wer eine leckere Lachsschaumcreme und anschließend ausgezeichnete Kalbsnieren in Senfsauce vorzieht. Von den vier Rosés aus der Gegend wäre der kleine, aber feine, Lirac besonders zu erwähnen.
- *Le Santal:* 13, rue Saint-Etienne, 84000, Tel.: 90 82 33 08. Die moderne Inneneinrichtung verspricht dank Klimaanlage einen angenehmen Aufenthalt. Bestandteil des Menüs zu 56 F ist unter anderem ein Stück echte Camarguetorte mit Spinat, während beim Menü zu 77 F u.a. Gänseleberschaumcreme, Kalbsbries mit Trüffeln oder eingemachtes Gänsefleisch bzw. Seezunge zur Debatte stehen.

● *Über 100 F*

- *Le Petit Bedon:* 70, rue Vernet, 84000, Tel.: 90 82 33 98. Im ganzen ansprechende Inneneinrichtung, wenn auch die Sessel nicht so hübsch sind wie die Gläser; abgesehen davon, daß man von einigen Tischen aus fast in die Küche schielen kann. Egal, man speist im *Petit Bedon* ausgezeichnet und dafür sind wir schließlich hierhergekommen. Mittags ein Menü für 74 F, mittags und abends ein weiteres zu 128 F. Die Piperade, ein baskisches Gericht aus Paprika, Tomaten und Ei, ist unschlagbar. Obendrein sind die Portionen reichlich bemessen. Insbesondere die dünnen Kalbsnierenscheiben und das Kalbsbries mit Senfkörnern stellen eine geglückte Kombination dar. Beim Menü zu 128 F darf man bei Käse, Gebäck und Sorbets beliebig oft zulangen.
- *Le Vernet:* 58, rue Vernet, 84000, Tel.: 90 86 64 53. In der Nebensaison sowie im Januar und Februar geschlossen. Selbst wenn man, was bei unseren Lesern wahrscheinlich ist, keine Geschäftsabschlüsse im Sinn hat, ist das »Geschäftsessen« *(Menu affaires)* zu 106 F stets eine vortreffliche Wahl. Es beginnt mit einer Art Tapas, kleinen Appetithappen, gefolgt von einem Melonen- und Pampelmusen-Cocktail mit frischer Minze, einem würzigen Putenbraten mit Paprikapüree und schließlich einem Rhabarber-Parfait; das Viertel Wein und der Kaffee sind im Preis inbegriffen. Eine Klasse für sich stellt das Menü dar, das sich am jeweiligen Marktangebot *(sélection du marché)* orientiert!
- *Les Trois Clefs:* 26, rue des Trois-Faucons, 84000, Tel.: 90 86 51 53. Sonntags steht man, außer im Juli, vor verschlossenen Türen. In dieses schicke Restaurant sollte man nicht gerade mit seiner ältesten Jeans hineinspazieren. Lohnendes Menü zu 101 F; wer jedoch befürchtet, mit dem Hauptgang aus geschmorten Schweinsfüßen und eingelegtem Gemüse nicht satt zu werden, der sollte sich gleich dem Menü zu 139 F zuwenden: er wird es nicht bereuen! Geschmorte Quappe in Aspik und Nußölsalat konkurrieren mit einem Rührei samt Krebsschwänzen. Und danach lange man bei der originellen Dornrochenwurst mit Rosenkohl und Speckstreifen zu ...

Sehenswert

- Der *Papstpalast* (Le palais des Papes): In Frankreich ist vielen die Definition des Chronisten und Dichters Jean Froissard geläufig, der den Papstpalast als »das schönste und stärkste Haus der Welt« bezeichnet hat. Die vielen Säle und Kapellen dieses herrlichen gotischen Bauwerks beeindrucken jeden Besucher. Die knapp einstündige Führung ist so fesselnd, daß die Zeit geradezu im Fluge vergeht. In der Hauptsaison, also vom 1. Juli bis zum 30. September, finden die Führungen im halbstündigen Abstand von 8 bis 11.30 Uhr und von 14 bis 18.30 Uhr statt. Zu den Hauptstationen der Führung zählen der 48 m lange *Bankett-Saal* (le grand Tinel oder Salle des Festins), verschiedene Räume mit ansehnlichen Fresken, besonders das sogenannte *Hirsch-Zimmer* (Chambre du Cerf), die herrliche

Klementinische Kapelle und der *große Audienzsaal* (salle de la Grande Audience), der auch heute noch für Festbankette genutzt wird.
- Der *kleine Palast* (Le petit palais) entstand im frühen 14. Jh., war die Residenz der Bischöfe von Avignon und beherbergte gelegentlich Gäste von Rang und Würden. Nach recht unterschiedlicher Nutzung, u.a. als Pferdestall, Priesterseminar und Gewerbeschule, wurde das Gebäude erst 1976 seiner heutigen Bestimmung als Museum zugeführt. Der Rundgang durch die drei Stockwerke mit insgesamt 19 Sälen vermittelt einen lückenlosen Überblick über die Entwicklung der italienischen Malerei vom Mittelalter bis zur Renaissance.
- Die sich zwischen beiden Palästen erstreckende *Place du Palais* wurde 1403 geschaffen, als man den Verbindungsteil zwischen beiden Gebäuden abriß. Während der Platz in der Nebensaison oft fast menschenleer daliegt, herrscht hier während des Festivals ein fast schon beängstigendes Geschiebe.
- Der *Park auf dem Doms-Felsen* (Le jardin sur le rocher des Doms) bietet von seinen Terrassen verschiedene lohnende Ausblicke auf die Rhône mit der alten Saint-Bénézet-Brücke, auf Villeneuve-lès-Avignon mit dem Philippe le Bel-Turm und die Gebirgszüge Dentelles de Montmirail, Ventoux, das Plateau von Vaucluse, den Lubéron und die Alpilles.
- *Calvet-Museum:* die Privatbibliothek und Gemäldesammlung des Arztes und Stifters Esprit Calvet bildeten den Ursprung des Museums, untergebracht in einem Bau aus dem 18. Jh. Einige Räume haben noch Möbel und ursprüngliche Dekoration bewahrt. Das Museum enthält Werke deutscher, spanischer, flämischer, holländischer und italienischer Meister vom 16. bis zum 20 Jh. In der Ägyptologieabteilung ist sogar eine Katzenmumie zu begutachten! Obwohl die berühmten Spitzenwerke fehlen, könnte man das Museum mit einer Art Louvre im Kleinformat vergleichen. Der Eintrittspreis von 11 F erscheint uns unangemessen hoch; allerdings hat man an den Sonntagen vom 1. Oktober bis Ostern freien Eintritt.
- Die vielbesungene *Brücke von Avignon* weist heute nurmehr vier von insgesamt 22 Arkadenbögen auf. Sie war ebenfalls Teil des perfekt ausgebauten Verteidigungssystem der Stadt und verband mit ihren 900 m Länge Avignon mit Villeneuve. Die starke Strömung der Rhône und die Kriege führten zu zahlreichen Zerstörungen, so daß man die Brücke schließlich um die Mitte des 17. Jhs in heutigen Zustand beließ. Die romanische, im 19. Jh. restaurierte, Sankt-Nicolas-Kapelle beherbergte früher die sterbliche Hülle des heiliggesprochenen Brückenkonstrukteurs. Schulkinder in aller Welt kennen und singen das Lied »*Sur le pont d'Avignon*«. Das Wörtchen sur (auf) führt auf eine falsche Fährte: das schmale holprige Kopfsteinpflaster ließ zu keiner Zeit ausgelassene Tänze auf der Brücke zu. Aber *unter* der Brücke, auf der Barthelasse-Insel, da ging es in den Schenken und Tanzlokalen hoch her ...
- Avignon strotzt geradezu vor Atmosphäre. Besonders in der Nebensaison bereitet es ein Riesenvergnügen, durch die Altstadt zu streifen, das herrschaftlichen Gebäude in der Rue Vernet, die Gäßchen, die sich hinter dem Papstpalast zur Peters-Kirche hochschlängeln, den Justizpalast und die überraschend schlichte gotische Saint-Didier-Kirche zu erkunden. Nicht zu vergessen, die Rue des Teinturiers: in der platanengesäumten reizvollen Straße entlang der Sorgue erinnern hohe Wasserräder an die Färbereien, die hier im 18. und 19. Jh. arbeiteten. Sie erlebten eine Blütezeit, als seit dem 17. Jh. leichte Baumwollstoffe mit Blumenmustern und Vögeln in leuchtenden Farben (sogenannte *Indiennes*) aus Ostindien eingeführt wurden. In Frankreich wurden daraufhin Manufakturen gegründet, die diese Stoffe herstellten und im Handdruck mit den traditionellen Mustern schmückten.

Im Sommer herrscht natürlich allerorten Fest(ival)stimmung. Auf den Straßen und Plätzen, insbesondere auf den Places de l'Horloge und du Palais, schwingen Musiker, Gaukler, Händler und Müßiggänger das Zepter, ganz wie im Mittelalter!

● *In Villeneuve-lès-Avignon*

- *Kartäuserkloster Val-de-Bénédiction* (La chartreuse du Val-de-Bénédiction): besser und reizvoller scheint uns, wenn man am Philippe le Bel-Turm die links nach oben verlaufende Rue Montée de la Tour einschlägt, anstatt weiter an der

44 / RHONETAL UND HOCHPROVENCE

Rhône entlangzustapfen. Auf diesem Weg gelangt man in das alte Villeneuve und man kann so besser verstehen, warum sich so viele Kardinäle und andere Würdenträger auf dieser Seite der Rhône ansiedelten.

Das bedeutendste Kartäuserkloster Frankreichs wurde im 14. Jh. von Innozenz VI. zum Gedenken an einen Ordensgeneral gestiftet, der aus Bescheidenheit die Papstkrone abgelehnt hatte. Hinweisschilder erläutern den Tagesablauf in diesem Orden, dessen Mitglieder ihr Leben in strenger Abgeschiedenheit mit Beten, Studien und handwerklicher Arbeit verbringen. Dreimal am Tag treffen sie sich in der Kapelle zum Gottesdienst, und nur sonntags sind ein gemeinsames Mahl und wenige Minuten des Gesprächs gestattet. In der Apsis der Kirche befindet sich das *Grabmal von Innozenz VI.*, dem Klostergründer. Hier scheint die Idee einer gotischen Kathedralfassade ins Kleinformat übersetzt worden zu sein.

– Das *Saint-André-Fort* oberhalb des Kartäuserklosters ebenso wie der *Philippe le Bel-Turm* gehörten zu den mittelalterlichen Befestigungsanlagen und können beide bestiegen und in Augenschein genommen werden.

– Freunde der Malerei sollten das *Städtische Museum* (Musée Municipal) aufsuchen, wo das Tafelbild *»Krönung Mariens«*, ein Meisterwerk gotischer Malerei von Enguerrand Charonton aus dem Jahre 1453, zu bewundern ist. Im selben Raum des kleinen Museums hängt eine Kopie der 1905 an den Louvre verkauften *»Pietà d'Avignon«*, die ebenfalls als ein Werk Charontons gilt.

– In der Sakristei der Pfarrkirche Notre-Dame wird ein besonderer Schatz aufbewahrt. Es handelt sich um eine wunderschöne *elfenbeinerne Madonna*, die als eine der gelungensten Schnitzereien des 14. Jhs gilt. Beim Drehen der 34 cm hohen Statue enthüllt die Rückseite die leichte Krümmung des Stoßzahns.

● *In der Umgebung*

– Den *Pont du Gard*, den man wahrscheinlich schon von unzähligen Bildern her kennt, sollte man sich unbedingt aus der Nähe anschauen. Im Jahre 19 v. Chr. von Agrippa, dem Schwiegersohn von Kaiser Augustus, in Auftrag gegeben, leitete der Aquädukt bald 20.000 Kubikmeter Wasser von der Eure-Quelle bei Uzès nach Nîmes. Statistisch gesehen hätte jeder der 50.000 Einwohner von Nîmes damals 400 l Wasser pro Tag verbrauchen können. Das geradezu Geniale an der ganzen Wasserleitung ist aber die Bewältigung des geringen Höhenunterschieds zwischen der Quelle und dem Zielpunkt in Nîmes. Der Niveauunterschied betrug 17 m, was einem durchschnittlichen Gefälle von 34 cm auf einem Kilometer entspricht – wie die damaligen Baumeister das genau hinbekommen haben, ist heute noch ein Rätsel.

Wer auf dem obersten Stockwerk des Aquädukts (fast 50 m hoch und 275 m lang) entlangschlendern möchte, sollte schwindelfrei sein und aufpassen, wo er seinen Fuß hinsetzt. Sich bei aufkommendem Mistral am besten auf den Bauch legen, vorsichtig zurückkrauchen oder auf die nächste Windstille warten ... Also vorsichtshalber schon mal eine eiserne Ration von einer Woche einpacken.

CARPENTRAS

Die Altstadt des ehemaligen Zentrums der zum päpstlichen Besitz gehörenden Grafschaft Venaissin liegt geschützt hinter ihren dicken Stadtmauern. Carpentras gehörte immerhin von 1320 bis zur Französischen Revolution den Päpsten. Bei einem Rundgang durch die gewundenen Gäßchen kommt man u.a. an der ältesten Synagoge Frankreichs vorbei. Der ursprüngliche Bau wurde 1367 errichtet, während das heutige Gebäude aus dem 18. Jh. stammt. Von Montag bis Freitag finden täglich mehrere Führungen statt. Anschließend bietet sich ein Spaziergang durch die reizende Rue des Halles ganz in der Nähe an. An der Place d'Inguimbert erreicht man den Triumphbogen, der etwa gleichzeitig mit dem Triumphbogen von Orange entstand. Die ehemalige Kathedrale Saint-Siffrien betritt man durch das spätgotische Südportal. Es wird auch als »Judenpforte« bezeichnet, weil die bekehrten Juden dieses Tor benutzten, wenn sie die Taufe empfingen. Im *Musée du Duplessis* u.a eine interessante heimatgeschichtliche Sammlung, während es in der gegenüberliegenden inguimbertinischen Bibliothek – nach dem Bischof von Carpentras, Malachias d'Inguimbert – wertvolle Handschriften, Partituren usw. zu bewundern gilt.

Adresse

– *Verkehrsbüro:* 170, av. Jean-Jaurès, 84200, Tel.: 90 63 00 78.

Unterkunft

– *Camping municipal de Villemarie:* av. du Parc, 84200, Tel.: 90 63 09 55. Recht ordentlicher Campingplatz; vom 15. März bis zum 30. Dezember geöffnet.

Essen

– *Marijo:* 73, rue Raspail, 84200, Tel.: 90 63 18 96. Montag Ruhetag. Bei Marijo fühlt man sich wohl: das fängt schon bei der Architektur an. Schauplatz größerer Gelage unter Freunden ist normalerweise der einladende, rustikale Speisesaal im ersten Stock. Das sichtbare Mauerwerk mit Rohputz findet seine Ergänzung in Deckenbalken und Kamin sowie einigen Ziergegenständen. Die Chefin des Hauses ist vernarrt in Kinder und zaubert im Nu ein Menü für ihre kleinen Gäste. Für eine Vorspeise, Püree oder Nudelhörnchen und einen Nachtisch finden sich nachher höchstens 20 F auf der Rechnung. Erwachsene halten sich an das Menü zu 64 F: als Vorspeise entweder pikanter »Auberginen-Kaviar«, Nizzasalat oder eine Hasenterrine. Neben Lamm oder Fisch hat man beim Hauptgericht noch die Wahl zwischen Couscous mit Zwiebeln und Rosinen oder Kaninchen auf provenzalische Art, d.h. mit Champignons, Zwiebeln und Tomaten, alles ganz vortrefflich angerichtet. Den Nachtisch, entweder Orangensalat, Pfirsiche in Wein oder ein Früchtecocktail auf einer Kugel Eis, wird man ebenfalls in guter Erinnerung behalten. Den offenen Ventoux können wir empfehlen, aber die Küche hat es verdient, daß man sich auch für die Flaschenweine auf der Karte interessiert.
– *Pâtisserie Clavel:* 30, rue de la Porte-d'Orange, 84200. Ein wahres Schlaraffenland! Schier unbegrenzte Auswahl, wobei auch noch die Namen für all die leckeren Süßigkeiten ganz lustig sind: provenzalischer Schiefer, Ventoux-Trüffel, die Päpstlichen usw. Wir haben unseren Notizblock beiseite gelegt, als wir nach so vielen süßen Träumen einfach nicht mehr weiter durchprobieren konnten; aber in dieser Konditorei bleibt noch genug zu entdecken!

● *In der Umgebung: Monteux*

An der nach Avignon führenden D 942, 4 km von Carpentras.
– *La Genestière:* 84170, Tel.: 90 62 27 04. Der Speisesaal strahlt zugleich eine gewisse Schmucklosigkeit und dennoch Eleganz und Ruhe aus, wobei der große Wandteppich wesentlich zu dieser Einschätzung beiträgt. Im Winter prasselt oder schwelt das Feuer vor sich hin, kurzum: man ist schon ganz eingenommen, bevor man überhaupt den ersten Bissen auf dem Teller hat. Wählt man das Menü für 90 F, so gilt's, sich bei der Vorspeise zwischen einer Fischterrine im Teigmantel mit Rouille-Sauce (Mayonnaise mit Knoblauch und roten Paprikaschoten) und einer Salatmischung mit warmer Geflügelleber zu entscheiden; danach zwischen einer gefüllten Wachtel auf Brot und Forellenfilets mit roter Butter. Abschließend stellt sich dann noch die Frage: Käse, Sorbet oder Kuchen? Zweifellos gehört eine gute Flasche Côtes-du-Ventoux für 32 F zum Menü. Wem das alles noch nicht so recht zusagt, der sollte das Menü für 139 F ordern.
– *Le Sélect:* 24, bd de Carpentras, 84170, Tel.: 90 63 36 75. Vom 18. Dezember bis zum 5. Januar geschlossen; das Restaurant bleibt außerdem Samstagmittag dicht. Dieses Drei-Sterne-Hotel mit Restaurant können wir nur wärmstens empfehlen. Ein holländisches Pächterpaar empfängt die Gäste mit ausgesuchter Höflichkeit, um nicht zu sagen Warmherzigkeit. Zwei Personen sollten für die Übernachtung mit 220 F rechnen. Aber auch für alle, die nicht unbedingt hier übernachten wollen, lohnt es sich, wegen der Gerichte herzukommen: schlichte und originelle, erlesene und leichte Kost. Kurzum: eine Küche von hohem Niveau verwöhnt den Gourmet. Für 75 F, dazu noch eine Flasche Côte-du-Ventoux direkt vom Erzeuger

46 / RHONETAL UND HOCHPROVENCE

in Vacqueyras, erhält man ... aber wir möchten ja niemandem die Entdeckungsfreude vermiesen.

L'ISLE-SUR-LA-SORGUE

Der vielgelesene Dichter *René Char* hat als Sohn der Stadt eines seiner Gedichte der Sorgue gewidmet. Die verzweigten Wasserarme des Flüßchens strömen überall durch und um das Städtchen herum. Zusammen mit Brücken und Platanenalleen verleihen sie dem Ort derartig viel Charme, daß der Beiname »Klein-Venedig« fast schon wie eine Selbstverständlichkeit erscheint. Während eines Bummels passiert man bemooste Mühlräder, Terrassen am Flußufer, Barockfassaden, Renaissancefenster, schmiedeeiserne Gitter, plätschernde Brunnen und weitere Kleinode. Von den ehemals 70 Wasserrädern, die damals Seidenfabriken und Ölmühlen antrieben, sind heute noch sechs erhalten. Die Kirche in der Mitte der Altstadt stellt ein typisches Beispiel für die provenzalische Barockbaukunst dar.

Adresse

– *Verkehrsbüro:* place de l'Eglise. Tel.: 90 38 04 78.

Unterkunft

– *Hôtel-Restaurant du Vieux-L'Isle:* 15, rue Danton, 84800. Eingezwängt in eine schmale Gasse, hält das alte und schlichte Hotel in der Nähe eines Wasserrads Doppelzimmer mit Dusche für 70 bis 100 F bereit.
– *Auberge de l'Etape:* route de Carpentras 84800, Tel.: 90 38 11 17. Mustergültig geführte Herberge mit schattiger Terrasse, Doppelzimmer von 90 bis 105 F.
– *Hôtel-Restaurant Le Bassin:* am Ortsausgang Richtung Carpentras. Ordentliche Zimmer zur Sorgue hin. Einfache, aber tadellose Gerichte.
– *Camping Municipal La Sorguette:* route d'Apt, 84800, Tel.: 90 38 05 71. Der Zeltplatz, vom 1. März bis zum 31. Oktober geöffnet, bietet eine ganze Latte von Sonderleistungen.

Essen

– *Pension familiale:* 35, rue Canet, 84800. Äußerst preiswertes Menü ab 35 F.
– *Auberge de l'Etape:* route de Carpentras 84800, Tel.: 90 38 11 17. Das Menü zu 74 F umfaßt nur ein Hauptgericht, während es bei dem zu 96 F gleich zwei sind. Bei der Vorspeise wähle man zwischen Etape-Teller und Melone mit Portwein, gefolgt von einer Forelle mit Sahne oder grilliertem Lachs und schließlich Eisbein am Spieß oder grillierten Lammkoteletts, Käse oder sonstigem Nachtisch.

FONTAINE-DE-VAUCLUSE

Reizvolle Lage in einen Talkessel und seit Jahrhunderten Lieferant für Märchen und Mythen, die alle irgendwie mit dieser Quelle zu tun haben.
Die Sorguequelle, aus einem weitverzweigten System unterirdischer Kanäle gespeist, tritt hier zutage. Seit 1878 versucht man genauen Aufschluß über das Einzugsgebiet der Quelle zu erhalten, aber die Untersuchungen dürften wohl noch weitere 100 Jahre dauern. Selbst der von uns allen vom Fernsehen her bekannte Jacques Cousteau ist hier öfter »fremdgegangen«. In den Jahren 1951, 1955 und 1967 unternahm er jeweils eine Expedition in diese Unterwelt. Schließlich konnte er beim letzten Versuch mit einem für die Meerestiefen konstruierten Spezial-Roboter bis 110 m in die Erde vorstoßen, ohne jedoch den Grund des Schachtes zu erreichen. Im Frühjahr schießen immerhin 150 m^3 Wasser pro Sekunde aus diesem Quelltopf, während es im Sommer mit nur 8 m^3 richtig beschaulich zugeht. Dieser gewaltige Unterschied verhalf der Fachwelt zu dem Schluß, daß es sich hier um eine Karstquelle handelt, die von einem unterirdi-

schen Fluß aus dem Schmelz- und Regenwasser des Plateaus von Vaucluse und des Ventoux gespeist wird.

Im Sommer muß man sich auf wahre Völkerwanderungen gefaßt machen, gilt die Stelle, an der das Wasser aus dem Felsen tritt, doch als eine der Hauptsehenswürdigkeiten in der Provence. Nachdem man am Parkplatz 6 F für den Wagen entrichtet hat, läßt man sich einfach mit der Masse treiben: zwischen 15 und 30 Minuten. Alles, was der Tourist so braucht, nämlich Andenkenläden und Pommesbuden, ist auch vorhanden. Wir schlagen deshalb eine Besichtigung im Winter oder im Frühjahr vor. Erstens wegen des wesentlich geringeren Andrangs und zweitens wegen der aufgrund starker Niederschläge oder der Schneeschmelze viel kräftiger hervorsprudelnden Wassermassen.

Kurz vor der Quelle hat man die Möglichkeit zur Besichtigung einer alten Papiermühle und kann beobachten, wie einst Papier von Hand hergestellt wurde.

Vorschlag für Wanderfreunde: über den links von der Quelle verlaufenden Wanderweg GR 6 zum Kloster Sénanque und anschließend nach Gordes marschieren.

Die Leidenschaftlichen unter unseren Lesern könnten am Stammschloß des Marquis de Sade im vier Kilometer entfernten *Saumane-de-Vaucluse* noch einmal »ihren Sade« hervorkramen und lesen, während Romantiker eine Gedenkminute für Petrarca einlegen sollten, der 16 Jahre lang in Fontaine-de-Vaucluse Trübsal blies und an seine schöne Laura dachte, von der wir noch nicht einmal wissen, ob es sie wirklich gegeben hat ...

Unterkunft

– *Camping la Coutelière:* im 2,5 km entfernten Galas, am Ufer der Sorgue, 84800, Tel.: 90 20 33 97. Trotz Ausstattung mit Swimmingpool, Tennisplätzen und warmen Duschen recht niedrige Platzgebühren.

– *Camping municipal les Prés:* 84800, Tel.: 90 20 32 38. Recht komfortabler Zeltplatz, ganzjährig geöffnet.

– *Jugendherberge:* chemin de la Vignasse, 84800, Tel.: 90 20 31 65. 50 Betten und vom 1. Februar bis zum 30. November geöffnet. Neben der Kochmöglichkeit ist die Fahrradvermietung ein Plus.

Essen

An Kneipen und Restaurants herrscht kein Mangel. So darf es nicht verwundern, daß die Qualität bei diesem Massenauftrieb weitgehend auf der Strecke bleibt. Mit zunehmender Entfernung von der Quelle sinken die Ausgaben für die Verköstigung; für 60 F erhält man eine, den Umständen entsprechende, korrekte Mahlzeit.

Was es sonst noch gibt

– Das *Petrarca-Museum:* der italienische Dichter (1304-1374), der sich aus dem höfischen Leben an der Kurie in Avignon hierher zurückgezogen hatte, wohnte 16 Jahre in Fontaine-de-Vaucluse, wo er in Erinnerung an seine unerfüllte Liebe zu Laura den »Canzoniere« schrieb. Das Museum befindet sich am vermeintlichen Standort des Hauses Petrarcas und enthält einige alte Ausgaben der Werke des Dichters und Humanisten, insbesondere die Baseler Erstausgabe aus dem Jahre 1496.

– Das *Musée des restrictions* ist ein wahrhaftiges Unikum. Es geht auf die Initiative des Privatmanns Raymond Granier zurück und zeigt, wie sich die Bevölkerung während der beiden Weltkriege und des Krieges 1870/71 einschränken mußte. Lebensmittelkarten, Kaffee-Ersatz, Schuhe mit Holzsohlen und ähnlich kuriose Dinge befinden sich unter den Exponaten. Das Wort *Ersatz* hat übrigens als eines der wenigen deutschen Worte Eingang in die französische Sprache gefunden.

– Das *Musée Norbert Casteret:* am Chemin de la Fontaine. Die höhlenkundliche Ausstellung präsentiert als Resultat dreißigjähriger Forschertätigkeit die Sammlung Casteret mit besonders prächtigen Fundstücken aus Kalkspat, Gips und Aragonit. Verschiedene Landschaftsnachbildungen zeigen Formationen wie Tropfsteinhöhlen, Karst, Schlünde, vom Wind geformte Felsen oder Höhlen mit menschlichen Spuren.

CAVAILLON

Friedliches Städtchen inmitten eines riesigen Obstgartens zwischen dem rechten Durance- und dem linken Coulonufer. Die rund 200.000 Tonnen Obst und Gemüse, vor allem Melonen, die hier jährlich auf den Großmarkt kommen, machen diesen zum bedeutendsten in Frankreich. Am Stadtrand, die Reste eines 1880 wieder aufgebauten *Triumphbogens*.

Essen

In Cavaillon kommen Genießer voll auf ihre Kosten: »Gastronomie« reimt sich hier ausnahmsweise auf »Stil«.

- *Wirklich schick*

– *Le Fin de Siècle:* 46, place du Clos, 84300, Tel.: 90 71 12 27. Das Café unten ist im Fin-de-Siècle-Stil gehalten; wir haben nur so unsere Zweifel, welches Jahrhundert da gemeint ist. Stilmäßig ist das Restaurant ein Stockwerk höher noch schwieriger einzuordnen, aber das ist ja auch nicht der Grund unseres Besuchs. Wir glauben, daß hier für 103 F plus 15% Bedienung alle Gourmets ins Schwärmen geraten werden. Dies z.B. bei dem kleinen Salat aus Krebsfleisch und dünnen Gurkenscheiben oder bei der Zusammenstellung von Ente mit Gänseleberwürfeln mit Sherry-Weinessig. Es folgt ein Krebsauflauf mit Pilzen oder geschnetzelte, eingelegte, Ringeltaube bzw. Forellenroulade mit Steinbuttschaumcreme und Gemüse oder Krebsragout. Zum Abschluß werden Käse und Nachtisch gereicht.
– *L'Assiette au Beurre:* 353, avenue de Verdun, 84300, Tel.: 90 71 32 43. Restaurant großen Stils, das in den einschlägigen Führern entsprechend häufig zitiert wird. 104 F sind für die sogenannte »Chef-Terrine«, eine Geflügelkeule mit Basilikum, Käse und Nachtisch, fällig; allerdings nur mittags und nicht am Wochenende. War das schon nicht übel, so ist das Menü zu 138 F noch eine Stufe besser. In Sachen Vorspeisen gilt's entweder beim Meeresfrüchtesalat für Feinschmecker oder den Zucchini mit geräuchertem Lachs zuzugreifen, daraufhin bei den kleinen runden Kalbfleischscheiben (grenadin de veau champêtre) oder dem Drachenkopffilet mit Fenchel und schließlich beim Käse sowie bei der Nachtisch-Auswahl vom Servierwagen. Den Vogel schießt natürlich das sogenannte »Markt-Menü« zu 177 F ab: zum Schwachwerden!
– *Nicolet:* 13, place Gambetta, 84300, Tel.: 90 78 01 56. Sonntags und montags sowie in der ersten Juli- und in der zweiten Februarhälfte geschlossen. Eines der Spitzenrestaurants in der Gegend, und dazu noch mit akzeptablen Preisen. Aber besser selbst urteilen: vor der eigentlichen Vorspeise werden zuerst mal warme Appetithäppchen serviert, denen sich die Gemüse-Terrine mit einer leicht säuerlichen Sauce, Drachenkopffilets mit Sauerampfer, verschiedene Käsesorten, ein origineller und leckerer Fruchtsalat und diverse Sorbets anschließen. Sogar das Brot mundet vortrefflich. Die Inneneinrichtung zeugt von gutem Geschmack, aufmerksame Bedienung ... ja, hier ist fast alles perfekt. So läßt dann auch der Teller mit kleinen Süßigkeiten, auf dem die Rechnung präsentiert wird, selbige fast vergessen. Überaus umfangreiche Weinkarte mit Côtes-du-Rhône-Weinen (7 Weiße, 7 Rosé, ungefähr 20 Rote), den Côtes-du-Ventoux, du Lubéron und d'Aix. Nicht vergessen: da die 40 Plätze am Abend schnell belegt sind, sollte man rechtzeitig reservieren.

DER LUBERON

»Es gibt keine schönere Natur auf Erden«.
Petrarca

Zwischen all den römischen Ruinen im Umkreis, dem Naturdenkmal in Fontaine-de-Vaucluse und der Unbekümmertheit der Studentenstadt Aix-en-Provence sehen die meisten Urlauber leider nur einen Tag für den Lubéron vor; andere aber bleiben eine Woche oder länger, weil sie regelrecht gefesselt sind von diesem kargen Gebirge, das dem Menschen früher eher feindselig vorkam, ihn aber heute gerade wegen seiner Einsamkeit, seiner Flora und Fauna zunehmend fesselt.

Der Lubéron zeigt sich im Frühjahr von seiner schönsten Seite. Das Weiß und das zarte Rosa der blühenden Bäume stehen in einem angenehmen Kontrast zum hellen Grau der Felsen und der Steinmäuerchen, welche die Erde zurückhalten und zumindest einen bescheidenen Graswuchs ermöglichen. Wärmende Sonnenstrahlen verweilen auf den krummen Mauern der alten Dörfer. Sie verleihen den offenen Flanken der Hügel eine leichte Ockerfärbung, so daß das Lichterspiel der Frühlingssonne alle Mühen des Aufstiegs oder der Suche nach wenig begangenen Wegen schnell vergessen lassen. Man versteht jetzt auch, warum sich immer mehr Pariser Intellektuelle hier niederlassen oder ein Wochenendhaus erwerben wollen.

Diese Gegend, wo die Luft – nach eigenen Angaben – am reinsten in ganz Europa sein soll, wurde 1977 zum Naturschutzgebiet erklärt. Der *Parc Régional du Lubéron* ist 120.000 ha groß, die 60.000 Einwohner verteilen sich auf 50 Gemeinden. Bergzonen wilder, waldreicher Einsamkeit wechseln ab mit landwirtschaftlich genutzten Gebieten. Im gesamten Raum findet eine artenreiche Tierwelt Unterschlupf vor den Sonntagsjägern.

Die Lubéron-Rundfahrt

Theoretisch kein Problem, eine Lubéron-Rundfahrt zu planen, aber in der Praxis ergeben sich schon diverse Schwierigkeiten. Obwohl der Massentourismus hier nicht Fuß gefaßt hat, ergeben sich in Bezug auf Unterkunft, besonders unterhalb der Drei-Sterne-Kategorie, gewisse Probleme. Nicht ungewöhnlich daher, sein Hotelzimmer ein halbes Jahr im voraus zu buchen. Bei den Wanderherbergen und Ferienwohnungen ist es nicht unüblich, schon während des Aufenthalts fürs nächste Jahr zu reservieren.

Gleichwohl ergattert man immer noch das eine oder andere Gästezimmer, wenn man rund zwei Wochen vorher reserviert. Natürlich kann man es auf gut Glück versuchen und vielleicht auch mal etwas Gescheites finden. Wenn alle Stricke reißen, sollte man es in Apt oder Cavaillon versuchen, auch wenn die beiden Städte selbst nicht übermäßig interessant sind.

● ROBION

5 km östlich von Cavaillon, über die D 2 zu erreichen.

Essen

– *La Maison de Samantha:* Tel.: 90 76 55 56; Dienstag abend, mittwochs sowie im Februar geschlossen. Gespeist wird in einer originellen Umgebung: da ist zum einen die Sammlung von Clown-Porträts, dann der Kamin mit fünf Tischen drumherum in einem der beiden Speisesäle und schließlich noch eine Menge Trödelkram an den Wänden, der das Herz eines jeden Sammlers höher schlagen läßt. Für 75 F, ein vortreffliches Menü: Terrine mit »Auberginen-Creme«, ein interessant komponierter Salat oder Muschelauflauf als Vorspeise. Dann folgen Lammrollbraten mit Knoblauchcreme, die allseits bekannten *Pieds et Paquets* (Kutteln und Hammelfüße in Bouillon gekocht) nach Großmutterart oder die jeweilige Tagesempfehlung des Küchenchefs. Nach dem obligatorischen Käse erwartet einer der leckere Samantha-Becher oder ein anderer Nachtisch nach Wahl. Man kann auch zu ganz zivilen Preisen à la Carte speisen. Umfangreiche, vielversprechende, Weinkarte mit edlen Tropfen zwischen 30-50 F: wir fanden den Côtes-du-Lubéron

»Château de la Canorgue« ganz ordentlich. Zwischen den einzelnen Gängen sollte man Geduld an den Tag legen, weil alle Gerichte erst nach Eingang der Bestellung zubereitet werden!

● **OPPEDE-LE-VIEUX**

Die Anfahrt von Robion nach Oppède-le-Vieux durch das Weinbaugebiet von Maubec hat es uns noch jedesmal angetan. Unserer unbedeutenden Meinung nach besitzt dieser Ort mehr Charme als alle anderen Lubéron-Dörfer. Vielleicht, weil Teile von ihm immer noch unbewohnt und verfallen sind. Ohne Zweifel jedoch, weil er durch die Restaurierungsarbeiten junger Künstler wieder zur Geltung gebracht wurde. Ganz sicher aber wegen seiner alten Häuser, in denen wir auch gerne wohnen würden, mit ihren gotischen oder Renaissancefenstern, und wegen der gepflasterten oder unbefestigten Gassen. Noch hat der in Gestalt von Asphalt daherkommende Fortschritt keinen Einzug in Oppède-le-Vieux gehalten.

Unterkunft

– *Drei Gästezimmer* (chambres d'hôte) *bei M. und Mme Benoît*, Tel.: 90 71 93 52. Altes Haus, unverputzt, mit geräumigen Zimmern sowie einer originellen Säule im Treppenhaus. Mit Frühstück zahlen eine Person 130 F, zwei Personen 160 F, drei Personen 180 F und vier Personen 210 F. Für Ostern sollte man spätestens im Februar und für die Sommermonate im März/April buchen.

Landschaftlich reizvolle Strecke von Oppède nach Gordes. Noch fabelhafter ist der kleine Umweg über Ménerbes und les Beaumettes. Ménerbes klammert sich in fast uneinnehmbarer Höhenlage an einen Felsvorsprung des Lubéron-Nordhangs. Von der ehemals bedeutenden Burg, in den Religionskriegen letzte Zuflucht der Waldenser und Hugenotten, stehen heute nur noch einige Turmreste.

● **LES BEAUMETTES**

Essen

– *La Remise:* eines der erschwinglichsten Menüs im ganzen Lubéron für 53 F: Vorspeisen-Buffet, Rohkostsalat oder Aufschnitt, dann ein festes, saftiges Steak vom Grill oder Lammkoteletts und schließlich Käse oder Nachtisch. Das Menü zu 96 F erweist sich natürlich als noch reichhaltiger und feiner: Vorspeisen-Buffet, Muschelcreme oder warme Spinattorte und als Hauptgang Lammkeule oder Zwischenrippenstück vom Rind mit Steinpilzen oder Lammrücken mit Thymian. Zum Finale, wie gehabt, Käse oder Nachtisch.

● **GORDES**

Aufgrund seiner ausgesprochen malerischen Lage an einem Steilhang des Plateaus von Vaucluse beschert der Ort ein großartiges Panorama über das Coulon-Tal und auf den Lubéron. Schon früh hat Gordes Künstler aus allen Himmelsrichtungen angezogen. Mit der Einrichtung des »Didaktischen Museums« hat Victor Vasarély für zahlreiche Werke seiner geometrisch-optischen Kunst in dem Renaissanceschloß einen idealen Standort gefunden. Mittlerweile gehört Gordes zu den meistbesuchten Dörfern in der Provence.

Adresse

– *Verkehrsamt:* place du Château, 84220, Tel.: 90 72 02 75.

Unterkunft

– *La Mayanelle:* 20, rue de la Combe, 84220, Tel.: 90 72 00 28. Im Januar und Februar geschlossen. Am Hügel mitten im Ort erstreckt sich das Hotel über zwei Stockwerke und bietet besonders von der Garten- bzw. Frühstücksterrasse eine unglaubliche Aussicht. Sehr stilvoll macht sich der Speisesaal mit dem schmuck-

LUBERON / 51

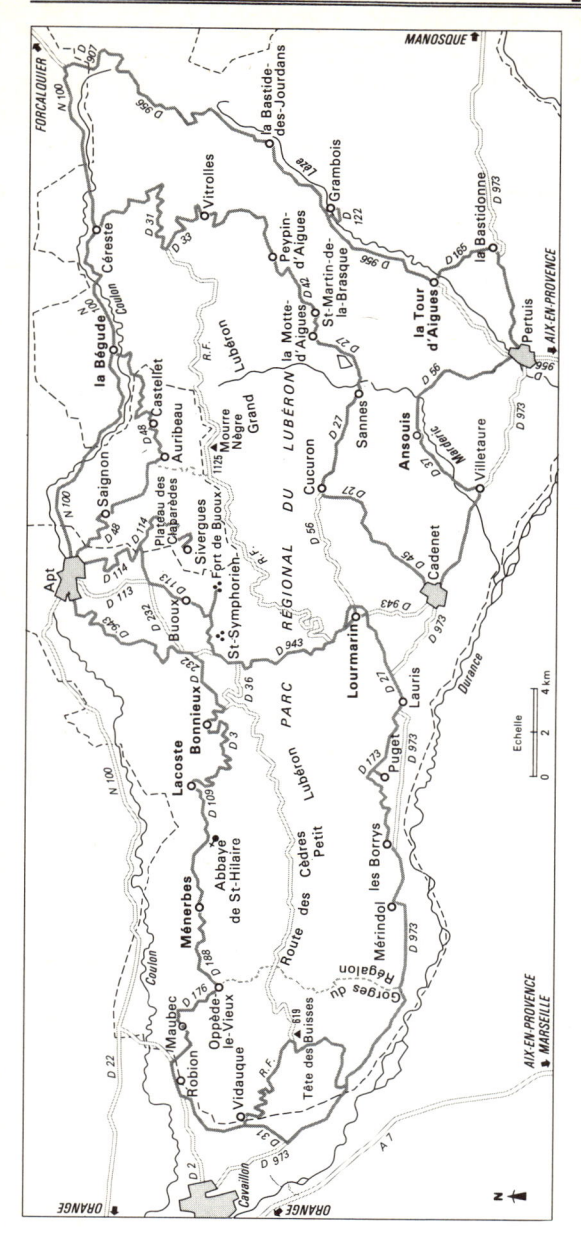

Rundweg durch den Großen und Kleinen Luberon

losen weißgetünchten Gewölbe. Ganz und gar herrschaftlich kommt einem der Salon vor, der als langer Raum mit unverputztem Mauerwerk ebenfalls überwölbt ist. Die Sessel mit hohen Rücklehnen und Stickereien sowie eine Art Kirchenfenster verfehlen bestimmt nicht ihre Wirkung. Wir empfehlen das Hotel ohne Swimmingpool besonders für einen Aufenthalt im Frühling. Für eines der insgesamt vier Doppelzimmer mit Dusche wird man 190 F los, für die anderen sechs Doppelzimmer mit Bad jeweils 290 F. Für ein Essen à la Carte veranschlage man rund 200 F. Als Spezialitäten gelten Quappe mit jungem Gemüse und Ente mit Oliven. Parkmöglichkeiten gegenüber und auf dem Schloßplatz.

- *Hôtel Le Gordos:* 1,5 km vom Ort entfernt an der Straße nach Cavaillon, 84220, Tel.: 90 72 00 75. Von November bis März geschlossen. Das neue Haus im alten provenzalischen Landhausstil empfängt den Gast mit einem blühenden Garten und einem geräumigen Hof für die Autos. Die gesamte Inneneinrichtung erweist sich als sehr komfortabel und mit ein wenig Fantasie fühlt man sich wie bei Freunden! Der Innenhof mit Frühstücksterrasse und der Swimmingpool sind besonders bei sommerlicher Hitze weitere Pluspunkte. Die Zimmerpreise bewegen sich zwischen 170 bis 325 F. In dem Hotel ohne Restaurant besteht die Möglichkeit, sich abends Sandwiches bereiten zu lassen.

- *La Gacholle:* route de Murs, 84220, Tel.: 90 72 01 36. Von hier aus traumhafte Aussicht auf den westlichen Teil des Lubéron. Ein terrassenförmig angelegter Garten, Swimmingpool, Tennisplatz sowie einwandfreie und solide eingerichtete Zimmer sorgen für einen angenehmen Aufenthalt, wozu natürlich auch der sympathische, von provenzalischer Herzlichkeit geprägte, Empfang gehört. Doppelzimmer mit Bad und obligatorische Halbpension kommen für eine Person auf 350 F und für zwei auf 550 F.

- *Auberge de Carcarille:* Les Gervais, 84220, 2,5 km von Gordes an der D 2; Tel.: 90 72 02 63. Im Dezember sowie freitags geschlossen. Unterhalb von Gordes umfängt den Gast ein recht gepflegter Rahmen mit einer richtig ländlich-familiärer Atmosphäre. Herberge mit reizendem Garten und Zimmern zwischen 190 und 230 F. Zum Restaurant s.u.

- *Hostellerie Provençale:* place du Château, 84220, Tel.: 90 72 01 07. Sieht man einmal vom etwas schlampigen Café und den mittelmäßigen Menüs im Restaurant ab, so entdeckt man hier acht neu hergerichtete Zimmer, die, mit Geschmack möbliert, ein Maximum an Komfort bieten. Dabei sind die Zimmer Nr. 3 und Nr. 7 noch schöner als die übrigen. Für's Doppelzimmer muß man 153 F, fürs Vierbettzimmer 204 F locker machen.

● *Privatzimmer*

In Gordes bei *Mme Lawrence*, chemin de la Roque, Tel.: 90 72 20 74. Madame verlangt für ein Zimmer mit Bad bei einer Person 110 F, bei zwei Personen 130 F. Kutschiert man von der Hauptstraße N 100 Richtung Gordes, dann stößt man einen Kilometer von Les Beaumettes und 3,5 km von Saint-Pantaléon in einer reizenden Umgebung auf die beiden Weiler Les Martins und Les Bouilladoires, wo wir weitere Unterkunftsmöglichkeiten ausgekundschaftet haben:

- *Bei M. Gaudemard:* les Bouilladoires, 84220, Tel.: 90 72 21 59. Die Übernachtungspreise für eines der vier Zimmer mit Dusche bewegen sich zwischen 100 bis 145 F.

- *Bei M. Peyron:* les Martins, 84220, Tel.: 90 72 24 15. Ebenfalls vier Zimmer mit Dusche; Übernachtung mit Frühstück für zwei Personen: zwischen 130 bis 150 F.

Essen

● *Zu mäßigen Preisen*

- *Chez Tante Yvonne:* an der Place du Château, 84220. Originelle und wirklich leckere Spinat-Terrine mit Thunfisch oder eine Roquefort-Torte für 85 F. Zweiter Gang: ein Goldbrassenfilet, und zuguterletzt Käse oder Nachtisch. Eis und Sorbets können wir nicht uneingeschränkt empfehlen. An der (optisch) nicht mehr ganz so weißen Weste des Kochs sollte sich niemand stören ... Was spielt das schon für eine Rolle, abends bei gedämpftem Licht und diskreter Musik!

– *La Renaissance:* an der Place du Château, 84220. Ganz abgesehen von der Terrasse, wo man den Tag aufs angenehmste ausklingen lassen kann, haben wir noch das Menü zu 85 F positiv vermerkt. Auf die Drachenkopfterrine mit frischen Kräutern folgt eine in Folie gegarte Forelle mit frischem Fenchel oder Geflügelbrust mit Lauch. Zum Schluß: Käse und Nachtisch. Weiteres Menü zu 117 F.
– *Auberge de Carcarille:* Les Gervais (ein Weiler unterhalb von Gordes in Richtung N 100), 84220, Tel.: 90 72 02 63. Freitag Ruhetag. Tadellose Herberge, herzlicher Empfang und ein Menü ab 75 F, bestehend u.a. aus Nizzasalat, Schmorbraten und einem Nachtisch. Das Menü zu 130 F kombiniert Entenleberpastete, Flußkrebs, Kalbsbries mit Sahnesauce oder gegrillte Lammkoteletts, Salat oder Käse und Nachtisch.

Unterkunft und Essen in der Umgebung

● *In Murs* (10 km von Gordes, über eine kurvenreiche Straße voller fabelhafter Aussichtpunkte zu erreichen):

– *Le Crillon:* Tel.: 90 72 02 03. Murs besitzt glücklicherweise mehr Charakter als die sechs Zimmer, die allerdings auch nur mit 98 bis 110 F veranschlagt sind. Das Restaurant mit seinen Menüs zu 45 F (nicht am Sonntag), 70 F und 92 F möchten wir wegen seiner provenzalischen Spezialitäten empfehlen. Mittwochs, über Allerheiligen und im Februar geschlossen.

In Joucas (von Murs kommend, hat man eine tolle Talfahrt von 300 m Höhenunterschied vor sich):

– *Hostellerie des commandeurs:* Tel.: 90 72 00 05. Von den zwölf Doppelzimmern zu 99 bis 154 F bietet etwa die Hälfte einen hübschen Ausblick. Mahlzeiten zu 60 F. Zwei Tennisplätze stehen Hausgästen zur Verfügung.
– *Ferme de la Bergerie:* Tel.: 90 72 06 29. Familiäre Atmosphäre, mehrere Terrassen und einladender Swimmingpool. Von den Zimmern schweift der Blick auf Weinberge und das Gebirge. Neben der obligatorischen Halbpension sieht man es hier gerne, wenn die Gäste zumindest vier bis fünf Tage bleiben. Wenn mal gerade wenig Betrieb herrscht, darf man sich auch für einen kürzeren Zeitraum einquartieren. Während eine Person, Halbpension wohlgemerkt, 160 F zahlt, gilt für Kinder eine 50%ige Ermäßigung.
– *Bei M. Herbst:* Mas du Buis, Tel.: 90 72 02 22. Fünf Zimmer, zwei oder drei Betten, jeweils mit Frühstück zu 185 F. Reitgelegenheit am Hause. Sogar eine Reitschule mit ausgebildetem Reitlehrer steht Gästen zur Verfügung.

Sehenswert

– Über das Vasarély-Museum im Schloß haben wir eingangs schon gesprochen. Das *Schloß* selbst wurde um die Mitte des 16. Jhs errichtet. Es erhebt sich an der Stelle einer Burg aus dem 12. Jh. und hat eine besonders strenge, von zwei Rundtürmen abgeschlossene, Nordfassade. Der mit etlichen Schmuckelementen versehene Renaissancekamin in der ersten Etage gilt als der zweitgrößte ganz Frankreichs.
– Das *Dorf der Bories* (Le village des bories): in diesem Freilichtmuseum gruppieren sich zwanzig restaurierte Bories um einen Backofen herum.
Bories sind für das Plateau von Vaucluse und das Lubéron-Bergland typisch. Diese urtümlichen fensterlosen Unterkünfte aus grauem, geschichtetem Feldstein, wie man ihn hier überall findet, geben den Forschern in Bezug auf ihr Alter Rätsel auf. Einiges deutet darauf hin, daß zahlreiche Bories der Vaucluse im 17. bzw. 18. Jh. entstanden. Im Lubéron mag es noch Reste von älteren Bauten geben. Die zylindrischen, bienenkorbförmigen Bauten waren, sofern sie um einen Brunnen oder einen Backofen herum angelegt waren, fraglos zeitweise bewohnt, während die einzeln stehenden Bories vielleicht nur gelegentlich als Schäferei, Scheune oder Unterschlupf gedient haben mögen.
– Das *Musée du Vitrail:* in der Moulin de Bouillons, 5 km südlich von Gordes, an der Straße nach Saint-Pantaléon. Die Künstlerin Frédérique Duran gibt in ihrem Kirchenfenstermuseum einen Überblick über die tausendjährige Kunst der Glas-

malerei und die Herstellung von Kirchenfenstern. Neben alten Werkzeugen und antiken Gläsern werden Dias der eindrucksvollsten europäischen Kirchenfenster gezeigt.

– Die *Abtei Sénanque* (L'abbaye de Sénanque): über eine steil ansteigende Straße, hinter dem Kamm ebenso abschüssig, erreicht man nach 4 km das Kloster Sénanque, ein Hort des Friedens im engen Tal des Flußes Senancole – übrigens eines der drei berühmtesten ehemaligen Zisterzienserklöster der Provence aus dem 12. und 13. Jh. Zusammen mit Silvacane und Le Thoronet wird es wegen der großen Ähnlichkeit zu den »drei provenzalischen Schwestern« gerechnet. Wer einmal im Juli oder Anfang August das graue Gebäude hinter den blühenden Lavendelfeldern hat auftauchen sehen, der wird diesen Anblick nie mehr vergessen! Mit einigen kurzen Unterbrechungen war das 1148 gegründete Kloster bis 1969 immer von Mönchen bewohnt. Immer noch im Eigentum des Ordens, hat man es inzwischen in ein Kulturzentrum umfunktioniert, in dem Ausstellungen, Seminare und Konzerte stattfinden. Architektonisch besonders beeindruckend sind der Kreuzgang, die Kirche, der Schlafsaal der Mönche und das Refektorium (Speisesaal). Interessant ist auch die sogenannte Wärmestube (Chauffoir), der einzige beheizbare Raum des Klosters, in dem sich die Mönche aber nur in Ausnahmefällen aufhalten durften.

Die Eintrittskarte (20 F) für die Besichtigung der Abtei gilt auch für die Ausstellung »Der Mensch und die Wüste«, in der das Leben der Tuareg in der Sahara veranschaulicht wird. Im Winter ist die Ausstellung allerdings nur auf Anfrage zu besichtigen.

● *ROUSSILLON*

Farblich hebt sich das Dorf kaum von seiner Umgebung ab, stammt doch das Baumaterial für die ockerfarbenen Häuser aus den nahegelegenen Steinbrüchen. Alle Behausungen sind von diesem rostroten bis orangefarbenen Farbton durchtränkt, der im Licht der Sonne aufzuleuchten scheint. Wer sich mit dem Alltag in dieser Gegend bzw. ganz allgemein mit dem Leben in einem südfranzösischen Dorf etwas näher beschäftigen möchte, dem möchten wir wärmstens das Buch »*Dorf in der Vaucluse*« des amerikanischen Soziologen *Laurence Wylie* empfehlen. Wylie lebte ein ganzes Jahr lang mit seiner Familie in diesem kleinen Dorf, und die Niederschrift seiner Beobachtungen stellen unserer Meinung nach einen wertvollen Schlüssel für das Verständnis der Südfranzosen dar.

Unterkunft

– *Résidence les Ocres:* route de Gordes, Roussillon, 84220, Gordes; Tel.: 90 75 60 50. Im Februar und von Mitte November bis Mitte Dezember geschlossen. 15 Doppelzimmer mit Klimaanlage, jeweils zu 190 F.

– *Camping Arc-en-Ciel:* route de Goult, Tel.: 90 75 67 17. Öffnungsperiode: Mitte März bis Ende Oktober; Kategorie: einwandfreier Zwei-Sterne-Zeltplatz.

Essen

– *La Gourmandine:* für 55 F, ein simples, aber vollständiges Menü mit einem Pfannkuchen als Hauptgang. Wem der Sinn nach Üppigerem steht, der kann immer noch auf das Menü zu 70 F ausweichen.

Fast hätten wir's vergessen: kleinere Wanderungen führen von Roussillon in die östlich und südöstlich abfolgenden bizzaren Ockerformationen »Straße der Riesen« (Chaussée des Géants) und »Feental« (Val des Fées).

● *GOULT*

Von der N 100 Cavaillon-Apt am Wallfahrtsort Notre-Dame-de-Lumières abbiegen. Die nachfolgende Adresse bietet Gelegenheit zum Kennenlernen des Dorfes, das den Felsen gleichsam emporklettert. Eine wuchtige romanische Kirche und das Schloß überragen Goult, in dem sich in den letzten Jahren einige Töpfer und Seidenmaler niedergelassen haben.

Essen

– *Le Tonneau:* place de l'Ancienne-Mairie, Goult, 85220 Gordes, Tel.: 90 72 22 35. Eintreten, 108 F opfern ... und Sie werden sehen, daß sich diese Investition mehr als bezahlt macht! Vorspeise entweder Entensalat, Gemüse auf orientalische Art oder Geflügelleberslat. Sind von Estragon-Hähnchen oder Tintenfisch nurmehr Knochen bzw. Gräten übrig, hat man wiederum eine breite Auswahl zwischen Schokolodennachtisch, Orangensalat mit grüner Zitrone, einem Stück Kokosnußkuchen oder einer Charlotte aux poires (Löffelbiskuits, Birnen und Vanillecreme).

Unterkunft

– *Bei M. Devys:* rue de la République, Tel.: 90 72 35 21 und 90 42 15 68. Preis für eines der beiden Doppelzimmer mit Bad: 130 F.

• LACOSTE

Über dem Dorf mit einem eleganten kleinen Wachtturm aus dem 17. Jh. ragt die mächtige, teilweise restaurierte, Ruine einer Burg auf, die einst zum Besitz eines gewissen Marquis de Sade (1740-1814) gehörte. Angeblich ließ er sich aus den umliegenden Dörfern junge Mädchen in seinen verschwiegenen Schloßturm kommen, um dort mit ihnen seine »sadistischen« Schäferspiele zu treiben. Nicht nur wegen seiner perversen Neigungen sondern auch wegen seiner revolutionären Ansichten hat der adlige Herr seinen feudalen Stammsitz fast die Hälfte seines Lebens mit verschiedenen Gefängnissen vertauscht. Die letzten elf Jahre bis zu seinem Tod verbrachte er schließlich in der Irrenanstalt von Charenton bei Paris. Welch betrüblicher Lebenslauf!

• APT

Das Städtchen besitzt weder kunsthistorische Baudenkmäler von hohem Rang noch irgendwelche Luxushotels oder berühmte lukullische Tempel. Deshalb wird Apt – zu Unrecht! – von den meisten Reiseführern unterschätzt. Ein Spaziergang am Morgen, wenn das Obst und Gemüse aus den umliegenden Tälern auf dem Markt ausgebreitet wird, zeigt einem, daß es auch in Orten ohne sternchenbewehrte Sehenswürdigkeiten eine Menge zu beobachten und zu erleben gibt. Eine Steigerung erfährt der Marktalltag noch durch das besondere Warenangebot am Samstagvormittag. Zu den landwirtschaftlichen Erzeugnissen gesellt sich dann noch eine Menge Trödelkram, aber auch Möbel, Lederwaren und Lebensmittel wie Käse, Knoblauch usw. Die Stände füllen ein gutes Dutzend Gassen und wer nicht das Gesuchte findet, wird am Ende der Versuchung doch nicht widerstehen, irgendeine unnütze Kleinigkeit mitzunehmen.

Aus Apt stammen übrigens die meisten kandierten Früchte der Welt. Nun kann man vielleicht auch ohne *kandierte Früchte* (Fruits confits) leben, aber wenn man schon mal an der Quelle ist, dann sollte man auch zuschlagen. Wir empfehlen an dieser Stelle einen Besuch im Laden des Direkterzeugers *Aptunion*. Neben der schon erwähnten Spezialität werden hier auch noch Nougat, Marmelade in den exotischsten Geschmacksrichtungen, in Alkohol eingelegte Früchte usw. feilgeboten.

Unterkunft

• *Für den schmalen Geldbeutel*

– *Hôtel du Palais:* 12, place Gabriel-Péri, Tel.: 90 74 23 54. Elf Doppelzimmer mit Toilette oder Dusche, Kostenpunkt: 66 bis 69 F, mit Bad 158 F. Schon ein Blick auf den Teppichboden dieses alten und in jeder Hinsicht farblosen Hauses erklärt die niedrigen Zimmerpreise. Für das Frühstück werden 14 F verlangt.

• *Immer noch günstig*

– *Hôtel l'Aptois:* cours Lauze-de-Perret, Tel.: 90 74 02 02. Die 26 Doppelzimmer liegen preislich zwischen 82 bis 132 F; Frühstück noch mal 16,20 F extra. Über

die Einrichtung der Rezeption ließe sich streiten, aber wir gehen davon aus, daß Sie zum Schlafen gekommen sind, oder?
- *Hôtel Sainte-Anne:* 28, place du Balet, Tel.: 90 74 00 80. Die Doppelzimmer mit Dusche und WC, acht an der Zahl, sind jeweils mit 121 F veranschlagt, ein Frühstück mit 16 F. Ansonsten gilt, was weiter oben gesagt wurde.

● *Etwas schicker*

- *Hôtel du Ventoux:* 67, avenue Victor-Hugo, 84400, Tel.: 90 74 07 58. Für eines der insgesamt 13 Zimmer berappt man mit Dusche 140 F, mit Bad und Fernseher 188 F. Hotel im ländlich-bodenständigen Stil - im positiven Sinn - mit hoher Stuckdecke usw. Gleich versuchen, ein Zimmer nach hinten raus zu erhalten. Halbpension ist möglich, s.u. Kapitel Essen.
- *L'Aquarium:* an der N 100 in Richtung Cavaillon, 84400, Tel.: 90 74 22 80. Halbpension ist Bedingung, wobei naturgemäß eines der nicht gerade originellen Menüs (58 oder 74 F) inbegriffen ist. Tennis- und Tischtennisfreunde sind gut aufgehoben. Mit dem Schwimmen wird's wohl noch eine Weile dauern, denn »der Swimmingpool wird erst eines schönen Tages fertig sein!«, meint die sympathische Chefin. Breite Gänge führen zu modernen Zimmern, allesamt mit adrettem Badezimmer und WC ausgestattet. Selbst vom Lärm der Hauptstraße hört man wenig. Von den Strohhütten im tahitischen Stil wollen wir lieber nicht sprechen. Die Preise: 136 F fürs Einzelzimmer, 156 F fürs Doppelzimmer und 17 F fürs Frühstück.

● *Campingplätze*

- *Camping municipal les Cèdres:* route de Rustrel, 84400, Tel.: 90 74 07 58. Ganzjährig geöffnet.
- *Camping le Lubéron:* route de Saignon, 84400, Tel.: 90 74 23 93. Von Ostern bis zum 1. November in Betrieb.

Essen

● *Für schmale Geldbeutel*

- *Hôtel du Ventoux:* 67, avenue Victor-Hugo, 84400, Tel.: 90 74 07 58. Gepflegtes Menü für 59 F mit Star-Pastete (damit ist der Vogel gemeint!), Geflügelfrikasee mit Kräutern oder Forelle mit Sauce hollandaise und schließlich Käse oder Nachtisch. Darüberhinaus werden zwei weitere empfehlenswerte Menüs zwischen 92 und 140 F angeboten.

● *Etwas schicker*

- *Hôtel Le Lubéron:* 17, quai Lion-Sagy, 84400, Tel.: 90 74 12 50. Das Menü zu 96 F macht Appetit: Spargel in Blätterteig mit Kerbel oder kleine, mit Hähnchenfleisch und verschiedenen Beilagen gefüllte, Brote *(mousseline de suprême de volaille)*; sodann als Hauptgang entweder geschmorte Seezunge mit jungem Gemüse oder Pastete mit Meeresfrüchten und frischen Nudeln *(timbale de mer aux pâtes fraîches)* oder Kalbsfrikasee mit Sauerampfer. Selbst das Ende der Mahlzeit bildet hier noch einen Höhepunkt, denn wo hat man schon die Auswahl zwischen derartig vielen Kuchen, oder wie wär's mit einem Honig- und Nougateis zum krönenden Abschluß?

In der Umgebung

● *DER COLORADO VON RUSTREL*

In Apt nehmen wir den in östlicher Richtung führenden Quai de la Liberté, überqueren den Calavon und folgen dem Schild Rustrel-Baron. Der Colorado hat natürlich wenig mit seinem großen Bruder in Amerika zu tun. Eine Verwandtschaft besteht vielmehr insofern, als die Erde in der riesigen Schlucht, in der ein Ockersteinbruch auf den anderen folgt, an verschiedenen Stellen in ungewöhnlichen Farbtönen aufleuchtet. Die auf der Nordseite des Colorados entlangführende

Straße bietet die reizvollsten Ausblicke, aber die Schlucht läßt sich am vorteilhaftesten auf Schusters Rappen erkunden.

• SAIGNON

Verläßt man Apt auf der D 48, so erreicht man nach 4 km das Dorf Saignon, an einen Felsen geschmiegt. Von hier aus fabelhafter Blick auf das Calavon-Tal mit Apt, das Plateau von Vaucluse und den Mont Ventoux. Saignon mit seiner romanischen Kirche und den charmanten Gäßchen zog in den 70er Jahren zahlreiche Aussteiger an, die sich in der Zwischenzeit schon längst wieder andere Ziele auserkoren haben. In La Beaume-de-l'Eau stoßen wir drei Kilometer weiter auf dem Plateau des Claparèdes auf die in Insiderkreisen bekannte *Jugendherberge du Regain* (Tel.: 90 74 39 34). François Morenas, ein unermüdlicher Erkunder von Wanderwegen und Autor zahlreicher empfehlenswerter Wanderführer, hat dieses abseitsstehende provenzalische Haus wiederentdeckt und bekanntgemacht. Es ist überwiegend an Wochenenden und während der Schulferien geöffnet.

• BONNIEUX

Entweder auf dem Hin- oder Rückweg von Apt hierher sollte man die *Julien-Brücke* (Pont Julien) an der N 100 inspizieren. Die aus dem 1. Jh. nach Christus stammende Brücke überspannt in drei weiten Bögen (Gesamtlänge 70 m) den Calavon. Sie ruht auf breiten, durch Rundbogenöffnungen gegliederten, Pfeilern, die sie weniger massig wirken lassen und bei Hochwasser den Abfluß der Wassermengen erleichtern.

Das von Befestigungsanlagen eingeschlossene Bergdorf Bonnieux sollte man in aller Ruhe zu Fuß erkunden, wobei man auch sehr rasch feststellen wird, warum so viele Künstler Bonnieux zum (Zweit-) Wohnsitz erkoren haben. Von der Aussichtsterrasse aus umfaßt der Blick das Lubéron-Bergdorf Lacoste, man erkennt Gordes und Roussillon, dessen ockerfarbene Häuser von der Umgebung kaum zu unterscheiden sind, und ein gutes Stück dahinter die Silhouette des mächtigen Ventoux. Das *»Musée de la Boulangerie«*, in einer ehemaligen Bäckerei eingerichtet, ist in erster Linie Kunstmuseum.

Kost & Logis

– *Hôtel du Prieuré:* 84480, Tel.: 90 75 80 78. Vom 5. November bis Mitte Februar ruht der Betrieb. Reizendes Drei-Sterne-Hotel in einem ehemaligen Kloster. Einrichtung, Betreuung usw. liegen aber weit über »Klosterniveau«, was man bei einem Doppelzimmerpreis von 360 F freilich auch erwarten kann. Das Restaurant praktiziert etwas merkwürdige Öffnungs- bzw. Schließzeiten: in der Hauptsaison ist es dienstags, mittwochs und Donnerstag mittags und in der Nebensaison dienstags und mittwochs mittags geschlossen. Ein Menü zu 110 F (am Wochenende 160 F) überrascht mit täglich wechselnden Gerichten.

– *Hôtel César:* place de la Liberté, 84480, Tel.: 90 75 80 18. Von Mitte November bis Mitte Februar geschlossen. Doppelzimmer zum Preis von 150 und 250 F. Auf der Speisekarte zwei Menüs zu 80 F (nur wochentags) und 130 F. Beim letztgenannten werden unter anderem Gänseleber, kleine Lachsbrötchen, ja sogar Schneckenragout mit Nüssen und Entenragout aufgefahren.

– *Le Fournil:* die mangelnde Originalität des Menüs (82 F, aber immerhin ist ein Viertelliter Côtes-du-Lubéron inbegriffen) wird etwas wettgemacht durch die reizende Terrasse mitten im Dorf.

• Campingplatz

– *Camping municipal du Vallon:* route de Ménerbes, 84480, Tel.: 90 75 86 14. Einwandfreier Zeltplatz; nimmt vom 1. April bis zum 30. September Gäste auf.

• CADENET

Kost & Logis

– *Hôtel du Commerce:* 84160, Tel.: 90 68 02 35. Eines der typischen *Hôtels du Commerce*, die normalerweise, genau wie hier, an einem quirligen Marktplatz liegen. Wirklich schlichte Gästezimmer für nur 74 bis 110 F; die solide Hausmannskost liefernde Küche behält dieses Preisniveau bei, mit 34 bis 39 F für ein Menü.
– *Hôtel-restaurant Aux Ombrelles:* avenue de la Gare, 84160, Tel.: 90 68 02 40. Vom 1. Dezember bis zum 1. Februar sowie Sonntagabend und auch montags ist geschlossen. Einige der Zimmer zu 35 bis 185 F (mit Bad und WC) befinden sich im ehemaligen Schrankenwärterhäuschen. Nett gestalteter Speisesaal und eine Küche, die keine Anstrengung scheut, mit Menüs zu 90, 125 und 170 F sowie – ausschließlich wochentags – einem Menü zu 70 F.

• Etwas schicker

– *La Maison Rouge:* 22, rue Victor-Hugo, 84160, Tel.: 90 68 26 18/28 54. Über Mittag und spät am Abend geöffnet, im November und Dezember sowie mittwochs *fermé*. Man nehme Platz auf der Terrasse: kreative und äußerst leckere Gerichte erfreuen bald Gaumen und Auge, für die man zwischen 80 bis 150 F anlegen muß.

Sehenswert

– Auf dem Marktplatz ist die *Statue des Trommlers von Arcole* zu bewundern. Der legendäre André Etienne zeichnete sich 1796 bei der Schlacht um die Brücke von Arcole besonders aus: er durchquerte den Fluß mitsamt seiner Trommel und schlug einen solchen Krach, daß die Österreicher sich eingekreist glaubten und das Handtuch warfen.
– *Kirche:* der sehenswerte Glockenturm ruht auf einer quadratischen Basis, weiter oben in eine achteckige Turmspitze übergehend. Die ursprüngliche Verwendung des marmornen Schmuckstücks aus dem dritten Jh. ist heute noch unter Kunsthistorikern umstritten. Sarkophag, Taufbecken oder antike Badewanne werden als Alternativen gehandelt.

In der Umgebung: das Schloß Lourmarin

– *Öffnungszeiten:* von 9 bis 11.45 Uhr und von 14.30 bis 17.45 Uhr (in der Nebensaison bis 16.45 Uhr). König Franz I., der englische Premierminister Sir Winston Churchill, der später heiliggesprochenen Don Bosco, der Nobelpreisträger für Literatur Albert Camus und die englische Königin Elisabeth II. haben dieser »Hochburg des Geistes und der Kultur« bereits die Ehre gegeben. Also nichts wie hin! Immerhin ist das Schloß in mehrfacher Hinsicht von Interesse.
● *Der historische Aspekt:* ein kundiger Führer wird Besucher 45 Minuten lang in Atem halten und alles Wissenswerte über die, für dieses Schloß bedeutsame, Zeit zwischen dem 15. und 17. Jh. berichten.
● *Der künstlerische Aspekt:* im Innern fallen zunächst die seltenen und überaus dekorativen Möbel aus Ägypten, Spanien, Tunesien und Marokko auf. Aber auch ein provenzalischer Louis XIV-Schrank, chinesische Musikinstrumente sowie die Töpferwaren aus der Gegend um Apt sind sehenswert. Den »Lautenspieler«, ein Gemälde aus der Leonardo da Vinci-Schule, wird man bestimmt nicht übersehen.
● *Der wirtschaftliche Aspekt:* während der Besichtigung erfährt man, wie Robert Laurent-Vibert, seit den 20er Jahren Schloßbesitzer, die Restaurierung dieser ehemaligen Ruine geschickt mit der Gründung einer Stiftung für junge Autoren, Künstler und Wissenschaftler verknüpft hat. Fast jeder dieser Stipendiaten läßt als Dank einen Teil seines Werkes zurück, so daß das Schloß mittlerweile mit einer recht anspruchsvollen Sammlung aufwarten kann.
● *Der architektonische Aspekt:* die 95 Treppenstufen des sechseckigen Turms bestehen jeweils aus einem einzigen Stein. Ursprünglich existierte auch mal ein Verbindungstunnel von über 8 km Länge mit dem benachbarten Schloß von

Ansouis. Schade, daß man ihn heute nicht mehr durchlaufen kann! Eine architektonische Zierde stellen die Schloßfenster im provenzalischen Renaissancestil dar.

Für Literaturfreunde bleibt noch hinzuzufügen, daß kein geringerer als Albert Camus auf dem Friedhof von Lourmarin begraben liegt. Der Nobelpreisträger hatte sich damals mit seinem Preisgeld in Lourmarin ein Haus zugelegt. Als er mal wieder mit dem Zug nach Paris fahren wollte – die Fahrkarte hatte er schon in der Tasche – rief ihn sein Verleger Gallimard an und bot ihm an, mit ihm in dessen Wagen nach Paris zu fahren. Es sollte eine Fahrt in den Tod werden: am 4. Januar 1960 raste der Wagen mit hoher Geschwindigkeit gegen einen Baum. Der 47-jährige Schriftsteller war auf der Stelle tot, Gallimard starb vier Tage später. Noch finden sich einige Einwohner von Lourmarin, die gerne über ihren berühmten und doch recht unauffälligen Mitbürger sprechen.

Kost & Logis in Lourmarin

– *Hostellerie le Paradou:* 84160, Tel.: 90 68 04 05. Geschlossen vom 15. Januar bis zum 28. Februar und donnerstags in der Nebensaison. Wir empfehlen das Menü zu 60 F, weil das Menü zu 110 F nicht wesentlich besser ist. Bei der soliden und originellen Küche wollen wir besonders die Palmenherzen mit provenzalischer Paste aus Sardellen, Knoblauch und Öl *(coeurs de palmier avec anchoïade)* hervorheben. Darüber hinaus wollen wir die Terrine, die Ente mit Oliven und die Hammelspießchen namentlich erwähnen, ohne die Forelle oder den Lachs zwischen Vorspeise und Hauptgericht zu vergessen. Käse und Nachtisch beschließen das Menü. Wir raten besonders zu einer Portion Eis. Der rote, vielfach prämierte, Lubéron-Landwein ist ebenfalls nicht zu verachten. Wichtig zu erwähnen ist auch noch die Tatsache, daß man an drei verschiedenen Orten speisen kann: im Speisesaal, auf der Veranda oder auf der Terrasse, die ohne Begrenzung in eine Wiese übergeht, so daß auch Kinder sich nicht langweilen müssen. Die neun ruhigen Doppelzimmer liegen zwischen 90 und 150 F.

● *CUCURON*

Attraktion dieser reizenden Ortschaft am Rande des Lubéron: eine interessante Kirche mit romanischem Hauptschiff, gotischen Seitenschiffen und einem gotischen Chor. Für die Kanzel wurde verschiedenfarbiger Marmor verwendet. Vis-à-vis hat das *Hôtel de Bouliers* im 1. Stock ein kleines Heimatmuseum aufgenommen. Neben Skulpturen und Grabbeilagen aus dem 1. Jh. vor Christus ist ein Raum der Volkskunst und dem Brauchtum vorbehalten.

Kost & Logis

– *Hôtel-Restaurant de l'Etang:* 84160, Tel.: 90 77 21 25. Vom 20. Dezember bis Mitte Januar und mittwochs in der Nebensaison geschlossen. In der Nähe des großen, von Bäumen gesäumten, Wasserbassins. Die Übernachtung im Doppelzimmer in dieser ruhigen und landschaftlich reizvollen Umgebung beläuft sich auf 165 F. Was das leibliche Wohl betrifft, so speist man für 90 F als Vorspeise Krebssuppe, Gänseleberpüree, Muschelsalat und Muscheln oder geschmorte Krabben. Beim Hauptgang gilt's, sich zwischen einem Lendenstück vom Rind, einem Seebarschfilet, einem Sisteron-Lamm oder Geflügelbrust zu entscheiden. Salat, Käse oder Nachtisch dürfen natürlich nicht fehlen.

● *Campingplätze*

– *Camping le Moulin à Vent:* von Cucuron aus zuerst die D 182 einschlagen; nach 1,3 km biegt man links ab und fährt noch einen Kilometer. Tel.: 90 77 25 77/21 64. Der kleine, friedliche und angenehme Campingplatz hat vom 1. April bis zum 30. September Betrieb. Im Sommer ist Reservierung angeraten.
– *Camping Lou Baradeu* (La Respariñe): von Cuceron aus 1 km in Richtung La Tour-d'Aigues. Tel.: 90 77 21 46. Der vom 15. März bis zum 30. November geöffnete Zeltplatz ist erholsam ruhig und profitiert von seiner schönen Aussicht. Allerdings weist er weniger schattige Plätzchen auf als der *Camping le moulin à vent*.

• ANSOUIS

Reizendes Dörfchen auf einem Felsvorsprung, unterhalb der dominierenden Silhouette eines Schlosses, halb Festung, halb Wohnanlage. Seit mehreren Jahrhunderten residieren hier die Nachkommen des Herzogs von Sabran, die das Familiengut im Laufe der Zeit ausschmückten. Führungen finden nur nachmittags von 14.30 bis 18 Uhr statt. Neben zahlreichen Einrichtungsgegenständen sind insbesondere die provenzalische Küche, das Gefängnis und die Kirche sehenswert. Von der Terrasse, einzigartiger Blick auf das alte Dorf und die Umgebung.

DIE REGALON-SCHLUCHT UND UMGEBUNG

Von der D 973 zweigt eine Stichstraße in Richtung Schlucht ab, die an einem Steinbruch entlangführt. Von dort folgt man den rot-weißen Wegmarkierungen des Wanderweges GR 6. Bei starkem Regen oder an gewittrigen Tagen sollte man auf den Spaziergang verzichten. Die Besonderheit der Regalon-Schlucht: an manchen Stellen treten die Seitenwände extrem eng zueinander. Vereinzelt sind an weniger als einem Meter breiten Passagen zudem noch ganz beachtliche Felsblöcke eingeklemmt! Vom Parkplatz aus rechnet man 1 ½ Stunden zu Fuß für Hin- und Rückweg.

• MALLEMORT

Unterkunft

An dieser Stelle möchten wir nur auf die geräumigen und praktisch ausstaffierten Ferienwohnungen von *Monsieur und Madame Arnoux* hinweisen. Die Adresse des freundlichen Ehepaares: 30, avenue des Frères-Roqueplan, 13370.

• LA ROQUE-D'ANTHERON

Dieser beliebte Ferienort wartet mit Schloß Florans als Hauptsehenswürdigkeit auf. Das mächtige Anwesen aus dem 17. Jh. mit seinen runden Ecktürmen beherbergt ein Rehabilitationszentrum.

• DIE ABTEI SILVACANE

Öffnungszeiten: von 10 bis 12 Uhr und von 14 bis 18 Uhr. Dienstags sowie am 1. Mai, 25. Dezember und 1. Januar geschlossen. Nach Le Thoronet und Sénanque folgt Silvacane in chronologischer Reihenfolge an dritter Stelle. Der Name dieser dritten provenzalischen Zisterzienserabtei weist auf die Lage in einer feuchten Flußniederung hin: *silva cannae* bedeutet nämlich Schilfwald. Nach der Gründung im Jahre 1144 erlebte die Abtei ihre Blütezeit bis 1357, als sie ausbrannte und geplündert wurde. Das, was man heute noch sieht, wurde überwiegend in der Zeit zwischen 1175 und 1230 gebaut. Dem Charme, den diese Klosteranlage mit ihren harmonischen Proportionen, ihrer Schlichtheit und den hohen Gewölben ausstrahlt, kann man sich unmöglich entziehen.

DIE ALPILLES

Kleine Alpen – auf den ersten Blick erscheint die Bezeichnung für diesen Höhenzug zwischen Avignon und Arles etwas übertrieben, erst recht, wenn man bedenkt, daß die höchste Erhebung noch nicht einmal 400 m erreicht. Hat man die Kalksteinkette erst einmal betreten, dann fühlt man sich inmitten der pittoresken Verkarstungen tatsächlich ein wenig wie im Hochgebirge. Auf der nachfolgend beschriebenen Rundfahrt, die sich ganz grob um eine Ost-West-Achse bewegt, lernt man die hübschesten Punkte des Gebirgszugs kennen. Bei der Fahrt sollte man nach Möglichkeit darauf achten, daß man die Sonne im Rücken hat.

Von der N 7 biegen wir zwischen Sénas und Orgon auf die D 569 in Richtung *Miramas-Eyguières* ab. Die Straße passiert gezackte Kalksteinhügel. Hohe Hecken und Scheinzypressen schützen die Weinreben auf der einen und die Gemüsefelder auf der anderen Seite vor dem Mistral. Scheint dann noch die Sonne über dieser Landschaft, dann ist die geographische Kurzbeschreibung dieser Gegend komplett. Nach 8 km biegen wir auf die D 25 in Richtung *Eygalières* und *Saint-Rémy* ab. Hier führt die Straße durch herrliche Pinienwäldchen, die uns wiederum mehr an die Côte d'Azur erinnern. An der ersten großen Kreuzung links wieder auf die D 24 in Richtung *Les Baux-Saint-Martin-de-Crau* abbiegen. Im Dörfchen Le Destet nehmen wir rechts die D 78 in Richtung *Maussane-Les Baux*. Hinter dem Wald taucht dann schon der nackte Felsrücken von Les Baux auf. Von einer kleinen Paßhöhe, nochmals eine unverwechselbare Panoramasicht auf die Ebene.

Kurz vor Maussane wählen wir die nördliche Umgehungsstraße, auf der man mehr von der reizvollen Umgebung sieht als auf der Durchgangsstraße. Nach 2,5 km auf der D 5 biegen wir links auf die D 27 A ab, wo wir nach weiteren 2,5 km das berühmte *Les Baux* erreichen.

● *LES BAUX-DE-PROVENCE*

Den Anblick dieses nackten Felsens, der den Ort und dessen Burgruine trägt, wird man so geschwind nicht vergessen! Fels und Häuser gehen unmerklich ineinander über und verleihen dem Ganzen einen fast magischen Charakter. Vor sieben-, achthundert Jahren ließ sich hier ein Adelsgeschlecht nieder, welches, mit der ihm eigenen Bescheidenheit, seine Herkunft auf Balthasar, den einen der Heiligen Drei Könige, zurückführte. Deshalb zierte ihr Wappen der Stern von Bethlehem. In Null Komma nichts dehnte dieses wüste Geschlecht seinen Machtbereich auf weite Teile der Provence bis hinunter an die Küste aus. Achtzig Burgen, Festungen und Dörfer waren bald in der Hand dieses Schreckensregiments, so daß Papst und König schon ein Söldnerheer in Bewegung setzen mußten, um dieser gefährlichen Macht Einhalt zu gebieten. Raimund von Turenne wurde bei Tarascon eingekreist und ertrank auf der Flucht in der Rhône. Eben dieser schurkige Raimund hatte sich zuvor als Mäzen des Minnesangs und der feinen Turniersitten aufgespielt. Aus ganz Frankreich, ja sogar von noch weiter her, eilten Troubadoure nach Les Baux, sangen sich hier die Seele aus dem Leib und schwärmten in ihren Minneliedern von einer Edelfrau, die schon längst einem anderen »gehörte«. Immerhin erhielten die Minnesänger als Lohn für ihre Anstrengungen den Kranz aus Pfauenfedern und einen Kuß – von einem liebreizenden, für sie unerreichbaren Edelfräulein natürlich. Hatte Raimund aber schlechte Laune, so konnte es passieren, daß er zum Schrecken seiner Gäste auch mal einen Gefangenen vom hohen Turm in die Leere hopsen ließ.

Überspringen wir einmal die folgenden Jahrhunderte: heute befindet sich die Burg im Besitz der Familie Grimaldi von Monaco. Der Ort mit seinen 350 Einwohnern zählt jährlich eine Millionen Besucher!

Übrigens wurde hier 1822 der Aluminiumrohstoff entdeckt und nach seinem Fundort »Bauxit« genannt.

Den Wagen stellt man auf einem der Parkplätze (7 F) am Ortseingang ab. Über die gepflasterte Straße gelangt man zur Burgruine und zu den markanten Aussichtspunkten auf dem Felsen. Die Sammeleintrittskarte (10 F) für die Burgruine gilt auch für die beiden Museen.

Unterkunft

– *Hostellerie de la Reine Jeanne:* im alten Dorf, 13520, Tel.: 90 97 32 06. Vom 15. November bis zum 1. Februar Betriebsferien; zwölf Zimmer zu 185 bis 230 F und herrliche Aussicht.

● *Sehr schick*

– *La Benvengudo:* an der D 78, 13520, Tel.: 90 54 32 54. Von Ende Oktober bis Mitte Februar sowie sonntags geschlossen. Luxuriöse Adresse in wundervoller Umgebung: weiter Garten, verlockendes Schwimmbad und Tennisplätze. Der provenzalische Stil des Landhauses findet im Innern bei Einrichtung und Möbeln seine Fortsetzung. Luxus hat natürlich auch seinen Preis: das Doppelzimmer mit Bad fängt bei 302 F an, für ein Zimmer mit eigenem Balkon und Terrasse muß man dann schließlich 396 F auf den Tisch blättern. Für das Frühstück werden einem standesgemäße 35 F abgeknöpft.

● **SAINT-REMY-DE-PROVENCE**

Für uns ist Saint-Rémy mit seinem die Altstadt umziehenden Ringboulevard und den schattenspendenden Platanen der Urtyp eines provenzalischen Städtchens. In Saint-Remy kommt noch der reizvolle Blick auf die Alpilles hinzu, die den Mistral von der Stadt abwehren. Freilich hat der Charme des Städtchens mittlerweile bei den Immobilien zu einer regelrechten Preisexplosion geführt.
Neben dem Arzt und Astrologen Nostradamus, dessen rätselhafte Voraussagen seit Jahrhunderten Aufsehen erregen, hat der Aufenthalt Van Goghs in der Heilanstalt am Südrand des Städtchens Saint-Rémy in aller Welt bekanntgemacht.

Adresse

– *Verkehrsbüro:* place Jean-Jaurès, 13210, Tel.: 90 92 05 22.

Unterkunft

● *Mittlere Preisklasse*

– *Le Cheval Blanc:* 6, av. Fauconnet, 13210, Tel.: 90 92 09 28. Frisch renovierte und behagliche Doppelzimmer mit Dusche und WC von 143 bis 165 F. Den dazugehörigen Hotelparkplatz in der Stadtmitte wird wohl jeder motorisierte Gast zu schätzen wissen.
– *Hôtel-Restaurant de la Caume:* route d'Orgon, 13210, Tel.: 90 92 09 40. Vom 15. März bis zum 15. Oktober geöffnet. Eine Trennmauer und ein angenehmer Garten schützen die Zimmer einigermaßen vor Straßenlärm. Zum Haus gehört auch ein kleiner Swimmingpool. Für ein Zimmer muß man mit 154 bis 181 F rechnen. Das Menü zu 68 F: Lachs-Terrine nach Art des Hauses, Zwischenrippenstück vom Rind oder provenzalische Tintenfischspießchen gefolgt von Käse und Dessert.
– *Villa Glanum:* route des Baux, 13210, Tel.: 90 92 03 59. Ordentliches Ein-Stern-Hotel unmittelbar neben den Ausgrabungen der antiken Stadt Glanum. Bei diesem sympathischen Empfang und der familiären Atmosphäre sollte man zumindest eine Mahlzeit hier einnehmen. Acht Doppelzimmer zwischen 150 und 170 F; Benutzung des Swimmingpools ist im Preis inbegriffen.

● *Etwas schicker*

– *Hôtel Soleil:* 35, av. Pasteur, 13210, Tel.: 90 92 00 63. Um einen großen Innenhof herum angeordnet, so daß fürs Auto auch genug Platz bleibt. Neben Swimmingpool und Terrasse, noch eine vom Salon abgesonderte *Salle de jeu*. Die 15 Zimmer sind nicht besonders geräumig, aber wie der Besitzer zu sagen pflegt: »In Saint-Rémy bleibt man nicht auf dem Zimmer«. Ab 185 F fürs Doppelzimmer mit Dusche bis 240 F mit Bad.
– *Canto-Cigalo:* chemin Canto-Cigalo, 13210, Tel.: 90 92 14 28. Vom 1. November bis zum 1. März geschlossen. Himmlische Ruhe und ein lauschiger Garten kennzeichnen dieses große und gepflegte Haus. Die 20 Doppelzimmer sind geräumig und bequem. Ab 200 F mit Dusche bis 285 F mit Bad und Blick auf die Alpilles. Eine vortreffliche Bleibe.

● *Sehr schick*

– *Château de Roussan:* 2 km von Saint-Rémy an der Straße nach Tarascon, 13210; Tel.: 90 92 11 63. Es handelt sich um einem herrschaftlichen Landsitz aus dem 18. Jh. inmitten eines Parks. Als Gast logiert man in einem der zwölf aufwendig möblierten Zimmer. Die Doppelzimmer mit Dusche entsprechen mit 330 bis 495 F preislich ganz der mondänen Umgebung.

Sehenswert

– Die *Altstadt* mit teilweise faszinierenden Gebäuden wie dem *Hôtel Mistral de Mondragon* (beherbergt das Alpilles-Museum, das neben den volkskundlichen Sammlungen auch Erinnerungsstücke und Dokumente von Nostradamus präsentiert), dem *Hôtel de Sade* (das Adelshaus aus dem 15. Jh. beherbergt überwiegend aus Glanum stammende Ausgrabungsfunde), dem Rathaus usw.
– *Les Antiques:* auf dem romantischen *Plateau des Antiques* zu Füßen der Alpilles-Ausläufer, einen Kilometer südlich von Saint-Rémy, erhob sich einst die wohlhabende Stadt Glanum. Sie wurde im 3. Jh. durch einen Barbareneinfall fast vollständig zerstört. Heute sind an dieser Stelle nur noch das *Mausoleum* und das sogenannte *Stadtgründungstor der Römer* zu besichtigen. Dieses Monumentaltor erhob sich an der Römerstraße nach Spanien und bildete den Eingang zur Stadt Glanum, während das Mausoleum der Julier als das besterhaltene römische Denkmal in der Provence überhaupt gilt. Man vermutet, daß es zum Gedenken an die früh verstorbenen Enkel des Kaisers Augustus errichtet wurde.
– Das *ehemalige Kloster Saint-Paul-de-Mausole* in der Nähe des Plateau des Antiques dient als Heilanstalt, in der 1889-90 Vincent Van Gogh Aufnahme fand. Eine Büste des Malers steht links in der Allee, die zur Kirche führt. Von der Klosteranlage blieben die Kirche mit hübschem Glockenturm und ein wunderschöner romanischer Kreuzgang mit eleganten Zwillingssäulen erhalten.
– *Glanum:* die antike Stadt geht auf ein keltisches Quellenheiligtum zurück. Das »Pompeji der Provence« ist ein anschauliches Beispiel für die Abfolge antiker Siedlungskulturen in dieser Gegend. Die keltische Kultur (6. Jh. vor Chr.) besaß ein Heiligtum in einer Schlucht; dann folgte die griechische Kultur: man fand Waren griechischer Herkunft und Häuser in griechischer Bauart. Später dominierte dann die römische Kultur, bis der Ort um 270 durch Germanenstämme zerstört und nicht wieder aufgebaut wurde. Die seit dem Jahre 1921 bis in unsere Tage andauernden Ausgrabungen legten Überreste öffentlicher Gebäude frei, die einen lebendigen Überblick über eine Kleinstadt zur Römerzeit gewähren.

Weiterfahrt von Saint-Rémy

Wir folgen der Straße, die an Les Antiques und Glanum vorbeiführt und biegen nach 4 km links nach la Caume ab. Den Wagen an der Fernseh-Relaisstation abstellen und bis zum Rand des Plateaus marschieren. Bei günstigem Wetter bietet sich von diesem höchsten Punkt der Alpilles aus ein Panorama, das von den Alpen bis zum Mittelmeer reicht. Wir kehren auf die D 5 zurück und zuckeln weiter nach Maussane.

● *MAUSSANE-LES-ALPILLES*

Die Ebene um den kleinen Ort ist ausgesprochen fruchtbar. Besonders das Olivenöl aus Maussane genießt einen vorzüglichen Ruf. Der Weg zur Olivenöl-Genossenschaft ist ausgeschildert.

Unterkunft

● *Ziemlich schick*

– *Touret:* am Ortsausgang in Richtung Arles, 13520; Tel.: 90 97 31 93. In den Monaten Januar und Februar geschlossen. Ein mustergültig gepflegtes Haus mit geräumigen und geschmackvoll eingerichteten Zimmern. Fast jedes besitzt eine kleine Terrasse, auf der man in aller Ruhe sein Frühstück einnehmen kann. Weitere Pluspunkte: Hallenbad, Parkplatz und Klimaanlage. Die Preise, 240 F fürs Doppelzimmer mit Dusche und 270 F mit Bad, erscheinen uns ganz angemessen.
– *L'Oustaloun:* place de l'Eglise, 13520; Tel.: 90 97 32 19. Bei der Restaurierung des Hauses hat man die Fassade aus dem 18. Jh. harmonisch den Platzverhältnissen angepaßt. Die Inneneinrichtung, von den Möbeln bis zu den Tapeten, wurde von Mme Bartoli und ihrem Mann bis ins Detail mit treffsicherem Geschmack ausgewählt. Die Doppelzimmer mit Bad oder Dusche sollte man mit 200

64 / RHONETAL UND HOCHPROVENCE

F rechnen. Wo hat man sonst schon Gelegenheit, in bequemen Betten unter Deckenbalken aus dem 16. Jh. zu nächtigen? Zum Restaurant s.u.

Essen

● *Für schmale Geldbeutel*

– *La Pitchoune:* 21, place de l'Eglise, 13520; Tel.: 90 97 34 84. Freitag Ruhetag. In rustikal-familiärem Rahmen wähle man hier beim Menü für 95 F zwischen Salat und Aufschnittplatte als Auftakt. Beim Hauptgang ist die Auswahl dann doch etwas reicher: Lammkoteletts mit Kräutern, Lammkeule, Lendenstück vom Rind mit Kräutern, Seebarschfilet oder sogar eine flambierte Jungente (8 F Aufpreis). Den Magen schließen Käse, Nachtisch nach Art des Hauses oder Sorbet.

● *Etwas schicker*

– *L'Oustaloun* (Adresse s.o.): das auf den ersten Blick x-beliebige Menü wird mit echtem Olivenöl aus Maussane-les-Alpilles zubereitet. Rote Beete, Mais, Fenchel ... alles wird gleich eine Note schmackhafter! Zwar wechselt das Tagesgericht ständig, aber die in Landwein marinierte und zwei Stunden gekochte Spanferkelschulter mit einer Spur von Karamelgeschmack würden wir sofort wieder ordern! Die Auswahl an Desserts verspricht ebenfalls verlockende Gaumenfreuden. Die 100 F sind jedenfalls bestens angelegt, wobei wir die oben angedeutete behagliche Inneneinrichtung noch gar nicht berücksichtigt haben.

Weiterfahrt von Maussane-les-Alpilles

Im Ortsteil Paradou folgen wir der D 78 E, die uns nach Fontvieille bringt.

● **FONTVIEILLE**

Wer die »Briefe aus meiner Mühle« des provenzalischen Dichters Alphonse Daudet noch nicht kennt, sollte dies bald nachholen. Die humorvollen Geschichten erzählen mehr über die Provence und ihre Menschen als manch andere »schlauen« Bücher, unseren Reiseführer natürlich ausgenommen. Daudet hat, auch wenn es noch so oft behauptet wird, seine »Briefe« nicht in dieser niedlichen Windmühle verfaßt, sondern, von Heimwehgefühlen geplagt, in Paris. Aber da er diesen Ort sehr mochte, hat man ihm zu Ehren in dieser Mühle ein kleines Museum eingerichtet. Neben Erstausgaben seiner Bücher werden etliche Erinnerungsstücke an den Dichter hier aufbewahrt.

Essen

● *Ziemlich preiswert*

– *La Grasilo:* 13990. Die typische provenzalisch-rustikale Einrichtung wird hier noch durch einen echten Backofen ergänzt. Einige der recht originellen Vorspeisen haben uns eher enttäuscht, aber besser selbst probieren. Sehr fein dagegen das Lendenstück vom Rind auf provenzalische Art (faux-filet provençal). Als Hauptgang gibt's außerdem noch Lammspießchen oder Kaninchenfrikasee mit Weißwein (gibelotte de lapin). Der Costière-du-gard-Rosé wird auch Weinexperten nicht enttäuschen ...

● *Etwas schicker*

– *Le Homard:* 29, rue du Nord, 13990, Tel.: 90 97 75 34. Vom 15. November bis zum 15. Dezember und vom 5. Januar bis zum 30. Februar sowie samstags in der Nebensaison geschlossen. Eine kleine Terrasse mit Blumen und Sonnenschirmen lädt schon von Ferne ein, sich das Ganze etwas näher anzuschauen. Beim Menü zu 69 F hat man nach dem provenzalischem Salat die Wahl zwischen Stockfischauflauf und einem halben Grillhähnchen. Das Menü zu 98 F macht dann die Wahl zur (angenehmen) Qual: durch elf verschiedene Vorspeisen und acht Hauptgänge muß man sich »durchlesen«, bis man dem *garçon* seine Entscheidung mitteilen kann. Es sei denn, man bestellt gleich den Seeteufel mit Safran (la baudroie

au safran) oder die hausgemachten Pieds und Paquets, Kutteln und Hammelfüße in Bouillon gekocht. Die Coteaux des Baux und d'Aix können wir ebenfalls empfehlen. Eine prima Adresse.
- *Auberge du Grès:* in Saint-Etienne-du-Grès, 13150 Tarascon, Tel.: 90 49 18 61. Bleibt samstags in der Nebensaison geschlossen. Das wertvolle alte Mobiliar und die mit Sorgfalt und Liebe gedeckten Tische passen gut zu dem luxuriös wirkenden Speisesaal. Menü zu 95 F: bei der Vorspeise, Auswahl zwischen Fischsuppe, Meeresfrüchte-Cocktail, Bergschinken oder Terrine mit grünem Pfeffer. Nach dem leckeren Hauptgang werden Käse und Nachtisch gereicht. Das Menü zu 160 F hat noch einiges mehr zu bieten.

TARASCON

Eng mit dem Namen der Stadt verbunden sind bis heute Tartarin, die von Alphonse Daudet ins Leben gerufene Gestalt, in welcher der typische Provenzale bis zur Karikatur verzerrt wird, so wie das menschenfressende Ungeheuer Tarasque, das hier der Rhône entstiegen sein soll. Mehr als Tartarin und Tarasque bestimmen die Stadt aber heute Obst- und Frühgemüseanbau, denn sie ist Sammelund Versandort für die Produkte des fruchtbaren Hinterlandes. Erschwingliche Hotels und ganz akzeptable Restaurants machen Tarascon zu einem sympathischen Etappenort. Mehr darf man allerdings auch nicht erwarten, denn hier verschwindet man abends in der Falle!

Adresse

- *Verkehrsbüro:* 59, rue des Halles, 13150, Tel.: 90 91 03 52.

Unterkunft

● *Für schmale Geldbeutel*

- *Jugendherberge:* 31, bd Gambetta, 13150, Tel.: 90 91 04 08. Anständig geführtes Haus, von März bis Dezember offen.
- *Hôtel du Rhône:* place du Colonel-Berrurier, Tel.: 90 91 03 35. Der zweite Stock wurde vollkommen renoviert. Insgesamt verfügt das alte Ein-Stern-Hotel über 15 Zimmer, ausgestattet mit dem obligatorischen Spiegelglasschrank und den Kugelleuchtern an der Decke. Dafür berappt man auch nur 72 bis 140 F fürs Doppelzimmer.
- *La Tarasque:* place de la Gare. Die gepflegten Zimmer in diesem Haus mit Speiselokal bewegen sich zwischen 80 und 100 F.

● *Ziemlich preiswert*

- *Hôtel le Moderne* (Restaurant le Mistral): 26, bd Itam/9, rue Monge, 13150, Tel.: 90 91 01 70/27 62. Das Hotel trägt seinen Namen zurecht und bietet einen gewissen Komfort zu einem bescheidenen Preis: Doppelzimmer mit Waschbecken 125 F, mit Bad und WC 195 F. Bei einem Mindestaufenthalt von drei Tagen beträgt die Halbpension 180 F, während die nicht sonderlich originellen Menüs mit 55 und 62 F zu Buche schlagen.

● *Etwas schicker*

- *Hôtel-Restaurant Saint-Jean:* 24, bd V.-Hugo, 13150, Tel.: 90 91 13 87. Zwölf ansehnliche und geräumige Zimmer harren der Gäste. Doppelzimmer mit Dusche 154 bis 165 F, mit Bad 187 F und das Frühstück 17 F. Sympathisches Haus, wo auch knurrende Mägen zu ihrem Recht kommen (s.u.).
- *Le Provence:* 7, bd V.-Hugo 13150, Tel.: 90 91 06 43. Zwei Personen zahlen in einem der elf Zimmer 220 F, vier Personen 350 F. Für ein Drei-Sterne-Hotel, ausgezeichnetes Preis-/Leistungsverhältnis; besonders wenn man bedenkt, daß die geräumigen und freundlich ausschauenden Zimmer über Klimaanlage, großzügige Badezimmer, Direkttelefon und Farbfernseher verfügen. Ja, einige Zimmer besitzen sogar eine richtig gemütliche Frühstücksterrasse.

66 / RHONETAL UND HOCHPROVENCE

● *Campingplätze*

– *Saint-Gabriel:* 5 km hinter Tarascon, über die N 570 zu erreichen. Tel.: 90 91 19 83. Einwandfreier und billiger Zeltplatz, vom 1. März bis zum 15. Oktober in Betrieb.
– *Tartarin:* route de Vallabrègues, Tel.: 90 91 01 46. Ebenfalls tadellos und vom 15. März bis zum 30. September geöffnet.

Restaurants

● *Wirklich günstig*

– *Restaurant Le Roi René:* rue des Halles, 13150, in Rhônenähe. Für 48 F variantenreiches und gepflegtes Menü, z.B. in Muschelschalen überbackener Fisch, Spanferkelragout, Salat und Nachtisch.
– *Restaurant La Tarasque:* am Bahnhofsplatz (place de la Gare), 13150. Wer bietet mehr? Für 39 F – sogar ein Viertel Wein ist mit von der Partie – serviert man hier einen gemischten Salat oder eine mit Petersilie angerichtete Pastete, gegrilltes Rindfleisch, Käse oder Nachtisch. In gepflegtem Rahmen tafeln die Gäste entweder im Speisesaal oder auf der Veranda.
– *Restaurant Terminus:* place de la Gare, 13150, Tel.: 90 91 18 95. Mittwochs und Samstag mittags ruht der Betrieb. Terminus-Menü wie in alten Zeiten mit einer Auswahl zwischen je zwölf Vorspeisen und Hauptgerichten, abschließend Käse oder Nachtisch, für ganze 50 F.

● *Etwas schicker*

– *Restaurant Saint-Jean:* 24, bd V.-Hugo, 13150, Tel.: 90 91 13 87. In der Nebensaison mittwochs geschlossen. Wir erwähnen das Restaurant einmal wegen seiner ansprechenden Einrichtung, dann wegen der nicht minder erfreulichen Preise und schließlich wegen seiner schlichten, aber doch qualitativ hochstehenden, regionalen Küche. So hat man z.b. beim Menü zu 62 F die Wahl zwischen Zwiebeltorte mit Meeresfrüchten und Muschelsuppe. Beim Hauptgericht gilt es, sich zwischen provenzalischem Hähnchen und einem saftigen Steak »nach Weinhändlerart« (bavette marchand de vin) zu entscheiden. Zum Schluß wiederum Käse oder Nachtisch. Vorteilhaftes Preis-/Leistungsverhältnis. Neben teureren Menüs steht auch ein Kinderteller zu 25 F auf der Speisekarte.

Sehenswert

– Die *Burg* (Le château): auf den ersten Blick eher abweisende Festungsanlage; birgt überraschenderweise jedoch einen recht einladenden Wohntrakt mit gotischen und Renaissance-Elementen. Über einen Treppenturm erreicht man die leeren, meist überwölbten Säle, oft mit zwei Kaminen, welche einst zugleich Heizung und Kochstelle darstellten.
Über mehrere Jahrhunderte hatte die Burg als Gefängnis gedient, bis sie 1926 ihr mittelalterliches Gepräge wiederfand. Bei der damaligen Restaurierung wurden zwar die dicken Eisenstäbe an den Fenstern entfernt, aber glücklicherweise nicht die »Graffiti« an den drei Meter dicken Wänden. Die Ritzzeichnungen von verschiedenen Schiffstypen lassen einen Kenner der Materie vermuten – vielleicht einen ehemaligen Galeerensträfling, der es vorzog, an Land einzusitzen? Auf jeden Fall war er in guter Gesellschaft, denn die lateinischen Inschriften weisen auf einen gebildeten Kleriker hin, hinter dem manche sogar einen Bischof vermuten.
Einen Überblick über die gesamte Festungsanlage erhält, wer über die Rhônebrücke nach Beaucaire schlendert.
– Die *Kirche Sainte-Marthe:* besonders harmonisch ist das romanische Südportal, dessen Skulpturenschmuck während der Revolution zerstört wurde. Im Kircheninneren, sehenswerte Gemälde von Van Loo und Mignard.
– Die *Altstadt* mit ihren krummen Gäßchen birgt einige repräsentative alte Gebäude, von denen wir nur das Rathaus aus dem 17. Jh. erwähnen wollen, weil es uns so sehr an einen italienischen Palazzo erinnert.

DER MONTAGNETTE-HÖHENZUG

Dieser bescheidene Gebirgszug erstreckt sich parallel zur Rhône zwischen Avignon und Tarascon. Manch einer kriegt von ihm gar nichts mit, weil er über Rognonas und Graveson auf der Nationalstraße daran vorbeibraust, und das finden wir wiederum schade! Auf dem anderen Weg nach Barbentane durchquert man die provenzalische Ebene, deren Aussehen in diesem Abschnitt Gemüsekulturen und ewig lange Eibenreihen entlang der Straße bestimmen.

• *BARBENTANE*

Ein urtypisches provenzalisches Dorf. Abseits der Hauptstraße könnte man um die Mittagszeit meinen, daß niemand um den platanenbestandenen Platz herum wohnt. Barbentane ist besonders stolz auf das elegante Schloß aus dem 17. Jh. (Führungen: zwischen Ostern und Allerheiligen täglich von 10 bis 12 Uhr und von 14 bis 18 Uhr. Eintritt 16 F, Kinder 10 F). Die häufige Verwendung von Marmor und Stuck bei der Ausstattung der Innenräume und zahlreiche Kunstgegenstände verraten die Vorliebe des Erbauers, eines Marquis de Babentane, für Italien, wo er lange als Gesandter Ludwigs XV. residiert hatte.

Adresse

– *Verkehrsbüro:* im Rathaus, Tel.: 90 95 50 39.

Kost & Logis

– *Hôtel-restaurant Saint-Jean:* Tel.: 90 95 50 14. Vom 15. Januar bis zum 15. Februar, außerdem montags, geschlossen. Wir wagen zu behaupten, daß die verschiedenen Menüs zu 53, 80 und 144 F jeden Hunger stillen und auch anspruchsvollere Gaumen zufriedenstellen werden! Schier umwerfende Auswahl an originellen Hauptgerichten und dann noch die Möglichkeit, sich die Vorspeisen und den Nachtisch am Buffetwagen selbst zusammenzustellen. Nach einem derart feudalen Mahl, erst mal ein Nickerchen! Die einladenden Zimmer erreicht man über eine herrschaftliche Treppe. Doppelzimmer 115 bis 176 F. Besonders familienfreundliche Adresse.

• *DIE ABTEI SAINT-MICHEL DE FRIGOLET*

Von Barbentane aus erreicht man das Kloster in etwa einer Stunde zu Fuß; über ein Sträßchen, das mitten durch den Kiefernwald führt.
Die weitläufige Abtei soll ihren Beinamen dem provenzalischen Wort für Thymian (férigoulo) verdanken. Gegründet wurde das Kloster im 10. Jh. von den Mönchen aus Montmajour, die in der reinen Luft – doch, doch – ihre Malaria auszukurieren suchten. Sie errichteten damals die der »Jungfrau vom Guten Heilmittel« (bon remède) geweihte Kapelle, Kern des heutigen Klosters und Wallfahrtsorts. Der Kirche benachbart ist ein kleiner Kreuzgang aus dem 12. Jh., dessen Arkaden an Montmajour oder Saint-Paul-de-Mausole erinnern.
Noch zwei Episoden zum Schluß: Anna von Österreich wallfahrte 1632 hierher, um den Himmel um einen Sohn zu bitten. Das hat funktioniert: im Jahre 1638 schenkte sie Frankreich den ersehnten Thronfolger und späteren Ludwig XIV.
Die kupfernen Destilliergeräte haben Alphonse Daudet wahrscheinlich zu seiner Geschichte von Pater Gaucher und dem Kräuterlikör inspiriert. Besagter Pater war vom Probieren seines Elixiers so angetan, daß er in der Kirche die Liturgie vergaß und statt dessen einen Pariser Gassenhauer schmetterte!

ARLES

Adressen
- *Verkehrsbüro:* esplanade des Lices, Tel.: 90 96 29 35.
- *SNCF:* Tel.: 90 96 01 58.

Unterkunft

● *Besonders preiswert*
- *Jugendherberge:* 20, av. Foch, 13200, Tel.: 90 96 18 25. Einhundert Betten, ganzjährig geöffnet.

● *Mäßige Preise*
- *Hôtel Gauguin:* 5, place Voltaire, 13200, Tel.: 90 96 14 35. Die schicken, aber zweckmäßig möblierten Zimmer verteilen sich auf drei Stockwerke. Der Preis für ein Doppelzimmer bewegt sich zwischen 85 und 150 F.

● *Etwas schicker*
- *Hôtel Diderot:* place de la Bastille und 5, rue Diderot, 13200; Tel.: 90 96 10 30. Dem Direktor wurde vor wenigen Jahren ein bedeutender Tourismus-Preis verliehen. 14 Doppelzimmer à 100 F (mit Waschbecken) bzw. 175 bis 190 F mit Dusche oder Bad und WC; Frühstück zu 15 F.
- *Hôtel Constantin:* 59, bd de Craponne, 13200, Tel.: 90 96 04 05. Von Mitte November bis Mitte März geschlossen. Die Preise fürs Doppelzimmer: 95 F mit Waschbecken, 195 F mit Bad und WC. Fürs Frühstück muß man 16,50 F, für einen Parkplatz 13 F locker machen.
- *Hôtel Calendal:* 22, place Pomme, 13200, Tel.: 90 96 11 89. Vom 1. März bis zum 15. November geöffnet. Doppelzimmer mit Waschbecken von 121 bis 143 F, mit Dusche und WC 198 bis 242 F, Frühstück zu 17 F. Geräumige und komfortable Zimmer, fast alle auf einen angenehmen, palmenbestandenen Innenhof hinausgehend.
- *Hôtel Mirador:* 3, rue Voltaire, 13200, Tel.: 90 96 28 05. Vom 5. Januar bis zum 10. Februar Betriebsruhe. Tadellos geführt; schlichte Doppelzimmer zu 168 F, Frühstück zu 20 F.

● *Sehr schick*
- *Hôtel Mireille:* 2, place Saint-Pierre, 13200, Tel.: 90 93 70 74. Vom 15. November bis zum 1. März geschlossen. Je nach Ausstattung, Lage und Größe belaufen sich die Doppelzimmer auf 163 bis 420 F. Zu den Pluspunkten zählen der angenehme Speisesaal, Garage und Swimmingpool.
- *Hôtel du Forum:* 10, place du Forum, 13200, Tel.: 90 96 00 24. Von Mitte November bis Mitte Februar bleibt das alte Hotel, das nicht eines gewissen Charmes entbehrt, geschlossen. Geräumige Zimmer (88 bis 308 F). Ein Hallenbad würde man hier auch nicht unbedingt vermuten.

● *Campingplätze*
- *Les Rosiers:* im 2 km entfernten Pont-de-Crau, Tel.: 90 96 02 12. Recht einfacher Platz, von Anfang April bis Mitte Oktober in Betrieb.
- *Camping City:* an der Straße nach Raphèle-lès-Arles (N 113), Tel.: 90 93 08 86. Von September bis April ist dieser schattige Zeltplatz geschlossen.

Essen

● *Besonders preiswert*
- *Hostellerie des Arènes:* 62, rue du Refuge, 13200, Tel.: 90 96 13 05. Schließzeiten: mittwochs, zusätzlich Dienstag abend in der Nebensaison sowie vom 20. bis zum 30. Juni und vom 15. Dezember bis zum 1. Februar. Hier können wir eigent-

lich alles hervorheben: die familiäre Küche, welche wohlschmeckende Menüs zu 47 und 70 F zusammenstellt, den ausgezeichneten Landwein von Arles, wobei die Flasche noch nicht einmal 30 F kostet, die ausgezeichnete Lage gleich beim Amphitheater usw. Deshalb rechtzeitig reservieren.
- *Hôtel-restaurant d'Arlatan:* 7, rue de la Cavalerie, 13200, Tel.: 90 96 24 85. Recht einfacher Rahmen, drei lohnenswerte Menüs zu 58, 80 und 110 F.

● *Immer noch günstig*

- *Le Van Gogh:* 28, rue Voltaire, 13200, Tel.: 90 93 69 79. Zwei Menüs zu 57 und 80 F werden im klassisch eingerichteten Speisesaal serviert. Die Spezialität des Chefs ist gefüllte Lammschulter.
- *Le Tambourin:* 65, rue Amédée-Pichot, 13200, Tel.: 90 96 13 32. Zwei Menüs zu 58 und 80 F, besondere Fischspezialitäten sowie Bouillabaisse, Tintenfisch und Muscheln werden in einem gemütlich ausgestatteten Speisesaal dargeboten.

● *Etwas schicker*

- *Le Tourne-Broche:* 6, rue Balze, 13200, Tel.: 90 96 16 03. Schon mal in einem so herrlich überwölbten Raum aus dem 17. Jh. gespeist? Als Ausklang der verschiedenen Menüs können Gäste vom Käseteller und vom Nachtischwagen wählen.

Sehenswert

- Die *Arlesierinnen* gelten nach Ansicht renommierter Künstler, aber auch vieler anderer Männer, als die schönsten Frauen Frankreichs. Am frühen Abend, bei einem Pastis am Boulevard des Lices, sollten unsere Leser taktvoll überprüfen, ob Van Gogh, Bizet, Mistral, Daudet, Hugo von Hofmannsthal und wir recht haben ...
- Einen Bummel durch die *alten Straßen* der Stadtmitte unternehmen, besonders zwischen Rathaus, Saint-Trophime-Kirche und Amphitheater.
- Die *Saint-Trophime-Kirche* zählt mit ihrem Kreuzgang zu den interessantesten Bauwerken der Region. Das prachtvolle Portal ist ein Meisterwerk provenzalischer Steinmetzkunst und steht in einem spannungsvollen Gegensatz zur Schmucklosigkeit des Kircheninnern. Schönheit und Vielfalt der Schmuckmotive sowie die harmonischen Proportionen machen den Kreuzgang zum berühmtesten seiner Art in der Provence.
- Das *Amphitheater* (les Arènes) galt im 1. Jh. als eine der ältesten und gewaltigsten römischen Arenen der Welt. Für die Restaurierung vor ca. 150 Jahren mußte ein ganzes Dorf mit etwa 200 Häusern und einer Kapelle abgerissen werden, weil das Baumaterial überwiegend aus dem geplünderten Amphitheater stammte.
- Das *Antike Theater* (le Théâtre antique) ist leider weniger gut erhalten als das Amphitheater. Der Bau aus dem 1. Jh. wurde seit dem 5. Jh. im Volksmund schlicht als »Steinbruch« bezeichnet und der wunderbare Kreuzgang von Saint-Trophime wurde teilweise aus seinen Steinen gebaut.
- Die *Stein-Museen* (les musées lapidaires): das Museum für christliche Kunst ist vor allem wegen der teilweise unterirdischen Säulenhallen des Forums, den sogenannten *Cryptoportiques*, bekannt. Im Museum für nichtchristliche Kunst haben die Funde vom Theater Platz gefunden.
- Das *Heimatmuseum* (le musée Arlaten) entstand um die Jahrhundertwende auf Initiative des Dichters und Nobelpreisträgers Frédéric Mistral. Er hat als leidenschaftlicher Sammler hier alles zusammengetragen, was die Volkskunst seiner Heimat an Brauchtum, Handwerkskunst und Trachten hervorgebracht hat.
- *Les Alyscamps*, die berühmte Totenstadt von Römern und Christen, barg einst über tausend Sarkophage. Im Mittelalter wurden die Toten von weither herangekarrt. Viele sollen sogar in ihren Särgen oder in Salzfässern die Rhône heruntergeschwommen sein. In Arles wurden sie dann aufgefischt und beigesetzt – gegen Zahlung des Goldes, das ihnen ihre Angehörigen zwischen die Zähne gesteckt hatten ...

70 / RHONETAL UND HOCHPROVENCE

Feste

Im Juli finden alljährlich ein Musik-, Tanz- und Theaterfestival sowie die Internationalen Fotografie-Begegnungen statt.

LES SAINTES-MARIES-DE-LA-MER

Les Saintes-Maries-de-la-Mer ist der Hauptort der *Camargue*. Schon bei der Anfahrt von Norden her, lange vor der Ankunft, hat man die Silhouette des weißen Dorfes vor sich, das von seiner alten Kirche mit Zinnenkranz und Glockenarkade überragt wird. »Les Saintes« war bis in die 60er Jahre hinein, als Einkaufs- und Marktzentrum der südlichen Camargue, noch ein ländlicher Ort und lebte nach einem eigenen, von der Natur und den Traditionen bestimmten, Rhythmus. Im Mai strömten die wallfahrenden Zigeuner hierher, und auf dem weiten Strand – der Van Gogh zu seinem Bild mit Fischerbooten inspirierte – gab es immer genügend Platz für ihre bunten Wohnwagen. Dann plötzlich bemächtigten sich Film und Presse dieser ursprünglich gebliebenen Gegend und weckten mit geschickten Fotos vom Leben in freier Natur die Sehnsucht ungezählter Städter. Seitdem haben sich die Dinge gründlich geändert: waren früher nur ein paar Vogelkundler Sommergäste in Saintes-Maries, so zählt man heute in der französischen Hauptreisezeit im August bis zu 100.000 Personen, ein Zustrom dem der Ort kaum gewachsen ist. Und dennoch: selbst wenn die Flamingoschwärme manchmal nur im Teleobjektiv zu sehen sind, Stierherden seltener werden und die Camargue-Pferde auch nicht immer reinrassig sind, so besitzt doch die Landschaft ihren eigenen Reiz, einzigartig und unvergeßlich, so wie ein Kirchenfest in »Les Saintes«, bei dem, trotz allem Fremdenverkehrsrummel, noch etwas wie echte Religiosität zu spüren ist.

Unterkunft

Logisch, daß die Übernachtungspreise dem Ansturm der Massen entsprechen.

● *Besonders preiswert*

– *Jugendherberge:* im Weiler Pioch-Badet, immerhin 8,5 km von der Ortsmitte entfernt, 13460, Tel.: 90 97 91 72. Die JH hat 40 Betten, ist von Anfang März bis Ende November geöffnet und bietet Küchenbenutzung an. Der Fahrradverleih erweist sich in dieser flachen Gegend als recht nützlich.

● *Nicht zu teuer*

– *Hôtel Brise de Mer:* 31, av. Gilbert-Leroy, 13460, Tel.: 90 97 80 21. Klassisches Ein-Stern-Hotel am Meeresufer mit Zimmern von 80 bis 180 F. Was gibt's schöneres, als auf einer Terrasse mit Blick aufs Meer zu speisen.
– *Chez Kiki:* av. du Docteur-Cambon, 13460, Ecke Route de Cacharel. Die Zimmer zu 120 F (mit Dusche) und zu 150 bis 160 F (mit Bad) sind modern, sauber, funktionell, aber ohne eigenen Charakter.

● *Mittlere Preislage*

– *Le Mirage:* 14, rue Camille-Pelletan, 13460, Tel.: 90 97 80 43. Pro Doppelzimmer blättert man 150 bis 185 F, für ein Frühstück 16 F auf den Tisch. Modernes Hotel mit hübschem Salon im ersten Stock.
– *Le Camargue:* av. d'Arles, 13460, Tel.: 90 97 82 03. Die großzügigen Zimmer mit Sesseln, Duschen, separaten WCs und Kühlschrank könnte man fast als Studios bezeichnen. Für Kleingruppen ist das Haus geradezu ideal. Die Preise gehen von 159 F fürs einfache Doppelzimmer bis 291 F für ein von sechs Personen belegtes Appartement.

● *Etwas schicker*

– *Mas des Rièges:* 13460. Da man das Haus nur über einen Deich erreicht, hat man so wenigstens seine Ruhe, auch wenn im nahegelegenen »Les Saintes« die Hölle los ist. Am Ortsausgang der Route de Cacharel folgen. Das Haus ohne

Restaurant ist vom 11. November bis zum 1. April geschlossen. Relativ kleine Zimmer mit netten Möbeln; Kostenpunkt: 280 bis 340 F, Frühstück 21 F.
- *Le Galoubet:* route de Cacharel, 13460, Tel.: 90 97 82 17. Vom 10. Januar bis zum 10. März sowie Ende Dezember geschlossen. Das Hotel liegt an der Abzweigung der Straße zum *Mas des Rièges*. Für eines der modernen und brauchbar ausgestatteten Zimmer muß man 200 bis 220 F veranschlagen.
- *Hostellerie de Cacharel:* an der Route de Cacharel, 13460. Angenehm ruhiges Haus mit origineller Einrichtung und bequemen Salons, das einen mit dem Gedanken spielen läßt, dort länger zu verweilen. Die Tarife: Doppelzimmer 350 F, Frühstück 22 F. Vom Speisesaal aus, einzigartige Sicht auf die Camargue mit ihren zahlreichen Salzwasserseen.
- *Hostellerie du mas de Colabrun:* an der Route de Cacharel, 13460, ca. 7 km von der Ortsmitte entfernt; Tel.: 90 47 83 23. Die Anlage bleibt anspruchsvollen Gästen nichts schuldig: Swimmingpool, Liegestühle, Reitstall, zwei Tennisplätze, Grillanlage usw. Wir empfehlen, nach Möglichkeit ein altes Zimmer im provenzalischen Stil zu buchen (Doppelzimmer 348 F, Frühstück 28 F). Aus täglich wechselnden Gerichten setzen sich die Menüs zu 98 und 139 F zusammen. Die Halbpension für zwei Personen beträgt 667 F, die Vollpension 849 F.

● *Gästezimmer*

Im 10 km nördlich gelegenen Pioch-Badet:
- *Le Mas de Pioch:* route d'Arles, 13460, Tel.: 90 97 80 06. In einer traumhaften Umgebung halten die sympathischen Besitzer fünf geräumige und ordentliche Zimmer für 165 bis 180 F bereit. Fürs Frühstück werden 14 F gesondert berechnet. Ganz in der Nähe, im Restaurant *La Régie*, zwei Menüs zu 62 und 110 F.

● *Campingplätze*

- *Le Lange:* Tel.: 90 97 87 26. Der preiswerteste von diesen drei Campingplätzen, vom 15. Juni bis zum 30. September in Betrieb.
- *La Brise:* Tel.: 90 47 84 67. Kein Swimmingpool, aber nicht weit ab vom Strand. Zivile Platzgebühren.
- *Le Clos du Rhône:* zwei Kilometer von »Les Saintes«, über die D 38 zu erreichen. Tel.: 90 97 85 99. Komfortabler Zeltplatz mit Swimmingpool; dafür auch teurer als die beiden anderen. Öffnungsperiode: 1. Juni bis 30. September. Im Sommer sollte man jedoch reservieren.

Essen

● *Preiswerte Restaurants*

Die Restaurantdichte erreicht hier schon fast beängstigende Ausmaße: wer die Situation im Pariser Quartier Latin kennt, der wird gewisse Parallelen entdecken. Angebote und Preise (50 bis 60 F) sind fast überall gleich. Dennoch möchten wir die drei folgenden Adressen hervorheben:
- *Le Fournelet:* av. Gilbert-Leroy, 13460. Mit Aussichtsterrasse aufs Meer.
- *Le Tournebroche:* 3, place Jouse-d'Arboud, 13460. Kinderteller zu 21 F oder 28 F; 50 F-Menü mit reichhaltiger Auswahl.
- *Les Montilles:* 9, rue du Capitaine-Fouque, 13460. Lecker: Entenleberschaumcreme und Jakobsmuscheln.

● *Eine Kategorie höher*

- *Le Delta:* place Mireille, 13460, Tel.: 90 97 81 12. Gleich bei der Kirche. Im Januar und Februar sowie mittwochs in der Nebensaison geschlossen. Als Spezialitäten gelten die provenzalische Fischsuppe Bourride (90 F), die Bouillabaisse (140 F) und das Rindfleisch nach Viehhirtenart (boeuf Gardian; 50 F).

● *Etwas schicker*

- *L'Hippocampe:* rue Camille-Pelletan, 13460, Tel.: 90 97 80 91. Vom 11. November bis zum 15. März sowie in der Nebensaison bleibt die Küche kalt. Für alle, die sich einmal etwas Besonderes gönnen wollen, ohne gleich ein Vermögen dafür

auszugeben. Klassisches Menü zu 90 F sowie zwei weitere Menüs zu 126 und 140 F in einem angenehmen Ambiente.
- *L'Impérial:* place Impérial, 13460, Tel.: 90 97 81 84. Dienstags in der Nebensaison geschlossen. An der Wand hängt aus, welche Preise der Chef schon für seine Kochkünste eingeheimst hat. Geben wir ihm für 89 F Gelegenheit zu beweisen, daß er die Trophäen wirklich verdient hat!

Sehenswert

- Die *Kirche von Saintes-Maries:* von außen wirkt das Gotteshaus wie eine Festung. Die obere Kapelle gleicht dem Turm einer mittelalterlichen Burg. Wenn keine Wallfahrt stattfindet, steht hier der doppelte Reliquienschrein der beiden Marien. Während die obere Kapelle nicht besichtigt werden kann, ist die Krypta für die Öffentlichkeit zugänglich. Den Wehrgang, der um das Kirchendach führt, erreicht man über 53 Stufen (Eintritt 9 F). Von hier bietet sich ein schöner Blick auf den Ort, das Meer und die weite Ebene der Camargue; besonders reizvoll natürlich bei Sonnenuntergang.
- Der *Vogelpark* (Parc ornithologique du Pont de Gau): von Arles kommend 5 km vor Saintes-Maries; Eintritt: 10 F.
- *Ausflugsfahrt auf der kleinen Rhône:* die Fahrten finden von Ostern bis zum 2. November statt. Genaue Auskünfte unter der Nummer 90 97 81 68 und 90 97 81 22. Die Fahrt dauert 1 1/4 Stunden und kostet 40 F. Der - trotz seines Namens - majestätisch breit dahinströmende Rhônearm durchfließt flaches Weideland mit friedlich grasenden Rinder- und Pferdeherden. Neben zahlreichen Vogelarten bekommt man meist auch die berühmten rosa Flamingos zu Gesicht.

AIX-EN-PROVENCE

Mit den zahlreichen ehemaligen Adelspalais aus goldgelbem Stein im noblen, klassisch-französischen Barock, mit den platanenbestandenen Plätzen und plätschernden Brunnen gilt die Stadt als eine der elegantesten und lebensfrohesten Frankreichs.
Warme Mineralquellen führten in der Römerzeit zu ihrer Gründung, und noch heute wird das Wasser gegen Kreislaufkrankheiten verschrieben. Kurbetrieb, Studenten - die Universität wurde 1409 gegründet - und die Musikfestspiele im Sommer bestimmen den heiteren Lebensrhythmus der Stadt, der so ganz anders ist als im nur einige Kilometer entfernten Marseille. Man muß sich ein wenig Zeit nehmen für Aix: die Stadt erschließt sich nicht auf den ersten Blick, und dann wird man verstehen, warum die Franzosen sie so sehr schätzen. In der Umgebung werden vor allem Oliven und Mandeln angebaut, und so sind denn auch Mandeln die bedeutendste Zutat bei der Herstellung der bekannten Calissons-Spezialität.

Adressen

- *Verkehrsbüro:* place du Général-de-Gaulle, Tel.: 42 26 02 93.
- *Flughafen Marseille-Marignane:* Tel.: 42 89 90 10.
- *SNCF:* Tel.: 42 26 02 89 und 42 27 51 63.
- *Busbahnhof:* rue Lapierre, Tel.: 42 27 17 91.
- Organisierte Führungen vom 1. Juli bis zum 30. September. Auskünfte erteilt das Verkehrsbüro.
- *Festival d'Aix-en-Provence*: in den letzten drei Juliwochen ist hier die Hölle los. Auskünfte zum Programm unter 42 23 37 81; Reservierungen: 42 23 11 20; Festivalleitung: 42 63 06 75.
- Wer seine Nerven nicht über Gebühr strapazieren möchte, der sollte am besten am Rand der Innenstadt einen Parkplatz suchen, anstatt sich durch das Gassengewirr zu quälen.

AIX-EN-PROVENCE / 73

Unterkunft

Aix hat die Eigenart, als teures Pflaster zu gelten, ohne es tatsächlich zu sein. Das kleine, niedliche, spottbillige, schlichte, saubere und komfortable Hotel existiert hier einfach nicht. Dafür herrscht zwischen den Drei-Sterne-Hotels umso erbitterte Konkurrenz, so daß man in dieser Kategorie allgemein von einem ausgezeichneten Preis-/Leistungsverhältnis ausgehen kann. Bei den vielen Festivalbesuchern und Kurgästen sollte man im Sommer nach Möglichkeit reservieren.

● *Für schmale Geldbeutel*

– *Jugendherberge:* av. Marcel-Pagnol, Jas de Bouffan, 13090, Tel.: 42 20 15 99. Das 100 Betten-Haus ist vom 1. Februar bis zum 20. Dezember geöffnet.
– *Hôtel Vendôme:* 10, cours des Minimes, 13100, Tel.: 42 64 45 01. Einwandfreie Bleibe ohne irgendwelche Besonderheiten. Sieben Doppelzimmer mit Waschbecken zu 85 F, zehn Doppelzimmer mit Dusche à 107 F und ein Zimmer mit Bad 118 F. Fürs Frühstück sind nochmal 15 F fällig.

● *Mäßige Preise*

– *Hôtel Vigouroux:* 27, rue Cardinale, 13100, Tel.: 42 38 26 42. Zimmervermietung nur in den Sommerferien, denn während der Schulzeit haben sich hier Schüler und Lehrer einquartiert. Am besten schreibt man frühzeitig ein Postkärtchen und läßt sich die Belegzeiten sowie Zimmerliste und Preise zuschicken. Die Zimmer verteilen sich über vier Stockwerke; kein Aufzug.
– *Hôtel Cardinale:* 24, rue Cardinale, 13100, Tel.: 42 38 32 30. Die insgesamt 22 Zimmer dieses Familienhotels verteilen sich über zwei Häuser. Die Preise variieren von 70 F für eine Person bis zu maximal 250 F für zwei Personen.
– *Hôtel des Quatre Dauphins:* 54, rue Roux-Alphéran, 13100, Tel.: 42 38 16 39. Zehn geräumige Zimmer stehen in dem alten Gebäude mit hübschen Möbeln zur Verfügung. Eine Person kommt schon für 53 F unter, während für ein Doppelzimmer mit 90 bis 148 F gerechnet werden muß; allerdings waren Preiserhöhungen für die nahe Zukunft vorgesehen. Für das Frühstück sind 15 F und für die Dusche 6,50 F zusätzlich fällig.
– *Hôtel du Casino:* 38, rue Victor-Leydet, 13100, Tel.: 42 26 06 88. Bei unserem letzten Besuch hat man aufgrund der Renovierungsarbeiten eine Preiserhöhung angekündigt. Die 26 schlichten, aber dennoch nett hergerichteten Zimmer erscheinen uns nach dem Umbau noch empfehlenswerter. Sich nach den neuen Preisen erkundigen!
– *Hôtel Paul:* 10, av. Pasteur, 13100, Tel.: 42 23 23 89. Alle 24 Zimmer mit Dusche und WC, weil auch hier kürzlich alles generalüberholt wurde. Die nicht sonderlich originellen Doppelzimmer belaufen sich auf 84 bis 165 F.
– *Hôtel Pasteur:* 14, av. Pasteur, 13100, Tel.: 42 21 11 76. Vom 7. Januar bis zum 20. Dezember geöffnet. 19 Zimmer, preislich zwischen 56 und 187 F (mit Dusche und WC); Frühstücken macht 16,50 F extra. Statt 82 F für das Menü in dem x-beliebigen Speisesaal zu verpulvern, sucht man sich besser ein netteres Restaurant in der Nähe.

● *Etwas schicker*

– *Hôtel Résidence Rotonde:* 15, av. des Belges, 13100, Tel.: 42 26 29 88. Drei-Sterne-Hotel mit 42 Zimmern, die sich durchweg als empfehlenswerte Feriendomizile herausgestellt haben. Das Hotelgebäude dürfte an die zwanzig Jahre auf dem Buckel haben. Doppelzimmer mit Dusche und WC von 135 bis 200 F, je nach Zimmergröße und Ausrichtung. Der Preis für ein Frühstück beträgt 20 F.
– *Hôtel Saint-Christophe:* 2, av. Victor-Hugo, 13100, Tel.: 42 26 01 24. Sechsundfünfzig zeitgemäße Komfortzimmer. Besondere Mühe gibt man sich an der Rezeption. Die Wände zieren Ölgemälde, ein Sitzungssaal für Seminare ist vorhanden. Für ein Doppelzimmer mit Dusche und WC muß man etwa 220 F einkalkulieren; wünscht man ein separates Bad, dann beläuft sich eine Übernachtung auf 270 F.
– *Hôtel la Caravelle:* 29, bd du Roi-René, 13100, Tel.: 42 62 53 05. Sogar außerhalb der Feriensaison sind die 30 Zimmer fast stets ausgebucht. Wie wir meinen, ein besonders gutes Omen! Das *Caravelle* entspricht in Klasse und Stil, begin-

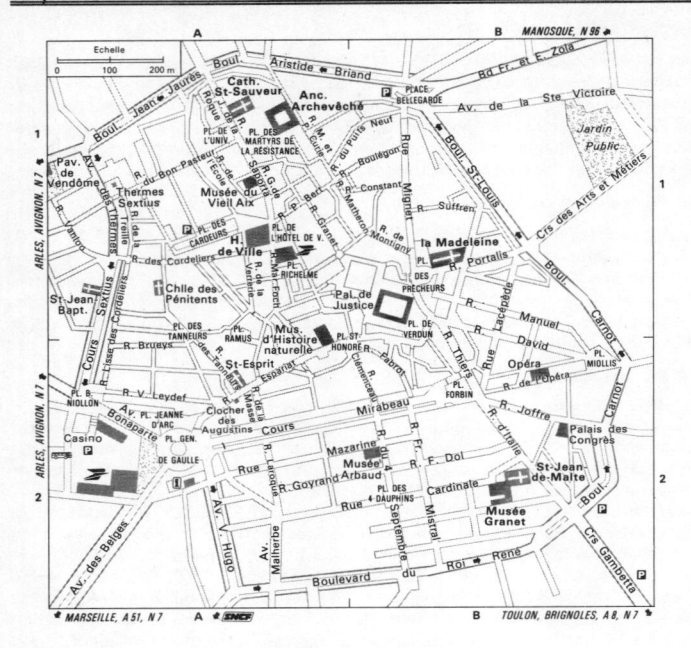

AIX-EN-PROVENCE

nend mit dem Empfang, allen Erwartungen, die man an ein Drei-Sterne-Hotel richtet. 220 bis 270 F kostet die Übernachtung in einem der gemütlichen Zimmer. Für das Frühstück kommen noch einmal 20 F hinzu. Vorteilhaftes Preis-/Leistungsverhältnis.

● *Schon mit entschieden vornehmer Note*

– *Hôtel le Manoir:* 8, rue d'Entrecasteaux, 13100, Tel.: 42 26 27 20. Zugegeben, wir haben eine besondere Schwäche für dieses Drei-Sterne-Haus in einem ausgemusterten Klosterkomplex mit seinen hervortretenden Balken und urgemütlichen Salons. 43 adrett möblierte Zimmer. Fünf davon verfügen über ein *grand lit*, Dusche und WC, das Ganze zu 165 bis 192 F. Dies sind zumeist die einzigen Gästezimmer, die noch zu haben sind; die Stammkundschaft verfügt nämlich über das nötige Kleingeld, um sich die Gemächer für 242 bis 341 F leisten zu können. Bei schönem Wetter sollte man sein Frühstück für 32 F unbedingt in der restaurierten Galerie des Kreuzgangs einnehmen. Stilvoller geht's kaum mehr. Seinen fahrbaren Untersatz kann man im Hof abstellen, was mitten in der Altstadt nicht zu verachten ist.

– *Hôtel les Thermes Sextius:* 2, bd Jean-Jaurès, 13100, Tel.: 42 26 01 18. Als Gast hat man die Wahl, zwischen 132 und 550 F pro Nacht anzulegen. Stattliche 8000 m^2 groß ist das Grundstück am Rand des Zentrums, aber noch innerhalb des Boulevardrings. Auch die Zimmer weisen respektable Quadratmeterzahlen auf. Wer sich als Kurgast drei Wochen hier aufhält, wird diesen Umstand zu schätzen wissen. 25 mal 12,50 m großes Schwimmbecken. Die Mahlzeiten können in Bademontur auf der Terrasse eingenommen werden. Wer es etwas formeller haben möchte, wählt zwischen Speisesaal und Garten, der zu diesem Zweck hervorragend geeignet ist: die italienisch anmutenden Sonnenschirme werden abends sogar romantisch angestrahlt. Die Menüpreise bewegen sich zwischen 126 und 180 F.

AIX-EN-PROVENCE / 75

● *Sehr schick*

– *Mas d'Entremont:* 13100, Tel.: 42 23 45 32. Nach drei Kilometern an der N 7, bergauf in Richtung Avignon. In der Zeit vom 1. November bis zum 15. März ruht der Betrieb. Ansonsten werden neun Zimmer zu 363 F und sechs Bungalows zu 440 F vermietet. Es handelt sich übrigens um eine luxuriöse provenzalisch-ländliche Unterkunft in einem terrassenförmig angelegten Park über den Dächern von Aix. Ein Hort der Ruhe! Schwimmbad und Tennisplätze sind eine Selbstverständlichkeit. Ein Frühstück schlägt mit 37 F zu Buche, die übrigen Mahlzeiten mit 144 bis 160 F. Selbst wenn man von der malerischen Lage einmal absieht, ein durchaus gerechtfertigtes Preisniveau: die Küche wäre eines jeden Feinschmeckerlokals würdig.

– *Hôtel des Augustins:* 3, rue de la Masse, 13100, Tel.: 42 27 28 59. Tatsächlich nutzt dieses Hotel die Bauten eines ehemaligen Augustinerklosters aus dem 12. Jh. Komfort wird in den mit Louis XIII-Möbeln ausgestatteten Zimmern großgeschrieben. So möchte man immer wohnen: zwischen gotischen Spitzbögen, Kirchenfenstern und Natursteinmauern. Für ein Doppelzimmer muß man schon etwas tiefer in die Tasche greifen: 363 bis 649 F. Zum berühmten Cours Mirabeau ist es nur ein Katzensprung.

● *Campingplätze*

– *Arc-en-ciel:* pont des Trois-Sautets, route de Nice, 13100, Tel.: 42 26 14 18. Ganzjährig geöffnet; bietet neben Schwimmbad und Tennisplätzen jeglichen Komfort, was sich allerdings auch bei den Platzgebühren bemerkbar macht.

– *Chantecler:* au val Saint-André, 13100, Tel.: 42 26 12 98. An der Autobahn Richtung Nizza, Ausfahrt Aix-Est. Terrassenförmiger, schattiger Platz. In der Zeit von Ostern bis September sollte man vorsichtshalber reservieren. Geöffnet bleibt der Campingplatz das ganze Jahr über. Mit allem Drum und Dran: Swimmingpool, Tenniscourt, usw. Gleichfalls nicht eben billig.

– *Le Félibrige:* à Puyricard, 13540, Tel.: 42 92 12 11. Fünf Kilometer hinter Aix von der Autoroute in Richtung Sisteron abfahren (Sortie Aix-Ouest). Öffnungsperiode: 15. Mai bis 15 September. Ordentlicher und vor allem ruhiger Drei-Sterne-Platz mit Schwimmbad.

Essen

Aix wartet Schlemmern und knurrenden Mägen mit der Besonderheit auf, daß es über eine ganze Palette von Restaurants mit internationaler Küche verfügt, deren Preise zumeist im Rahmen des Erträglichen bleiben. Um der Stadt gerecht zu werden, möchten wir vier Adressen gesondert hervorheben:

– *Le Jasmin:* rue Sully, 13100. Iranisches Restaurant; Menü zu 53 F, à la carte 85 F.

– *El Palenque:* 16, rue Victor-Leydet, 13100, Tel.: 42 27 52 91. Argentinische Küche; Menü zu 82 F.

– *La Tasca:* 12, rue de la Glacière, 13100, Tel.: 42 26 07 26. Spanische Spezialitäten; Menüpreis 53 F, Montag und Dienstag mittag geschlossen.

● *Billige Restaurants*

– *Al Dente:* 14, rue Constantin, 13100, Tel.: 42 96 41 03. Italienisches Restaurant mit Nudelspezialitäten, die es in sich haben. Für ein Mittagsmenü berappt man 38 F, wobei die Speisekarte eine Menge Abwechslung bietet. Die Preise schwanken in einer Bandbreite von 53 bis 64 F. Ein Blick auf die Karte: Fusilli au roquefort, Tagliatelle à la poitrine fumée und mit Pfeffer, Tagliatelle mit Geflügelleber (aux foies de volailles), grüne Ravioli mit drei Käsesorten, Rigatoni »au speck« mit Cognac flambiert. Wer sich nicht entscheiden kann, verlangt zunächst einen Probierteller (assiette de dégustation) oder wählt eine Caponata, eine Art sizilianischer, süß-saurer, Ratatouille. Als Alternative böte sich auch ein Carpaccio an.

– *L'Ile de la Réunion:* 18, rue Boulegon, Tel.: 42 21 07 50. Wird seinem Namen gerecht und serviert Spezialitäten aus *La Réunion*, der französischen Insel im indischen Ozean.

76 / RHONETAL UND HOCHPROVENCE

– *L'Hacienda:* 7, rue Mérindol, 13100, unweit der Nordwestecke der Place des Cardeurs. Mittags und abends erhält man hier für 42 F ein Menü inklusive »Viertele«. Wer auf die Vorspeise verzichtet, kommt bereits mit 37 F hin, versäumt allerdings einiges: frische Rohkost (Crudités), Miesmuschelpastete (Timbale de moules), Aufschnitt, Pizza oder Salat. Hauptgerichte: Rouladen (Paupiettes), Entrecôte (Zwischenrippenstück vom Rind) oder Kalbfleisch (Veau). Qualität und Preis stehen in einem ausgezeichneten Verhältnis.

● *Etwas schicker*

– *Le Petit Verdot:* 7, rue d'Entrecasteaux, 13100, Tel.: 42 27 30 12. Gestandenes Speiselokal im Bistrostil, das entfernt an die Lyoner »Bouchons« erinnert. Die Rechnung wird sich irgendwo zwischen 64 und 160 F einpendeln. Man sollte weniger zum Essen als vielmehr zum Trinken hierherkommen. Beginnen wir also mit dem Wesentlichen: liegt ein 79er Margaux über Ihren Verhältnissen, dann trösten Sie sich mit einem 1982er Irancy (Rotwein aus der Gegend des Chablis), einem 82er Crozes-hermitage, einem 81er Bandol, einem 84er Côte-de-Provence und den Côtes-du-ventoux. Das Menü ist mit 58 F veranschlagt und besteht mittags aus nur einem warmen Hauptgang, Käse, Dessert und Kaffee. Wer à la carte zu speisen wünscht, muß, je nach Wein, mit 120 bis 180 F rechnen. Im Hintergrund läuft solider Jazz. Das Bistrot verfügt übrigens über eine Apparatur, die es erlaubt, den Wein unter Stickstoff in den Flaschen aufzubewahren. Spezialitäten: *la pierre chaude* (Geschnetzeltes, das vor den Augen des Gastes auf einem salzigen Stein zubereitet wird; dazu werden Gemüse und Soße gereicht); eingelegtes Entenfleisch (Confit de canard); *Magret* oder Schenkel, kalt serviert mit Gemüse oder Salat; Chili con carne; Marmite de la mer (Schmortopf); Safransauce; Lammkutteln (tripous du Rouergue) in Weißwein. Die Vorspeisen sind eher gehaltvoll, schließlich müssen sie ja schon einiges aufsaugen: Aufschnitt aus verschiedenen Regionen (Landes, Chalosse), Gänse- oder Entenpastete (Rilettes d'oies bzw. de canard). Leichter bekömmlich, ein geräucherter Stör (Esturgeon fumé) und die zahlreichen Salate. Sonntags und montags mittags geschlossen.

– *La Brocherie:* 3 ter, rue Fernand-Dol, 13100, Tel.: 42 38 33 21. Sonntags abends und montags geschlossen. Ansprechend rustikales Ambiente, in dem sich auch die über dem Kaminfeuer schmurgelnden Flattermänner einfach wohlfühlen *müssen*. Der alte Drehspießmechanismus mit Gewicht und Antrieb ist erhalten geblieben. Die Bedienung ist weder mit Eifer bei der Sache noch in allen Dingen auf dem Laufenden; dennoch ist die *Brocherie* ein Ort zum Wohlfühlen. Fischgerichte stehen im Vordergrund, Spezialitäten werden auf Wunsch zubereitet. Die Weinkarte ist eine Fundgrube für Liebhaber von Côtes-de-Provence-Weinen jeglicher Couleur. Man richte sein Augenmerk auf die preisgünstigen oder die teureren Gerichte: das »Mittelfeld« ist eher schwach. 90 F zahlt man für ein Menü aus Seezungenpastete (Pâté de sole) oder Enten-Terrine, provenzalische Goldbrasse (Daurade) oder Lammrücken (Carré d'agneau) oder Keule am Spieß (Brochette de gigot). Breite Auswahl an Desserts.

Auf ein Glas

– *Les Deux Garçons:* am Cours Mirabeau; bekannter unter dem Namen *2 G* (sprich: dö scheh).

Sehenswert

– *Stiftung Vasarely* (Fondation Vasarely): 4 km westlich von Aix unweit der Autoroute, Abfahrt Aix-Ouest, im »Jas de Bouffan« (s. auch Vasarely-Museum in Gordes). Geöffnet von 10 bis 17 Uhr, montags geschlossen. Der Ungar Victor Vasarely war ursprünglich nicht Maler sondern Architekt. Im oberen Stockwerk ist eine bemerkenswerte Ausstellung der farbigen Gestaltung von Hauswänden gewidmet. Der von der Autobahn bereits sichtbare Gebäudekomplex folgt mit seinem auffälligen geometrischen Design der architektonischen Konzeption Vasarelys und beherbergt eine Vielzahl von Wandteppichen und geometrischen Wandbildern des Meisters. Besucher sollten die sechseckigen Säle auf sich wirken lassen, bis sich ein Gefühl für den Raum einstellt und sie sich richtig darin wohlfühlen. Die enge Nachbarschaft bestimmter Werke, welche die Mannigfaltigkeit der Farben noch verstärkt, kann in einigen Fällen nicht als sonderlich gelungen bezeichnet werden. Hervorheben möchten wir Saal 7: auf einem in verwaschenen Blautönen gehaltenen Gemälde erkennt man zwei geometrische Figuren, deren Perspektive sich ändert, ja nachdem, ob sich das Auge des Betrachters von oben, von links, von unten oder von rechts nähert. Visuelle Wunderkinder erkennen beide Perspektiven auf einmal ... und suchen am Ausgang einen Augenarzt auf. Vorsicht: die Treppe in den ersten Stock nicht verfehlen! Lohnend ist auch die Fotoausstellung: Spiel des Lichts auf Fassaden, die in Städten aus aller Welt aufgenommen wurden. Willkommener Test für unsere Leser: wo war's?

– Auf *alte Fassaden* und *typische Laternen* trifft man in Aix natürlich auf Schritt und Tritt. Kein Wunder, schließlich verfügt die Stadt über 190 Patrizierhäuser aus dem 17. und 18. Jh. Einen ganz besonderen Charme strahlen unserer Meinung nach die breiten, steilen und häufig menschenverlassenen Straßen vom Schlage der *Roux-Alphéran* in der Nähe des Musée Granet aus. Ruhig durch die Rue Mazarine, die Rue Gayrand oder die Rue Cardinale schlendern: Touristen verirren sich nur selten hierher und nostalgische Empfindsame werden in den Straßen einen Hauch italienischer Provinz verspüren.

– Die zahlreichen *Brunnen* tragen ganz entscheidend zur Ausstrahlung der alten Bürger- und Studentenstadt Aix bei: auf dem Forum des Cardeurs zum Beispiel oder auf der Place des Chapeliers; denken wir nur an den Cézanne-Brunnen *(fontaine Cézanne)*, die *Fontaine des Quatre-Dauphins* und den eleganten Brunnen an der Place d'Albertas. Cocteau schrieb in einem seiner Gedichte, ein Blinder müsse in Aix glauben, es regnete. Dabei besängen nur hundert blaue Brunnen das Lob Cézannes ...

– Der *Cours Mirabeau:* Platanen und Straßencafés säumen die malerische, Mitte des 17. Jh. entstandene, Avenue und verleihen Aix jene gelöste Atmosphäre, die unwillkürlich Reminiszenzen an Norditalien hervorruft. Drei Brunnen bestimmen den Rhythmus des *Cours*, darunter jener mit König René, eine der Muskatellertrauben in der Hand, die er in die Provence eingeführt hat.

– Der *Kreuzgang:* wenn auch der verwahrloste Garten kein Ruhmesblatt für die Stadt Aix darstellt, so ist man doch von der Schlichtheit der Architektur ergriffen. Die Säulen können so grazil sein, weil das mittels eines Holzgerüstes gestützte Dach verhältnismäßig leicht aufliegt.

– Die *Kathedrale Saint-Sauveur:* zunächst ist man ein wenig verwirrt von der Vielgestalt der Baustile (12. bis 16. Jh.). Sehenswert: das originelle Orgelgehäuse, das gar kein echtes Orgelgehäuse ist, sondern nur die symmetrische Verlängerung desselben; hoch oben im Kirchenschiff, das berühmte *Triptychon des brennenden Dornbusches*. Besucher laufen allerdings Gefahr, nur das dazugehörige Vorhängeschloß zu Gesicht zu bekommen: der Herr, welcher für das Öffnen des Triptychons zuständig ist, scheint sich für sein Metier nicht überaus zu begeistern. Wirklich bedauerlich!

– Das *Teppichmuseum* (Musée des tapisseries): Eintritt 12 F; Öffnungszeiten: 10 bis 12 Uhr und 15 bis 18 Uhr. In einem repräsentativen Stadtpalais aus dem 17. bzw. 18. Jh. Abgesehen von der Inneneinrichtung und den hübschen Teppichen aus derselben Epoche widmet sich ein Teil des Museums der Avantgarde in der Textilkunst: reliefartig hervortretende Fäden; ein Paar Jeans, die von Cäsar ...

– Die *Place de l'Université* und die *Rue Gaston-de-Saporta* hinunter ins Zentrum.

– Die *Uhr* (Horloge) auf der Place de l'Hôtel de Ville, in der Rue Gaston-de-Saporta.

– *Sainte-Marie-Madeleine,* kurz »la Madeleine« genannt: sehenswert aufgrund ihrer ausgefallenen Konstruktionsweise. Enthält unter anderem das berühmte Verkündigungs-Triptychon.

– Die *Passage Agard:* zwischen Justizpalast und Cours Mirabeau.

– Das *Musée Granet:* geöffnet von 10 bis 11.50 Uhr und von 14 bis 17.50 Uhr. Im Erdgeschoß der einstigen Malteser-Komturei befinden sich mehrere meisterhafte Werke von Cézanne, Ingres, David, Géricault und Le Nain sowie einige interessante Landschaftsgemälde von dem aus Aix stammenden Maler Granet selbst. Weitere bemerkenswerte Gemälde in den übrigen Sälen: die Portraits der Famille de Guéridan, Werke von Largillère, von Philippe de Champaigne, von Mignard

usw. Im Untergeschoß befindet sich die archäologische Abteilung.
Zwei Kuriositäten, für den Fall, daß der Stadtbummel unsere Leser zufällig in die Nähe führt:
– Das *Denkmal für den armenischen Völkermord* (Monument au génocide arménien) an der Place d'Arménie: wer das armenische Alphabet noch nicht berherrschen sollte, hat hier reichlich Gelegenheit zum Üben.

Einkaufen

– *Confiserie d'Entrecasteaux:* in der gleichnamigen Straße. Leckermäulern bietet sich hier Gelegenheit, bei der Herstellung der *Calissons d'Aix* (Mandelkonfekt mit Zuckerguß) zuzuschauen, und zwar unmittelbar neben dem Laden.
– *Spezialbuchhandlung* für Bücher über die Provence: 2, rue Jacques-de-la-Roque, unweit der Avenue Pasteur. Neuerscheinungen und Antiquariat.
– Blumen- und Gemüsemärkte (montags, mittwochs und sonntags morgens); neue und gebrauchte Klamotten, Trödel (dienstags, donnerstags und samstags).

In der Umgebung von Aix

– Das von Cézanne verewigte *Sainte-Victoire Massiv* bietet Gelegenheit zu einer etwa 60 km langen Rundfahrt, vorausgesetzt, man reist mit dem eigenen PKW. Aix über den Boulevard des Poilus verlassen, dann der D 17 folgen. Die Route führt uns durch mehrere Dörfer und vorbei an verschiedenen Sehenswürdigkeiten, u.a. durch das verschlafene Dörfchen Tholonet und die Ortschaft Vauvenargues.
Das Sainte-Victoire Massiv eignet sich für Wanderungen:
● 9 km von Aix entfernt, an der *Ferme de l'Hubac:* zweistündiger Fußmarsch (rote Markierung) zum Croix de Provence, einem prächtigen Aussichtspunkt. Nördlich davon, in den Roques-Hautes, versteinerte Dinosauriereier.
● 12 km östlich von Aix, in *Saint-Antonin-sur-Bayon,* nimmt die *Piste noire* (schwarze Markierung) zum Croix de Provence ihren Anfang.
● 20 km von Aix entfernt, in *Puyloubier,* liegt eine der Zufahrten zum Sainte-Victoire Massiv und zu dessen höchster Erhebung, dem Pic des Mouches (1011 m). Vierstündiger Fußmarsch, immer der blauen Markierung entlang. Die rote Markierung weist den Weg zur Ermitage de Saint-Ser.
● 12 km von Aix, in *Cabassols,* Zugang zur Prieuré de Sainte-Victoire; anderhalbstündiger Fußmarsch über einen streckenweise recht kniffligen Pfad.

FÜR JEDEN VON UNS VERWENDETEN HINWEIS BEDANKEN WIR UNS MIT EINEM BUCH AUS UNSEREM VERLAGSPROGRAMM

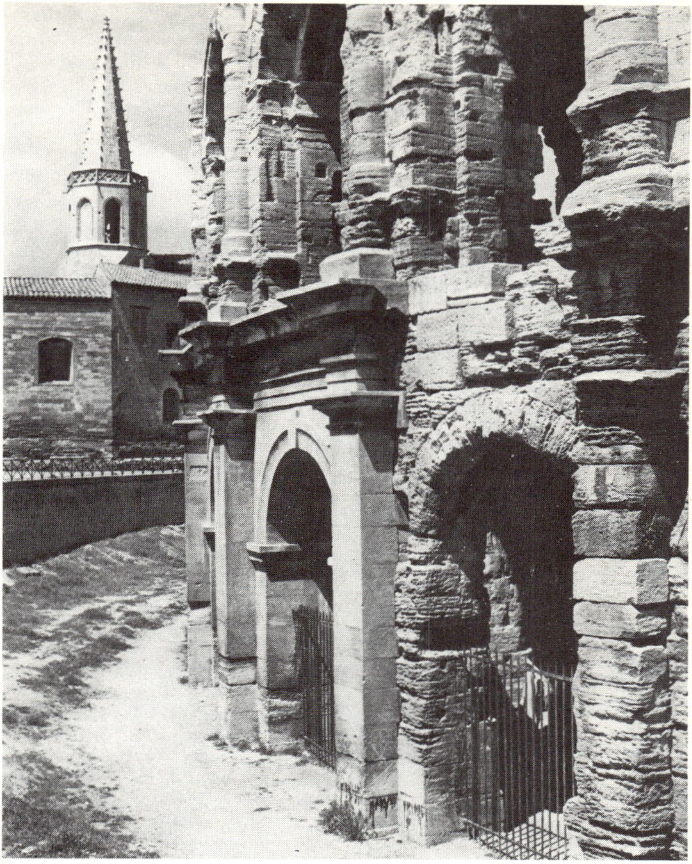

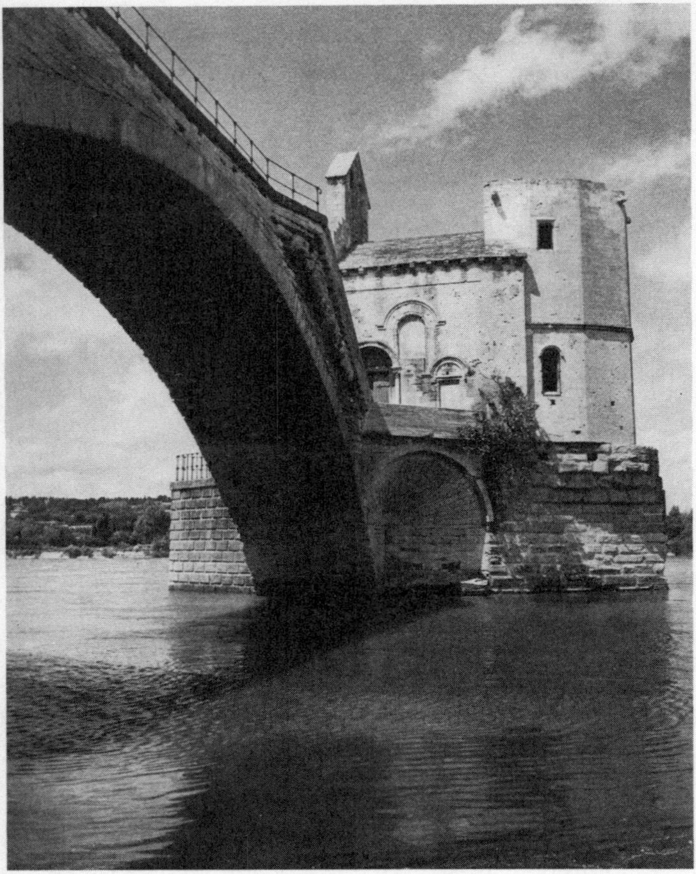

DIE KÜSTE VON MARSEILLE BIS FREJUS

MARSEILLE

Wer schonmal in seiner Umgebung auf die zweitgrößte Stadt Frankreichs zu sprechen kommt, weiß: jeder wird anders reagieren. Die einen werden hämisch grinsen über die schon sprichwörtliche Übertreibungssucht der Marseiller nach dem Motto: guck mal, da hat schon wieder eine Sardine die Hafeneinfahrt versperrt! Die anderen werden mit zahllosen Einzelheiten Erinnerungen an die Unterwelt wachrufen, das Gangstertum und die Finanzskandale, die einen manchmal schon an ein französisches Chicago glauben lassen könnten! Die echten Linken werden das äußerst ausgeklügelte System der Cliquenwirtschaft kritisieren, für das der langjährige Bürgermeister Gaston Deferre Pate stand. Die Antirassisten wiederum werden erblassen und schaudern bei der bloßen Erwähnung des beunruhigenden Abschneidens der extremen Rechten bei den Wahlen. Schließlich kämen wenige Leute auf die Idee, eigens hierher zu kommen, es sei denn, sie seien auf der Durchreise, sie wollten Freunde besuchen oder sie müßten hier arbeiten. Hinzu kommt noch der höllische Verkehr, der Ruf Marseilles, eine dreckige Stadt zu sein, der Trubel einer Großstadt ... Kurzum: es scheint kaum etwas unprovenzalischeres als Marseille zu geben!
Und dennoch lohnt es sich, dort mal vorbeizuschauen. Sei es auch nur, um die einzigartige Atmosphäre bestimmter Viertel oder die verschiedenen Gesichter der Stadt kennenzulernen. Oder die bemerkenswerten Museen mit Ausstellungen, die dem Centre Pompidou in nichts nachstehen, so zum Beispiel »Der kopflose Planet« in der alten Charité. Es liegt also etwas in der Luft, was man sonst vergeblich sucht. Wir hoffen nunmehr, die Neugier unserer Reisefieberfreunde genügend angestachelt zu haben.

Bemerkungen zur Geschichte

Die Rolle als bedeutender Seehafen, die Eroberer, deren Kulturen sowie die vielfältigen Einwanderungswellen prägen die Geschichte Marseilles. Keine andere Stadt in Frankreich hat soviele Menschen aus so unterschiedlichen Himmelsrichtungen in ihren Mauern aufgenommen. Marseille ist eine Art Schmelztiegel nach amerikanischer Art, ohne jedoch den Geist der »Neuen Welt« und das Verständnis für die Bereicherung, die solch kulturelle und menschlichen Wanderungsbewegungen mit sich bringen, zu besitzen. Darüber wird später noch zu sprechen sein. Nachfolgend einige historische Daten, die ein wenig zum Verständnis des heutigen Marseille beitragen.
Um 600 v. Chr. finden die Phokäer, Griechen aus Kleinasien, die Bucht derartig schön, daß sie hier eine Handelsniederlassung gründen. Diese entwickelt sich so prächtig, daß daraus eine Stadt und ein aktiver Hafen mit dem Namen *Massalia* entsteht. Während sich im 2. Jh. v. Chr. Kelten und Ligurer um die Stadt raufen, treten die Römer als lachende Dritte auf den Plan und bemächtigen sich der Stadt. Von dort ziehen sie dann aus, die gesamte Provence zu erobern. In dem harten internen Machtkampf zwischen Cäsar und Pompeius schlägt sich Marseille auf die Seite des letzteren. Das sollte sich als schlechte Wahl herausstellen! Cäsar beraubt die Stadt ihrer Freiheit und entzieht ihr sämtliche Privilegien, was ein rasches Absinken Marseilles zur politischen Bedeutungslosigkeit zur Folge hat. In den folgenden Jahrhunderten wird Marseille mehrfach Opfer von Invasionen der Barbaren – dös san ja mir! – und dazu noch einige Male von Pestepidemien heimgesucht. Erst zur Zeit der Kreuzritter findet es wieder zu seiner alten Vormachtstellung zurück. Mit Erfolg macht Marseille Genua den Vorrang als Kreuzfahrerzentrum streitig. Das wiederum zieht einen verstärkten Schiffbau, die Einrichtung von Warenspeichern und die Entwicklung von internationalen Handelsbeziehungen nach sich. Damit aber ist auch das Schicksal von Marseille als einer Stadt mit kolonialer Geschichte vorgezeichnet. Wirtschaftsreformer Colbert entwickelt in großem Umfang ihre Aktivitäten auf den Meeren: Galeeren aus Marseille

dringen bis zum fernen Orient vor. Die Große Pest im Jahre 1720 trifft die Stadt schwer. Eine Mitschuld daran tragen die raffgierigen Kaufleute, die unter Mißachtung der auch schon damals bestehenden Quarantänevorschriften ihre Waren so rasch wie möglich an Land schaffen lassen. Während der französischen Revolution steht Marseille auf der Seite der Republikaner, dann auf Seiten der Girondisten und trifft damit zum wiederholten Mal die falsche Wahl. Unter dem Kaiserreich schließlich wird es royalistisch, denn Napoleon, der die Wirtschaft des Hafens durch seine Kontinentalsperre zugrunde richtete, hatte hier kaum Freunde. Die Eroberung Algeriens, der Bau des Suezkanals und die Schiffsverbindungen mit der überseeischen Besitzung Indochina festigen endgültig den kolonialen Status der Stadt und tragen gleichzeitig zu ihrem Reichtum bei, der bis zum 2. Weltkrieg anhält. Die folgende Entkolonisierung versetzt darauf besonders dem Handel einen schweren Schlag. Mit der Schaffung des gigantischen Stahlwerks von Fos-sur-Mer glaubten die Verantwortlichen für kurze Zeit, damit den wirtschaftlichen Niedergang bremsen zu können. Die einige Jahre später aufkommende Absatzkrise in der Stahlindustrie wirft Marseille erneut völlig zurück. Das trifft die Stadt, die im Verhältnis zu vielen anderen französischen Städten schwach industrialisiert war, besonders hart.

Die Marseillaise

Gewiß ein kleine Anekdote, aber in ihren Einzelheiten kaum bekannt: wie wurde aus dem Kriegslied der Rheinarmee, der »Strasbourgoise«, schließlich die Marseillaise? Rouget de l'Isle komponiert die Hymne 1792 und veröffentlicht sie. Das Lied kommt nach Marseille, wo jemand anlässlich eines Festes für nach Paris ziehende Nationalgardisten die gute Idee hat, es vorzutragen. Die spätere Marseillaise findet sofort Anklang. Als das Bataillon nach Paris zieht, intoniert es natürlich bei jeder Stadtdurchquerung diese Hymne. Kein Wunder, daß Ausführung und Harmonie immer besser wurden. Als sie in Paris anlangen, waren sie von der Professionalität der *Compagnons de la Chanson* gar nicht mehr soweit entfernt. Die Massen waren begeistert, ja sogar fasziniert, und alle sprachen von dem schönen und rhythmischen »Marseillerlied«. Ganz im Sinne heutiger Werbekampagnen wurde die Marseillaise so zu einem der ersten Hits überhaupt.

Marseille und die Ausländerfrage

Wie hier zu sehen, wiederholt sich die Geschichte leider sehr oft. Marseille wurde zu allen Zeiten als Zufluchtsort und gleichzeitig als Schmelztiegel betrachtet. Ohne allzuweit in die Geschichte zurückzugehen, wollen wir an dieser Stelle die letzten großen Einwanderungswellen nach Marseille betrachten. Im Jahre 1822 kommt es zu einem Zustrom von Griechen, die gerade noch den türkischen Massakern entkommen konnten. Sie lassen sich als Schuhmacher, Schneider, Fischer und Händler nieder. Eine weitere große Einwanderungswelle bringt gegen Ende des 19. Jhs massenhaft, durch eine Krise in der Landwirtschaft in ihrer Existenz bedrohte, Italiener in die Stadt. Schlecht entlohnt, werden sie von ihren neuen Chefs auch noch als Streikbrecher benutzt. Sie sind die »Araber« der damaligen Zeit. Im Hafen, in den Tabakmanufakturen und auf dem Bau werden sie zu einer erbitterten Konkurrenz für die Franzosen, von denen sie »Babbis« genannt werden. Aus dieser Situation resultieren 1885 und 1886 schwere Spannungen und rassistische Auseinandersetzungen. Regelrechte »Babbi-Jagden« fordern zahlreiche Todesopfer. Dank des Wirtschaftsaufschwungs durch den Überseehandel und mit dem Aufkommen der Gewerkschaften verschwindet der soziale Sprengstoff. Der Völkermord an den Armeniern ab 1915 und der Unabhängigkeitskampf der Türken 1922 treiben tausende von armenischen und griechischen Flüchtlingen nach Marseille. Viele bleiben für immer dort. Ein gewisser *Hagop Malakian* eröffnet ein Bekleidungsgeschäft. Sein Sohn wird später unter dem Namen *Henri Verneuil* in der Filmwelt Karriere machen. Aus einer anderen Familie geht der kleine *Charles Aznavourian* hervor.

Ab 1925, erneute Einwanderungsbewegung mit den italienischen Antifaschisten, die sich vor Mussolini in Sicherheit bringen müssen. Darunter befindet sich auch die Familie *Livi*. Der kleine Ivo Livi muß schon mit elf Jahren in einer Seifenfabrik schuften, bis er dann später als Hafenarbeiter sein Geld verdient. In dieser harten Schule der Straße findet er schon früh zu seiner Lebenskraft, die ohne intellektuelle Diskussionen auskommt. Nachdem ihm die Arbeit im Hafen zu anstrengend geworden ist, versucht Ivo Livi sein Glück in der Musikbranche. Im Jahre 1938 tritt er zum ersten Male im Alcazar auf. Da ihm der Ruf seiner Mutter vom Balkon »Ivo monta!« (d.h. »Ivo, komm' jetzt hoch!«) noch in den Ohren klang, wählte er ihn kurzerhand als Künstlernamen. Die außergewöhnliche Karriere des *Yves Montand* nahm ihren Anfang!

Als nächste Einwanderer landen spanische Republikaner in Marseille, die vor dem Francoregime fliehen. Nach der Unabhängigkeit Tunesiens im Jahre 1956 kommen weitere Juden und Italiener. Im Jahre 1962, dem Unabhängigkeitsdatum Algeriens, erfolgt der Massenexodus der »Pieds-Noirs« genannten Algerienfranzosen. Die Einwanderung aus dem Maghreb hat allerdings schon früher eingesetzt. Zu Anfang dieses Jhs werden die Kabylen in großer Zahl ins Land geholt. Während sie in den Ölmühlen und Zuckerfabriken ihr Auskommen finden, wohnen sie überwiegend im Viertel der Porte d'Aix. Mit der Schaffung der Eisenhütten- und Stahlindustrie in der Gegend von Fos strömen erneut mehrere tausend Algerier ins Land. Mit der folgenden Wirtschaftskrise geht ein Wiederaufleben der Rassenunruhen einher. Der Algerienkrieg (1954-1962) schuf ein so intensives Trauma bei manchen Franzosen, daß Außenstehende es immer schwer haben werden, die tiefgehenden psychischen Folgen ganz zu verstehen. Dazu kommt noch die Tatsache, daß die immer noch verbitterte Pieds-Noirs-Gemeinde sich gezwungen sah, mit dem Feind von einst, den arabischen Algeriern, zusammenzuleben. Der Wahlerfolg der extremen Rechten (FN, Front National) – 28% aller Stimmen, in manchen Stadtvierteln sogar 40% – zeigt das Ausmaß der Schäden. Dem ist nichts mehr hinzuzufügen, es sei denn die Tatsache, daß Marseille heute an jenem absurden Punkt angelangt ist, wo die Kinder der »Babbis« sich ihrerseits intolerant und fremdenfeindlich zeigen. Grausame Ironie der Geschichte! Aber auch in unseren Breiten sind ja längst Italiener, Jugoslawen und Portugiesen die besseren Türken.

Adressen

Verkehrsbüros: 4, la Canebière, Tel.: 91 54 91 11. Öffnungszeiten: von 9 bis 12 Uhr und von 14 bis 17.30 Uhr (samstags bis 16.30 Uhr). Eine weitere Auskunftsstelle befindet sich am Bahnhof (Gare Saint-Charles), Tel.: 91 50 59 18.
– *Informationszentrum für Jugendliche:* 4, rue de la Visitation, 13004, Tel.: 91 49 91 55.
– *Hauptpost:* Bureau Central, place de l'Hôtel-des-Postes, 13001 (Ecke Rue Henri-Barbusse und Rue Colbert, neben dem Einkaufszentrum Bourse). Postlagernde Sendungen: von 8 bis 19 Uhr (samstags von 8 bis 12 Uhr).
– *Generalkonsulat der BRD:* 338, ave du Prado, 13295, Tel.: 91 77 60 90.
– *Österreichisches Konsulat:* 11, rue Sainte-Cécile, 13005. Tel.: 91 47 21 21.
– *Schweizerisches Konsulat:* 7, rue d'Arcole, 13006, Tel.: 91 53 36 65.
– *Goethe-Institut* (Centre Culturel Allemand): 171, rue de Rome, F-13006 Marseille, Tel.: 47 63 81.
– *SOS Médecins (Ärzte-Notdienst):* 91 52 84 85.
– *Geldwechsel:* Thomas Cook, Gare Saint-Charles, Tel.: 91 50 85 45. Öffnungszeiten: täglich von 6 bis 20 Uhr (samstags und an Sonn- und Feiertagen bis 18 Uhr).

Verkehrsmittel

– Die *Metro:* beste Verbindungen von der Innenstadt in die Außenbezirke. Zur Zeit verkehren zwei Linien. Gleicher Fahrpreis wie mit dem Bus. Auskunft: RTM, Tel.: 91 95 92 10.
– *Bus:* reich verzweigtes Liniennetz. Sich Sechserfahrscheinhefte (carnets de six) besorgen. Die Tickets gelten auch für die Metro, allerdings nur maximal 1 Stunde, 10 Minuten und auch nur, wenn man die Fahrtrichtung beibehält.
– *Flughafenbus:* vom Gare Saint-Charles nach Marignane. Verkehrt von 7 bis 20 Uhr alle Viertelstunde. Auskunft über Flugverbindungen: 42 89 90 10.

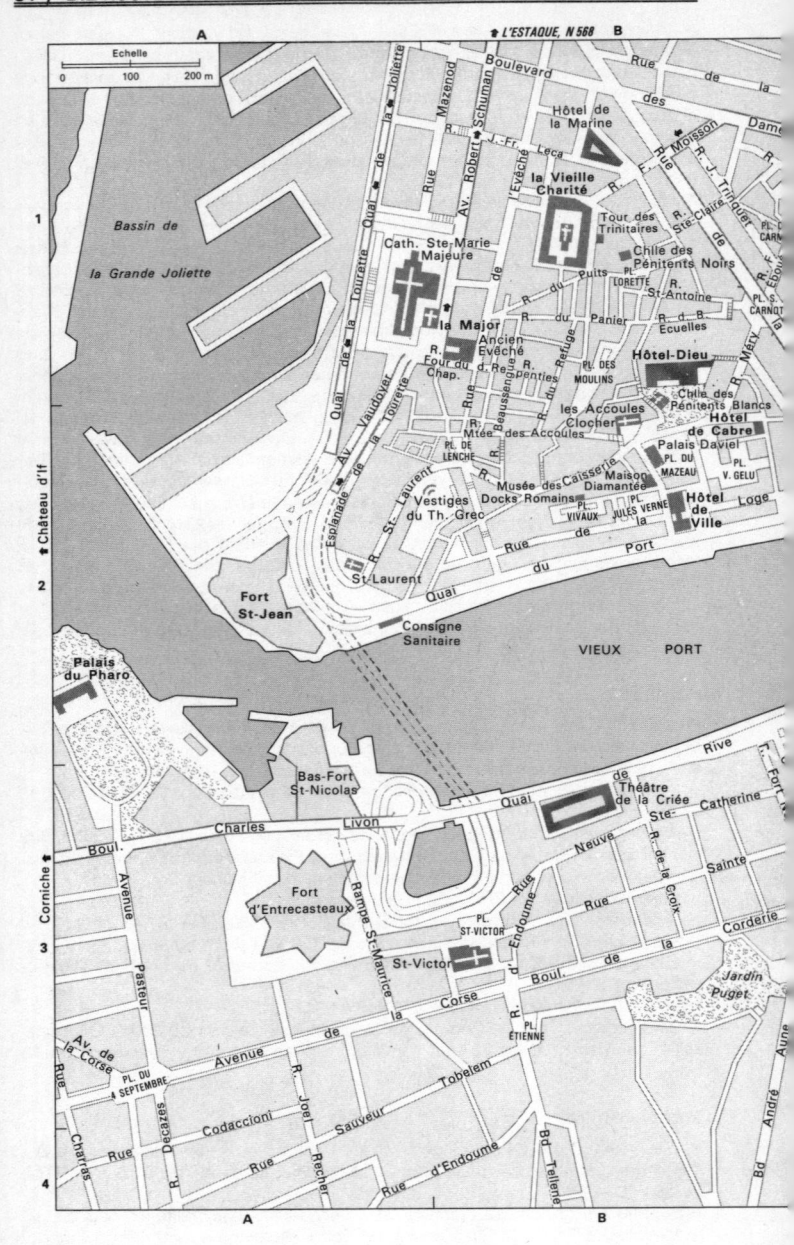

84 / DIE KÜSTE VON MARSEILLE BIS FREJUS

PLAN

MARSEILLE / 85

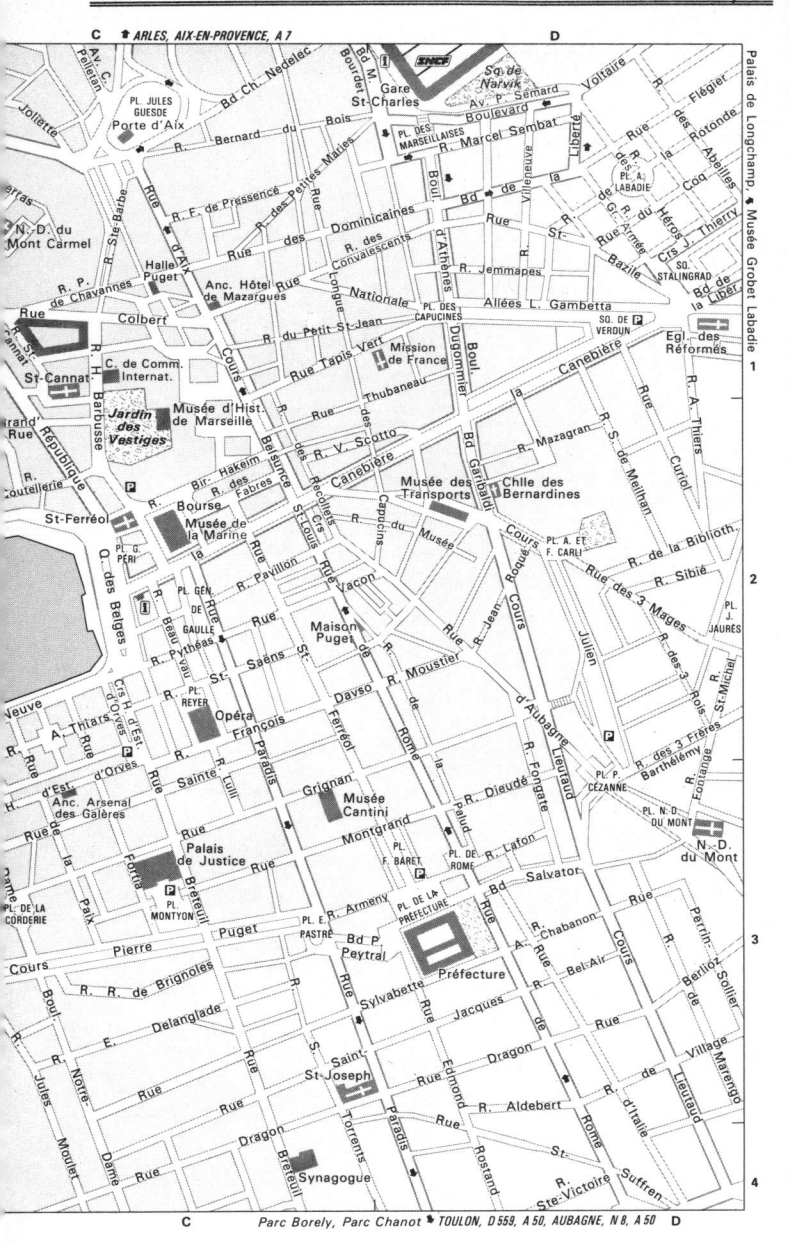

MARSEILLE

- *Busbahnhof:* place Victor-Hugo, 13003; Auskunft: 91 08 16 40.
- *SNCF gare Saint-Charles:* 91 08 50 50; Stadtbüro: 4, la Canebière (Verkehrsamt), Tel.: 91 95 14 31.
- *Schiffsverbindungen:* 91 91 13 89, Compagnie SNCM (Verbindungen nach Korsika, Algerien und Tunesien): 61, bd des Dames, Tel.: 91 91 92 20.
- *Taxis:* 91 95 92 20, 91 02 20 20 und 91 66 68 10.

Unterkunft

Um es gleich vorweg zu sagen: im Innenstadtbereich ist die Hotelsituation miserabel und der Traum vom hübschen Zimmer läßt sich nur mit viel Glück verwirklichen!

● *Für schmale Geldbeutel*

- *Auberge de jeunesse de Bois-Luzy:* 76, av. de Bois-Luzy, 13012, Tel.: 91 49 06 18. Im Stadtviertel Mont Olivet, nördlich vom Zentrum. Bus Nr. 6 oder 8. Wie alle offiziellen Jugendherbergen von 10.30 bis 17 Uhr geschlossen. Zelten erlaubt. Die Übernachtung beläuft sich auf 34 F, eine Mahlzeit auf 32,50 F.
- *Auberge de jeunesse de Bonneveine:* 47, av. J.-Vidal, 13008 (impasse du Dr-Bonfils), Tel.: 91 73 21 81. Metro: Castellane, dann weiter mit Bus Nr. 19 oder 44 bis zur Haltestelle Vidal-Collet. Moderne JH in einem ruhigen Stadtviertel und nicht weit vom Strand.

● *Ziemlich preiswert*

- *Hôtel Edmond-Rostand:* 31, rue Dragon (zwischen der Rue de Rome und dem Boulevard Notre-Dame), Tel.: 91 37 74 95. Recht zentral, in einem tagsüber sehr belebten Stadtviertel. Macht einen ordentlichen Eindruck, familiäre Atmosphäre. Zimmer von 66 bis 110 F.
- *Hôtel Caravelle:* 5, rue Guy-Mocquet (stößt auf den Bd Garibaldi), Tel.: 91 48 44 99. Ausgezeichnete Lage mitten im Herzen der Stadt, aber dennoch in einer ruhigen Straße. Familienbetrieb mit Zimmern von 66 bis 143 F.
- *Hôtel Bellevue:* 34, quai du Port, 13002, Tel.: 91 91 11 64. Eine strategisch günstigere Lage ist kaum denkbar! Mit prima Aussicht auf den alten Hafen von Marseille. Zimmer von 121 bis 205 F.
- *Hôtel le Béarn:* 63, rue Sylvabelle, 13006 (zwischen der Rue de Rome und der Rue Breteuil), Tel.: 91 37 75 83. Metro: Estrangin-Préfecture. Relativ zentral in einem geruhsamen Stadtviertel. Das Hotel wird allen Gästen gefallen, die eine fast schon provinzielle Beschaulichkeit suchen. Billig: das Doppelzimmer ab 100 F.
- *Hôtel des Allées:* 34, place Léon-Gambetta, 13001; Metro: Canebière-Réformes; Tel.: 91 62 51 80. Besonders einfach, aber zentral; zudem säuberlich und reisekassenschonend.
- *Hôtel le Monthyon:* 60, rue Montgrand, 13006, Tel.: 91 33 85 55. Annehmbare Unterkunft; Zimmer von 110 bis 165 F.
- *Hôtel Breteuil:* 27, rue Breteuil, 13006, Tel.: 91 33 24 20. Zentral gelegen. Kaum teurer als die vorgenannten Hotels, aber mehr Komfort. Doppelzimmer mit Bad und TV ab 160 F. Kleiner Nachteil: Lärmempfindliche könnten sich durch die Straße gestört fühlen.

● *Für Motorisierte*

Nachfolgend einige Adressen von Unterkünften, die zwar etwas außerhalb liegen, aber vom Preis-/Leistungsverhältnis her ganz interessant sind.
- *Hôtel-Restaurant Le Corbusier:* 280, bd Michelet, 13008. In der Verlängerung der Rue de Rome und der Av. du Prado gelegen. Tel.: 91 77 18 15. Warum nicht einmal im »Haus des Verrückten«, der berühmten Hinterlassenschaft von Le Corbusier in Marseille, logieren? Ganz annehmbare Doppelzimmer mit Dusche zu 176 F. Im Restaurant berappt man für das Menü 63 F.
- *Hôtel Péron:* 119, corniche Kennedy, 13007, Tel.: 91 31 01 41 und 91 52 33 53. Vom Zentrum 5 km in Richtung Cassis. Ansprechender Blick aufs Meer. Mit den zahllosen Pflanzen und dem altertümlichen Empfangsraum vermittelt das *Péron* einen gewissen Charme. Zimmer mit Bad von 100 bis 150 F. Einen Haken hat das

Ganze: wer lärmempfindlich ist, wird's hier schwer haben, denn die Küstenstraße wird stark befahren.
- *Hôtel Le Richelieu:* 52, corniche Kennedy, 13007, Tel.: 91 31 01 92. Meeresblick und einladende Terrasse. Annehmbare Zimmer von 93 bis 132 F.

● *Etwas schicker*

- *Hôtel Esterel:* 124, rue Paradis, 13006, Tel.: 91 37 13 90. Zentrumnah in einer belebten Straße. Eines der billigsten Zwei-Sterne-Hotels, das zudem im letzten Jahr von Grund auf renoviert wurde. Doppelzimmer von 109 bis 283 F. Zur Kundschaft zählen zahlreiche Geschäftsreisende.
- *Hôtel de Genève:* 3bis, Reine-Elisabeth, 13001, Tel.: 91 90 51 42. Metro: Vieux-Port. Vorteilhaft in der Fußgängerzone postiert und nur wenige Schritte vom Alten Hafen entfernt. Besonders einladende Zimmer von 209 bis 308 F.
- *Hôtel New Astoria:* 10, bd Garibaldi, 13001, Tel.: 91 33 33 50. An einer Ecke der Canebière. Die Doppelzimmer in diesem traditionsreichen Hotel sind schallisoliert, verfügen über Bad oder Dusche, Klimaanlage, Minibar usw. und liegen bei 250 bis 280 F. Das riesige Glasdach der Hotelhalle birgt einen prachtvollen Wintergarten.
- *Le Mistral:* 31, av. de la Pointe-Rouge, 13008, Tel.: 91 73 44 69. Dieses Quartier ist von Interesse, wenn man Richtung Cassis weiterfahren und Marseille in aller Ruhe verlassen will. Es ist in der Nähe des Borely-Parks, zwischen den »Stränden« Prado und Pointe-Rouge, zu finden. Die Doppelzimmer in diesem reinlichen und modernen Hotel liegen preislich zwischen 136 und 187 F. Im Restaurant erhält man ein Menü für 55 F. Setzt sich unter anderem zusammen aus am Spieß gebratenen Miesmuscheln, mit Spargelspitzen gefüllten Austern, Rotbarben-Terrine und anderen Spezialitäten. *Le Mistral* garantiert übrigens als Unterzeichner der Bouillabaisse-Charta die Zubereitung einer echten Bouillabaisse-Fischsuppe nach allen Regeln der Kunst für 135 F pro Person.

● *Campingplätze*

- *Camping municipal les Vagues:* 52, av. de Bonneveine, 13008, Tel.: 91 73 76 30. In vorzüglicher Lage unweit von Prado-Strand und Borely-Park. An der Metrostation Castellane nimmt man am besten Buslinie 44.
- *Camping de Bonneveine:* 187, av. Clot-Bey, 13008, Tel.: 91 73 26 99.
- *Camping municipal de Mazargues:* 5, av. de Lattre-de-Tassigny, 13009.

Essen

● *Restaurants der unteren Preisklasse*

- *La Garga:* 17, rue André-Poggioli, 13006, Tel.: 91 42 98 07. Metro: Cours-Julien. Abends bis Mitternacht geöffnet, und zwar die ganze Woche über. In einem jungen Stadtviertel wird hier in kühlem Dekor eine schmackhafte und abwechslungsreiche Küche praktiziert. Für 69 F, Bedienung inbegriffen, Getränke zusätzlich, wähle man zwischen Aufschnittplatte, Löwenzahnsalat mit geräucherter Gans, Lachsschaumcreme, Lendenstück mit grünem Pfeffer, Fleischfondue, fritierter Rotbarbe, Kutteln auf provenzalische Art usw. Wer 96 F locker macht, darf sich unter anderem an eingelegten Entenschenkeln laben. Eine empfehlenswerte Adresse.
- *Au Roi du Couscous:* 63, rue de la République, 13002, Tel.: 91 91 45 46. Metro: Vieux-Port. Neben dem Sadi-Carnot-Platz, nur ein paar Schritte vom Panierviertel. Mittags und abends bis 23 Uhr geöffnet. Lichter Raum mit reger Betriebsamkeit, wo man reichlich bemessene, ausgezeichnet duftende Couscous-Portionen für 32 bzw. 42 F serviert. Viele Einheimische sind hier anzutreffen.
- *L'Art des Mets:* 3, rue du Petit-Puits. Mitten im alten Panierviertel stößt man auf dieses kleine, charmante Restaurant. Nur mittags geöffnet. Gute, alte Wachstücher auf den Tischen; einfache, aber reichhaltige und dennoch preisgünstige Speisen auf den Tellern.
- *Chez Angèle:* 50, rue Caisserie, 13002, Tel.: 91 90 63 35. Montags und in der zweiten Julihälfte geschlossen. Dieses ebenfalls im Panierviertel zu findende

Restaurant ist fast immer bis auf den letzten Platz besetzt, was in diesem Fall ein untrügliches Zeichen für Qualität ist! In provenzalischem Dekor trifft man auf Stammkunden, Leute aus dem Stadtviertel und Geschäftsreisende. Für 68 F, Bedienung und Getränk inbegriffen, erhält man ein Menü, dessen Preis-/Leistungsverhältnis auf jeden Fall stimmt. Auf der Karte u.a. Hammelfüße in Bouillon gekocht, Kutteln, diverse Pizzen und verschiedene vollmundige Weine.

– *Velvet:* 40, rue Estelle (escalier cours Julien), 13006, Tel.: 91 47 78 09. Sonntags geschlossen, jedoch abends solange geöffnet, bis der letzte Kunde das Lokal verlassen hat. Die Ausstattung des überschaubaren Speisesaals gibt sich modern und bunt. Leckere Salate, ein Tagesgericht für 28 F und feine Kuchen zeichnen das Haus aus.

– *Restaurant-Galerie le Contre-Jour:* 6, rue des Trois-Rois, 13006, Tel.: 91 48 74 24. Sonntags und vom 15. Juli bis 15. August Betriebsruhe, am Abend bis 22.30 Uhr geöffnet. Ein Kamin mit Holzfeuer, ein einladendes Zwischengeschoß und gedämpftes Licht bilden hier den äußeren Rahmen. Junges, ungezwungenes Publikum. Menü zu 72 F, Bedienung inbegriffen, aber Getränke getrennt. Verschiedene Schaumcremes und Salate, Spanferkelragout oder in Folie gegarte Rotbarbe finden sich u.a. auf der Karte.

In der selben Straße, noch weitere Restaurants dieser Art: unsere Leser haben also die Qual der Wahl!

● *Etwas schicker*

– *La Côte en Long:* 7, rue Adolphe-Pollak, 13001, Tel.: 91 54 04 07. Besonders beliebt bei Nachtschwärmern. Reines Abendlokal, warme Küche aber bis 2 bis 3 Uhr nachts. Für ungefähr 130 F darf man wählen zwischen Filet mit Anchovisbutter, Miesmuscheln auf provenzalische Art, verschiedenen Pizzen und allen möglichen Nudelgerichten. Fleisch ist hier meistens von ausgezeichneter Qualität.

– *L'Ardoise:* 5, rue Pastoret (das Sträßchen mündet in den Cours Julien), 13006, Tel.: 91 48 31 83. Abends, außer sonntags, bis Mitternacht geöffnet. Das schicke, junge Publikum schätzt wohl den postmodernen, aber dennoch nicht abweisenden, Rahmen und die anständigen Gerichte für 60 F mit verschiedenen Salaten, Lauchtorte oder Roquefort-Muscheln.

– Den Cours Julien säumen übrigens Restaurants aller Art, für jeden Geldbeutel und jeden Geschmack.

Sehenswert

● *Im Zentrum*

– Am *Vieux-Port* (Alten Hafen) begann mit der Besiedlung durch die Griechen die Stadtgeschichte. Bis zum 19. Jh. wurde auch der ganze Schiffsverkehr an dieser Stelle abgewickelt. Nördlich des Alten Hafens entstanden in den 50er Jahren massenhaft neue Wohnblocks im ehemals berüchtigten Altstadtviertel. Dieses Labyrinth von schmalen Sträßchen hatten sich nämlich die Résistance und deutsche Deserteure als Schlupfwinkel auserkoren, was zur Folge hatte, daß die deutschen Besatzer im Januar 1943 fast das ganze Viertel in die Luft sprengten.

– *La Canebière:* sie führt schnurstracks vom Alten Hafen weg und ist die berühmteste Straße von Marseille, für viele sogar der einzige Begriff, den sie im Zusammenhang mit Marseille schon mal gehört haben. Von der einst eleganten Straße ist leider nicht mehr viel übriggeblieben. Anstelle der mondänen Cafés befinden sich heute meist große Geschäfte, Kinos und Banken. Während hier tagsüber ein höllischer Verkehr herrscht, ist abends fast nichts mehr los. Ganz unten, kurz vor dem Hafen, erhebt sich die *Bourse* (Börse), die ein gelungenes Beispiel für die Architektur des Zweiten Kaiserreichs darstellt. Hier wurden 1934 König Alexander von Jugoslawien und der französische Außenminister Barthou ermordet.

Im Erdgeschoß befindet sich das

– *Musée de la Marine.* Öffnungszeiten: 10 bis 12 Uhr und 14 bis 18 Uhr, dienstags geschlossen. Freier Eintritt. Hat die Vergangenheit Marseilles als Hafenstadt zum Thema. Neben den üblichen Stichen und Gemälden sind hier etliche Schiffsmodelle zu bewundern.

- *Le jardin des vestiges de la Bourse:* anläßlich des Umbaus im Börsenbereich machte man in den letzten zwei Jahrzehnten außergewöhnliche Entdeckungen und Funde. Sehenswert: Befestigungsanlagen und Kaimauern der griechischen Stadt Massalia.
- *Musée d'histoire de Marseille:* dieses erst 1983 eröffnete Museum befindet sich im neuen Einkaufszentrum Bourse, Eingang: 12, rue Henri-Barbusse. Geöffnet von 10 bis 19 Uhr, außer sonntags und montags. Eintritt: 3 F, Tel.: 91 90 42 22. Hier macht es richtig Spaß, sich ein wenig mit der Geschichte dieser Stadt zu beschäftigen. In modernen, licht- und luftdurchfluteten Räumen werden vor allem Fundstücke aus der Römerzeit ausgestellt. Neben einem wiederaufgebauten Töpferofen gilt es Vasen, verschiedene Edelmetallbarren, Grenzsteine, Mosaiken etc. gebührend zu bewundern. Ebenfalls recht beeindruckend, die Überreste eines römischen Schiffs aus dem 3. Jh. Kuriosität am Rande: in der Halle des Einkaufszentrums ist hinter einer breiten Glasscheibe ein Abschnitt des Kanalisationssystems aus der Römerzeit zu sehen. Das ist um so erstaunlicher, wenn man bedenkt, daß es in unseren Tagen noch in manchen Ländern ganze Städte ohne funktionierende Kanalisation gibt!

● **Die Gegend um den Alten Hafen und das Panier-Viertel**

Zwischen dem Quai du Port und der Rue de la République hat man noch am ehesten die Chance, das aus alten Filmen und Erzählungen bekannte Marseille aufzuspüren. Ganz besonders gilt dies für das Panier-Viertel.
- *L'ancien hôtel de ville:* das alte Rathaus ist eines der wenigen Gebäude im Umkreis, die von der Sprengaktion der Deutschen Wehrmacht 1943 verschont blieben. Der harmonische Barockbau zeigt deutlich italienischen Einfluß.
- *Musée du Vieux-Marseille:* rue de la Prison, neben dem alten Rathaus. Geöffnet von 10 bis 12 Uhr und von 14 bis 18.30 Uhr; dienstags und Mittwoch vormittags geschlossen; Tel.: 91 55 10 19. Dieses Heimatmuseum wurde in einem der ältesten Häuser der Stadt, der *Maison Diamantée* (1552), eingerichtet. Die Fassadensteine sind wie Diamanten behauen. Bei der hübschen Innenausstattung sind besonders das prachtvolle Treppenhaus sowie die mit schönen Schnitzereien versehene Holzdecke hervorzuheben. Provenzalische Möbel, Haushaltsgegenstände, Galionsfiguren. Interessante Sammlung von Santons (Krippenfiguren), alte Weihnachtskrippen, ein Modell Marseilles im Jahre 1848, Baupläne, Stiche. Im zweiten Stock sieht man neben provenzalischen Kostümen auch Geräte, die zur Herstellung von Tarock- und anderen Spielkarten benutzt wurden.
- *Musée des docks romains:* place Vivaux. Geöffnet von 10 bis 12 Uhr und von 14 bis 18.30 Uhr. Dienstags und Mittwoch vormittag geschlossen. Tel.: 91 91 24 62. Römische Hafenanlagen am Ort der Ausgrabungen. »Dolias«, riesige Tonkrüge für Transport und Aufbewahrung von Öl und Wein, Reste antiker Schiffe, Anker und Mosaiken zeugen von der Bedeutung der Hafenstadt zur Römerzeit.
- Beim *Panier-Viertel*, von den Einheimischen kurz »le Panier« genannt, haben wir es mit einem der sympathischsten Stadtviertel von Marseille zu tun. Lange Zeit Heimat der Fischer, entwickelte es sich später zu einem Auffangbecken für Einwanderer aus dem ganzen Mittelmeerraum. Das Viertel auf seinem kleinen Hügel wird von der *Rue Caisserie*, der *Place de la Major* und der *Rue de la République* begrenzt und wirkt heute arg heruntergekommen. Es besaß aber früher schon seinen einschlägigen schlechten Ruf: in den engen Gassen und auf den hohen Treppen waren die fülligen Prostituierten zuhause. Zuhälter und kleine Gauner rundeten das Bild ab. Viele klassische Postkartenfotos entstanden in diesem Milieu. Etliche Bewohner von Marseille, die in den letzten Jahren die *Vieille-Charité* besuchten, um sich dort die tollen Ausstellungen zu Gemüte zu führen, hatten damit gleichzeitig zum ersten Mal überhaupt das Panier-Viertel betreten. Aber gerade hier kann man vergnügt dahinschlendern, sich durch enge Gassen treiben lassen, über Treppen, durch Passagen, sich in dem Labyrinth verlaufen, das dieses letzte historische Stadtviertel Marseilles darstellt. Zum Glück sind keine umfangreicheren Altstadtsanierungsprojekte in Sicht, so daß man hier fast von einer umsichtigen Renovierung sprechen könnte.
- *L'hospice de la Vieille-Charité:* 2, rue de la Charité, Tel.: 91 90 24 70. Unser Vorschlag für einen malerischen Hinweg: von der Place Daviel beim Alten Hafen

über die Montée des Accoules, durch die Ruelle des Moulins über den reizenden, gleichnamigen Platz, durch ein Teilstück der Rue du Panier und zum Schluß noch durch die Rue des Pistoles. Allein schon diese alten Namen klingen angenehm und zugleich geheimnisvoll in den Ohren! Die Vieille-Charité ist das Meisterwerk Pierre Pugets und zugleich ein hervorragendes Zeugnis profaner Barockarchitektur. Ursprünglich als Hospiz für Landstreicher errichtet, wurde die Vieille-Charité im 19. Jh. zur Kaserne umfunktioniert und später dem Verfall preisgegeben. Schließlich machte Le Corbusier die Verantwortlichen rechtzeitig vor dem endgültigen Verfall auf dieses Meisterwerk aufmerksam. Die Aufbauarbeiten zogen sich über 15 Jahre hinweg. Jetzt sticht besonders das gefällige Rosa der Steine hervor. Die Wiedereröffnung der Vieille-Charité wurde 1986 mit »la Planète affolée« (Der aufgeregte Planet), einer Ausstellung über die Surrealisten in Marseille, feierlich begangen.
– *La Vieille-Major:* Marseilles Alte Kathedrale fristet heute ihr Dasein im Schatten der benachbarten Neuen Kathedrale, die sie zu erdrücken scheint. Trotz ihrer Beschädigungen stellt sie mit ihrer achteckigen Kuppel immer noch ein ansehnliches Beispiel provenzalisch-romanischer Kunst dar. Im 19. Jh. wurde sie durch den Bau der monströsen Neuen Kathedrale regelrecht geplündert. Nur massive Proteste der Bevölkerung konnten die völlige Zerstörung des kunsthistorisch wertvollen Sakralbaus verhindern. Im Innern verdienen eine Fayencearbeit mit dem Motiv der Kreuzabnahme aus der florentinischen Werkstatt der della Robbia und verschiedene Altäre besondere Beachtung. Führungen ab 9 Uhr; Anmeldung beim Küster in der Neuen Kathedrale. Montags bleiben die Portale geschlossen.
– Ganz in der Nähe der Vieille-Major öffnet sich die *Place de Lenche*, die bis heute ihren dörflichen Charakter bewahrt hat. Am äußersten Ende des Panier-Viertels befinden sich das *Fort Saint-Jean* und die ebenfalls im provenzalisch-romanischen Stil konstruierte kleine *Saint-Laurent-Kirche*. Vom Vorplatz, einprägsamer Blick auf den Alten Hafen.

● *Östlich vom Alten Hafen*

– Das historische *Belsunce-Viertel* wird in erster Linie von Einwanderern bewohnt und weist darüber hinaus noch mehr Gemeinsamkeiten mit dem Viertel Goutte d'Or in Paris auf. Belsunce wird begrenzt vom Cours Belsunce, der Rue d'Aix, dem Boulevard d'Athènes und der Canebière. Während sich die Arme-Leute-Viertel üblicherweise am Stadtrand befinden, haben wir hier mitten im Zentrum ganze Straßenzüge voller Häuser mit bröckelndem Putz, die in noch heruntergekommenere Gassen übergehen. Der Name Belsunce läßt Rassisten und auch die anderen, die ein kurzes Gedächtnis haben, vor Wut kochen. Dabei bildete dieser Stadtteil schon immer das Ziel von Einwanderungswellen: die Armenier kamen 1915 hierher, die italienischen Antifaschisten in den 30er Jahren, dann die Nordafrikaner im wirtschaftlichen Aufschwung nach dem Zweiten Weltkrieg, die Pieds-Noirs nach 1962 usf. Darüber hinaus ist das Belsunce-Viertel eines der Hauptgeschäftsviertel der Stadt, wenn es auch manchmal hier mehr zugeht wie in den Souks von Tunis oder Marrakesch. Nach der Lockerung der Gesetze über die Einfuhr von Konsumgütern überqueren ganze Heerscharen von Algeriern das Mittelmeer, um hier ihre Einkäufe zu tätigen. Auf die Einführung der Visumspflicht aus Furcht vor Terroristen hin, ebbte der Strom der Käufer zum Leidwesen der Geschäftswelt ab und verlagerte sich nach Neapel und Málaga. Die unterschiedlichsten Rassen, Völkergruppen und Religionsgemeinschaften leben hier Tür an Tür: jüdische Großhändler, afrikanische Arbeiter, Nordafrikaner als Einzelhändler, libanesische Geschäftsleute (Export-Import), Armenier, die in der Lederverarbeitung arbeiten usw.
Allein schon die malerischen Straßennamen (Straße der kleinen Bräute, der Genesenden, des Spieltisches, der Badewanne, des Mehlgewichts usw.) weisen auf die einstigen und zum Teil auch heute noch typischen Aktivitäten des Viertels hin. Je nach Tageszeit mischen sich hier ganz verschiedenartige Eindrücke: nach Ladenschluß gehört die Straße den Einheimischen, den neugierigen Fremden, den Kunden der afghanischen Prostituierten, den kleinen Dealern und anderen, die sich der Halbwelt zugehörig fühlen. In der Gegend findet man etliche preiswerte Restaurants. Und wer ein Auge dafür hat, findet selbst noch unter dem ganzen

Schmutz und der falschen Patina wundervolle Beispiele für die Architektur des 18. Jhs, wie kunstvoll geschnitzte Portale oder schmiedeeiserne Balkone. Die Renovierungsarbeiten in der Rue d'Aix zeigen heute deutlich, wie umsichtig man damals die Verkehrsachse in das Viertel eingefügt hat. Um nochmals auf die Historie zurückzukommen: bei der Hausnummer 25, der *Rue Thubaneau*, eine der »heißesten« Straßen von ganz Marseille, hat man eine Gedenktafel angebracht, die davon berichtet, daß an dieser Stelle zum ersten Mal die »Marseillaise« erklang. Einige alte Kirchen, wie zum Beispiel *Saint-Théodore*, liegen in der Nähe der Rue des Dominicaines.

Die *Porte d'Aix*, auch Triumphbogen genannt, wurde 1825 zu Ehren der Gefangenen der Revolution errichtet. Im Norden von Belsunce stößt man auf den Bahnhof *Saint-Charles*, dessen Schloßtreppe noch als einziges Bauelement an Zeiten erinnert, zu denen Bahnhöfe nicht einfach bloß den Anfangs- oder Endpunkt einer Reise bildeten.

● *Südlich der Canebière*

Gegenüber vom Belsunce-Viertel geht's mittlerweile auch denkbar lebhaft zu. Während hier ehedem das wohlhabende Marseille zuhause war, kann man heute nicht mehr davon sprechen, daß die Canebière die Wohngegenden der Armen und Reichen, der Farbigen und Weißen, trennt. So haben sich in der Zwischenzeit sogar Kaufleute aus dem Belsunce-Viertel auf dieser Seite der Canebière niedergelassen.

– Das *Quartier de Noailles* war schon immer der Bauch von Marseille. Der *Rue des Feuillants* bis zum *Place du Marché-des-Capucins* folgen: auf diesen paar hundert Metern konzentrieren sich alle Wohlgerüche eines südländischen Marktes und alle Farben der Provence.

Etwas weiter, auf dem *Cours Julien* und der *Rue des Trois-Rois*, Speiselokale für jeden Geschmack und Geldbeutel (s. Abschnitt über die Restaurants).

– Die *Rue Saint-Ferréol* ebenso wie die Rue de Rome waren schon immer für ihre eleganten und anspruchsvollen Läden bekannt.

– *Galerie des Transports:* place du Marché-des-Capucins (Gare de Noailles), 13001, Tel.: 91 54 15 15. Geöffnet von 10.30 bis 17.30 Uhr; sonntags und montags geschlossen. Freier Eintritt. In diesem ausgemusterten Straßenbahndepot finden sich so interessante Ausstellungsstücke wie ein von Pferden gezogener Bus, die erste Straßenbahn von Marseille, die Dampflok von L'Estaque und ähnliche Kuriositäten mehr. Massenhaft alte Fotos und Postkarten bringen dem Besucher die Stadtgeschichte der letzten hundert Jahre näher.

– *Musée Cantini:* 19, rue de Grignan, 13006, Tel.: 91 54 77 75. Die schmale Straße verläuft zwischen der Rue Saint-Ferréol und der Rue de Paradis. Geöffnet von 12 bis 19 Uhr; dienstags und Mittwoch vormittags geschlossen; Eintritt 5 F. Sammlungen moderner und zeitgenössischer Kunst sowie interessante Wanderausstellungen. Das berühmte »Vogeldenkmal« von Max Ernst ist hier ebenso zu finden wie Werke von Masson, Picabia, Miró, Arp, Dubuffet, Riopelle, Bacon, Velickovic, Alechinsky, etc. Bedeutende Sammlungen von Fayencen aus Marseille und Moustiers.

– *Basilique Saint-Victor:* Besichtigungszeiten von 10 bis 12 Uhr und von 15 bis 17 Uhr, außer Sonntag vormittag. Ihr Name geht auf einen römischen Offizier zurück, der zwischen zwei Mühlsteinen den Märtyrertod erlitt. So ist es kein Wunder, daß er seitdem von den Müllern als Schutzpatron verehrt wurde. Aus der Gründungszeit im 5. Jh. existieren nur noch ein paar dunkle, tiefe Krypten, die aber den archäologisch und historisch interessantesten Teil der Anlage ausmachen. Hier befinden sich auch mehrere Gräber und Sarkophage von Mitgliedern der ersten Christengemeinde. Aufgrund mehrfacher Zerstörungen im Lauf der Jahrhunderte wurde Saint-Victor im 14. Jh. zur Wehrkirche ausgebaut.

– *Notre-Dame-de-la-Garde:* in ca. 160 m Höhe beschützt die vergoldete Statue der Jungfrau »la Bonne Mère« die Einwohner Marseilles. Die 9 m hohe Marienfigur auf dem 45 m aufragenden Turm gilt als das Wahrzeichen der Stadt. Für Generationen von Seeleuten bildete sie das von weitem sichtbare Symbol ihrer glücklichen Rückkehr von den Weltmeeren. Von hier oben hat man selbstverständlich einen sagenhaften Blick auf die Stadt, das Meer und die Küste.

92 / DIE KÜSTE VON MARSEILLE BIS FREJUS

● *Ziemlich weit vom Zentrum*

– *Musée des Beaux-Arts* (Metro: Longchamp-Cinq Avenues): geöffnet von 10 bis 12 Uhr und von 14 bis 18.30 Uhr; Dienstag und Mittwoch vormittag geschlossen. Tel.: 91 62 21 17, Eintritt 3 F. Im linken Flügel des 1862 erbauten Palais Longchamp untergebracht, zählt dieses Kunstmuseum zu den weniger bedeutenden, ist aber dennoch einen Besuch wert. Dies vor allem wegen der Werke zweier in Marseille geborener Künstler. Von Honoré Daumier (1808 bis 1879) sind hier 36 kleine Bronzebüsten von Parlamentariern aus der Zeit des »Bürgerkönigs« Louis-Philippe zu sehen. Daumier, der als politischer Karikaturist, Zeichner, Maler und Bildhauer das Treiben seiner Zeit gnadenlos entlarvte, ist auch heute noch von höchster Aktualität. Pierre Puget (1620 bis 1694) wirkte neben seiner Tätigkeit als Bildhauer auch noch als Maler, Architekt und Städteplaner. Von ihm stammen einige schöne Marmorstatuen, so zum Beispiel ein Reiterbildnis Königs Ludwigs XIV.
Den rechten Flügel des Palais Longchamp nimmt das *Musée d'Histoire naturelle* (Museum für Naturgeschichte) in Anspruch. Gleiche Öffnungszeiten wie das Musée des Beaux-Arts.

– *Musée d'Archéologie:* château de Borély, av. Clot-Bey, Tel.: 91 73 21 60. Besuchszeiten: von 9.30 bis 12.15 Uhr und von 13 bis 17.30 Uhr, Dienstag und Mittwoch vormittag geschlossen. Das Museum liegt in einem ehemaligen Privatpalais aus dem 18. Jh. inmitten des Borély-Parks. Buslinien 44 oder 19. Ägyptische Funde (Beutestücke von Napoleons Feldzügen), bedeutende Sammlungen mittelmeerischer Archäologie und Zeichnungen flämischer, französischer und italienischer Meister.

– *La Cité Radieuse:* bd Michelet (Verlängerung der Rue de Rome und der Av. du Prado). Ein absolutes Muß für alle, die sich für moderne Architektur und Städteplanung interessieren! »Das Haus der Verrückten«, so nannten und nennen es heute noch manche Einheimische, stellt eine der berühmtesten Schöpfungen Le Corbusiers dar. Ihm liegt die Idee zugrunde, alles, was ein Mensch quasi von der Wiege bis zur Bahre braucht, unter einem Dach zu vereinen. So sind dieser 1945 errichteten Wohneinheit (unité d'habitation) Läden, ein Hotel, Restaurants, ein Dachgarten, Kinos, ein Sportplatz, ein Kindergarten usw. angegliedert. 350 Wohnungen, die sich jeweils über zwei Stockwerke erstrecken, bieten ca. 1300 Bewohnern Platz. Das Riesengebäude wirkt durch die tragenden Stützen und das Grün drumherum dennoch relativ leicht.

Freizeit, Kultur und Nachtleben

Im Gegensatz zum kulturellen Leben, welches durch die Vieille-Charité, das Ballett Roland Petit und das Théâtre de la Criée unter der Leitung von Marcel Maréchal geprägt wird, ist das Nachtleben eher enttäuschend. Nachts vermitteln die meisten Stadtviertel einen tristen, um nicht zu sagen düsteren, Eindruck. Es existieren kaum empfehlenswerte Lokale für junge Leute. Dennoch seien zwei Ecken genannt, die sich aus diesem eher langweiligen Angebot positiv abheben: der *Cours Julien* und die benachbarten Straßen sowie der *Cours d'Estienne-d'Orves* im Alten Hafenviertel.

– *Espace Julien:* 33, cours Julien, 13006, Tel.: 91 47 09 64. Quicklebendiges Kulturzentrum, wo ausgezeichnete Jazzkonzerte, Theateraufführungen, Tanzabende und Ausstellungen organisiert werden. Darüberhinaus werden von Zeit zu Zeit ganze Wochen unter ein Thema gestellt, das von verschiedenen Seiten her beleuchtet wird.

– *L'Avant-Scène:* 59, cours Julien, 13006. Gleichfalls ein Kulturzentrum, hier mit Theater, Restaurant, Galerie und Buchhandlung.

– *Cinéville:* 9, cours Jean-Ballard-d'Estienne-d'Orves, am Alten Hafen, Tel.: 93 33 21 30. In puncto Film führt Marseille eher ein Schattendasein, es sei denn, man flüchtet sich in dieses Kino, dessen Name für ausgezeichnete Programme steht. Unter gleicher Leitung: 54 *bis*, rue Edmond-Rostand, 13006, Metro: Castellane, Tel.: 93 81 10 72.

– *Cours d'Estienne-d'Orves:* mit etwas Glück erwischt man hier das eine oder andere Café, in dem gerade eine Jazzsession steigt.

In der Umgebung

● **Le château d'If**: Alexandre Dumas hat ihm zu Ruhm verholfen, indem er zwei seiner Romanhelden, den Grafen von Monte-Cristo und den Priester Faria, dort hinter Schloß und Riegel bringen ließ. Abfahrt: vom Quai des Belges von 9 bis 17 Uhr jede Stunde im Sommer; im Winter jeweils um 9, 11, 14, 15.30 und 17 Uhr. Für den Ausflug zum Château d'If benötigt man ca. 1 ½ bis 2 Stunden.

● **Die Küste von Marseille bis Martigues**
stellt schon längst keine romantische Spazier- und Wanderstrecke mehr dar. L'Estaque, vor Zeiten ein idyllisches Feriendorf, ist heute ein Industrievorort von Marseille. Cézanne, Braque, Dufy und Derain hätten Schwierigkeiten, ihren bezaubernden kleinen Hafen wiederzuerkennen.

– **Niolon** (18 km von Marseille): von diesem bescheidenen Fischerhafen strahlt auch heute noch einen gewisser Charme aus. Zwei brauchbare Restaurants, wo Fisch und Meeresfrüchte im Vordergrund stehen. Beide mit Terrassen, aber dasjenige näher am Wasser erweist sich als sympathischer und preisgünstiger.

– Ganz am Ende der D 9 erstreckt sich der beliebte Strand *la Couronne*. An Wochenenden oft überfüllt, da halb Marseille nicht nur zum Baden sondern auch zum Picknicken hierherpilgert. Direkt nebenan, zwischen Felsen eingebettet, der kleine aber feine Strand von *Sainte-Croix*.

– Hinweis für Wanderer: der Bus Nr. 19 führt zur *Madrague de Montredon*, dem Ausgangspunkt des Wanderweges GR 98. Mit dem Bus Nr. 20 gelangt man zu den Wanderwegen *du Président*, und *des Douaniers du Roc St.-Michel*.

Essen

– *Chez Elaine* (Li Sian Ben): Les Renaires, in der Nähe des Bahnhofs *Ponteau-Saint-Pierre*. Kurz vor Martigues, am kleinen Hafen von Ponteau und schwierig zu finden. Tel.: 42 81 35 78. Es gehört schon Chuzpe dazu, eine der leckersten Bouillabaisses der ganzen Gegend zwischen einem Kraftwerk und einer Erdölraffinerie feilzubieten! Kleine, familiär anmutende, Kneipe. Nichts wie ran an die appetitlichen Grillgerichte, schmackhaften Fische und vor allem die tolle Bouillabaisse, wie sie sonst kaum mehr serviert wird. Die Angelegenheit kommt mit etwa 215 F für ein Menü nicht ganz billig, aber es lohnt sich! Unbedingt vorher anrufen, denn *chez Elaine* läuft alles nur auf Vorbestellung.

– *Martigues*: wo wir schon in der Gegend sind, müssen wir uns unbedingt in diesem provenzalischen Hafenstädtchen umsehen. Wenngleich die Industrieanlagen Martigues fast zu erdrücken scheinen, wußte es sich den Ruf als malerischer Fischerhafen zu bewahren. In der Mitte des *Canal de Caronte* schwimmt eine kleine Insel, die über zwei Brücken mit dem Festland verbunden ist. Kanäle und drei durch Wasser voneinander getrennte Stadtteile verhalfen Martigues zu seinem Beinamen »Venedig der Provence«. So verwundert es nicht, daß viele Maler, unter ihnen Corot und Ziem, hier die dankbarsten Motive fanden. Das kleine *Musée du Vieux Martigues* präsentiert Bilder provenzalischer Maler und archäologische Funde. Geöffnet: von 10 bis 12 Uhr und von 14.30 bis 18 Uhr im Juli und August; die übrige Zeit des Jahres nur nachmittags. Bleibt montags, dienstags und feiertags geschlossen.

CASSIS

Zwar hat der Touristenstrom mittlerweile beängstigende Ausmaße angenommen; aber Cassis ist es gelungen, sich wenigstens Reste seiner ursprünglichen Ausstrahlung zu bewahren. Zwischen Marseille (20 km) und La Ciotat (12km) kauert es am Fuße schroffer Felsen, umspült von einer blauen Bucht. Einmal abgesehen von der Naturkulisse bietet Cassis einen trockenen weißen Wein, der zu den reputiertesten der Provence zählt, sowie natürlich herrliche Wanderungen zu seinen berühmten Calanques. Mistral ließ in diesem ehemaligen Fischernest *Calendal*, den Helden eines seiner Gedichte, das Licht der Welt erblicken.

94 / DIE KÜSTE VON MARSEILLE BIS FREJUS

Anfahrt

- Gute Busverbindung von Marseille-Saint-Charles. Mit dem Zug wird's etwas umständlicher, da der Bahnhof rund 3 km vom Hafen entfernt ist. Auskunft: 42 01 70 41 (Bus) und 42 01 01 18 (Zug).

Adresse

- *Verkehrsamt:* place P.-Baragnon, 13260, Tel.: 42 01 71 17. Informatives Prospektmaterial über die ganze Gegend, insbesondere aber auch eine hervorragend aufgemachte Broschüre über die Wandermöglichkeiten in den Calanques.

Übernachtung

- *Jugendherberge la Fontasse:* 13260. Herrlich an einem Felsen der Calanques über dem Meer postiert. Tel.: 42 01 02 72. Von Marseille aus: nach ca. 15 km rechts ab zum Col de la Gardiole auf 3 km Straße und dann noch etwa 2 km Schotterweg. Wenn der Rucksack nicht zu schwer ist, kann man von Cassis aus auch über die Calanques zur Jugendherberge hochsteigen. In diesem Fall die Av. de l'Amiral-Ganteaume, dann die Av. des Calanques bis zur Calanque de Port-Miou entlanglaufen; von dort kraxelt man dann bis zur Jugendherberge in etwa insgesamt einer Stunde. Von Cassis aus mit Auto oder Fahrrad: ca. 4 km über die N 559, dann links ab zum Col de la Gardiole.
65 Betten-Jugendherberge im provenzalischen Stil. Im Sommer empfiehlt es sich, schon morgens vorbeizuschauen, denn die Betten sind im Handumdrehn belegt. Bei Fußgängern und Radfahrern gibt man sich große Mühe, sie in einem solchen Fall doch noch irgendwie unterzubringen. Der liebenswürdige Herbergsvater weist sich als perfekter Kenner der Gegend aus. Verpflegung sollte mitgebracht werden. Alles sehr umweltbewußt - in einer solchen Cisterne wird das Regenwasser gesammelt, es existiert sogar eine Windkraftanlage zur Stromerzeugung. An möglichen Unternehmungen herrscht kein Mangel: Wanderungen - der Wanderweg G 98 verläuft ganz in der Nähe - Klettertouren, Badeausflüge, botanische Exkursionen - in der Umgebung wachsen 450 verschiedene Pflanzenarten - das in der Provence obligatorische Boulespiel etc. Kurzum: die Jugendherberge wird all jenen gefallen, die davon träumen, eine Zeitlang in und mit der Natur zu leben. Geöffnet von 8 bis 10 Uhr und von 17 bis 23 Uhr.
- *Hôtel Laurence:* 8, rue de l'Arène, 13260, Tel.: 42 01 88 78 und 42 01 81 04. Geöffnet von Ende März bis Mitte Oktober. Kleines, ordentliches Hotel, nur ein paar Schritte vom Hafen. Zimmer meist nicht übermäßig geräumig, aber dennoch angenehm; vor allem besitzen alle ein Badezimmer. Ganz oben zwei Zimmer mit einer schönen Terrasse. Nach hinten ziemlich ruhiges Quartier; zudem fällt der Blick auf das Schloß der Familie Michelin - Reifen und Reiseführer, richtig geraten!
- *Hôtel du Grand Jardin:* 2, rue Pierre-Eydin, 13260, Tel.: 42 01 70 10. Ebenfalls sehr zentral, obwohl man hier den Rummel vom Hafen nicht so hautnah mitkriegt. Angenehmer Empfang, Doppelzimmer von 140 bis 210 F, Frühstück 21 F.
- *Cassitel:* place Clemenceau, 13260, Tel.: 42 01 83 44. Persönliches, modernes Hotel. Zimmer von 143 bis 220 F.
- *Le Provençal:* 7, rue Victor-Hugo, 13260, Tel.: 42 01 72 13. Nette Zimmer gleich am Hafen von 166 bis 204 F.
- *Pension Maguy:* av. Revestel, 13260, Tel.: 42 01 72 21. Am weitesten vom Hafen entfernt; trotzdem noch weniger als 10 Minuten. Das Hotel wird allen passen, die für ein paar Tage Ruhe suchen. In der Hauptsaison ist Halbpension Pflicht, wofür dann aber leckere einheimische Gerichte inbegriffen sind. Von 148 bis 168 F pro Person.

● *Etwas schicker*

- *Hôtel de la Rade:* 1, av. des Dardanelles, 13260, Tel.: 42 01 02 97. Verdammt komfortabel: Panoramaterrasse, Schwimmbad, Solarium. Doppelzimmer ab rund 250 F.

● *In der Umgebung*

– *Joli Bois:* 3 km in Richtung Marseille, 13260, Tel.: 42 01 02 68. Adrette Herberge, tadellose Zimmer mit Dusche (Doppelzimmer 99 F) und empfehlenswerte Küche.

● *Camping*

– *Camping les Cigales:* route de Marseille, 13260, Tel.: 42 01 07 34. Knapp einen Kilometer vom Meer entfernt. Komfortabel. Das ganze Jahr über geöffnet.

Restaurants

– *El Sol:* 23, quai des Baux, 13260, Tel.: 42 01 76 10. Geöffnet: mittags und abends bis 22 Uhr. Eines der besten Restaurants am Hafen – zumindest, wenn man das Preis-/Leistungsverhältnis berücksichtigt. Frische Fische, schmackhafte Bouillabaisse, leckere pieds-paquets (Kutteln und Hammelfüße in Bouillon gekocht). Reichhaltiges Menü für 62 F, Bedienung inbegriffen, Getränke extra.

– Das Restaurant vom *Hôtel Liautaud:* am Hafen, 13260, Tel.: 42 01 75 37. Die Küche genießt einen guten Ruf und vom Speisesaal bietet sich eine wundervolle Aussicht.

● *Etwas schicker*

– *Chez Gilbert:* 19, quai des Baux, 13260, Tel.: 42 01 71 36. Sonntagabend und Dienstag mittag geschlossen. Getafelt wird in einem typisch provenzalischen Speisesaal. Vortreffliche Bouillabaisse: für zwei Personen und nach Vorbestellung. Das Menü zu 149 F setzt sich zusammen aus Seeaalragout mit kleinen Zwiebeln, pieds-paquets (s.o.), Krabbenschwänze am Spieß etc.

Sehenswürdigkeiten

● *Die Calanques*

Willkommen im Land der malerischen, fjordartigen Buchten. Vom Hafen aus tuckern täglich etliche Boote dorthin; man kann die Calanques aber auch zu Fuß erkunden.

– Die *Calanque de Port-Miou* liegt Cassis am nächsten: nur etwa eine halbe Stunde Fußmarsch. Man kommt aber auch mit dem Auto hin. Der Fußmarsch hingegen läßt sich fortsetzen bis zum Ende der Halbinsel Cap Cable; von dort, fabelhafter Blick aufs offene Meer. Der große Steinbruch, welcher früher durch Lärm und Staub die Freude etwas trübte, wurde zum Glück stillgelegt.

– Die *Calanque de Port-Pin* und *Pointe Cacau:* ca. 2 Stunden Fußmarsch hin und zurück, wenn man streckenweise den Wanderweg GR 98 B benutzt. Ein hübscher kleiner Strand verspricht Badefreuden. Von der Pointe Cacau aus bietet sich ein wunderbarer Rundblick auf die Felsen und die Calanque d'En-Vau.

– Die *Calanque d'En-Vau* gilt allgemein als die schönste und wird deshalb auch von vielen Booten aus Marseille angelaufen. Den kleinen Strand erreicht man vom Parkplatz des Col de la Gardiole. Von Marseille aus kommend, folgt man 5 km vor Cassis der Route de la Gardiole. Von dort führt der Wanderweg GR 98 B am Forsthaus vorbei durch die Vallons de la Gardiole und d'En-Vau. Ein äußerst empfehlenswerter Fußmarsch. Von Cassis aus gelangt man ebenfalls mit dem Boot (Vedettes Nounours) zu den Calanques. Abfahrt: 10 Uhr, Rückfahrt 17.45 Uhr, Preis 20 F. Schuhe anziehen, denn das Boot legt am Felsen an.

● *In der »Stadt«*

– *Markt:* Mittwoch- und Freitag vormittag.

– *Plage du Bestouan:* Strandabschnitt in Richtung Calanques. Der Strand *Grande-Mer* breitet sich zu Füßen des Schlosses aus. Beide Strände sind recht steinig und fast stets hoffungslos übervölkert.

– *Petit Musée Municipal:* rue Xavier-d'Authier, Tel.: 42 01 88 66. Neben archäologischen Funden und Dokumenten zur Stadtgeschichte werden Gemälde regionaler Künstler ausgestellt. Öffnungszeiten: mittwochs, freitags und samstags jeweils von 15 bis 17 Uhr.

Von Cassis nach La Ciotat

Statt die Nationalstraße zu benutzen, empfehlen wir wärmstens die Route des Crêtes. Diese Paßstraße ermöglicht besonders zwischen dem Cap Canaille und dem Aussichtspunkt Sémaphore geradezu atemberaubende Panoramen. Schwindelanfällige meiden am besten Cap Canaille, denn der Felsen soll mit seinen 363 m der höchste des ganzen Landes sein.

Eine nette Variante verspricht der Wanderweg *Sentier bleu* vom Cap Canaille aus. Er schlängelt sich gefahrlos an den Felsen vorbei und ermöglicht wundervolle Ausblicke aufs Meer und die Hügellandschaft. Vom Cap geht's über den Sémaphore, die Chapelle Notre-Dame-de-la-Garde bis zum Hafen von La Ciotat. Bus um 7.15 Uhr von Cassis nach La Ciotat, der von dort um 18.15 Uhr wieder nach Cassis zurückkehrt.

LA CIOTAT

Jene Schiffswerften, die einst den Ruhm der Stadt ausmachten, leiden heute unter Auftragsmangel. Dementsprechend grassiert hier die Arbeitslosigkeit. Trotz des Images, eine Industriestadt zu sein, ist La Ciotat für Touristen durchaus attraktiv: wegen der ausgesuchten Strände und zahlreichen Campingplätze. Die beiden Stadtviertel sind fein säuberlich getrennt: hier die Schiffswerften und Docks und auf der anderen Seite der Alte Hafen mit seinen freundlichen Häusern. Louis Lumière drehte übrigens hier seine ersten Filme: »L'Entrée du train en gare de La Ciotat« (Das Einlaufen des Zuges in den Bahnhof von La Ciotat) und der berühmte »Arroseur arrosé« (Der begossene Begießer). Besonders der erstgenannte Film machte damals Furore: die Kamera stand dabei so, daß der Zug auf sie zu und dann knapp an ihr vorbeidonnerte. Häufig sprangen so die Zuschauer entsetzt von ihren Stühlen, weil sie Angst hatten, von der Lokomotive überrollt zu werden. Selbst der »aufgeklärte« Zuschauer unserer Tage wird sich dieser Faszination nicht entziehen können.

Kost & Logis

– *Hôtel Beauséjour*: 34, av. de la Mer, Saint-Cyr-Lecques, 13600, Tel.: 94 26 31 90. Ungefähr 3 km von La Ciotat in Richtung Bandol. Stattliches Haus in einem Garten, reiner Familienbetrieb. Ruhige Doppelzimmer von 121 bis 220 F, Terrasse. Die Küche bereitet regionale Spezialitäten. In der Hochsaison kommt man meistens um Halbpension nicht herum. Reservierung unbedingt erforderlich.

BANDOL

Berühmtester Badeort in diesem Küstenabschnitt. In der windgeschützten Bucht entstand ein bedeutender Jachthafen. Ansprechende Uferpromenade. Die alten Villen und die kleinen Weinberge (renommierter und entsprechend kostspieliger Weißwein) vermitteln ein gewisses Etwas.

Adressen

– *Office du tourisme:* am Hafen, Tel.: 94 29 41 35. Dienstbereit von 9 bis 19.30 Uhr.
– *Gare SNCF:* Haltepunkt des TGV (Hochgeschwindigkeitszug) Marseille-Toulon, Tel.: 94 91 50 50 und 94 29 41 51.
– *Busauskunft:* Tel.: 94 29 46 58 und 94 29 16 58.

Unterkunft

- *Hôtel La Brunière:* résidence du château, bd Louis-Lumière, 83150, Tel.: 94 29 52 08. Gutbürgerliches ansehnliches Hotel über dem Hafen, in einem kiefern- und pinienbestandenen Park. Unaufwendige weißgekalkte Zimmer, die offensichtlich tadellos saubergehalten werden. Doppelzimmer von 155 bis 236 F. Ausgezeichnetes Preis-/Leistungsverhältnis.
- *L'Oasis:* 15, rue des Ecoles, 83150, Tel.: 94 29 41 69. Zwischen Hafen und Strand. Kleines Hotel zum Wohlfühlen mit weitem, schattigem Garten und Terrasse. Gastliche Zimmer für 220 F. Von Juni bis September nur Halbpension. Bei dieser bewährten Adresse ist Reservierung empfohlen.
- *Roses Mousses:* rue des Ecoles, 83150, Tel.: 94 29 45 14. Von Oktober bis März geschlossen. Dieses kleine Hotel ohne Restaurant liegt nicht weit vom Hafen entfernt. Ideal für den schmalen Geldbeutel: Doppelzimmer von 66 bis 110 F.
- *Le Commerce:* 5, rue des Tonneliers, 83150, Tel.: 94 29 52 19. 100 m vom Hafen. Einfach aber tadellos die Zimmer, 82 bis 110 F die Übernachtungspreise. 52 F werden für ein solides kleines Menü verlangt.
- *Brise:* bd Victor-Hugo, 83150, Tel.: 94 29 41 70. Ganzjährig geöffnet. Überschaubarer Familienbetrieb in Hafennähe. Während der Hauptsaison nur Vollpension. Ansonsten Doppelzimmer für ca. 110 F.
- *L'Hermitage:* résidence du Château, 83150, Tel: 94 29 46 50. Ein ordentliches Zwei-Sterne-Haus in guter Lage, nur wenige Schritte vom Meer. Durchgehend geöffnet. Etliche Zimmer haben Balkon mit Meeresblick, alle Zimmer mit Bad; von 180 bis 230 F. Das Menü zu 85 F beweist die Qualitäten des Kochs. Garten mit Terrasse.
- *Coin d'Azur:* rue Raimu, 83150, Tel.: 94 29 40 93. Oberhalb des Strandes von Renecros stößt man auf dieses kleine Villen-Hotel. Von Oktober bis März geschlossen. Ordentliche Zimmer von 88 bis 154 F.

● **Vornehmer**

- *La Ker-Mocotte:* rue Raimu, 83150, Tel.: 94 29 46 53. Die zauberhafte Villa des namhaften Schauspielers Raimu wurde in ein Hotel umgewandelt. Von November bis Februar geschlossen. Vom 1. Juli bis 30 September ist Halb- oder Vollpension obligatorisch. Zum Meer hin abfallender Garten mit teils 100jährigen Bäumen. Doppelzimmer mit Farb-TV, Telefon und Radio von 209 bis 275 F. In der Hauptsaison ist Reservierung beinahe obligatorisch.
- *Golf Hotel:* plage de Renecros, 83150, Tel.: 94 29 45 83 und 94 94 61 04. Von November bis März geschlossen. Logieren unmittelbar am Strand, aber es kommt noch besser: ein Speisesaal mit Panoramablick, ein hübscher schattiger Garten und zahlreiche Zimmer mit kleiner Terrasse. Doppelzimmer inkl. Frühstück von 258 bis 352 F.
- *Splendid Hotel:* plage de Renecros, 83150, Tel.: 94 29 41 61. Ebenfalls in Strandnähe situiertes reizendes Hotel mit klassischer Note. Das Küchenpersonal versteht sein Handwerk. Zimmer mit Bad von 225 bis 235 F. Halbpension obligatorisch.

● **Campingplätze**

- *Vallongue:* 2 km vom Meer entfernt, an der Route de Marseille, 83150, Tel.: 94 29 49 55. Von Ostern bis Ende September in Betrieb. Komfortabel und einigermaßen schattig.
- *Happy Holiday:* rue Marivaux, Tel.: 94 29 46 23. Von Anfang Mai bis Ende September geöffnet.

Sehenswürdigkeiten und Unternehmungen

- Ausflug zur *Ile de Bendor*, nur einige hundert Meter hinter dem Ufer. Diese Insel gehört, ebenso wie die benachbarte Insel Embiez, dem Pastisfabrikanten Ricard. Sehenswert, das kleine *Musée du vin* mit seinen 8000 Flaschen aus 50 Ländern. Besichtigungszeiten von 10 bis 12 Uhr und von 14 bis 18 Uhr, allerdings außer mittwochs. Besonders der Rotwein von Bandol hat sich einen Namen gemacht ... und belastet entsprechend das Reisebudget.

- *Jardin exotique de Bandol-Sanary:* 3 km nordöstlich der Stadt; exotischer Garten, wo in Treibhäusern gezogene Pflanzenarten der Tropen, Fettpflanzen und Kakteen wuchern. Dazu kommen noch zahlreiche farbenprächtige Vögel wie Papageien, Kakadus, Tukane, Pfauen usw. Geöffnet von 8 bis 12 Uhr und von 14 bis 19 Uhr. Sonntags vormittags geschlossen.
- Etliche interessante *Wandermöglichkeiten.* Das Verkehrsamt gibt ein Faltblatt mit genauen Wegbeschreibungen heraus. Aufgeführt sind Küstenpfade, nach Westen führende Zöllnerwege sowie Fußwege im Hügelland von Bandol. Sehenswert ist z.B. die hübsche *Chapelle de Saint-Ternide* am *Mont du Gros-Cerveau,* von wo man einen außergewöhnlichen Rundblick hat. Auf diesen Hügeln mit dem vielsagenden Namen *(gros cerveau* heißt soviel wie bedeutender Kopf) soll im Jahre 1793 ein kleiner korsischer Artilleriehauptmann namens Bonaparte den Plan für die Rückeroberung der Festung von Toulon, die sich in den Händen der Engländer befand, ausgeheckt haben.
- *Surfbrettvermietung:* in Mookipa Beach, Tel.: 94 29 46 58.
- *Tennis municipal Capelan:* Tel.: 94 29 55 40.
- *Fahrradvermietung* bei Kit-Provence: 118, av. du 11-Novembre, Tel.: 94 29 60 40. Eine Spritztour per Rad legen wir auch unsportlichen Naturen ans Herz; wegen des märchenhaften Hinterlandes.

In der Umgebung

Die nachfolgenden Dörfer sind im Sommer zwar sehr überlaufen, ein Besuch ist aber dennoch lohnenswert.
- *Le Castellet:* ausnehmend hübsches Dorf mit einer alten Festungsanlage, einer Kirche aus dem 12. Jh., einem Schloß und mittelalterlichen Gassen. Das alles diente als Kulisse bei den Dreharbeiten zu dem berühmten Film mit Raimu »La Femme du Boulanger« (Die Frau des Bäckers). Freunde provenzalischer Romanik sollten ihren Weg bis zur bezaubernden *Chapelle de Beausset-Vieux* fortsetzen, von wo man gleichzeitig als Belohnung noch eine prima Aussicht über die ganze Umgebung hat.
- *Le massif de la Sainte-Baume:* im Norden von le Castellet bildet das Massif de la Sainte-Baume das bedeutendste provenzalische Gebirgsmassiv. Aus Richtung Süden anreisend, erreicht man über Aubagne-Gemenos den Gipfel Saint-Pilon. Aus fast 1000 m Höhe hat man einen herrlichen Rundblick vom Ventoux bis zum Mittelmeer.
- *La Cadière-d'Azur:* noch ein mittelalterliches Dorf mit schmalen Gassen und Überresten einer Festungsmauer. Von la Cadière aus kann man mitten durch die Weinberge über die D 266 nach Bandol marschieren.

Kost & Logis

- *Hostellerie Bérard:* La Cadière d'Azur, 83740, Tel.: 94 90 11 43. Im mittelalterlichen Herzen des Dorfes bietet diese bezaubernde Herberge einladende Zimmer von 200 bis 400 F, ein ausgezeichnetes Essen in einem Panoramarestaurant, ein beheiztes Schwimmbad, einen Garten, eine schattige Terrasse etc.
- *Camping de la Malissonne:* an der D 66 zwischen La Cadière und Saint-Cyr am Meer, 83270, Tel.: 94 29 30 60. In den Weinbergen von Bandol, 4 km vom Meer entfernt. Ziemlich komfortable Anlage. Lebensmittelladen und Restaurant vorhanden; es besteht die Möglichkeit, hier seine Wäsche zu waschen.
Einige 100 m weiter kann man dem *Camping à la ferme* (Zelten auf dem Bauernhof) frönen.

Von Bandol nach Toulon

Keine landschaftlich reizvolle Strecke, ziemlich zugemauert, von schönen Stränden ganz zu schweigen. In Sanary-sur-Mer existieren zwei Campingplätze: *Les Girelles* ist besser als *Le Mogador.* Er liegt 400 m vom Meer entfernt, ist einigermaßen schattig und verfügt über gut in Schuß gehaltene sanitäre Anlagen.
Bevor man nach Toulon kommt, noch die *Chapelle Notre-Dame-de-Pépiole* eines Zwischenstopps würdigen. Sie liegt 4 km nordöstlich von Sanary und ist über die

D 63 zwischen les Playes und Millone zu erreichen. Meist ab 15 Uhr geöffnet. Das ganze Äußere mit den Chorkapellen, den Schießscharten, den asymmetrischen Glockentürmen und der massiven Portalvorhänge verleiht ihr eher den Charakter eines Festungsbaus. Sie könnte von daher den ersten Christen in dieser Gegend als Zufluchtsort gedient haben. Im Innern herrscht angenehmes Halbdunkel.

TOULON

Der zweitgrößte französische Kriegshafen ruft auf den ersten Blick keine Begeisterungsstürme hervor, zumal hier, wie in vielen anderen vom letzten Weltkrieg heimgesuchten Städten, ganze Stadtteile aus dem Boden gestampft wurden. Wenn man sich die Stadt auch kaum als Ferienziel vorstellen kann, so erweist sich dennoch eine Stippvisite als nicht uninteressant. Besonders die Altstadt bzw. das, was von ihr nach dem Zweiten Weltkrieg noch übriggeblieben ist, wirkt herrlich dekadent. Freunde des französischen Films werden sich in dieser Zeit zwischen den Kriegen werden sich in dieser Umgebung wohlfühlen und vielleicht sogar das eine oder andere wiederzuerkennen glauben. Für anderweitig Interessierte bleibt da nicht mehr viel. Bei Umfragen über die Bedeutung der Investitionen und den Umfang der Kulturpolitik in den zwanzig größten Städten Frankreichs belegt Toulon meist den letzten Platz.

Ein wenig Geschichte

Im 15. Jh. wurde die Stadt zusammen mit der übrigen Provence Frankreich einverleibt. Dank der weiten windgeschützten Bucht sollte Toulon schon bald zu einer bedeutenden Hafenstadt heranwachsen. Unter Ludwig XII. und Heinrich IV. wurde es zum wichtigen Kriegshafen, unter anderem auch zum Liegeplatz der königlichen Galeeren. Vauban, Festungsbaumeister unter Ludwig XIV., verbesserte im weiteren Verlauf die Befestigungsanlagen. Der gefürchtete Freibeuter Duquesne lief den Hafen von Toulon zwischen seinen Raubzügen immer wieder an. Im Jahre 1748 wurden die Galeeren durch die berühmte Strafkolonie ersetzt, aus der Victor Hugo seinen Helden Jean Valjean in »Les Misérables« entkommen ließ. Im Jahre 1793 hatten sich die Royalisten mit den Engländern gegen die junge Republik verbündet. Napoleon Bonaparte nahm die Stadt im Handstreich und wurde zum General befördert. Nach diesem Sieg Napoleons wurde Toulon zur »ehrlosen Stadt« erklärt. Zwölftausend Arbeiter standen bereit, um Toulon dem Erdboden gleichzumachen. Im letzten Moment konnte diese Wahnsinnstat gerade noch verhindert werden und Toulon verlor nur seine Präfektur (Art Bezirksregierung), die der weit weniger bedeutungsvollen Stadt Draguignan zugesprochen wurde; erst im Jahre 1974 wurde die Präfektur wieder nach Toulon zurückverlegt.

Später machte Napoleon aus Toulon seinen größten Kriegshafen und der Schiffsbau spielte fortan unter den Industriezweigen die bedeutendste Rolle. Als im Dezember 1942 deutsche Truppen in die bis dahin nicht besetzte Freie Zone eindrangen, versenkten sich die Kriegsschiffe der französischen Flotte selbst, um nicht in die Hände der Besatzer zu fallen.

Heute begreift Toulon sich sowohl als Kriegs- wie auch als Jachthafen. Da die Matrosen der Kriegsmarine auch schon in Zivil ausgehen dürfen, hat die Stadt mit dem weitgehenden Verschwinden der Marineuniformen wieder einige Farbtupfer mehr verloren. Das ist halt der Preis für den Fortschritt ...

Adressen

- *Office du tourisme:* 8, av. Colbert, Tel.: 94 22 08 22.
- *Post und Telefon:* Rue Ferrero, Ecke Rue Bertholet.
- *SNCF:* place Albert I. Auskunft: 94 91 50 50.

100 / DIE KÜSTE VON MARSEILLE BIS FREJUS

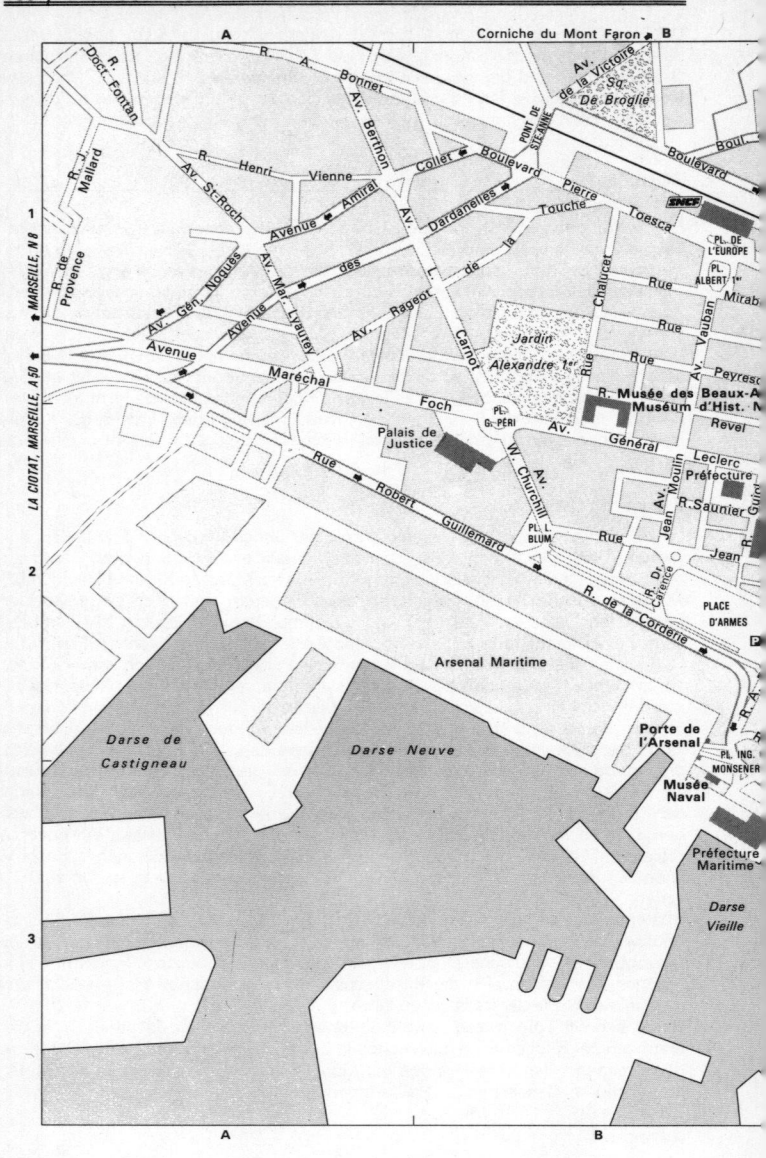

PLAN

TOULON / 101

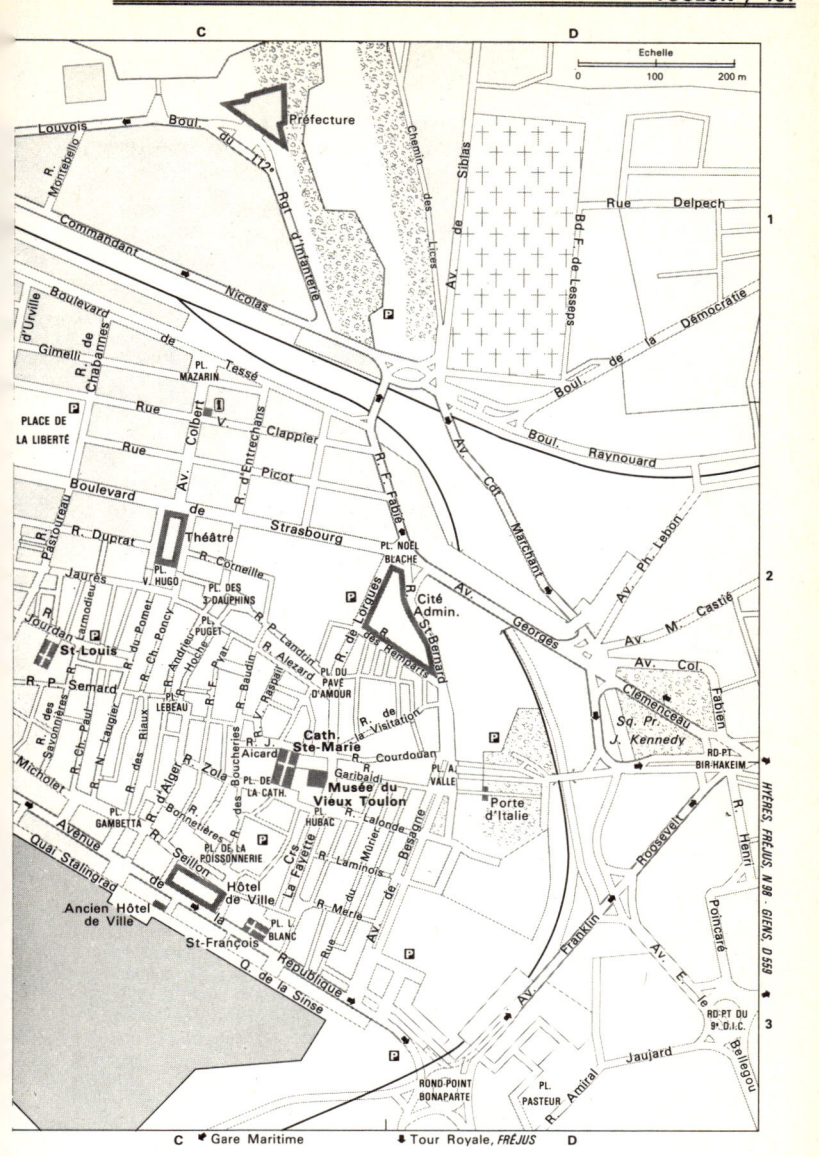

TOULON

DIE KÜSTE VON MARSEILLE BIS FREJUS

Unterkunft

– *JH:* im Prinzip dient im Sommer (Juli bis August) eine Schule zwei Monate lang als JH. Auskunft: siège des A.J. Toulon, 32, rue Victor-Clappier, 83000, Tel.: 94 91 87 17.
– *Hôtel Le Jaurès:* 11, rue Jean-Jaurès, 83000, Tel.: 94 92 83 04. Dieses Ein-Stern-Hotel ist eine Kategorie höher einzustufen. Geboten werden: vorteilhafte Lage, freundlicher Empfang und saubere Doppelzimmer mit Dusche und WC für 100 bis 150 F. Unsere beste Adresse.
– *Hôtel Molière:* 12, rue Molière, 83000, Tel.: 94 92 78 35. Neben dem Theater. Mit altmodischem Flair, aber ordentlich. Netter Empfang. Zimmer von 60 bis 110 F.
– *Régent Hôtel:* 3, rue Adolphe-Guiol, 83000, Tel.: 94 92 65 63. Hinter der Hauptpost. Gepflegte Zimmer von 88 bis 154 F.

● *Schicker*

– *Hôtel de l'Amirauté:* 4, rue Adolphe-Guiol, 83000, Tel.: 94 22 19 67. Bildschöne Fassade, aber auch dahinter stimmt's: ausgezeichnetes Preis-/Leistungsverhältnis, ausreichend Platz bietende Zimmer mit Bad für 198 F, mit Waschbecken für 140 F.

● *Camping*

– *Beauregard:* quartier Sainte-Marguerite, 83000, Tel.: 94 20 56 35. Von den zahlreichen Zeltplätzen in La Seyne-sur-Mer einmal abgesehen, liegt dieser Campingplatz der Stadtmitte am nächsten. Richtung Osten, ca. 5 km vom Zentrum. Vom Bahnhof aus, Buslinie 7 oder 27.

Essen

– *Le Cellier* (Chez Odette): 13, rue Jean-Jaurès, 83000. Individuelles volkstümliches Restaurant, das schon für 38 F ein nettes Menü, Bedienung und Wein inklusive, anbietet. In einer lebhaften Atmosphäre werden noch zwei weitere Menüs zu 69 und 95 F serviert. Eine unserer Lieblingsadressen.
– *Le Chaudron:* 2, place Gustave-Lambert, 83000, Tel.: 94 93 54 20. An einem hübschen Platz in der Altstadt, in der Nähe der Rue d'Alger. Mittwochs und im Juni geschlossen. Empfehlenswertes Menü für 66 F: u.a. Wild-Terrine, Nieren auf provenzalische Art, Rotbarbe auf Müllerinart etc. Ausweichmenü zu 85 F.
– *Fortune Carrée:* 16, rue Charles-Poncy, 83000. Mitten im Zentrum in einer Gasse, die vom Theater abgeht; nur in den Abendstunden geöffnet. Schlichte Ausstattung mit Bistro-Tischen, aber ordentliches Menü für 68 F und bunte Palette an Salaten und Steaks.

● *Schicker*

– *Le Galion:* 10, rue Jean-Jaurès, 83000, Tel.: 94 93 02 52, sonn- und feiertags geschlossen. Mittags und abends bis 21.30 Uhr zu Diensten. Gastliche Innenausstattung. Die Visitenkarte führt eine ganze Litanei an Ehrentiteln aus der kulinarischen Welt auf. Kurzum: man fühlt sich hier in guten Händen. Beim Menü zu 96 F, Auswahl u.a. zwischen köstlicher Muschelsuppe mit Safran, gekühlter Lachscreme, Hähnchen in Rotweinsauce, Plattfisch auf Artischockenböden, Nieren und Kalbsbries mit Senfkörnern etc. Keine Angst: auch 68 F reichen für ein ordentliches Menü.
– *Le Poète Maçon:* 21, rue Charles-Poncy, 83000, Tel.: 94 92 96 37. Sonntags und montags dicht. Mittags und abends bis Mitternacht geöffnet. Das kleine Restaurant mit Galerie erfreut sich eines jugendlichen Publikums. Für 110 F serviert man verschiedene Salate, leckere Fleischgerichte und frische Nudeln.

Sehenswert

– Die *Altstadt:* bedingt durch die modernen Gebäude am Quai Stalingrad, entzieht sie sich zunächst unserem Blick. Im Zentrum verläuft die *Rue d'Alger*, die dereinst einen sehr zweifelhaften Ruf genoß und sich mittlerweile dank – oder trotz – der Fußgängerzone zu einer beachtenswerten Einkaufsstraße entwickelt hat. Der älteste Teil erstreckt sich bis zum *Cours Lafayette*. Das Gassengewirr mit seinen teils armseligen Behausungen ist von einer Totalsanierung bedroht. Nutzen wir deshalb die Zeit für einen Streifzug durch dieses Viertel, bevor die Bagger alles abräumen!

Sehenswert ist ebenfalls das Viertel um die *Place d'Armes* herum. Mit ein wenig Fantasie fühlt man sich in das koloniale Toulon der Nachkriegszeit versetzt. Bei einem Bummel kommt man unweigerlich auch an der malerischen *Place de la Poissonnerie* vorbei. Hier lohnt am Vormittag ein Besuch der provenzalischen Markthalle, wo es von südländischer Betriebsamkeit nur so brodelt. Den *Cours Lafayette*, wo ebenfalls ein provenzalischer Markt abgehalten wird, feiert der in Toulon geborene Gilbert Bécaud in einem seiner Chansons.

– An der Avenue de la République, Ecke Cours Lafayette, hebt sich die – wegen der leicht geschwungene Fassade elegant wirkende – Kirche *Saint-François-de-Paul* ab. Während der Bombardements im Jahre 1944 erlitt sie schwere Schäden.

– Die Kathedrale *Sainte-Marie-Majeure* stammt aus dem 11. Jh., wurde jedoch im 17. Jh. gründlich umgemodelt, was geübte Augen besonders an Fassade und Turm erkennen. Während des Krieges 1870/71 wurden übrigens im Turm die Goldreserven der Bank von Frankreich aufbewahrt. Eine Taschenlampe mitnehmen, um sich wenigstens einigermaßen im Inneren der Kirche zurechtzufinden.

– *Musée naval:* place Monsenergue, Tel.: 94 02 02 01. Geöffnet von 10 bis 12 Uhr und von 13.30 bis 18 Uhr, außer dienstags und feiertags. In den Monaten Juli und August jedoch auch dienstags zu besichtigen. Gegen Eintritt, versteht sich. Am neu erbauten Museum hat man das berühmte Eingangsportal des ansonsten restlos zerstörten Rathauses angebracht. Es stammt von dem Bildhauer Pierre Puget (17. Jh.) und erregte damals Aufsehen in der ganzen Kunstwelt. Das Interessante ist nämlich, daß die beiden Atlanten nicht nur schmückendes Beiwerk sind, sondern daß sie den Balkon tatsächlich tragen. Im Innern werden Schiffsmodelle aus verschiedenen Epochen, dekorative Galionsfiguren, Gemälde und Stiche zur Stadtgeschichte sowie Fotos aus dem Zweiten Weltkrieg ausgestellt.

Wer dann immer noch nicht genug von der heiligen Seefahrt hat, der kann im Hafen ein Pendelschiff zum *Fort de Balaguier* in La Seyne-sur-Mer besteigen. Das Seefahrtsmuseum in der alten Festung birgt unter anderem einige Erinnerungsstücke an Napoleon I. Von der Terrasse eröffnet sich eine umfassende Sicht über die ganze Bucht.

– *Musée de Toulon:* 113, bd du Maréchal-Leclerc, Tel.: 94 93 15 54. Jeden Tag, außer feiertags, von 12.30 bis 19 Uhr geöffnet. Eintritt 6 F. Neben einer Sammlung archäologischer Funde, Gemälde und Skulpturen vom Mittelalter bis in unsere Zeit.

– Im Süden der Place d'Armes, einem Barockplatz, der von Colbert geschaffen wurde, liegt das *Arsenal de Toulon*, die große Werft, die auch heute noch fast 10.000 Personen Arbeit und Brot gibt. Zwei stilvolle Barockportale erinnern an den eher pompösen Eingang der alten Hafenanlage. Durch sie zogen früher viele Toulonreisende sowie Bürger der Stadt, um sich die halbtoten Galeerensklaven anzuschauen. In der Tat ein seltsames Sonntagsvergnügen! Die Häftlinge mussten, angekettet an ein Stück Holz, bei Flaute die großen Schiffe rudern. Ebenso hatten sie unter primitivsten Bedingungen einige der großen Bassins für die Trockendocks auszuheben.

– Der *Mont Faron*, Hausberg der Stadt, bietet von seinem über 500 m hohen Gipfel einen großartigen Rundblick über Land und Meer. Eine Drahtseilbahn (Téléphérique) bringt Fußlahme in 6 Minuten nach oben. Talstation beim Frantel-Hotel, bd Amiral-Vence. Von 9 bis 12 Uhr und von 14.15 bis 18.30 Uhr in Betrieb. In der Nachbarschaft eines weitläufigen Parks und eines Zoos, das

– *Musée du mémorial du débarquement de 1944.* Geöffnet von 9.30 bis 12 Uhr und von 14.30 bis 19 Uhr, Eintritt 15 F. Unter den Exponaten, etliche Gedenkstücke von der Landung der Alliierten im August 1944. Es finden auch Filmvorführungen über diese militärische Aktion statt.

– *La plage du Mourillon:* ca. 3 km östlich von Toulon. Trotz des nicht besonders klaren Wassers tummelt sich »halb Toulon« hier an warmen Wochenenden.

Unterhaltung

– Wie wär's mit einer Fährbootexkursion vom Hafen aus? So z.B. zur *Plage des Sablettes*, zur Halbinsel von *Saint-Mandrier* oder, etwas weiter weg, zur *Ile de Porquerolles*.
– Während im *Grand Théâtre* meist Boulevardstücke gegeben werden, existiert zumindest ein brauchbares Programmkino: *l'Utopia*, 52, bd Foch, Tel.: 94 62 39 13. Im Sommer Festival mit Theater, Tanz, Jazz etc. im Centre Culturel et Artistique de Châteauvallon, 7 km von Toulon.

ILES D'HYERES

Die Inseln Porquerolles, Port-Cros und le Levant sind schon länger berühmt: in der Renaissance-Zeit wurden sie Goldinseln genannt. Dafür war der Fels verantwortlich, der Gneis und Glimmerschiefer enthält, und der auch heute noch bei direkter Sonneneinstrahlung metallisch-gelb glänzt. Wenngleich die Hyères-Inseln alles andere als ein Geheimtip sind, so sollten sie dennoch bei der Reiseplanung als angenehme und erholsame Zwischenziele Berücksichtigung finden.

• PORQUEROLLES

Westlichste und zugleich größte der Inseln, 8 km lang und 2 km breit, und damit für Spaziergänger ein wahres Eldorado. Um Immobilienspekulationen und chaotische Bebauung zu verhindern, hat der französische Staat nahezu die gesamte Insel aufgekauft. Neben den 250 ständigen Bewohnern leben hier noch die Schüler einer Polizeischule, die sich mit diesem Standort fürwahr ein ausgezeichnetes Versteck ausgesucht haben! Privatautos müssen übrigens auf dem Festland zurückbleiben. Während die Nordküste herrliche Strände aufweist, fällt die Südküste jäh zur See hin ab. Außerhalb der Hauptsaison kann man hier umherstrolchen, ohne auf allzuviel Volk zu treffen. Den hübschen Ort beherrscht eine Festung aus dem 16. Jh.

Anreise

– Die Gesellschaft *TLV* sorgt für zahlreiche tägliche Verbindungen vom Hafen *La Tour Fondue* auf der Halbinsel von Giens nach Porquerolles. Auskunft: Tel. 94 41 65 87. In der Nebensaison 8 Verbindungen täglich von 7.30 (sonntags von 9 Uhr an) bis 18 Uhr. In der Hauptsaison vom 1. Juli bis zum 31. August herrscht schließlich absoluter Hochbetrieb: 20 Verbindungen von 7 Uhr bis 19.30 Uhr. Eine Rückfahrkarte beläuft sich auf rund 40 F. Die Überfahrt nimmt etwa 20 Minuten in Anspruch.
– Im Sommer verkehren gleichfalls Schiffe von Toulon und le Lavandou nach Porquerolles.
– Von *La Tour Fondue* aus besteht die Möglichkeit, an einer *Drei-Insel-Tour* (*circuit des trois îles*) teilzunehmen. Vom 16. bis 30. Juni und vom 1. bis 11. September finden diese Rundfahrten nur montags und donnerstags statt. In der Hauptsaison, vom 1.7. bis 31.8., geht's täglich außer sonn- und feiertags um 9 Uhr los.
– Zwischen Porquerolles und Port-Cros existieren keine regelmäßigen Fährverbindungen.
– Für erfahrene Windsurfer sei noch erwähnt, daß die Überfahrt von Giens nach Porquerolles bei Windstärke 4 ziemlich genau 12 Minuten dauert.

Kost & Logis

Die fünf Hotels auf der Insel sind verdammt teuer und für die Hauptsaison muß man Monate im voraus buchen. Zudem ist meist nur Vollpension möglich.
– *Le Relais de la Poste:* place d'Armes, 83400, Tel.: 94 58 30 26. Vom 30. September bis Ostern geschlossen. Das einzige Hotel, bei dem man ausschließlich Übernachtung mit Frühstück buchen kann. Ordentliche Doppelzimmer von 260 bis 380 F, kleine Crêperie im Hause, Fahrradvermietung zu rund 60 F pro Tag.

ILES D'HYERES / 105

– *L'Auberge de l'Arche de Noé*, 83400, Tel.: 94 58 30 74, *Les Glycines*, Tel.: 94 58 30 36, und das *Hotel Ste Anne*, Tel.: 94 58 30 26 verlangen alle den gleichen Preis: etwa 285 bis 350 F pro Person bei Vollpension. Das letztgenannte Hotel hat auch nur vom 12.11. bis zum 22.12. Betriebsferien und gewährt in der Nebensaison auch Halbpension.
– Natürlich herrscht an auf Massentourismus eingestellten Restaurants kein Mangel. Ist man etwas knapp bei Kasse, so empfiehlt sich's auf jeden Fall, seine Brotzeit mitzubringen.

Sehenswertes und Unternehmungen

Grundsätzlich gilt es, folgende Verhaltensmaßregeln und Verbote einzuhalten: kein wildes Zelten! Feuermachen sowie Rauchen außerhalb des Dorfes sind ebenfalls untersagt. Unterwasserjagd ist nicht gestattet. Desweiteren sollten im Sinne des Naturschutzes weder Blumen gepflückt, noch Früchte geerntet und auch kein Müll in der Landschaft hinterlassen werden. Letztendlich wird noch sparsamer Umgang mit dem Süßwasser erbeten.
Das Verkehrsamt veröffentlicht ausführliche Faltblätter über Flora und Fauna sowie über Wandermöglichkeiten in der Gegend.

● *Die Strände*

– *La Plage d'Argent:* links vom Hafen gelegen, windgeschützt und von Bäumen umgeben, mit schönem weißem Sand und klarem Wasser. Etwas weiter westlich, die *plage du Grand Langoustier* im Schatten einer Festung.
– *La Plage de la Courtade*, rechts des Hafens, zählt die meisten Besucher. Ebenso lang wie einnehmend, wird er von Pinien, Eukalyptusbäumen und Tamarisken eingegrenzt. Bis zum *Fort de Lequin* finden sich mehrere kleine Sandbuchten.
– *La Plage Notre-Dame:* großflächigster Strand der Insel. Dort angelangt, hat man einen 3 km langen Spaziergang hinter sich. Am Rand gedeihen Sträucher und Heidekraut. Ganz am Ende des Strandes werden eingefleischte Filmfreunde die *Calanque de la Treille* wiedererkennen. Godard drehte hier die schönsten Szenen von »Pierrot le fou« (Elf Uhr nachts).

● *Tips für Fußtouren*

Nicht nur die Strände sind interessant, denn gerade auf dieser Insel findet man auf engem Raum ausreichend Gelegenheit für erholsame Spaziergänge.
– *Le Phare, Le cap d'Armes* und die *Gorges du Loup:* statt der Straße empfiehlt es sich, den Weg zu benutzen, der am Friedhof vorbeiführt. Rund 1 ½ bis 2 Stunden Fußmarsch. Der Leuchtturm (Phare), einer der lichtstärksten am Mittelmeer, beeindruckt durch seine Reichweite von 54 km. Beim Blick auf die Lagune müssen wir auch die Abwasserprobleme erwähnen: ein Großteil des Schmuddelwassers wird in den Lagunen gesammelt. Das Zusammenwirken von Sonne, Luft, Algen und Bakterien führt zu einer weitgehenden Abtötung der Keime. Das auf diese Weise biologisch gereinigte Wasser kann ohne weiteres für den Gartenbau genutzt werden. Ja, es erscheint sogar so klar und sauber, daß man Besucher immer wieder darauf hinweisen muß, nicht darin zu baden!
In der Wolfsschlucht (*gorges du Loup*) ist das Meer meist so aufgewühlt, daß Baden an dieser Stelle äußerst gefährlich ist. Bläst der Mistral, so kann man sich dort nur mit Mühe aufrecht halten.
– *Fußmarsch zu den Festungsanlagen:* aufgrund seiner geographischen Lage wurde Porquerolles von jeher als eminent wichtiger strategischer Punkt angesehen. Aus diesem Grunde erreichte die Festungsbaukunst hier schon sehr früh – ebenso wie auf der Nachbarinsel Port-Cros – einen hohen Stand.
– Oberhalb des Dorfes zeigt man im *Fort de Sainte-Agathe* eine Dauerausstellung über die Geschichte der Inseln. Die Terrasse beschert einen tollen Ausblick auf die See. Diese Festung mit ihren ungewöhnlich kraftstrotzenden Mauern wurde unter Franz I. über den Ruinen einer römischen Befestigungsanlage konstruiert.
– An der Westspitze, auf einer kleinen Insel, das unter Richelieu errichtete *Fort du Petit-Langoustier*. Die Überreste des *Fort du Grand-Langoustiers* sind an der

Pointe Sainte Anne zu besichtigen, aber bei heftigem Wind ist hier äußerste Vorsicht geboten.
- Schließlich sei noch der kurze Spaziergang zum *Sémaphore* im Südosten der Insel empfohlen, von dem aus man das *Fort de la Repentance* erblickt, welches sich gleichsam in die Erdhügel eingegraben hat.

• PORT-CROS

Im Jahre 1963 wurde die gesamte Insel sowie eine sie umgebende 600 m breite Meereszone zum Nationalpark erklärt. Dieser, zumindest in Europa, einmalige Versuch dient der Erhaltung des mediterranen Waldes ebenso wie dem Schutz von Balz- und Nistplätzen für Vögel sowie der gefährdeten Fischreviere. Ein ausgedehntes Wegenetz erleichtert ein Erkunden der reichen Pflanzenwelt. Von den drei großen Eilanden ist Port-Cros das gebirgigste. Es mißt 4,5 km und erreicht mit 196 m im *Mont Vinaigre* seinen höchsten Punkt. Bedingt durch die Felsenküste existieren nur zwei Strände.

Dieses ökologische Paradies wird mittlerweile von einem Gegner bedroht, mit dem man am allerwenigsten gerechnet hatte: dem eigenen Erfolg. Dabei sind es weniger die rund 100.000 Touristen, die alljährlich die Insel heimsuchen, als die ca. 300 Segelboote, die hier jeden Tag Anker werfen. So erkranken immer mehr Bäume am Ufer, weil die Abwässer der Boote und die Spülmittelreste an ihrem Wurzelwerk nagen. Zur Zeit sieht es ganz so aus, als ob die Fische diese Schadstoffe immer noch besser vertrügen als die Meerespflanzen. Erschwerend kommt noch die Tatsache hinzu, daß durch die hundertfachen Ankermanöver massenhaft Pflanzen aus dem Meeresboden gerissen werden. Von den Bleirückständen der Schiffsmotoren mal ganz zu schweigen ...

Aber die Lage ist noch nicht hoffnungslos: radikale Maßnahmen sind vorgesehen, um diesen katastrophalen Auswirkungen des Erfolgsrummels wirksam zu begegnen!

Obwohl die Insel nur bescheidene Außmaße hat, weist sie eine Vielzahl von Tierarten auf. Sie beherbergt allein 114 Arten von Federvieh. Etliche Zugvögel wie Baßtölpel, Wiedehopf, Sperling und viele andere mehr machen hier Zwischenstation. Wiederum andere wollen die gastliche Insel erst gar nicht verlassen. Selbst seltene Falken-, Sperber- und Adlerarten haben sich hier niedergelassen. Weitergehende Auskünfte über die reiche Tierwelt enthält die ausgezeichnete Broschüre über den Nationalpark (violetter Umschlag).

Anreise

- Von Le Lavandou aus mit der *Compagnie de Transports Maritimes*, 15 quai Gabriel Péri, Tel.: 94 71 01 02. Nachfolgend die Abfahrtszeiten als bloßer Anhaltspunkt, da kleinere Abweichungen immer möglich sind. Die meisten Schiffe legen zuerst an der Ile du Levant an, so daß die Überfahrt mit diesem Zwischenhalt 45 Minuten dauert. Für die Direktverbindung benötigt man 25 Minuten.
- Nebensaison: Fähren in der Regel um 9, 11, 14 und 17 Uhr, zuweilen auch nur um 10 und 14 Uhr. Ein kurzer Anruf ist daher angeraten. Besondere Direktverbindungen existieren mittwochs und freitags um 6 und donnerstags um 7 Uhr. Von Ende Mai bis Anfang Juli gelten die gleichen Abfahrtszeiten bis auf die letzte Fähre, die dann um 17.30 ihre Leinen wirft.

Im Sommer gelten folgende Zeiten: 9, 10.10, 11.20, 12, 14, 15, 16.15, 17.40 und 18.40 Uhr. Die speziellen Direktverbindungen behalten ihre Gültigkeit.

In der ersten Septemberhälfte laufen die Fähren wie folgt aus: 9.30, 11.10, 14 und 17 Uhr. Besondere Direktverbindungen siehe oben.

Kost & Logis

Das Angebot ist naturgemäß recht begrenzt. Gleich am Hafen, eine Handvoll Restaurants. Wer etwas länger verweilen will, sollte sich auf der Ile du Levant einmieten und mit der Fähre in 10 Minuten herschippern.
- *Hostellerie Provençale*: über dem Hafen thronendes hübsches Hotel, 83400, Tel.: 94 05 90 43. Nicht das ganze Jahr über als Hotel geöffnet und zudem oft, besonders im Juli/August, von Tauchergruppen belegt. Vollpension zu 324 F und

Halbpension zu 242 F pro Person. Ansonsten Doppelzimmerpreise von 193 F. Unbedingt vorher vergewissern, ob noch Zimmer zu haben sind.

Sehenswertes und Unternehmungen

Das malerisch hingetupfte Dorf Port-Cros mit seinen typisch provenzalischen Häusern und Palmen bildet einen idealen Ausgangspunkt für Entdeckungsreisen in die Pflanzenwelt des Mittelmeerraumes.
- Wer sich nicht lange aufhalten möchte, »absolviert« wenigstens den *botanischen Pfad (Sentier botanique)* bis zum Strand von La Palud. Mit der oben erwähnten Broschüre über den Nationalpark bestimmen Wissensdurstige leicht die Blumen und Planzen am Wegesrand. Ruhig für Hin- und Rückweg 2 ½ Stunden rechnen. Unterwegs passiert man das *Fort des Lestissac*. Darin sollte man sich im Sommer mal umsehen und auch die wechselnden Ausstellungen besuchen. Entlang des Lehrpfades sind alle Pflanzenarten namentlich aufgeführt. Man wird also etliche Pinienarten kennlernen, immergrüne Eichen in schmalen Tälern aufstöbern und verschiedene ölhaltige Pflanzen entdecken. Die Wolfsmilchgewächse werden allen auffallen: während sie im Sommer ihre Blätter verlieren, treiben Zweige und Laub im Herbst.
Das Katzenkraut riecht so durchdringend, daß sein betörender Duft die biologische Uhr der auf Insel lebenden Kater vollkommen durcheinanderbringt.
Schon die bloße Aufzählung der zahlreichen Sträucher und Gewächse würde eine ganze Seite füllen. Wir lassen's deshalb. Am Strand von La Palud angekommen, wird man sich eh bereits als halber Botaniker fühlen. Nicht vergessen, auf dem Rückweg den kleinen »Meeresfriedhof« oberhalb des Dorfes zu besuchen.
- Ein anderer angenehmer Spazierpfad folgt der *Route des Forts* bis zum Bunker *de la Vigie*. Der Rückweg führt durch das Tal der *Solitude*, bevor sich der Pfad durch einen dichten Wald schlängelt.
- Sollten jemand etwas mehr Zeit aufbringen wollen, dann schlagen wir den *historischen Rundweg (cirquit historique)* vor. Diese 10 km lange Schleife führt am Bunker de la Vigie vorbei, der leider nicht besichtigt werden kann, sowie an der ehemaligen Sodafabrik, an der Festung *Port Man* und an der *Galère*-Spitze. Lohnt allein schon wegen der traumhaften Aussichtspunkte.
- Freunde des Tauchsports erwartet in Port-Cros ein wirklich einmaliger »Spaziergang«: der *»Einführungs- und Entdeckungspfad in die Unterwasserwelt« (Sentier d'initiation et d'exploration en milieu sous-marin)* verbindet den Strand von La Palud mit dem Inselchen Rascas. Er ist gefahrlos, da nie tiefer als 10 m, und mustergültig gekennzeichnet. Abgesehen von Flossen, Brille und Schnorchel ist nur entsprechende Kondition mitzubringen, damit die 300 m lange Schwimmstrecke nicht zum Streß ausartet. Die Nationalparkverwaltung hat zur besseren Orientierung sogar Plastikunterwasserkarten herausgegeben. Hoffentlich geht also unterwegs nicht die Puste aus. Neben der Pflanzenwelt mit richtigen Meereswiesen werden die tollsten Fische gelangweilt an den Touristen vorüberziehen. Erfahrenen Tauchern bietet das Gebiet um das Eiland *Gabinière* reiche »Jagdgründe«. Abgesehen von der ausgeprägten Fischwelt lockt hier eine versteinerte Algenart, die manchen Korallen täuschend ähnlich sieht.
- Fahrt im Unterwasseraussichtsboot: Abfahrt von der Landungsbrücke in Port-Cros. Für eine halbstündige Tour werden Erwachsenen 50 F und Kindern unter 11 Jahren 25 F abgeknöpft.

• *L'ILE DU LEVANT*

Wie sich doch die Zeiten ändern! Vor 20, 30 Jahren noch bot allein schon der Name dieser Insel Anlaß genug für allerlei Fantasien, handelte es sich doch um das erste FKK-Refugium in Frankreich. Selbst wenn heute das Oben-Ohne-Baden an der Côte d'Azur schon zum Alltag gehört, so genießt das ehemalige Mekka der Nackten noch immer einen gewissen Ruf. Allerdings sind die Möglichkeiten für Fußexkursionen hier arg eingeschränkt, da das französische Militär einen Großteil der Insel beansprucht. Mit seinen Villen und familiären Hotels verspricht Le Levant ideale Erholungsbedingungen.

108 / DIE KÜSTE VON MARSEILLE BIS FREJUS

Anreise

- Die meisten Fähren zwischen Le Lavandou und Port-Cros legen zunächst hier an. Weitere Informationen siehe »Anreise nach Port-Cros«.
- Die Gesellschaft *TLV* bedient von Hyères aus die Insel, Auskunft: 94 57 44 07. In der Hochsaison verkehrt die Fähre um 9.15 bzw. um 11 Uhr und benötigt 1 ½ Stunden.

Kost & Logis

In der Regel verlangen die Hotels, wie in Porquerolles, Buchung von Voll- oder wenigstens Halbpension. In der Hauptsaison ist Reservierung unabdingbar.
- *Brise Marine:* hoch oben am Dorfplatz, 83400, Tel.: 94 05 91 15. Vom 1. Oktober bis zum 30. April geht nichts. Die hübschesten Zimmer gruppieren sich um einen bezaubernden Innenhof. Herzlicher Empfang. Doppelzimmer mit Halbpension 635 F. Für 320 F sind allerdings auch schon Zimmer mit Frühstück zu haben.
- *Héliotel:* das Hotel hängt quasi direkt über dem Meer, 83400, Tel.: 94 05 91 92, in der Nebensaison: 94 71 32 18. Eine ausgezeichnete Adresse. Zimmer mit Balkon und toller Aussicht. Von Ostern bis Ende September geöffnet. Großzügig dimensioniertes Schwimmbad, Panoramarestaurant und Pianobar sind Pluspunkte. Für ein Doppelzimmer mit Halbpension legt man 550 bis 650 F hin. Eine der besten Adressen.
- *La Source:* chemin de l'Aygade, 83400, Tel.: 94 71 91 36. Nur einen Katzensprung vom Meer entfernt. Von der Landungsbrücke geht's die Straße hoch, nicht die Treppen. Im Restaurant verputzt man für 75 F ein vorzügliches Menü. Gepflegte Zimmer, auf verschiedene Gebäude verteilt. Für Doppelzimmer mit Halbpension werden rund 440 F verlangt.
- *Camping Colombero:* unweit der vorstehenden Anschrift, Tel.: 94 05 90 29. Ausstattung, naja ..., aber der Zeltplatz wird einwandfrei geführt und erhebt nur eine bescheidene Platzgebühr.
- Wir raten ausdrücklich vom *Hotel Gaétan* ab: nicht nur der Empfang ist wenig sympathisch ...

HYERES

Von hier aus nahm der Badebetrieb an der Côte d'Azur seinen Anfang. Angeblich kam im Jahre 1887 ein Unterpräfekt aus Dijon in die Stadt, um sich von seinen politischen Geschäften zu erholen. Am Strand soll er dann begeistert ausgerufen haben: »Que voilà une côte d'azur!« (Wie herrlich blau doch diese Küste ist!). Er war nicht der einzige Bewunderer dieses Fleckchens Erde. Gleich ihm schätzten Tolstoi, Michelet, Mme de Staël, Talleyrand, Lamartine und die Königin von Spanien diesen Landstrich.
Am meisten begeistert zeigten sich die Engländer. Der Schriftsteller Stevenson, der namhafte Reisende Albert Young und viele adelige Nichtstuer hielten sich in Hyères auf. Dazu kam noch, daß Londoner Ärzte ihren Patienten das Dorf als Erholungsort, besonders für »Brustkranke«, empfahlen. Daß ihre Klientel sich nicht gerade aus gewöhnlichem Volk zusammensetzte, liegt auf der Hand, oder? Da Hyères sich aber nicht um das Freizeitvergnügen ihrer Besucher wie Theater und Spielkasino kümmerte, wurde es als Modebadeort bald von Cannes und Nizza abgelöst. Trotz allem blieb immer noch ein Hauch britischer Vergangenheit. Hyères mit seiner einladenden Umgebung und der Halbinsel Giens bietet mit seinen zahllosen Hotels und Zeltplätzen für jeden Geschmack und Geldbeutel die passende Unterkunft – und die Garantie, hier den Sommer nicht als Einsiedler verbringen zu müssen ...

Nützliche Adressen

- *Verkehrsamt:* rotonde Jean-Salusse, av. de Belgique, Tel.: 94 65 18 55.
- Auskunft für die Fähren nach Port-Cros und Le Levant: 94 57 44 07.

Kost & Logis

– *La Reine Jane:* am kleinen Hafen von Ayguade, 83400, Tel.: 94 66 32 64 und 94 66 34 66. Ein junges sympathisches Paar führt dieses unscheinbare Hotel, das zu einem günstigen Preis gastliche Zimmer und darüberhinaus noch eine vortreffliche Küche bereitstellt.
– *Hôtel Lido:* av. Emile Gérard, 83400, Tel.: 94 58 03 15. In Hyères-Plage, etwa 500 m vom Jachthafen. Von Mitte November bis Mitte Dezember geschlossen. Zimmer zwischen 159 und 335 F. Die Ecke ist zwar sehr touristisch, aber wenigstens nicht völlig verbaut. Imposante Villen sowie kleine Hotels und Pensionen reihen sich wie Perlen einer Kette aneinander.
– *La Rose des Mers:* av. Emile Gérard, 83400, Tel.: 94 58 02 73. Man logiert unmittelbar am Hafen, in freundlichen Zimmern mit Meeresblick von 156 bis zu 215 F.
– *La Méditerranée:* av. de la Méditerrannée, 83400, Tel.: 94 58 03 89. Tadellose Zimmer in Hyères-Plage von 121 bis 220 F, verlockende Menüs zwischen 62 und 96 F.

● *Schicker*

– *Auberge des Borrels:* hameau des Borrels, Tel.: 94 57 23 74 und 94 65 68 51. Von Hyères aus folgt man der D 12 in Richtung Pierrefeu-du-Var, um dann nach 2 km nach rechts in Richtung les Borrels, das sich aus drei Weilern zusammensetzt, abzubiegen. Zwischen den letzten Häusern erkennt man die idyllische Herberge in einem lauschigen Tal. Das ehemalige Bauernhaus wurde nach allen Regeln der Kunst restauriert. Donnerstags ganztägig und freitags über Mittag geschlossen. Nach dem überraschend liebenswürdigen Empfang durch die Wirtin wird der Küchenchef mit seiner Nouvelle Cuisine unsere hungrigen Leser begeistern. Die mit viel Fantasie zubereiteten, schmackhaften und reichhaltigen, Gerichte werden zudem noch in einem gastlichen Speisesaal gereicht. Im Sommer tafelt man freilich häufig *dehors*, also im Freien. Gerichte à la carte sind mit ungefähr 260 F verhältnismäßig teuer. Um so erstaunlicher die 101 F (Bedienung eingeschlossen, aber Getränke extra) für das Menü: u.a. leckere Kalbsnieren in Senfsoße mit frischen Nudeln in Tintenfischsoße. Bei soviel Lob versteht sich die Tischvorbestellung von selbst. Mittlerweile hat diese Adresssse schon weithin einen guten Ruf erworben, und nicht wenige Gäste scheuen keine Entfernung, um sich hier verwöhnen zu lassen!

● *Camping*

Mit seinen fast 20 herkömmlichen Campingplätzen und einem halben Dutzend *Camping à la Ferme* bestätigt Hyères seinen Ruf als populärer Badeort.
– Auf der Halbinsel Giens, in La Madrague, der *International*, Tel.: 94 58 20 25, und der *Clair de Lune*, Tel.: 94 58 20 19; beide einigermaßen gepflegt und nah am Meer.
– In Hyères selbst, die *Domaine du Ceinturon*, Tel.: 94 66 32 65, nur 50 m vom Ayguade-Strand. Der *Camping Bernard* nebenan ist etwas kleiner, wird aber ebenfalls vorbildlich geführt.

Sehenswert

– Die *Strände* zu beiden Seiten des Jachthafens sind am einladendsten. Etliche Pinienreihen rahmen sie ein.
– *Hyères-Ville*, die 5 km landeinwärts gelegene Altstadt mit ihren engen Gassen, lohnt auf jeden Fall einen Besuch. Besonders malerisch wirkt die *Place du Marché* mit dem *St.-Blaise-Turm*, der bereits im 12. Jh. zerstörten Komturei des Templerordens.
– Die *Stadtkirche St. Paul* ist von 14.30 bis 17.30 zugänglich. Ältere Teile stammen aus dem 13. Jh., die wundervollen Fenster und Seitenkapellen aus dem 16. Jh. Gleich daneben, ein herrliches Renaissance-Haus, in das eines der Stadttore integriert ist.
– Die *Rue Ste-Claire* und die *Rue Paradis* mit ihrem eleganten romanischen Haus verlocken zum Flanieren.

110 / DIE KÜSTE VON MARSEILLE BIS FREJUS

- In der *Kirche St. Louis* aus dem 13. Jh. soll König Ludwig der Heilige nach der glücklichen Heimkehr von seinem ersten Kreuzzug gebetet haben.
- Hinter dem *Park St. Bernard* steigt eine, sich später zum Pfad verjüngende, Straße steil zur Schloßruine an, die zur Belohnung einen wunderbaren Ausblick beschert.
- Das *Musée municipal*, dienstags und feiertags geschlossen, stellt Funde der griechischen und römischen Zeit aus und unterhält daneben noch eine Gemälde- und naturhistorische Sammlung.

In der Umgebung

- Die *Halbinsel Giens:* durch Sandaufschwemmungen entstand aus der ehemaligen Insel eine Halbinsel. Von Hyères aus der rechten Straße folgen, der sogenannten Salzstraße, von der aus man die Salzsümpfe am besten sieht. Achtung: wegen Überflutungsgefahr häufig gesperrt.

Die Straße in Richtung Le Lavandou

Unweit davon vereinzelt kleine Häfen, die noch nicht vom Touristenrummel erobert wurden. In Richtung Cap de Brégançon folgen einige malerische Wegstücke
- weiter östlich sieht's dann nicht mehr so idyllisch aus.
- *Les Salins-d'Hyères:* kleiner Fischerhafen, wo das *Hotel de l'Univers*, Tel.: 94 66 40 14, Obdachsuchende mit tiptop Zimmern/ Dusche für 143 F gastlich aufnehmen und mit regionalen Leckerbissen verwöhnen wird.
- Am Strand von *La Londe les Maures*, der Zeltplatz *Le Pansard*, Tel.: 94 66 83 22: in einer ruhigen Ecke, korrekt geführt und mit sympathischer Atmosphäre; was will man mehr?
- Vorschlag für eine traumhafte Radtour: in *La-Londe-les Maures* die N 98 rechts in Richtung Port-de-Miramar verlassen. Nach eineinhalb Kilometern beginnt links die reizvolle Route du Côtes de Provence, die nach Cap de Brégançon führt. Die leichten Steigungen bereiten keine Probleme und so radelt man ganz gemütlich inmitten ausgedehnter Weingüter dahin.

CABASSON UND CAP BREGANÇON

Ist ja fantastisch, der Strand von Cabasson! Am Rande einer kleinen Bucht säumen ihn ein Pinienwald auf der einen und eine Felsgruppe auf der anderen Seite. Während man im Frühjahr und im Herbst den Strand nahezu für sich allein hat, spielt sich im Sommer hier einiges ab. Die Kinder vergnügen sich auf einem Spielplatz, die Erwachsenen im kleinen Bistro. Am Horizont zeichnet sich die massive Silhouette des Fort de Brégançon ab, wo sich von Zeit zu Zeit der französische Staatspräsident von den Widrigkeiten des politischen Alltags erholt. Vom Hügel über dem reizenden Dörfchen Cabasson genießt man einen weiten Rundblick auf das blau spiegelnde Meer und die Küstenlandschaft.

Übernachtung

- *Camping Bout du Monde (Zeltplatz am Ende der Welt)*, Tel.: 94 64 80 08, nur wenige Schritte vom Meer in Cabasson. Zwar ist der Zeltplatz denkbar schlicht ausgestattet, er besticht jedoch durch seine herrliche Lage und seine Tiefpreise.
- *Camping à la Ferme de la Griotte:* auf halbem Wege zwischen Cabasson und Le Lavandou, inmitten der Weinberge.

● **Schicker**

- *Les Palmiers:* in 83230 Cabasson, Tel.: 94 64 81 94. Ansprechende Unterkunft im provenzalischen Stil inmitten seines üppigen Gartens. Eine Oase der Stille, ganzjährig geöffnet. Die nächste Umgebung lädt zu ausgedehnten Spaziergängen ein. Nur Halb- oder Vollpension. Einige der Doppelzimmer von 180 bis 350 F besitzen eine Südterrasse. Wir meinen, eine ausgezeichnete Adresse.

LE LAVANDOU

Das ehemalige Fischerdorf hat sich dank seiner zauberhaften Strände zu einem der frequentiertesten Badeorte der ganzen Küste gemausert. Im Ort selbst gibt's wenig zu sehen. Jetzt fängt man hier leider auch schon damit an, die Küste langsam aber sicher zuzubetonieren. Diese Touristen ! Von Le Levandou legen die Fähren nach Port-Cros und le Levant ab. Trotz allem: Le Lavandou ist ein ausgezeichneter Stützpunkt für alle, die das Strandleben mit Radtouren und kleinen Wanderungen etwas auflockern wollen.

Adressen

- *Verkehrsamt:* quai Gabriel-Péri, Tel.: 94 71 00 61.
- *Holiday Bikes:* la Santa Cruz, av. des Ilaires, Tel.: 94 64 86 03. Von April bis September ganzwöchentlich geöffnet. Wer geschwind mal über die vielen Hügel im Hinterland brausen will, kann sich hier ein Motorrad zwischen 50 und 1000 ccm mieten.
- *Rossi:* 19, av. des Martyrs-de-la- Résistance. Von Ostern bis September geöffnet. Vermietet Fahrräder, aber daran denken: für das Hinterland braucht man eine gute Kondition!

Übernachtung

In le Lavandou findet man etliche Hotels mit einem günstigen Preis-/Leistungsverhältnis. Während es in der Nebensaison keine Probleme bei der Zimmersuche gibt, läuft im Sommer ohne Reservierung gar nichts.
- *L'Oustaou:* 20, av. du Général-de-Gaulle, 83980, Tel.: 94 71 12 18. Dieses vortrefflich geführte Hotel, das auch sonst in jeder Hinsicht zu gefallen weiß, liegt nur 50 m vom Strand entfernt und ist ganzjährig geöffnet. Zimmer mit Waschbecken von 95 bis 110 F, mit Dusche oder Bad von 160 bis 180 F.
- *Le Rabelais:* rue Rabelais, 83980, Tel.: 94 71 00 56. Kleines Hotel in der Nähe des Jachthafens. Wirkt eher provinziell und rückständig. Netter Empfang und Zimmer von 130 bis 200 F.
- *Le Neptune:* 28, av. du Général-de-Gaulle, 83980, Tel.: 94 71 01 01. Sauberes und familiäres Quartier, zentral und dennoch strandnah. Von März bis Oktober geöffnet. Doppelzimmer von 165 bis 201 F.

● *Schicker*

- *Hôtel l'Escapade:* 1, chemin du Vannier, 83980, Tel.: 94 71 11 52. Ruhig gelegenes, kleines Haus mit einem sehr britischen Anstrich. Die geschmackvoll ausstaffierten Doppelzimmer liegen zwischen 154 und 242 F. Diese ausgezeichnete Adresse ist nicht nur für die Übernachtung von Interesse: im Sommer werden auf der Terrasse bekömmliche regionale Gerichte serviert.

● *Camping*

In le Lavandou selbst liegt kein Zeltplatz unmittelbar am Meer. Den nächstgelegenen Campingplatz in Meeresnähe findet man am Strand von Bormes-les-Mimosas (s. dort).
- *Camping Saint-Pons:* av. du Maréchal-Juin, 83980, Quartier Saint-Pons, Tel.: 94 71 03 93. Anlage von Ende März bis Ende September geöffnet. Entfernung zum Meer: 1,5 Kilometer. Mit Snack-Bar und kleinem Laden.
- *Parc-camping de Pramousquier:* an der Route Nationale 559, 83980, Tel.: 94 05 83 95. Ungefähr 9 km östlich von le Lanvandou. Vom 15. Mai bis 30. September in Betrieb. Bis zum Strand sind's nur 400 m. Durch die terrassenförmige Anordnung hat man von allen Punkten Meeressicht. Der komfortable Platz bietet außerdem noch einen Lebensmittelladen und eine kleine Cafétaria.
- *Les Mimosas:* in Cavalière, 7 km von le Lavandou, 83980, Tel.: 94 05 82 94. Alle Annehmlichkeiten – Selbstbedienungsladen, Imbißstube und Schwimmbad – bietender Zeltplatz, vom 1. Februar bis zum 31. Oktober geöffnet.

Restaurants

– *La Ramade:* 16, rue Patron-Ravello, 83890, Tel.: 94 71 20 40. Für 65 F, ein ordentliches Menü in angenehmer Umgebung: mit provenzalischer Sardellenpaste, baskischem Hähnchen oder fritiertem Tintenfisch. Nicht zu vergessen, das deliziöse Menü zu 98 F. Nach der Fischsuppe tischt man hier den Gästen die Spezialität des Hauses, den »Fischtopf« (la marmite du pêcheur), auf. Diese Art Bouillabaisse ohne Gräten besteht unter anderem aus Goldbrassen, roten Meerbrassen und Rotbarben. Einige Zimmer mit Dusche und WC für 216 F.

● *Schicker*

– *Auberge provençale:* 11, rue Patron-Ravello, 83980, Tel.: 94 71 00 44. In diesem täglich geöffneten Restaurant beeindruckt allein schon der gemütliche Speisesaal mit seinen rustikalen Möbeln und dem ausladenden Kamin. Das Menü zu 80 F umfaßt u.a.: Kaninchenterrine mit Haselnüssen, Hähnchen in Rotweinsoße oder Steinbuttfilet mit frischer Minze. Wer eine Pfanne mit überbackenen Miesmuscheln, ein Rinderlendchen mit Morcheln oder Seeteufelmedaillon mit frischem Lauch vorzieht, bitte schön. Macht 115 F. Auch hier Zimmer mit Dusche zum interessanten Preis von 105 bis 205 F.

Sehenswertes und Unternehmungen

– *Schiffsausflug nach Port-Cros und zur Ile du Levant:* S. Kapitel »Iles d'Hyères«. Eventuell die Gelegenheit nutzen, die Besichtigung der beiden Inseln miteinander zu verbinden. Auskunft: 94 71 01 02.

– Für Freunde ausgedehnter Spaziergänge und kleinerer Wanderungen existieren in der Gegend ausgezeichnete Möglichkeiten. Um die immer wiederkehrenden verheerenden Waldbrände wenigstens ansatzweise einzudämmen, sind leider einige Wege im Juli und August gesperrt.

– Dabei überlassen wir die Hügelgegend vom Cap Bénat denjenigen, die hier den ganzen Bereich mit Verbotsschildern, Schranken und Wachposten verschandelt haben.

– Ein zweigeteilter Küstenpfad nimmt am Strand von *la Favière* auf dem Gemarkung von Bormes seinen Anfang. Die erste, recht einfache, Hälfte führt nach etwa einer Stunde Marsch zur *Pointe de la Ris* und zum *Strand von Gaou Bénat*. Die zweite Hälfte erfordert aufgrund der steilen Pfade und Treppen schon etwas Erfahrung. Sie führt bis zum kleinen Hafen von *Pradet*, von wo noch eine leicht zu bewältigende Abzweigung in die Umgebung südlich vom Cap Bénat führt.

– *Sentier Botanique de la Draye de la Croix de l'Isle:* Ausgangspunkt ist die »Suberaie de Martini« in Saint-Clair, dem ersten Dorf östlich von le Lavandou. In Four-des-Maures angekommen, folgt man für kurze Zeit in über 400 m Höhe der »Kammstraße« (Route des crêtes). Einen guten Dienst bei der Bestimmung der vielen Pflanzen erweist das vom Verkehrsamt herausgegebene ausführliche Faltblatt.

– Radwanderern hat die Gegend viel zu bieten, wenngleich die zahlreichen steilen Anstiege fast schon »stählerne Waden« erfordern. Ein wunderschöner Rundkurs durch das *Massif des Maures* (s. dort) führt über Bormes-les-Mimosas, die Pässe Gratteloup und Babaou und das reizende Dörfchen Collobrières zum zweithöchsten Punkt des Var, Notre-Dame-des-Anges (771 Meter). Von dort geht's über Pignans, les Vidaux und La Londe-les-Maures nach le Lavandou zurück.

BORMES-LES-MIMOSAS

Nur 5 km von le Lavandou entfernt, gilt Bormes als eines der hübschesten Dörfer an der Küste. Die Touristenmassen scheinen dieses Urteil zu bestätigen. Selbst wer sich noch nie in der Provence aufgehalten hat, stellt sich etwa so ein provenzalisches Dorf vor: erdfarbene Häuser, ein Gewirr schmaler Gassen, ehrwürdige Gewölbe, blühende Gärten, Sträßchen, welche »Montée du Paradis« (Paradiesstiege), »Rue des Amoureux« (Straße der Verliebten) heißen.

Als Luftkurort verzeichnet Bormes auch im Winter einen gewissen Zulauf. Etliche Kunsthandwerker und freie Künstler haben sich hier niedergelassen. So schön das Dorf auch sein mag, so häßlich mutet sein neuer Jachthafen mit 850 Liegeplätzen in la Favière an. Aber unsere treuen Leser werden ja ohnehin ihre Jacht im Hafen von le Lavandou festgemacht haben, oder?

Adresse

– *Verkehrsamt:* rue J. Aicard, 83230, Tel.: 94 71 15 17.

Kost & Logis

– *Le Provençal:* im mittelalterlichen Kern von Bormes, 83230, Tel.: 94 71 15 25. Weißgekalkte, etwas altfränkisch gehaltenen, Zimmer; teilweise Meeresblick, preislich zwischen 134 und 200 F. Ein Swimmingpool, ein hängender Garten und ein Panoramarestaurant mit einem ordentlichen Menü für 85 F vervollständigen die Anlage. Eine unserer Top-Adressen.

– *La Terrasse:* hoch oben im Dorf, 83230, Tel.: 94 71 15 22. Typisches Provinzhotel: alles wirkt etwas antiquiert, aber es herrscht – vielleicht gerade deswegen – eine erholsame Atmosphäre. Schlichte Zimmer nach dem Motto: sauber und billig. In der Hauptsaison und in den Schulferien belaufen sich Halbpension auf 138 F und Vollpension auf 192 F pro Person. Das unaufwendige Doppelzimmer ist in der Nebensaison mit 110 F veranschlagt. Familiäre Küche, Menüs zu 74 und 97 F.

– *Le Bellevue:* vis-à-vis vom Hotel *La Terrasse*, 83230, Tel.: 94 71 15 15. Ein Quartier mit ähnlichen Eigenschaften wie das vorgenannte Hotel. Die meisten Zimmer, von 113 bis 192 F, bieten einen Blick auf die Dachlandschaft des Ortes. Womit beglückt die bodenständige Küche hungrige Mäuler? Mit ihren Menüs zu 74 und 97 F: Drachenkopffilet mit grünem Pfeffer, geschmortem Kaninchen mit Champignons, Zwiebeln und Tomaten, Perlhuhn, einem leckeren Kartoffelauflauf mit Sahne und Käse und vielem anderen mehr. Eine Adresse, die man sich merken sollte.

– *Hôtel Lou Poulid Cantoun:* place de l'Horloge, 83230, Tel.: 94 71 15 59. Öffnungsperiode: Mai bis Ende September. In der malerischsten Ecke des Dorfes, an einem beschaulichen, autofreien Platz. Für die Halbpension muß man mit ca. 130 F, für Vollpension mit 200 F pro Nase rechnen.

● **Schicker**

– *Le Grand Hôtel:* 83230, Tel.: 94 71 11 21 und 94 71 23 72. Inmitten von Palmen über dem Dorf thronend, handelt es sich wahrscheinlich um eines der preisgünstigsten Drei-Sterne-Hotels an der ganzen Küste, denn hier sind die ansprechenden Zimmer mit Bad bereits für 220 F zu haben.

– *La Tonnelle des Délices:* 83230, Tel.: 94 71 34 84. Oberhalb des Dorfes; jeden Tag mittags und abends bis 22 Uhr geöffnet. Eine der namhaften Adressen in Sachen Nouvelle Cuisine an der Küste. Der geräumige Speisesaal beweist dennoch einen persönlichen Zuschnitt, denn den renomierten Chef des Hauses sieht man hier überall: auf Fotos, Zeichnungen und Gemälden, mal allein, dann wieder in Gesellschaft von Filmstars oder Politikern. Ein kleiner Tadel sei dennoch angebracht, denn – wie so oft in Nouvelle Cuisine-Lokalen – auch hier sind die Portionen nicht gerade reichlich bemessen. Das ist um so bedauerlicher, als die Gerichte eine wahre Gaumenfreude sind! Werfen wir einen Blick auf das Menü zu 130 F, Bedienung inbegriffen, Wein extra: marinierte Sardinen, Gemüsesuppe mit Basilikum-Knoblauch-Paste, gefüllte Krebse, junges Kaninchen gegrillt mit Thymian usw. Essen à la Carte reißt natürlich ein wesentlich größeres Loch in die Verpflegungskasse.

– *La Pastourelle:* rue Carnot, Tel.: 94 71 57 78. In angenehmer Umgebung wähle man hier beim Menü für 96 F, Getränke extra, zwischen überbackenen Muscheln mit frischem Spinat, Charolais-Herzen, gegrillten Rotbarben mit Anchovis-Butter ...

114 / DIE KÜSTE VON MARSEILLE BIS FREJUS

● *Campingplätze*

– *Camp du Domaine de la Favière:* am Strand von Favière, 83230, Tel.: 94 71 03 12. Wer über die RN 559 aus Richtung Toulon kommt, biegt 500 m vor le Lavandou rechts ab. Mit seinem 25 ha-Pinienwald und einem ausgedehnten Sandstrand ist das Camp einer der größten Zeltplätze an der ganzen Côte d' Azur. Selbstverständlich sind hier Lebensmittelladen, Restaurants und Waschmaschinen vorhanden. Ein vernünftiger Abstand zwischen den einzelnen Zelten ist Norm. Die Preisgruppen sind je nach Entfernung zum Strand gestaffelt. Für die Sommermonate Juni bis August ist Reservierung fast obligatorisch. Motorisierte können natürlich auch ohne Voranmeldung ihr Glück versuchen.

– *Camping à la ferme Le Pin:* unterhalb von Bormes-les-Mimosas, Tel.: 94 71 20 66.

Sehenswert

In Bormes bereitet es ein besonderes Vergnügen, frühmorgens oder bei Sonnenuntergang durch die blumengesäumten Gassen mit ihren hübschen Häusern zu streifen.

– Die *Pfarrkirche* aus dem 18. Jh., im Stil der Neoromanik errichtet, zeichnet sich im Innern durch einen modernen Kreuzweg aus. Die große Sonnenuhr an der Fassade geht eine Stunde und 14 Minuten nach – wir haben's überprüft!

– Die kleine *Chapelle Saint-François* an der Straße nach Collobrières ist auch heute noch ein gern besuchter Wallfahrtsort. Etliche Votivtafeln zeugen von den Wünschen und den schon in Erfüllung gegangenen Bitten der Gläubigen. Neben der Kapelle, einige beachtenswerte uralte Gräber.

– Von der *Schloßruine* aus eröffnet sich ein beeindruckender Rundblick auf Bormes, das Cap Bénat und die Iles d'Hyères.

DAS MASSIF DES MAURES

Für alle, die sich von den überlaufenen Stränden etwas erholen möchten und die es trotzdem noch nach Saint-Tropez zieht, nennen wir nachfolgend einige Streckenalternativen. Rechnet man die nördliche Variante über La Garde-Freinet mit, so existieren insgesamt vier Möglichkeiten. Die N 98 über La Môle ist am wenigsten empfehlenswert, weil darüber fast der gesamte Schwerlastverkehr rattert. Eilige Touristen werden die D 27 über den Canadel-Paß – mit lohnender Aussicht auf einen weiten Küstenabschnitt und das Meer – benutzen, bevor sie hinter La Môle auf die N 98 stoßen. Wir schlagen die malerische D 41 bis Colobrière und ab da die D 14 über den Taillude-Paß vor, quer durch herrliche Kastanienhaine und Korkeichenwälder. Ein kurzer Umweg, und man steht vor der Chartreuse de la Verne, einem ehemaligen Kartäuserkloster.

Wahrscheinlich rührt der Name für das Gebirgsmassiv nicht von den »maurischen« Seeräubern her, die in Frankreich eher unter der Bezeichnung Sarazenen berüchtigt waren, sondern eher vom provenzalischen Wort »mauro«, was wiederum vom griechischen »amauros« abgeleitet wird und soviel wie »dunkel« heißt.

● **COLLOBRIERES**

Geruhsames Dörfchen mit alter Bausubstanz, in einem schmalen Tal mitten im Zentrum des Gebirgsmassivs. Nicht versäumen, die Spezialitäten der Gegend, verschiedene Kastanien- bzw. Maronenprodukte wie Maronenmus und kandierte Kastanien, zu kosten.

Kost & Logis

– *Camping municipal Saint-Roch:* 200 m vom Dorf entfernt. Wird vom 1. Juli bis 31. August bewirtschaftet.

– *Restaurant de la Petite Fontaine:* 1, place de la République, 83610, Tel.: 94 48 00 12. Mittags und abends bis 20.30 Uhr geöffnet, Sonntag abend geschlossen. Entzückendes Restaurant mit viel Ambiance und persönlicher Note, wozu unter

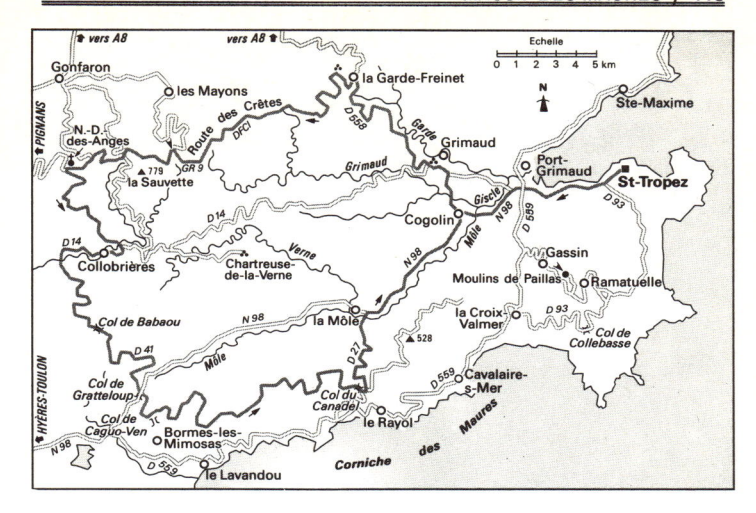

LE MASSIF DES MAURES

anderem auch die originelle Einrichtung und der freundliche Empfang beiträgt. Es empfiehlt sich, telefonisch einen Tisch zu reservieren. Einwandfreie Menüs zu 75 F bzw. 100 F, Bedienung inbegriffen, Getränke extra: Hühnerfrikassee mit Knoblauch, Kaninchen in Weißwein, Polenta (Maismehlkuchen) nach Art des Hauses usw. Im Ausschank ist ausschließlich Wein der örtlichen Winzerkooperative.

● *DIE CHARTREUSE DE LA VERNE*

Einen Besuch der weltentrückten Ruinen dieses Klosters aus dem 12. Jh. wird man nicht so schnell wieder vergessen. Man folge in Collobrières der D 14 in Richtung Grimaud, wo nach rund 6 km das holprige Sträßchen nach La Verne abzweigt. An der Gabelung sollte man sich aufgrund der einmaligen Landschaft und der erbärmlichen Straßenverhältnisse ernsthaft überlegen, ob man nicht doch zumindest den Hinweg von ebenfalls 6 km bis zur Kartause zu Fuß zurücklegt. Die Chartreuse ist von 10 bis 19 Uhr täglich geöffnet, abgesehen von dienstags in der Zeit vom 1. Oktober bis zum 1. Juni. Eintritt 10 F. Ein eigens gegründeter Freundeskreis des ehemaligen Klosters hat sich intensiv um den Wiederaufbau bemüht, der heute von jungen Nonnen fortgeführt wird. Die Kartause brannte im Laufe ihrer langen Geschichte dreimal bis auf die Grundmauern nieder, bis sie schließlich mit der Revolution endgültig von den Mönchen verlassen wurde. Einmal mehr kann man hier feststellen, mit welcher Umsicht die Mönche die jeweiligen Klosterstandorte auswählten. Abgesehen von den verschiedenen Stilrichtungen, die trotz des mehrmaligen Wiederaufbaus ihre Spuren hinterlassen haben, gewinnt die Anlage vor allem durch die Verwendung unterschiedlicher Baumaterialien an Reiz. Die Gebäude bestehen größtenteils aus braunem Schiefer, zu dem der grüne Serpentinstein der Arkaden und Gewölbe in einem lebhaften Kontrast steht. Besondere Aufmerksamkeit verdienen das mächtige Hauptportal sowie die wiederhergestellten Mönchszellen.

DIE KÜSTENSTRASSE VON LE LAVANDOU NACH ST. TROPEZ

Die kurvenreiche N 559 hangelt sich weitgehend an felsigen Steilhängen entlang und bietet deshalb besonders schöne Aussichtspunkte, wie z.B. in Rayol. Wenige Strände mit relativ bescheidenen Dimensionen; selbst hier ist der Beton schon auf dem Vormarsch. Wirkliche provenzalische Atmosphäre findet sich erst auf der Halbinsel von St. Tropez wieder, die - man sollte es kaum glauben - viel besser als dieser Küstenstrich vor den Machenschaften der Baulöwen geschützt ist. Nicht verwunderlich: die wohnen ja selbst dort.

• CAVALAIRE-SUR-MER

4 km sich hinziehender, feiner Sandstrand, der von größerer Bedeutung ist als die Ortschaft, welche dennoch aufgrund ihrer preisgünstigen Hotels im Sommer gerne von Familien aufgesucht wird.

Adressen

- *Verkehrsamt:* square de Lattre-de-Tassigny, an der Uferstraße; Tel.: 94 64 08 28.
- *Post:* rue Gabriel-Péri.

Kost & Logis

- *Le Petit Vatel:* av. des Alliés, 83240, Tel.: 94 64 11 10. An der Hauptstraße, nur 400 m vom Meer: gilt als das preiswerteste Hotel im Dorf. Zeitgemäße Zimmer zwischen 120 und 170 F.
- *Hôtel Le Niçois:* av. Pierre-Rameil, 83240, Tel.: 94 64 02 84. Dieses Hotel in der Stadtmitte nimmt in der Hauptsaison fast nur Gäste mit Vollpension auf. Außerhalb dieser Zeit werden für die korrekten Zimmer mit Frühstück 165 F verlangt. Die Kleinmenüs zu 50 und 60 F sind ebenfalls nicht zu verachten.
- *Hôtel Raymond:* av. des Alliés, 83240. 600 m vom Strand entfernt, Tel.: 94 64 07 32. Nicht allzu kostspielige und saubere Bleibe; nur der Empfang läßt immer noch zu wünschen übrig. Während die Zimmer zwischen 150 und 210 F liegen, beläuft sich die Halbpension auf 250 F pro Person.
- *Hôtel Le Maya:* av. Maréchal-Lyautey, Ecke A.-Daudet, 83240; Tel.: 94 64 33 82. Modern und ohne besonderen Reiz, aber bei einem Doppelzimmer mit Dusche für 160 F kann man in dieser Gegend auch nicht mehr erwarten.

• *Schicker*

- *Les Alizés:* an der Uferstraße, 83240, Tel.: 94 64 09 32. Kleines Drei-Sterne-Hotel, das moderne und tadellose Zimmer mit Dusche und WC für 280 F vermietet. Im Sommer nur Halbpension. Während das Tagesgericht (Plat du jour) für 45 F zu haben ist, bietet das Menü zu 90 F Schinken aus dem Gebirge, Scampi-Parfait, gegrillte Goldbrasse und andere Leckerbissen.
- *La Bonne Auberge:* 400, av. des Alliés, 83240, Tel.: 94 64 02 96. Eine Art Motel mit großer Terrasse davor. Die Zimmerpreise - einige mit Balkon - gehen von 126 F (mit Waschbecken) bis zu 220 F (Doppelzimmer mit Bad). Nach Möglichkeit im Garten die Mahlzeiten einnehmen.
- *Hôtel Régina:* av. du Maréchal-Lyautey, 83240, Tel.: 94 64 01 62. Gleich an der Hauptstraße; piccobello Zimmer von 220 bis 240 F.

• *Campingplätze*

- *Camping de la Baie:* bd Pasteur, 83240, Tel.: 94 64 08 15. Im Ort selbst, nur 300 m vom Meer in einem weiten Park. Niemand braucht auf die üblichen Annehmlichkeiten zu verzichten. Geöffnet von Ende März bis zum 1. Oktober. Da er im Sommer aus allen Nähten platzt, ist Reservierung unumgänglich. Übrigens erwartet man einen Mindestaufenthalt von einer Woche.
- *Camping la Pinède:* chemin des Mannes, 83240, Tel.: 94 64 11 14. Am Ortseingang, 400 m vom Meer; Zufahrt über die RN 559. Komfortabel und schattig,

besitzt unter anderem einen Lebensmittelladen sowie Waschmaschinen. Monate Juli-August: unbedingt vorab reservieren.

● *LA CROIX-VALMER*

Das besonders günstige Mikroklima macht diesen Badeort gleichzeitig zum Luftkurort. Der reizvolle Bouillabaisse-Strand ist im Sommer hoffnungslos überlaufen. Wie geschaffen für eine gelungene Fußwanderung ist der Küstenpfad, der über das *Cap Lardier* bis zum *Cap Taillat* führt, wo ein fabelhafter Strand alle Anstrengungen vergessen läßt.

Übernachtung

– *Hôtel de la Mer:* quartier la Ricarde, 83240, Tel.: 94 79 60 61. Stattliches Haus, 500 m vom Meer entfernt in einem herrlichen Park. Übernachtungspreise schwanken zwischen 175 und 300 F, während die Halbpension für zwei Personen mit 265 bis 355 F zu Buche schlägt.
– *Hôtel Château-Valmer:* plage de Gigaro, 83240, Tel.: 94 79 60 10. Efeu überwuchert die herrschaftliche provenzalische Villa mit einer vorgelagerten Terrasse. Garantiert Idylle und paradiesische Ruhe. Ausschließlich Halbpension für 231 F pro Person. Tennisplatz, Parkgelegenheit und Privatstrand 200 m vom Hotel. Besonders delikates Menü zu 92 F.

● *Campingplatz*

– *Sélection Camping:* 400 m zum Badestrand; Tel.: 94 79 61 97. Schatten ausreichend vorhanden, von Ostern bis Ende September in Betrieb. Zeitgemäße Ausstattung; wie überall, im Sommer besser reservieren.

SAINT-TROPEZ

Oh je, oh je! Da sind wir bei einem Thema angelangt: wir müssen einfach über Saint-Tropez sprechen und dabei gleichzeitig versuchen, unzerstörbaren Klischees auszuweichen. Das gestaltet sich um so schwieriger, als diese Gemeinplätze ja auch noch zutreffen: reizender kleiner Fischerhafen; Licht, das Maler magisch anzieht; großartiges architektonisches Gesamtbild, ... Nun gut, diese Eigenschaften erklären vielleicht den Andrang einiger zigtausend Besucher pro Tag und das fast schon apokalyptische Bild, das sich Besuchern als Folge dieses Ansturms bietet: in der Hauptsaison klettern die Preise in schwindelnde Höhen, Unterkunftsmöglichkeit muß man wie die Stecknadel im Heuhaufen suchen, die Qualität des Essens läßt mehr als zu wünschen übrig und in den Cafés wird man locker übers Ohr gehauen; von den ellenlangen Staus bei der Parkplatzsuche und auf dem Weg zum Strand ganz zu schweigen. Und dann bürgt Saint-Tropez ja noch für dieses »Königreich des schönen Scheins«, jenes bisweilen unerträgliche Theater, das sich hier abspielt. Die Akteure: alternde Filmstars, die ihrem vergangenen Ruhm nachjagen, Parasiten des Showgeschäfts, Filmsternchen mit einem Wortschatz von 300 Wörtern, in die Jahre gekommene Schönlinge usw. Alle brauchen die Touristenbataillone: denn die wollen sehen, während die anderen gesehen werden wollen. Das Jachtvolk am Quai de Suffren, das sich vor den Augen der Cafébesucher das Frühstück servieren läßt, ist gewiß nicht das feinste, aber bestimmt das prahlerischste und die meisten dickbäuchigen Jachten werden nur ganz selten zu einer richtigen Hochseetour aufbrechen. Ihre Besitzer könnten doch in Saint-Trop eine Gelegenheit zur Selbstdarstellung verpassen! Manchmal verstellen Quastenschwinger übelster Schinken auch einfach die Sicht auf diese Scheinwelt, aber in einem solchen Fall gibt's unmittelbar vorm Cafétisch immer noch genug zu begaffen: halbnackte Engländerinnen, aufgekratzte Sekretärinnen auf der Suche nach dem Märchenprinzen für eine Nacht ... Aber Schluß jetzt, ehe man uns vorwirft, Miesepeter zu sein! Übrigens: falls jemandem ein Segelboot mit einem unübersehbaren Notenschlüssel auf dem Heck auffallen sollte: es gehört Karajan, der sich womöglich gerade über seine undankbaren Berliner Musikusse

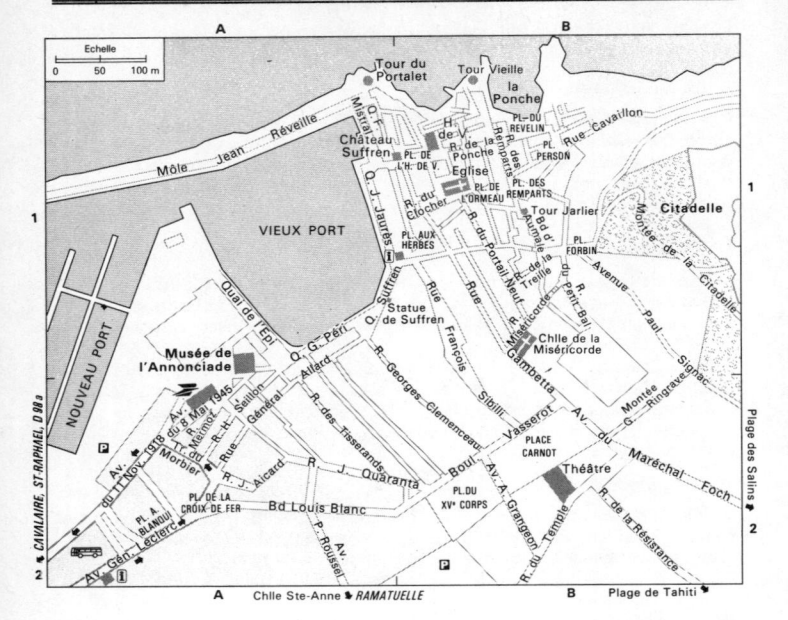

SAINT-TROPEZ

hinwegtröstet. Ist schon das zweite – den Vorgänger hat er in der Bucht auf Grund gesetzt. Auch so ein Sonntagsfahrer.
Trotz allem muß man sich in Saint-Tropez einfach umgesehen haben, aber wie so oft im Leben kommt es auch hier auf den richtigen Moment an! In der Nebensaison sprüht das Städchen buchstäblich vor Charme und ein jeder wird begeistert sein. Man wird sogar »echte« Einheimische treffen, die sich gewöhnlich im Juli und im August in ihre Schneckenhäuser zurückziehen. Sollte man dennoch nur im Sommer anreisen können oder wollen, dann reserviere man sein Zimmer in einem der dünn gesäten kleinen und nicht teuren Hotels (ja, das gibt's tatsächlich auch!) am besten schon Monate im voraus. Und wenn man dann frühmorgens durch das Städtchen zieht, dann wird man die Anziehungskraft, die »Saint-Trop« seit Generationen immer noch ausübt, verstehen können. Niemand wird einen bei der Besichtigungstour stören, denn hier geht man spät in die Falle und ebenso spät steht man auf. Erinnert uns an unseren Chef: kommt auch immer später und geht dafür eher.

Ein wenig Geschichte

Die außergewöhnlich einladende Bucht mußte einfach die Eroberer anziehen. Liguerer, Kelten, Griechen und natürlich die Römer entdeckten bereits ihr Herz für diese Gegend. Schließlich gerät die Historie fast zur Legende.
Im Jahre 68 wurde *Torpes*, ein römischer Offizier unter Nero, gefoltert und schließlich enthauptet, weil er dem Christentum nicht abschwören wollte. Eine Sache, aus der die Christen viel gelernt haben, verfuhren sie doch sofort ebenso mit den widerspenstigen Heiden oder Juden z.B., sobald ihre Religion zur Staatsphilosophie erhoben wurde. Der Legende nach soll der kopflose Leichnam zusammen mit einem Hahn und einem Hund in einem Boot ausgesetzt worden sein. Die Tiere sollten sich zumindest eine Zeitlang von dem Leichnam ernähren können. Nach einigen Tagen sei das Boot mit der unversehrten Leiche an der Stelle des

heutigen Saint-Tropez gestrandet. An der Grablegungsstätte errichteten die Christen eine Kapelle und aus Torpes wurde schließlich Tropez. Ob die Torpedofabrik dort auch auf den armen Torpes zurückgeht, entzieht sich unserer Kenntnis.
Nach ihrer Niederlage bei Poitiers zerstörten die Sarazenen mehrfach den Hafen und den Ort, aber die Einwohner bauten jeweils mit großer Beharrlichkeit ihre Heimatstadt wieder auf. König René, Graf der Provence, siedelte im 15. Jh. sechzig Genueser Familien hier an, denen er den Küstenschutz übertrug und dafür Steuerfreiheit gewährte. Fast zwei Jahrhunderte lang wurde so die Stadt im Stil einer kleinen Republik autonom regiert. Eine Tatsache, die erheblich zum steigenden Wohlstand der Einwohner beitrug. Unter dem Finanzminister Ludwig XIV, Colbert, wurden diese Privilegien schließlich abgeschafft. Im 18. Jh. brachte die Stadt einen großen Seefahrer, den *Bailli* (Verwaltungsbeamten) von Suffren, hervor. Als »Schrecken der Engländer« machte er jahrelang die Weltmeere unsicher. Während der französischen Revolution nahm Saint-Tropez seinen römischen Namen Heraklea wieder an.
Am 15. August 1944 wurde der Hafen durch die Kämpfe zwischen Alliierten und deutschen Besatzungsgruppen fast vollständig zerstört. Aber die Einwohner entschlossen sich, ganz im Gegensatz zu anderen Städten in dieser Zeit, die zerstörten Häuser nach dem alten Vorbild wiederaufzubauen. Ein halsstarriges Völkchen, diese Leute. So bietet sich glücklicherweise die Stadt dem Besucher heute so da, wie sie vor vier Jahrhunderten schon ausgesehen hat.

Saint-Tropez: Schriftsteller, Maler und die anderen

Die außergewöhnliche Kraft des Lichts sowie Intensität und Vielfalt der Farben in dieser Küstengegend mußten unweigerlich die Künstler und Schriftsteller anziehen. Im 19. Jh. war Saint-Trop außerdem noch ein funktionierender malerischer Hafen: man belud die einmastigen Tartanen mit dem vollmundigen Rosé der Halbinsel, mit den Rinden der Korkeiche und Kastanien aus dem Massif des Maures. Es gab also genug, was tägliche Beschäftigung bot und was vor allem die Fantasie der Künstler anregen konnte. Man ließ exotische Bäume wie Palmen, Kakteen und Agaven aus Mexiko und Eukalyptusbäume aus Australien kommen, um sie hier anzupflanzen.
Colette genoß diese »Nächte voller Katzengeruch und Öldüfte«. Der erste Auswärtige, der dem Charme von Saint-Trop verfiel und hier auch ein Schloß erwarb, war ein Minister Napoleons III. *Guy de Maupassant* begeisterte sich für die Stadt: »Sie ist eine dieser bezaubernden und einfachen Meerestöchter ... Dort riecht man den Fischfang, den brennenden Teer, die Salzlake ... Auf den Pflastersteinen der Straßen glänzen die Sardinenschuppen wie Perlen«. Der Maler *Paul Signac* war ebenfalls hin und her gerissen und ließ sich hier nieder, um seine schönsten Bilder zu malen. Nach ihm fanden noch weitere Künstler den Liebreiz der Stadt wie *Henri Matisse*, der hier »Luxe, Calme et Volupté« (Luxus, Ruhe und Wollust) malte, *Marquet, Bonnard, Dunoyer* de Segonzac u.a.
In den 20er Jahren kam Saint-Tropez so richtig in Mode, so daß auch schon die ersten Nachtclubs für reiche Touristen eröffneten. *Picabia, Errol Flynn* und *Anaïs Nin* sah man oft in Saint-Tropez. Nach dem Zweiten Weltkrieg erreichte schließlich die existenzialistische Welle den Hafen und spülte *Juliette Gréco, Daniel Gélin, Annabel Buffet* und andere an Land. Kurz darauf tauchten die neuen Zugpferde der Medienlandschaft der 50-60er Jahre auf: *Sagan, Bardot, Vadim, Eddie Barclay* und die ganze Meute des Showgeschäfts.
Die Bardot war übrigens stinksauer, als man ein Gesetz verabschiedete, das jedermann freien Zugang zum Meer verschaffte. Auf diese Art pilgert nun so mancher alte Bewunderer an ihrem Domizil vorbei.

Adressen

- *Verkehrsamt:* quai Jean-Jaurès, 83990, Tel.: 94 97 45 21. Geöffnet in der Nebensaison von 9 bis 18.30 Uhr außer sonntags, in der Hauptsaison, in Saint-Trop also von April bis Ende September, täglich von 9 bis 19 Uhr.
- *Maison du tourisme:* 23, av. du Général-Leclerc, 83990. Von Port-Grimaud kommend am Stadteingang; Tel.: 94 97 41 21.

120 / DIE KÜSTE VON MARSEILLE BIS FREJUS

– *Etablissements Mas Louis:* 5, rue Quaranta, 83990. An der Place des Lices, Tel.: 94 97 00 60. Täglich geöffnet vom 1. Juni bis 15. September, an Sonn- und Feiertagen nur vormittags. Vermietung von Fahrrädern, Mofas und Motorrädern.
– *Bus-Auskunft:* 94 97 01 88.

Übernachtung

– *Hôtel la Baronne Laetitia:* 54, rue Allard, 83990, Tel.: 94 97 04 02. Zentral, nur wenige Minuten vom Hafen, und von April bis Mitte Oktober geöffnet. Eine Spur altmodisch, deshalb vielleicht der gewisse Charme, auch wenn der Empfang ziemlich unpersönlich vonstatten geht. Korrekte Doppelzimmer in der Preisspanne 175 und 250 F; damit für diese Ecke wirklich günstig.
– *Les Chimères:* von Port-Grimaud kommend am Stadteingang rechter Hand, 83990, Tel.: 94 97 02 90. Nicht weit von der Bus-Endhaltestelle und rund 10 Minuten bis zum Hafen. Die sauberen Zimmer für 170 bis 200 F sollte man mindestens zwei Monate im voraus buchen. Dabei nicht vergessen, ein Zimmer zum Garten hin zu wählen, denn auf der anderen Seite herrscht reichlich Krach. Von Mitte Dezember bis Ende Januar geschlossen.
– *Hôtel O'Sympa:* place Grammont, 83990, Tel.: 94 97 01 37. Fast am Hafen, neben dem Musée de l'Annonciade. Einigermaßen saubere Zimmer, für wenig Geld zu haben.
– *Les Lauriers:* rue du Temple, 83990, Tel.: 94 97 04 88. Von April bis Anfang Oktober geöffnet. Diese stattliche, ockerfarbene Villa liegt gleich hinter der Place des Lices: obwohl nur wenige Schritte vom ganzen Trubel entfernt, hat man hier trotzdem seine Ruhe. Die Doppelzimmer, um die 150 F herum, zählen wahrscheinlich zu den günstigsten am Ort.
– *Lou Cagnard:* rue Paul-Roussel, 83990, Tel.: 94 97 04 24. Unübersehbares Haus am Stadtrand, aber Entfernungen sind bekanntlich relativ. Ordentliche Zimmer von 165 bis 264 F.

● **Schicker**

– *Sube Continental:* am Hafen, 83990. Zentraler geht's nimmer! Das beste Preis-/Leistungsverhältnis bei den besseren Hotels. Doppelzimmer mit Dusche von 214 bis 281 F, mit Bad von 352 bis 467 F, Frühstück inbegriffen.
– *La Méditerranée:* 21, bd Louis-Blanc, 83990, Tel.: 94 97 00 44. Von Grund auf renovierte Bleibe unweit vom Hafen mit Doppelzimmern von 300 bis 330 F, Halbpension 260 bis 320 F pro Person. Geöffnet 15. März bis 15. Oktober.

● **Sehr schick**

– *La Ponche:* place du Revelin, 83990, Tel.: 94 97 02 53. Zauberhaftes Luxushotel im alten Fischerviertel. Picasso sah man öfter an der Bar seinen Pastis schlürfen, Boris Vian kritzelte hier etliche Seiten voll und der Chansonnier Mouloudji gab während des Abendessens seine Lieder zum besten. Die alten Fischerhäuser hat man in ein Hotel verwandelt und wirklich geschmackvoll hergerichtet. Unsere reichen und/oder verliebten Leser werden entzückt sein! Ach so, die Doppelzimmer kosten ab (!) 400 F, in der Vor- oder Nachsaison ein paar Franc weniger.

● **Campingplätze**

– *La Toison d'Or:* am Strand von Pampelonne, Gemeinde Ramatuelle, 83990; Tel.: 94 79 83 54. Saint-Trop am nächsten und gleich am Strand. Grenzt schon hart an ein Internierungslager und ist dafür überteuert. Aber selbst hier muß man im Juli/August reservieren. Von Ostern bis September geöffnet. Vermietung von Wohnmobilen und Wohnwagen.
– *Kon Tiki:* plage de Pampelonne, 83990, Tel.: 94 79 80 17. Neben dem oben beschriebenen Platz und entsprechend ausgestattet.
– *La Croix du Sud:* route des Plages, 83350 Ramatuelle, Tel.: 94 79 80 84. 2 km vom Meer.
– *Les Tournels:* route de Camarat, Tel.: 94 79 80 54. Am weitesten von Saint-Trop, 700 m vom Meer, erweckt der terrassenförmig auf einem Hügel inmitten von Pinien angelegte Zeltplatz einen sympathischeren Eindruck als andere.

– *Camping à la ferme Biancolini:* neben Les Tournels. Ganz passabel und natürlich nicht so verstopft wie die großen Campingplätze.

Restaurants

– *Restaurant les Graniers:* in einer netten Ecke am ersten Strand hinter dem alten Fischerhafen, 83990, Tel.: 94 97 38 50. Täglich nur mittags geöffnet. Gespeist wird im Freien unter Sonnenschirmen in allen Farben. Das Lokal genießt einen vorzüglichen Ruf, versteht es sich doch darauf, trotz der Menschenmassen im Sommer eine gleichbleibende Qualität aufrechtzuerhalten. Neben einem günstigen Tagesgericht gibt's hier Fisch und Grillgerichte zu vernünftigen Preisen.

– *Crêperie:* 12, rue Sibille, 83990. Die Straße führt zum Place de la Mairie. Neben erschwinglichen Crêpes, Blätterteigkuchen mit Schinken, Käse usw. Bei den Getränken herrschen Milk-Shakes und Fruchtsäfte vor. Weitere Crêperie am Hafen, am Quai Mistral.

– *La Frégate:* 52, rue Allard, 83990, Tel.: 94 97 07 08. Kleines bodenständiges Restaurant. Die Küche versteht ihr Handwerk. Beweis: die drei ordentlichen Menüs zu 80, 110 und 140 F.

– *La Cascade:* 5, rue de l'Eglise, 83990. Täglich ab 19 Uhr geöffnet. Ausgezeichnete Küche mit karibischer Ausrichtung, besonders lebhafte Atmosphäre. Das Menü zu 94 F, Getränke und Bedienung gehen extra: Fischsuppe, Kalbsschnitzel mit Honig, ein pikanter Grillspieß (»cha-cha«), Steinbutt mit Sauerampfer, Fruchtschaumcreme und andere Köstlichkeiten.

– *La Flo:* rue de la Citadelle, 83990, Tel.: 94 97 23 30. Im Zentrum kann man sich hier in gelöster Atmosphäre und für nicht allzuviel Bares stärken. Kleine Terrasse, aber breite Auswahl an Salaten, Gemüsetorten, Hamburgern, Schweinebraten mit Curry, Lachsterrine usw. Fürs Tagesgericht wird man zwischen 50 bis 72 F los.

● *Etwas schicker*

– *Canastel:* 12, rue de la Citadelle, 83990, Tel.: 94 97 26 60. Für Freunde einer schmackhaften italienischen Küche in einem besonders ansprechenden Rahmen. Echte Tropezianer mit gutem Geschmack treffen sich in diesen dezent beleuchteten Räumen wieder. Noch spät serviert man für max. 160 F köstliche Salate, frische Nudeln und saftige Pizzen.

– *Lou Revelen:* 4, rue des Remparts, 83990, Tel.: 94 97 06 34. Im Viertel la Ponche, wo sich jene Restaurants aneinanderreihen, die viel versprechen, nichts halten und zudem noch saftige Preise verlangen. Zufriedenstellende Küche zu gemäßigten Tarifen. Besonders erwähnenswert, das Fischmenü zu 120 F einschließlich Bedienung, aber ohne Getränke. Es besteht aus köstlichen Miesmuscheln mit Champignons-Ei-Sauce, frischen Nudeln mit Scampi, Gründlingen, Arlequin-Nudeln usw. Passables Menü zu 80 F: provenzalische Paste aus Sardellen, Knoblauch und Öl (Anchoïade), kleine Tintenfische mit Petersilie und Knoblauch sowie frische Ravioli mit Salade Niçoise, einem gemischten Salat mit Tomaten, Oliven, Anchovis, Knoblauch etc. Wohlgestalteter Innenraum. Im Sommer unbedingt einen Tisch bestellen.

● *Sehr schick*

– *L'Echalote:* 25, rue Allard, 83990, Tel.: 94 54 83 26. Täglich geöffnet, Abendessen bis 22 Uhr. Gepflegte Einrichtung, aber im Sommer ist der lauschige Garten für ein Essen im Mondenschein vorzuziehen. Teilweise schnieke Kundschaft; dennoch bekommt man ein Menü zu einem vernünftigen Preis. Das Tagesgericht zu 135 F, mit Wein und Bedienung, beinhaltet Appetithappen aus dem Garten, Geflügelleber mit Schaumcreme, Rindfleisch mit Schalotten oder Lammkeule, Käse oder Dessert.

Auf ein Glas

– *Le Café des Arts:* place des Lices, 83990. Die ganze Einrichtung ist wie geschaffen, um die »Fauna« von Saint-Trop aufzunehmen: eine alte Theke, Wände mit Patina, abgenutzter Bodenbelag, Bistro-Tische, eine vorsintflutliche Kaffeemaschine ... Essen sollte man möglichst vor oder nach einem Besuch im

Café des Arts: die Reisekasse würde hier zu sehr leiden, ohne daß man durch einen akzeptablen Gegenwert entschädigt würde. Begnügen wir uns bei einem Pastis mit dem Spektakel, das sich vor unseren Augen abspielt.
– *Sénéquier:* am Hafen, 83990. Stars verkehren hier kaum mehr. Wer dennoch Wert darauf legt, für einen Einheimischen gehalten zu werden, für den gilt, die Terrasse von hinten und nicht von vorne zu betreten. Nach diesen kleinen, aber dennoch anscheinend so wichtigen, Details wird die Kundschaft hier taxiert ...

Sehenswert

– *Musée de l'Annonciade:* place Grammont, Tel.: 94 97 04 01. Geöffnet von 10 bis 12 Uhr und von 15 bis 19 Uhr, außer dienstags; zwischen Oktober uns Ende Mai von 14 bis 18 Uhr. Man würde kaum vermuten, daß diese zweckentfremdete Kapelle aus dem 17. Jh. eine der bedeutendsten Sammlungen moderner Kunst des Landes birgt. George Grammont, ein Tiefseekabelfabrikant aus Lyon, hatte sich schon früh in Saint-Tropez niedergelassen und durch den Ankauf etlicher Bilder die neuen Stilrichtungen gefördert. Er ließ die unbenutzte Hafenkapelle so umfunktionieren, daß die Sammlungen vorteilhaft darin untergebracht werden konnten. In dem Malerfreund Dunoyer de Segonzac fand er den idealen Berater und späteren Konservator seiner Sammlung, die 1955 in Staatsbesitz überging. Kurz darauf wurde ein Großteil der Gemälde von einer kunstversierten Bande »entführt«. Nach einem Jahr hatte man alle wertvollen Bilder wieder, so daß man sich heute von weichen Sesseln aus wieder von den Werken so bekannter Maler wie Signac, Picabia, Matisse, Dufy, Bonnard, Braque, Kees Van Dongen und vieler anderer faszinieren lassen kann. Zeitweise interessante Wanderausstellungen.
– *Stadtbummel:* ohne die Touristenmassen lassen sich die kleinen Geheimnisse von Saint-Tropez natürlich leichter aufdecken. Wer nicht in der Nebensaison hier weilt, schaue sich zumindest morgens die mittelalterlichen Sträßchen, wie die *Rue de la Miséricorde* mit ihren Arkaden, die malerischen kleinen Plätze, an denen alte Brunnen gluckern und die unvermutet zwischen den Häusern auftauchenden Gärten an. In dieser Hinsicht sehenswert sind ebenfalls das alte *Ponche-Viertel* mit seinem verträumten Fischerhafen, den Festungsüberresten, dem *Portique* (Säulenvorhalle) *du Revelen* aus dem 15. Jh. und den zahlreichen hübschen Portalen aus grünem Serpentinstein.
In der Rue Gambetta wird man die *Kapelle la Miséricorde* mit dem herrlichen Dach aus glasierten blauen, grünen und goldfarbenen Ziegeln bewundern. Die *Rue Allard* weist einige Häuser mit malerischen Details auf, wie z.B. das »Maison du Maure« mit seinem turbanbewehrten Berberkopf.
– Auf der reizenden *Place aux Herbes* scheint es nie etwas anderes als die vielfältigen Auslagen mit Gemüse, Obst, Blumen und Fisch gegeben zu haben.
– An der *Place de la Mairie* fällt eine ungewöhnliche Tür mit richtigen Holzspitzen, die angeblich Eingeborene von der Insel Sansibar geschnitzt haben sollen, ins Auge.
– An der *Place des Lices* wurden früher die Fischerstechen ausgetragen. Dienstags und Samstag vormittags wird hier ein sehr lebendiger Markt abgehalten. Von Zeit zu Zeit wird man auch Zeuge gnadenloser Boule-Wettkämpfe zwischen alten Fischern und landesweit bekannten Schauspielern. Und das *Café des Arts* (s.o.) verwandelt sich zu einer Art sommerlichem Deux Magots, einem der bekanntesten Pariser Cafés am Bd Saint-Germain: denn hier dreht sich alles ums Sehen und Gesehen werden!
– Jetzt aber 'rauf auf die *Zitadelle!* Unübertoffener Blick auf den Dächerwald, dessen Ziegel allesamt schon Patina angesetzt haben. Das *Musée de la Marine* untendrin ist außer donnerstags von 10 bis 18 Uhr geöffnet.
– Zurück zum Meer, zu einer Besichtigung des Seefriedhofs (*Cimetière marin*), einem der wenigen in Frankreich, der diesen Namen auch verdient: weil die Wellen wirklich an seine Mauern schlagen. Einige Familien aus Saint-Tropez, deren Mitglieder hier ruhen, führen ihre Herkunft auf jene Genueser Geschlechter zurück, die im 15. Jh. für den bedeutenden Aufschwung von Saint-Tropez gesorgt haben. Die Tochter von Liszt liegt übrigens auch hier begraben.

SAINT-TROPEZ / 123

● *Feste*

– Abgesehen vom Lachen der schönen Skandinavierinnen, die schon mal morgens am Hafen die Champagnerkorken knallen lassen, und den diversen Discos, welche alle die gleich fade Funky-Musik aufs Volk niederdröhnen lassen, so sind sie noch nicht in Vergessenheit geraten, die traditionellen Volksfeste in Saint-Trop.
– *La Bravade:* dieses zu den ältesten provenzalischen Bräuchen zählende Fest findet alljährlich vom 16. bis 18. Mai statt. Sein Ursprung ist im 13. Jh. zu suchen, aber seit 1558 existieren erst genaue Beschreibungen. Das Patronatsfest soll an die Wiederkehr des heiligen Tropez in seiner Barke erinnern. Ein vom Stadtrat gewählter »Capitaine de ville« sowie das sogenannte Bravade-Corps überwachen den Festzug, bei dem die vergoldete Holzbüste des Heiligen durch die Stadt getragen wird. Mit mittelalterlichen Schießeisen und Büchsen fabrizieren die buntkostümierten Einwohner ein Höllenspektakel, und die ganze Stadt schmückt sich mit Rot und Weiß, den Farben der Korsaren. Während dieser Festtage finden noch andere Feierlichkeiten statt, die von der Bevölkerung bitter ernst genommen werden, bilden sie doch eine Gelegenheit, die Gemeinschaft wiederaufleben zu lassen, bevor die große Touristeninvasion wieder durch die Gassen schwappt.
– Die »*kleine Bravade*«, auch Spanier-Bravade genannt: am 15. Juni jedes Jahres erinnert man mit diesem Fest an den Seesieg von Saint-Tropez im Jahre 1637. Damals versuchten 22 spanische Galeeren, die Stadt zu überfallen. Dank der vorbildlich organisierten Bürgerwehr konnten sie in die Flucht geschlagen werden.
– Ebenfalls im Juni, im Hafen das provenzalische *Fischerstechen*.

● *Strände*

– Der *Plage des Graniers*, Saint-Trop am nächsten, ist leicht zu Fuß zu erreichen und dementsprechend oft proppenvoll. Ein wenig weiter zieht die Bucht des Canébiers ebenfalls übermäßig viele Sonnenhungrige an, obwohl die Strandfläche hier noch durch einige Steilfelsen zusätzlich verkleinert wird.
– Treue Anhänger von Brigitte Bardot werden es sich nicht nehmen lassen, zum *Tamaris-Strand* zu pilgern um im Schatten ihrer Villa La Madrague ein Bad im Meer nehmen zu können. Auch hier kann man vor lauter Getümmel kaum die Beine ausstrecken.
– Der *Salins-Strand* 4 km östlich dagegen präsentiert sich in der Nebensaison fast menschenleer.
– Die großen und kleinen Stars zeigen eine Vorliebe für den *Tahiti-Strand*.
– *Plage de Pampelonne:* 5 km langer, feiner Sandstrand, wo man eventuell etwas mehr Platz zum Sonne tanken findet.
– *Plage de l'Escalet:* noch weiter südlich. Kleine Sandstrandstreifen wechseln hier mit Felsen ab; auch an dieser Stelle herrscht wesentlich weniger Rummel.
– Der *Plage de la Bastide Blanche* ganz im Süden bei Cap Taillat und Cap Cartaya erfreut sich bei Saint-Trop-Kennern höchster Beliebtheit. Er ist zwar nur über eine verdammt miese Straße zu erreichen, aber die Strapaze lohnt sich.

● *Auf Schusters Rappen über die Halbinsel*

– *Fußwanderung entlang der Küste:* ein Fußpfad nimmt am *Graniers-Strand* seinen Anfang, umrundet die Nordost-Spitze der Halbinsel (*Pointe de Rabiou, Cap de Saint-Tropez, Pointe de Capon*) und führt nach insgesamt 12 km zum *Tahiti-Strand*. Wesentlich abkürzen kann man die Strecke, wenn man nach der Canébiers-Bucht, die Sträßchen benutzt, das unmittelbar zum Salins-Strand führt.
Nach dem 5 km langen Pampelonne-Strand führt der Pfad weiter über *Cap Taillat* und *Cap Cartaya, Cap Lardier*, die *Pointe Andati* zum *Brouis-Strand*. Zwischendurch besteht immer wieder Gelegenheit, kleine, wenig bevölkerte Strände aufzusuchen.
Der Wanderpfad endet schließlich am *Gigaro-Strand* von La Croix-Valmer, von wo aus ein Bus nach Saint-Tropez zurücktuckert. Das Verkehrsamt hält eine recht detaillierte Karte mit der Beschreibung der Wandermöglichkeiten bereit.
– Nur 4 km im Süden von Saint-Tropez erhebt sich die kleine *Chapelle Sainte-Anne*. Weil die Pest, welche die Provence allgemein arg heimsuchte, diese Gegend verschonte, errichtete man im 17. Jh. zum Dank diese Kapelle. Neben

den malerischen Votivtafeln ist natürlich hier das fotogene Panorama über Stadt, Bucht und Meer von Interesse.

RAMATUELLE

Altes provenzalisches Dorf, an einen Hügel geschmiegt und inmitten von Weinbergen. Zahlreiche Kunsthandwerker und Antiquare haben sich in den Gäßchen und Passagen rund um die Kirche mit ihrem Serpentinportal von 1620 niedergelassen. Kein Wunder, daß Ramatuelle im Sommer scharenweise Touristen anlockt.
Auf dem Dorffriedhof fand der aus Cannes stammende, 1959 gestorbene, Schauspieler *Gérard Philipe*, weltbekannt unter anderem durch seine Filme »Den Teufel im Leib«, »Fanfan der Husar« und »Rot und Schwarz«, seine letzte Ruhestätte. Sehr lesenswert ist übrigens das Buch seiner Frau Anne Philipe »Nur einen Seufzer lang« (Le temps d'un soupir). Sie beschreibt darin äußert einfühlsam die letzten gemeinsam verbrachten Monate, überschattet vom herannahenden Tod ihres Mannes.

GASSIN

Über eine Serpentinenstraße erreicht man das mauerumringte, in 201 m Seehöhe gelegene Dorf. Auf eben dieser Stadtmauer entlangspazieren und das Panorama auf Gassin und die wunderbare Hügellandschaft genießen. Wird es an der Küste zu heiß, dann komme man hierher, um sich im Schatten ein Gläschen zu genehmigen.

Kost & Logis

– *Hôtel Bello Visto:* place dei Barri, 83580, Tel.: 94 56 17 30. Das von Anfang April bis Ende September geöffnete Ein-Stern-Hotel stellt besonders in der Nebensaison eine ideale Unterkunft dar. Zimmer ordentlich und für die Gegend nicht zu teuer. Wer hier im Juli oder August ohne Reservierung ein Quartier erwischt, sollte sofort im Lotto spielen, um die unverhoffte Glückssträhne auszunutzen.
– *Auberge La Verdoyante:* am Ortsausgang, 83580, Tel.: 94 56 16 23. Von dem Sträßchen rechts vom Friedhof führt später ein Feldweg zu einem größeren, alleinstehenden Haus. Dieser stilvoll hergerichtete Bauernhof ist täglich außer mittwochs mittags und abends bis 22 Uhr geöffnet. Von Mai an ist natürlich die Terrasse dem gemütlichen Speisesaal mit dicken Balken vorzuziehen. Für 120 F, Bedienung eingeschlossen – Getränke werden getrennt berechnet – tischt man ein bemerkenswertes Menü auf: Fleisch-Leber-Terrine nach Art des Hauses, geschmorte Rindfleischwürfel mit Steinpilzen in Weinsauce, Kaninchenragout mit Knoblauch sowie gestürzte Apfeltorte (Tarte Tatin). A la Carte empfehlen wir unter anderem Ente mit Armagnac flambiert (für 2 Personen).

● *Campingplatz*

– *Camping de la Verdagne:* auf der Gemarkung von Gassin, Tel.: 94 79 78 21. Von der Straße La Croix-Valmer nach Saint-Tropez noch etwa 1,5 km. Ebenfalls über die Gemeindestraße C 7, »du Brost« genannt, zu erreichen. 3 km vom Meer entfernter Zeltplatz: wenig Schatten, aber dennoch angenehm inmitten von Weinbergen. Reiter werden sich überlegen, ob sie sich hier nicht einen Gaul zur Erkundung der Umgebung mieten sollten.

PORT-GRIMAUD

An der Straße nach Fréjus, ungefähr 7 km von Saint-Tropez, gilt es, eines der wenigen Beispiele gelungener Küstenarchitektur zu bewundern. Bunt getünchte Häuser gruppieren sich um eine Art venezianischen Kanal. Nach dem für alle Fahrzeuge ausgewiesenen Parkplatz geht's zu Fuß oder mit den sogenannten Wasserkutschen (Coches d'eau) weiter.
Nebenbei bemerkt: es ist wohl das erste Mal, daß Konstruktionsmängel und die schlechte Qualität des Außenanstrichs positive Folgen zeitigen, denn die gesamte Anlage kommt einem dadurch 200 Jahre alt vor und gliedert sich so harmonisch in die Umgebung ein. Dabei war das ab 1966 nach den Plänen des elsäßischen Architekten Spoerry erbaute Retortendorf damals leidenschaftlich umstritten.
Ausgedehnter Strand und Zeltplatz gleich nebenan.

GRIMAUD

Eines der berühmtesten Hügeldörfer der ganzen Gegend. Der Name geht auf die Grimaldis zurück, ein Familienclan, der einst die Umgebung vollständig beherrschte. Mit der Fürstenfamilie von Monaco hatten sie allerdings nichts zu tun. Ein Spaziergang durch das ansprechend restaurierte Dorf mit seinen blumengesäumten Gassen bis hinauf zur Ruine der auf Befehl Ludwigs XIII. geschleiften Burg lohnt immer. Besonders eindrucksvoll sind die Templerstraße (*Rue des Templiers*) mit ihren Basalt-Arkaden sowie die romanische Michaeliskirche.

Essen

– *Restaurant du Café de France:* place principale, 83360, Tel.: 94 43 20 05. Dienstags und Montag abends in der Nebensaison bleibt die Küche kalt. Die Mauern des alten Gemäuers überwuchert wilder Wein. Während die Terrasse zum Essen im Freien einlädt, ist an allzu heißen Tagen der hintere Teil des Speisesaals vorzuziehen, denn der ist richtig in den Felsen hineingehauen und dementsprechend kühl. Passables Menü zu 90 F, Bedienung eingeschlossen, ohne Getränke. Salat aus Löwenzahn und Kopfsalat (Salade de mesclun), Steak oder Kaninchen in Senfsauce, immer ein Tagesgericht und Dessert. Eher mittelmäßiger Empfang.

LA GARDE-FREINET

Am Übergang von der fruchtbaren Argens-Ebene zum Massif des Maures in ca. 400 m Höhe hat La Garde-Freinet sich noch ganz das Lebensgefühl eines typisch provenzalischen Dorfes erhalten können. Hier ist auch der letzte Stützpunkt der Sarazenen in Frankreich zu suchen. Im provenzalischen Sprachgebrauch umfaßte dieser Begriff Araber, Türken, Mauren sowie die Bewohner Nordafrikas. Seit der Niederlage bei Tours und Poitiers im Jahre 732 gegen Karl Martell waren die Araber ständig auf dem Rückzug. In der Provence, wo sie ebenfalls überall Verfolgungen ausgesetzt waren, gelang es ihnen schließlich, sich, dank der günstigen Lage, in La Garde-Freinet festzusetzen. Gut 100 Jahre später wurden sie dann auch von hier endgültig vertrieben. Wenn auch die Spuren ihrer Besetzung schon längst verwischt sind, so hinterließen die Sarazenen dennoch bedeutende Elemente ihrer Kultur. Sie lehrten die Provenzalen die Nutzung der Korkeichen, die Gewinnung von Kiefernharz und führten den Flachziegel ein. Die arabische Medizin, damals führend, konnte sich in dieser Gegend und später an den europäischen Universitäten durchsetzen. Seit dieser Zeit gehört schließlich auch das Tamburin – eine schmale Trommel, die nur mit einem Stock geschlagen wird – als fester Bestandteil zur provenzalischen Folklore.
La Garde-Freinet, inmitten einer naturbelassenen, waldreichen Gegend, stellt geradezu einen idealen Hinterland-Stützpunkt für alle dar, die von Trubel und falschem Schein an den Modestränden die Nase voll haben.

Anfahrt

- *Tägliche Busverbindungen* nach Toulon über Grimaud.
- *Nächster SNCF-Bahnhof:* Les Arcs-sur-Argens. Von dort aus bietet sich die Fahrt mit dem Taxi an, besonders wenn man zu mehreren unterwegs ist.

Kost & Logis

- *Jugendherberge:* von Grimaud kommend, imposantes Haus am Ortseingang rechts, 83310, Tel.: 94 43 60 05. Die netten Animateure kennen sich in der Umgebung bestens aus und können viele Tips geben. Noch ist das Haus ziemlich rustikal und ein wenig altmodisch, aber es gibt immerhin warmes Wasser und vor allem eine prima Atmosphäre. Sollte die vorgesehene Renovierung verwirklicht werden, dann wird man vielleicht hier in Zukunft eine der besten Jugendherbergen des ganzen Landes antreffen. Im August raten wir, frühmorgens vorzusprechen, da das Haus immer rasch belegt ist.
- *Auberge la Sarrasine:* im Ort, 83310, Tel.: 94 43 67 16. Einfache aber wirklich annehmbare Doppelzimmer für rund 130 F. In einem ansprechend eingerichteten Speisesaal werden leckere regionale Genüsse geboten. Schon für 52 F gibt's ein reichhaltiges Menü. Da kann man nur noch von einem ausgezeichneten Preis-/Leistungsverhältnis sprechen. Das trifft auch für das Fischmenü zu 79 F zu. A la Carte: Rührei mit Morcheln, Aufschnittplatte, Eintopf aus weißen Bohnen mit eingemachtem Entenfleisch und andere Leckerbissen. Als Spezialität des Hauses gilt warmer Ziegenkäse.
- *Lézard Plastique* (Plastikeidechse; das Sandwich-Haus): 7, place du Marché, 83310, Tel.: 94 43 62 73. Täglich von mittags bis Mitternacht geöffnet. Imbißstube, Klavier und von Zeit zu Zeit kleinere Ausstellungen; überwiegend junges Publikum und sympathisches Ambiente. Das Menü für 55 F: Vorspeise, Tagesgericht oder Doppel-Hamburger mit Pommes Frites, Eis und ein Viertel Landwein oder eine kleine Flasche Kronenbourg-Bier. Fast-food international.
- Das *Renaissance* getrost vergessen. Einheimische schlagen einen Bogen herum und das sagt alles.

● *Schicker*

- *La Faucado:* von Grimaud kommend, an der Hauptstraße rechts, 83310, Tel.: 94 43 60 41. Mittags und abends bis 23.30 Uhr bzw. 22 Uhr in der Nebensaison geöffnet, jedoch außer dienstags. Reservierung wird wärmstens empfohlen. Der Speisesaal ist in provenzalisch-rustikalem Stil gehalten, die Terrasse liegt mitten im Grünen. Ausgezeichnete Mahlzeiten, unter anderem mit Hasenpfeffer, Ringeltaubenragout, eingelegtem Entenfleisch nach Art des Hauses, Rinderfilet in Portwein mit Morcheln, überbackenen Meeresfrüchten und anderen Köstlichkeiten – Vegetarier mögen uns noch einmal verzeihen.

● *Feriendorf Léo Lagrange*

- *Les Alludes:* unsere Leser aus kinderreichen Familien könnten sich mit dieser Ferienmöglichkeit anfreunden – oder auch solche, die mit Freunden oder Verwandten unterwegs sind. Alles weitere über diese Spielart von Sozialtourismus erfährt man bei: Léo-Lagrange-Loisirs, 17, rue de la Grange-Batelière, 75009 Paris, Tel.: 45 23 45 45.

Nun zu dieser landschaftlich reizvollen Anlage (Tel.: 94 43 62 85 und 86): die Bungalows in Massivbauweise sind auf einer Fläche von 4 ha über einen pinienbedeckten Hügel verteilt. Neben einem Panoramarestaurant, einer Diskothek, einem Fernsehraum und einem großen Schwimmbad bieten sich eine ganze Latte von Sportmöglichkeiten. Für Kinder ist ein eigenes Programm vorgesehen. Angeregt durch die lockere Stimmung, findet man hier im Nu Anschluß. Die Preise sind zu jeder Zeit, also auch in der Hauptsaison, akzeptabel. Geöffnet von Mai bis September. Ohne Reservierung läuft hier gar nichts.

● *Campingplätze*

- *Camping municipal Saint-Eloi:* inmitten eines weiten, schattigen Parks unter Zedern, Korkeichen und Strandkiefern; Tel: 94 43 62 40. Von Anfang Juni bis zum

15. September bewirtschaftet, niedrige Platzgebühren. Neue Sanitäranlagen und heiße Duschen vorhanden.
- *Camping à la ferme Bérard:* Tel.: 94 43 62 93.

Sehenswertes und Unternehmungen

- *Dorfbesichtigung:* die Sträßchen mit den malerischen Namen, die vielen Brunnen, das alte Waschhaus sowie die Renaissance-Kirche mit ihrem bunten Altar zu entdecken, ist ein besonderes Erlebnis.
- *La Maison de La Garde-Freinet:* chapelle Saint-Eloi, route de Grimaud, Tel.: 94 43 67 41. In erster Linie werden hier alle möglichen Erzeugnisse aus der Gegend feilgeboten wie Honig, Konfitüre, Wein, verschiedene Käsesorten, kandierte Maronen sowie kunsthandwerkliche Dinge. Aber man erhält hier, ebenso wie im Verkehrsamt, auch die Broschüre mit der Beschreibung aller nennenswerten, mehr oder weniger ausgedehnten, Wanderrouten in der Umgebung.
- Ein wundervoller Fußmarsch führt zur *Festungsruine,* die Historiker den Sarazenen zuschreiben. Man rechne mit einer guten halben Stunde, die sich aber auszahlt: von hier oben wird man vom Blick zum Meer hin und ins Landesinnere nicht enttäuscht sein.
- Zahlreiche weitere Gelegenheiten für erholsame Spaziergänge: zu den *Roches Blanches* sind es nur 20 Minuten zu Fuß, aber auch hier wird man mit einem schönen Panorama belohnt. Nicht versäumen, die verschlafenen Weiler rund um La Garde-Freinet wie *La Moure, Valdegilly, Camp de la Suyère* u.a. aufzusuchen: die Zeit scheint hier tatsächlich stehengeblieben zu sein.
- Nach Westen führt der bekannte Wanderweg GR 9 zum *Notre-Dame-des-Anges.*
- Schließlich sei an dieser Stelle noch wärmstens der Ausflug zur 23 km entfernten *Kartause* von *La Verne* empfohlen (s. gleichnamigen Abschnitt)

● *Feste*

- *Saint-Clément-Bravade:* am 1. Mai.
- *Maurenwaldfest (Fête de la forêt des Maures):* um den 15. Juni herum.
- *Dorffest:* am ersten Augustsonntag.
- *Dorffest in La Moure:* am 15. August, mit Umzug.
- *Kastanienfest (Fête de la châtaigne):* Ende Oktober.

FREJUS UND SAINT-RAPHAEL

Beide Städte gehen unmerklich ineinander über. Beschäftigt man sich genauer mit dem Problem, dann müßte man allerdings von drei Städten sprechen: *Fréjus-Plage,* einer architektonisch mittelmäßigen Anhäufung von kleinen Parzellen, Einfamilienhäusern und Hotels; dann, in der Verlängerung, *Saint-Raphaël,* wo alles eine Spur bürgerlicher ausfällt, und schließlich *Fréjus-Ville,* mit seinem archäologischen Erbe bei weitem der interessanteste Teil. Daß hier im Sommer alles hoffnungslos überlaufen ist, versteht sich von selbst ... Was zieht denn Sie auch noch hierher, Mensch?

Ein wenig Geschichte

Fréjus war zur Römerzeit einer der wichtigsten Häfen am Mittelmeer. Der Lagunenhafen wurde um einen natürlichen Binnensee herum angelegt und mit Hilfe eines 1200 m langen Kanals mit dem Meer verbunden. Sein römischer Name *Forum Julii,* aus dem später Fréjus wurde, geht auf Julius Cäsar zurück, der die kleine Siedlung in einen Markt- und Etappenort für die *Via Aurelia* verwandelte, jener bedeutenden Straße von Rom bis nach Spanien. Kaiser Augustus erhob Ort und Hafen zu einem bedeutenden Marinestützpunkt, indem er hier Werften zum Bau der leichten Galeeren errichten ließ. Die beginnende Versandung des Hafenbeckens und des Kanals sowie die lange Friedenszeit – soon Pech aber auch! – brachten den einst blühenden Hafenbetrieb langsam aber stetig zum Erliegen. Heinrich II. ließ hier 1555 einen Marinestützpunkt errichten. Da die Sol-

daten aber ständig über das Fieber klagten, das sie sich in dieser versumpften Gegend zuzogen, war der Wiederaufschwung nur von kurzer Dauer. Während der Französischen Revolution wurde der Hafen verkauft und das Becken aufgeschüttet.
Im Jahre 1959 erlangte die Stadt traurige Berühmtheit durch den Staudammbruch von Malpasset: über 400 Menschen kamen in den Fluten um und weite Teile von Fréjus wurden verwüstet.

Adressen

- *Verkehrsamt:* 325, rue Jean-Jaurès, in Fréjus-Ville, 83600, Tel.: 94 51 54 14.
- *Tourismusbüro:* bd de la Libération, in Fréjus-Plage, 83600, Tel.: 94 51 48 42.
- *Verkehrsbüro in Saint-Raphaël:* »Le Stanislas«, place de la Gare, 83700, Tel.: 94 95 16 87.
- *Post in Fréjus:* av. Aristide-Briand, 83600, Tel.: 94 51 56 39. Geöffnet von 8.30 bis 19 Uhr, samstags von 8.30 bis 12 Uhr.
- *Cycles et loisirs:* 3, rue Jean-Mermoz, Fréjus-Plage, 83600, Tel.: 94 51 03 66. Gegen Hinterlegung einer Kaution kann man hier für 35 F pro Tag bzw. 168 F pro Woche einen Drahtesel mieten.
- *Idéal loisirs:* 892, bd de la Mer, Fréjus-Plage, 83600, Tel.: 94 51 16 76. Ebenfalls Fahrradvermietung, hier für 30 F pro Tag.

Unterkunft

● *In Fréjus-Ville*

- *Jugendherberge:* domaine de Bellevue, route de Cannes, 83600, Tel.: 94 52 18 75. Autobahnausfahrt Puget-Argens. Die Herberge besitzt ein altes Zubringerauto, das im Juli/August öfter Reisende am Bahnhof von Fréjus abholen kommt. Ansonsten nehme man den Bus vom Bahnhof aus bis zum Krankenhaus (Hôpital) oder bis zur Rue Grisole, von wo noch 1 km zu Fuß bewältigt werden muß.
Schaffen wir auch noch. Eine wirklich angenehme Herberge, 3 km vom Strand entfernt in einem 12 ha großen Park. Bis zur Altstadt hat man's nur ein paar läppische Minuten zu Fuß. Der sympathische Jugendherbergsvater ist bei den Stammgästen wegen seiner Saxophonleidenschaft bekannt. Schlafgelegenheiten in den Räumen der Jugendherberge, in großen Rundzelten (Marabout) oder nach Rücksprache im eigenen Zelt im Park. Breit gefächertes Freizeitprogramm: Golf, Bogenschießen, Wasserski, Kajakfahren, Teppichweben, Astrologie, provenzalische Tänze und andere Aktivitäten. Schriftliche oder telefonische Reservierung ist angeraten.
- *Hôtel la Riviera:* 90, rue Grisolle, 83600, Tel.: 94 51 31 46. Eher altmodische Einrichtung, aber netter Empfang und vor allem ordentliche Zimmer mit fließend Wasser für ca. 120 F.
- *Hôtel-restaurant le Vieux-Four:* 49, rue Grisolle, 83600, Tel.: 94 51 56 38. Sonntag abends und montags geschlossen. Einwandfreie Zimmer mit Dusche für 151 F.
- *Hôtel Bellevue:* place Paul-Vernet, 83600, Tel.: 94 51 42 41. Erst kürzlich – leider ohne allzuviel Geschmack – renoviert; ruhige, saubere, ja fast keimfreie, Zimmer zu 130 bis 175 F. Wegen der netten Aussicht sind auf jeden Fall die zum Platz hinausgehenden Räume zu empfehlen.

● *In Fréjus-Plage und Saint-Raphaël-Boulouris*

- *Centre international du Manoir:* in Boulouris, 5 km von Saint-Raphaël, 83700, Tel.: 94 95 20 58. Gleich neben dem Bahnhof von Boulouris. Von Saint-Raphaël aus verkehrt der Bus tagsüber halbstündlich. In dieser großen privaten Jugendherberge sind netter Empfang und sympathische Stimmung unter den Gästen aus aller Welt die Regel. Angenehme Sechsbettzimmer im Manoir (Landsitz) selbst oder in den Nebengebäuden mit Blick auf einen schattigen Park. Geöffnet vom 15. Juni bis zum 31. Oktober. Außerhalb dieser Zeit besteht manchmal auch noch nach telefonischer Rücksprache eine Übernachtungsmöglichkeit. Die einfache Übernachtung mit Frühstück kommt auf 55 bis 149 F pro Person (inkl. Frühstück),

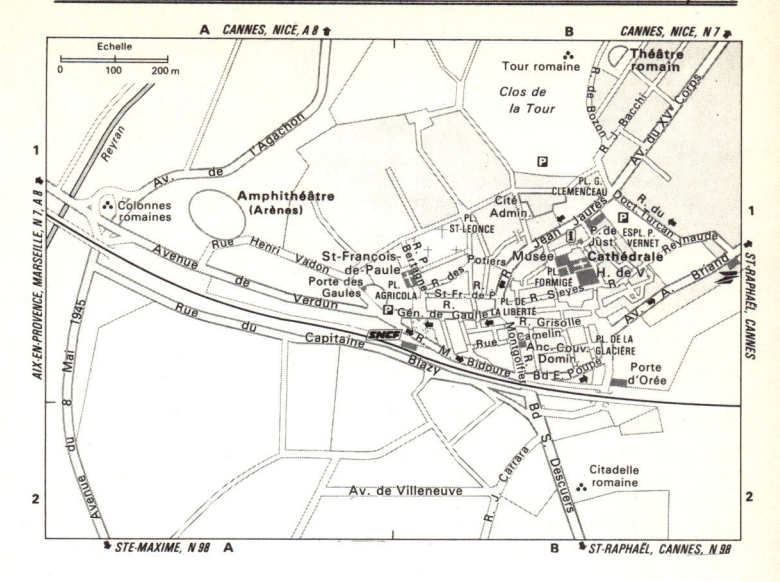

FRÉJUS

in den Doppelzimmern auf 95 bis 199 F. Halb- und Vollpension können ebenfalls gebucht werden. Da es sich um eine Privatorganisation handelt, muß man zu Beginn eine geringe Beitragszahlung leisten. Im Sommer wird draußen unter den Palmen gefuttert. Zum bunt gemischten Freizeitangebot zählen unter anderem Segelkurse, Tennis, Kurse über die Aufzucht von Bonsai-Bäumchen und anderes mehr. Das Meer ist auch nur ein paar Schritte entfernt. Also, eine ausgezeichnete Adresse!

– *Hôtel L'Horizon:* an der Uferpromenade in Fréjus-Plage, 83600, Tel.: 94 53 73 66. Zweistöckiges Haus mit Terrasse, familiäre Atmosphäre. Zimmer mit Frühstück zum Preis von 160 bis 270 F. Kleine Speisen wie Omelette, diverse Salate und Sandwiches sind preisgünstig. Beim Wein mal den den »Bouquet de Provence« zu 45 F kommen lassen. Als Spezialität des Hauses gilt die im Ofen gebackene Goldbrasse zu 65 F.

– *Les Palmiers:* 83600 Fréjus-Plage, Tel.: 94 51 18 72. Angenehmes Zwei-Sterne-Haus mit Zimmern zu passablen Preisen von 110 bis 220 F. In der Zeit von Ostern bis Oktober geöffnet.

● ***Etwas schicker***

– *Hôtel Il était une fois* (»Es war einmal«): rue Frédéric-Mistral, in Fréjus-Plage, 83600, Tel.: 93 51 21 26. Ungefähr 500 m vom Meer und ganzjährig geöffnet. Bezauberndes Haus in einem romantischen Garten mit Brunnen, sattgrünen Bäumen und blühenden Büschen, inmitten eines ruhigen Viertels und zudem preislich wirklich günstig. Zimmer mit Bad zum Wohlfühlen, Kostenpunkt: um 260 F herum; für alle, die es nicht so dicke haben, gibt's auch noch bescheidenere Zimmer. Im Juli und August ist Halbpension Pflicht. Restaurant, Privatparkplatz – was will man mehr?

● ***Campingplätze in Fréjus, Boulouris und Saint-Aygulf***

Die wenigsten der zahlreichen Campingplätze in Fréjus liegen unmittelbar am Meer. Unnötig zu sagen, daß in der Ferienzeit beengte Verhältnisse herrschen.

130 / DIE KÜSTE VON MARSEILLE BIS FREJUS

- *Camping de l'Aviation:* Grand Escat, in Fréjus, 83600, Tel.: 94 51 10 13. An der Straße, die nach 500 m auf den Strand stößt, kurz vor der Kaserne. Von Ostern bis zum 30. September geöffnet. Annehmbar schattiger Zwei-Sterne-Platz mit einigen Annehmlichkeiten.
- *Parc de camping de Saint-Aygulf:* mit 1600 Plätzen einer der bedeutendsten in der ganzen Gegend. Der Zeltplatz liegt auf dem Gemeindegebiet von Saint-Aygulf, das von Fréjus eingemeindet worden ist. Da er an den Badestrand grenzt, herrscht hier auch entsprechender Betrieb. Die sanitären Anlagen wurden kürzlich erneuert. Zu 3/4 schattiger Platz, vom 1. Juni bis zum 20. September geöffnet.
- *Holiday Green:* der beste Vier-Sterne-Zeltplatz in der ganzen Gegend, allerdings 6 km vom Meer entfernt an der Route de Bagnols, 83600, Tel.: 94 52 22 68. Vom 1. April bis zum 31. Oktober herrscht Betrieb. Die etwa 700 Plätze verteilen sich auf Terrassen und werden mit Vorliebe von Engländern aufgesucht. Bemerkenswert ist außerdem das groß dimensionierte Schwimmbad. Der ganz in der Nähe gelegene *Camping de la Baume* weist ähnliche Vorzüge auf.
- *Le Colombier:* route de Bagnols, 83600, Tel.: 94 51 56 01. Drei Kilometer bis zum Meer, annehmbarer Standard und zahlreiche schattige Plätzchen.
- *Camping Val Fleuri:* in Boulouris, 83700, Tel.: 94 95 21 52, 5 km westlich von Saint-Raphaël an der Küstenstraße N 98. Will man sich 50 m weiter in die salzigen Fluten stürzen, muß man allerdings zuvor die stark befahrene Straße überqueren. Vor dieses Problem sieht man sich häufiger bei den Zeltplätzen an diesem Küstenstrich gestellt. Wer zum Teufel kommt denn auch noch auf die Idee, in diesem Dreckmittelmeer baden zu wollen? Die ganzen feinen Bourgeois in ihren Villen an den Berghängen – wohin wir leider nie eingeladen werden – haben ihre Swimmingpools doch nicht umsonst!

Essen

- *Cadet Rousselle:* 25, place Agricola, in Fréjus-Ville, 83600, Tel.: 94 53 36 92. An einem der belebtesten Plätze von Fréjus. Es handelt sich um eine auch von Einheimischen geschätzte Crêperie: komplettes Menü schon für 49 F. Zusätzlich zu den verschiedenen Spezialitäten nach Art des Hauses gibt es auch sogenannte »Crêpes-Pizza« mit so exotischen Namen wie »Brasil«, »Columbia« usw.
- *Lou Grilladou:* place Agricola, 83600. Gleich nebenan hält dieses Lokal bis 1 Uhr nachts seine Pforten geöffnet. Abgesehen von den leckeren Pizzen werden »Lasagne al forno« – das mittlerweile auch bei uns bekannte magenverkleisternde italienische Nudelgericht mit Tomaten-Hackfüllung, mit Béchamelsauce und Käse überbacken – allerdings nur auf besondere Bestellung, und andere nahrhafte Gerichte wie z.B. die Brochette du chef (Grillspieß mit Pommes-Frites) zu 45 F serviert.
- *La Romana:* 155, bd de la Libération in Fréjus-Plage, 83600, Tel.: 94 51 53 36. An der Uferpromenade. Annehmbare, reichhaltige und zudem noch preiswerte Gerichte. Wie schon der Name ankündigt, herrschen italienische und provenzalische Gerichte vor: Pizza, Nudelgerichte, geschmortes Rindfleisch mit Kräutern und Tomaten, Schweinelendchen mit Oliven u.ä. Das Menü zu 74 F kombiniert eine schmackhafte Fischsuppe, Tagesgericht, Käse und Nachtisch. In dieser doch arg touristischen Gegend ist das *La Romana* keine üble Adresse.

● *Etwas schicker*

- *Les Potiers:* 135, rue des Potiers, in Fréjus-Ville, 83600, Tel.: 94 51 33 74. Nur 50 m von der Place Agricola entfernt; mittwochs geschlossen. Die pseudorustikale Einrichtung macht sich hier ganz vorteilhaft und die Atmosphäre weiß ebenfalls zu gefallen. Gekocht wird fantasievoll, leicht und schmackhaft. Das Menü zu 135 F, Bedienung inbegriffen, Getränke getrennt, geht in Richtung Nouvelle Cuisine und ist sachkundig zusammengestellt: Terrine mit Salbei nach Art des Hauses, Seeteufel mit Safransauce und rotem Pfeffer, Kalbsbries mit Waldpilzen ... Wir beneiden Sie jetzt schon!
- *Pastorel:* 54, rue de la Liberté, in Saint-Raphaël, 83700, Tel.: 94 95 02 36. Speiselokal in der Stadtmitte, Sonntag abends und montags geschlossen. Unterscheidet sich stark vom *Les Potiers*. Der große Speiseraum wirkt eher plüschig-feudal

und das Gros der Gäste paßt auch dazu. Hat den Ruf, eine solide Küche zu bieten, und wagt sogar hier und da mal einen Abstecher in das Reich der Nouvelle Cuisine. Das Menü, Bedienung inbegriffen, ohne Getränke, kommt Sie 133 F zu stehen.

Sehenswert

● **Das Domviertel** im Herzen des mittelalterlichen Fréjus umfaßt:
- die *Kathedrale:* geöffnet von 8 bis 12 Uhr und von 13.30 bis 19 Uhr. Auf den Resten eines römischen Jupitertempels konstruiert, stellt sie ein anschauliches Beispiel für die provenzalische Frühgotik dar, auch wenn sie noch zahlreiche charakteristische romanische Elemente aufweist. Dazu gehört ein mächtiger, unten quadratischer und weiter oberhalb oktogonaler Turm aus dem 13. Jh. Reich geschnitzte Türflügel aus der Zeit um 1530 zeigen Szenen aus dem Marienleben, Abbildungen von Petrus und Paulus, aber auch eine wirklichkeitsgetreue Darstellung eines Gemetzels aus der Zeit der Sarazenen. Man beachte ebenfalls die zwei Grabmäler im Chor aus dem 15. Jh.
- das *Baptisterium* (Taufkirche): reicht auf das Ende des 5. Jhs zurück und ist damit eine der ältesten kirchlichen Gebäude Frankreichs. Mit der Kathedrale über deren Vorhalle verbunden. Links vom Haupteingang, die niedrige Tür, durch welche die meist schon erwachsenen Täuflinge zur Taufe kamen, die vom Bischof vollzogen wurde. Dieser leitete das Zeremoniell ein, indem er dem Ungetauften die Füße im irdenen Waschbecken wusch; anschließend tauchte er diesen völlig in das Wasser des zentralen Taufbeckens, welches von einem rundum an den Säulen befestigten Vorhang verhüllt war, und salbte dann das Haupt des Täuflings mit geweihtem Öl. Der neue Christ verließ die Taufkirche, um, angetan mit einem weißen Gewand, in der Kathedrale an der Messe teilzunehmen und zum erstenmal die Kommunion zu empfangen. Auch wir hätten gern, daß man uns die Füße wüsche, verzichten bei dem Gedanken an die Kirchensteuern dann aber darauf. Klar, daß die Erwachsenentaufe keine Aussicht auf Erfolg hat, nicht wahr, Herr Meissner, obwohl sie die einzige ehrliche Form einer Mitgliedschaft darstellen würde. Man stelle sich mal vor, man müsse Beiträge an irgendeine Partei oder entrichten, nur weil die Eltern einen als unmündigen Säugling dort eingeschrieben hatten.
- den *Kreuzgang* (cloître): zugänglich von 9 bis 12 Uhr und von 14.30 bis 19 Uhr, im Winter bis 17 Uhr, außer dienstags. Dieser anheimelnde stille Kreuzgang wurde im 13. Jh. zur Freude der Domherren ihrer Kathedrale angefügt. Einige der Säulen stammen noch vom Podium des römischen Theaters. Die Balkendecke schmücken Bildtafeln mit Tieren, Ungeheuern, Fratzen und in der Apokalypse erwähnte Personen. Die Säulen der ersten Etage fallen schlanker aus als die des Erdgeschosses und tragen Rundbogen, im Gegensatz zu den Spitzbogen des Erdgeschosses.
- das *Museum:* neben einer Sammlung von Fundstücken und Dokumenten zur Stadtgeschichte aus der Römerzeit zeigt das frühgotische Bauwerk ein dekoratives Fußbodenmosaik mit einem Leoparden und eine Jupiterbüste: beides fand man vor nicht allzulanger Zeit bei Grabungen in Fréjus. Nicht zu vergessen, die vor 16 Jahren entdeckte Marmorbüste des doppelköpfigen Hermes, die als Weltkulturgut betrachtet wird.

Wir schlagen vor, zur Besichtigung der gesamten *Cité éspiscopale*, also des Domviertels, zunächst einmal zur Orientierung rund um den ganzen Komplex zu marschieren und sich danach unbedingt einer Führung anzuvertrauen.

Führungen: 9.30 bis 12 Uhr und 14 bis 18 Uhr (April bis September) bzw. bis 16.30 Uhr (Oktober bis März); dienstags und an Feiertagen geschlossen, mit Ausnahme der Kathedrale; Preis: 20 F. Mit der Klingel in der Vorhalle links ruft man einen Führer herbei.

● **Das Amphitheater** *(Les arènes):* Besichtigung täglich außer dienstags von 9.30 bis 11.45 Uhr und von 14 bis 18.15 Uhr; Eintritt: 3 F. Da die Aufgabe des Theaters vornehmlich darin bestand, aktive und altgediente Soldaten zu unterhalten, war es unter Gesichtspunkten der Zweckmäßigkeit und der Sparsamkeit konzipiert worden und fällt von daher weniger spektakulär als die Theater von Nîmes

132 / DIE KÜSTE VON MARSEILLE BIS FREJUS

und Arles aus, die für ein anspruchsvolles Publikum bestimmt waren. Bis vor 100 Jahren führte die Nationalstraße 7 durch die beiden Haupttore quer durch das Amphitheater. Heute veranstaltet man hier Stierkämpfe und Rockkonzerte mit bekannten Stars.

● In Fréjus hört man oft: »Hier kann man noch nicht einmal ein Loch graben, ohne auf einen Römer zu stoßen«. Übrigens ein »Problem«, mit dem sich auch die Stadtväter der Römerstadt Trier seit Generationen herumschlagen. Beim Bummel durch Fréjus trifft man in der Tat auf Schritt und Tritt auf Spuren aus der Römerzeit wie das *Aquädukt*, ein anderes, kleines, *Römisches Theater*, das *Gallische Tor* (Porte des Gaules), das *Leuchtfeuer des Augustus* (Lanterne d'Auguste) als Überrest der alten Hafeneinfahrt, das *Orée-Tor* (Porte d'Orée) als einziger Arkade der zum Hafen gehörenden Thermen usw. Der kleine Stadtführer vom Verkehrsamt bietet wertvolle Hinweise bei der Erwanderung der Geschichte.

● *Fest*

– *Bravade in Fréjus:* Stadtfest in der dritten Aprilwoche.

Weiterfahrt

– Nach Nizza und Marseille: *Cars Phocéens*, Tel.: 94 95 24 82.
– Nach Saint-Tropez und Toulon über die Küstenstraße: *Compagnie Sodetrav*, Tel.: 94 95 24 82.
– Nach Bagnols-Fayence-Les Adrets: *Compagnie Gagnard*, Tel.: 93 36 27 97.
– *Auskunft SNCF* (Bahn): 93 99 50 50 und 94 51 30 53.

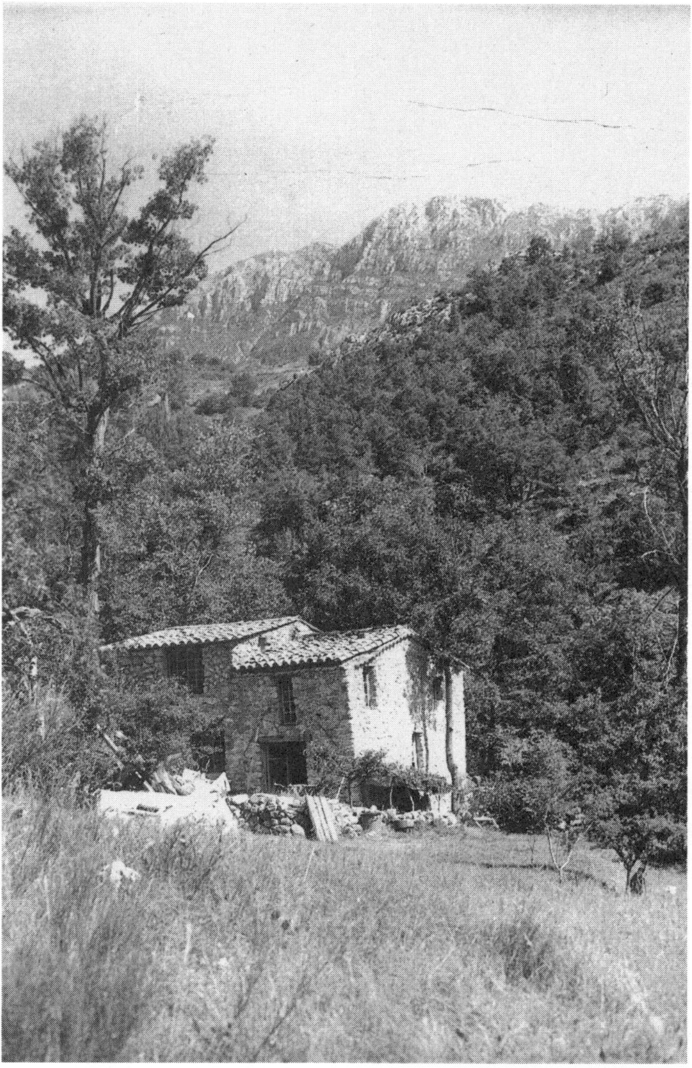

134 / DIE KÜSTE VON MARSEILLE BIS FREJUS

IM HINTERLAND: DER HAUT VAR

Je mehr man an Höhe gewinnt, desto eher wird man der frischen Luft gewahr, und ab diesem Moment wird ein Abstecher zu den Orten, die sich weniger geschäftstüchtig gebärden wie ihre Nachbarn an der Küste, immer lohnender. In idyllischen, mittelalterlichen Dörfern begegnet man noch echten Provenzalen und man durchquert Landschaften, über die noch keine Baulöwen hergefallen sind ... Auf geht's also!

BAGNOLS-EN-FORET

Nachdem sie Kasernen und Übungsplätze hinter sich gelassen hat, erklettert die D 4 die ersten Anhöhen bis zum kleinen Bagnols-en-Foret mitten im Wald, auf halbem Wege zwischen Fayence und Fréjus.

Kost & Logis

– *La Provence:* route de Fayence, 83600, Tel.: 94 40 60 35. Kleines Ein-Sterne-Haus, schlicht und preiswert, was übrigens auch für das Menü zu 55 F zutrifft. Doppelzimmer zu 120 F.
– *Le Commerce:* an der Hauptstraße, 83600, Tel.: 94 40 60 05. Ein anständiges Restaurant mit leckeren Spezialitäten aus dem Hinterland. Hat über Sommer täglich geöffnet, in der Nebensaison ist dienstags Ruhetag. Diverse Menüs zu 43, 59 und 80 F: u.a. Kaninchen auf provenzalische Art und Ente à *l'ancienne* d.h. mit Zwiebeln und Champignons. Auf Vorbestellung gibt's auch Bouillabaisse und Paëlla.
– Am Ortsausgang ein kleiner *Campingplatz*.

CALLIAN, MONTAUROUX UND DER SAINT-CASSIEN-SEE

Nur 30 km abseits von Fréjus und vom Tamtam an der Küste. Reizende Dörfer, die an ihrem Hügel festgeklebt zu sein scheinen. Welch ein Vergnügen, in Callian die verträumten Sträßchen zum Schloß hochzusteigen und unterwegs alte Türen, in Stein gehauene oder geschnitzte Wappen und versteckte Ziergärtchen zu erkunden! Ganz in der Nähe, die sogenannte Büßerkapelle (Chapelle des Pénitents). Nach weiteren zwei Kilometern kommen wir in das einladende *Montauroux*, wo die alten Häuser in der *Rue de la Rougière* ins Auge fallen.

An der D 562, 2 km von der Abzweigung nach Montauroux, Gelegenheit zur Besichtigung einer Glasbläserei. Öffnungszeiten: montags bis freitags von 8.30 bis 12 Uhr und von 14 bis 18 Uhr; Auskunft: 94 76 43 74.

Der mächtige *Stausee von Saint-Cassien*, im Süden von Montauroux, weist immerhin eine Uferlänge von 35 Kilometern auf und bietet mit seinen bewaldeten Hügeln und seinem klaren Wasser allerlei Möglichkeiten zur Freizeitgestaltung.

Kost & Logis

– *Auberge de jeunesse de Montauroux:* villa »Les Roses«, rue Sainte-Brigitte, 83440, Tel.: 94 76 59 08. Am Dorfrand, zu Füßen eines die Landschaft beherrschenden Hügels. Wird geleitet von einem jungen dynamischen Jugendherbergsvater, der nicht zuletzt für die sympathische Atmosphäre verantwortlich ist. Neben Fahrrädern kann man hier auch Tennisschläger und Surfbretter mieten. Für alle anderen bietet die Umgebung beste Wandermöglichkeiten.
– *Au Centenaire:* 1, rue de Lyle, in Callian, 83440, Tel.: 94 47 70 84. Geschlossen dienstags in der Nebensaison und im Januar. Schmackhafte Gerichte vom Holzkohlengrill. Der Chef persönlich steht am Herd – auch hier ein vielversprechendes Zeichen. Für das Tagesgericht werden 55 F berechnet; ordentliches Menü zu 55 F, einschließlich Bedienung und Wein: Froschschenkel mit Kräutern (cuisses de grenouilles à la provençale). 85 F-Menü für Anspruchsvolle.

136 / IM HINTERLAND: DER HAUT VAR

– *Le Relais du Lac:* auf dem Gemeindegebiet von Montauroux, 83440, Tel.: 94 76 43 65. Ein Hotel-Restaurant-Komplex etwas abseits der D 562 zwischen Montauroux und Callian; ganzjährig geöffnet. Ist das Essen auch o.k., so kann man hier nicht gerade von einer behaglichen Atmosphäre sprechen. »Menu routiers« für 52 F, außer sonntags, und ein Menü zu 71 F. Von den einwandfreien Zimmern zu 132 bis 220 F haben einige Aussicht auf einen hübschen Garten und die weite Landschaft.

● *Etwas schicker*

– *Auberge du Puits Jaubert:* route du lac de Fondurane, in Callian, 83440, Tel.: 94 76 44 48. Unterhalb des Hügels von Callian, in der »Ebene«. Dienstag Ruhetag. Kommt man über die D 562 von Draguignan oder von Grasse, so biege man in Höhe der Glasbläserei von Montauroux bzw. des Restaurants *Chez Bernard* ab. Die *auberge* ist einwandfrei ausgeschildert. Die Autobahn über die D 37 bzw. die Ausfahrt Lac de Saint-Cassien verlassen. Wunderschöner ehemaliger provenzalischer Schafstall, harmonisch in die Landschaft eingebettet und mit einem riesigen Speisesaal, dessen Wände mit allerlei landwirtschaftlichen Gerätschaften stilvoll dekoriert sind. In einem angenehmen Ambiente erwartet Sie hier eine der besten und erfinderischsten Küchen der Côte – ja, die Küste ist zwar schon etliche Kilometer entfernt, aber so nennt man das halt hier! Besonders erwähnen wir das Menü zu 107 F, inklusive Bedienung, aber ohne Getränke, mit dem besten Preis-/Leistungsverhältnis weit und breit sowie die Froschschenkelpastete mit Schnittlauchsauce, die Wachteln im warmen Blätterteig mit Sauerkirschen, die gefüllten jungen Kaninchen in Basilikumcreme usw. Schon beim Aufzählen läuft einem das Wasser im Mund zusammen. Das Menü zu 128 F bietet ein leckeres Ragout nach Art des Hauses – aus Nieren und Kalbsbries mit Champignons – mit frischen Nudeln und einem reichhaltigen Landsalat mit Wachteleiern, Entenmagen usw. Für 171 F schließlich wird den Gästen ein Spitzenmenü aufgetischt: Salat mit Gänseleber nach Art des Hauses, Ente mit Schalottencremesauce usw. Der nette Empfang ist da schon selbstverständlich und wer so klug war, rechtzeitig zu reservieren, kann in einem der hübschen Zimmer für 165 bis 220 F übernachten. Dem Inhaber und Küchenchef, Monsieur Carro, sprechen wir ein dickes Lob aus.

● *Campingplatz*

– *Camping les Floralies:* genau zwischen Montauroux und Saint-Cassien-See (2 km), 83440, Tel.: 94 76 44 03. Ganzjährig geöffnet, mit etlichen schattigen Plätzchen, ruhig, familiäre Atmosphäre. Bietet einige kleinere Gerichte. Im Sommer ist Reservierung unbedingt erforderlich.

FAYENCE

Eine Perle, die in der ganzen Gegend ihresgleichen sucht und deshalb entsprechend überlaufen ist. Da Fayence gleichsam über der Hochebene schwebt, hat es sich logischerweise zu einem bedeutenden Drachenflugzentrum gemausert. Etliche Töpfer, Antiquare, Maler und Bildhauer haben sich hier niedergelassen. Unter den Sehenswürdigkeiten, die *Sarrasine*, ein Stadttor aus dem 14. Jh., die *Pfarrkirche* aus dem 13. Jh. mit erstklassiger Aussichtsterrasse und schmiedeeisernem Glockenturm und der *Tour de l'Horloge*. In dem Geflecht mittelalterlicher Gassen kann man sich fast verirren.

Ein kurzer, unvergeßlicher Fußmarsch führt zu dem unmittelbar benachbarten Ort *Tourettes*, wo *Notre-Dame-des-Cyprès*, eine entzückende romanische Kapelle mit einem Altar aus dem 16. Jh., einen Besuch lohnt.

Kost & Logis

– *Auberge de la Fontaine:* an der Straße nach Fréjus (D 4), kurz hinter der Kreuzung mit der D 562, 83440, Tel.: 94 76 07 59. Herberge im Stil eines provenzalischen Landhauses, einsam auf der Hochebene von Fayence, mit Terrasse und Garten. Untadelige Zimmer ab 170 F. Sitzt man erstmal im stilvollen Speisesaal,

hat man die Wahl zwischen fünf leckeren Menüs von 70 bis 85 F, u.a. Schmorbraten auf provenzalische Art, Ente mit Oliven und Hühnerschenkel »auf alte Art«, also mit Zwiebeln und Champignons. Unsere Vorzeigeadresse.
- *Hôtel les Oliviers:* quartier La Ferrage, 83440, Tel.: 94 76 13 12. Zu Füßen des Ortes, an der D 19, erhebt sich dieses zwar moderne, aber dennoch am Stil der Region orientierte Hotel. Zimmer mit Bad von 209 bis 242 F. Kein Restaurant.
- *Le Vieux Buffet:* in Fayence selbst, 83440. Korrektes Menü zu 48 F, der Preis versteht sich inkl. Bedienung aber ohne Getränke: Hähnchen nach baskischer Art mit Paprikaschoten und Tomaten-Knoblauch-Sauce, frische Nudeln à la carbonara und andere Leckerbissen. Für 72 F erhält man ein weiteres Tagesgericht. Und eine Terrasse gibt's auch.
- *Le Poêlon:* rue Fort-de-Vin, 83440, Tel.: 94 76 21 64. Sonntag abends und montags geschlossen. Der gemütliche Speisesaal befindet sich in einem Gewölbekeller, das Lokal in einer Treppengasse. Wahrlich reichhaltig fallen die Menüs zu 66 und 87 F aus. Allen mit einem Bärenhunger empfehlen wir die »Potence«, eine Zusammenstellung verschiedener Fleisch- und Wurstsorten. Dafür ist Vorbestellung erforderlich.
- *La France:* in der Dorfmitte, 83440, Tel.: 94 76 00 14. Täglich außer dienstags abends und, außerhalb der Saison, mittwochs geöffnet. Terrasse über den Dächern von Fayence. Auch in dem großen Speiseraum kann man sich wohlfühlen, wenn's familiär zugeht und die Verköstigung stimmt. Für 73 F reicht man Rillettes nach Art des Hauses (Püree aus Schweinefleisch und Schweineschmalz), Hähnchen mit Pinienkernen oder eingelegte Ente. Beim Menü zu 110 F: sogar zwei Vorspeisen, Froschschenkel, Flußkrebse, verschiedene Tagesgerichte, Käse und Dessert. Man kann aber auch nur zu Kaffee und Kuchen hierherkommen.

● *Sehr schick*

- *Moulin de la Camandoule:* chemin Notre-Dame-des-Cyprès, 83440.
In der ersten Novemberhälfte und vom 2. Januar bis zum 15. März geschlossen. Wer von Fayence aus der Straße nach Seillans folgt, braucht mit dem Auto nur fünf Minuten. Die vorschriftsmäßig restaurierte ehemalige Ölmühle ist am Ufer des Flüßchens Camandre in einen Park von 4 ha Größe eingebettet. Im Salon kann man noch intakte Ölpressen und Mühlsteine bewundern. Schattige Terrassen und ein Swimmingpool verführen zum Verweilen; fürs Doppelzimmer blättert man zwischen 350 und 450 F hin. Im Restaurant, das jedermann offensteht, wird eine treffliche Küche geboten, allerdings mittags nur à la carte – damit es die Klientel auch ja teuer zu stehen kommt. Das abendliche Menü zu 145 F, Bedienung inbegriffen, Wein zusätzlich, beinhaltet neben dem Hauptgericht Salate und Nachtisch. Wir empfehlen zu reservieren.

SEILLANS

Bloß 6 km von Fayence, schon wieder eines dieser bezaubernden Bergnester. Der deutschstämmige Maler und Dadaist *Max Ernst* verbrachte hier die letzten Jahre seines Lebens. Freundliche, blumengeschmückte Gassen mit Kopfsteinpflaster führen zur Kirche und zur alten Burg hinauf, wo noch Überreste der Befestigung und ein hübscher Brunnen zu sehen sind. Im Kircheninneren zwei schöne Flügelaltäre aus dem 15. Jh. bewundern. Wer von Seillans nach Fayence fährt, sollte an der romanischen Kapelle *Notre-Dame-des-Ormeaux* unbedingt einen Zwischenstopp einlegen. Wegen dem – im 16. Jh. von einem italienischen Mönch geschaffenen – ungewöhnlich bemalten Schnitzaltar mit der Darstellung der Anbetung der Hirten und der Heiligen Drei Könige. Die Kapellenpforte ist normalerweise Sonntag nachmittags geöffnet; ansonsten wende man sich an das Pfarrhaus.

Kost & Logis

Da zahlreiche Urlauber der lauten, hektischen Kirmesatmosphäre an der Küste bis hierhin entfliehen, sind die wenigen Hotels und Restaurants entsprechend überlaufen und kostspielig.
- *Hôtel des Deux Rocs:* in einer der schönsten Ecken des Oberdorfes, 83440, Tel.: 94 76 05 33 und 94 76 87 32. Stattlicher und dennoch anheimelnder Landsitz, von April bis Ende Oktober geöffnet. In ansprechenden Zimmern von 180 bis 380 F logieren und sich von der guten Küche mit Menüs von 120 bis 150 F verwöhnen lassen!

● **Sehr schick**
- *Hôtel de France:* 83440, Tel.: 94 76 96 10. Das recht luxuriöse Hotel läßt einen intimen Charakter vermissen, alles wirkt im Gegenteil reichlich kommerziell. Ein Pluspunkt ist natürlich das hübsch gelegene Schwimmbad, von dem aus man einen tollen Ausblick auf die ganze Gegend genießt. Im Januar und in der Nebensaison mittwochs geschlossen. Von den Zimmern zu 290 bis 370 F wirken die im Altbau weitaus einladender als jene im unlängst renovierten Nebengebäude.
- *Le Clariond:* an schönen Tagen nimmt man seine Mahlzeiten hier im Freien vor dem Brunnen ein. Das tadellose Restaurant gehört zum oben beschriebenen Hotel und serviert für 170 und 220 F sogenannte Feinschmeckermenüs (Menus gastronomiques). Vernehmbares Räuspern des Kassenwartes ...

BARGEMON

Nun gehts über eine reizvolle Straße nach Bargemon, einem weiteren Bergdorf mit den Resten einer Burg und einer mehrtorigen Befestigungsanlage. Man versäume nicht, einen Blick in die kleine Kirche *Notre-Dame-de-Montaigu* zu werfen. Seit dem 17. Jh., als ein aus Bargemon gebürtiger Mönch eine wunderwirkende Marienstatue aus Belgien in die Kirche brachte, ist sie das Ziel zahlreicher Wallfahrer. Unzählige Votivtafeln sollen an die Wunderkraft des geschnitzten Olivenholzfigürchens erinnern, das ausschließlich am Ostermontag, dem Tag der Wallfahrt, hervorgeholt wird. Die Kirche *St.-Etienne* hingegen zeichnet sich durch ein spätgotisches Portal und die Engelsköpfe am Hauptaltar aus, die dem Maler und Architekten Pierre Puget zugeschrieben werden.

BARGEME

Folgen wir von Bargemon aus der D 25 mitten durch den ausgedehnten Truppenübungsplatz von Canjuers. Am Nordrand des Geländes zweigt die D 37 ab, die in Bargème selbst endet. Das winzige Dörfchen, rund 1100 m über dem Meeresspiegel, durchziehen steile Gassen, so daß es vom Autoverkehr verschont bleibt. Von der Burgruine schweift der Blick zu den Voralpen, weiter unten zu den ausgedehnten Lavendelfeldern und über die Hochebene von Canjuers. Bargème zählte 1971 noch 61 Einwohner, während heute nur noch ein einsames Paar das ganze Jahr über hier wohnt. Man glaubt sich hier tatsächlich am Ende der Welt. Die Kiefernwälder in der Nähe bieten vielfältige Wandermöglichkeiten, ebenso wie der durch diese Gegend führende Wanderweg GR 49.

DRAGUIGNAN

Der fehlende Zauber dieser Kleinstadt geht hauptsächlich auf das Konto des Barons Haussmann. In seiner Eigenschaft als Präfekt des Var-Gebietes ließ er im Süden der Altstadt breite Alleen und schnurgerade Boulevards anlegen. Unter Napoleon III. wirkte er später übrigens mit ähnlichen Großtaten in Paris: die Anlage von Boulevards diente damals unter anderem auch der Arbeitsbeschaffung und sollte bei Aufständen den Barrikadenbau erschweren und den Vormarsch der Regierungstruppen erleichtern. Toulon verlor wegen seiner Sympathie

DRAGUIGNAN UND VERDONSCHLUCHTEN / 139

für die Royalisten unter Napoleon die Präfektur an das weit weniger bedeutende Draguignan. Diese ungewöhnliche Art der Bestrafung wurde erst 1974 mit einer Rückverlegung der Behörde aufgehoben. Kommt man zufällig in diese Ecke, so versäume man nicht, frühmorgens durch die Altstadt mit ihrem malerischen *Marktplatz* zu streifen. In der Rue de la Juiverie (Judengasse) erblickt man noch die Fassade einer Synagoge aus dem 13. Jh. Zwei Stadttore aus dem 14. und 15. Jh. begrenzen das Netz reizvoller Gassen in der Altstadt, die einen irgendwann zum Uhrturm (Tour de l'Horloge) führen. Wer hinaufkraxeln will, erkundige sich beim Verkehrsamt, 9, bd Georges-Clemenceau, Tel. 94 68 63 30, wegen des Schlüssels.

Kost & Logis

– *Hôtel le Dracenois:* 14, rue du Cros, 83300, Tel.: 94 68 14 57.
Nur einen Katzensprung von der Place du Marché entfernt. Das Hotel erweckt einen sympathischen Eindruck, eignet sich auch für schmale Portemonnaies und wurde erst kürzlich renoviert.
– *La Calèche:* bd Gabriel-Péri, 83300, Tel.: 94 68 13 97.
In der Nähe des ehemaligen Bahnhofs. Hält sonntags abends und montags seine Pforten geschlossen, in der Nebensaison allabendlich außer samstags. Sympathisches Ambiente, wo Menüs zu 60 und 88 F auf der Speisekarte stehen. Mal die Kaninchenterrine mit Rosmarin, das Hähnchenfleisch in weißer Soße und Weinbrühe oder das Spanferkelragout nach alter Art versuchen. A la carte wird die Geschichte natürlich spürbar teurer.

Sehenswert

– Das *Museum:* rue de la République. Geöffnet von 10 bis 11.30 Uhr und von 15 bis 18 Uhr, außer sonntags, montags und feiertags. Dieses kleine Museum mit seinem leutseligen Wärter birgt einige Schätze, wie z.B. das »Kind mit der Seifenblase« von Rembrandt, die kleinformatige Darstellung einer Küche von Frans Hals, die ländlichen Szenen von David Téniers, eine hübsche Marmorstatue von Camille Claudel, das Manuskript des »Rosenromans«, eines berühmten mittelalterlichen Epos, später geklaut von einem Italiener namens Eco, eine Nürnberger Bibel aus dem 15. Jh., Buchmalereien, Wiegendrucke usf.

VON DRAGUIGNAN ZU DEN VERDONSCHLUCHTEN

Eine ganze Palette von Zielen erschließt sich: zahllose verträumte Weiler, ehrwürdige Abteien und gewaltige Schlösser und Burgruinen harren der Entdeckung. Die Auswahl ist so breit, daß es sich lohnt, diesen Landstrich öfter mal anzufahren. Der nachfolgend beschriebene Weg führt zuerst in den Süden, um dann Richtung Norden zu den Gorges du Verdon abzubiegen. Natürlich kann man die Strecke auch in umgekehrter Richtung zurücklegen. Genialer Gedanke, was?
Radfahrer in Richtung Les Arcs sollten die D 555 wegen der zahllosen Lastwagen unbedingt meiden und lieber über Flayosc, Lorgues usw. strampeln.

● *FLAYOSC*

Typisches Dorf für die Var-Gegend, 7 km westlich von Draguignan über Weinbergen und Obstgärten. Von seiner Befestigungsanlage blieben lediglich die aus dem 14. Jh. stammenden Tore erhalten. Allenthalben plätschern Brunnen. Vom Kirchplatz aus eröffnet sich ein wundervolles Panorama auf das Maurenmassiv und die umliegende Hügellandschaft.

● *LORGUES*

Von Flayosc aus erreicht man über eine schmales Landsträßchen Lorgues, etwas weiter im Süden. Bei der Ankunft fällt sogleich der wuchtige Bau der *Stiftskirche St. Martin* (Collégiale St. Martin) auf. Neben der klassizistischen Fassade sind der buntbemalte Hauptaltar sowie eine, Pierre Puget zugeschriebene, Madonnenstatue sehenswert. Flanieren wir durch das mittelalterliche Gassengeflecht mit reizenden Brunnen und unverfälschten, da nicht renovierten, Häusern. Im Gegensatz zu manchen Dörfern in dieser Gegend wie z.b. Tourtour, wo die Häuser für unseren Geschmack zu perfekt restauriert und wie geleckt aussehen, weisen die Gebäude hier noch einen schwer in Worte zu fassenden Liebreiz auf.

Kost & Logis

– *Hôtel du Parc:* im Zentrum ganz in der Nähe der Stiftskirche, 83510, Tel.: 94 73 70 01. Ein charakteristisches Provinzhotel, dessen wunderbar rückständige Ausstattung uns immer wieder in ihren Bann zieht. Die Preise für die einwandfreien Zimmer bewegen sich zwischen 88 und 220 F. Bei guter Witterung den großen Garten hinter dem Haus nutzen, um dort die Mahlzeiten einzunehmen. Variantenreiche Menüs zwischen 42 und 123 F; provenzalischer Schmorbraten und Spanferkelragout dürfen natürlich nicht fehlen.

● *LES ARCS-SUR-ARGENS*

Weinstädtchen am Rande der D 555, 12 km von Draguignan, mit einem urromantischen Altstadtviertel auf der Anhöhe. Neben anderen Festungsüberresten überlebte eine Burg aus dem 12. Jh., heute teilweise als Hotel genutzt, die Stürme der Jahrhunderte. Vom massiven Bergfried aus überwachten Späher das Tal, um die Einwohner rechtzeitig vor Sarazenenüberfällen zu warnen. Großes Vergnügen bereitet ein Bummel in der Abenddämmerung durch die verwinkelten Gassen, Treppen und Bogengänge in diesem alten, hervorragend restaurierten Viertel. Die Pfarrkirche im Unterdorf birgt eine sehenswerte Krippe, in welche die Darstellung des alten Dorfes Les Arcs miteinbezogen wurde, sowie einen großen Wandelaltar aus dem Jahre 1501: die heilige Jungfrau und das Kind, umgeben von Heiligen, die vorwiegend in der Provence verehrt werden.

Kost & Logis

– *Hôtel de l'Avenir:* av. de la gare, 83460, Tel.: 94 73 30 58. Ohne besonderen Reiz, aber effizient geführt und nett zu Ihrer Reisekasse: Doppelzimmer 71 bis 99 F mit Dusche.
– *Le Logis du Guetteur:* place du Château, 83460, Tel.: 94 73 30 82.
Von Mitte November bis Mitte Dezember geschlossen; in der Nebensaison hat das Restaurant freitags Ruhetag. Wie geschaffen für Romantiker: wie der Name »Haus des Spähers« schon ankündigt, liegt es im schon erwähnten Burgturm. Neben der Ruhe dort erwartet den Gast obendrein eine versierte Küche. Zimmer mit Bad gibt's für unter 220 F, aber auch für Halb- oder Vollpension zahlt man einen akzeptablen Preis. Zu den Spezialitäten des Hauses zählen gefüllte Seezungen zu 88 F, eine *Bourride* genannte, mit Ei und Knoblauchmayonnaise gebundene, provenzalische Fischsuppe zu 120 F sowie das Rinderfilet mit Trüffeln zum gleichen Preis. Versuchen Sie dazu doch mal den lokalen Landwein zu 32 F! Menü zu 78 F: gemischter Salat, junges Kaninchen in Weißweinsoße und Nachtisch; beim Menü zu 119 F werden überbackene Fische aus der Pfanne, Forelle mit kleinen Mandeln und Windbeutel gereicht.

● *Campingplätze*

– *Camping de l'Eau Vive:* 800 m von les Arcs, Tel.: 94 47 40 66. Gepflegtes Gelände mit ausreichend Schatten. Im Sommer ist wegen der vorbeiführenden Autobahn A 8 hier die Hölle los.
– *Camping à la ferme le Préveire:* Tel.: 94 45 15 59. Kaum zu glauben, aber dieser Platz, nur 300 m vom vorgenannten, bietet Ruhe und angenehme Atmosphäre. Würziger Honig ist hier übrigens preisgünstig zu erstehen.

In der Umgebung

Die Autobahn A 8 hat die Landschaft tiefgreifend verändert. Vidauban, Le Cannet-des-Maures, Le Luc und einige andere Dörfer scheinen nun wirklich nicht gerade geeignete Ferienorte zu sein, aber wer eh schon in der Ecke ist, sollte sich doch die eine oder andere Sehenswürdigkeit anschauen und prüfen, ob ihm nicht eins der nachstehenden Lokale zusagt. Will man nach St.-Tropez weiter, so zögere man nicht, die kurvenreiche D 74 zu wählen: eine märchenhafte Landschaft und verwunschene Weiler werden für die Mühe entschädigen.

● *Le Vieux Cannet*

Kurz vor Le Cannet-des-Maures klebt das malerische Dörfchen auf einer Anhöhe, die einen weiten Blick ins Tal bis hinüber zum Maurenmassiv beschert. Die Kirche *St. Michel* aus dem 12. Jh. überragt ein mächtiger Glockenturm aus dem 18. Jh.

● *Le Luc-en-Provence*

Ein Ort, der noch überwiegend von der Landwirtschaft lebt und nichts Besonderes aufzuweisen hätte, wäre da nicht sein bekanntes Briefmarkenmuseum. Seit kurzem beherbergt das *Château de Vintimille*, erst neulich von Grund auf renoviert, das *Musée du Timbre-Poste*. Zu finden im Ortskern, 50 m von der Place de la Mairie an der Place de la Convention, Auskunft: 94 47 96 16. Hobbyphilatelisten erfahren alles Wissenswerte über die Geschichte der Briefmarken sowie über die verschiedenen Herstellungsschritte wie Musterzeichnung, Kupferstich, Tiefdruck u.ä. Das Atelier von Albert Decaris, einem der letzten französischen Kupferstecher, hat man hier original wiederaufgebaut.

Von Juni bis September kann man mittwochs, samstags und sonntags von 10 bis 12 Uhr und von 15.30 bis 19 Uhr dem *Historischen Museum* des zentralen Var-Gebietes einen Besuch abstatten und die völkerkundliche Sammlumg, Fossilien und alte Waffen begutachten.

Kost & Logis

– *Le Concorde:* place Georges-Clemenceau, Vidauban, 83550, Tel.: 94 73 01 19. Fünf Kilometer von Les Arcs und 12 km von Le Luc-en-Provence. Freundlicher Speisesaal mit schweren Deckenbalken sowie einem offenen Kamin strahlen Atmosphäre aus. Das Menü zu 69 F beinhaltet Schmorbraten, Ravioli nach Art des Hauses oder Kutteln und Hammelfüße in Bouillon gekocht (pieds et paquets à la Marseillaise). Beim Menü zu 96 F wählt man unter anderem zwischen gefüllten und überbackenen Miesmuscheln auf provenzalische Art, Kalbsbriesfrikassee und Kalbsnieren in Senfsoße, »Mittelmeer-Auflauf« (Gratin de la Méditerranée) mit frischen Nudeln und einer Suppe aus Meeresgetier.

– *Le Mas du Four:* route de l'Ealat, Cannet-des-Maures, 83340. Nur 100 m von der N 7 und 2,5 km östlich von Luc-en-Provence. Tel.: 94 60 74 64. Sonnabends und montags geschlossen; warme Küche bis 20.30 Uhr. Der stattliche, provenzalische Landsitz mit Swimmingpool, Tennisplatz und schattigem Garten eignet sich als ideales Etappenziel. Bei den Menüs von 66 bis 104 F serviert man u.a. gemischte Vorspeisen, geschmortes Rindfleisch mit Nudeln in Morchelsoße, Spanferkelragout, Pieds-paquets, Ente mit Olivenfüllung usw.

– *Le Provençal:* 5, rue Lebas-Appolinaire, Le Luc-en-Provence, 83340, Tel.: 94 60 72 94. Unverwechselbar provenzalisches Gasthaus mitten im Ort. Angenehmer Aufenthalt, freundliche Bedienung und, wichtiger als alles andere, schmackhafte und großzügige Portionen. Das Menü zu 49 F, *tout compris*, stillt mit verschiedenen Salaten und einem duftenden, über Holzfeuer gegrillten, Lammspieß jeden Hunger. Die Menüs zu 75 und 95 F stellen eine Alternative dar: neben zartem Fleisch, eine ausgezeichnete Seezunge nach Müllerin Art, Steak mit Steinpilzen, Hähnchen in dicker Rotweinsoße und ähnliche Leckerbissen. Zum Übernachten, einige Doppelzimmer zu 170 F.

● *DIE ZISTERZIENSERABTEI VON THORONET*

Dieses faszinierende Kloster gehört zweifellos zu den bedeutendsten Sakralbauten ganz Südfrankreichs und damit auch zum Pflichtprogramm jedes Provencereisenden. Zwischen Mai und September ist die Abtei von 10 bis 12 Uhr und von 14 bis 18 Uhr geöffnet, in der Zwischensaison bis 17 Uhr, und im Winter schließt sie um 16 Uhr ihre Pforten. An der D 79, 9 km von Lorgues und 4 km von der Ortschaft Le Thoronet. Sonn- und feiertags wird mittags eine Messe gehalten, die

auch Fremde besuchen können; ihre Gören werden währenddessen in der »Garderie d'Enfants« beaufsichtigt.
Entstand als Reaktion auf die Prachtentfaltung der Abtei von Cluny um 1160. Vielleicht weniger bekannt als die zur gleichen Zeit gegründete Abtei von Sénanque, wirkt dieser Bau harmonischer und schlichter. Diese »unerbittliche Schlichte«, wie die Kenner sagen, soll in der Anlage ideale Formen angenommen haben. Ein Fachmann erklärt dieses Phänomen wie folgt: »Straffer Zentralismus und rigorose Aufsicht der Einhaltung der strengen Ordensregeln waren die tieferen Gründe für die erstaunliche Einheitlichkeit zisterziensischer Klosterbauten. Bauvorschriften im positiven Sinne gab es nicht. Was es aber gab, (zweimal »gab« hintereinander ist auch nicht der wahre Stil, oder?, die Autoren), waren genaue und präzis formulierte Ordensregeln, die ihrerseits bei Wahrung höchster Ökonomie der Mittel exakte Forderungen an den Bau als Funktionsträger bedeuteten, und es gab daneben klar ausgesprochene Verbote (Türme, Schmuck, Material etc.) Beides, die streng überwachte Einhaltung der Ordensregel und Verbote, trug dazu bei, daß es der zisterziensischen Baukunst, vor allem des 12. Jh., als einzigem Bauvorhaben des Mittelalters gelungen ist, nicht nur einen Idealplan zu erstellen und durchzuführen, sondern auch die großartigste und dichteste Verschmelzung von Funktion und Form zu realisieren. Wenn am Bau puritanische Strenge und sachliche Schlichtheit für asketisches, entsagungsvolles Leben, Klarheit der Linienführung für Reinheit der Gedanken, Ökonomie der Mittel für durchdachten Tagesablauf, Dauerhaftigkeit des Materials Stein für unerschütterliche Gottesliebe, Verzicht auf Farbe, plastischen Dekor und Figuren für den Habitus der Zisterzienser stehen, dann gibt es keinen anderen Bau dieses Ordens, der mehr als Le Thoronet den Geist von Cîteaux, dem Gründungskloster des Ordens, sichtbar macht. Le Thoronet ist die in Stein geschriebene Ordensregel der Zisterzienser«. Alles klar, oder?
Bei uns zeugt die Höhe der Räume unserer Altbauwohnung von der Kühnheit der Gedanken, das Kuddelmuddel allenthalben reflektiert präzise unseren Geisteszustand und beweist unsere Genialität, und die steile, finstere Kellerstiege zeigt, daß wir uns vor nichts, aber auch gar nichts fürchten! Nach diesem Ausflug in die Wissenschaft, der die enorme Bedeutung von Le Thoronet doch hervorragend jedermann nahebrachte, hier wieder irdischere Probleme. Wenn auch die Mönche im Mittelalter im allgemeinen meist eine ideale Lage für ihre Klöster fanden, so hat der Herr ihnen hier vorenthalten, daß die schöne rote Erde um sie herum bauxithaltig ist. Irgendetwas werden sie schon verbrochen haben, die Mönche, denn seit geraumer Zeit fressen sich die Bauxitgruben überall in die Hügel der Umgebung. Der Freundeskreis des Klosters und die Denkmalschützer versuchten immer wieder, den Verkehr der schweren Laster von der Anlage fernzuhalten, was aber wenig beachtet wurde. Folge: ein benachbarter Hügel rutscht regelrecht unter dem Koster weg, die Landstraße verformt und wölbt sich fortwährend, so daß einige Gebäude an der Straße einzustürzen drohen. Durch die massiven Erdbewegungen gerieten die Fundamente der Anlage derartig unter Druck, daß man nunmehr beabsichtigt, gewaltige Betonsäulen als letzte Rettung in das Erdreich einzubringen. Zwischenzeitlich hat man Fenster und Gewölbebogen des Kapitelsaales schon mal vorsorglich eingerüstet, um ein Auseinanderdriften der Steine zu verhindern.
Die Fassade der *Kirche* besitzt kein Mittelportal, denn die Mönche betraten sie vom Kreuzgang her. An der den Klosterbauten zugewandten Seite ist eines der seltenen provenzalischen »Nischengräber« außen an der Wand angelegt, wo früher die Toten aus dem Dorf aufgebahrt wurden. Der *Kreuzgang* schließt trapezförmig an das nördliche Seitenschiff der Kirche an. Mächtige Arkaden umziehen den Kreuzgarten. Sie werden durch kleinere, auf einer starken Mittelsäule ruhenden, Bögen geteilt. Der *Kapitelsaal* weist mit einheimischen Pflanzen verzierte Säulenkapitelle auf, die einzigen Skulpturen des Klosters. Eine überwölbte Treppe führt zum *Dormitorium*, dem Schlafsaal der Mönche, über dem Kapitelsaal. Obwohl wegen des Bauxitabbaus im einzigen *Brunnenhaus* der Provence kein Wasser mehr fließt, hat das sechseckige Gebäude nichts von seiner Harmonie eingebüßt.

Kost & Logis

– *Hostellerie du Pont-d'Argens:* von Lorgues kommend am Eingang des kleinen Weilers an der D 17, kurz vor Le Thoronet, 83340 Le Luc, Tel.: 94 73 87 04. Dienstags abends und mittwochs sowie in der ersten Februarhälfte geschlossen. Nach fünfzehn Jahren Arbeit in Kanada bemüht sich das Besitzerpaar nun wieder in der heimatlichen Provence mit großem Erfolg um die Zufriedenheit der Gäste. Während man im Sommer aufs angenehmste auf der Terrasse tafelt, zieht man sich im Winter oder an kühlen Tagen in den Speisesaal zurück, wo oft ein Kaminfeuer prasselt. Das Menü zu 135 F, ohne Bedienung und Getränke, beinhaltet eine leckere Fischsuppe, Pastete im Teigmantel, Blätterteigpastetchen mit Muscheln und Currysoße, Kaninchen nach Hausfrauenart oder das berühmte Spanferkelragout. A la carte gibt's solche Köstlichkeiten wie Lachsforellenfilet in Wermut mit Steinpilzen, zarte Lammrücken und andere kulinarische Leckerbissen. Die Zimmer mit Dusche über den Flur sind mit 160 F veranschlagt.

Fahrradtouren

Zwei erholsame, nicht zu anstrengende Ausflüge führen uns von Le Luc-en-Provence aus durch die heiteren Landschaften des Var und durch typische Dörfer, die noch nicht kaputtrestauriert sind und in denen sich die Zweitwohnungsbesitzer noch nicht breitgemacht haben. Die südliche Route verläuft über Cabasse, Flassans, Besse, Carnoules, Pignans, Gonfaron, Les Mayons (über die D 75), Vidauban (über die D 48), Entraigues und Le Vieux-Cannet zurück nach Le Luc. Bei der nördlichen Tour radelt man über Cabasse, Le Thoronet, Carcès, Cotignac, Entrecasteaux usw. Die Strecke noch weiter nördlich über Villecroze und Tourtour ist zwar sehr reizvoll, aber wegen der starken Steigungen droht das Vernügen in schweißtreibende Muskelarbeit auszuarten.

● *CABASSE*

liegt zwar an der provenzalischen Weinstraße, wirkt aber dennoch arg schlafmützig. Richtig putzig wirkt der schattige Dorfplatz mit seinem bemoosten Schalenbrunnen. Die Rippen des Seitenschiffgewölbes der Pontiuskirche (Eglise St.-Pons) stützen sich auf aus Stein gehauene Fratzen und liebliche Gesichter. Sich für die Besichtigung den großen Schlüssel im Bar-Tabac auf dem Kirchplatz besorgen.

● *ENTRECASTEAUX*

Kleiner, aber urgemütlicher mittelalterlicher Flecken. Lassen wir uns in den alten Gassen treiben, bis irgendwo mal die Wehrkirche aus dem 14. Jh. auftaucht. Das schlichte *Schloß* aus dem 16. Jh. bildet den Mittelpunkt in einem gepflegten französischen Park, angelegt von Le Nôtre, dem Schloßarchitekten von Versailles. Geöffnet täglich von 10 bis 20 Uhr, im Winter bis 18 Uhr; Eintritt immerhin 13 F. Das Schloß diente bedeutenden Adelsfamilien als Heimstatt, unter anderem auch dem *Comte de Grignan*, dem Schwiegersohn der *Marquise de Sévigné*. Diese Dame (1626-1696) ging bekanntlich in die Weltliteratur ein wegen ihrer umfassenden Korrespondenz von rund 1500 Briefen, die sie von Paris aus an ihre Tochter, Marguerite-Françoise, in der Provence sandte. Sie erzählt darin mit Scharfsichtigkeit und Esprit von ihren Beobachtungen in den Salons, über Theater, literarische Neuerscheinungen sowie über ihre Familie und ihre Freunde.

Zurück zum Schloß: innerhalb von dreißig Jahren war es nach dem Zweiten Weltkrieg dermaßen heruntergekommen, daß es nur noch eine Frage der Zeit zu sein schien, bis es endgültig verschwinden würde. Und da geschah ein Wunder, wie sie heutzutage leider selten sind. *Ian McGarvie Munn*, ein Schotte, wie unschwer zu erraten, der Frankreich und seine Schlösser über alles liebte, entschloß sich die Ruine zu erwerben und damit das geschichtsträchtige Schloß zu retten. Um sein Vorhaben zu verwirklichen, so erzählt man sich, habe er alles veräußert, sich über Jahre hinweg nur von Sandwiches ernährt und Tag und Nacht geschuftet. Betrachtet man seinen Lebenslauf, so kann man wirklich von einem großen Abenteurer unserer Zeit sprechen. Nacheinander diente er in der britischen Armee, und zwar während des Zweiten Weltkrieges im Fernen Osten, wurde dann Seemann, schließlich Oberbefehlshaber der Flotte von Guatemala, um letztendlich als honoriger Botschafter zu enden. Für ihn, noch ganz nebenbei Architekt und hochbegabter Maler, war Entrecasteaux sein letztes Abenteuer. Schade! Auch wir lieben Schlösser, sind Stammgäste bei McDingsda, arbeiten wie verrückt, beweisen große Genialität, haben aber immer noch kein Schloß – vielleicht, weil wir uns um den Bund gedrückt haben! Heute führt sein Sohn, von Hause aus ebenfalls Architekt, das Werk seines Vaters fort. Die Anstrengungen haben sich ausgezahlt: das lange Bauwerk mit seiner strengen und klassischen Architektur nimmt unter den Schlössern der Provence etwa die Vormachtstellung ein, die Le Thoronet unter den Klöstern Südfrankreichs innehat.

Etwa zwei Drittel der Umbauarbeiten sind bis dato vollendet. Im Museum wertvolle Möbel und Kunstgegenstände aus aller Herren Länder und aus unterschiedlichen Epochen, chinesisches Porzellan sowie Möbel aus dem 17. und 18. Jh.. Der Besitzer, M. Lachlan McGarvie Munn, ist sehr leutselig und freut sich über jeden Besucher. Am Ende der Besichtigung hat man dann auch noch Gelegenheit, leckere Marmelade, Honig, Lebkuchen und andere köstliche Erzeugnisse aus eigener Produktion zu erwerben. Wenn alles das nicht neugierig macht ...

● *COTIGNAC*

Die Behausungen des malerischen Dorfes fußen auf einem von Grotten und Gängen durchhöhlten Steinhang aus verschiedenfarbigem Tuff, auf dem zwei verfallene Türme an das Schloß aus dem 15. Jh. gemahnen. Ansehnliche Haustüren aus dem 16. und 17. Jh. öffnen sich auf Gassen und Plätze, verziert von Brunnen, Platanen und Ulmen. Vom hübschen Rathausplatz gelangt man zur Kirche, die im 16. Jh. im romanischen Stil errichtet wurde. Cotignac ist für Honig, Olivenöl und Wein bekannt.

● *SILLANS-LA-CASCADE*

gehört gleichfalls in diese Kategorie Dörfer, in denen die Zeit stehengeblieben zu sein scheint. An die 400 Einwohner – wenn man Enten und Brunnen mitzählt. Etliche Häuser sind noch in dem Zustand, in dem sie vor Jahren verlassen wurden. Manche werden erstaunt sein über das unglaubliche Gerümpel vor einigen Anwesen – als habe eine böse Fee die Gassen in einen Dornröschenschlaf versetzt – aber um die Post herum, die einen Glockenturm trägt, gibt es auch malerische Gassen. Der Name des Dorfes weist schon auf den Wasserfall *(Cascade de la Bresque)* hin. Die Bresque stürzt hier, inmitten einer üppig grünen Umgebung, über 40 m in die Tiefe. Erquicklicher Bummel in nur einer halben Stunde hin und zurück.

Kost & Logis, Reitgelegenheit

– *Hôtel-restaurant Les Pins:* im Ort, 83690, Tel.: 94 04 63 26. Geschlossen im Januar und Februar, mittwochs abends sowie zusätzlich donnerstags in der Nebensaison. Wohnliche Doppelzimmer mit Bad zum Preis von ungefähr 165 F. Im rustikalen Speisesaal, mit großem Kamin, serviert man Menüs zu 55 und 80 F: überbackener Fisch in Muschelschälchen, Lammkeule mit Thymian, Schweinelendchen in Champagnersauce usw.

– *Kim relais:* route de la piscine, in Sillans, 83690, Tel.: 94 04 71 55. Das Glück der Erde liegt auf dem Rücken der Pferde ... und am Busen dieser üppigen Natur. Für 50 F pro Stunde können Reitkundige hier an diesem Glück teilhaben.

– In unmittelbarer Nachbarschaft, ein ganz manierlicher *Zeltplatz* mit Swimmingpool.

● *AUPS*

Zu Füßen des baumbestandenen Espiguières-Massivs treibt uns die unersättliche Neugier ins mittelalterliche Aups; kommt uns wie gerufen, um einige Stunden der Muße zu vertrödeln. Der alte Uhrturm mit schmiedeeisernem Glockenkäfig, die Sonnenuhr, die Ruine der Festung, die malerische *Rue des Aires* und natürlich die zahlreichen Brunnen entgehen unseren geschulten Blicken nicht. Beim Kauf einer der Postkarten Anno 1900 stellt man fest, daß sich gegenüber früher kaum etwas verändert hat! An der Pfarrkirche erinnert eine alte Inschrift daran, daß die Kirchen Staatseigentum sind.

Unterkunft

– *Grand Hôtel:* neben der Pfarrkirche, 83630, Tel.: 94 70 00 89. Standesgemäße Zimmer mit Dusche für ungefähr 110 F. Freundliche Aufnahme.
– *Camping des Prés:* route de Tourtour, 83630, Tel.: 94 70 00 93. Kleiner Zeltplatz abseits von Lärm und Trubel, 500 m vom Dorf. Ganzjährig geöffnet. Verfügt über Restaurant und Lebensmittelladen, Schwimmbad und Tennisplatz nahebei.
– *International camping:* route de Fox-Amphoux, 2 km von Aups, 83630, Tel.: 94 70 06 80. Von April bis Ende September geöffnet.
– Ein weiterer *Zeltplatz* liegt zwei Kilometer vom Ort in Richtung Moustiers.

● *TOURTOUR*

entspricht dem Urtypus einer an Haupt und Gliedern restaurierten provenzalischen Siedlung. Wegen seiner exponierten Lage »Dorf im Himmel« genannt, fehlt dem Ort dennoch etwas Wesentliches: eine Seele. Alles wirkt infolge der übergründlichen Restaurierung gleichsam museal. Da dieses propere Dorf von ganzen Touristenheerscharen heimgesucht wird, hat sich das Preisniveau entsprechend hoch eingependelt. Die Panoramastraße hinauf nach Tourtour hat einiges von ihrem Reiz eingebüßt, seit vor Jahren verheerende Waldbrände auf den Hügeln gewütet haben. Zwei riesige schattenspendende Ulmen auf dem Dorfplatz wurden 1638 anläßlich der Geburt Ludwigs XIV. hier gepflanzt – ist das nicht rührend? Von der etwas abseits liegenden Kirche eröffnet sich ein weiter Rundblick, bei klarem Wetter sogar bis zum Maurenmassiv und zur Montagne Sainte-Victoire bei Aix-en-Provence.

Kost & Logis

– *La Petite Auberge:* auf dem Kirchhügel recht nah am Ort; ausgeschilderter Weg, 83690, Tel.: 94 70 57 16. Haus mit Format ohne übertriebenen Schick. Fürwahr prestigiöse Doppelzimmer für 210 bis 230 F ohne Frühstück. Halb- und Vollpension zu interessanten Preisen. Mondänes Restaurant, in rustikalem Stil gehalten, auch für Gäste von außerhalb. Bleibt aber dienstags sowie im Januar und Februar geschlossen. Ein Blick auf die Karte: Menü zu 130 F (mit Bedienung, Getränke extra): roher Landschinken, warme Pastete aus Mürbeteig mit Meeresfrüchten, mit Wachteln belegte Brotscheiben und andere kulinarische Genüsse. Eine unserer Top-Adressen, natürlich mit Schwimmbad.
– Wer gerade etwas knapp bei Kasse ist und trotzdem in einem Restaurant essen möchte, schaue sich besser in Villecroze um (s.u.).

● *Sehr schick*

– *La Bastide de Tourtour:* in einem Pinienwäldchen, 500 m von Tourtour, 83690, Tel.: 94 70 57 30. Vom 1. März bis 1. November geöffnet. Luxuriöses Haus mit beheiztem Swimmingpool und Tennisplätzen. Zimmer- und Essenspreise – auch à la Carte – sind nicht von Pappe. Trotzdem lenken wir Ihre Aufmerksamkeit auf das Menü zu 140 F (inkl. Bedienung, ohne Getränke), das allerdings nur mittags außer sonntags serviert wird. Getafelt wird im bildschönen gewölbten Speisesaal oder, bei gutem Wetter, draußen auf der einladenden Terrasse.

● *VILLECROZE*

gibt sich wesentlich lebendiger und volkstümlicher als Tourtour. Der mittelalterliche Charakter blieb hier noch weitgehend erhalten. Einige Gassen, besonders die halb versteckte Rue des Arceaux, lohnen einen Bummel. Durch den Uhrturm (Tour de l'horloge) geht's zur Rue de France: Arkaden und Gewölbebogen bieten lohnende Fotomotive.
Zum Verschnaufen, ein weitläufiger Gemeindepark am Fuß einer Felswand mit vielen Höhlen. Villecroze (ville creusée) bedeutet »in den Fels gehauene Stadt«.

Ein Teil dieser Höhlen war dereinst auch bewohnt. Führungen von 9 bis 12 Uhr und von 14 bis 19 Uhr, Eintritt: 3 F.

Kost & Logis

– *Le Grand Hôtel:* place du Général-de-Gaulle, 83690, in der Ortsmitte; Tel.: 94 70 78 82. Kleines, typisches Provinzhotel, schon etwas in die Jahre gekommen, aber mit nettem Empfang. Saubere Doppelzimmer zu 110 bis 143 F mit teilweise abenteuerlicher Möblierung. Wir kamen leider nicht mehr dazu, das Restaurant zu testen: berichten Sie uns von Ihren Erfahrungen!

– *Le Bien-Etre:* route de Draguignan, quartier des Cadenières, 3 km von Villecroze an der D 557, von dort gut ausgeschildert, 83690; Tel.: 94 70 67 57. Mittwochs Betriebsruhe. Am Busen der Natur, genießt dieses Restaurant mit viel Platz auf der Terrasse in der Gegend einen ausgezeichneten Ruf. Teilweise etwas biederes Publikum. Wer das Menü zu 85 F (inkl. Bedienung, aber ohne Flüssiges) ordert, erhält einen großen gemischten Salat oder eine Gemüsetorte, Froschschenkel auf provenzalische Art oder Spanferkelragout mit Steinpilzen sowie Käse und Nachtisch. Das Menü zu 135 F bietet Waldsalat mit Gänseleber, Schweineschnitzel mit Honig und Zitrone, Käseplatte und Nachtisch. Besonders für Sonntag mittag wird Reservierung wärmstens empfohlen.

● AMPUS

Reizvoller Ort, 14,5 km nordwestlich von Draguignan. Seine vortrefflich restaurierte romanische Kirche wurde auf den Grundmauern einer römischen Festung errichtet.

Ein paar Kilometer weiter, die ebenfalls romanische *Kapelle Notre-Dame-de-Spéluque*, die wegen ihres fünffüßigen Altars einen Besuch lohnt.

Wir empfehlen, wegen der vielen Aussichtspunkte, über die D 49 nach Draguignan zurückzukehren.

Kost & Logis

– *L'Auberge d'Ampus:* route de Châteaudouble, zu Füßen eines imposanten Felsens, 83111, Tel.: 94 70 97 10. Ganzjährig geöffnet, außer dienstags in der Nebensaison. Bequeme Zimmer zu rund 150 F, gepflegte Küche und drei verschiedene Menüs für jeden Geldbeutel.

● Etwas schicker

– *La Fontaine:* am Dorfplatz von Ampus, 83111, Tel. 94 70 97 74. Sonntagabend und montags geschlossen. Eines der namhaftesten Restaurants in der ganzen Gegend. Auf der kleinen Terrasse kann man bei schönem Wetter im Schatten eines plätschernden Brunnens sitzen. Wir empfehlen den Schlemmersalat mit Gänseleber, in Förmchen gebackene Eier mit Trüffeln (oeuf cocotte aux truffes du pays), Kalbsbries mit Pilzen und Spargelspitzen usw. Kommt summa summarum auf etwa 140 F; den kleinen aber feinen *Vin de pays* sollte man nicht verschmähen!

DIE VERDON-SCHLUCHT

Ohne es mit dem Grand Canyon in Nordamerika aufnehmen zu wollen, ist die Verdon-Schlucht doch in Europa ohnegleichen. Man könnte sie ohne weiteres mit einem Axthieb zwischen der Provence und den Alpen vergleichen, der eine 21 km lange Einkerbung in der Erdkruste hinterlassen hat. Vor 30 Jahren lieferte der Verdon in Zeiten stärksten Hochwassers noch bis zu 800 Kubikmeter Wasser pro Sekunde.

Die Errichtung von zwei Staudämmen verminderte diese gewaltige Wassermenge auf 30 Kubikmeter pro Sekunde und damit wurde gleichzeitig der Zugang zur Talsohle für Wanderer und Kajakfahrer möglich. Schwindelerregende Felswände, die den Wanderer mit ihren 300 bis 600 m Höhe schier zu erdrücken scheinen, ein Meer von unterschiedlichen Felsen und fast unberührte Uferpartien bilden eine

VERDON-SCHLUCHT / 147

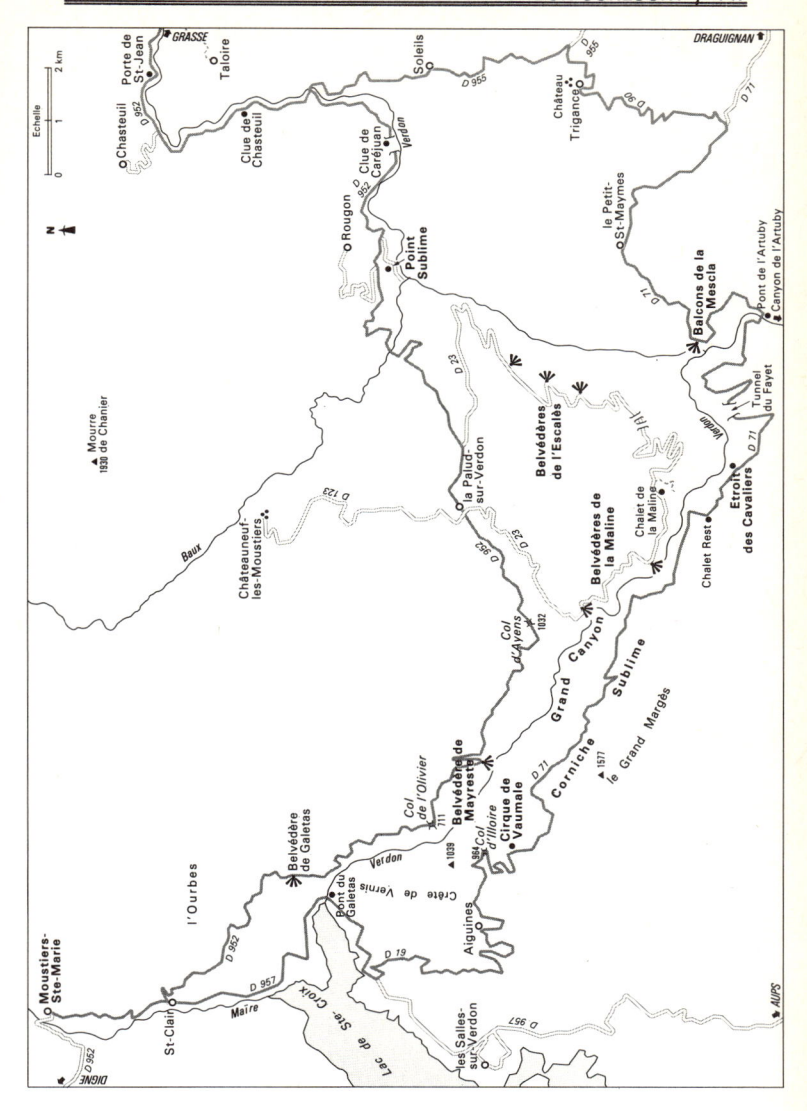

Verdonschluchten

148 / IM HINTERLAND: DER HAUT VAR

überwältigende Kulisse. Obwohl die Schlucht bereits zum ersten Male im Jahre 1905 von dem französischen Höhlenforscher Martel und seinen Begleitern erkundet wurde, kam die Vereinnahmung dieser grandiosen Naturlandschaft durch Touristen erst vor ungefähr zwei Jahrzehnten in Gang.
Der Touring-Club de France hat hier ein Netz von Wanderwegen angelegt.
Die beiden Kammstraßen nördlich und südlich des Verdon, die auch erst nach dem zweiten Weltkrieg bzw. vor ca. 10 Jahren angelegt wurden, bieten geradezu atemberaubende Ausblicke.
Unsere Wegbeschreibung beginnt in Aiguines, oberhalb des Sainte-Croix-Sees, führt dann über die südlich des Verdon verlaufenden D 71 und D 90 nach Trigance, um dann über die D 952, weiter nördlich, nach Moustiers-Sainte-Marie zu gelangen. Dazwischen schieben wir noch von la Palud-sur-Verdon aus wegen der schönen Aussichtspunkte den Rundkurs der D 23 ein.

• AIGUINES

In 800 m Höhe, d.h. 300 m über dem Wasserspiegel des Sees von Sainte-Croix, liegt Aiguines mit seinem pittoresken Schloß aus dem 17. Jh. Vier Rundtürmchen flankieren den Bau mit seinen farbig glasierten Ziegeln. Die Einwohner des kleinen Dorfes verdienten über Jahrhunderte hinweg ihren Lebensunterhalt mit dem Drechseln von Buchsbaumholz. Das kleine Museum der Holzdrechsler *(Musée des Tourneurs sur bois)* bietet aufschlußreiche Einblicke in die Arbeit dieses heute verschwundenen Berufsstandes.
Die letzte Hexe von Aiguines: Mutter Bousquet war die letzte der »Hexen« in der Provence. Sie wohnte nahe bei Aiguines, im »Bauernhof der Medizin«, wo sie aus den Pflanzen, die sie auf der Hochebene von Canjuers oder an den Felswänden des Verdon gepflückt hatte, zahlreiche Heiltränke und Geheimmixturen zubereitete. Sie kannte alle Pflanzen und wußte, wann man sie pflücken mußte. Die Jahreszeit, der Stand des Mondes und selbst die Tageszeit spielten eine Rolle. Brombeer gegen Halsweh, Lavendel gegen Insektenstiche und Schlangenbisse – und viele andere mehr. So konnte ihr keine Krankheit widerstehen, und man kam von weither, um bei der alten »Geheimniskrämerin« Rat zu suchen.
Nun, Mutter Bousquet werden unsere Leser nicht mehr aufsuchen können, aber dafür sollte man unbedingt *Font d'Eïlenc*, einer weiteren bedeutenden Persönlichkeit von Aiguines, einen Besuch abstatten! Joëllo Font d'Eïlenc betreibt in der Ortsmitte einen Krämerladen, der ein wenig einer Rumpelkammer gleicht und den man vorsorglich noch auf einem Foto für die Nachwelt festhalten sollte. Dieser vielseitige Herr ist Dichter, war Sekretär der Akademie für Dichtkunst und machte 1928 Schlagzeilen, als er zum ersten Male eine Tour de France von mittels Windsegeln angetriebenen Autos organisierte. Natürlich war er auch Bürgermeister, aber seine Kraft widmet er vor allem dem Verdon und seiner einzigartigen Bergwelt. Font d'Eïlenc weiß hinreißend zu erzählen, und so ganz nebenbei kann man sich dann noch in dem nostalgischen Laden mit seinen literarischen Werken, Broschüren über die Gegend sowie landestypischen Erzeugnissen wie Lavendelhonig, Trüffeln usw. versorgen.
Soweit die Rubrik »Begegnungen mit ungewöhnlichen Menschen ...«

Restaurant

– *La Panetière:* 83630, Tel.: 94 70 22 77. Unverfälschter Landgasthof mit nur sechs bis sieben Tischen; gastfreundlicher Empfang. Wer 75 F übrig hat, darf sich an folgendem reichhaltigen Menü laben: Kopfsalat mit Nüssen und Roquefort, Forelle mit Thymian, Käseplatte und Dessert. Weitere Menüs zu 130 und 180 F, aber satt wird man auch von ersterem.

• DIE LINKE UFERSTRASSE (Corniche sublime)

Auf der südlichen D 71 hat man am *Col d'Illoire* einen ersten großartigen Blick auf die Schlucht und das gegenüberliegende Ufer. Am *Cirque d'Aumale* erreichen wir mit 1204 m den höchsten Punkt der Rundstrecke.

An den *Falaises de Baouchets* führt die Straße eng am Canyon entlang und mehrere Stellen bieten Ausblicke auf den reißenden Verdon und auf die Schluchtengen.

An der *Falaise des Cavaliers* treten mehrere Steilwände zusammen. Ganz in der Nähe klebt das »Restaurant des Cavaliers« wie ein Schwalbennest hoch über dem Canyon. Hinter dem Hotel ist auch der Ausgangspunkt des linksseitigen Fußweges, der in steilen Serpentinen hinunter zum Verdon führt. Von unten kann man über den Fußsteg *(Passerelle de l'Estellié)* das andere Ufer bzw. die Hütte von la Maline erreichen oder zu der tollen Wanderung auf dem Martel-Pfad (s.u. Abschnitt »Wanderungen«) aufbrechen. An dieser Stelle liegt die Schlucht der Sonnenbahn zugewandt, die auf den Felswänden großartige Licht- und Schattenspiele hervorzaubert.

Der *Tunnel de Fayet* löchert mit seinen Fensteraussparungen die Felswand wie einen Schweizerkäse. Klar, daß diese großen Öffnungen herrliche Blicke in die Schlucht erlauben.

Auf der *Artuby-Brücke*, deren einziger Brückenbogen eine Spannweite von 110 m aufweist, blickt man in die 200 m tiefer gelegene, enge Schlucht des Artuby. Absolut nichts für Schwindelanfällige und Selbstmordkandidaten: hier hat's schon manchen in die Tiefe gezogen!

Vom *Balcon de la Mescla* bietet sich ein bemerkenswerter Blick auf die »Vermischung« (Mescla) von Artuby und Verdon. Hier windet sich der Verdon um einen messerscharfen Felsen und ändert dann seinen Lauf.

Etwa 3 km nach dem *Gehöft Saint-Maymes*, wo man sich unter anderem mit einem leckeren Schafskäse stärken kann, verlassen wir die D 71 und nehmen die schmale und steile D 90 nach *Trigance*. Eine gewaltige Burg aus dem 12. Jh. mit vier Rundtürmen scheint über den Ort, der sich an den Hügel schmiegt, zu wachen. Lange Zeit prägten Ritter des Templerordens die Umgebung, und so verwundert es nicht, daß man noch heute bei dem Weiler Soleils einen sagenhaften Schatz der Tempelritter vermutet.

Nach Trigance mündet die D 90 in die von Comps herführende D 955. Wir biegen nach links ab, Richtung Pont-de-Soleils, wo wir auf die von Castellane kommende D 952 stoßen. An dieser Stelle endet die südliche Umfahrung der Schlucht.

● *DAS RECHTE UFER*

Von Pont-de-Soleils bis La Palud-sur-Verdon passieren wir alle Nase lang neue Aussichtspunkte. In der Schlucht von *Carejuan* kann man oft beim Zuwasserlassen der Kajaks zuschauen: eine Erkundung der Verdon-Schlucht mit dem Kajak ist aber nur etwas für Könner!

Unmittelbar nach dem *Tunnel von Tusset* führt links eine Straße zum Zusammenfluß des Baou mit dem Verdon. Diese Straße endet am *Aussichtspunkt* des *Couloir Samson*, ebenso der *Martel-Pfad*, der an der La Maline-Hütte seinen Anfang nimmt.

Wir kehren zurück zur D 952 und zweigen am Point-Sublime rechts ab. Über die besonders kurvenreiche D 17 gelangen wir schließlich nach *Rougon*, das gleich einem Adlerhorst an einem Felsvorsprung klebt. Die Einwohnerzahl sank von 200 im Jahre 1925 auf etwa 30 heute, und vom Touristenrummel, der sich nur wenige Kilometer von hier abspielt, ist in diesem Ort nichts mehr zu spüren. Ein Besuch in Rougon lohnt also nicht nur wegen des einmaligen Blicks auf den Eingang der Schlucht.

Wieder unten an der *Auberge du Point-Sublime* angekommen, braucht man nur den Touristenherden zu folgen. Automatisch gelangt man dann zu jenen Aussichtspunkten, die einen fantastischen Blick auf den tiefen Einschnitt des Couloir Samson und den Beginn des Grand Canyon bieten. Im Sommer ist der Parkplatz meist überfüllt und an den Aussichtspunkten herrscht ein Gedränge wie auf der Promenade des Anglais in Nizza. Kurz vor der Ankunft in La Palud zweigen wir links auf die Kammstraße D 23 ab. Sie bietet an einigen Aussichtspunkten großartige Ausblicke auf Felsklippen und in die Tiefe rauschenden Verdon.

Am *Belvédère de Trescaïre* befindet man sich genau über einer Steilwand, in deren Nähe die drei Täler zusammenstoßen.

150 / IM HINTERLAND: DER HAUT VAR

500 m über dem Verdon liegt der *Belvédère de l'Escalès*, von wo man auch den tief unten verlaufenden Wanderweg erblickt.
Vom dritten Aussichtspunkt, dem *Dent d'Aires*, hat man sogar ein 360°-Panorama über den Verlauf der Schlucht und das Hinterland. An dieser Stelle soll es schon im 5. Jh. vor Christus eine Sternwarte keltisch-ligurischer Stämme gegeben haben. Reste des Fernrohres haben wir ausgebuddelt und bewahren sie zuhause auf. Tief unten die *la Maline-Hütte*, Ausgangspunkt des Martel-Pfades.

● *LA PALUD-SUR-VERDON*

Etappenort, »heimliche Hauptstadt« der Verdonregion. Ein romanischer Glockenturm aus dem 12. Jh. ziert die Kirche von La Palud-sur-Verdon. Handel und Fremdenverkehr sind die Haupterwerbsquellen.

Kost & Logis in der Verdon-Gegend

● *Südufer*

– *Auberge-relais Altitude 823:* im Dorf Aiguines, 04120, Tel.: 94 70 21 09. Ganz annehmbare Zimmer (Zugang zum Bad vom Treppenabsatz) für ca. 100 F. Im geschmackvollen rustikalen Speisesaal serviert man ordentliche Menüs zu 65 und 80 F.
– *Hôtel du Grand Canyon:* falaise des Cavaliers, 83114. Auf halbem Weg zwischen Aiguines und Comps, Tel.: 94 76 91 31; von April bis Oktober geöffnet. Thront gleich einem Adlerhorst 300 m hoch über dem Verdon. Die komfortablen Doppelzimmer mit Bad bewegen sich preislich um 320 bis 350 F. Warum nicht eines der beiden Menüs zu 92 bzw. 165 F im Panoramarestaurant einnehmen? A la Carte gibt's unter anderem Rührei mit Trüffeln und Wildschweinragout.

● *Nordufer*

– *Auberge du Point-Sublime:* am Eingang der Schlucht an der D 952; 04120, Tel.: 92 83 60 35. Den freundlich wirkenden Speisesaal schmücken etliche Erinnerungsstücke wie Töpferwaren, ein ausgestopfter Wildschweinkopf, Kupfergeschirr und Grünpflanzen. Die Terrasse stellt eine einzige, große Gartenlaube dar. Schmausen kann man hier über Mittag und abends bis 20.45 Uhr. Menüs von 60 bis 109 F. Verfügt darüberhinaus über 14 Doppelzimmer à 85 bis 150 F.
– *Jugendherberge:* in La Palud-sur-Verdon, 04120, Tel.: 92 74 68 72. Vom 1. Dezember bis 1. März geschlossen. Hübsch gelegen, tadellos geführt und netter Empfang: mehr kann man wirklich nicht verlangen! Insgesamt 65 Plätze verteilen sich auf Achtbettzimmer und einige Doppelzimmer für Paare. Frischluftfanatiker zelten neben dem JH-Gebäude. Abgesehen von verschiedenen Kletterkursen lassen Ausritte und geführte Wanderungen keine Minute Langeweile aufkommen. Im Sommer empfiehlt sich Reservierung. Vor knapp 20 Jahren haben Bekannte von uns noch den Jugendherbergsschlüssel beim Dorfschreiner abholen müssen und durften selber Jugendherbergseltern spielen. Ja, früher ...
– *Hôtel Le Provence:* in La Palud-sur-Verdon, 04120, Tel.: 92 74 68 88. Ganz nette Bleibe. Doppelzimmer mit Bad zu 180 F. Auf der Terrasse oder im einladenden Speisesaal tut man sich an einem passablen Menü zu 77 F gütlich. Landschaftlich reizvolle Lage am *Circuit de la route des crêtes*.

Verkehrsmittel

– Vom 1. Juli bis zum 15. September verkehrt montags, mittwochs und samstags ein Bus nach Moustiers, Aix-en-Provence und Marseilles, Abfahrt: 13 Uhr. Die restliche Zeit des Jahres nur samstags. Vom 1. Juli bis 31. August bestehen täglich (außer sonn- und feiertags) Zusatzverbindungen um 8.05 und 17.40 Uhr.

Einige Ratschläge für Wanderungen im Grand Canyon

Obwohl die Hauptschwierigkeiten im Lauf der Jahrzehnte beseitigt wurden, sind dennoch gewisse Vorsichtsmaßnahmen bei Wanderungen durch den Canyon erforderlich:

– Ausrüstung: neben Bergschuhen empfiehlt es sich, einen zusätzlichen Pullover mitzunehmen, da es bei einzelnen Passagen, vor allem in den Tunnels, empfindlich kühl werden kann. Darüber hinaus sollte man eine Taschenlampe, eine kleine Verbandstasche sowie eine Feldflasche parat haben.
– Karten: die Karte 1:50.000 »Moustiers-Sainte-Marie« des Nationalen Geographie-Instituts (IGN), eventuell auch die eine oder andere im Ort erhältliche Verdon-Karte, reichen völlig aus.
– Die gekennzeichneten Wege sollte man nach Möglichkeit nicht verlassen und vor allem nicht versuchen, irgendwelche Abkürzungen zu finden: nur allzu schnell landet man hier unversehens vor gähnenden Abgründen.
– Wasserstand: den Verdon sollte man nur in Ausnahmefällen überqueren. Die flußaufwärts betriebenen Elektrizitätswerke beeinflussen den Wasserstand und sind in der Lage, ihn binnen kurzem rasch ansteigen zu lassen. Dadurch kommt es unter Umständen zu gefährlichen Strudelbildungen oder es kann passieren, daß man einfach nicht mehr über eine kurz vorher noch vorhandene Furt zurückkehren kann.
– Wetter: in der Schlucht entladen sich Gewitter besonders heftig, und wer sich nicht gerade Todesängsten aussetzen will, sollte bei dieser Wetterlage die Wanderung verschieben.
– Daß man keine Blumen pflückt, kein Feuer entzündet und auch keinen Unrat in der Schlucht zurückläßt, sollte eigentlich selbstverständlich sein, aber bei hunderttausend Besuchern pro Jahr scheint dieser Hinweis dennoch angebracht.

Routen für Spaziergänger und Wanderer

– Vom Cavaliers-Felsen am südlichen Ufer braucht man etwas mehr als eine Stunde, um zum Fluß hinunter- und wieder hochzusteigen. Der Abstieg gestaltet sich stellenweise etwas anstrengend, verlangt aber keine besondere Übung.
– Der Pfad zum *Couloir Samson* ist mehr für die Eiligen gedacht. Es wäre jedoch jammerschade, wenn man für diese großartige Naturlandschaft keine Zeit aufbrächte. Immerhin erhält man so einen kleinen Eindruck vom Grund der Schlucht. Ausgangspunkt ist der Parkplatz und Aussichtspunkt des Couloir Samson, etwas unterhalb des Point-Sublime. Für den Hin- und Rückweg muß man rund zwei Stunden rechnen. Da unterwegs ein längerer Tunnel durchquert werden muß, empfiehlt sich die Mitnahme einer Taschenlampe.
– Auch vom *Cavaliers-Felsen* kann man zum Verdon runter- und auf der anderen Seite zur *La Maline-Hütte* hochkraxeln. Diese Unternehmung nimmt ebenfalls etwa zwei Stunden in Anspruch, aber man sollte sich schon vorher überlegen, wie man auf der anderen Seite weiter- bzw. wieder zurückkommt.
– Nun vom *Martel-Pfad*, auch TCF (Touring-Club de France) -Pfad, dem »großen Klassiker« der Schlucht. Seinen Anfang nimmt er an der *La Maline-Hütte* am Nordufer, an der D 23. Kurze Pausen einberechnet sollte man etwa acht Stunden veranschlagen. Der Touring-Club de France hat diesen Wanderweg, der heute den Namen seines Ersterkunders trägt, in mühsamer Kleinarbeit in den 30er Jahren angelegt. Genaue Wegbeschreibungen finden sich in speziellen Broschüren, die man in La Palud-sur-Verdon, Aiguines, Castellane und anderen Orten erhält. Die schwindelanfälligen unter unseren Lesern erwarten einige heikle Stellen. Hier ist besonders die Imbert-Breche hervorzuheben: teilweise sehr steile, aber gut befestigte Treppen, die über 250 Stufen in die Tiefe führen. Diese klassische Tour ist in das Netz der Wanderwege (GR 4) integriert und gut ausgeschildert. Eine Fülle unvergeßlicher Eindrücke und das Gefühl, diese grandiose Landschaft aus nächster Nähe erlebt zu haben, werden für erlittene Unbilden mehr als entschädigen!
– An der *Galetas-Brücke*, dort wo der Verdon in den See von Sainte-Croix mündet, besteht die Möglichkeit, ein Tretboot, einen Kahn oder einen Kajak zu mieten, um sich die nach Osten verengende Schlucht etwas genauer anzuschauen.

MOUSTIERS-SAINTE MARIE

Eines der reizvollsten und originellsten Fleckchen Erde in der ganzen Gegend. Moustiers-Sainte Marie schmiegt sich an eine mächtige Felswand und wird von einem wilden Gebirgsbach zweigeteilt. Darüber hängt zwischen zwei Felsspitzen an einer 227 m langen schmiedeeisernen Kette der berühmte Stern von Moustiers. Er soll die Dankesgabe eines, nach langer Gefangenschaft heil vom Kreuzzug zurückgekehrten, Ritters sein. Der hübsche Glockenturm ist typisch für die romanische Kunst der Lombardei. Früher wackelte er jedesmal, wenn seine Glocken läuteten. Die ganze Obere Provence wußte um diese besorgniserregende Besonderheit, bis eines Tages alles sorgfältig befestigt wurde. Das Kirchenschiff schmückt ein Gemälde von der Hand eines unbekannten Künstlers aus dem 15. Jh. Es zeigt mehrere Heilige in einer Landschaft, die dem damaligen Moustiers entspricht, wohingegen der berühmte Stern von Moustiers auf der Darstellung fehlt. Das Chorgestühl mit den aufwendigen Schnitzarbeiten stammt aus dem 16. und 18. Jh.
Der Ort ist darüberhinaus bekannt für die Herstellung prächtiger Fayencen.
In einer mittelalterlichen Krypta unter dem Pfarrhaus bei der Kirche ist das kleine *Fayence-Museum* untergebracht. Geöffnet von 9 bis 12 Uhr und von 14 bis 18 Uhr. Dienstags und von Ende Oktober bis Ende März geschlossen. Eintritt: 3 F.
Ein malerischer Weg führt zur *Kapelle Notre-Dame-de-Beauvoir*, auf einem Felsplateau hoch über dem Dorf. Vom Kapellenplatz aus bietet sich eine beneidenswerte Aussicht auf die alten Dächer von Moustiers und auf die Ebene von Valensole.

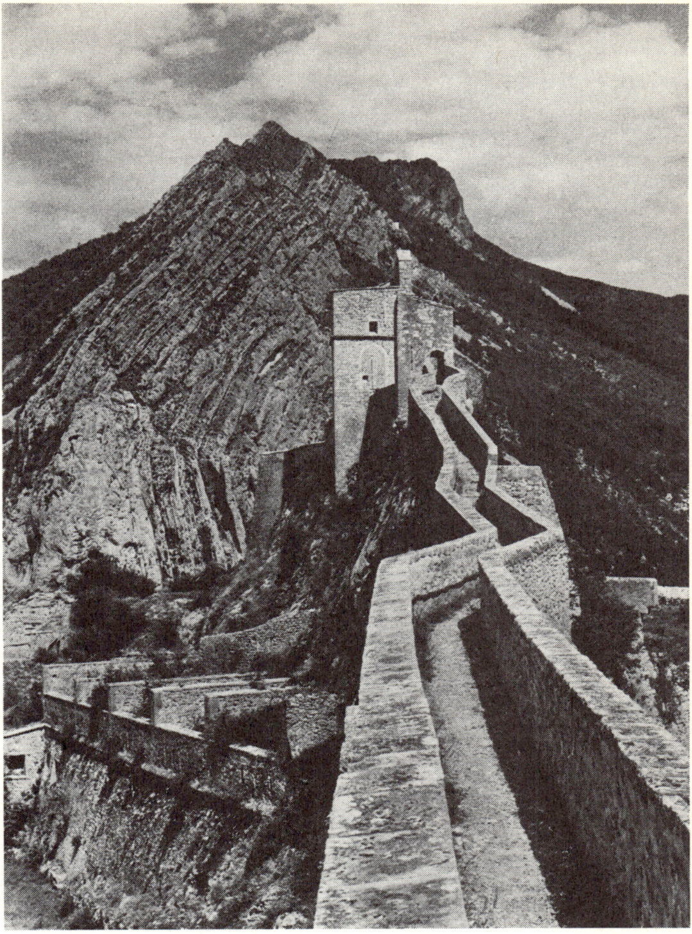

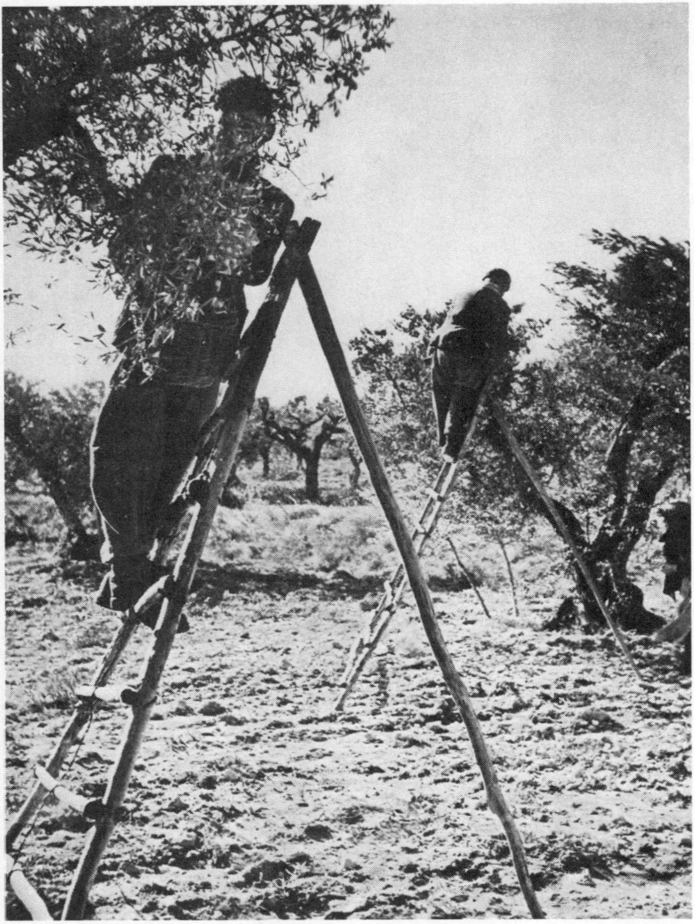

KÜSTE VON ST.-RAPHAEL BIS MENTON UND

HINTERLAND

DIE ESTEREL-KÜSTENSTRASSE

Die Küstenstraße von Saint-Raphaël nach Cannes, 1903 auf Initiative des Touring-Club de France angelegt, ist gespickt mit atemberaubend schönen Aussichtspunkten. Tief unten verlocken kleine Buchten zum Baden, und zahlreiche Pfade führen auf Gipfel, die einen Rundblick über eine Landschaft erlauben, welche sich noch ihre Ursprünglichkeit bewahrt hat. Immer wieder beeindruckend sind die roten Felsen des Estérel-Massivs aus Vulkangestein.
Entlang der Küste reiht sich eine ganze Kette von kleinen Badeorten. Die Fantasie der Baulöwen scheint hier keine Grenzen zu kennen: jedes Mittel ist willkommen, um Wohnanlagen, natürlich alle mit Meeresblick, Pinien, Olivenbäumen, Sonne und Swimmingpool, an den Mann zu bringen. Ob sie zur Vernunft kommen werden, bevor die ganze Küste zubetoniert ist?

Verkehrsmittel

– Jede Stunde Busverbindung von Saint-Raphaël nach Cannes.

● *LE DRAMONT*

Oberhalb des Küstenstreifens erinnert ein Denkmal an die Landung der 36. amerikanischen Division am 15. August 1944.

● *AGAY*

Seebad am Rande einer tiefen Bucht. Agay wird vom *Rastel d'Agay* mit seinen 288 m beherrscht und gleichzeitig vor Wetterunbilden geschützt. Bestens geeigneter Standort für Ausflüge ins Estérel-Massiv.
– *Verkehrsbüro:* bd de la Mer, Tel.: 94 82 01 85.

Kost & Logis

– *Royal Camping:* Strandplatz 1,5 km vom Ort entfernt, 83700, Tel.: 94 82 00 20. Alles in allem o.k., aber auch nicht mehr. Vom 20. März bis September geöffnet.
– *Camping de l'Agay:* einen knappen Kilometer nördlich am Ortsrand und 500 m vom Strand entfernt, 83700, Tel.: 94 82 02 74. Platzgebühr 16 F pro Person. Bei diesem ganz angenehmen Platz empfiehlt es sich zu reservieren.
– *Camping Agay-Soleil:* unmittelbar am Meer, 83700, Tel.: 94 82 00 79. Hier ist ebenfalls Reservierung angebracht.
– *Restaurant Agay-Soleil:* ganz unscheinbar an der Küstenstraße; bietet seinen Gästen ein passables Menü mit Fischsuppe, Hähnchen und Dessert für 69 F. Terrasse mit Blick aufs Meer.

● *ANTHEOR*

Hinter dem kleinen Ort erheben sich die Gipfel von *Cap Roux*.
Kurz vor der Landspitze *Pointe de l'Observatoire* eröffnet sich nach links ein einzigartiger Blick auf die roten Felsen von *Saint-Barthélemy*, von *Saint-Pilon* und von *Cap Roux*, zu dem eine Forststraße 5 km hinter Anthéor führt. An der Landspitze *Pointe de l'Observatoire* dienen die Reste eines Bunkers als Aussichtsterrasse. Von dieser schweift der Blick von Anthéor bis zur Bucht von La Napoule. Hier stürzt das Estérel-Massiv in mächtigen, roten Klippen zum Meer hin ab.

156 / KÜSTE V. ST.-RAPHAEL BIS MENTON UND HINTERLAND

Kost & Logis

– *La Réserve d'Anthéor:* 83700, Tel.: 94 44 80 05. Vom 1. Februar bis zum 10. Oktober geöffnet. Hotel zwischen den Felsen am Strand mit, wie man so gern im Französischen sagt, »vollem« Meeresblick (»pleine« vue sur la mer). Zimmerpreise: 154 bis 247 F.
– *Les Flots Bleus:* 83700, Tel.: 94 44 80 21; zu Füßen des gewaltigen Eisenbahnviadukts. Mitte März bis Mitte September geöffnet. Zimmer mit Meeresblick zwischen 120 und 180 F und einwandfreies Restaurant mit Menüs zu 75 und 125 F. Beim erstgenannten gibt's Fischsuppe, Hammelkeule und Nachtisch in reichlichen Portionen. Als Spezialitäten des Hauses gelten Fischsuppen und gegrillter Fisch. Natürlich kann man seine Mahlzeiten auch auf der Terrasse einnehmen.

● LE TRAYAS

Wer Badegelegenheiten in engen Buchten oder Möglichkeiten zu Spaziergängen an bewaldeten Hängen sucht, ist in dem angenehmen Seebad gut aufgehoben. Ein wunderbares Panorama zu allen Seiten ist auch Nichtschwimmern und Fußlahmen gewiß.

Unterkunft

– *Jugendherberge:* 83700, Tel.: 93 75 40 23. Die rund 2 km Aufstieg vom SNCF-Bahnhof aus können mit einem Rucksack unter Umständen ganz schön lang werden. Ganzjährig geöffnet. Will man länger als drei Nächte bleiben, sollte man, besonders im Sommer, reserviert haben. Pro Tag halten fünf Züge in Le Trayas, der letzte Zug bzw. Bus verkehrt jedoch gegen 19 bis 19.30 Uhr. Zimmer mit zwei bis sechs Betten, die Übernachtung à 35 F. Fürs Frühstück muß man 9,50 F und für das Abendessen 34,50 F locker machen. Internationaler Jugendherbergsausweis ist Pflicht. Veranstaltet Tauch-, Windsurf- und andere Kurse. Die Lage – Meer auf der einen Seite und auf der anderen Blick auf das Estérel-Massiv – ist einmalig. Ab einer Aufenthaltsdauer von mehr als drei Tagen ist Halbpension obligatorisch.

Fußwanderungen

– Vom Bahnhof in Le Trayas aus führt nach dem Bahnübergang ein ausgeschilderter Pfad zum *Pic de l'Ours*. Eine tolle Aussicht, vom Mauren-Massiv bis zum Mercantour-Nationalpark in den Alpen, entschädigt für den dreistündigen Fußmarsch hin und zurück.
– Von der Bushaltestelle Maubois braucht man ebenfalls drei Stunden (Hin- und Rückweg) für den gekennzeichneten Pfad zum *Cap Roux*.

● MIRAMAR

Der exklusive Badeort verfügt in der Bucht von La Figueirette über einen eigenen Jachthafen. In der Kurve Höhe Hotel *Tour de l'Esquillon* beginnt ein markierter Fußpfad, der in ca. 10 Minuten zum Aussichtspunkt Esquillon führt. Der Blick schweift hier vom Estérel-Massiv über die Küste bis zu den Lérins-Inseln.

Kost & Logis

– *Hôtel de la Corniche d'Or:* 10, bd de l'Esquillon, 06590, Tel.: 93 75 40 12. Vom 1. April bis zum 30. September geöffnet. Nichts für chronisch abgemagerte Reisekassen. Zudem ist in der Hauptsaison mindestens Halbpension obligatorisch, aber dafür kann man auf der Leistungsseite eine wunderbare Lage und einen Swimmingpool verbuchen und das hervorragende Menü zu 100 F auf der Terrasse einnehmen. *Alors ...*

In der Umgebung

Von der Straße aus erkennt man die Feriensiedlung *Port-la-Galère* tiefer unten, eine architektonisch erstaunlich gelungene Anlage von Jacques Couelle, dem Erfinder der »bewohnten Skulptur«. Da die Fassaden mit den Felser eine Einheit

zu bilden scheinen, kann man auf jeden Fall zu Recht sagen, daß sich der futuristisch anmutende Ferienort seiner Umgebung anpaßt. Nach den vielen Betonklötzen, die mittlerweile allenhalben die Küste spicken, ist ein Besuch dieser Idealsiedlung geradezu erholsam. Sicherlich ein lohnendes Ziel.
Da es sich um eine private Ferienanlage handelt, kommt man nicht näher 'ran. Zum Trost genieße man den Ausblick über die Bucht von La Napoule, Cannes und die Lérins-Inseln bis zum Cap d'Antibes.

• *THEOULE-SUR-MER*

Kleine Ferienhäuser, teilweise noch mit Gemüsegarten davor, säumen die Hauptstraße dieses eher gemütlichen Sommerbadeortes. Auch wenn gerade die ersten Wohnblöcke aus dem Boden gestampft werden, so geht es hier, verglichen mit dem Trubel in Cannes, doch noch vergleichsweise friedlich zu. Bei dem mit Zinnen und Türmchen bewehrten Schloß am Meer handelt es sich eigentlich um eine ehemalige Seifensiederei aus dem 18. Jh.

Adressen

– *Verkehrsamt:* place du Général-Bertrand, Tel.: 93 49 28 28. Geöffnet im Sommer von 10 bis 19 Uhr, auch samstags.

Verkehrsmittel

In beide Richtungen, nach Cannes und nach Saint-Raphaël, verkehren stündlich *Busse*.

Kost & Logis

– *Grand Hôtel:* 1, corniche d'Or, 06590, Tel.: 93 49 96 04. Prächtig gelegenes Haus mit Blick auf die Bucht von Cannes. Von April bis September geöffnet. Die makellosen Doppelzimmer belaufen sich auf 200 bis 400 F.
– *Chez Aristide:* 46, av. de Lérins, 06590, Tel.: 93 49 96 13. Montags sowie von Ende Dezember bis Ende Januar geschlossen. Stets frischer Fisch und eine exzellente Bouillabaisse für 187 F. Die Menüpreise schwanken zwischen 60 und 95 F.

Unternehmungen

Das Verkehrsamt ist auf der Suche nach Wandermöglichkeiten abseits der Touristenströme gerne behilflich.
Unser Vorschlag: die *drei Pässe Théoule, Le Trayas und La Cadière*. Man ist in Null Komma Nichts in den Bergen und hat zugleich einen fantastischen Blick aufs Meer.

• *MANDELIEU-LA-NAPOULE*

Den angenehmen Badeort an der Bucht von La Napoule zeichnet ein Jachthafen mit über 1000 Liegeplätzen und gleich daneben ein beeindruckendes Schloß aus.
– *Verkehrsbüro:* av. de Cannes, B.P. 16, 06210 Mandelieu, Tel.: 93 49 14 39 sowie Rue Jean-Aulas, B.P. 15, 06210 Mandelieu, Tel.: 93 49 95 31.

Unterkunft

– *Motel San Angelo:* 681, av. de la Mer, 06210, Tel.: 93 49 28 23. Zimmer, Studios und Appartements mit allem Komfort – die Entscheidung fällt nicht leicht. Der Zimmerpreis ist saisonabhängig, liegt aber im Schnitt bei 210 bis 270 F. Garten, Terrasse, Tennisplätze und Swimmingpool sind mit von der Partie.
– *Les Bruyères:* 1400, av. de Fréjus, 06210, Tel.: 93 49 92 01. Im Januar ruht das Geschäft. Der Zimmerpreis fällt mit 140 F für die Gegend eher bescheiden aus. Terrasse und Garten ebenfalls vorhanden.
– *L'Eperon d'Or:* av. de Fréjus, 06210, Tel.: 93 49 46 06. Von Ende September bis Mitte November geschlossen. Ehemaliges großzügiges Anwesen, in ein Hotel mit gemütlicher Terrasse umgewandelt. Zimmer in der Preisspanne 120 bis 210 F.

- *Logis San Estello:* domaine de Barbossi, N 7, 06210, Tel.: 93 49 54 54. Profitiert, neben der interessanten Architektur, von einem einladenden Swimmingpool und einem Garten samt Tennisplatz. 220 F die Übernachtung.
- *La Calanque:* av. Henri-Clews, 06210, Tel.: 93 49 95 11. Vis-à-vis vom Schloß mit Blick aufs Meer. Angenehm schattige Terrasse. Geschlossen vom 30. Oktober bis zum 20. März. Doppelzimmer mit Bad oder Dusche 220 F, mit WC 150 F. Einwandfreie Menüs (68 und 104 F). Als Spezialitäten des Hauses gelten Drachenkopffilet (Filet de rascasse) auf provenzalische Art und Steinbutt (Turbot) in geschlagener Buttersauce.

● *Campingplätze*

- *Camping la Siagne:* av. de la Mer, 06210, Tel.: 93 49 99 12 und 93 49 86 94. Öffnungsperiode: 1. April bis 30. September. Von den überwiegend schattigen 140 Stellplätzen sind's nur 400 m bis zum Meer.
- *Les Pruniers:* av. de la Mer, Tel.: 93 49 92 85 und 93 49 99 23. In der Nähe des vorgenannten Zeltplatzes und gleichfalls vom 1. April bis 30. September geöffnet. Benutzung der warmen Duschen ist kostenlos, und wem es im Zelt zu unbequem wird, der kann sich hier einen Bungalow mieten.

Essen

- *Le Boucanier:* am Jachthafen, zu Füßen des Schlosses von La Napoule, 06210, Tel.: 93 38 80 51. Sonntagabend und montags geschlossen. Die Terrasse schließt unmittelbar an den Strand an. Abends, wenn das Schloß angestrahlt wird, sollte man hier einkehren. Das tadellose Menü zu 91 F (ohne Bedienung) umfaßt als Vorspeise Fischsuppe, Fischterrine oder frische Rohkost, dann Goldbrasse vom Grill oder das Tagesgericht und last not least den Nachtisch. Auf den Bänken sitzt man bequem, und auch das Drumherum ist ganz ansprechend. Nach einem guten Schmaus sollte man sich gleich um die Ecke die Beine vertreten: über den kleinen Strand und dann am Schloß entlang. Unter alten Arkaden plätschern Meereswellen ...
- *La Calanque:* s.o. bei »Unterkunft«.

Sehenswert

- *Das Burgmuseum:* die geführten Besichtigungen beginnen jeweils um 15.15 und 16.45 Uhr. Im November bleiben die Museumspforten geschlossen. Eintritt: 15 F, Kinder und Studenten: 10 F. Von der ehemaligen Burg aus dem 14. Jh. blieben nurmehr zwei Türme. Der amerikanische Bildhauer Henry Clews unterhielt hier sein Atelier und restaurierte die Überreste der mittelalterlichen Burg in einem verwegenen »Patchwork-Stil«.
- *Der Hafen von la Rague:* kleiner geschützter Naturhafen in Richtung Théoule; in seiner Art viel sympatischer als das riesige Betonbecken von La Napoule.

DIE VIA AURELIA

Die bekannte Römerstraße wurde in Italien zur republikanischen Zeit in Angriff genommen und in Gallien zur Kaiserzeit weitergebaut. Sie verband Rom über Genua, Antibes, Fréjus und Aix mit Arles. Von ihren provenzalischen Anliegern wird sie noch heute *lou camin aurélian*, d.h. »Straße des Aurelius«, genannt und verläuft mit einem Teilstück an der Nordseite des Estérel entlang. Die *Via Aurelia* war dereinst eine der bedeutendsten Straßen des römischen Imperiums. Ihre 2,50 m breite Trasse besaß – wie die N 7, welche ihr später annähernd folgte – einen befestigten, erhöhten Unterbau. Sie war mit Steinplatten befestigt und zu den Seiten hin leicht abfallend; in den Städten säumten sie damals schon erhöhte Gehsteige. Die Trasse wurde, um Umwege zu vermeiden, über zahlreiche Brücken geführt. Alle 1478 m zeigten Meilensteine die Entfernung an. Ein solcher Wegstein ist im Museum von Saint-Raphaël zu begutachten; sein Sockel diente den Reitern als Fußstütze beim Aufsitzen. Am Straßenrand wurden in Abständen Herbergen betrieben, antike Service-Stationen, wo die Kuriere, ohne viel Zeit zu verlieren, ihre müden Pferde gegen ausgeruhte austauschen, wo sie übernachten, Schäden ausbessern und sich verproviantieren konnten.

Verläßt man Fréjus in Richtung Nizza, so stößt man linker Hand auf die neuesten Eingebungen der Baumafia: ihre Machwerke nennen sich hier »Jardins de César« (Cäsars Gärten) – tja, unsere gallischen Nachbarn hatten schon immer ein tiefverwurzeltes Geschichtsbewußtsein!

Nach 11 km gebirgiger Strecke erreicht man in 310 m Meereshöhe den *Testanier-Paß*. Dort geht's rechts ab und nach einem Kilometer auf der Forststraße erreicht man das *Forsthaus Malpey*. Die Übersetzung von Provenzalisch »Malpey« ergibt »schlimmes Land«, und in der Tat war dieses Forsthaus früher so eine Art »Wirtshaus im Spessart«. Neben Einzelreisenden waren damals natürlich Postkutschen besonders von Überfällen bedroht. Noch heute erzählt man sich wahre oder erfundene Räubergeschichten, die sich in dieser Gegend zugetragen haben. Am Forsthaus links abbiegen und nach ca. 1 km an der Abzweigung noch einmal links. Den letzten Abschnitt bis zum Gipfel des 618 m hohen *Mont Vinaigre* legt man zu Fuß zurück. Von der Plattform des ehemaligen Wachtturms aus hat man bei klarem Wetter eine geradezu sensationelle Fernsicht, die von den italienischen Alpen bis zum Sainte-Baume-Massiv bei Marseille reicht.

Wieder auf der N 7, erreichen wir beim *Logis de Paris* den höchsten Punkt auf unserer Fahrstrecke.

Von dort aus führt uns links die D 237 nach *Adrets-de-l'Estérel*; von diesem Sträßchen aus erblickt man immer wieder das Meer, die Lérins-Inseln und Cannes.

Kost & Logis

– *Le Logis de Manon:* Les Adrets-de-l'Estérel, 83600, Tel.: 94 40 90 95. Sechs Zimmer zu 138 F: schlicht möbliert, aber ordentlich. Übernachten kann man hier vom 1. Juni bis zum 15. September, während das Restaurant im Oktober, Anfang März und während der Saison abends geschlossen bleibt. Das einzige Menü, Kostenpunkt 120 F, bietet unter anderem zur Auswahl: filierte Sardinen, ein Gericht aus gehackter Schweineleber mit Mangold und Kräutern (Caillette) oder gehackte Kaninchenstücke mit Speck und Tomaten.

– *Le Relais des Adrets:* Les Adrets-de-l'Estérel, 83600, Tel.: 94 40 90 88. Ganzjährig geöffnet. Vis-à-vis vom Rathaus und einem Platz mit stattlichen Platanen. Drei verschiedene Menüs von 58 bis 101 F, die natürlich auf der Terrasse eingenommen werden können. Für 58 F ersteht man immerhin neben dem Salat ein Goldbrassenfilet, Käse und Nachtisch.

Auf dem Rückweg führt die N 7 in Richtung Mandelieu und Cannes durch eine wahrhaftige Bilderbuchlandschaft.

CANNES

Bei der Zauberformel Côte d'Azur denkt ein jeder automatisch an Monaco, Nizza, Saint-Tropez und eben an Cannes. Und wenn Cannes Gegenstand der Unterhaltung wird, dann fällt einem eine ganze Latte von Klischees ein: Hotel-Paläste, Rolls-Royces und Casinos, die berühmte Prachtstraße La Croisette, wo sehen und gesehen werden zum Lebensinhalt zu gehören scheinen, luxuriöse Boutiquen, die in nichts jenen der Pariser Faubourg-Saint-Honoré nachstehen, schließlich das Filmfestival mit seinen Stars und Sternchen ... Kurzum, ein Universum *en miniature*, zu dem man nicht gerade alltäglichen Zugang hat. Die Wirklichkeit sieht auch in Cannes etwas anders aus: zugegeben, die große Zahl von Rolls-Royces, die durch die Gegend kurven, ist schon beeindruckend, und auch die Silberlocken der Stars sieht man hier häufiger als anderswo, aber Cannes bleibt trotz allem eine außergewöhnliche Stadt mit einem schmucken Hafen und unzähligen Hotels und Restaurants zu teils durchaus erschwinglichen Preisen. Lassen wir die touristischen Trampelpfade, die Croisette und die Luxushotels links liegen und entdecken wir die Lérins-Inseln, die unter Pinien versteckten Straßen des Hügels La Californie, die einsamen Wege von La Croix-des-Gardes oder die schattigen Plätz-

160 / KÜSTE V. ST.-RAPHAEL BIS MENTON UND HINTERLAND

PLAN

CANNES / 161

CANNES

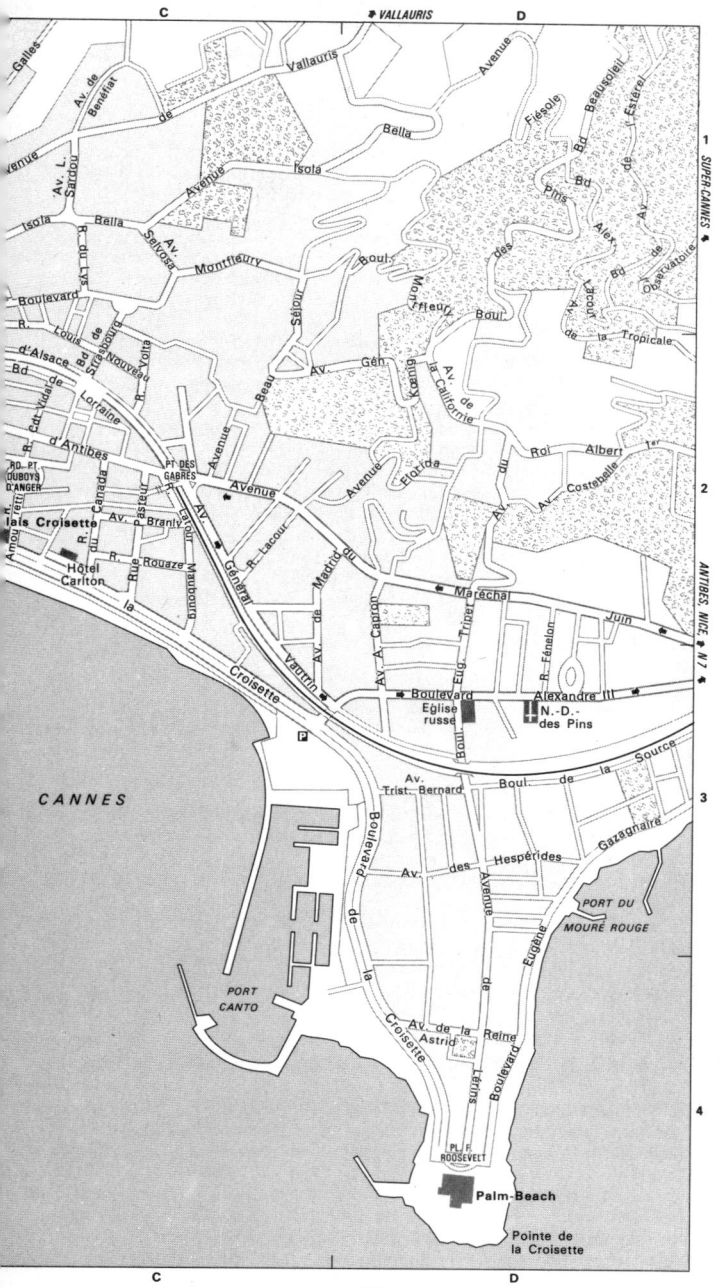

chen von Le Cannet. Dazu gehört natürlich auch, die Hauptferienzeit im Juli und August zu meiden. Hier bin ich Mensch, hier kann ich sein: beispielsweise im Anblick des Sonnenuntergangs über dem Estérel-Massiv. Aber wie gesagt, besser in der Nebensaison ...

Adressen

– *Tourismuszentrale* (Direction du tourisme): esplanade du Président-Georges-Pompidou, 06400, Tel.: 93 39 01 01. In den Wintermonaten montags bis samstags von 9 bis 18.30 Uhr geöffnet. Im Sommer täglich von 9 bis 19.30 Uhr.
– *Accueil gare SNCF* (Verkehrsamt im Bahnhof), Tel.: 93 99 19 77. Im Winter montags bis samstags von 9 bis 12.30 Uhr und von 14 bis 18.30 Uhr geöffnet, im Sommer täglich von 9 bis 20 Uhr. Als Tourist erfährt man hier tatkräftige und sachverständige Hilfe und kann auch gleich ein Hotelzimmer buchen. Aktuelle Info-Broschüren über Cannes und Umgebung, auf besonderen Wunsch erhält man sogar ein Verzeichnis der möblierten Zimmer.
– *Bahnhof SNCF:* rue Jean-Jaurès, 06400. Telefonische Fahrplanauskunft: 93 99 50 50, Reservierung: 93 99 50 51. Zwischen allen Bahnhöfen an der Küste von Saint-Raphaël bis Menton bestehen zahllose Zugverbindungen (Metrazur). Kostenlosen Fahrplan (Fiche d'horaires) verlangen.
– *Busbahnhof* (Gare routière): Busse in Richtung Saint-Raphaël und Nizza fahren an der *Place de l'Hôtel-de-Ville*, gegenüber vom Alten Hafen, ab. Tel.: 93 39 54 40. Im Winter Busverbindungen nach Saint-Raphaël um 8.10, 9.40, 11.15, 14.30, 16.00 und 17.40 Uhr. Sonntags fährt der erste Bus erst um 11.15 Uhr. Nach *Nizza* verkehrt ungefähr alle Viertelstunde ein Bus, wobei der letzte Cannes um 21 Uhr verläßt. Für die Strecke Cannes-Nizza zahlt man 25 F.
Nach *Grasse* über *Pégomas*, telefonische Auskunft: 93 39 18 71.
Nach *Grasse, Vallauris, Valbonne*, Busse am Bahnhofsausgang gleich links. Telefonische Auskunft für Grasse 93 39 31 37, für Vallauris 93 63 88 02 und 93 63 74 59 (über Golfe-Juan), für Valbonne 93 20 60 57.
– *Städtische Verkehrsbetriebe:* place de l'Hôtel-de-Ville, 06400, Tel.: 93 39 18 71. Insgesamt 11 Linien.
– *Allô Stop* (Mitfahrzentrale): Tel.: 93 38 60 88.
– *Cannes Information Jeunesse:* 5, quai St.-Pierre, Tel.: 93 68 50 50, geöffnet montags bis freitags von 9 bis 12.30 und von 14 bis 18 Uhr. Vermittlung von Jobs, Kursen usw.
– *OMJASE:* 2, quai St.-Pierre, Tel.: 93 38 21 16. Auskünfte jeder Art über Wassersportarten, Kurse und Tips fürs Nachtleben
– *Zweirad-Verleih* (Location deux-roues): 5, rue Allieis, 06400, Tel.: 93 39 46 15. Zwischen der Rue d'Antibes und dem Parkplatz Gambetta, am Bahnhofausgang gleich links.
– *Autoverleih* (Location de voitures): Mattei, 8, rue des Frères-Pradignac, 06400, Tel.: 93 39 36 50.
– Wer glaubt, partout seiner Freundin mit einem Porsche (1250 F pro Tag), einem Ferrari (2300 F) oder einem Rolls-Royce (4665 F) imponieren zu müssen, wende sich vertrauensvoll an *France-Kent*: 5, rue Latour-Maubourg, Tel.: 93 94 54 50.
– *Fährverbindung zu den Lérins-Inseln :* Tel.: 93 39 11 82.

Abstecher in die Geschichte

Angeblich soll der Name der Stadt von *cannes*, Schilfrohr, herrühren, das früher in den benachbarten Sümpfen wuchs. Die Römer nannten das Gebiet *Canoïs*, d.h. Schilfhafen. Über Jahrhunderte hinweg blieb Cannes als Fischerort nur von untergeordneter Bedeutung. Immerhin gründete der hl. Honorat auf der gegenüberliegenden kleineren lerinischen Insel um 410 eines der ersten Klöster überhaupt.
Der Ausbau des Hafens im 18. Jh. beschert der kleinen Stadt einen Entwicklungsschub. Napoleon landete 1815, von Elba kommend, bei Golfe-Juan und bezog mit seinen Soldaten in den Dünen außerhalb Cannes das Feldlager. Um die Öffentlichkeit mit seiner Truppenstärke zu beeindrucken, schickte er den berühmten General Cambronne mit dem Auftrag, für 6.000 Soldaten Essensrationen zu

besorgen, in die Stadt – dabei betrug die Zahl seiner Soldaten nur einen Bruchteil davon. Dieses Schlitzohr!
Aber nicht Napoleon, sondern ein bis dahin in Europa ziemlich unbekannter Engländer, Lord Brougham, sollte das Schicksal der kleinen mediterranen Stadt bestimmen. Der reiche Lord war 1834 mit seiner kränkelnden Tochter unterwegs nach Nizza. Da zu dieser Zeit in der Provence eine Choleraepidemie wütete, wurde das Vater-Tochter-Gespann an der Weiterreise gehindert. In der einzigen Bleibe, der Auberge Pinchinat, wo die Bouillabaisse besonders mundete, wollten die beiden die Aufhebung der Schutzmaßnahmen abwarten. Aber das kleine Fischerdorf mit seinem schnucklingen Hafen, den beiden in der Sonne glänzenden Inseln, den Pinien und Olivenbäumen ... das alles – man ahnt schon fast wie's weitergeht! – gefiel ihm so gut, daß er hier seine prachtvolle »Villa Eléonore« errichten ließ. Bis zu seinem Tod im Jahre 1868 zog er sich 34 Jahre lang im Winter, wenn London im Nebel verschwand, hierher zurück, um sich an der Sonne zu erholen. Sein Beispiel machte in der englischen Aristokratie Schule; selbst andere wohlhabende Engländer, denen Nizza mit seinen damals 35.000 Einwohnern zu städtisch geworden war, zogen in das Fischerdorf Cannes um. Mit der Eröffnung der Eisenbahnlinie im Jahre 1853 baute man schon ein Stück der späteren Prachtstraße Croisette und im Jahre 1870 zählte die Stadt bereits 35 Hotels und 200 Villen ...
Neben den reichen Ausländern zog es zunehmend Künstler nach Cannes, um hier zu überwintern: den provenzalischen Dichter Mistral, den Schriftsteller Mérimée und vor allem Maupassant, der häufig mit seiner Jacht in der Bucht von La Napoule kreuzte. Politik und Adel gaben sich ein Stelldichein: der französische Staatspräsident Thiers, der Vize-König von Indien, die Angehörigen des russischen Adels, die von Broglies, die Rothschilds usw. ... Während des Sommers hielt man sich natürlich nicht an der Küste auf: es bestand nämlich die Gefahr, daß die Sonne den damals so gefragten weißen Teint hätte bräunen können! Zu jener Zeit entstanden in Cannes die verrücktesten und luxuriösesten Häuser, Villen und Paläste, die man sich vorstellen kann: vom Landsitz im neogotischen Stil bis zur Villa im Pagodenstil mit Marmorsäulen war alles vertreten.

Das heutige Cannes

Im Laufe dieses Jahrhunderts hat Cannes sein Gesicht vollkommen verändert. Den Erben der extravaganten Villen und Landsitze standen oft nicht mehr die finanziellen Mittel zu Gebote, solch große Gebäude zu unterhalten, oder sie konnten einfach den attraktiven Angeboten der Baulöwen nicht mehr widerstehen. Diese ließen hier moderne Häuser und Wohnblöcke entstehen, die sie dann nach dem Motto »in einmaliger Lage, für einen glücklichen Lebensabend« den Neureichen zum Kauf anpriesen. Nur noch vereinzelt findet man heute Luxusvillen und Prachtbauten der Jahrhundertwende, so z.B. am Californie-Hügel, wo Picasso eine zeitlang residierte, am Croix-des-Gardes oder in einigen Straßen von Super-Cannes. So kann es vorkommen, daß man zwischen supermodernen Villen hier und da noch einen Landsitz im Zuckerbäckerstil mit Türmchen oder andere ausgefallene Bauten entdeckt ...
Und noch etwas hat sich geändert: seit nach dem Zweiten Weltkrieg mit der Einführung des bezahlten Jahresurlaubs in den europäischen Industrienationen der Massentourismus einsetzte, fällt die Hauptsaison auf den Sommer. Jene Epoche, zu der man am Casino das Schild »Während des Sommers geschlossen« lesen konnte, ist in weite Ferne gerückt.

Unterkunft

● *Preiswert*

– *Azur Hôtel:* 15, rue Jean-de-Riouffe, 06400, Tel.: 93 39 52 14. Ganz zentral, hinter dem neuen Festspielpalast. Wurde erst kürzlich renoviert und ist ganzjährig geöffnet. Die Preise sind annehmbar: 120 bis 230 F fürs Doppelzimmer mit Dusche und WC.

164 / KÜSTE V. ST.-RAPHAEL BIS MENTON UND HINTERLAND

– *Le Florian:* 8, rue du Commandant-André, 06400, Tel.: 93 39 24 82. Von Mitte November bis Mitte Dezember geschlossen. Doppelzimmer mit Dusche für 150 F. In unmittelbarer Nähe der Croisette.

– *Hôtel National:* 8, rue du Maréchal-Joffre, 06400, Tel.: 93 39 91 92. In diesem ganzjährig geöffneten Hotel in Bahnhofsnähe gibt's sogar schon für 130 F ein Doppelzimmer mit WC. Dusche über den Flur. Leicht gestreßt wirkender Empfang das letzte Mal, aber vor uns hatten schon tausend Leute vergeblich für ein Zimmer angefragt. Moral von der Geschicht: frühzeitig reservieren. Am besten kramt man seine Englischkenntnisse hervor: der Inhaber ist ein glühender Verehrer seiner Majestät der britischen Königin – nicht von Maggie!

– *Hôtel Delft:* 20, rue Jean-de-Riouffe, 06400, Tel.: 93 39 39 90. Geschlossen vom 1. November bis 1. März. Absolut korrekte Bleibe und dazu noch vernünftige Preise, nämlich von 115 bis 215 F fürs Doppelzimmer.

● *Etwas schicker*

– *Hôtel des Etrangers:* 6, place Sémard, 06400, Tel.: 93 38 82 82. Vis-à-vis vom Bahnhof und erst kürzlich renoviert. Vom 20. November bis 1. Februar Betriebsruhe. Die ansprechend dekorierten Zimmer haben alle Bad und liegen preislich zwischen 300 und 400 F. Solarium im 6. Stock für alle, deren Urlaubsglück zuhause nach dem Bräunungsgrad bemessen wird.

– *Hôtel Select:* 16, rue Hélène-Vagliano, 06400, Tel.: 93 99 51 00. Vom 1. November bis zum 15. Dezember geschlossen. Schalldichte, gut belüftete Doppelzimmer mit Bad zu 268 bis 306 F. Zeitgemäßes Interieur.

– *Hôtel Wagram:* 140, rue d'Antibes, 06400, Tel.: 93 94 55 53. Doppelzimmer mit Klimaanlage und allem Komfort: 200 F, falls es zur Straße hin liegt (Heidenlärm, dafür keine Dusche), 500 F zum Garten (mit Bad). Juli, August und September nur Halbpension.

– *Hôtel Molière:* 5-7, rue Molière, 06400, Tel.: 93 38 16 16. Landsitz aus dem 19. Jh. und moderner Anbau in einem weitläufigen, blühenden Garten. Lichte Zimmer mit Terrasse zum Preis von 240 bis 420 F.

● *Noch schicker*

– *Hôtel Bleu Rivage:* 61, la Croisette, 06400, Tel.: 93 94 24 25. Vom 15. November bis zum 15. Januar ruht der Betrieb. Die erholsamen Zimmer – mit Blick auf Meer und Estérel-Massiv oder auf den rückwärtigen Garten, 300 bis 500 F – in dieser alten Residenz an der Croisette wurden zwar renoviert, aber trotzdem konnte der Charakter der Jahrhundertwende und somit ein wenig Nostalgie bewahrt werden.

● *Erschwinglicher Luxus*

In der Nebensaison führen manche Hotel-Paläste konkurrenzlos günstige Wochenend-Pauschalangebote im Programm (Forfait Week-end). Einfach bei den jeweiligen Hoteldirektionen anfragen.

Essen

● *Für schmale Geldbeutel*

– *Le Bouchon:* 10, rue de Constantine, 06400, Tel.: 93 99 21 76. Von Mitte November bis Mitte Dezember und montags geschlossen. Im hübschen provenzalischen Speisesaal mit vielen Blumen läßt man sich für 58 F ein Menü schmecken, bei dem Preis und Leistung in einem ausgewogenen Verhältnis stehen. Oder à la Carte provenzalische Spezialitäten ordern: Tagesgericht 35 F, süffiger Hauswein.

– *Manhattan:* 75, rue Meynadier oder 3, rue Félix-Faure, 06400, Tel.: 93 39 74 00. Sonntags mittags geschlossen. Treffpunkt der Nachtschwärmer: hat bis in die Nacht und von 4 bis 8 Uhr morgens geöffnet! In dem schlauchartigen Restaurant herrscht ein jugendliches und sympathisches Ambiente. Schon für 59,50 F (ohne Bedienung): ein Salat mit Nüssen, ein festes saftiges Steak mit Schalotten oder die Königspizza. Weitere Pizzaspezialitäten von 29 bis 44 F. Neben diversen

Nudel- und Fleischgerichten mit Beilagen hat man auch die Wahl zwischen mehreren leckeren gemischten Salaten. Mit Chili-con-carne, Hamburgern und dergleichen sind ebenfalls amerikanische »Spezialitäten« vertreten.

– *Little Palace:* 16, rue du 24-Août, 06400, Tel.: 93 38 42 42. Montags und dienstags mittags bleibt die Küche kalt. Germaine und Michel, ein charmantes Paar, sorgen für eine ganz anständige Küche und vor allem für eine tolle Stimmung am Abend. Menüpreise: 65 und 115 F, Getränke extra. Keine üble Adresse.

– *La Pizza:* 3, quai Saint-Pierre, 06400, Tel.: 93 39 22 56. Ganzjährig geöffnet. In unserer Lieblingsecke, nämlich am Alten Hafen. In dieser großen Pizzaschmiede kann man noch bis spät am Abend ganz ordentliche Pizzen und Nudelgerichte zu sich nehmen, und das in einer angenehmen Atmosphäre.

– *Le Bec Fin:* 12, rue du 24-Août (Nähe Bahnhof), 06400, Tel.: 93 38 35 86. Samstagabend und sonntags geschlossen. Die 08/15-Einrichtung vergessen und sich dafür um so mehr auf die leckere Küche konzentrieren. Die Menüs sind ihr Geld wert: 75 und 96 F. Sowohl bei den Menüs als auch bei den schmackhaften Tagesgerichten sind die Portionen mehr als ausreichend. Nicht zu spät eintrudeln, denn oft mangelt es an freien Plätzen.

– *La Petite Folie:* 7, rue Haddad-Simon, 06400, Tel.: 93 38 23 73. Auf der anderen Seite der Bahnlinie, also weit weg von den Touristen. Ganz nette Inneneinrichtung: alles in rosa getaucht. Mittagsmenü zu 60 F inkl. Bedienung: Blattsalat, gegrilltes Schweinekotelett, Nachtisch und ein Getränk. Überaus aufmerksame Bedienung.

● *Etwas schicker*

– *L'Estaminet:* 7, quai Saint-Pierre, 06400, Tel.: 93 39 47 92. Nebengebäude von »Gaston und Gastounette«, die eine »noch ausgefuchstere« Küche bieten. In angenehmer Umgebung werden die Gäste hier für 69 F ohne Bedienung mit gefüllten Miesmuscheln auf provenzalische Art, einem gegrillten Zwischenrippenstück oder Tintenfischen nach amerikanischer Art (d.h. mit Cognac-Tomaten-Sahnesauce), gekochtem Reis mit Butter (Riz créole) und ausgezeichneten hausgemachten Kuchen verköstigt. Der Côtes-de-Provence zu 34 F ist ein ehrlicher Tropfen.

– *Lou Souleou:* 16, bd Jean-Hibert, 06400, Tel.: 93 39 85 55. In Richtung Mandelieu am bd de la Mer. Dienstagabend und mittwochs geschlossen. Die Menüs kennzeichnet ein prima Preis-/Leistungsverhältnis. Für 92 F z.B. gibt's ein Seeteufelragout mit Miesmuscheln, eine Drachenkopfterrine mit Butter oder das Tagesgericht, z.B. Steinbuttfilet, und einen Nachtisch. Die Einrichtung ist dem Interieur eines Schiffes nachempfunden: wer's nicht mag, tröste sich mit dem herrlichen Blick auf das Estérel-Massiv ...

– *L'Assiette au Boeuf:* allées de la Liberté oder 2, rue Félix-Faure, 06400, Tel.: 93 39 94 70. Uns gefällt das sattsam (!) bekannte Speiselokal immer noch. Die Einrichtung ist genial, besonders jene im Speisesaal mit dem schwarz lackierten Flügel, wo nicht ganz durchschaubare Mannequins herumlaufen ... Bequeme Korbsessel und Gerichte ohne (böse) Überraschung zu 53 F; ausgezeichnetes Fleisch. Die Bedienungen sind sehr auf Zack. Kindermenü zu 32 F, bestehend aus Salat, Steak mit Pommes frites und Eis. Wir empfehlen, hier eher abends einzukehren, denn mittags ist meist alles gerammelt voll. Im Sommer bietet sich natürlich der Aufenthalt auf der Terrasse unter den Platanen an. Bei den Desserts muß man verdammt aufpassen: äußerst verführerisch, aber sie lassen die Rechnung sprunghaft in die Höhe schießen.

– *La Croisette:* 15, rue du Commandant-André (Ecke Rue des Frères-Pradignac), 06400, Tel.: 93 39 86 06. Dienstags Ruhetag. Was verspricht das kleine tadellose Menü zu 73 F? Eine breitgefächerte Auswahl an Vorspeisen, als Hauptgang gibt's unter anderem *Osso bucco* (Kalbshaxe) mit frischen Nudeln, ein halbes Hähnchen nach Försterart oder eine Goldbrasse vom Grill mit Remouladensauce. Leider verlangt man für den einen oder anderen Hauptgang einen Zuschlag. Wenn auch die Einrichtung nicht gerade umwerfend ist und die Tische zu eng beieinanderstehen, eine prima Adresse.

– *L'Atrium:* 3, rue des Gabres, in die Rue d'Antibes mündend, 06400, Tel.: 93 39 35 06. Wundervolle Aufmachung mit Pilastern und perspektivischen Malereien;

relativ neue und bequeme Einrichtung. Menüs zu 74 und 96 F, allerdings nur mittags. Für 74 F hat man die Auswahl zwischen Tagessuppe oder Ravioli auf römische Art, dem Zwischenrippenstück mit Beilagen oder den Miesmuscheln mit Basilikumcreme; als Nachtisch empfehlen wir die Karamelcreme. Für 96 F serviert man den Schlemmersalat Atrium oder Geflügelebersalat, das Tagesgericht und die Torte des Tages. Abends kann man nur à la Carte essen, z.B. das Tellergericht für 85 F, was ja nicht gerade als billig zu bezeichnen ist.

● *Reichlich nobel*

- *La Brouette de chez Grand-mère:* 9, rue d'Oran, 06400, Tel.: 93 39 12 10. Von November bis Mitte Dezember und sonntags geschlossen. Das kleine Lokal, wörtlich übersetzt »Schubkarre von Großmuttern«, wird vorzugsweise von jungen Einheimischen aufgesucht. Einrichtung im Stil der Jahrhundertwende mit verschiedenen Stichen und Plakaten. Wirkt zwar etwas bunt zusammengewürfelt, aber dennoch sympathisch. Statt einer verwirrenden Vielzahl von Menüs, nur ein Angebot für 175 F und damit basta. Vorweg traditionsgemäß der Aperitif des Hauses, zu dem man Appetithäppchen serviert. Nach der Vorspeise wähle man zwischen mehreren Gerichten »nach Großmutterart« (Plats de grand-mère) wie gegrilltem Rippenstück mit Rindermark, Wachteln mit Weintrauben, dem berühmten Pot-au-feu (Suppentopf mit Rindfleisch, Hühnerfleisch, Gewürzen und Gemüsen) und Zunge mit pikanter Sauce. Als Abschluß gibt's nach dem Käse und dem Nachtisch noch einen Kaffee. Der Landwein - soviel ein jeder mag bzw. vertragen kann - ist ebenfalls inbegriffen. Vorsichtshalber reservieren.
- *Les Planqués:* 3, rue Marcellin-Berthelot, 06400, Tel.: 93 68 50 18. Bis 2.30 Uhr nachts geöffnet, donnerstags und Sonntagmittag geschlossen. Gepflegte Küche, täglich wechselnde Karte. Reger Zulauf.

Sehenswertes

● *In der Innenstadt*

- Die *Allées de la Liberté:* besonders morgens, wenn die Händler auf dem Blumenmarkt im Schatten alter Platanen ihre duftenden Erzeugnisse feilbieten, lohnt sich hier ein Bummel. Samstags hält man an derselben Stelle einen Trödelmarkt ab. Der berühmte Bildhauer César soll desöfteren aus Roquefort bei Mougins hierherkommen, um nach geeignetem Material für seine Skulpturen Ausschau zu halten. Ganz am Ende der Allées das frisch angepinselte Rathaus und der Busbahnhof.
- Der *Alte Hafen:* gegenüber von den Allées dümpeln Fischerboote und zahlreiche Luxusjachten mit so vielsagenden Namen wie »Prinzessin Audrey«, »Lovelove« usw. Im Hintergrund, die Siedlung *le Suquet* und der in weiche Pastelltöne getauchte, zauberhafte *quai Saint-Pierre*. Der neue Festival-Palast trübt leider ein wenig das Gesamtbild ... Am Quai kommen Freunde des Segelsports - und nicht nur die! - voll auf ihre Kosten: eine herrliche Segeljacht neben der anderen. An Kupfer und lackiertem Mahagoniholz wurde hier nirgends gespart. Richtig amüsant, das Völkchen auf den stolzen Booten ein wenig näher zu beobachten. Auf der anderen Seite, an der Jetée Albert-Edouard neben dem Festival-Palast, sind die luxuriösesten Jachten festgemacht. Abends sind sie beleuchtet und die großbürgerlichen Salons mit Fernseher, Gemälden großer Meister, Ledersesseln, riesigen Blumensträußen, einer Bar usw. lassen noch ausgeprägteren Luxus erahnen. Ach, wenn doch endlich der Vorschuß von unserem Verleger käme ... Nebendran, an der *Esplanade des Alliés*, ist noch ein herrliches, altes Karussel in Betrieb. In der Nebensaison ist der Strand hier ziemlich angenehm, ganz abgesehen davon, daß man nichts zahlen muß. Auf dem Rückweg treffen wir an den Allées de la Liberté auf den *Square Mérimée*, der an den in Cannes 1870 verstorbenen Dichter und Politiker Prosper Mérimée erinnert.
- Der *Festspielpalast* (Palais des Festivals): östlich der Hafenmole springt der 1982 von den Architekten Braslawsky, Druet und dem Engländer Bennet errichtete Komplex aus Glas und Beton ins Auge, der eher einem Schlachtschiff gleicht und dessen volkstümliche Bezeichnung »Bunker« wohl kein Zufall ist. Mit den

neuesten technischen Errungenschaften ausgerüstet, macht er Cannes zu einer bedeutenden Kongreß- und eben zu *der* Filmfestivalstadt.

– Die *Rue d'Antibes* ist die Hauptgeschäftsstraße von Cannes, das übrigens, auf die Einwohnerzahl bezogen, die meisten Geschäfte in ganz Frankreich zählt. Die zur Übertreibung neigenden Provenzalen vergleichen die Rue d'Antibes manchmal mit der Rue du Faubourg-Saint-Honoré in Paris. Das mag vielleicht für die gepfefferten Preise zutreffen, scheint uns aber ansonsten reichlich dick aufgetragen!

– Die *Rue Meynadier* verbindet das Stadtzentrum mit dem ältesten Stadtteil, dem Suquet-Viertel. Früher bildete sie die Hauptverkehrsader der Stadt; heute finden wir hier eine Reihe von Lebensmittel- und Bekleidungsgeschäften.

– Der *Forville-Markt:* die gediegensten Restaurants von Cannes decken sich hier ein. Oft zappeln noch die Fische an den Marktständen und die vielfältigen Obst- und Gemüseauslagen machen einen Besuch zu einem kleinen Fest für Augen und Nase.

● *Die Altstadt*

Flanieren wir durch die malerische *Rue Saint-Antoine*, heute leider gesäumt von allzu vielen und zu kostspieligen Restaurants. Hat man die niedrigen Häuser mit den farbigen Fensterläden und den bogenartigen Eingängen hinter sich gelassen, so gelangt man zu der von einer alten Mauer umgebenen *Place de la Castre* mit Blick auf den Californie-Hügel mit dem Observatorium und, auf der anderen Seite, in der Ferne auf das Estérel-Massiv.

– Die *Kirche Notre-Dame-d'Espérance:* im Jahre 1627, zu einer Zeit, als Cannes erst 1000 Einwohner hatte, im gotisch-provenzalischen Stil erbaut, entwickelte sie sich bald zu einer wichtigen Wallfahrtskirche. Von größerem kunsthistorischen Wert ist eine in der Sakristei aufbewahrte, um 1500 polychrom gefaßte, Statue der hl. Anna.

– Der *Suquet-Turm:* der viereckige, 22 m hohe auf das 12. Jh. zurückgehende Turm diente zunächst als Wachtturm. Wenn man unter dem alten Glockenturm hindurchmarschiert, erreicht man einen schattigen, terrassenartigen Platz mit Blick über die Stadt, den Hafen und die Insel Sainte-Marguerite. In der Nähe harren die kleine *Kapelle Sainte-Anne,* der *viereckige Turm* des *Mont Chevalier* und die noch verbliebenen Teile der Burg der Äbte von Lérins der Entdeckung. Die hatten sich damals schon ein nettes Plätzchen da oben ausgesucht!

– Das *Kastell-Museum* (Musée de la Castre) in der alten Burg: täglich außer dienstags von 10 bis 12 Uhr und von 14 bis 17 Uhr (in der Zeit vom 1. Oktober bis zum 31. März); von 10 bis 12 Uhr und von 14 bis 18 Uhr (vom 1. April bis zum 30. Juni); von 10 bis 12 Uhr und von 15 bis 19 Uhr (vom 1. Juli bis zum 30. September). Eintritt: 3 F. Das Museum enthält bedeutende, aus allen fünf Kontinenten zusammengetragene, archäologische und völkerkundliche Sammlungen in hervorragender Präsentation. Der Besucher erhält auch einen Einblick in die Stadtgeschichte von Cannes.

– Kehren wir in das »moderne« Cannes zurück: das alte Cannes um den Suquet-Hügel besteht nur aus sieben oder acht Straßen, die man eigentlich alle durchstreifen sollte: als da wären die *Rue de la Suisse,* in der früher die Hugenotten wohnten, die *Rue Coste-au-Corail,* wo man die an der Reede gefischten Korallen lagerte, die *Rue de la Boucherie* mit ihren Treppen, die *Rue du Château-Vert,* die *Rue de la Bergerie,* die *Rue du Moulin* u.a. und natürlich die zahlreichen Passagen, Bogengänge und kleinen Plätze.

● *Die Croisette*

Zugleich die luxuriöse Fassade von Cannes mit ihren Hotelpalästen und Boutiquen, die eher Millionären vorbehalten zu sein scheinen, andererseits aber auch eine großartige Uferpromenade für Jedermann mit einem beneidenswerten Blick auf das Estérel-Massiv. Hohe Palmen und erholsame Garten- und Parkanlagen, wo man im Winter eher auf wohlhabende Pensionäre trifft, die sich hier noch ein paar angenehme Tage machen wollen. Herausgeputzte Pudel und schwere Perlenketten bestimmen das Bild. Im Sommer ist das Publikum um einiges jünger, und die wenigen öffentlich zugänglichen Strandpartien sind arg überlaufen. Von der Vielzahl und der Vielfalt der Ausländer, die unbedingt Cannes sehen möchten, zeugen die 96 verschiedenen Tageszeitungen in 30 Sprachen, die an den Kiosken angeboten werden. Unser Lieblingshotelpalast ist, rein vom Äußeren, das aus der Belle Epoque stammende *Carlton*, von dem es früher einmal hieß, es verbreite »schamlosen Luxus«. Man brauche sich nur an seine Bar zu hocken und zu warten: irgendwann kämen alle berühmten Leute einmal hier vorbei ...

In der Nähe des *Canto-Hafens*, ein gepflegter Park mit Karussell und anderen Kinderbelustigungen; von hier bietet sich eine wirkliche Postkartensicht auf Alt-Cannes, besonders romantisch natürlich am Abend, wenn der Suquet-Turm angestrahlt wird und das Band der Estérel-Küstenstraße sich im Schein der Straßenlaternen abzeichnet.

Wer seinen Spaziergang an der Uferpromenade fortsetzt, gelangt an die Spitze der Croisette, wo sich früher ein kleines Kreuz (croisette) erhob. Heute steht dort das nur im Sommer geöffnete *Palm-Beach-Casino*. Der eine oder andere hat womöglich Jean Gabin und Alain Delon in Henri Verneuils »Melodie im Untergrund« gesehen: der Film spielte überwiegend hier.

In der Umgebung von Cannes

● **La Croix des Gardes:** pinienbewachsener Hügel im Nordwesten von Cannes, ideal für Spaziergänge.
Cannes auf der Av. du Docteur-Picaud verlassen, dann nach rechts in den Boulevard Leader einbiegen und von dort den steilen Fußweg benutzen. Am Gipfelkreuz in 163 m Höhe, bezaubernder Blick auf Cannes und das Estérel-Massiv. In den umliegenden Straßen wird man inmitten luxuriöser Villen seinen Spaziergang fortsetzen. Rückkehr nach Cannes über die Avenue J.-de-Noailles.

● **Das Observatorium von Super-Cannes:** im Sommer von 10 bis 21 Uhr, im Winter bis zum Einbruch der Dunkelheit geöffnet; Eintritt: 9 F. Über zahlreiche Wege erreicht man die Höhe von 280 m, wo sich der Turm des Observatoriums erhebt. Erstaunlich, wie schnell man sich plötzlich inmitten von üppigem Grün wiederfindet: die prachtvollen Landsitze und riesigen Villen, welche man eben noch passiert hatte, scheinen hinter den Pinien und Sträuchern verschwunden zu sein. Ein Aufzug bringt uns zur Plattform auf den Turm. Spielt das Wetter einigermaßen mit, so breitet sich vor unseren Augen ein unendlich weites Panorama aus, von der italienischen Küste bis zum Estérel-Massiv, den verschneiten Alpengipfeln und manchmal sogar bis nach Korsika.

● **Le Cannet:** obwohl nur 2,5 km nördlich von Cannes, scheint diese Sommerfrische weitab vom Lärm und den Verkehrsstaus der Stadt. Wer dem Ort einen Besuch abstatten möchte: Buslinien 4 oder 5, an der Place de l'Hôtel-de-Ville. Anfahrt mit dem Wagen: Cannes über den Boulevard Carnot verlassen und dann immer geradeaus. Le Cannet ist als Luftkurort sehr beliebt, weil die bewaldeten Höhen die kühlen Winde abhalten.

Der Maler Pierre Bonnard verbrachte hier seine letzten Lebensjahre, und die Begum weilt noch heute mehrere Monate pro Jahr hier. Ein Spaziergang durch die gepflasterten Gassen der Altstadt führt uns an Häusern aus dem 18. Jh. vorbei, bringt uns zu kleinen, von Platanen gesäumten Plätzen und zum Bellevue-Platz, der mit der traumhaften Aussicht auf die Bucht von Cannes seinem Namen alle Ehre macht.

DIE LERINS-INSELN

Der schönste Ausflug, den man in der ganzen Gegend unternehmen kann. Die Inseln Sainte-Marguerite und Saint-Honorat sind eigentlich nur eine Viertel- bzw. eine halbe Stunde von Cannes entfernt und dennoch kleine Paradiese, wo Sonne, blühende Bäume und Sträucher und eine angenehme Stille vorherrschen ... Innerhalb kürzester Zeit fühlt man sich hier weit weg von der Küste mit all ihrem Tamtam.

Bootsverbindungen

– Am Alten Hafen, gegenüber den Allées de la Liberté, legen die Schiffe zu den Inseln ab. Dauer der Überfahrt ab Cannes: zur Insel Sainte-Marguerite 15 und zur Insel Saint-Honorat 30 Minuten. Weitere Anlegestellen in Antibes und Golfe-Juan. Auskunft: Compagnie Estérel-Chantéclair, Gare Maritime, Port de Cannes, Tel.: 93 39 11 82.
– Abfahrt (von Juni bis September): 7.30, 9.00, 10.00, 11.20, 12 Uhr und von 14 bis 16 Uhr halbstündlich. Rückfahrt: 12 Uhr und von 15 bis 18 Uhr halbstündlich.
– Abfahrt (von Oktober bis Juni): 7.30, 10.00, 11.20, 14 Uhr und 14.45 Uhr. Rückfahrt: 12, 15 Uhr und 17 Uhr.

● *DIE INSEL SAINTE-MARGUERITE*

Die größere der beiden Inseln bedeckt ein Eukalyptus- und Kiefernwald von 170 ha. An einigen Stellen kann man zu Füßen senkrecht abstürzender Felsen und an lauschigen Sandstränden baden. Die Schiffe gehen im Norden und Süden vor Anker. Auf Schusters Rappen umrundet man die Insel in ungefähr zwei Stunden, oder man läßt sich einfach durch den kleinen Wald treiben, der durch zahlreiche Wege gut erschlossen ist.

Ein wenig Geschichte

1685 wurde das Fort von Sainte-Marguerite Staatsgefängnis. Der berühmte *Mann mit der eisernen Maske* (Masque de Fer) wurde ab 1867 hier gefangengehalten. Da dessen Identität bis heute nicht geklärt werden konnte, verwundert es nicht, daß die seltsamsten Vermutungen über die Herkunft dieses Mannes angestellt wurden. Voltaire glaubte in ihm einen älteren, unehelichen Bruder Ludwigs XIV. zu erkennen. Ein Historiker meint, daß es sich um Marc de La Morelhie, den Schwiegersohn des Leibarztes von Anna von Österreich gehandelt habe. Der Leibarzt hatte bei der Autopsie Ludwigs XIII. dessen Zeugungsfähigkeit in Zweifel gezogen und die schriftlichen Unterlagen darüber seinem Schwiegersohn vermacht. Dieser soll das Staatsgeheimnis, es bedeutet hätte, daß der künftige Sonnenkönig ein Bastard gewesen sei, ausgeplaudert haben und daraufhin ins Gefängnis der Insel verbannt worden sein. Wieder andere meinen, daß es sich um den Grafen Mattioli, einen italienischen Diplomaten, der Ludwig XIV. bestohlen haben soll, handelte. Oder um Eustache Dauger, der als Diener des Finanzministers Fouquet in die damalige Giftaffäre verwickelt war. Als gesichert gilt zumindest, daß die dunkle Maske nicht aus Eisen, sondern aus schwarzen Samt bestand. Das »Eisen« bezog sich also mehr auf das ungelöste Geheimnis um diesen Mann als auf die Maske.

Ein weiterer illustrer Gefangener: *Marschall François Bazaine*, der 1870 mit seiner Rheinarmee widerstandslos kapitulierte und deswegen zum Tode verurteilt wurde. Nachdem die Todesstrafe in eine 20jährige Haft umgewandelt worden war, zog es der Marschall vor, dieses so wunderbar gelegene Gefängnis zu verlassen und nach Spanien zu entfleuchen.

Sehenswert

– Das *königliche Fort* (Le Fort Royal), im 17. Jh. unter Richelieu errichtet, wurde 1712 von Vauban, dem Festungsbaumeister Ludwigs XIV., verstärkt. Man betritt es durch ein massiges Tor auf der Westseite. Zu beiden Seiten der mittleren Allee, auch Offiziersallee genannt, gruppieren sich die ehemaligen Kasernenunterkünfte. In der nordöstlichen Ecke schließlich, die Gefängniszellen, überragt nurmehr vom Semaphor-Turm: auf der rechten Seite des Ganges, die Zelle des Mannes mit der eisernen Maske; auf der linken Seite jene Kerker, in welche die protestantischen Pfarrer gesteckt wurden, nachdem Ludwig XIV. 1685 das Edikt von Nantes, welches 1598 den religiösen Frieden über das Land brachte, wieder aufgehoben hatte. In der Nordwest-Ecke der Anlage erkennt man die Ruinen römischer Bauten, die erst in den letzten Jahren freigelegt wurden. Daneben der Trakt, in dem der Ex-Marschall Bazaine einsaß. Er soll übrigens entflohen sein, indem er sich an einem Seil durch eine Schießscharte seiner Zelle herabließ. In Anbetracht der oft erwähnten und auch auf Porträts dokumentierten Leibesfülle dünkt uns diese Fluchtmöglichkeit sehr unwahrscheinlich: vermutlich gab es damals genausogut wie heute die Möglichkeit, Gefängniswärter zu bestechen!

Archäologiefreunde sollten sich dem *Meeresmuseum* zuwenden. Untergebracht in einer Burg, die auf überwölbten Räumen aus der Römerzeit errichten worden war, enthält es römische Fundstücke von der Insel und dem Meeresgrund sowie Wrackteile eines römischen und eines arabischen Schiffes, die im Meer gefunden wurden.

– Der *botanische Lehrpfad* (Sentier botanique): die wohldurchdachte Anlage und Ausschilderung erlauben, unsere botanischen Kenntnisse zu erweitern oder zu bestätigen. Mit Hilfe der an Bäumen und Sträuchern angebrachten Beschreibungen lassen sich die verschiedenen Pinien-, Kiefern- und Eichenarten leicht auseinanderhalten. Selbst so unterschiedliche Pflanzen wie Waldreben, Strohblumen – die Botaniker nennen sie »Immortelle«, Unsterbliche – Seidelbast, teilweise auch »Schwiegermutterpflanzen« genannt, weil sie giftig sind, Tausendgüldenkraut u.a. werden für uns keine spanischen Dörfer mehr sein, wenn wir diesen lehrreichen Spaziergang absolviert haben.

● DIE SAINT-HONORAT-INSEL

Es handelt sich zwar um Privatbesitz des gleichnamigen Klosters, gleichwohl kann jeder hier umherstrolchen und in aller Ruhe baden, wenn auch von einem richtigen Strand keine Rede sein kann.

Ein wenig Geschichte

Der in Trier um 360 geborene Honoratius nahm schon sehr früh die christlichen Lehren an und machte sich kurz danach mit seinem Bruder und einem älteren Lehrer auf den Weg in den Orient, zu den damaligen Hauptstätten des Christentums. Auf dem Rückweg erfuhren sie in der Gegend von Cannes, daß Trier in der Zwischenzeit von Germanenhorden überfallen und zerstört worden war. So blieben sie hier hängen und Honorat gründete auf der Insel um 410 ein Kloster, das in den nächsten Jahrhunderten zu den namhaftesten Klöstern der ganzen Christenheit zählen sollte. Allein 60 Neugründungen gingen von hier aus und überall im Abendand wurden Mönche von Lérins zu Bischöfen geweiht. Allein 42 der im offiziellen römischen Kalendarium aufgezählten Heiligen werden mit dem Inselkloster in Verbindung gebracht. Die Volkstradition kommt sogar auf über achtzig, schon wieer ein Beweis für die Übertreibungssucht der Provenzalen! Wir wollen an dieser Stelle nur einige wenige aufzählen: St. Patrick, Apostel von Irland, St. Cézaire, der Erzbischof von Arles, der als erster ein Frauenkloster nach lerinischem Vorbild gründete, St. Salvian, der größte Rhetoriker nach Augustinus und St. Vinzenz, der bedeutendste Theologe der Schule von Lérins. St. Aygulf führte 660 hier die Benediktinerregel ein. Durch zahllose »Schenkungen« konnte das Kloster seinen Besitz enorm vermehren, ja selbst einige riesige Ländereien jenseits der damaligen Grenze der Provence gehörten dazu. Aber die Überfälle von Sarazenen und Genueser Seeräubern sowie die wiederholten Attacken der Spanier ließen den Besitz und somit den Einfluß des Klosters schwinden. Als die Zahl der Mönche auf vier zurückgegangen war, wurde das Kloster 1788 geschlossen. Dennoch blieb Lérins bis zur Revolution wichtigster Landeigentümer an der Côte d'Azur.

Als Staatseigentum wurde die Insel 1791 versteigert. Zuerst geriet Lérins in die Hände der Schauspielerin Sainval, einer Schülerin von Voltaire. Schenkt man dem Klatsch der damaligen Zeit Glauben, so kam ihr alternder Liebhaber, der berühmte Maler Honoré Fragonard, oft hierher, um sie zu besuchen. Er soll sogar ihr Boudoir, ehemals Kapitelsaal des Klosters, mit galanten (so nannte man damals die eindeutig zweideutige Darstellung von halbnackten Damen oder Mädchen) Fresken ausgestattet haben!

Dem Bischof von Grasse gelang es 1859, die Insel wieder zurückzukaufen und zehn Jahre später kehrte mit den Mönchen der Zisterzienser-Abtei Sénanque wieder das klösterliche Leben ein. Heute hat sich die mönchische Lebensart längst wieder etabliert und neben dem Lavendel- und Weinanbau destillieren die Patres einen Likör, der sinnigerweise Lérina heißt.

Unterkunft

– *Abbaye des Iles de Lérins:* île Saint-Honorat: Tel.: 93 48 68 98. Unter der Bedingung, dort zu meditieren oder es zumindest zu versuchen, sind für 110 F pro Tag die Männer im *Monastère des Moines de Lérins* und die Frauen im *Couvent des soeurs de Bethléem* willkommen. Wir garantieren, daß niemand diese Tage zwischen dem Sonnenaufgang über den Ruinen des Forts und dem abendlichen Choral so rasch vergessen wird! Ein Teil der Mönche wird nach Sénanque umziehen. Etwa um Platz für zahlungswillige Meditierer zu schaffen?

Essen

– *Chez Frédéric:* île Saint-Honorat, Tel.: 93 48 66 88. Bei einer solchen Umgebung geht der Preis von 125 F für ein Menü voll in Ordnung, zumal hier obendrein eine aufgeschlossene Stimmung herrscht. Als Spezialität des Hauses gilt die gegrillte Languste mit Zwiebeln.

Sehenswert

– Die *befestigte Klosteranlage* (Monastère-Forteresse): Besichtigung vom 1. Juli bis zum 15. September. Da sich das Kloster ständigen Angriffen plündernder und brandschatzender Sarazenen ausgesetzt sah, entschloß sich im Jahre 1073 Abt Aldebert zu diesem stilvollen Bau, der auf drei Seiten vom Meer umspült wird. Festungsbaumeister Vauban, der sich nun wirklich in der Materie auskannte, soll bei seiner Ankunft hier ausgerufen haben: »Das ist ein solches Meisterwerk, daß ich nichts mehr hinzufügen kann!«
Dereinst führte eine Leiter, heute durch eine Steintreppe ersetzt, zu dem 5 m über dem Erdboden schwebenden Eingang. Prunkstück der Anlage ist der doppelgeschossige Kreuzgang im ersten Stockwerk. Er trägt aus dem 14. und 16. Jh. stammende Spitztonnengewölbe; eine Säule diente übrigens ursprünglich als römischer Meilenstein. Der obere, mit kleinen Säulen aus weißem Marmor ausgestattete, Gang führt zur Heilig-Kreuz-Kapelle, in der zahlreiche Reliquien der Heiligen von Lérins ihren sicheren Aufbewahrungsort hatten. Die oberste, vom Abt bewohnte, Etage kann man ohne weiteres als Luxussuite mit Sonnenterrasse bezeichnen. Ja, es gab auch schon damals Privilegien! Jedenfalls konnte sich der Abt hier stundenlang und ungestört das sagenhafte Landschaftspanorama zu Gemüte führen. Dazu gehören das Estérel-Massiv, die Bucht von Cannes, die schneebedeckten Gipfel der Alpen und schließlich »das Meer, das immer von Neuem anfangende Meer« ...
– Von der *neuen Klosteranlage* (Monastère moderne) stehen nur Kirche und Museum zur Besichtigung frei. Die neuromanische Klosterkirche stammt aus dem 19. Jh. und besitzt noch eine Totenkapelle aus dem 11. Jh.; im Museum, römische Steinmetzarbeiten, die auf der Insel gefunden wurden, sowie Dokumente zur Geschichte des Klosters.
– Schließlich sollte man es nicht versäumen, die Insel auf einem *hübschen, schattigen Weg* zu umrunden. Er beginnt an der Schiffsanlegestelle und führt an zahlreichen, für Einsiedler bestimmten, Kapellen vorüber. Nicht zu vergessen der Ofen, den Napoleon aufstellen ließ, um Kanonenkugeln zu schmieden.

MOUGINS

Mougins, den luxuriösen Garten von Cannes (nur 7 km entfernt), sucht man auf, um sich vom Rummel an der Küste zu erholen. Die Häuser des Dorfes, das noch viel von der typisch provenzalischen Atmosphäre vermittelt, umstehen schneckenförmig den aus der Feudalzeit stammenden Glockenturm. Vor Zeiten bedeckten den Hügel noch Olivenhaine und Rosenfelder; heute ist hier so ziemlich alles zugebaut von prachtvollen Zweitresidenzen mit provenzalischem Dach, Landschaftsgarten und Swimmingpool. Mögen die einzelnen Häuser für sich betrachtet noch ganz ansprechend sein, so wurde doch durch ihre Massierung die Landschaft gründlich verschandelt.

Adresse

– *Fremdenverkehrsamt:* in einem herrlichen Raum, direkt neben dem Waschhaus, Av. Commandeur, 06250, Tel.: 93 90 15 15. Nur in der Saison von April bis Oktober geöffnet. Außerhalb dieser Zeit erhält man Auskünfte im Erdgeschoß des Bürgermeisteramtes (Mairie), place du Commandant-Lamy, Tel.: 93 75 78 15.

Unterkunft

– *Les Liserons de Mougins:* 608, av. Saint-Martin, 06250, Tel.: 93 75 50 31. *Fermé* von Mitte November bis Mitte Dezember. Die kürzlich renovierten, komfortablen Zimmer sind für 169 bis 275 F zu haben. Menüs zu 87, 132 und 149 F. Barbecue am Beckenrand des Schwimmbades.

Essen

In Feinschmeckerkreisen ist Mougins über die Grenzen hinaus wegen seiner ausgezeichneten Restaurants bekannt. Namen wie *Moulin de Mougins*, *l'Amandier de Mougins*, wo Monsieur Vergé seine kulinarischen Künste zelebriert, und *Le Relais de Mougins* sind Musik in den Ohren eines jeden Gourmets. Die Menüpreise beginnen im Schnitt bei rund 350 F, im *Moulin de Mougins* sogar erst bei 500 F. A la Carte sind hier ganz schnell 600 F beisammen. Übrigens betreibt der oben erwähnte M. Vergé auch eine Kochschule. Die nicht ganz billigen Kurse dauern fünf Tage und werden jeweils von maximal zehn Schülern besucht. Während man die vorgenannten Restaurants nur mit einem Sack voller Geld richtig genießen kann, halten wir nun eine Adresse parat, wo man für einen Bruchteil der Knete in netter Umgebung ebenfalls in den Genuß kulinarischer Schlüsselerlebnisse kommen wird:
– *Le Feu Follet* (das Irrlicht): place de la Mairie, 06250, Tel.: 93 90 15 78. Im November und März, sowie Sonntagabend und montags in der Nebensaison geschlossen. Unmittelbar am Dorfplatz zwischen zwei kleinen Brunnen, vis-à-vis des erheblich teureren *Relais de Mougins*. Schlichte, aber gemütliche Einrichtung; man sitzt auf Tuchfühlung. Die aufmerksamen Bedienungen, in provenzalische Tracht gehüllt, servieren beim Menü für 98 F als Vorspeise Fischsuppe oder Salat. Nach dem Fischschnitzel, beim Nachtisch, Wahlmöglichkeit zwischen einem Schokoladenwürfel und der leckeren *tarte* nach Art des Hauses. Für hiesige Verhältnisse, ein ausgezeichnetes Preis-/Leistungsverhältnis. Alternativmenüs zu 118 bzw. 160 F.

Sehenswert

– Vom *alten Dorfkern* stehen eigentlich nur noch ein paar Mauerreste. Wer etwas genauer hinschaut, wird feststellen, daß hier sorgfältig, ja teilweise zu sorgfältig, restauriert wurde. So bietet der kleine Rathausplatz mit seiner alten Ulme und dem Brunnen aus der Jahrhundertwende ein geradezu puppenstubenhaftes Bild. Da verwundert es dann auch nicht mehr, daß am Dorfplatz noch nicht einmal ein vernünftiges Café existierte, wo man in Ruhe seinen Pastis süffeln könnte. Neben dem Fremdenverkehrsbüro, das herrliche Waschhaus, in dem von Zeit zu Zeit Ausstellungen stattfinden. In der Nähe des Lamy-Denkmals – Offizier und bekannter französischer Wüstenforscher, in Mougins geboren – hat man einen wundervollen Blick auf das Hinterland von Grasse.
– *Kapelle Notre-Dame-de-Vie:* 2,5 km östlich von Mougins; mit dem Auto zur D 35 und von dort weiter über die D 3 (ausgeschildert). Eine typisch provenzalische Eremitage in friedvoller Umgebung. Picasso, der in seinen letzten Lebensjahrzehnten nur selten zur Ruhe kam, fand im *Mas Notre-Dame-de-Vie* endlich wieder einen Ort, wo er sich ausschließlich auf seine Malerei konzentrieren konnte. Von 1961 bis zu seinem Tod am 8. April 1973 wohnte er hier, während seine Frau Jacqueline in diesem Landsitz bis zu ihrem Freitod 1986 seinen immensen Nachlaß

ordnete. Der unübertroffene Blick von hier auf Mougins und die umgebende Landschaft erinnert stark an die Toskana. Eine wunderschöne Zypressenallee führt zur Einsiedlei. Die Kapelle diente als Kirche für das ehemalige Priorat der Abtei von Lérins. Hinter ihr die Eremitage mit einem kleinen Glockenturm aus dem 13. Jh.

Die Herkunft des Namens Notre-Dame-de-Vie, d.h. »Unserer Lieben Frau vom Leben« ist recht kurios: früher wurden von weither totgeborene Kinder zur Kapelle gebracht, weil man tatsächlich glaubte, sie würden während des Meßopfers von der Kirchenpatronin für einen kurzen, zumindest für die Taufe ausreichenden, Augenblick zum Leben erweckt. Der Bischof von Grasse setzte mit einem Verbot 1730 diesem doch eher heidnisch anmutenden Zauber ein Ende. Als ob nicht vielhundertfach täglich Wasser in Wein verwandelt würde, mit freundlicher Genehmigung der katholischen »Nomenklatura«!

VALBONNE

Uns gefällt dieses Dorf mit seinem bemerkenswert regelmäßigen und rechteckigen Grundriß oder anders ausgedrückt: aufgrund seiner architektonischen Einheit. Das Charakteristische daran ist die Bastide-Form, also daß die Häuser des Ortes sich um einen Platz herum als Mittelpunkt gruppieren. Die liebliche Umgebung mit Wäldchen, Brachland und dem Flüßchen Brague (Valbonne, bonne vallée, d.h. »gutes Tal«) laden zum Bummeln ein. Der Ort geht auf eine Klostergründung des Ordens von Chalais im 13. Jh. zurück. Allerdings soll das Tal schon in der Antike kultiviert worden sein.

Adresse

– *Verkehrsbüro:* bd Gambetta, Tel.: 93 42 04 16. Dienstags bis samstags geöffnet von 9 bis 12.30 Uhr und von 14.30 bis 18.30 Uhr.

Kost & Logis

– *L'Auberge Fleurie:* an der Straße nach Cannes, 06560, Tel.: 93 42 02 80. Mittwochs und von Mitte Dezember bis Anfang Februar geschlossen. Das in jeder Beziehung empfehlenswerte Haus liegt nicht unmittelbar an der Straße. Der Preis für die Zimmer, die hinteren mit Blick auf einen Garten, bewegt sich zwischen 180 und 240 F. Frühstück 15 F extra. Die Küche des Restaurants hält Leib und Seele beisammen: in einem angenehmen Rahmen – propere Tischdecken, große Spiegel, Glyzinen vor dem Speisesaal – serviert man mit einem Lächeln ein leckeres Menü für 91 F. Dazu zählen neben der Vorspeise, Lachssalat oder Fischsuppe, und dem Hauptgericht auf jeden Fall noch ein ausgezeichneter Nachtisch, wobei es uns schwerfällt, den einen oder anderen besonders zu empfehlen, wie etwa die Kaffeecreme mit Löffelbiscuits (Charlotte au café) oder den köstlichen Schokoladenwürfel (Pavé au chocolat). Die Küche beweist Erfindungsgabe und kommt – noch – ohne die Macken der Nouvelle Cuisine aus. Der Lirac aus dem Rhônetal, für 72 F die Flasche, ist ein süffiges Tröpfchen.
– *L'Auberge Provençale:* place des Arcades, 06560, Tel.: 93 42 01 03. Ganzjährig geöffnet. An der schönen Place des Arcades, wo es im Sommer recht laut zugeht. Der Empfang ist nicht gerade überfreundlich; die Zimmerpreise liegen zwischen 120 und 190 F. Feines Menü, immerhin zu 101 F, mit Wachteln und flambierten Weintrauben (Caille aux raisins flambées) oder die schon so oft erwähnten Piedspaquets auf Marseiller Art.

Sehenswert

– Die *Place des Arcades:* uralte Ulmen spenden eleganten Arkaden aus dem 15. und 17. Jh. angenehmen Schatten.
– Die *Pfarrkirche* unterhalb des Dorfes am Flußufer gehört zur ehemaligen Abtei von Chalais. Leider hat man ihren Glockenturm schon im 15. Jh. abgetragen.
– Sehenswert auch der *alte Brunnen* und die *Tränke* vor dem Rathaus.

174 / KÜSTE V. ST.-RAPHAEL BIS MENTON UND HINTERLAND

SOPHIA-ANTIPOLIS

Sophia-Antipolis: internationales High-Tech-Zentrum auf hohem technischen Niveau, das in einem Waldgebiet nordöstlich von Valbonne angesiedelt wurde. Für diesen Komplex kursieren mittlerweile unzählige Bezeichnungen wie: »Internationale Stadt der Weisheit, der Wissenschaften und der Technik«, »Reaktor für wissenschaftliche Kreativität«, »Zweites Silicon Valley« usw.
Pierre Laffitte ist der Mann, der dieser Idee Gestalt gab. Überzeugt von der Zukunft der Telekommunikation war er überrascht, wie großzügig sich IBM in La Gaude oberhalb von Cagnes einrichtete. Für eine Ansiedlung in dieser Region war neben der reizvollen Landschaft natürlich für die Amerikaner die Nähe zum Internationalen Flughafen von Nizza ausschlaggebend. Etwas später schuf dann noch Texas Instruments ein Forschungszentrum in Villeneuve-Loubet ... Das amerikanische Konzept, High-Tech-Zonen zu erschließen wie zum Beispiel Silicon Valley, in deren Umkreis dann kleine Firmen mit Spitzentechnologie wie die Pilze aus dem Boden schießen, findet hier seine Verwirklichung. Die Zusammenarbeit von Pierre Laffitte, dem damaligen Direktor der Ingenieurschule und heutigen Senator, mit der staatlichen Raumordnungsbehörde DATAR und der Industrie- und Handelskammer von Nizza machten den Kauf von 2400 ha Wald und Wiesen möglich. Es folgten staatliche Forschungsinstitute, Laboratorien, das weltweit operierende Reservierungssystem von Air France usw.
Derzeit sind in Sophia Antipolis rund 5000 Menschen im High-Tech-Bereich tätig sowie auf anderen naturwissenschaftlichen Gebieten wie der Biochemie, der Pharmakologie usw. Sporteinrichtungen wie Schwimmbäder, Sportplätze und ein 18-Loch-Golfplatz wurden geschaffen, andere Freizeiteinrichtungen sollen folgen. Jetzt ist man bemüht, den Standort auch Firmen aus dem Ausland schmackhaft zu machen und so hört man nicht auf, einen Dow Chemical-Direktor mit den Worten zu zitieren: »Seit der Verlegung meines Betriebs von Paris nach Valbonne ist die Produktivität um 30% gewachsen!«
Selbst die Sprache ist an diesen Neuerungen beteiligt: man spricht nicht mehr von Konkurrenten, sondern von »Partnern«. Sophia Antipolis soll nach dem Willen der Gründer möglichst immer an der Spitze der Forschung, der Innovationen und der Ausbildung stehen. Sinnbildlich soll dieses ständige Streben nach Kreativität und Fortschritt durch den Bau einer Pyramide dargestellt werden.
Ein weiteres Projekt ist die *Daniel Templon-Stiftung*. Hier soll die Kunst der Avantgarde mit den Technologien der Zukunft verschmelzen. Dabei sind so bekannte Leute aus der Kunstszene wie Buren, Serrer und Venet im Gespräch. Andy Warhol sollte sich auch an dem Projekt beteiligen, aber er weilt leider nicht mehr unter den Lebenden.

GRASSE

Die Hauptstadt der Parfümhersteller erstreckt sich weiträumig über die ersten Vorberge der provenzalischen Kalkalpen. Eine malerische Altstadt und herrliche Wandergelegenheiten im Hinterland machen die nur 14 km von Cannes entfernte Stadt zu einem lohnenden Etappenziel. Hinzu kommt noch das außergewöhnlich milde Klima, das besonders Asthmatikern Erleichterung verschafft. Patienten aus ganz Frankreich finden sich hier ein, um sich von Doktor Gau behandeln zu lassen. Von Cannes aus bestehen häufige Busverbindungen nach Grasse.

Adresse

– *Verkehrsbüro:* 3, place de la Foux, Tel.: 93 36 03 56. Als Ratsuchender hat man das Gefühl, abgefertigt zu werden; außer dem üblichen Prospektmaterial gibt's auch nichts an Unterlagen. Aber vielleicht haben Sie ja mehr Glück!

Unterkunft

– *Pension Michèle:* 6, rue du Palais-de-Justice, 06130, Tel.: 93 36 06 37. Vom 25. Oktober bis zum 1. Dezember und Sonntag nachmittags geschlossen. In einer

ruhigen Altstadtgasse und sogar mit kleinem Garten. Umgängliche Wirtsleute, die sich um alles kümmern. Nicht zu teuer: für 120 F erhält man schon ein Doppelzimmer, allerdings ohne Bad. Auf Wunsch Halbpension.
- *Hôtel Napoléon*: 6, av. Thiers, 06130, Tel.: 93 36 05 87. Vom 20. Dezember bis zum 31. Januar geschlossen. Zentrale Lage und mäßige Preise zeichnen dieses Hotel aus. Doppelzimmer zwischen 120 und 165 F. Nur Halbpension: man rechne mit 177 bis 200 F pro Kopf.
- *Hôtel Panorama*: place du Cours, 06130, Tel.: 93 36 80 80. Zentral gelegenes Haus, verhältnismäßig neu und entsprechende Annehmlichkeiten wie Farbfernseher, Telefon und Minibar. Vom Balkon, beneidenswerte Aussicht. Die Doppelzimmer sind mit 275 bis 300 F veranschlagt.

Sehenswert

- Die *Altstadt*: von der bezaubernden *Place des Aires* geht ein ganzes Geflecht von Sträßchen ab, in denen hübsche alte Häuser sich mit vornehmen, herrschaftlichen Stadtpalästen abwechseln. Besonders bemerkenswert das *Hôtel Isnard* mit seiner schmucken Fassade aus dem 18. Jh. und das mittelalterliche Haus in der Rue de l'Oratoire. Nicht versäumen, im Verkehrsamt das ausführliche Verzeichnis der Sehenswürdigkeiten zu verlangen!
- Die *Kathedrale* stammt aus dem 12. Jh. und wurde im 17. Jh. erneuert. Im Innern, einige Meisterwerke von Rubens (»Die Dornenkrönung«, »Die hl. Helena bei der Kreuzauffindung«, »Die Kreuzigung«, 1601 in Rom geschaffen), eines der seltenen Gemälde Fragonards mit religiösem Thema (»Die Fußwaschung«) sowie ein Louis Brea zugeschriebenes Triptychon.
- Das *Museum Villa Fragonard* (La villa-musée Fragonard): von Cannes kommend am Stadteingang, beim Parkplatz Cours H.-Cresp; Tel.: 93 36 02 71. Montags bis freitags von 10 bis 12 Uhr und von 14 bis 17 Uhr geöffnet. Samstags und an zwei Sonntagen im Monat geschlossen.
Fragonard, der aus Grasse stammte, wohnte während der Französischen Revolution in diesem eleganten Landhaus des Parfümfabrikanten und Handschuhmachers Maubert. Von seinem Vater nach Paris geschickt, um Notar zu werden, fühlte er sich bald zur Malerei hingezogen. Er ging bei Chardin in die Lehre und schon mit 20 Jahren erhielt er den Preis von Rom, der ihn über die Grenzen hinaus berühmt machte. In Paris avancierte er dann zum Modemaler des französischen Adels. Sein Umzug nach Grasse war notwendig geworden, weil er praktisch keine Gemälde mehr bei seinen überwiegend adeligen Kunden loswerden konnte: die hatten während der Revolution auch wirklich andere Dinge zu erledigen. Nachdem der erste Rauch der Revolution abgezogen war, kehrte er wieder nach Paris zurück. Dort war er in der Folgezeit zu einem ärmlichen Dasein verdammt – bis zu einem Augustnachmittag des Jahres 1806: nachdem er in einem Café ein Eis gelöffelt hatte, raffte ein Schlaganfall den alten Maler dahin.
Etliche Gemälde, Skizzen, Zeichnungen und Stiche, nicht nur von Fragonard, haben in diesem stattlichen Haus einen würdigen Rahmen gefunden.
- *Provenzalisches Volkskundemuseum* (Musée d'art et d'histoire de la Provence): rue Mirabeau, Tel.: 93 36 01 61. Gleiche Öffnungszeiten wie die Villa Fragonard, Eintritt: 4,50 F bzw. 7 F, kombiniert mit dem Eintritt für das Museum Villa Fragonard. Das prächtige Gebäude aus dem 18. Jh. gehörte der Schwester des Politikers und Volkstribuns Mirabeau. Nach dem Kleinen Trianon von Versailles benannt, sollten hier glanzvolle Feste gefeiert werden, aber es kam ganz anders, denn die Besitzerin hat in dem Stadtpalais nur Familienstreitigkeiten und Prozesse erlebt. Neben Fayencen, Möbeln, Köstümen, Werkzeugen und Santons, den typisch provenzalischen Heiligenfiguren aus Holz, verwaltet das Museum eine ansehnliche Sammlung von Gemälden provenzalischer Künstler.
- *Marine-Museum* (Musée de la marine): geöffnet von 10 bis 12 Uhr und von 14 bis 17 Uhr. Samstags und sonntags geschlossen. Ausgestellt werden unter anderem Erinnerungsstücke an den Admiral de Grasse, der am amerikanischen Unabhängigkeitskrieg teilgenommen hatte. Interessant, die achtzehn Schiffsmodelle, darunter zwölf von Segelschiffen aus dem 18. Jh.

Die Parfümherstellung in Grasse

Im Mittelalter trug die elegante Welt in Grasse gefertigte Handschuhe aus feinstem Leder, bis eines Tages die Mode aufkam, diese zu parfümieren. Deshalb wurde hier im 16. Jh. die erste Parfüm-Destillation eingerichtet. Besonders im 18. und 19. Jh. siedelten sich in der Stadt mehrere große Parfümfirmen an, und noch heute ist dieser Wirtschaftszweig nicht nur für Grasse von internationaler Bedeutung.

Die älteste Art der Parfümgewinnung ist die Destillation: Wasser und Blüten oder Pflanzen werden in einem Destillierkolben zum Kochen gebracht, das Destillat in einer Florentiner Flasche aufgefangen. Die spezifisch leichtere Flüssigkeit, in diesem Fall die Essenz in Form von Öl, und die spezifisch schwerere Flüssigkeit, d.h. Wasser, laufen durch das bis zum Grund der Flasche reichende Überlaufrohr getrennt ab. Im 18. Jh. ging man zu der Methode der Extraktion der Duftstoffe durch Fette über: die frischen Blüten werden mehrmals auf eine dünne Fettschicht gestreut. Das Fett entzieht ihnen die Duftstoffe, welche mittels Alkohol ausgewaschen werden. Da diese Methode sehr arbeits- und kostenintensiv ist, arbeiten heute nur noch wenige Firmen damit.

Das jüngste Verfahren ist die Extraktion mit Hilfe flüchtiger Lösungsmittel: die Blüten oder Pflanzen werden mit einem Lösungsmittel zusammengebracht, wobei nach dem Verdampfen desselben eine Wachs- und Duftstoff enthaltende Masse entsteht. Nach dem Auswaschen des Wachses mit Alkohol bleibt ein 40%iger Extrakt zurück, der mit seiner hohen Konzentration an Aromastoffen die Resultate der älteren Verfahren bei weitem übertrifft.

Die wenigsten Parfümrohstoffe werden an Ort und Stelle verarbeitet. Ein Großteil davon wird, mit einem die Duftstoffe konservierenden Mittel versehen, zu den großen Pariser Parfümeuren geschickt. Diese verdünnen die Rohstoffe nach geheimen Rezepten und verarbeiten sie zu jenen verführerischen Duftkompositionen, mit denen sich Frankreich in der ganzen Welt einen Namen gemacht hat.

Die Parfümfabriken von Grasse verarbeiten jährlich viele tausend Tonnen von Rosen-, Jasmin-, Veilchen-, Orangen-, Mimosen- und Lavendelblüten. In ihren Diensten stehen Leute mit den feinsten Nasen, die man sich denken kann: es gelingt ihnen tatsächlich, etwa 1500 Gerüche voneinander zu unterscheiden.

Die bedeutendsten *Parfümhersteller* von Grasse, die Firmen *Fragonard* und *Molinard*, organisieren ganz lehrreiche Führungen durch ihre Häuser. Genaue Zeiten erfährt man im Fremdenverkehrsamt. Und da bekanntlich alle Theorie grau ist, packt man sich ergänzend P. Süskinds »Das Parfüm« in den Rucksack.

In der Umgebung

– *Cabris:* an der Straße nach Saint-Cézaire, 6 km von Grasse. Am Rande der Provenzalischen Hochebene und bei Künstlern und Touristen gleichermaßen beliebt. Ruhig die Burgruine erklimmen: meist bietet sich ein Panorama, das von Nizza bis zu den Vorbergen von Toulon reicht.

– *Opio:* an der Straße nach Villeneuve-Loubet, 7 km von Grasse. Das kleine Dorf lebt vom Blumenanbau für die Parfümherstellung. Sehenswert die alte Ölmühle. In der Nähe von Opio verunglückte vor ein paar Jahren der Schauspieler und Komiker *Coluche* tödlich mit seinem Motorrad. Coluche, in Frankreich bekannt wie ein bunter Hund, präsentierte sich auch äußerst witzige Art und Weise als Kandidat bei den französischen Präsidentschaftswahlen. Die Erinnerung an ihn lebt heute noch in dem von ihm gegründeten Sozialwerk »Die Restaurants des Herzens« (Les restaurants du coeur) fort. Er schaffte es damals, etliche Millionen Francs für die Speisung von Armen und Mittellosen locker zu machen.

Der namhafte Fotograf Lartigue starb ebenfalls in Opio.

SAINT-VALLIER-DE-THIEY

Die beliebte Sommerfrische der Bürger von Grasse ist nur 12 km von der Stadt entfernt. Eignet sich vortrefflich als Ausgangspunkt für Wanderungen in die Provenzalische Hochebene. Vom La Faye-Paß (Pas de la Faye) hat man wieder eine dieser schönen Panoramablicke, die von Grasse über die Bucht von La Napoule bis hin zum Mauren-Massiv reichen. Von Norden kommend, öffnet sich an dieser Stelle zum ersten Mal der Blick aufs Mittelmeer und die Küste.

Kost & Logis

– *La Bonne Auberge:* place Frédéric-Mistral, 06460, Tel.: 93 42 60 08. Mittwochs und im November geschlossen. Kleines Hotel, wirklich einwandfrei, neben dem Rathaus. Die Zimmer, natürlich im provenzalischen Stil ausstaffiert, kosten um die 130 F. Im Restaurant mit seiner gemütlichen, schattigen Terrasse serviert man Menüs zu 58 und 78 F.

– *Le Relais Impérial:* place du Chevalier-Fabre, von Grasse kommend gleich am Ortseingang, 06460; Tel.: 93 42 60 07. Von Mitte November bis Ende Dezember Betriebsruhe. Doppelzimmer in dem ausgesprochen ordentlichen Haus zum Preis von 190 bis 295 F. Für die Menüs im netten Speisesaal wird man 75 bzw. 110 F hinblättern. Während der Wildsaison, ein schmackhaftes Rehragout sowie geschmorter Frischlingsbraten (Daube de marcassin). Halbpension obligatorisch.

– *Hostellerie le Prejoly:* 06460, Tel.: 93 42 60 86. Gleich gegenüber vom obengenannten Restaurant ist diese Adresse schon etwas schicker, aber die Preise sind noch als zivil zu bezeichnen. Von Anfang Dezember bis Ende Januar geschlossen. Die bezaubernde »Herberge« hat einiges zu bieten: einen weiten, ruhigen Garten, Sauna, Solarium usw. Doppelzimmer überwiegend mit kleiner Terrasse à 200 bis 350 F. In erster Linie kommt jedoch hierher, wer etwas zu beißen sucht. Vielleicht sitzen Sie an einem Tisch, an dem vor Ihnen auch schon Charles Bronson, William Holden, Charles Vanel, Bourvil, Claude François, Mireille Darc und andere gespeist haben. Menüpreise: 100, 140 und 190 F. Auf der umfangreichen Karte, unter anderem Rotbarbenterrine mit Basilikumcreme, eine in Folie gegarte Hammelkeule (Gigot des Alpes en papillote) und gefüllte Küken mit Brokkolicreme. Die armen Viecher ...

● *Campingplatz*

– *Camping du parc des Arbouins:* an den N 85 in Richtung Grasse, 1,5 km vom Ort entfernt. Es handelt sich um einen ansprechenden Drei-Sterne-Campingplatz mit Swimmingpool.

GOLFE-JUAN

Allzu oft rauscht man mit anderem Ziel auf der N 7 oder auf der Küstenstraße durch den Ort, ohne anzuhalten. Dabei hat Golfe-Juan mit seinem bezaubernden kleinen Strand, seinem Hafen und der lohnenden Aussicht auf die Lérins-Inseln und das Cap d'Antibes auf der anderen Seite mehr als nur einen Zwischenstopp verdient.

Golfe-Juan: ein renommierter Badeort

Zahlreiche Persönlichkeiten des öffentlichen Lebens hielten sich schon im Golfe-Juan auf. Am bekanntesten ist natürlich Napoleon, der nach dem Exil auf der Insel Elba hier am 1. März 1815 mit seiner über 1100 Mann starken Garde und einigen Pferden an der Hafenmauer an Land ging. Eine Inschrift an der Hafenmauer erinnert an diesen Tag. An dieser Stelle beginnt auch die berühmte Napoleon-Straße (Route Napoléon), die als Touristenstraße 1932 dem Verkehr übergeben wurde und bis Grenoble führt. Später pilgern so berühmte Leute wie *Chateaubriand* oder *Victor Hugo* nach Golfe-Juan, um die Erinnerung an Napoleons Abenteuer wachzuhalten. *Victor Hugo* schrieb 1839: »Ich habe hier Halt gemacht und das Meer betrachtet, das ganz sacht auf dem Sandbett der Bucht zu Füßen von Olivenbäumen und Brombeerhecken ausläuft, jenes Meer, das eines Tages Napoleon hierher gebracht hat«.

Später ließ *Juliette Adam*, eine berühmte Schriftstellerin ihrer Zeit, hier ihre Villa »Bruyères« errichten. Das war sozusagen der Startschuß für den Badeort Golfe-Juan. Etliche Schriftsteller und Politiker besuchten Juliette Adam, um ein paar geruhsame Tage am Meer zu verbringen. Darunter waren im Jahre 1868 *George*

Sand – eine der ersten Frauenrechtlerinnen und vor allem bekannt durch ihre leidenschaftliche Beziehung zu Chopin – der vielfache Minister *Gambetta*, der übrigens Paris während der deutschen Besatzung im Oktober 1870 mit einem Ballon verlassen konnte, der Politiker und Historiker *Thiers*, der unter anderem die Friedensverhandlungen mit Bismarck führte und der durch seine Naturschilderungen bekannt gewordene Schriftsteller *Pierre Loti*, um nur einige zu nennen.

Adressen

- *Verkehrsbüro:* 84, av. de la Liberté, Tel.: 93 63 73 12.
- *Bahnhof SNCF:* Tel.: 93 63 71 58.
- *Busverbindungen:* nach Cannes und Nizza viertelstündlich und nach Vallauris jede halbe Stunde.

Kost & Logis

- *California:* av. de la Liberté, Tel.: 93 63 78 63. Ganzjährig geöffnet. Die Zimmerpreise in dieser einfachen Unterkunft am Meer variieren zwischen 80 und 230 F für zwei Personen. Vermietet auch Studios.

● *Etwas schicker*

- *Hôtel du Golfe:* bd de la Plage, 06220, Tel.: 93 63 71 22. Vom 20. Oktober bis zum 20. Dezember geschlossen. Ebenfalls am Meer mit Blick auf die Bucht. Parkplatz und große Terrasse. Komfortable Doppelzimmer mit Telefon und TV zu 300 F.
- *De Crijarsky:* av. Juliette-Adam, 06220, Tel.: 93 63 84 44. Vom 10. Oktober bis zum 22. Dezember geschlossen. Saubere und bequeme Doppelzimmer mit Klimaanlage und TV zwischen 225 und 250 F. Parkplatz und Garten gleichfalls vorhanden. Preis für Vollpension: 286 F; Menüs zwischen 85 und 160 F.
- *Chez Claude:* 162, av. de la Liberté, 06220, an der N 7; Tel.: 93 63 71 30. Vom 10. Dezember bis zum 10. Januar geschlossen. Das kleine Hotel ist in jeder Beziehung in Ordnung. 170 bis 205 F berappt man pro Doppelzimmer mit Fernseher und Minibar. In der Hauptsaison nimmt man für die obligatorische Halbpension 180 bis 198 F. Spitzenrestaurant mit ausgezeichneten, regionalen Menüs für 58 bis 144 F: unter anderem Suppe mit Knoblauch, Parmesan, Basilikum und Olivenöl (Soupe au piston) und Omelette mit frischer Minze. Vom angenehmen Speisesaal hat man unmittelbar Zugang zu einem Innenhof mit Garten. Das Preisniveau ist für die Küste o.k., nur etwas ruhiger könnte es sein.
- *M'Hôtel Lauvert:* impasse des Hameaux-de-Beausoleil, über die N 7 zu erreichen; 06220, Tel.: 93 63 46 06. Vom 1. Oktober bis 15. Januar geschlossen. Ruhige Appartements mit jeglichem Komfort, 175 bis 295 F. Beheizter Swimmingpool, Tennisplätze und Garten runden das Bild ab.
- *Chez Bruno:* am Hafen, 06220, Tel.: 93 63 72 12. Einladendes Ambiente – im Garten dreht sich sogar ein Wasserrad. Eignet sich für eine kulinarische Reise durch die vielversprechende provenzalische Küche: Fisch, Bouillabaisse, Piedspaquets. Für die Gegend erfreuliches Preis-/Leistungsverhältnis.

VALLAURIS

Vallauris breitet sich 2 km nordwestlich von Golfe-Juan über sanfte Hügel aus. Berühmt wurde es durch Picasso, der hier einige Zeit wohnte und sich um die Stadt besonders verdient machte, indem er den traditionellen Erwerbszweig, nämlich die Töpferei, zu neuem Leben erweckte. Seitdem findet hier eine Internationale Biennale für Keramik-Kunst statt und über 200 Töpfer arbeiten nach traditionellen Techniken.

Adressen

- *Fremdenverkehrsamt:* av. des Martyrs-de-la Résistance, 06220, Tel.: 93 63 82 58.

Ein wenig Geschichte

Seit der Römerzeit war Vallauris eines der Zentren der Töpferei in Frankreich. Im Jahre 1480 war der Ort durch die Folgen der Pest größtenteils entvölkert, und kurz darauf wurde er ganz aufgegeben. Der Bischof von Grasse ließ 1501 an die 70 Töpferfamilien aus Genua und Umgebung hierherkommen. Die Einwanderer bauten Vallauris im Schachbrettmuster wieder auf und setzten die seit der Römerzeit anhaltende Tradition der Töpferei fort.

Picasso und Vallauris

Am Strand von Golfe-Juan schloß Picasso Bekanntschaft mit Georges und Suzanne Ramié, die damals die Madoura-Töpferei in Vallauris besaßen. Er nahm ihre Einladung dorthin an und formte sofort an Ort und Stelle einige Tonfiguren. Die Arbeit der Töpfer schien ihn lebhaft zu interessieren und er versprach wiederzukommen. Er kam tatsächlich wieder, begeisterte sich für die Keramik und arbeitete vom Sommer 1947 an fast zwei Jahre lang in der Töpferei der Ramiés. An manchen Tagen entstanden so bis zu 25 Kunstwerke. Der Künstler richtete sich in Vallauris in einem denkbar einfachen, »la Galloise« genannten Haus, ein. Cocteau machte sich anläßlich eines Besuchs über den »ärmlichen Prunk« der Ortschaft lustig, woraufhin Picasso entgegnete: »Man muß sich den Luxus leisten können, um ihn zu verachten«. Ab 1949 ließ aus verschiedenen Gründen seine Begeisterung für die Töpferei etwas nach und er widmete sich wieder vermehrt der Malerei und besonders der Lithographie. Die Stadtverwaltung von Vallauris schlug 1951 Picasso vor, die leerstehende romanische Kirche der lerinischen Mönche auszumalen. Picasso akzeptierte und schuf 1952 in einer Rekordzeit das Monumentalwerk »Krieg und Frieden« (Guerre et Paix). Witzbolde meinten damals, daß ein Anstreicher kaum schneller eine solche Fläche geschafft hätte ...

Vallauris hatte Picasso viel zu verdanken, und so überraschte es nicht, daß man ihn 1950 zum Ehrenbürger ernannte: in einem Anfall von Spendierfreudigkeit schenkte er daraufhin der Stadt sein Exemplar des »Mannes mit Schaf«. Im Jahre 1955 verließ er endgültig Vallauris, um mit seiner letzten Lebensgefährtin Jaqueline Roque zuerst nach Cannes und dann nach Mougins zu ziehen. Der Draht zu Vallauris riß aber nie ganz ab. Anläßlich seines 90. Geburtstages im Jahre 1971 veranstaltete die Stadt ein großes Volksfest. Seine eigene Teilnahme an dem Fest lehnte Picasso mit folgenden Worten ab: »Je veux bien assister à votre spectacle, mais je ne veux pas être votre spectacle«, d.h. »Ich möchte eigentlich schon gerne an Eurer Show teilnehmen, will aber nicht selber Gegenstand dieser Show sein«. Sprachs und schaute sich daraufhin das Fest im Fernsehen an ...

Sehenswert

– *Place Paul-Isnard:* hier steht Picassos Geschenk an Vallauris, die Bronzeplastik »Mann mit Schaf«, und bildet ein eigenartiges Gegengewicht zum pompös-kitschigen Kriegerdenkmal auf der anderen Seite des Platzes. Sehenswerte Kirche mit Barockfassade und romanischem Glockenturm.

– *Das Schloß:* im 16. Jh. wurde das ehemalige Kloster von Lérins wieder aufgebaut. An den Ecken des rechteckigen, zweigeschossigen Gebäudes befindet sich jeweils ein Rundturm. Heute beherbergt das Schloß zwei Museen:

– *Das Nationale Kunstmuseum* (Musée national d'art moderne): geöffnet von 10 bis 12 Uhr und von 14 bis 17 Uhr (in der Nebensaison bis 17 Uhr), dienstags und feiertags geschlossen. Hier ist das Monumentalwerk »Krieg und Frieden« zu bewundern, das heute die Krypta der romanischen Kirche schmückt: der Krieg hat Ähnlichkeiten mit einem Leichenzug; der Kampfwagen wird von drei schwarzen, dürren Kleppern gezogen, welche ebenso wie die Eindringlinge die Bücher als Symbole der Zivilisation mit Füßen treten. Sie greifen einen strahlenden Ritter an, der Gerechtigkeit (seine Lanze bildet die Hauptachse einer Waage) und Frieden (sein Schild trägt das Bild einer Taube) vertritt. Auf der gegenüberliegenden Wand widmet sich die Menschheit sinnvollen Arbeiten und den Freuden des Friedens: der Acker wird bestellt, jemand schreibt ein Buch oder übersetzt, Kinder spielen,

180 / KÜSTE V. ST.-RAPHAEL BIS MENTON UND HINTERLAND

Frauen tanzen ... Das dritte Gemälde symbolisiert durch vier verschiedenfarbige Männer die Verbündung der Rassen.

– Das *Städtische Museum* (Musée municipal): geöffnet von 10 bis 12 Uhr und von 14 bis 18 Uhr. Ebenfalls dienstags und an manchen Feiertagen geschlossen. In überwölbten Räumen werden Keramik-Wechselausstellungen gezeigt. Im zweiten Stock ist die Stiftung *Magnelli* untergebracht, die fünfzehn Gemälde, Collagen, Guaschen und ein großes Wandbild umfaßt.

– Die *Straßen von Vallauris*: unzählige Keramikboutiquen und Keramikwerkstätten machen sich gegenseitig Konkurrenz. Die wenigen schönen Stücke gehen in einem Meer von Andenkenkitsch unter. Françoise Gilot, ehemalige Lebensgefährtin Picassos, meinte dazu: »Pablos Anwesenheit brachte der Stadt Wohlstand, aber sein Beispiel wurde nicht verstanden. Heute ist Vallauris eine Hochburg schlechten Geschmacks«. Die beste Keramikboutique bleibt immer noch die *Galerie Madoura*. Neben der eigenen Produktion stellt sie auch Kopien von Picassos Werken her. Alain Ramié, der heutige Besitzer, ist der Sohn von Picassos Freunden, die ihn damals zur Töpferei brachten.

JUAN-LES-PINS

oder: *Wenn Milliardäre sich für einen Pinienhain und für eine Sommersaison interessieren ...*
Die Geschichte beginnt 1881 mit dem Bau einiger Häuser durch eine Immobilienfirma aus Cannes. 1882 entsteht der Bahnhof und der siebte Sohn von Queen Victoria, der Herzog von Albany, benutzte als erster den Namen Juan-les-Pins für diesen damals noch ruhigen und einsamen Flecken am Golfe Juan. Die Immobiliengesellschaft beginnt, große Teile des einst prachtvollen Pinienhains zu bebauen. Aber die Spekulation bringt nicht die erhofften Ergebnisse: zu Beginn des Jahrhunderts zählt man hier nur acht kleine Hotels und zwei Villen. Und auch der Krieg von 1914/18 beschleunigt nicht gerade das Vorhaben. Es gab zwar eine – von einem gewissen Godéon errichtete – Bretterbude, die sich Casino schimpfte, aber das war's auch schon.
Wir müssen das Jahr 1921 abwarten, als nämlich ein Restaurantbesitzer namens *Baudoin* aus Nizza eine geniale Idee verwirklicht: nachdem er ihm Kino etwas über Miami gesehen hat, will er auch an der Côte d'Azur eine Sommersaison einführen. Damals galt es als äußerst gesundheitsschädlich, die Sommermonate an der französischen Küste zu verbringen, wohingegen die Reichen von weit her kamen, um im Winter hier ihre Zelte aufzuschlagen. Monsieur Baudoin findet einen malerischen Sandstrand, kauft das Kasino und noch einige Hektar Land dazu. Wie es sich für einen emsigen Restaurantbesitzer gehört, eröffnet er ein weiteres Speiselokal und läßt kurzentschlossen die Dolly Sisters hierher kommen! Das sollte sich als clevere Idee erweisen, denn die Mädchen locken zwei Milliardäre an diesen Ort: *Bentley*, den berühmten Automobilfabrikanten, und *Frank Jay-Gould*, einen Eisenbahnmagnaten, der gerade in Juan mit seiner dritten Frau auf Hochzeitsreise weilt. Besonders er weiß die Gegend und ihre finanziellen Möglichkeiten abzuschätzen. Er besitzt bereits das Hotel *Majestic* im Norden von Nizza und den *Palais de la Méditerranée*. Auf der Stelle gewinnt er Baudoin als Geschäftspartner, um die Sommersaison – wir schreiben das Jahr 1931 – anzukurbeln und erwirbt gleich noch einige Ländereien dazu. Der neuerschlossene Strand führt zum Erfolg und gleichzeitig zum Skandal. Denn zum ersten Mal entledigen sich junge Frauen ihres Baderöckchens und steigen mit enganliegendem Badeanzug in die Fluten. Revolutionär, nicht wahr?
In den 50er Jahren beschleunigt sich noch der Erfolg von Juan. Der berühmte Jazzklarinettist Sydney Bechet heiratet hier. Edith Piaf, Juliette Gréco, Eddy Constantine und viele andere illustre Persönlichkeiten geben sich ein Stelldichein. Man tanzt bis zum frühen Morgen. Das Internationale Jazzfestival von Juan-les-Pins findet in dem schönen Pinienhain einen idealen Standort und trägt dazu bei, das Ansehen der Gegend weiter zu heben.

Unterkunft

Grundsätzlich kommt man nicht hierher, um zu schlafen: die Läden haben bis in die Puppen geöffnet, Cafés und Discos sind voller lebenslustiger Leute, die sich die Nächte um die Ohren schlagen und in den Straßen herrscht noch zu vorgerückter Stunde reger Betrieb. Aber irgendwann muß man sich ja auch mal ein wenig ausruhen, also ...

● *Für schmale Geldbeutel*

– *Hôtel Trianon:* 14, av. de l'Estérel, 06160, Tel.: 93 61 18 11. Unweit des Bahnhofs. Einfache, aber tadellose Doppelzimmer zwischen 99 und 181 F.
– *Hôtel Parisiana:* 16, av. de l'Estérel, 06160, Tel.: 93 61 27 03. Sofort nebendran. Vom 1. April bis zum 31. September geöffnet. Saubere Bleibe mit Garten. Einzelzimmer zu 80 bis 140 F und Doppelzimmer zu 160 bis 180 F.
– *Hôtel des Tamaris:* 37, rue Bricka, 06160, Tel.: 93 61 20 03. Von Mitte Oktober bis Mitte Januar geschlossen. Kleiner Garten. Doppelzimmertarife von 118 bis 189 F.

● *Etwas schicker*

– *Hôtel de l'Estérel:* 21, rue des Iles, 06160, Tel.: 93 61 08 67. Bleibt den ganzen November über geschlossen. Bezauberndes, kleines Haus mit einem schnuckeligen Garten an einer ruhigen Straße. Günstig gelegene, bequeme, Doppelzimmer für 180 bis 220 F. Das Restaurant genießt einen guten Ruf (s.u.).
– *Le Régence:* 2, av. de l'Amiral-Courbet, 06160, Tel.: 93 61 09 39. Von Oktober bis April geht hier nichts. Die komfortablen Zimmer mit Telefon, Bad oder Dusche und WC schlagen mit 220 bis 280 F. Auf der angenehmen Gartenterrasse läßt es sich vorzüglich speisen, und das bei Menüpreisen von 45 und 60 F. Frühstück 20 F.

Essen

– *Le Provence:* 1, av. du Maréchal-Joffre, 06160, Tel.: 93 61 02 66. Noch ein Restaurantbesitzer aus dem Norden, welcher der milden Sonne von Juan nicht widerstehen konnte, denn hier gibt's provenzalische und elsäßische Spezialitäten: schon für 64 F gibt's ein feines Menü mit Fischsuppe, Fleischplatte, oder das bekannte Elsässische Sauerkraut mit Beilagen. Mit dem Hauswein zu 22 F wird auch jeder zufrieden sein. Bei schönen Wetter locken Garten und Terrasse.
– *Restaurant du Midi:* 93, bd Poincaré, 06160, Tel.: 93 61 35 16. Vom 20. Oktober bis zum 3. Januar geschlossen. Die Woche über kommen die Menüs auf 63 und 83 F, während die Angelegenheit sonntags etwas teurer wird. Der sympathische Empfang und der blumenübersäte Innenhof bleiben sich im Gegensatz dazu an allen Tagen gleich.
– *Le Cheap:* 21, rue Dautheville, 06160, Tel.: 93 61 05 66. Das Restaurant hat bis spät in die Nacht geöffnet und ist ziemlich »in« – kein Wunder, bei dem Namen. Leckere Grillgerichte und Pizzen zu einem durchweg akzeptablen Preis. Auf der Terrasse findet jeder ein schattiges Plätzchen.
– *Lou Capitole:* 26 bis, av. Amiral-Courbet, 06160, Tel.: 93 61 22 44. Von Dezember bis Februar und mittwochs in der Nebensaison geschlossen. Die Menüs zu 75 und 100 F zeugen von einem ausgewogenen Preis-/Leistungsverhältnis. Bei dem Menü zu 100 F serviert man eine von brauner Soße, mit Trüffelextrakt bedeckte, große Blätterteigpastete (Vol-au-vent sauce financière – das heißt tatsächlich so!), gefolgt von Spießchen mit Meeresfrüchten und dem Tagesgericht. Die zuvorkommende Bedienung stellt den Landwein im Krug auf die Tafel.

● *Etwas schicker*

– *Auberge de l'Estérel:* 21, rue des Iles, 06160, Tel.: 93 61 86 55. Den ganzen November über sowie Sonntagabend und montags geschlossen. Im Sommer unbedingt im angenehmen Garten speisen, zumal die Einrichtung des Speisesaals unserer Meinung nach nicht der Qualität der dargebotenen Speisen das Wasser reichen kann. Wir empfehlen wärmstens das Menü zu 160 F, Bedienung eingeschlossen. Für seine sauer verdienten Urlaubsgroschen bekommt man:

Seeteufelsalat mit Paprikaschoten und Basilikumblättern, einen lauwarmen Wachtelsalat mit Artischocken und Haselnußöl, gegrillten Lachs oder Geflügelfrikassee und zum Abschluß nach der reichhaltigen Käseplatte noch den Nachtisch des Tages, der im allgemeinen besonders lecker ist. Die Tageskarte wechselt häufig. Eine fürwahr erfinderische Küche bringt oft neue Gerichte auf den Tisch, und die Preise liegen für die Gegend vergleichsweise günstig. Fast alle Kritiker erregen sich darüber, daß die Tester von Michelin bis jetzt dieses Restaurant einfach links liegen ließen. Möglichst bald hingehen, ehe der Rummel anfängt und die Preise klettern.

Auf ein Glas

– *Le Pam Pam:* bd Wilson, 06160. Bis in die frühen Morgenstunden geöffnet und meist knackevoll. Musikgruppen, häufig aus Brasilien, und ausgezeichnete exotische Cocktails (von 30 bis 50 F) sorgen dafür, daß man in der Hauptsaison nach 21 Uhr nurmehr mit Mühe einen Platz findet.
– *Le Festival:* gleich vis-à-vis, genauso stark besucht, aber vielleicht eine Spur weniger schick.

Festivalstadt Juan

Alljährlich in der zweiten Julihälfte steht die Stadt ganz im Zeichen des *Internationalen Jazzfestivals*. Schriftliche Reservierung an die Maison du Tourisme d'Antibes-Juan-les-Pins, Auskunft: 93 33 95 63.
Schon ein tolles Erlebnis, in einem Pinienhain mit dem Estérel-Massiv als Kulisse internationalen Jazzgrößen lauschen zu können.

DIE HALBINSEL VON ANTIBES

Die weit ins Meer reichende Halbinsel trennt Antibes von Juan-les-Pins und wird wegen ihrer Schönheit das ganze Jahr über von Feriengästen frequentiert. Luxushotels und große Villen umgeben blühende Parkanlagen.

Verkehrsmittel

– Vom Busbahnhof in Antibes verkehrt stündlich ein Bus hierher.
Von Antibes aus gesehen, beginnt die Halbinsel am kleinen *Hafen* von *La Salis*. Der Strand von La Salis zählt überhaupt zu den malerischsten – kostenlosen – Stränden an der ganzen Küste. Wer dort ins Meer hüpft, hat auf der einen Seite die reiche Vegetation der Halbinsel mit ihren Mimosengewächsen und verschiedenen Pinienarten und auf der anderen Seite die graue Masse der Festungsanlagen mit der Grimaldi-Burg und im Hintergrund die Engelsbucht (Baie des Anges) und die Alpen vor Augen ...
Interessant ist die Tatsache, daß die Werbung für den Strand von Juan relativ schnell zum gewünschten Erfolg führte, während zur gleichen Zeit nur ein paar Kilometer weiter, auf der Halbinsel von Antibes, die meisten Finanzspekulationen kläglich scheiterten. Zum Glück, denn so konnte mit zusätzlichen Maßnahmen verhindert werden, daß die Halbinsel zugebaut wurde. In der Folgezeit sorgten die Stadtverwaltung von Antibes und ein »Gesetz zum Schutz der Vorgebirge« dafür, daß der allzu massive Einsatz von Beton abgewehrt werden konnte.
Gegen Ende des 19. Jhs zogen Einsamkeit und Schönheit der Halbinsel zahlreiche Künstler in ihren Bann. Der Erzähler und Literaturkritiker Anatole France, Jules Verne, der hier seine »Zwanzigtausend Meilen unter dem Meer« verfaßte, Maupassant und etliche andere fühlten sich hier wohl. Etwas später folgten gekrönte Häupter wie der Herzog von Windsor – allerdings erst nach seiner Abdankung – Leopold II. von Belgien, König Umberto von Italien, der Ex-König Faruk von Ägypten usw. Daraufhin stellten sich schließlich »Finanzkönige« wie die Reeder Onassis und Niarchos ein. Und heute läßt die Pracht so mancher Villa auf einen bedeutenden und/oder reichen Besitzer schließen. Man sieht aber auch Alters-

heime, Kinderferienheime sowie das eine oder andere große Gewächshaus, wo Rosen und Nelken angepflanzt werden.
Wirklich auffallend sind die kleinen, provenzalischen Landhäuser mit ihren Gärten davor, die sich nach wie vor zwischen den Grundstücken der Milliardäre behaupten. Nehmen wir am La Garoupe-Strand den kleinen Pfad am Meer entlang. Einige Bewohner des benachbarten Altersheimes machen dort täglich ihren Spaziergang. Wir werden riesige Landsitze, teilweise hinter Pinien versteckt, passieren. Originalton Lieschen Müller: »Hier stinkt's ja richtig nach Geld!«.

Sehenswert

– Das *La Garoupe-Plateau:* an der höchstgelegenen Stelle erheben sich eine Kapelle, ein Leuchtturm und eine Orientierungstafel mit allen markanten Punkten des wunderbaren Rundblicks von Saint-Tropez bis zu den italienischen Alpen. Die *Kapellen Notre-Dame-de-Bon-Port* oder auch *Notre-Dame-de-La-Garoupe* besitzen als Außenschmuck zwei schmiedeeiserne Tore im Stil des klassizistischen Barocks. Zwei große Arkaden verbinden die beiden Kirchenschiffe aus dem 13. und 16. Jh. Im Innern die beiden Madonnen, denen die Kirche geweiht ist. Die vielen Votivbilder, hauptsächlich von Seeleuten und Fischern als Dankesgabe für die Rettung aus Seenot gestiftet, machen aus der Kapelle fast schon ein kleines Museum für Naive Kunst.
– Der *Thuret-Park* (Le jardin Thuret): dem Botaniker Thuret haben wir diesen 7 ha großen Park zu verdanken, in dem verschiedene Eukalyptusarten sowie etliche Pflanzen und Bäume aus heißen Ländern wachsen. Die gesamte Anlage, zu der auch noch mächtige Zedern und Kiefern zählen, ist heute dem Landwirtschaftsministerium unterstellt.
– Das *Schiffahrts- und Napoleon-Museum* (Le Musée naval et napoléonien): av. J.F.-Kennedy, Tel.: 93 61 45 32. Im Sommer von 10 bis 12 Uhr und von 15 bis 19 Uhr und im Winter von 10 bis 12 und von 14 Uhr bis 17 Uhr geöffnet. Im November geschlossen. Eintritt: 11 F. Das heutige Museumsgebäude entstand durch Umbau des Quartiers der *Batterie du Grillon.* An seine frühere militärische Aufgabe erinnern die beiden Bronzekanonen am Eingang. Anhand von Modellen wird die Bauweise großer Segel- und anderer Schiffe erklärt. Die Erinnerungsstücke an Napoleon beziehen sich in erster Linie auf die Zeit nach seiner Rückkehr von der Insel Elba. Von der Plattform hat man eine reizvolle Aussicht auf die bewaldete Südspitze des Kaps, die Pointe de la Croisette und die Lérins-Inseln.

ANTIBES

Eigentlich unsere Lieblingsstadt an der ganzen Küste. Da wäre zunächst die Traumlage zwischen zwei Buchten zu erwähnen. Es folgen die beeindruckenden Festungsanlagen, die aufs Meer hinauszuführen scheinen, ein geradezu märchenhafter Jachthafen, eine Altstadt mit krummen Gassen und hohen, efeubewachsenen Häusern – kurzum, ein fast noch ursprüngliches Stück Provence. Ein zusätzlicher Pluspunkt: Antibes lebt, im Gegensatz zu Juan, auch im Winter und begnügt sich nicht mit der bloßen Ausschöpfung seiner touristischen Potentiale. Man kann gar nicht genug davon kriegen, an den Quais des Jachthafens bzw. auf der Festungsanlage entlangzuschlendern oder die Altstadt zu durchstreifen. Wenn man unter Platanen auf einer Café-Terrasse an der Place Nationale sitzt, dann kann man sich kaum vorstellen, daß das Meer so nah ist. Aber die Seeleute und Segler, die vielleicht am Nachbartisch hocken, erinnern einen daran.

Ein wenig Geschichte

Bereits im 4. Jahrhundert v. Chr. wurde *Antipolis* (»die Stadt gegenüber«) von Griechen aus *Massalia,* dem heutigen Marseille, als Handelsniederlassung gegründet. Gegen Ende des 14. Jhs gewann die Stadt aufgrund ihrer Lage an der französisch-savoyischen Grenze für die französischen Könige an strategischer Bedeutung. Heinrich IV. beginnt mit dem Bau von Befestigungsanlagen, die Vauban 1707 vollendete. Als Napoleon 1815 in Golfe-Juan an Land ging, verweigerte

184 / KÜSTE V. ST.-RAPHAEL BIS MENTON UND HINTERLAND

Antibes ihm nicht nur die Unterstützung, sondern ließ auch noch seine Abordnung aus 40 Soldaten gefangennehmen. Wenn Oberst d'Ornano damals den korsischen Thronräuber festgesetzt hätte, wäre die Weltgeschichte vielleicht anders verlaufen.

Die weitläufigen Festungsanlagen von Antibes wurden 1894 überwiegend geschleift, um – welch ein Frevel! – die weitere Ausdehnung des Stadtgebietes zu ermöglichen. Bis zu diesem Zeitpunkt schützten sie gewissermaßen auch die Stadt vor allzu vielen Touristen, die es vorzogen, sich in Cannes oder Nizza auf den Füßen herumzutreten. Erst nach 1920 tauchen vermehrt Touristen in Antibes auf, freilich ohne daß man von einer Invasion sprechen müßte. Auch die Künstler verschmähten die Stadt keinesfalls. Max Ernst, Picasso, Jack Prévert, Sydney Bechet und etliche andere gaben ihr die Ehre eines Besuchs.

Nützliche Adressen

– *Fremdenverkehrsamt* (hier heißt's mal anders, nämlich »Maison du Tourisme«): 11, place de-Gaulle, 06600 Antibes, Tel.: 93 33 95 64. Ganzjährig von 9 bis 12 Uhr und von 14 bis 18 Uhr, montags bis freitags, und samstags von 9 bis 12 Uhr geöffnet; während der Monate Juli bis August sogar durchgehend von 9 bis 20 Uhr und samstags von 9 bis 12 Uhr und 14 bis 19 Uhr. Hält ganz brauchbare Broschüren über die Stadt und Umgebung parat.
– *Bahnhof SNCF:* av. Robert-Soleau, hinter dem Jachthafen Port Vauban, an der Stadtausfahrt in Richtung Nizza. In beide Richtungen, nach Cannes und Nizza, verkehren zahlreiche Züge. Tel.: 93 33 63 51 und 93 99 50 50.
– Zubringerbus zum *Flughafen Nizza*: place Guynemer, Busbahnhof. Abfahrt halbstündlich von 7.30 Uhr bis 20 Uhr. Fahrtdauer: rund 30 Minuten.
– *Busbahnhof* (Gare routière): von der Place de-Gaulle die Rue de la République runter und dann gleich rechts. Am laufenden Band starten hier Busse nach Juan, Cannes, Cagnes und Nizza.

Unterkunft

In der Maison du Tourisme erhalten Ratsuchende ein Verzeichnis der Hotels und der möblierten Zimmer.

● *Für schmale Geldbeutel*

– *Relais International de la Jeunesse:* bd de La Garoupe (Weg ist ausgeschildert), am Cap d'Antibes, 06600, Tel.: 93 61 34 40. Im Juli-August ist hier alles restlos ausgebucht. Kein Wunder bei dieser Lage: inmitten eines Pinienhains, an einem der verführerischsten Fleckchen der Küste! Die hervorragende Lage hat nur den Nachteil, daß es bis zu den nächsten Bahnhöfen ziemlich weit ist. Nach Antibes existiert immerhin eine Busverbindung. Die Hausordnung ist recht streng: um 23 Uhr ist Zapfenstreich. Aber dafür beläuft sich die Übernachtung mit Frühstück auch nur auf 40 F. Vermietung von Sportgerät für Windsurfer und Zweiradamateure.

● *Ziemlich preiswert*

– *Modern Hotel:* 1, rue Fourmilière, 06600. Hinterm Busbahnhof mündet die Straße in die Rue de la République. Tel.: 93 34 03 05. Schlichtes Doppelzimmer mit Waschbecken für 164 F. Nichts für Lärmempfindliche, aber proper und sympathisch.
– *La Méditerranée:* 6, av. du Maréchal-Reille, 06600, Tel.: 93 34 14 84. Erfreut sich seit kurzem eines neuen Besitzers, aber der Garten ist immer noch der alte. Doppelzimmer 200 bis 220 F, immer Sommer nur auf Voll- oder Halbpensionbasis, 190 bis 215 F pro Kopf.
– *Le Nouvel Hôtel:* place Guynemer, gleich neben dem Busbahnhof, 06600, Tel. 93 34 44 07. Als Einzelreisender berappt man hier 77 bis 99 F, während das Doppelzimmer mit 144 bis 209 F ausgewiesen ist. Fünf Zimmer mit Dusche. Keine Traumadresse!
– *Le Ponteil:* 11, impasse J.-Mensier, 06600, Tel.: 93 34 67 92.
Jeweils in der letzten November- und Januarhälfte geschlossen. Doppelzimmerta-

rife zwischen 160 und 220 F. In der Hauptsaison ist Halbpension zum Preis von 180 bis 210 F pro Gast Pflicht.

● *Etwas schicker*

– *La Belle Epoque:* 10, av. du 24-Août, 06600, Tel.: 93 34 53 00.
Schmuckes, gepflegtes Haus in zentraler Lage mit Garten. Doppelzimmer ohne WC 190 F, mit WC 210 bis 298 F. Prima Restaurant mit Menüs zu 68 und 81 F. Beim letztgenannten gibt's als Vorspeise fritierten Tintenfisch, gefolgt von Hammelkeule oder einer Rinderfiletscheibe mit Schalotten und schließlich Käse oder Nachtisch. Montag ist Ruhetag.
– *L'Auberge Provençale:* 61, place Nationale, 06600, Tel. 93 34 13 24. Ideal an einem hübschen Platz mit schattenspendenden Platanen. Von Mitte November bis Mitte Dezember und erste Maihälfte geschlossen. Hier haben wir es eher mit einem Gästehaus als mit einem Hotel zu tun. Insgesamt nur sechs Zimmer, hübsch im provenzalischen Stil eingerichtet, manche sogar mit Himmelbett. In der kleinen Gartenlaube finden nur ein paar Tische Platz. Für die bequemen und blitzsauberen Zimmer verlangt man 250 bis 350 F. 70, 120 und 180 F muß man jeweils für ein Menü anlegen.

● *Noch schicker*

– *Mas Djoliba:* 29, av. de Provence, 06600, Tel.: 93 34 02 48. Adrettes provenzalisches Landhaus mitten in einem Park. Die Übernachtungspreise rangieren zwischen 250 und 490 F. Restaurant nur in der Hauptsaison, also Mai bis Oktober, in Betrieb.

Essen

● *Für schmale Geldbeutel*

– *Cafétéria la Salamandre:* 12, bd Aiguillon, 06600, Tel.: 93 34 43 27. Selbstbedienungsrestaurant mit breiter Auswahl an Tagesgerichten zu vernünftigen Preisen. Der erstaunlich propere Laden besitzt sogar eine Sonnenterrasse.

● *Zwischen 50 und 100 F*

– *Le Carméo:* place Nationale, 06600, Tel.: 93 34 24 17. Das klassische Lokal hält sonst keinerlei Überraschung bereit, liegt aber immerhin an der gemütlichen Place Nationale. Menü zu 90 F. Als Spezialitäten gelten frische Sardinen auf spanische Art, d.h. mit Tomatensauce, Paprikaschoten und Zwiebelringen, Goldbrasse vom Grill, sowie verschiedene, in Teig gehüllte und in Fett ausgebackene Fische (Friture du pays). Tagesgericht mit Fisch zu 55 F.
– *Le Tire-Bouchon:* neben dem Caméo, 06600. Alle Elsaß-Nostalgiker werden das leckere Sauerkraut mit Beilagen (Choucroute alsacienne) für 72 F zu schätzen wissen. Für karierte Tischdecken – whow! – und aufmerksame Bedienung garantieren wir. Menüpreise 75 bis 98 F.
– *La Marmite:* 20, rue James-Close, 06600. Überwölbter Speisesaal und Menüs zu 59, 89 und 109 F. Beim mittleren Menü serviert man einen Salat nach Art des Hauses, dann ein Hammelkotelett mit Kräutern der Provence und endlich noch einen Nachtisch.
– *Rue James-Close* (hinter der Place Nationale). In so manchem kleinen Restaurant an dieser Straße wird man auf Speisekarten in englischer oder deutscher Sprache treffen. Nicht abschrecken lassen, denn die Einheimischen treffen hier auf Ausländer aus der ganzen Welt und zeigen daher keinerlei Berührungsängste. Ob im *Pistou*, Tel. 93 34 73 51, wo man sein Menü für 75 F erhält, oder im *Village*, Tel. 93 34 19 66, wo ein Menü zu 70 F angeboten wird. Die überbackenen Miesmuscheln mit Schalotten, Butter, Zitronensaft und Semmelbröseln (Moules à la provençale) sind ein Genuß. *Le Barbecue*, Hausnummer 39, Tel.: 93 34 05 04, kann man gleichermaßen guten Gewissens empfehlen. Für ein Menü legt man hier 50 bzw. 88 F an.

– *La Côte d'Or:* 16, rue Fersen, 06600, Tel.: 93 74 75 42. Mittwochs abends und Sonntagabend in der Nebensaison geschlossen. Menüs zu 86 und 120 F. Für 86 F wird ein Seebarschfilet mit Sahnesoße und gemischtem Salat aufgefahren. Es steht natürlich jedem Gast frei, à la carte burgundische Spezialitäten zu ordern. Obendrein gibt's als Dreingabe noch einen Cassis. Da nur sieben Tische vorhanden sind, läuft im *Côte d'Or* ohne Reservierung fast nichts.
– *Le Soufflet:* bd Aiguillon, 06600, hinter dem Hafen. Mit 90 F ist man dabei: ordentliches Menü, wobei man jeweils die Wahl hat zwischen gemischtem Salat oder Avokado, fritiertem Fisch oder Hähnchen und Käse oder Nachtisch. Als Spezialitäten gelten Nudelgerichte und Pizzen. Ein stimmungsvolles Lokal.
– *L'Eléphant Vert:* 11, rue du Migrainier, 06600, Tel.: 93 34 59 28. Montags geschlossen. Hier speist »man« zur Zeit, aber das Menü zu 105 F ist wirklich vorzüglich, zeugt von einer erfinderischen, frischen Küche und entspricht damit auch dem ganzen Rahmen. Leider wenig geräumiger Speisesaal, so daß wir abgewiesen wurden, da wir nicht reserviert hatten. Dabei saß noch niemand bei Tisch! Ausweichmenü zum Preis von 59 F.
– *Il Giardino:* 21, rue Thuret, 06600, Tel.: 93 34 56 58. Mittwochs in der Nebensaison geschlossen, einfallsreich dekoriert. Pizza- und Nudelfreunde, sputet Euch! Für das Mittagsmenü sind 85 F fällig. Achtung: lange Warteschlangen sind hier keine Seltenheit!

● *Etwas über 100 F*

– *L'Oursin:* 16, rue de la République, 06600, Tel.: 93 94 13 46. Sonntagabend und Montag geschlossen. Serviert ausschließlich Fischgerichte und Meeresfrüchte. Schiffsähnlicher Speisesaal mit echtem Mahagoniholz. Wer angenehmen Empfang, zuvorkommende Bedienung und vor allem frischen Fisch zu schätzen weiß, der kommt an dieser Adresse nicht vorbei! Der hohe Anteil von Stammgästen bestätigt unser Urteil. Und wer nur ein Fischgericht mit einem guten Tropfen dazu bestellt, dessen Rechnung übersteigt kaum 120 F, wie in unserem Beispiel die Seezunge zu 78 F und die Flasche Sylvaner zu 42 F.
– *Le Clafoutis:* 18, rue Thuret, 06600, Tel.: 93 34 66 70. Für 115 F speist man hier ganz vortrefflich. Bereits die Vorspeise stimmt erwartungsfroh: Geflügelleber mit Artischockensahnecreme! Dann Ente mit Preiselbeeren, Frischkäse und als Nachtisch Himbeercreme. Das ganze Drumherum erweckt ebenfalls einen sympathischen Eindruck.

Disco

– *La Siesta:* an der Küstenstraße in Richtung Nizza, Tel.: 93 33 31 31. An Siesta ist hier nicht zu denken, denn bei mehreren tausend Gästen pro Sommerabend geht ganz schön die Post ab! Sieben Tanzflächen und eine teils exotische Inneneinrichtung haben die »Siesta« an der ganzen Côte bekanntgemacht. Für Flüssiges muß man immerhin 107 bis 128 F locker machen.

Sehenswert

● *Die Altstadt*

– Antibes Uferpromenade trägt zur Zeit den Namen *Avenue Amiral-de-Grasse*. An dieser Stelle befinden wir uns auf den einzigen noch bestehenden Teilen der ehemals riesigen Stadtfestung. Wenigstens dieser Teil hat seit den Zeiten Vaubans alle Revolutionen, Kriege und auch die fortschreitende Ausdehnung der Stadt überlebt. Am Anfang der Avenue, ein Haus mit Terrasse im zweiten Stock. Hier soll sich der russisch-französische Maler Nicolas de Staël 1955 zu Tode gestürzt haben. Ob es nun ein vorsätzlicher Selbstmord war oder ob er sich nur etwas zu vorwitzig über die Brüstung gelehnt hat, darüber streiten sich heute noch die Geister. Die Aussicht von den Befestigungsanlagen ist spektakulär: auf der einen Seite das Cap d'Antibes und auf der anderen der Küstenstreifen bis Nizza mit den verschneiten Gipfeln des Mercantour-Nationalparks im Hintergrund. Etwa auf halber Strecke passiert man die *Grimaldi-Burg*, im 12. Jh. nach dem Vorbild eines Castrum Romanum, also eines römischen Kastells, angelegt. Zunächst

Bischofssitz, dann Residenz der Familie Grimaldi, wurde es schließlich 1927 von der Stadt Antibes erworben und in ein Museum umgewandelt, ohne allerdings besondere Schätze zu bergen. Heute beherbergt es unter anderem
- das *Picasso-Museum* (Musée Picasso), Tel.: 93 33 67 67. Öffnungszeiten: im Sommer täglich außer dienstags und feiertags von 10 bis 12 Uhr und von 15 bis 19 Uhr, im Winter von 10 bis 12 Uhr und von 14 bis 18 Uhr; im November geschlossen; Eintritt: 10 F. Im Sommer 1946 wohnte Picasso mit seiner damaligen Gefährtin Françoise in Golfe-Juan. Eines Tages traf er Don de la Rouchère, einen ganz sympathischen Gymnasiallehrer aus Cannes, u.a. auch für die archäologische Sammlung des Museums von Antibes verantwortlich. Don de la Rouchère, der es kaum gewagt hatte, Picasso um ein kleines Gemälde für sein Museum zu bitten, erfuhr jetzt im Gespräch so ganz nebenbei, daß Picasso grössere Flächen bemalen wollte. Der kluge Museumsmann ließ sich diese Gelegenheit nicht entgehen und stellte dem Künstler einen ganzen Teil der Burg als Atelier zur Verfügung.

Schon beim Antrittsbesuch in seinem künftigen Atelier war Picasso begeistert über die prächtige Aussicht auf die Altstadt, den Hafen, die ganze Bucht und die verschneiten Berge in der Ferne. Er zögerte keinen Augenblick und arbeitete Tag und Nacht wie ein Besessener. Später meinte er selbst bei verschiedenen Anlässen, daß dies vielleicht die schönste Zeit seines Lebens war.

Alles, was er in dieser Zeit geschaffen hatte, hinterließ er dem Museum als »Dauerleihgabe«. Fast sämtliche Werke, die in diesen paar Monaten entstanden, strahlen Lebensfreude und Fantasie aus. Ihre Themen entstammen häufig der mittelmeerischen Welt und ihren Sagenkreisen. Neben zahlreichen Darstellungen von Fischen, Seeigeln, Fischern und Kentauren sind folgende Werke beachtenswert: »Odysseus und die Sirenen«, das aus drei Tafeln zusammengesetzte riesige Gemälde »Satyr, Faun und Kentaur«, »Symphonie in Grau«, »Die Ziege«, usw. Das Monumentalwerk »Die Lebensfreude« atmet in vollen Zügen ländliche Heiterkeit; es zeigt eine als Pflanze gestaltete Frau, die inmitten von ausgelassenen Zicklein und Satyrn tanzt. Eine ansehnliche Sammlung von Keramiken Picassos wird in Vitrinen zur Schau gestellt.

Über diesen Hauptanziehungspunkt hinaus besitzt das Museum noch eine bedeutende Sammlung zeitgenössischer Kunst mit Werken von Fernand Léger, Hans Hartung und Max Ernst. In der zweiten Etage wurde kürzlich ein Saal mit Werken des oben erwähnten Künstlers Nicolas de Staël seiner Bestimmung übergeben.

Auf der zum Meer hin gelegenen Gartenterrasse, vier Skulpturen der aus der Nähe von Arles stammenden und vom Surrealismus beeinflußten Germaine Richier.

- Die *ehemalige Kathedrale* (L'ancienne cathédrale): die Kirche der unbefleckten Empfängnis (L'Eglise de l'Immaculée-Conception) unmittelbar neben der Burg kann auf uralten Fundamenten mit Stilkomponenten aus verschiedenen Epochen aufwarten. Diese Stilvielfalt rührt von den zahlreichen Wiederaufbaumaßnahmen nach diversen Bombardements vom Meer her bzw. nach dem verheerenden Brand in der Zeit Ludwig XV.

Die klassizistische Fassade wird ergänzt durch die beiden 1710 geschnitzten Flügel des Holzportals. In einer Kapelle des romanischen Chors, der aus einem einzigen Stein gehauene Altar, ursprünglich wahrscheinlich ein heidnischer Opfertisch. Mittelpunkt der Kirche ist der *Rosenkranzaltar* (Retable du Rosaire), der um 1515 in der Werkstatt des aus Nizza stammenden Malers Louis Brea geschaffen wurde. Die miniaturähnlichen Bildteile um das Altarbild herum handeln von den fünfzehn Mysterien des Rosenkranzes.

- Der *Markt* (Marché) am Cours Masséna, unter den alten Eisenkonstruktionen à la Baltard, ist einer der sympathischsten Märkte an der ganzen Küste. Alles, was nach Provence riecht, wird hier feilgeboten; und quasi als Zugabe hat man dann noch die angeregten und erheiternden Gespräche der Marktfrauen. Auf der benachbarten *Place Audiberti* wird donnerstags und samstags ein Trödelmarkt abgehalten.

Wer schon mal in der Ecke ist, unbedingt bei *Yacht Broker International*, 21, rue Aubernon, vorbeischauen! Hier werden Boote verschachert, die die Kleinigkeit von 180.000, 350.000 $ usw. kosten, wobei die noch teureren Jachten noch nicht einmal im Aushang erwähnt werden. In dieser zum Hafen führenden Straße finden sich auch ein paar ganz nette Seemannskneipen, wie z.B. *Le Rouf* oder *Le Café de la Porte du Port.*

– Die *alten Straßen von Antibes:* nur wenige Schritte vom Meer entfernt laden geschichtsträchtige Straßen wie Rue de l'Horloge, du Révely, des Arceaux, du Bari zu herrlichen Streifzügen ein. Die Gassen geben sich zwar bisweilen etwas düster und seltsam ruhig, aber mit etwas Fantasie liegt genausogut eine Melodie von Sydney Bechet in der Luft. Die goldigen kleinen Häuser sind leider oft zu perfekt renoviert. Im *Club du Bateau* in der gleichnamigen Straße gelangten Juliette Gréco und Annabel Buffet zu Ruhm. Der übermächtige Schatten von Jaques Prévert, der in der Nähe wohnte, ist nicht fern.

– Das *Archäologische Museum* (Musée archéologique): bastion Saint-André, Tel.: 93 34 48 01. Sommertags von 10 bis 12 Uhr und 14 bis 19 Uhr geöffnet und im Winter von 10 bis 12 Uhr und von 14 bis 18 Uhr. Dienstags und den ganzen November über nicht zugänglich.

In der von Vauban erbauten Bastion Saint-André werden über 4000 Jahre Geschichte von Antipolis bis in unsere Tage dargestellt. Das Museum besitzt zu Wasser und zu Land gemachte Funde aus Antibes und dem Umland. Dazu zählen Keramiken (zahlreiche große Vasen), etruskische, massaliotische, griechische sowie römische Münzen, Schmuckstücke und in Schiffswracks entdeckte Gegenstände. Beim Hafenausbau 1970 stieß man auf die letzten bedeutenden Funde.

– Der *Vauban-Jachthafen* (Port Vauban): Antibes erfreut sich bei Wassersportlern in aller Welt großer Beliebtheit, besitzt es doch nicht weniger als vier Jachthäfen mit insgesamt fast 3000 Liegeplätzen.

Unterhalb der Festung, der beachtliche Vauban-Jachthafen. Trotz einiger Modernisierungen hebt er sich angenehm von den meisten modernen Jachthäfen der Küste ab, die im Grunde nur überdimensionale Betonbadewannen darstellen. Die kürzlich beendeten Erweiterungsarbeiten ermöglichen jetzt die Aufnahme der größten und schönsten Boote, von denen einige wenige bis zu 150 m Länge messen. In der Nähe des Hafenamtes befindet sich der berühmte »Tausendundeine-Nacht-Kai«, wo die 122 m lange »Alexander« eines griechischen Reeders oder die »Nabila« des saudischen Milliardärs und Waffenschiebers Kashoggi ankern. König Fahd von Saudi Arabien stattet Antibes ebenfalls ganz gern einen Besuch ab, allerdings nur unter entsprechenden Vorsichtsmaßnahmen: seine Jacht soll sogar mit Exocet-Raketen ausgerüstet sein.

Die meisten dieser prachtvollen Jachten stammen aus England oder den arabischen Golfstaaten. Wer nicht nur Interesse an diesen Superjachten hat, sollte ruhig einmal die anderen Kais entlangflanieren, wo es geradezu gemütlich zugeht – es sei denn, es wird gerade ein Film gedreht, was hier nicht unbedingt selten ist.

– *Marineland:* an der Kreuzung der N 7 mit der D 4 nach Biot, Tel.: 93 33 49 49. Bahnstation ist der Bahnhof von Biot. Ganzjährig geöffnet, Eintritt: 30 F, Kinder 15 F. Ab 14.30 Uhr finden mehrere Darbietungen statt; im Juli und August beginnt die letzte Vorführung um 21.30 Uhr. Neben Meeresmuseum und Aquarium interessieren natürlich am ehesten die Showveranstaltungen, in denen Delphine, Robben, Seehunde, Pinguine und Wasserschildkröten allerlei Kunststücke vorführen.

BIOT

Nur wenige Kilometer vom Meer entfernt, klammert sich auf einer Bergspitze das malerische Dorf Biot. Ganz wider den phonetischen Regeln spricht man es »Biott« aus – hätten Sie ohnehin? Na gut. Durch das traditionelle Kunsthandwerk und das Léger-Museum ist es über die Grenzen hinaus bekannt geworden, aber das Dorf übt mit seinen Gäßchen und dem von Arkaden umschlossenen Marktplatz auch eine starke Anziehungskraft auf Touristen aus.

Ein wenig Geschichte

Der Ruf Biots als Töpfereiort geht auf die Römer zurück, die aus dem in der Gegend gewonnenen Ton die »jarres«, das sind große Vorratsgefäße für Wein und Öl, herstellten.
Gegen Ende de 19. Jhs kamen Metallbehälter auf, um die *jarres*, die immerhin bis zu 300 l fassen konnten, weitgehend zu ersetzen. Als in den 50er Jahren die Wochenendhäuser in Mode kamen, profitierte davon auch die Töpfereiindustrie von Biot, denn nun stellte man sich die bauchigen Vasen als dekorativen Schmuckgegenstand in den Garten. Als Gartenzwergersatz sozusagen.

Adressen

– *Fremdenverkehrsamt:* place de la Chapelle, Tel.: 93 65 05 85. Werktäglich von 14.30 bis 18 Uhr, samstags, sonn- und feiertags von 10 bis 12 Uhr und von 14.30 bis 18 Uhr geöffnet.
– *Busverbindungen:* von Biot aus verkehren regelmäßig Busse nach Antibes. Abfahrtszeiten: 7.20, 9.30, 11.00, 13.30, 15.00, 16.30 und 18 Uhr. Dran denken: der Bahnhof von Biot liegt vier Kilometer vom Ort entfernt an der Küste.

Unterkunft

– *Hôtel des Arcades:* 16, place des Arcades, 06410, Tel.: 93 65 01 04. An der hübschen Place des Arcades. Gebäude aus dem 16. Jh., ganzjährig geöffnet. Der sympathische Hausherr organisiert von Zeit zu Zeit Kunstausstellungen. Alte Möbel in den Doppelzimmern, fast alle mit Meeresblick; 180 bis 300 F pro Übernachtung zu zweit.

● *Campingplätze*

Unter der Vielzahl von Campingplätzen um Biot herum leidet das Landschaftsbild.
– *Les Prés:* chemin des Prés, 06410, Tel.: 93 33 29 26. Zwei Kilometer südlich vom Ort, auf der einen Seite von der D 4 und auf der anderen von der Autobahn eingegrenzt. Dennoch ist Reservierung für diesen schattigen und grasbewachsenen Platz in den Monaten Juli und August angesagt. Öffnungszeit: 15. Mai bis 15. September.
– *Le Mistral:* 1780, route de la Mer, 06410, Tel.: 93 33 50 34. Geöffnet vom 1. April bis zum 30. September. Der meeresnahe Platz läßt nichts zu wünschen übrig.

● *Ferienwohnung auf dem Land* (Gîte rural)

– *M. und Mme R. Dalmasso:* 18, Chemin-Neuf, 06410, Tel.: 93 65 02 03. Die vier Ferienwohnungen in einem anziehenden Herrenhaus werden das ganze Jahr über vermietet. Reservierung ist unbedingt erforderlich.

Essen

– *Café des Arcades:* 16, place des Arcades, 06410, Tel.: 93 65 01 04. Im November sowie Sonntagabend und montags geschlossen. Hier praktiziert man sie noch, die echte provenzalische Küche mit Knoblauchmayonnaise, Gemüsesuppe mit Basilikum-Knoblauch-Paste (Soupe au pistou), filierten Sardinen mit Füllung usw. Unter echten Gemälden und Lithographien von Braque, Vasarely und Miró läßt es sich in angenehmer Umgebung hervorragend speisen. Man rechne mit ungefähr 110 F.
– *Les Terraillers:* 11, route du Chemin-Neuf, 06410, Tel.: 93 65 01 59. Vom 30. Oktober bis zum 10. Dezember und mittwochs geschlossen. Die Terrasse dieser ehemaligen Töpferei aus dem 16. Jh. wäre sehr angenehm, wenn nicht die Autobahn unmittelbar daran vorbeiführte. Zum Trost existiert ein stimmungsvoller überwölbter Speisesaal. Menü Nr. 1 wählen, sonst wird's unter Umständen ziemlich teuer. Raffinierte Speisen und aufmerkamer Service.

190 / KÜSTE V. ST.-RAPHAEL BIS MENTON UND HINTERLAND

● *Etwas schicker*
– *Auberge du Jarrier:* 30, passage de la Bourgade, 06410, Tel.: 93 65 11 68. Von Mitte November bis Mitte Dezember sowie Montag abend und dienstags geschlossen. Hier wird noch eine vorzügliche Küche zu erschwinglichen Preisen angeboten, was an der Küste mittlerweile äußerst selten vorkommt. Chef ist ein ehemaliger Mitarbeiter des Nobelrestaurants *L'Archestrate* in Paris. Wir schlagen das Menü zu 180 F vor, mit Leckerbissen wie Kabeljau aus der Pfanne, gefüllter Lammschulter mit Estragon und Kartoffelkuchen, der Käseplatte oder Quark und einem Teller mit Sorbets und gedünstetem Obst mit Erdbeersaft. Reservieren nicht vergessen!

Sehenswert

– Im *alten Dorf* sieht man sich am besten am frühen Morgen oder abends um, wenn die Touristen wieder abgezogen sind. Trotz mancher übereifriger Restaurierung hat sich das Dorf einen guten Teil seiner Ursprünglichkeit bewahrt. Ein ausgeschilderter Rundgang, beginnend beim Fremdenverkehrsamt (Syndicat d'Initiative), führt über die aus dem 16. Jh. stammenden Tore *Porte des Tines* und *Porte des Migraniers* und über hübsche Gassen zur besonders malerischen Place des Arcades mit ihren Rund- und Spitzbogenarkaden.
– Die *Kirche* zierten bis zum Jahre 1700 Wandmalereien, die dann auf Anordnung des Bischofs von Grasse beseitigt wurden, da er sie zu »schamlos« fand. So kann man sich heute voll und ganz auf zwei prachtvolle Altäre konzentrieren. Das Altarbild »Maria mit dem Rosenkranz« wird Louis Brea, dem Künstler aus Nizza, zugeschrieben. Den »*Christus mit den Wundmalen*« soll Canavesio, der eine Frau aus Biot geheiratet hatte, kreiert haben. Das Altarbild wird zur Zeit restauriert.
– Das *Heimatmuseum* (Musée d'histoire locale): place de la Chapelle, Zugang über das Fremdenverkehrsamt, Tel.: 93 65 11 79 und 93 65 05 85. Donnerstags, samstags und sonntags von 14.30 bis 18.30 Uhr geöffnet, Eintritt: 3 F. Anhand einer Vielzahl von Schriftstücken läßt sich die Geschichte von Biot über Jahrhunderte hinweg verfolgen. Fast alle Ausstellungsstücke, darunter auch die herrlichen alten Trachten, wurden dem Museum von alteingesessenen Familien geschenkt. Eine Originalküche aus dem 19. Jh. fand hier ebenfalls eine neue Bestimmung. Sehenswert auch die Sammlung von glasierten Tonbrunnen.
– Die *Glasbläserei* (Verrerie de Biot): chemin des Combes, an der D 4 am Ortsrand, Tel.: 93 65 03 00. Geöffnet von 8 bis 19 Uhr, sonntags nur von 15 bis 19 Uhr. Das weit über die Departementsgrenzen hinaus bekannte Unternehmen beschäftigt immerhin 80 Personen. Beim Besichtigungsgang durch die Werkstatt kann man beobachten, wie hier nach traditionellen Techniken das – durch Zusatz von kohlensaurem Natron Bläschen einschließende – typische Glas verarbeitet wird. In der Werkstatt von Robert Pierini wird nicht der übliche Andenkenkitsch produziert. Seine Werke haben ihren Weg in die Museen und Galerien von Paris und New York gefunden. Weshalb hier auch nichts billig verscherbelt wird, aber immerhin noch günstiger als in einschlägigen Galerien, wobei man für die verschiedenen Stücke 50 bis 3000 F anlegen muß.
– Das *Fernand Léger-Museum* (Musée Fernand Léger): südöstlich von Biot über die D 4 und einen ausgeschilderten Zufahrtsweg erreichbar. Geöffnet von 10 bis 12 Uhr und von 14 bis 18 Uhr, außer dienstags. Eintritt: 20 F, Studenten 10 F.
Das Beste an Biot haben wir uns für den Schluß aufgehoben: ein wirklich herrliches Museum. Das fängt schon mit der Umgebung an: Nadja Léger ließ das Museum an einer pinienbestandenen Hügelflanke errichten. Nach dem Tod ihres Mannes im Jahre 1955 hatte sie den Entschluß gefaßt, ihm in dieser Form ein Denkmal zu setzen. Damit wurde zum ersten Mal in Frankreich ein Museum allein für die Werke eines einzigen Künstlers eingerichtet.
Eine breite Allee führt zu dem Gebäude, das durch seine außergewöhnliche Architektur und die klare Linienführung sofort die Aufmerksamkeit des Besuchers beansprucht. Bei der Planung des Museums waren zwei klare Vorgaben zu berücksichtigen: zum einen sollte die Verwirklichung eines von Léger entworfenen monumentalen Mosaiks von 500 qm Ausdehnung die Fassade zieren und zum anderen sollte ein ebenfalls nicht mehr zur Ausführung gekommenes Glasmosaik

von 50 qm beim Bau Verwendung finden. In der Eingangshalle mit dem Bildteppich »Die Badenden« findet man u.a. Zitate von Légers Freunden. So sagte z.B. der Dichter und Kunstkritiker Guillaume Apollinaire: »Jedesmal, wenn ich ein Gemälde von Léger sehe, freue ich mich«. In der Tat strahlen einige seiner einfach konzipierten Werke eine gewisse Fröhlichkeit aus.

Im Erdgeschoß findet man neben dem in übersichtlicher Anordnung ausgestellen graphischen Werk ein bemerkenswertes Drahtportrait Légers, das von dem amerikanischen Bildhauer Alexander Calder stammt. Hier finden auch die bedeutenden Wechselausstellungen statt. Durch das bereits erwähnte Glasmosaik fällt das Licht farbig ins Treppenhaus. Im Obergeschoß schließlich kann man fast lückenlos den Werdegang des Künstlers in chronologischer Reihenfolge der Gemälde nachvollziehen: mit dem Werk »*Der Garten meiner Mutter*« aus dem Jahre 1905 bewegte Léger sich noch deutlich im Einflußbereich des Impressionismus. Die nächste Phase beweist mit »*Dächer von Paris*« (1912) den Einfluß von Cézanne. Mit der »*Frau in Blau*« treten reine Farben in den Mittelpunkt. Die Teilnahme am Ersten Weltkrieg wurde für Léger zum Schlüsselerlebnis nicht nur im privaten, sondern auch im künstlerischen Bereich. Léger sagte darüber: »Ich hatte Paris mitten in einer Periode der Abstraktion, der malerischen Befreiung verlassen. Ohne Übergang fand ich mich Schulter an Schulter mit dem ganzen französischen Volk ... Gleichzeitig war ich geblendet von dem in der prallen Sonne funkelnden Bodenstück einer 75er-Kanone, von der Magie des Lichtes auf dem blanken Metall. Mehr als genug, um mich die abstrakte Kunst von 1912 bis 1913 vergessen zu lassen ... Von der 75er-Kanone habe ich für meine bildnerische Entwicklung mehr gelernt, als von allen Museen der Welt. Nach dem Krieg habe ich jenes verwendet, was ich an der Front gelernt hatte ... Auf der Suche nach Glanz und Intensität habe ich mich der Maschine bedient wie andere des nackten Körpers oder des Stillebens«. Unter dem Einfluß des Krieges und seiner gewandelten ästhetischen Vorstellungen folgt eine Phase des Experimentierens mit Maschinenteilen und anderen abstrakten Formen. Die Gleichsetzung von Mensch und Maschine findet einen ihrer Höhepunkte in dem Bild »*Mona Lisa mit den Schlüsseln*« (Joconde aux clés). Zwischen diesem Werk und »*Den Bauarbeitern*« aus dem Jahre 1950 liegen weitere Entwicklungsphasen, die der Besucher anhand der chronologisch geordneten Gemälde verfolgen kann.

Sich eine Abwandlung des berühmten Gedichts von Paul Eluard: »Ich schreibe deinen Namen Freiheit« (J'écris ton nom Liberté) anschauen.

P.S.: in nächster Zeit wird das Museum erweitert und somit wird es wahrscheinlich zu erheblichen Veränderungen in der Anordnung der Kunstwerke kommen.

VILLENEUVE-LOUBET

Der Ortskern von Villeneuve-Loubet liegt auf dem Loup-Ufer und wird vom mittelalterlichen Schloß derer von Villeneuve, das im 19. Jh. restauriert wurde und gut erhalten ist, beherrscht. *Villeneuve-Loubet-Plage* bildet dazu einen unschönen Kontrast: eine ununterbrochene Folge von Campingplätzen, Motels und Restaurants aller Kategorien zieht sich zwischen der N 7 und dem Meeresufer entlang.

Unterkunft

– *Motel des Baléares:* an der N 7, einfach, aber tadellos. In der zweiten Novemberhälfte geschlossen. Zimmer von 175 bis 275 F.
– *Motel Palerme:* chemin de la Batterie, 06270, Tel.: 93 20 16 07. Ganz zweckmäßig für Leute, die zu dritt durch die Gegend reisen. Bietet nämlich Zwei-Zimmer-Appartements zum Preis eines Mini-Appartements an. Schade, daß die Küche nicht eigens abgetrennt wurde. Jedes Appartement besitzt eine Terrasse, einige sogar mit Meeresblick. In punkto Sauberkeit sollte man nicht allzu penibel sein. Drei Personen berappen in der Hauptsaison 346 F, in der Nebensaison, vor dem 1. Juni und nach dem 30. September, 252 F. Für zwei Personen wird man 230 bzw. 160 F los.

– *Motel Syracuse:* chemin de la Batterie, 06270, Tel.: 93 20 45 09. Schräg gegenüber vom *Motel Palerme*. Natürlich näher an Strand und Meer, aber auch sauberer als sein Gegenüber. Doppelzimmer à 230 bis 360 F.

● **Campingplätze**

– *L'Avenc:* von der N 7 von Antibes kommend links, Av. de Baumes; Tel.: 93 73 29 90. Vergleichsweise komfortabel und ruhig.
– *L'Hippodrome:* 1 und 2, av. des Rives, 400 m vom Strand, 06270, Tel.: 93 20 02 00. Seine Einkäufe gleich nebenan im Casino-Supermarkt tätigen. Wer vom Zelten die Nase voll hat, der kann hier auch ein Appartement mieten: 140 bis 200 F.

Essen

● **In Marina-Baie des Anges**

– *La Tortue:* in der Nebensaison montags und Mittwoch abends geschlossen. Spezialität: Nudelgerichte (29 bis 48 F) wie z.B. Ravioli mit Muscheln und Pizzen von 24 bis 42 F. Die beiden kleinen Menüs kosten 58 bzw. 90 F: für die Gegend bezeichnen wir das als korrekt.
– *La Flibuste:* Menü zu 82 F, bestehend aus einem Salat nach Art des Hauses und, als Hauptgericht, einer Goldbrasse.

Sehenswert

– *Museum der Kochkunst* (Musée de l'art culinaire): geöffnet von 14 bis 18 Uhr. Montags, feiertags und im November geschlossen. Im Geburtshaus des berühmten französischen Küchenchefs *Auguste Escoffier* (1847-1935), dem »Koch der Könige und König der Köche«, wurde 1966 dieses Museum eingerichtet. Escoffier schuf im Londoner Carlton die berühmte Nachspeise »Pfirsich Melba« (Pêche Melba), d.h. einen mit Himbeermark überzogenen Pfirsich auf Vanilleeis. Durch eine hübsch eingerichtete provenzalische Küche gelangt man in den ersten Stock mit einer Sammlung historischer Speisekarten, teilweise von 1820. Damals aß man wirklich gut – in gewissen Kreisen, versteht sich.
– *Marina-Baie des Anges:* schon aus weiter Ferne erkennt man diese vier riesigen pyramidenförmigen Wohnanlagen, die man beim besten Willen nicht mit der »Engelsbucht« (Baie des Anges) in Verbindung bringen kann. Aber Bescheidenheit hat hier ohnehin keinen Platz: gleich am Eingang stößt man auf das Schild »Der schönste Jachthafen der Welt«! Die pflanzenbewachsenen Terrassen dieser Luxus-Ferienwohnungen – erst kürzlich wurden in einer Wohnung Gemälde im Wert von 15 Millionen F, darunter ein Renoir, gestohlen – fallen kaskadenartig zum Meer hin ab. Die bekanntesten, aber auch umstrittensten, modernen Bauten an der Côte d'Azur bieten betuchten Urlaubern Strand, Schwimmbad und Jachthafen vor der Haustür; Cafés, Restaurants und Läden aller Art ergänzen noch dieses Angebot.

CAGNES-SUR-MER

Zwischen den drei Teilen, aus denen der Ort besteht, gilt es, genauestens zu unterscheiden: an der Küste, das Urlaubsquartier *Cros-de-Cagnes* mit Fischereihafen und Pferde-Rennbahn sowie der N 98, wo sich unzählige Restaurants, Pizzerien, Crêperien und Snack-Bars, alle mehr oder eher weniger gut, wie die Perlen aneinander reihen; dahinter, das moderne, recht banale Einkaufs- und Wohnviertel *Cagnes-Ville* und schließlich die malerische Oberstadt *Hauts-de-Cagnes*. Cros-de-Cagnes und Hauts-de-Cagnes werden durch einige hübschhäßliche Kilometer Autobahn und N 7 voneinander getrennt.

Nützliche Adressen

– *Fremdenverkehrsbüro:* 6, bd du Maréchal-Juin, Tel.: 93 20 61 64 und 93 73 66 66 sowie 20, av. des Oliviers, in Cros-de-Cagnes, Tel.: 93 07 67 08.

- *SNCF-Bahnhof:* Tel.: 93 20 66 11.
- *Zweiradverleih:* 3, rue du Logis, Tel.: 93 22 55 85.
- *Post:* avenue de l'Hôtel-des-Postes (im Zentrum) sowie Avenue des Olivers in Cros-de-Cagnes.
- *Jugend- und Freizeitzentrum* (Centre de loisirs et de la jeunesse): bd de la Plage, in Cros-de-Cagnes, Tel.: 93 07 21 21. Nur im Juli und August geöffnet.

Unterkunft

● *Preiswert*

- *Motel La Gelinotte:* 23, bd Kennedy, 06800, Tel.: 93 20 03 06. Nah am Meer, gegenüber der Pferderennbahn. Die bequemen Appartements sind zu vernünftigen Tarifen (195 bis 210 F) inkl. funktioneller Küche zu mieten.
- *La Pinède:* 32, bd de la Plage, 06800, Tel.: 93 20 16 05. Im November geschlossen. Mit Garten und dem Meer vis-à-vis. Doppelzimmer mit WC kommen auf 132 F; Halbpension möglich.
- *Le Derby:* 26, av. Germaine, 06800. Gegenüber der Pferderennbahn, in einer Seitenstraße der N 7. Parkplatz und große schattige Terrasse vorhanden. Bis zum Meer sind's nur 200 m. Fürs Doppelzimmer muß man zwischen 140 und 220 F auf den Tisch blättern.

● *Etwas schicker*

- *M'Hôtel Les Collettes:* av. des Collettes, 06800, Tel.: 93 20 80 66. Bleibt im November geschlossen. Gastliches Haus mit hübsch eingerichteten Doppelzimmern zu 250 bis 385 F. Für sportliche Aktivitäten stehen Swimmingpool und Tennisplätze zur Verfügung.

● *Campingplätze*

- *Le Val de Cagnes:* 4 km nördlich der Stadt; über den Chemin des Salles anfahren, 06800, Tel.: 93 73 36 53. Komfortabler Campingplatz fern jeglichen Rummels und Verkehrs. Die terrassenförmige Anlage beschert einen prächtigen Ausblick auf die Hügellandschaft. Gebühren für zwei Personen zwischen 43 und 53 F.
- *Camping Panoramer:* nördlich von Cros-de-Cagnes, 06800, Tel.: 93 31 16 15. Schattig, stolze Preise, aber dafür auch wirklich komfortabel und vor allem in ausgezeichneter Lage mit Blick auf die »Baie des Anges«. Zuerst dem Chemin du Val-Fleuri und dann dem Chemin des Gros-Buaux folgen. In den Ferienmonaten Juli und August meist bis auf den letzten Platz belegt.
- *La Rivière:* chemin des Salles, 06800, Tel.: 93 20 62 27. Ganzjährig geöffnet. Zwar 4 km vom Meer entfernt, aber dafür wenigstens ruhig und schattig. Zivile Preise.

Essen

- *Entre Cour et Jardin:* 102, montée de la Bourgade, Alt-Cagnes, Tel.: 93 20 72 27. Montag Ruhetag. Zartes Grün bestimmt die angenehme Inneneinrichtung, zu der auch noch Korbsessel gehören. Leckeres Menü zu 91 F mit Fischkuchen und Sauce, Forelle mit Mandeln und einem Nachtisch.

Disco

- *Le Feeling:* Hauts-de-Cagnes. Derzeit sehr *en vogue* bei ganz unterschiedlichen Gästen (Yuppies, Studenten usw.). Von der Terrasse aus, eine herrliche Aussicht. Sich auf mindestens 90 F für ein Getränk einstellen.

Veranstaltungen

- *Internationales Festival moderner Malerei* (Festival international de la peinture): Juli bis September, Tel.: 93 20 87 24.
- *Antiquitätenmesse* (Foire des antiquaires): vom 14. bis zum 22. Juni.
- *Badewannenrennen* (Course des baigneurs): erster Sonntag im Juli.

– *Meisterschaften der »Boules Carrées«* (Championnat de boules carrées): letzter Montag im August.

Sehenswert

● **Die Altstadt**

Einzigartiges Gewirr von Gassen, Treppen und überwölbten Passagen, in dem fast jedes Haus besondere Aufmerksamkeit verdient. Sich zum Beispiel den *Logis de la Goulette* aus dem 14. Jh., die *Maison commune* aus dem 17. Jh. und die anderen zahlreichen Häuser aus dem 15. bis 17. Jh. anschauen.

– Das *Schloß* (Château-musée) mit seinem zinnenbewehrten Turm überragt die Altstadt um einiges. Vom Jahr der Erbauung, von 1310 an, bis zur Revolution befand es sich im Besitz der Familie Grimaldi. Heutzutage beherbergt diese Festung, zu der man über eine zweiläufige Treppe gelangt, ein *Ölbaummuseum* (Musée de l'oliver), ein *Museum für moderne Kunst des Mittelmeerraumes* (Musée d'Art moderne méditerranéen) und die *Stiftung Suzy Solidor*. Das Schloß ist täglich außer dienstags von 10 bis 12 Uhr und von 14 bis 18 Uhr im Sommer, und von 10 bis 12 Uhr und 14 bis 17 Uhr im Winter geöffnet; Eintritt: 2 F.

Die strengen Fassaden der ehemaligen Festung lassen kaum den Renaissance-Innenhof erahnen, dem die beiden übereinanderliegenden, von Marmorsäulen getragenen, Arkaden sowie frisches Grün eine bezaubernde Atmosphäre verleihen. In drei Räumen des Erdgeschosses informiert das *Ölbaum-Museum* über Geschichte und Kultur des Symbolbaumes der Provence, über die Verwendung seines Holzes sowie über Ölmühlen und Olivenölherstellung. Im ersten Stockwerk wurden früher Feste und Empfänge gegeben. Das Deckengemälde des Festsaales ist eine perspektivische Illusionsmalerei mit Scheinarchitektur des Genuesers Carlone aus dem Jahre 1624. Im früheren Zimmer der Marquise von Grimaldi sind heute 40 verschiedene Porträts der 1983 verstorbenen französischen Sängerin Suzy Solidor ausgestellt. Die Sammlung von großem künstlerischen Interesse, weil hier ein und dasselbe Thema von den zum Teil bedeutendsten Künstlern des 20. Jhs bearbeitet wurde. Im zweiten Stockwerk, im Museum für moderne Kunst des Mittelmeerraumes, Werke von Malern des 20. Jhs, welche entweder im Mittelmeerraum geboren wurden oder zeitweise dort Wohnung nahmen, angefangen von Dufy bis Vasarély.

Seit 1969 findet in den Sommermonaten im Schloß von Cagnes alljährlich das *Festival international de la peinture* statt. Jedes Jahr wird so dem Publikum das gegenwärtige Kunstschaffen eines anderen Landes vorgestellt.

– Die *Kapelle Notre-Dame-de-la Protection*: sommertags von 14.30 bis 18.30 Uhr, im Winter von 14 bis 15 Uhr geöffnet. Dienstags und Freitag nachmittags geschlossen. Über Jahrhunderte hinweg blieb sie fast unbeachtet, bis 1936 durch Zufall im Chor ein kompletter Freskenzyklus aus dem 16. Jh. entdeckt wurde. Die linke Seitenkapelle birgt ein Altarbild der Jungfrau mit dem Rosenkranz aus dem 17. Jh. Renoir, der 1919 in Cagnes starb, wählte die Kapelle zum Motiv eines seiner Bilder.

– Die *Peterskirche* (L'église Saint-Pierre) besitzt ein kleines frühgotisches Schiff, in dem sich noch heute die Gräber der Grimaldi von Cagnes befinden. Im 17. Jh. fügte man ein zweites, größeres Schiff an. Merkwürdigerweise betritt man die Kirche über die Empore.

– Das *Renoir-Museum* (Maison de Renoir): Les Colletes. Täglich von 14 bis 17 Uhr geöffnet, außer dienstags. Wer mit dem Linienbus Nizza-Cannes hierher kommt, muß an der Haltestelle *Beal-Les Colettes* aussteigen. Für Autofahrer ist der Weg von der N 7 ab ausgeschildert. Bei den ersten Anzeichen seiner einsetzenden Altersgicht begab sich Renoir auf Anraten seines Arztes auf die Suche nach einem klimatisch günstigen Alterssitz. Nachdem er nacheinander Magagnosc, le Cannet, Villefranche, Cap-d'Ail, Vence, la Turbie, Biot, Antibes und Nizza »erprobt« hatte, richtete er sich 1903 im Postgebäude (der heutigen Mairie) von Haut-des-Cagnes ein. Der Ort gab ihm, was er acht Jahre lang gesucht hatte: angenehmes Mikroklima, idyllische Landschaft und ein ganz bestimmtes Licht. Deshalb beschloß er, sich endgültig hier niederzulassen. Sein Sohn Jean Renoir, der berühmte Filmregisseur, schrieb 1962 in seinem Erinnerungswerk »Mein Vater Auguste Renoir«: »Cagnes scheint nur auf meinen Vater gewartet zu haben, und er selbst nahm es sich zu eigen, wie man sich einem Mädchen schenkt, von dem man sein Leben lang träumte und das man plötzlich vor der Haustür entdeckt, nachdem man die ganze Welt danach durchstreift hat. Die Geschichte von Cagnes und Renoir ist eine Liebesgeschichte, und wie alle Geschichten Renoirs enthält sie keine besonderen Ereignisse«.

Auf Anraten seines Malerfreundes und späteren Bürgermeisters von Cagnes, Ferdinand Deconchy, erwarb er 1907 das 23.000 qm große Grundstück Les Collettes, rettete die von der Zerstörung bedrohten tausendjährigen Olivenbäume und ließ sich dort ein Haus bauen, wo er die letzten zwölf Jahre seines Lebens verbrachte. Das Haus selbst besaß zwei Ateliers; ein drittes, stark verglastes Atelier ließ er sich inmitten seiner geliebten Ölbäume errichten. In dieser Umgebung lebte er mit seiner Familie und einem kleinen Kreis engster Freunde. Er malte täglich, selbst dann noch, als die fortschreitende Erkrankung fast keine Bewegung der Finger mehr zuließ.

Der Besucher findet die Wohnräume der Familie Renoir ganz in ihrem ehemaligen Zustand belassen: im Vorzimmer zeigt eine Büste Frau Renoir; in den anderen Zimmern des Erdgeschosses befinden sich mehrere Bronzearbeiten und zwei kleinere Ölgemälde des Meisters, von denen das »Paysage des Collettes« genannte Bild das Gebiet zeigt, in dem das Renoir-Haus liegt. Im ersten Stockwerk sind die beiden Ateliers zu sehen: alle, dem großen Maler vertrauten, Gegenstände nehmen noch immer ihren alten Platz ein. Die benachbarten Räume sind mit weiteren Skulpturen wie z.B. »Mutter und Kind« und Rötelzeichnungen ausgestattet.

Unbedingt mal durch den von Oliven-, Orangen- und Zitronenbäumen beschatteten Park bummeln, mit der großen Bronzestatue der »Venus Victrix« von Renoir!

● *Cros-de-Cagnes*

– Die bescheidene Fischerkirche (Eglise de pêcheurs) macht vor dem Hintergrund des irrsinnigen Verkehrs einen verlorenen Eindruck, genauso wie der kleine Fischerhafen, in dessen Umgebung man an Verkaufsständen fast alles, was aus dem Mittelmeer gefischt wird, studieren kann.

Erkundungen zu Fuß

Sobald man die breiten Verkehrsachsen, welche die Stadt durchschneiden, hinter sich läßt, stößt man auf Sträßchen oder Wanderpfade, wo man nach Herzenslust spazierengehen kann. Hier zwei Anregungen:

● *Die Hautes Collettes*

Über Fremdenverkehrsamt, Allée des Bugadières, Chemin des Bugadiers, die Fußgängerbrücke Passerelle du Pas, Avenue Marcel-Pagnol in die Avenue Jean-Mermoz, welche langsam den Hang des Collettes-Hügels hinaufführt, um schließlich auf dem Bergkamm zu enden. Dort stößt man auf dem Chemin Guillaumet, der zur abgelegenen *Fliegerkapelle* (Chapelle des Aviateurs) führt. Zurück über den Chemin de Collettes, die Rue Fragonard, die Avenue des Tuilières und die Avenue Renoir. Für die Tour muß man rund drei Stunden veranschlagen.

● *Saint-Jean und Saint-Véran*

Beim Fremdenverkehrsamt losmarschieren und dann nacheinander der Rue du Chevalier-Martin, der Traverse Sainte-Luce, der Rue des Combes und der Route de France folgen. Alsbald kommt rechter Hand auf einem Privatgrundstück ein sehenswertes Missionskreuz aus dem Jahre 1877 zum Vorschein. Etwas später folgt Modiglianis kleines Landhaus, das er 1918 bewohnte. Wir lassen es links liegen und ziehen auf der Route de France weiter bis zum Schloß von Villeneuve. Hier nehmen wir links den Chemin du Puy, der sich auf dem Bergkamm von Saint-Véran Richtung Süden entlangschlängelt. Es handelt sich übrigens um den alten Gemeindeweg, der von Antibes nach La Colle-sur-Loup führte. Nach dem lauschigen Pinienwald stößt er auf die weniger angenehme N 7. Natürlich verlassen wir diese Hauptverkehrsachse so rasch wie möglich, um dann über die Rue Michel-Ange und die Rue Maurice-Rostand zum Saint-Véran-Viertel zu gelangen. Über die Place Beaulieu, die Avenue de Grasse, die Avenue de Villeneuve und die Avenue de la Gare kehren wir zum Ausgangspunkt unserer Exkursion zurück.

SAINT-PAUL-DE-VENCE

Heute fällt es schwer, sich vorzustellen, daß Saint-Paul noch bis in die 30er Jahre ein Dorf wie viele andere in dieser Gegend auch war: meist auf Hügeln angelegte Siedlungen, die mit ihren Festungsbauten die Grenzen des Var verteidigten. Hier war es ein Hotelier, der in den 30er Jahren mittellose Künstler aufnahm und damit den Stein ins Rollen brachte. Während der Grüne Michelin-Führer den Ort noch 1955 als »sehenswert« beschrieb, verlieh er ihm zehn Jahre später schon das Gütesiegel »lohnt einen Umweg«. In der Zwischenzeit schossen Restaurants und Hotels wie Pilze aus dem Boden, und im Sommer drängen sich hier mehr Touristen als Einheimische. Aber was der Michelin 1965 sagte, gilt immer noch ...

Adressen

– *Fremdenverkehrsbüro:* rue Grande. Geöffnet von 10 bis 12 Uhr und von 14 bis 18 Uhr. Dienstags und Sonntagvormittag geschlossen.

Unterkunft

Wir ziehen es vor, im ruhigeren Vence zu nächtigen, wo die Hotels zudem noch preisgünstiger sind. Nachfolgend einige Anschriften mit ziemlich gesalzenen Preisen, bei denen aber dennoch im Sommer lange Zeit im Voraus reserviert werden muß.
– *Les Orangers:* route de La Colle, D 7, Tel.: 93 32 80 95. Empfehlenswert wegen der Ruhe, dem angenehmen Garten und der Sicht auf das alte Dorf. Mit 381 bis 520 F fürs Doppelzimmer rechnen. Kein Restaurant.
– *Auberge Le Hameau:* 528, route de La Colle, Tel.: 93 32 80 24. Von Mitte November bis Anfang März geschlossen. Ideal zum Erholen, nicht zuletzt im reizenden, terrassenförmig angelegten, Garten. Bequeme und praktisch eingerichtete Zimmer zwischen 270 und 390 F.
– *La Colombe d'Or:* place du Général-de-Gaulle, 06570, Tel.: 93 32 80 02. Kein Doppelzimmer unter 660 F! Für eine Mahlzeit sind auch mindestens 215 F zu berappen. Aber wenn man Stars und Sternchen vom Speiseraum aus beim Boulespiel zuschauen will, dann muß einem das doch soviel wert sein, oder?

● *Der geniale Paul Roux*

Robinson, so hieß um 1925 die bescheidene Herberge am Dorfeingang, in der die Maler von der Küste auf der Suche nach Land(-schaft) abstiegen. Der Sohn der damaligen Besitzerin Mère Roux erkannte sehr schnell die Begabung dieser jungen, unbekannten Künstler, die Signac, Soutine usw. hießen. Er baute das kleine Haus in ein Hotel mit dem Namen »Goldene Taube« (Colombe d'Or) um und lud des öfteren Journalisten und andere Persönlichkeiten ein. Und seine Freunde, die Maler, beherbergte er ganz großzügig, denn er verlangte von ihnen nur ein Gemälde ... Es kamen unter anderem André Derain, Maurice Utrillo, Maurice de Vlaminck und Henri Matisse, der sich hier immer an San Gimignano in der Toscana erinnert fühlte. Aber es fanden sich auch Künstler und Schriftsteller ein, die nicht gerade von Geldsorgen geplagt wurden: Jean Giono, Paul Morand, Maurice Maeterlink, Rudyard Kipling, Maurice Chevalier und die Mistinguette. Als nächste Berufsgruppe folgten dann in den 40er Jahren etliche berühmte Leute vom Film wie Marcel Carné – dessen, in Zusammenarbeit mit dem Dichter Jacques Prévert erstellten, Film »Hafen im Nebel« (Quai des Brumes) mit Jean Gabin wir nur jedem empfehlen – Yves Allégret und Henri-Georges Clouzot (»Der Lohn der Angst«). Schließlich arrangierte die Colombe d'Or das Hochzeitsessen von Yves Montand und Simone Signoret. Natürlich wieder ein genialer Werbegag! Noch einmal baute Paul Roux sein Hotel um: diesmal mußten Originalsteine von einem Pyrenäenschloß für die Fassade her und kein geringerer als Fernand Léger sollte die Wandkeramik für die Terrasse entwerfen. Heute beherbergt das Hotel-Restaurant eine der umfangreichsten französischen Privatsammlungen moderner Kunst, und man kommt mindestens ebenso gerne des Kunstgenusses als der exquisiten Küche wegen hierher.

Die Nachfahren von Paul Roux haben die Anlage nach seinem Tod im Jahre 1953 in dessen Sinn erhalten, und so tafelt man heute immer noch zwischen Kunstschätzen von hohem Rang. Aber wie gesagt: der Spaß ist nicht gerade billig.

Essen

– *Hostellerie les Remparts:* an der Hauptstraße, 06570, Tel.: 93 32 80 64. Überaus reizvoll, der mit alten Möbeln gestaltete Flur. Unbedingt einen Tisch mit Blick auf die Umgebung verlangen! Das Menü zu 60 F fällt mit Salat, Omelette mit Kräutern oder dem Tagesgericht zwar verhältnismäßig schlicht, aber doch befriedigend aus.

Sehenswert

– Die *Rue Grande:* Hauptstraße, heute Fußgängerzone; durchquert der Länge nach das Dorf und wird von wappengeschmückten Häusern aus dem 16. und 17. Jh. mit Lauben und Balkonen gesäumt. Leider sind eine Reihe der dort angesiedelten Kunstateliers, Galerien und Souvenirgeschäfte zu reinen Touristenfallen verkommen. Gleich rechts hinter dem Nordtor beherbergt der Viereckturm das Fremdenverkehrsamt. Die alten und vornehmen Häuser erinnern an die große Zeit von Saint-Paul, als nämlich Franz I. in seinem Verteidigungskonzept der Gemeinde den Vorrang vor Vence gab und damit den Ausbau zur Festung veranlaßte. Allerdings ließ der damalige Festungsbaumeister für die Verwirklichung seiner ehrgeizigen Pläne einige hundert Häuser abreißen. Ein markanter Brunnen in Urnenform mit überwölbtem Waschhaus verleiht der *Place de la Grande-Fontaine* Atmosphäre. Wir gelangen anschließend zum *Süd-* bzw. *Vence-Tor* (Port du Sud oder Port de Vence). Von einer Bastion oberhalb des Friedhofs, bemerkenswerter Blick über die Alpen, die Halbinsel von Antibes und das Estérel-Massiv. Die Befestigungsanlage wurde kaum verändert, seit Franz I. sie 1537 bis 1547 als Erwiderung auf die Zitadelle Nizzas hatte anlegen lassen. Teilweise kann man noch den alten Wehrgang entlanglaufen. Dabei schweift der Blick über die Orangen- und Blumenhaine im Tal sowie über die Berge und Hügel der Umgebung. Ein Vergleich mit der Toskana zwingt sich geradezu auf.

– Die *Stiftskirche* (L'église collégiale): Saint Paul als alte Rivalin von Vence verlangte die Erhebung seiner Pfarrkirche zur Stiftskirche, einer Art »Unter-Kathedrale«. Der Bischof gab dieser Forderung nach, aber mit der Revolution wurde dieses Privileg, wie so manche anderen auch, wieder abgeschafft. Das Gewölbe der gotischen Kirche aus dem 13. Jh. wurde im 17. Jh. erneuert, der Glockenturm im 18. Jh. wieder aufgebaut. Sehenswerte Kunstwerke birgt der dreischiffige, von massigen Pfeilern gestützte, Innenraum. Links beim Eingang, in der Nähe des Taufbeckens, erhebt sich eine Marienstatue aus Alabaster (15. Jh.). Das Bild auf derselben Seite weiter vorne, die »Heilige Katharina von Alexandria« wird Tintoretto zugeschrieben. Rechts vom Chor wurde dem hl. Klemens eine Kapelle mit verschwenderischer Stuckdekoration zugedacht. An der vorderen Altarseite zeigt ein Flachrelief das Martyrium des Hl. Klemens. Über dem Altar hängt ein Gemälde der italienischen Schule aus dem 17. Jh.: »Der Hl. Karl Borromäus bringt seine Werke der Jungfrau dar«.

– Die *Stiftung Maeght* (La Fondation Maeght): sommertags von 10 bis 12.30 Uhr und von 15 bis 19 Uhr geöffnet, im Winter von 10 bis 12.30 Uhr und von 14.30 bis 18 Uhr; Tel.: 93 32 81 63. Mit Abstand unser Lieblingsmuseum an der ganzen Küste. Aber wir sind nicht die einzigen, denen es hier gefällt, denn Jahr für Jahr strömen über 200.000 Menschen, davon die Hälfte Ausländer, in die Stiftung und machen sie so zum zweithäufigsten besuchten Museum für moderne Kunst in Frankreich. *Aimé Maeght* (spricht sich »Maahcht« aus) und seine Frau *Marguerite*, als Kunsthändler in Paris sehr erfolgreich, waren begeistert von Mirós Atelier in Palma de Mallorca. Davon inspiriert, sollte das Hauptziel bei der Verwirklichung ihrer Idee die Integration der Anlage in die provenzalische Landschaft sein. Mit Hilfe des spanischen Architekten José Luis Sert, einem Schüler Le Corbusiers, gelang es ihnen, den Bau aus hellem Beton und rotem Backstein der südlichen Landschaft anzupassen und damit einen Rahmen zu schaffen, in den sich monumentale Kunstwerke harmonisch einfügen. Die Fondation Maeght stellt keineswegs ein Museum im herkömmlichen Sinn dar, sondern vielmehr eine Repräsentations- und Begegnungstätte moderner Kunst, die auf der Welt ihresgleichen sucht. In der Eröffnungsrede vom 28. Juli 1964 betonte der Schriftsteller und damalige Kulturminister André Malraux: »Aber hier wird etwas versucht, was noch nie versucht worden ist: mit Einfühlungsvermögen und aus Liebe ein Universum zu schaffen, in dem die Moderne Kunst sowohl ihren Platz als auch jene »arrière-monde«, jene dahinterliegende Welt, finden kann, die man einst das Übernatürliche genannt hat«.

Der Besucher betritt zunächst einen Park mit einem riesigen Stabile von *Alexander Calder*, verschiedenen Mobiles, einer Bronze von *Ossip Zadkine* und dem »Riesenkern« (Pépin Géant) von *Jean Arp*. Die Bernhardkapelle rechts ist mit Fenstern von *Raoul Ubac* und *Georges Braque* sowie einem Kreuzgang von Ubac ausgestattet. Skulpturen und Keramiken von Juan Miró bevölkern die labyrinthartigen kleinen Garten. Ein Mosaik von Braque bildet den Grund eines Wasserbeckens, während eines von Marc Chagall die Außenwand des Verkaufsraumes schmückt. Das eigentliche Museum besteht aus zwei Gebäuden. Dazwischen liegt der Giacometti-Hof mit Werken des Künstlers. Mehrere Säle, speziell für die Ausstellung moderner Kunst konzipiert, zeigen aus dem beachtlichen Museumsbestand Gemälde und Plastiken von *Braque, Chagall, Wassily Kandinsky, Miró, Alberto Giacometti, Pierre Bonnard, André Derain, Henri Matisse, Jean Bazaine* u.a.

Die Fondation Maeght dient aber auch zahlreichen Veranstaltungen (Tagungen, Vorträgen, Wechselausstellungen), der Forschung und der Zusammenarbeit, als Forum für ein *Internationales Musikfestival der modernen Musik* (Concerts des nuits de la Fondation) und schließlich als Begegnungsraum mit zeitgenössischer Kunst. Die Stiftung kommt ohne staatliche Hilfe aus und finanziert sich überwiegend über die Eintrittsgelder und die Herausgabe von Broschüren und Büchern über moderne Kunst. So ist sie also kein reines Museum, sondern eine höchst lebendige Einrichtung, deren Besuch dem Kunstprofi ebenso dringend ans Herz zu legen ist wie dem unbedarften Laien!

– Die *Galerie Catherine Issert:* in Saint-Paul, Tel.: 93 32 96 92. In dieser sympathischen Galerie sind in erster Linie junge Maler vertreten.

VENCE

Vence reimt sich auf Provence: obwohl die Küste kaum mehr als 10 km entfernt ist, erscheint sie einem sehr weit weg. Die Altstadt mit ihren malerischen Häusern und Märkten, wo sich neben Touristen noch die echten Provenzalen treffen, zeigt dem Besucher das »Land« fern der Côte. Tatsächlich ist Vence für uns Ausgangspunkt für herrliche Ausflüge ins Hinterland.

Anreise

Von Cagnes-sur-Mer verkehren Linienbusse nach Vence und Saint-Paul, von Nizza aus etwa stündlich ein Bus in diese beiden Städte. Letzte Abfahrt: 19.30 Uhr. In umgekehrter Richtung fährt der letzte Bus in Vence um 18.30 Uhr ab. Fahrpreise: Nizza - Vence 16 F, Nizza - Saint-Paul 14,70 F.

Ferienort Vence

Erst nach dem Ersten Weltkrieg kam es zu einem bemerkenswerten Anstieg der Einwohnerzahl von Vence, was etwas verwundert, denn die in eine paradiesische Umgebung eingebettete Altstadt hatte immer schon einiges zu bieten. André Gide, Paul Valéry, Chaïm Soutine und Raoul Dufy hielten sich länger hier auf. Dufy gefiel es sogar so gut, daß er sich an der Route du Var, gegenüber der Altstadt, im Jahre 1919 häuslich niederließ. Nach und nach entstanden Hotels und Sanato-

rien. Aufgrund seiner günstigen Lage – geschützt von den Bergen im Norden, im Süden der Sonne und dem ausgleichenden Meeresklima zugekehrt, selber reich an Wasser und umgeben von waldreichen Tälern – war Vence schon zur Römerzeit ein Klimakurort.
Nach einer durch den Zweiten Weltkrieg bedingten »Pause« entwickelt sich Vence gemächlicher als die Küstenstädte, aber das war auch ganz gut so. Im Jahre 1955 zählte die Stadt gerade 6.000 Einwohner. Waschfrauen gingen noch ihrer Arbeit am öffentlichen Waschhaus nach, die Ölmühlen waren noch in Betrieb und eine neue Künstlergeneration kam auf der Suche nach dem Ursprünglichen nach Vence: der Schriftsteller Céline, der Dadaist Tristan Tzara, der Dichter und Filmregisseur Jean Cocteau, der Maler und Grafiker Henri Matisse, der russisch-französische Maler Marc Chagall, der sich 1949 hier niederließ und die Deckengemälde für die Pariser Oper entwarf, die Maler Jean Carzou und Jean Dubuffet. In den 60er Jahren jedoch erfuhr die ganze Idylle ein jähes Ende: überall entstanden die mehr oder weniger einfallslosen Villengebilde mit Swimmingpool und Ziergarten, Felder und Olivenhaine wurden immer mehr zurückgedrängt und die Stadt verdoppelte ihre Einwohnerzahl innerhalb von 10 Jahren: in logischer Folge entstanden ausgedehnte Parkplätze und eine Umgehungsstraße. Dank der mittelalterlichen Stadtmauer blieb wenigstens der Stadtkern größtenteils intakt. Aber neue Viertel umschließen ihn und abscheuliche Neubauten verwischen die altbekannten Konturen. Chagall verließ Vence fluchtartig, um sich in den Pinienwäldern oberhalb von Saint-Paul niederzulassen. Die Immobilienmakler aber blieben da, denn ihre Geschäfte laufen weiterhin wie geschmiert.

Unterkunft

● *Für schmale Geldbeutel*

– *La Closerie des Genêts:* 4, impasse Maurel, 06140, Tel.: 93 58 33 25. Ganzjährig geöffnet. Obwohl mit seinem angenehmen Garten mitten im Zentrum, sehr ruhig. Für die Übernachtung sind mindestens 90 F fällig, Obergrenze 260 F. Annehmbares Restaurant: einwandfreie Menüs zu 60, 80 und 100 F. Außer in den Hauptferienmonaten Juli und August bleibt das Restaurant Sonntagabend und montags geschlossen. Spezialitäten: geschnetzeltes Hammelfleisch mit frischer Minze oder Seeteufel mit Safran.
– *Le Coq Hardi:* les Cayrons, 2,5 km von Vence an der Route de Cagnes, 06140, Tel.: 93 58 11 27. Geschlossen im Januar und dienstags in der Nebensaison. Die obligatorische Halbpension beläuft sich auf 134 F, die Vollpension auf 200 F. Ziemlich karg eingerichtet, aber proper. Das Restaurant wartet mit einer gepflegten Küche und Menüs zu 55 und 75 F auf. Hoteleigenes Schwimmbecken.
– *La Lubiane:* 10, av. Joffre, 06140, Tel.: 93 58 01 10. Von Mitte November bis Mitte Januar geschlossen. Tadellose Bleibe mit Garten und Zimmern zwischen 72 und 209 F. Nachteil: etwas weit bis zur Stadtmitte.

● *Eine Note schicker*

– *La Roseraie:* 14, av. A.-Giraud, an der Straße nach Coursegoules, 06140, Tel.: 93 58 02 20. Vom 20. Oktober bis zum 20. März geschlossen. Zimmer komfortabel, Preise erträglich: 270 bis 320 F. Auf der Terrasse lassen sich im Schatten von Zedern und Magnolienbäumen die Spezialitäten des französischen Südwestens wie eingelegtes Entenfleisch, Entenragout oder Blutwurst aus den Landes besonders gut genießen. Für das Menü sind 160 F zu berappen. Die kleinen, aber feinen Weine aus der Südwestecke – Madiran, Cahors und Bergerac – erscheinen dann natürlich noch zusätzlich auf der Rechnung.
– *Park Hotel:* 50, av. Foch, an der Straße nach Tourette, 06140, Tel. 93 58 27 27. Von Mitte Oktober bis Mitte März geschlossen. Trotz der Entfernung zum Stadtkern kommen wir allein schon wegen der einladenden Gartenterrasse gerne hierher. Bequeme und behaglich eingerichtete Zimmer zwischen 200 und 300 F.

// KÜSTE V. ST.-RAPHAEL BIS MENTON UND HINTERLAND

● *Campingplatz*

– *La Bergerie:* 3 km von Vence an der Route de Grasse, 06140, Tel.: 93 58 09 36. Von 6. November bis zum 1. März geschlossen. Trotz Straße und Kinderspielplatz, ruhig und angenehm; die bewaldete Umgebung verspricht einen erholsamen Urlaub.

Essen

● *Für schmale Geldbeutel*

– *La Vieille Douve* (bei Mariano): rue Henri-Isnard, 06140, Tel.: 93 58 10 02. Täglich außer sonntags geöffnet. Einfach, aber authentisch: das gilt für die Küche als auch für die Kundschaft gleichermaßen. Das schlauchartige Lokal bietet vom großen Glasfenster aus sogar einen Blick auf die Rosenkranzkapelle von Matisse. Für ganze 50 F inkl. Bedienung erhält man ein Menü mit Vorspeise, Tagesgericht (Boeuf Bourguignon, also Rindfleisch mit Zwiebeln in Rotwein geschmort oder Daube provençale, marinierter Schmorbraten auf provenzalische Art) und Nachtisch. Wer bietet mehr?

● *Zwischen 60 und 100 F*

– *La Farigoule:* 15, rue Jean-Isnard, 06140, Tel.: 93 58 01 27. Von Mitte November bis Mitte Dezember geschlossen. Leckere provenzalische Küche: Menü zu 85 F, zusammengesetzt aus Vorspeise, Forelle nach Müllerinart, Käse oder Nachtisch. Beim Menü für 95 F ist die Auswahl zwischen den verschiedenen Hauptgängen breiter: Kaninchen mit Thymian, Ente mit Weintrauben oder marinierter Schmorbraten auf provenzalische Art. Das ganze kann man auch in einem lauschigen Innenhof genießen.
– *L'Oranger:* 3, place de la Rouette, 06140, Tel.: 93 58 75 91. Montags und im Februar geschlossen. Abendessen bei Kerzenlicht im überwölbten Speisesaal aus dem 15. Jh. Neben dem Menü zu 90 F werden Spezialitäten aus der Dauphiné angeboten. Terrasse? Na, klar!

Sehenswert

Von der *Place du Grand-Jardin*, dem Mittelpunkt des modernen Vence, gelangen wir zur benachbarten *Place du Frêne*, deren alte Eiche anläßlich des Besuchs von Franz I. und Papst Paul III. im Jahre 1538 gepflanzt worden sein soll. Angeblich wächst die Eiche sonst kaum in Höhenlagen. Die Mauern des ehemaligen Schlosses der Barone von Villeneuve begrenzen den Platz auf der zum Viereckturm anschließenden Seite. Von der Terasse der nördlich angrenzenden *Place Thiers*, postkartenreifer Blick in das Lubiane-Tal, auf die Rosenkranzkapelle und die »Baous« genannten Berge.

● *Die Altstadt*

Der mittelalterliche Stadtkern war von einer elliptischen Mauer mit fünf Toren umgeben, die teilweise heute noch erhalten ist. Durch die *Porte Peyra* gelangt man auf die vielwinklige Place du Peyra mit dem bekannten Brunnen in Urnenform aus dem Jahre 1822. An der Stelle des heutigen Platzes soll sich das römische Forum befunden haben. Dort soll auch der mächtige, flache Stein (peyra oder pierre bedeutet Stein) gelegen haben, wo sich der Verurteilte nach einem öffentlichen Urteil niederkniete und den Kopf abgeschlagen bekam.
Südlich des Platzes folgen wir der Rue du Marché und biegen dann links ab zur Place Clemenceau.
– Das frisch gestrichene Rathaus paßt ganz gut zur *Place Clemenceau*. Es wurde 1908 an der Stelle des ehemaligen Bischofssitzes errichtet.
– Die *Kathedrale:* wenn auch die Eingangsfassade erst gegen Ende des letzten Jahrhunderts errichtet wurde, so stammen doch Hauptschiff und Teile der Seitenschiffe noch aus dem 11. Jh. Seit dieser Zeit wurde der ursprünglich romanische Bau mehrfach verändert und erweitert, wobei sich ein sonderliches Stilgemisch ergab.

Der Innenraum hat zumindest für eine Kathedrale recht bescheidene Ausmaße. Er enthält u.a. das Grabmal des hl. Lambrecht (2. Kapelle rechts); einen römischen Sarkophag aus dem 5. Jh., möglicherweise das Grab des heiligen Veranus (3. Kapelle rechts); die Taufkapelle schmückte Chagall mit einem Mosaik aus, das Moses Errettung thematisiert.

Der erstaunlichere Teil jedoch ist die *Empore* (Tribune), die nur im Rahmen einer Führung, dienstags und donnerstags von 10 bis 11.30 Uhr und von 15 bis 16.30 Uhr, zu besichtigen ist. Das Chorgestühl aus Eiche und Birnbaum wurde im 15. Jh. von Jacotin Bellot aus Grasse in fünfjähriger Arbeit hergestellt. Vor allem die Gesäßstützen (Miserikordien, Gnadensitze) hat er mit zuweilen »recht drastischem und anzüglichem Humor gestaltet«.

– Die benachbarte *Place Surian* ist schon allein wegen ihres winzigen Morgenmarktes, wo alle bewährten Produkte der Provence gehandelt werden, sehenswert. Durch ein Gäßchen erreichen wir das *Signadour-Tor*, im 18. Jh. angelegt. Die Jahreszahl links oben, 1592, erinnert an die Belagerung durch den Hugenotten Lesdiguières. Der Boulevard Paul-André, in den viele kleine Treppenwege münden, führt an der noch in langen Stücken erhaltenen Stadtmauer entlang und bietet reizvolle Ausblicke auf die Baous und die letzten Ausläufer der Seealpen. Durch das Lévis-Tor aus dem 13. Jh. und die Rue du Portail-Lévis, gesäumt von sehenswerten alten Häusern, kehren wir zur Place du Peyra zurück.

● *Was es sonst noch gibt*

– Die *Kapelle der weißen Büßer* (Chapelle des Pénitents-Blancs): place F.-Mistral. Die niedliche Kapelle gefällt vor allem durch ihr italienisch beeinflußtes Türmchen und die vielfarbige Kuppe mit glasierten Ziegeln. Heute finden in der Kapelle kleine Kunstausstellungen statt. Der Soziologe André Siegfried meinte einmal über das Bauwerk: »Man weiß nicht recht, ob sie einen an die Provence, an Italien oder an den Orient erinnert«.

– Die *Rosenkranzkapelle* (Chapelle Matisse oder du Rosaire): an der Straße nach Saint-Jeannet. Besichtigung mittwochs und donnerstag von 10 bis 11.30 Uhr und von 14.30 Uhr bis 17.30 Uhr, außer an Feiertagen. Im November geschlossen.

Der schwerkranke Matisse bat 1941 nach seiner großen Operation die Ärzte: »Gebt mir nur noch drei bis vier Jahre, damit ich mein Lebenswerk vollenden kann!«. Matisse überstand die schwierigen Nachoperationen und genas entgegen aller Prognosen.

Nun, die Schwestern scheinen ihn so liebevoll gepflegt zu haben, daß er den Wunsch Marie-Jacques, ihr und ihren Mitschwestern bei der geplanten Errichtung der Kapelle zu helfen, mehr als erfüllen konnte. Er entwarf fast alles, was zur Kapelle gehörte: Wände, Fußböden, Türen, Fenster, Altarform, Messgeräte, Messgewänder, Beleuchtung usw. Einen solchen Auftrag hatte bis dato noch kein Künstler bekommen. Die Arbeiten dauerten von 1947 bis 1951.

Von außen gleicht der Bau einem einfachen provenzalischen Haus, auf dessen Dach aus glasierten Ziegeln sich ein riesiges schmiedeeisernes, goldverziertes Kreuz erhebt. Innen schneiden sich in Höhe des schrägstehenden Altars die Gebetsräume für Nonnen und für Laien. Bis auf die hohen, schmalen Fenster mit Blumendekor in Zitronengelb, Flaschengrün und Ultramarin strahlen Boden, Decke und die mit Kacheln verkleideten Wände in reinem Weiß. Die gesamte Ausstattung ist von äußerster Schlichtheit. Wandbilder, wie der Kreuzweg und der Heilige Dominikus, bestehen aus Strichzeichnungen auf hellem, glasiertem Grund. Die einzelnen Stationen des Kreuzwegs stehen sogar in willkürlicher Reihenfolge nebeneinander. Für Matisse war die religiöse Logik nicht von großer Bedeutung, galt er doch in seinen Kreisen als notorischer Ungläubiger. In seinem Brief an den Bischof von Nizza anläßlich der feierlichen Eröffnung der Kapelle betonte er noch einmal seine rein künstlerische Absicht: »Für mich ist dies vor allem ein Kunstwerk. Ich versetze mich lediglich in die geistigen Bedingungen des Themas. Ich weiß nicht, ob ich an Gott glaube oder nicht. Wahrscheinlich bin ich eher eine Art Buddhist. Aber das Wesentliche ist, sich selbst in einen Geisteszustand zu versetzen, der dem des Gebetes nahe kommt«. Picasso meinte, die Kapelle erscheine ihm »wie eine Badewanne«, wobei er auf die Kacheln und den seltsamen rot-violetten Lichtschimmer anspielte. Der Schriftsteller Louis Aragon bemerkte: »Das

strahlt hier alles eine solche Heiterkeit aus, daß man daraus einen Ballsaal machen könnte«. Matisse selber urteilte über die Kapelle: »Trotz all ihrer Unvollkommenheiten betrachte ich sie als mein Meisterwerk, das Ergebnis einer lebenslangen Suche nach der Wahrheit«. Und auch heute noch gehen die Meinungen über die Kapelle auseinander, aber es gibt nicht wenige, die darin die größte künstlerische Sensation der Côte d'Azur erblicken.
Nicht aufgeben, falls man vor verschlossener Tür steht: die oben genannten präzisen Besichtigungstermine werden leider von den Nonnen nicht immer respektiert!
Übrigens: Henri Matisse starb 1954 in Nizza im Alter von 85 Jahren.
– Das *Museum Carzou*, im ehemaligen Schloß der Barone von Villeneuve, wurde 1986 eingeweiht. Die über mehrere Stockwerke verteilten Exponate gestatten einen anschaulichen Überblick über das Gesamtwerk des Künstlers.

DIE LOUP-SCHLUCHTEN

Eine Rundfahrt um das Loup-Tal sollte für den perfekten Côte d'Azur-Touristen eine Selbstverständlichkeit sein. Hier ist man nicht weit von der Küste und hat doch schon die Berge in greifbarer Nähe. Kein Wunder, daß es im Sommer Massen von Touristen hier herzieht.
Von Vence aus nehmen wir die D 2210 in Richtung Tourette-sur-Loup. Hinter hohen, meisterhaft zugeschnittenen Hecken verstecken sich beiderseits der Straße die luxuriösesten Villen.

● *TOURETTE-SUR-LOUP*

Das Dorf Tourette gehört ohne Zweifel zu den reizvollsten Siedlungen in der ganzen Gegend. Wer hier ein Haus kaufen möchte, muß sich schon sputen! Das befestigte Dorf, dessen äußerster Häuserring gleichzeitig als Wehrmauer dient, liegt auf einem steil abfallenden Felsplateau und wird auf der anderen Seite von dem Berggipfel *Puy de Tourette* beherrscht, den ein guter Wanderer in zwei Stunden erreichen kann. Von hier oben, aus 1267 m Höhe, genießt man selbstredend einen einmaligen Blick. Das im 15. Jh. wiederaufgebaute Städtchen verdankt seinen Namen den drei Türmen der alten Festungsmauer.

Kost & Logis

– *La Grive Dorée:* route de Grasse, 06140, Tel.: 93 59 30 05. Von Anfang November bis Ende Januar geschlossen. Ohne hochtrabende Ansprüche, aber komfortabel und proper. Die Zimmer, teilweise mit Meeresblick, sind ab 165 bis 230 F zu haben, Halbpension im Sommerhalbjahr Pflicht. Nicht übel, dieses Restaurant mit seinen weiten Panoramafenstern, den Farnkräutern auf der Mauer, mit den braunweiß-karierten Tischdecken und den vielen Blumen. Zwei Menüs zu 92 und 115 F. Spezialitäten des Hauses sind Ente mit Oliven, Hähnchen in dicker Rotweinsauce und gebratenes Kaninchen mit Senf.
– *Auberge des Belles Terrasses:* 1 km von Tourette an der Straße nach Vence, 06140, Tel.: 93 59 30 03. Ganzjährig geöffnet, mit Ausblick ins Land. Tadelloses Haus mit verdaulichen Übernachtungspreisen: 190 F. Das kleine Restaurant bietet zudem schmackhafte Menüs zu 65 und 100 F an. In der Hauptsaison Halbpension obligatorisch. Es besteht die Möglichkeit, einen Pauschalpreis auszuhandeln.
– *Restaurant Le Chanteclerc:* route de Vence, 06140, Tel.: 93 59 30 05. Etwas komplizierte Schließzeiten: Anfang Juni, im Dezember (vor Weihnachten), abends außer in der Hauptsaison und montags. Hier wird mit Menüs von 90 F (nicht sonntags) bis 180 F die Küche der Lyoner Gegend dargeboten. Spezialitäten sind Kalbsbries mit Morcheln, junges Perlhuhn aus der Drôme und der Kartoffelauflauf mit Sahne und Käse. Nicht zu vergessen, die Nachspeisen: ein Gedicht!. Es empfiehlt sich – schon wegen der Öffnungszeiten – unbedingt vorher anzurufen.
– In Alt-Tourette, um das *Petit Manoir* (Tel.: 93 24 19 19) einen Bogen machen: verlangt Fantasiepreise für Gerichte, die nicht halten, was ihr Name verspricht. Im *Médiéval* zahlt man für ein einfaches, aber tadelloses Menü 70 F.

• Campingplatz

– *La Camassade:* zuerst 0,5 km auf der D 2210, dann links abbiegen und nochmals rund 1,5 km; 06140, Tel.: 93 59 31 54. Ein toller Campingplatz mit Swimmingpool und schattigen Plätzchen. Hier sollte selbst für Gestreßte Erholung möglich sein! Vorher anrufen.

Sehenswert

– Die *Kirche:* an der im Schatten junger Ulmen liegenden Grand-Place. Das Langhaus aus dem 15. Jh. birgt, rechts beim Eingang, einen Dreiflügelaltar aus der Werkstatt der Brea: dargestellt sind darauf der hl. Antonius, umringt von St. Pankratius und St. Claudius. Hinter dem Hauptaltar, ein galloromischer, einst dem Merkur geweihter, Altar.
– Die *Johanneskapelle* (Chapelle Saint-Jean): am Rand des Weges, der über dem Dorf entlangführt. Sie wurde 1959 von Ralph Soupault mit naiven Fresken ausgemalt.
– *Alt-Tourette:* das mittelalterliche Ortsbild ist nahezu unberührt geblieben. Einen Eindruck davon vermittelt ein Spaziergang vom Südende des Platzes durch den Torturm die Grand-Rue entlang, die im Bogen durch ein anderes Tor zum Ausgangspunkt zurückführt. Inmitten alten Gemäuers haben sich nicht wenige Ateliers etabliert, deren Designer moderne Stoffe für die Modebranche und für Innenausstattungen entwerfen. Unserer Meinung nach zeugen hier die meisten Produkte, auch die Seidenmalereien, von einem besseren Geschmack als die in Saint-Paul gefertigten Gegenstände.

Von Tourette nach Gourdon

Hinter Tourette schlängelt sich die Straße hoch über dem Loup durch die Berge; nacheinander kommen die Bergdörfer Bar-sur-Loup und Gourdon in Sicht. In *Pont-du-Loup*, wo man einen Betrieb, der kandierte Früchte herstellt, besichtigen kann, wird das Tal schon enger. Vom Eisenbahnviadukt, der einst die Züge über den Ausgang der Schlucht hinwegführte, blieben nurmehr drei Bögen: der Rest wurde bei der Befreiung 1944 weggesprengt. Seltsam, daß die Befreiung vom Faschismus in der BRD immer noch als Tag der Kapitulation bezeichnet und dementsprechend natürlich auch nicht gefeiert wird ... Logischerweise muß man annehmen, daß die Befreiung mißlang oder daß die staatstragenden Gewalten da irgendeiner Geschichte nachtrauern.
Hier sollte man am Ortseingang nach rechts auf die D 6 abbiegen, die uns zu dem beeindruckendsten Abschnitt der Loup-Schlucht (Gorges-du-Loup) bringt. Ihre senkrechten Wände durchfurchen die Berge bei Grasse; der Loup ist mit riesigen Strudellöchern durchsetzt. Vor dem zweiten Tunnel sieht man den aus 40 m Höhe in eine bemooste Mulde herabsprudelnden *Wasserfall von Courmes* (Cascade de Courmes).
Stellen wir den Wagen hinter dem dritten Tunnel ab und marschieren ein Stück des Weges zurück. Inmitten üppigen Grüns stürzen der *Loup-Wasserfall* (Saut du Loup) und der mit dem Namen »Kaskade der jungen Damen« (Cascade des Demoiselles) bedachte Wasserfall in die Tiefe.
Etwas weiter, an der *Brücke von Bramafan*, führt die schmale D 503 nach Courmes. Neben einem netten Spaziergang hierher besteht natürlich auch für Gipfelstürmer von hier aus die Möglichkeit, in einem etwa zweistündigen Fußmarsch den 1267 m hohen Puy de Tourette zu erklimmen. Wenn sich unten an manchen Sommertagen die Touristenmassen durch die Schluchten drängen, bietet sich wenigstens hier eine kleine Fluchtmöglichkeit.
Um unsere Rundfahrt durch das Loup-Tal fortzusetzen, müssen wir kurz vor der Brücke von Bramafan scharf links auf die D 3 abbiegen. Fast bis Gourdon bieten sich nun ergreifende Ausblicke in die Schlucht hinunter. Mit zunehmender Höhe nähert man sich der *Hochebene von Caussols* (Plan de Caussols) und die Vegetation wird immer spärlicher.
Auf der rechten Straßenseite, in einer Serpentinenschleife, befindet sich eine Aussichtsterrasse, markiert durch ein Hinweisschild, wo man nochmals eine recht ein-

druckvolle Aussicht auf die tiefe Schlucht auskosten kann. Etwas später weitet sich der Horizont und der Blick reicht bis zum Meer.

● GOURDON

Eigentlich läßt sich dieser »Urtyp eines Adlerhorstdorfes« recht schnell »abhaken«. Natürlich ist der Ort reizend und anheimelnd, aber nur, wenn einen die vielen Läden, welche Souvenirs, Honig, Nougat, Nußwein, Figuren aus Olivenholz und anderes Zeugs feilhalten, und die vielen Touristen im August nicht stören. Und es gibt auch noch einiges zu sehen: z.B. die *Burg* aus dem 13. Jh., im 17. Jh. kräftig restauriert. Sie verfügt über Ecktürme, die niedriger sind als das Hauptgebäude selbst. Neben einer Waffensammlung, einige Gemälde, darunter ein kleines Selbstporträt Rembrandts, der Schreibtisch Marie-Antoinettes, ein Foltertisch u.a. mehr. Im zweiten Stockwerk sind sieben Räume einer bemerkenswerten Sammlung internationaler Naiver Malerei aus der Zeit von 1925 bis 1970 gewidmet. Von der obersten Terrasse des auf drei verschiedenen Ebenen angelegten Parks hat man eine famose Aussicht auf den etwa 50 km langen Küstenstreifen zwischen der Var-Mündung und dem Cap Roux. Der Entwurf für diesen Park geht auf Le Nôtre, den Gartenbauarchitekten des Schloßparks von Versailles, zurück. In den letzten Jahren wurde er mit typisch südländischen Voralpenflora bepflanzt. Auf keinen Fall sollte man den *Paradiespfad* (Sentier du Paradis) auslassen, der uns in 1½ bis 2 Stunden nach Pont-du-Loup hinunterführt. Der Briefträger, der früher diese Strecke täglich absolvieren mußte, fand sie wahrscheinlich nicht mehr so malerisch wie wir.

Von Gourdon aus klettert die D 12 auf die *Hochebene von Caussols*. Eine trostlose und dennoch faszinierende Landschaft öffnet sich dem Besucher: das Kalkplateau ist von Höhlen durchsetzt, verkarstet; an manchen Stellen erscheint der Fels wie gemeißelt und erinnert an die Causses, die südlichen Ausläufer der Cevennen. Höhlenfreunde kommen hier voll auf ihre Kosten. Aber nicht nur sie, denn man fühlt sich hier Lichtjahre entfernt vom versnobten Volk an der Küste. Noch entlegener ist die »Felsebene« (Plaine des Rochers), zu der ein Sträßchen führt. In dieser steinernen Welt gedeihen nur noch einige Disteln und Ginsterbüsche. Manche Felsgebilde gleichen richtigen Skulpturen. Einige Filmemacher haben in dieser menschenfeindlichen Gegend Szenen für einen Actionfilm gedreht. Das einsam gelegene Observatorium profitiert ebenfalls von dieser eigenwilligen Gegend: die trockene Luft und der klare Himmel mit höchsten 60 Nebeltagen im Jahr bieten hervorragende Bedingungen für Himmelsbeobachtungen. Hie und da trifft man noch auf behauene Steine ehemaliger Schafställe, die bald im felsigen Meer ganz untergehen werden. Ein ausgeschildeter Wanderweg, der *Sentier de Grande Randonnée GR 4*, führt von Nord nach Süd quer über diese wildromantische Hochebene.

● LE BAR-SUR-LOUP

Von der D 3, die hinunter nach Pré-du-Lac führt, biegen wir nach links auf die D 2210 Richtung Bar-sur-Loup ab. Inmitten enger Gassen mit schmalen, hohen Häusern erhebt sich das im 16. Jh. errichtete Schloß. Die Grafen von Grasse der Le Bar'schen Linie hatten hier ihren Stammsitz, in dem der Graf und spätere Admiral François de Grasse (1722-1788) aufwuchs. Mit 13 Jahren begann er als Seemann im Malteserorden seine Karriere, die er 1740 im Dienst des französischen Königs fortsetzte, wo er sich im Amerikanischen Unabhängigkeitskrieg, vor allem im Kampf um die Antillen, auszeichnete. Vom amerikanischen Kongreß wurde er für seine Verdienste mit vier, den Engländern abgenommenen, Geschützen belohnt. Dennoch endete dieser glorreiche Einsatz ungünstig für den Admiral: er wurde 1782 das Opfer seiner Kühnheit, die er nach zehnstündigem Kampf mit der Verhaftung auf dem eigenen Schiff bezahlen mußte.

Auf dem Dorfplatz ein bemerkenswerter Brunnen mit einem Maskenkopf. Adepten von »Industriearchäologie« werden sich die Gebäude der ehemaligen Papierfabrik am Loup anschauen.

Die *Jakobs-Kirche* (Eglise Saint-Jacques): am Fuß des Glockenturms ist ein an zwei junge Römerinnen erinnernder Grabstein eingemauert. Beim Betreten der

Kirche verdienen die Flügel des gotischen Portals Beachtung. Sie wurden von Jacques Bellot, der auch das Chorgestühl der Kathedrale von Vence schnitzte, gefertigt.

Den Kirchenraum schmücken kostbare Bilder. Ruhig die Beleuchtungsautomatik einschalten. Das mächtige, Louis Brea (immer derselbe!) zu verdankende, Altarbild des Hauptaltars besteht aus drei Bildstreifen mit insgesamt vierzehn goldgrundigen Bildern: zwölf, um die Zentralgestalten des Apostels Jakobus und die Jungfrau mit dem Kind angeordnete Heilige. Im Giebelfeld darüber sind die Heilige Dreifaltigkeit und die Symbole der Evangelisten zu erkennen.

Unter der Empore befindet sich die interessante Darstellung eines *Totentanzes* (Danse macabre), im 15. Jh. auf Holz gemalt. Darauf ist ein provenzalisches Gedicht zu entziffern. Der Legende nach soll die Entstehung des Gemäldes auf folgendes Ereignis zurückgehen: als ein Graf von Bar trotz der Fastenzeit einen Ball veranstaltete, wurden seine ausgelassenen Gäste nacheinander vom Tod überrascht. Ganz entsetzt rief der Graf den hl. Arnoux an und versprach, ihm zu Ehren eine Kapelle errichten zu lassen, wenn man ihn nur verschonte. Der adlige Herr hielt Wort: noch heute läßt sich die *Ermitage von Saint-Arnoux* in der Nähe von Pont-du-Loup besichtigen.

Der Totentanz wurde gemalt, um an die Bestrafung des Himmels für das, in der Fastenzeit verbotene, vergnügliche Treiben zu gemahnen: unschwer erkennt man, wie der mit Pfeil und Bogen bewaffnete Tod die Tanzenden erschießt. Die Seelen verlassen als kleine, nackte Gestalten die toten Körper durch den Mund und werden von dem, zu Füßen Christi postierten, hl. Michael sogleich gewogen. Daraufhin werden sie von teuflischen Gestalten in den riesigen Schlund eines Ungeheuers gezerrt, Symbol für den Eingang zur Hölle.

Vom Kirchplatz bietet sich ein letzter Blick auf die Loup-Schlucht.

Kost & Logis

– *Hôtel de la Thébaïde:* 54, chemin de la Santoline, 06620, Tel.: 93 42 41 19. Ganzjährig geöffnet. Für die Vollpension in dem einfachen, aber mustergültig geführten Haus rechne man mit 155 bis 255 F.

– *Camping des Gorges du Loup:* 965, chemin des Vergers, 06620, Tel.: 93 42 45 06. Etwa 1 km in nördlicher Richtung auf der D 2210 und dann nochmals 1 km auf dem rechts abbiegenden »Chemin des Vergers«. Von April bis September in Betrieb; in den Sommermonaten ist Reservierung unumgänglich. Ein ruhiger Zeltplatz mit Maß: durch die terrassenförmige Anlage hat man von allen Punkten aus einen schönen Blick ins Tal und auf die Berge. Pauschalgebühr für vier Personen: 90 F, Benutzung von Dusche und Swimmingpool inbegriffen. Warme Gerichte, auch zum Mitnehmen.

– *Restaurant l'Amiral:* 8, place Francis-Paulet, 06620, Tel.: 93 42 44 09. In der Dorfmitte gegenüber der Kirche. Im Oktober und mittwochs geschlossen. Das repräsentative Gebäude aus dem 18. Jh. gehörte niemand geringerem als dem Admiral de Grasse. Garantiert familiäre Küche und frische Produkte. Wochentags: Menü zu 80 F mit rohem Schinken, Wurst oder Rohkostsalat, gefolgt von Spaghetti à la Bolognese oder Ratatouille auf Nizzaer Art oder Zucchiniauflauf »Admiral«; sodann gebratenes Kaninchen mit Thymian oder marinierte und geschmorte Rindfleischwürfel mit Steinpilzen in Weinsauce. Zusätzlich gibt's noch Salat, Käse und Früchte. Die Hauptgänge dieses Menüs wechseln täglich. Sonn- und feiertags, Menü zu 130 F mit Aufschnittplatte – reichhaltiger als beim Menü zu 80 F – hausgemachten Ravioli oder überbackener Lasagne, gefolgt von Lammkeule mit Kräutern oder gebratenem jungen Perlhuhn mit Majoran und gefüllten Zucchini. Zum Finale Salat, Käse, hausgemachte Torte oder Eis.

Wir setzen die Rundfahrt fort, kehren auf die D 2085 zurück und biegen hinter Pons und Le Collet links auf die D 7 ab, die in Richtung Loup-Tal verläuft. Nach einem Aussichtspunkt auf den Mäander des Flusses und, im Hintergrund, die steil abfallenden Voralpen von Grasse, folgt die Straße ein Stück weit in felsiger Höhe dem Flußlauf, senkt sich auf den Talgrund hinunter und führt über den Fluß bis nach La Colle-sur-Loup.

• LA COLLE-SUR-LOUP

Die Gründung des Dorfes geht auf den Entschluß Franz I. zurück. Hintergedanke war, die Verteidigungsanlagen von Saint-Paul-de-Vence zu verstärken. Zahlreiche Häuser mußten dem Bau der Befestigungsmauern weichen. Die so vertriebenen Familien ließen sich in tiefer gelegenen Weilern oder auf benachbarten Hügeln nieder. Da das Dorf immer ausreichend mit Wasser versorgt war, blieb es von der Landflucht, die viele provenzalische Dörfer entvölkerte, verschont. Über lange Zeit baute man Getreide und Wein an. Als dann mit der Parfümherstellung eine große Nachfrage nach Duftpflanzen entstand, produzierte man hier zu Beginn unseres Jahrhunderts um die 500 Tonnen Rosenblüten pro Jahr. Das sollte nicht die letzte Umstellung bleiben, denn danach beschäftigte sich La Colle-sur-Loup vermehrt mit Gemüse- und Obstbaumkulturen. Und mit etwas Fantasie kann man die weitere Entwicklung fast schon erraten: mit steigendem Quadratmeterpreis schlagen manche Gemüsebauern ihr Land los. Dort entstehen seither Wochenendhäuser, leider zu viele ...

Unterkunft

– *Camping Les Pinèdes:* 1,5 km westlich an der Straße nach Grasse. 06480, Tel.: 93 32 98 94. Ganzjährig in Betrieb. Angesichts der angenehmen und ruhigen Lage des Campingplatzes empfiehlt sich in der Hauptsaison Voranmeldung.

• Etwas schicker

– *Hôtel Marc-Hély:* 535, route de Cagnes, 800 m vom Dorf, 06480, Tel.: 93 22 64 10. Von März bis Oktober geöffnet. Komfortable Unterkunft mit Garten; Zimmer mit Terrasse und Blick auf Saint-Paul.
– *La Vieille Ferme:* 660, route de Cagnes, 06480, Tel.: 93 22 62 42. Mittwochs Ruhetag. Putzige Dekoration, erstklassige Aussicht. Zimmerpreise schwanken zwischen 140 und 187 F; Menüs zu 73 und 90 F.

Von La Colle setzen wir die Fahrt über Saint-Paul zum Ausgangspunkt unserer kleinen Exkursion, Vence, fort.

DIE KLUSEN DER HOCH-PROVENCE

Im östlichen Teil der Voralpen von Grasse haben einige Flüsse tiefe Quertäler in die kalkhaltigen Gebirgszüge modeliert. Diese sogenannten Klusen (provenz.: clues) bilden den geologisch interessanten und landschaftliche reizvollen Charakterzug dieser Gegend.
Der karge Landstrich ist auch heute noch verkehrsmäßig wenig erschlossen, obwohl er manche Kunstschätze aufzuweisen hat; außerdem wartet er vielerorts mit schönen Ausblicken auf, z. B. in das Estéron- und das Vartal, deren Hänge mit reizvollen Bergdörfern und zahlreichen Aussichtspunkten gespickt sind.

Von Vence nach Coursegoules

Wir verlassen Vence auf der D 2 in nördlicher Richtung. Die Straße gewinnt rasch an Höhe und wir erreichen die ersten großartigen Aussichtspunkte. Es folgt für kurze Zeit eine karge Landschaft, die an die südlichen Cevennen erinnert. Je höher wir klettern, desto umwerfender wird die Aussicht: schon vor der Paßhöhe hat man einen Blick auf die Küste, vom Estérel-Massiv bis zum Cap Ferrat reichend; der Kontrast zwischen dem fast wüstenartigen Gebirge und dem Küstenstreifen ist verblüffend.
Hinweis für Wanderfreunde: ein Pfad führt von der Paßhöhe in vier Stunden nach Saint-Jeannet. Ein zweiter Weg, der etwas weiter, kurz vor dem gelben Haus, seinen Anfang nimmt, führt den Wanderer in ungefähr 2 Stunden über Les Salles nach Vence zurück. Und schließlich noch eine dritte Möglichkeit: über la Combe Moutonne in ca. 2½ Stunden nach Coursegoules.
Auf der Paßhöhe selbst erwartet uns ein Restaurant mit Snack-Bar, welches den ganzen Sommer über betrieben wird. Von der kleinen Ranch aus lassen sich wun-

dervolle Ausritte in diese wilde Gegend unternehmen. Hoch über dem Flüßchen Cagne durchzieht die Straße dann einen öden Landstrich. In Richtung *Coursegoules* rechts abbiegen.

● COURSEGOULES

Auf einem Felssporn am Fuße des Cheiron überragen die Hausfassaden die Schlucht der Cagne.
Im 17. Jh. zählte Coursegoules als königliche Stadt 1.000 Seelen. Um 1900 praktizierten hier immerhin noch ein Notar, ein Arzt und ein Friedensrichter. Der karge Boden und die miserablen Verkehrsverbindungen haben seitdem zu einem wahren Exodus geführt.
Mittlerweile hat man die aufpolierten alten Häusern in Wochenendwohnsitze verwandelt. Coursegoules verströmt zweifelsohne ein besonderes Flair: hier ist man weit genug weg von den Menschenmassen an der Küste und kann sein Augenmerk auf die charakteristische Architektur lenken. Die Dorfkirche enthält ein Tafelbild des omnipräsenten Louis Brea mit einer Darstellung von Johannes dem Täufer in Begleitung der hl. Petronilla und des hl. Gotthard. Besonders die Gestalt des hl. Gotthard wirkt ausdrucksstark und fein in den Details. Das Bild kann beleuchtet werden; Lichtschalter links vom Eingang. Die Kirche ist, zumindest theoretisch, ab 14 Uhr geschlossen.
Der um das kleine Tal der Cagne herumlaufende Pfad bietet sich für einen Spaziergang geradezu an. Mitten in einem Zypressenwäldchen stoßen wir dann auf die fachmännisch restaurierte *Sankt-Michaels-Kapelle* (Chapelle Saint-Michel), wo sich dereinst eine zur Abtei von Lérins gehörende Mönchsgemeinschaft versammelte. Und wenn man tapfer weitermarschiert, dann erreicht man oberhalb von Bouyon eine Paßhöhe und ein wenig später einen 1400 m hohen Gipfel. Klar, daß das schweißtreibende Unternehmen bei schönem Wetter mit einer grandiosen Aussicht entschädigt wird.

Unterkunft

– *Camping Saint-Antoine:* 06140, Tel.: 93 59 11 71. Von Mitte Juni bis Mitte September geöffnet. Die wunderbare Lage gleicht den nur mittelmäßigen Komfort aus.

Von Coursegoules nach Thorenc

Wir kehren auf die D 2 zurück: nach einer sanften, grünen Senke erreicht man unvermittelt das Hochtal des Loup.

● GREOLIERES

Bergdörfchen am Fuß des Cheiron. Nach Norden erheben sich die Ruinen der früheren Oberstadt (Hautes-Gréolières).
Gleich bei der Kirche vor dem Parkplatz rettet uns ein *Restaurant* vor dem sicheren K.O. Leider haben wir den Namen vergessen, aber es liegt im ersten Stock. Regionale Küche mit ordentlichen Portionen zu einem konkurrenzlosen Preis. Im geräumigen Speisesaal, neben dem Kamin, dudelt ein Fernseher.
Wie wär's mit einem Verdauungsspaziergang durch die Gäßchen des Dorfes? Im Kirchengebäude mit romanischer Fassade und gedrungenem Glockenturm begleitet nur ein Seitenschiff das Hauptschiff. Links vom Eingang, ein vergoldetes und versilbertes Prozessionskreuz aus dem 15. Jh. Das *Altarbild des hl. Stephan* wurde um 1480 in der Brea-Schule gemalt.
Vis-à-vis von der Kirche heben sich die Schloßruinen gegen den hoffentlich makellos blauen Himmel ab.

Adresse

– *Fremdenverkehrsbüro:* 93 59 95 16.

Unterkunft in der Umgebung

– *Domaine du Foulon:* 4 km südlich an der Straße nach Gourdon; 06620; Tel.: 93 59 95 02. Von Mitte November bis Mitte Dezember sowie Montag abend und dienstags geschlossen. Ansehnliches Haus in einem Park unterhalb der Straße mit Blick auf das Loup-Tal. Die Zimmerpreise bewegen sich um 170 F, ebenso die obligatorische Halbpension inkl. Frühstück. Nicht nur wegen des großen Speisesaals haben wir den Eindruck, daß Gruppen hier bevorzugt bedient werden.

● *GREOLIERES-LES-NEIGES*

Südlichster Wintersportort in den Alpen in 1450 m Höhe. Problemlose Zufahrtsmöglichkeiten über die D 802.
– *Fremdenverkehrsbüro:* 93 59 95 16.

● *THORENC*

Spricht sich »Toran« aus. Auf der Flucht vor dem lärmenden Trubel der Stadt liegt man in diesem ländlichen Ferienort goldrichtig.

Kost & Logis

Zwei empfehlenswerte Hotel-Restaurants, die einander gegenüberliegen:
– *Hôtel des Voyageurs:* 06750, Tel.: 93 60 00 18. Von Anfang November bis Ende Januar geschlossen. Peinlich saubere Zimmer für 150 bis 200 F. Für 185 bis 200 F erhält man Halbpension. Das Menü zu 75 F setzt sich aus verschiedenen Rohkostsalaten, Kalbskopf mit Vinaigrette-Sauce oder einer Fleischplatte, z.B. gebratenes junges Kaninchen nach Jägerart, Käse oder Nachtisch zusammen. Am Hauswein, »la réserve du patron«, für 27 F ist nichts auszusetzen. Von der angenehmen Terrasse überblickt man das ganze Dorf.
– *Hôtel des Merisiers:* 06750, Tel.: 93 00 00 23. Ganzjährig geöffnet. Die Preise entsprechen der oben beschriebenen Konkurrenz. Zwei Menüs zu 64 und 85 F ohne Bedienung werden angeboten. Beim Menü zu 85 F hat man beim Hauptgericht z.B. die Wahl zwischen Rinderschmorbraten mit Ravioli oder einem Goldbrassenfilet mit Basilikum.

Von Coursegoules nach Bouyon

Wir kehren zur D 2 zurück und nehmen an der Kreuzung (Carrefour des Quatre-Chemins) die Straße in Richtung *Col de Bleine*. Von der in 1439 m Meereshöhe verlaufenden Paßhöhe führt die Fahrt an tannenbestandenen Hängen entlang, ein lebhafter Kontrast zu den vorher durchquerten Hochebenen. An der Abzweigung setzen wir dann auf der D 10 in Richtung *Le Mas* und *Pont-d'Aiglun* unseren Weg fort. Die *Kluse von Aiglun* (Clue d'Aiglun) beeindruckt allein schon durch ihre gewaltigen Ausmaße: den nur ein paar Meter breiten Einschnitt begrenzen 200 bis 400 m hohe Felswände. Etwas später, am *Pont du Riolan*, kann man zuschauen, wie sich der Riolan zwischen den ausgewaschenen Felsen mit Getöse hinunterstürzt.
Im weiteren Verlauf erreichen wir *Roquestéron*, durch das Estéron-Flüßchen in zwei Gemeinden, den nördlichen Ort Roquestéron-Puget und den südlichen Ort Roquestéron-Grasse, geteilt. Vor 1860 bildete der Fluß noch die Landesgrenze zwischen dem im Norden zu Savoyen und dem im Süden zu Frankreich gehörenden Ort.
Am Ortsausgang rechter Hand der D 1 in Richtung Bouyon folgen. Die Straße führt an bewaldeten Berghängen über den Estéron und durch die *Clue de la Bouisse*. Hinter Conségudes erblickt man auf der linken Seite die Kluse *Clue de la Péguière*, dann das Bergdorf Les Ferres. Als Höhenstraße verläuft die D 1 über der Estéron-Schlucht mit ständig neuen und interessanten Aussichtspunkten.

● *Bézaudun-les-Alpes:* dieser kleine Marktflecken liegt einsamer als Coursegoules und bietet von daher einen noch ergreifenderen Anblick. Die Dächer der ockerfarbenen Häuser scheinen eine Einheit zu bilden. Bemerkenswert, die mit Kieselsteinen gepflasterte Hauptstraße, einige überwölbte Passagen und ganz

oben der rechteckige Turm mit Doppelfenstern. Zur Besichtigung des Friedhofs muß man durch die kleine, schlichte Kirche gleich nebenan.
- *Hotel Les Lavandes:* 06510, Tel.: 93 09 01 08. Von Juni bis September geöffnet. Die fast spartanische Herberge besitzt gerade acht Zimmer und eignet sich besonders für Wanderer. Im dazugehörigen Restaurant speist man ganz anständig.
- *Wanderung:* durch die Eichenwälder und vorbei an unzähligen Haselnußsträuchern erreicht man nach der Durchquerung der Chiers-Berge Saint-Jeannet. Wer die Einsamkeit liebt, wird begeistert sein!

DIE KAMMSTRASSE »ROUTE DES CRETES«

Die Route des Crêtes verbindet eine Reihe von Höhenorten über dem Var- und Estéron-Tal.

● *BOUYON*

Dieses ehemalige Grenzdorf zwischen Nizza und Savoyen bietet von fast allen Punkten einen berauschenden Blick auf den Cheiron, die Täler des Estéron und des Vars und auf die Alpen im französisch-italienischen Grenzgebiet. Im Jahre 1884 wurde es durch ein Erdbeben zur Hälfte zerstört. Bouyon hat weniger unter der Landflucht gelitten als Coursegoules, der Hauptort des Kantons, weil von jeher die Verkehrsverbindungen nach Nizza besser waren. Heute existiert eine Busverbindung täglich nach Nizza.

Kost & Logis

- *Hôtel Beau Site:* am Rathausplatz, 06510, Tel.: 93 59 07 08. Ganzjährig geöffnet. Die Doppelzimmer kommen auf 126, die Vollpension auf 148 F. Das ausgezeichnete Preis-/Leistungsverhältnis gilt nicht nur für die Unterkunft, sondern ebenso für die gepflegte Küche.

Veranstaltung

Die *Schneckenprozession* (Procession des Limaces) geht auf das 16. Jh. zurück und findet alljährlich am zweiten Sonntag nach Fronleichnam statt.

● *LE BROC*

Provenzalisch *broco* bedeutet Olivensteckling; in diesem Hinterland bildete der Olivenbaum über Jahrhunderte hinweg die Haupteinnahmequelle.
Das herrlich gelegene Bergdorf spielte bis 1860 eine wichtige Rolle als Grenzposten. Im 17. Jh. zählte Le Broc ebensoviele Einwohner wie Vence: es gab sogar ein Krankenhaus, eine wichtige Zollstation und des öfteren erhielt das Dorf von Bischöfen Besuch, die hier Erholung suchten.
Ein idyllischer Platz mit Laubenhäusern und einem Brunnen aus dem Jahre 1812 läßt einen unweigerlich an die Filme Marcel Pagnols denken: die Platanen, das obligatorische Café, die Bänke, auf denen sich die alten Leute des Dorfes niederlassen, es fehlt nichts. In der benachbarten Straße bilden zwei Häuser eine Verbindung in Form einer Brücke. Die aus dem 16. Jh. stammende Kirche birgt ein Gemälde von *Canavesi* und einen modernen Kreuzweg von Guillonet.
Über die Stichstraße D 201 erreichen wir inmitten eines Eichenwaldes die sehenswerte *Chapelle Sainte-Marguerite* mit ihrem kleinen Friedhof.

Essen

- *Restaurant l'Estragon:* 06510, Tel.: 93 29 08 91, am linken Straßenrand in Richtung Carros. Vom 10. Dezember bis Anfang Februar und freitags geschlossen. Von der Terrasse aus Fernsicht auf das Var-Tal und die verschneiten Alpengipfel. Ein günstiges Preis-/Leistungsverhältnis kennzeichnet das Menü zu 65 F, mit Getränk.

Zwischen Le Broc und Carros ergeben sich mehrere Ausblicke auf zahlreiche Bergdörfer, auf die Estéron-Mündung und das Var-Tal, wo der, in mehrere Arme geteilte, Fluß in einem breiten, flachen Bett zwischen blendend weißen Kieseln dahinplätschert.

● CARROS

Carros bedeutet Felsen: hier haben wir es mit einem Felsen zu tun, der 300 m über dem Var aufragt und an dem das Dorf festgeklebt zu sein scheint. Das Schloß aus dem 13. und 14. Jh. erweckt mit seinen vier Eckrtürmchen einen richtig vornehmen Eindruck. Carros selbst, mit seinen Gassen und seinen, aus den Fugen geratenen, Treppenstufen, konnte seinen ursprünglichen Charakter bewahren. Etwas unterhalb des Ortes wurde, bei einer alten Mühle, eine Aussichtsplattform angelegt, deren wunderschönes Panorama (Orientierungstafel) man sich nicht entgehen lassen sollte. Mit der Var-Eindeichung und der Schaffung eines zu Nizza gehörenden Industriegebietes weiter unten an der Manda-Brücke ist ein neues Carros entstanden, für uns zumindest ohne jegliches Interesse.

Kost & Logis

– *Lou Castelet:* Plan de Carros, 06510, Tel.: 93 29 16 66. Im November und montags geschlossen. Ordentliche und bequeme Zimmer, preislich zwischen 110 bis 275 F. Das Angebot wird noch durch Swimmingpool, Tennisplatz und einen schattigen Park ergänzt. Halbpension à 154 bis 176 F. Die herzhafte, regionale Küche bringt ein einwandfreies Menü zu 74 F hervor. Als Spezialität gelten Gerichte vom Holzkohlengrill.

Bevor die Straße das Randgebiet der Voralpen von Grasse verläßt, führt sie über den Var hin und eröffnet einen reizvollen Blick auf Gattières.

● GATTIERES

Beschaulich tuckern wir durch Weinberge und Olivenhaine zu einem Dorf hinauf, wie wir es lieben: kleine Plätze, Gassen mit Treppen, Brunnen und arkadenförmige Häuser, das Ganze von einer fast ansteckenden Schläfrigkeit. Einige hübsche Schaufenster, z.B. jenes der Bäckerei, fallen einem ins Auge. Ebenfalls auffällig, die italienischen Straßennamen. Die Kirche im romanisch-gotischen Übergangsstil birgt eine gemalte Statue des hl. Nikolaus mit den drei Kindern; außerdem ist das moderne Kruzifix im Chor bemerkenswert. Den Schlüssel erhält man im Pfarrhaus.

Anfahrt

– Vom Busbahnhof in Nizza bestehen tägliche Verbindungen um 7.45 Uhr, 8.30 Uhr (außer dienstags und freitags), 17.30 Uhr und 18.20. Fahrpreis: 12,60 F.
– Für die Rückfahrt von Gattières nach Nizza gelten folgende Abfahrtzeiten: 6.45, 7.00, 13.30 Uhr und 16.55 Uhr täglich.

Kost & Logis

– *Le Beau Site:* an der Straße nach Vence, 06510, Tel.: 93 08 60 06. Im Januar und montags in der Nebensaison geschlossen. Der Name des Hotels (»Schöne Lage«) deutet darauf hin, daß wir hier beim Dinieren gleichzeitig den Blick auf den Var bis zum Meer hin genießen können. Die Preise für eines der insgesamt neun Zimmer bewegen sich zwischen 120 bis 175 F. Erfinderische Küche unter der Regentschaft eines Chefkochs, der unter anderem auch schon bei Michel Rostang, einem Pariser »Gastronomie-Papst« (20, rue Rennequin, Paris 17e; Menü so ab 400 F aufwärts), den Löffel geschwungen hat. Der Fischer-Teller mit Hummer oder der Blätterteig mit Lammnieren wird auch feine Zungen nicht enttäuschen. Verschiedene Menüs zwischen 100 und 120 F.
– *L'auberge de Gattières:* im Ort an der Place du Pré, 06510, Tel.: 93 08 60 05. Mittwoch Ruhetag. Einst eine renommierte Adresse, aber mittlerweile hat der Inha-

ber gewechselt. Der liebenswürdige Empfang tröstet nicht über die Tatsache hinweg, daß wir die Menüs von 120 bis 200 F für überteuert halten. Vis-à-vis, *le Jardin de l'Auberge:* Salate und Pizzen zu zivilen Preisen; ansprechender Dekor.

● *SAINT-JEANNET*

Von der nach Vence führenden Straße sticht einem schon aus der Ferne der mächtige *Baou* (Felsen) von *Saint-Jeannet* ins Auge. Wir folgen der kleinen Straße rechts, die unmittelbar in den Ort führt. Zwischen Nizza und Saint-Jeannet verkehrt zweimal täglich ein Bus. Wir sind immer wieder erstaunt, daß man so nah an der Küste ein Dorf mit einem derart ausgeprägt ländlichen Charakter vorfindet. Saint-Jeannet hat sich auf einer großen, durch Geröllablagerung gebildeten Terrasse zu Füßen seines berühmten Felsens angesiedelt. Natürlich hat diese außergewöhnliche Lage einige Maler wie André Dunoyer de Segonzac, Jean Carzou, Marc Chagall und Nicolas Poussin inspiriert.

Wem die Aussicht bis zum Meer, vom Kirchplatz aus, nicht genügt, der sollte den ausgeschilderten Pfad bis zur 400 m höheren Felsspitze hinaufkraxeln. Ist mit festem Schuhwerk in einer Stunde zu schaffen. Auf der Orientierungstafel sind die wichtigsten Punkte zwischen Estérel-Massiv und französischen sowie italienischen Alpen aufgeführt.

Schade ist nur, daß man hier soviel gebaut hat: unzählige dieser pseudoprovenzalischen Wochenendhäuser, eines fast wie das andere, mit Swimmingpool etc., verschandeln hier die Landschaft. Dazu kamen in den letzten Jahrzehnten noch etliche Gewächshäuser. Die festungsartige Kirche mit ihrem viereckigen Glockenturm ist stilistisch recht anspruchslos. Auf dem Vorplatz erinnert eine Gedenktafel an *Joseph Rosalin de Kan Cher* (1785-1843), einen Vorläufer der Félibrige-Bewegung. Die »Félibres« genannten Dichter – der bekannteste war Frédéric Mistral – setzten sich für die Pflege und Erneuerung der provenzalischen Sprache und Literatur ein.

Beim Flanieren durch die Gäßchen stößt man auf den einen oder anderen hübschen Brunnen oder das berühmte Waschhaus. Hier wurden die Werbeaufnahmen mit *Mère Denis* gedreht. Eine französische Waschmaschinenfirma suchte 1972 nach einer bodenständigen Werbefigur. Sie entdeckte die 79-jährige Waschfrau, aus der ein PR-Phänomen werden sollte, an einem normannischen Flüßchen. Schon nach zwei Jahren kannten 75% aller Franzosen »La Mère Denis«, und ihr Satz »C'est ben vrai ça« (Das ist wohl wahr) war in aller Munde. Ganz Frankreich trauerte, als sie im Januar 1989 im Alter von 95 Jahren starb. Die Franzosen hatten die ländliche Großmutter mit dem bäuerlichen, breiten Gesicht, die »immer mehr gibt, als sie erhält«, so einer der Nachrufe, ins Herz geschlossen. Geschichten, die das Leben schreibt ... und es geht noch weiter: an einem Haus in der Rue de la Mairie, Ecke Rue du Château werden Sie auf eine rührende Erinnerungstafel stoßen. »Unserem von allen betrauerten Bürgermeister Clary-Louis, der uns so großzügig das elektrische Licht gebracht hat. Die dankbare Bevölkerung von Saint-Jeannet – 1902« steht da zu lesen. Sollten wir uns bei der Obrigkeit für die eleganten Autobahnen, Parkhäuser und Flughäfen nicht auch viel erkenntlicher zeigen?

Saint-Jeannet war lange Zeit wegen seines Weins berühmt: die Reben gediehen auf den steinigen sonnenzugewandten Terrassen besonders prächtig. Mittlerweile sind Rosen und Orangen weitere Stützpfeiler der Landwirtschaft.

Weitere Künstler zog es in das Dorf: *Ribemont-Desaignes*, einer der Mitbegründer des Dadaismus, besaß hier ein Haus; *Joseph Kosma*, der die Musik zu dem berühmten Lied »Les Feuilles mortes« (Die toten Blätter) komponierte, der Schriftsteller *Tristan Tzara* u.a. Nur 10 km trennen Saint-Jeannet von der Küste; trotzdem fühlt man sich hier in sicherer Entfernung vom dortigen Treiben.

Kost & Logis

– *Hôtel-Restaurant Sainte-Barbe:* am Ortseingang rechts, kurz vor dem Dorfplatz, 06640, Tel.: 93 24 94 38. Im Februar und dienstags geschlossen. Einige Zimmer des anspruchslosen, kleinen Hotels haben Balkon und Meeresblick. Mit 95 bis 115 F pro Nacht kann man nicht behaupten, daß die schöne Aussicht zu teuer

bezahlt ist. Vollpension 203 F, Halbpension 180 F. Auch etliche Einheimische lassen sich die Menüs von 60 bis 90 F hier schmecken. Wer nicht essen will, kann im Restaurant aber auch in Ruhe seinen Roten süffeln.
– *Restaurant Le Chante-Grill:* rue Nationale, 06640, Tel.: 93 24 90 63. Im November und abends geschlossen. Reservierung ist angeraten, denn nicht nur wir wissen, daß man es hier mit einem der besten Preis-/Leistungsverhältnisse an der ganzen Küste zu tun hat. Das Menü zu 95 F bietet drei (!) Vorspeisen nacheinander, Lammkeule, Käse und Nachtisch. Auf der Speisekarte betont man ausdrücklich die Verwendung von frischen Erzeugnissen und somit die Verbannung aller Tiefkühlprodukte!

● *Campingplatz*

– *Camping Cent Chênes:* Tel.: 93 24 90 58. Im Dezember und während der Nebensaison mittwochs geschlossen. »Drei-Sterne«-Zeltplatz mit allen Annehmlichkeiten und dementsprechenden Preisen. Tennisplatz vorhanden, aber leider kein Swimmingpool. Im dazugehörigen Restaurant werden Menüs zu 40 und 70 F serviert.

DAS VESUBIE-TAL

Eines der schönsten Täler des Nizzaer Hinterlandes; erreicht man auf zwei verschiedenen Zufahrtswegen:
– über die teilweise als Schnellstraße ausgebaute N 202 (Nizza-Digne), die man in Plan-du-Var verläßt, oder
– über die D 19, die durch das Nizzaer Hinterland nach Levens führt.
Für alle, die den Truffaut-Film »Die amerikanische Nacht« (La Nuit américaine) gesehen haben: die Szene mit dem Wasserfall wurde im Vésubie-Tal gedreht.

Von Plan-du-Var nach Madone d'Utelle

Die D 2565 folgt der Sohle der engen, gewundenen Vésubie-Schlucht, deren Steilwände aufgrund der Gesteinsschichtung unterschiedliche Farben aufweisen.
In *Saint-Jean-la-Rivière* biegen wir links auf die D 32 ab, die sich in zahlreichen Serpentinen den Berg hinaufschraubt. Mit zunehmender Höhe haben wir sehr bald eine traumhafte Aussicht.

● *UTELLE*

In 800 m Höhe thront Utelle über dem Vésubie-Tal, mit Blick auf die bewaldeten Berge von Tourini und Gordolasque. Zu einer Zeit, da der Verkehr noch überwiegend mit Maultieren abgewickelt wurde, beherrschte Utelle das ganze Tal. Abseits der großen Straße konnte es viel von seiner Eigenart bewahren: Reste der Stadtmauern, alte Häuser und Sonnenuhren sowie einen Platz mit hübschem Brunnen.

Kost & Logis

– *Hôtel-restaurant le Bellevue:* am Ortsausgang, Route de la Madone, 06450, Tel.: 93 03 17 19. Mittwochs geschlossen. Simple, aber dennoch zufriedenstellende Unterkunft. Während die Zimmer sauber und bequem sind, ist die Tapete vielleicht nicht jedermanns Geschmack, aber dafür ist wiederum die Aussicht prachtvoll. Ebenfalls günstig, die Preise: von 130 bis 180 F. Aber erst die Küche: deliziös und reichhaltig! Verschiedene Menüs von 65 bis 130 F. Für ganze 80 F z.B. gibt's eine Vorspeise mit Aufschnittplatte und ausgezeichneten Ravioli, wovon man allein schon satt werden kann, Lammkeule mit zwei verschiedenen Gemüsen, Salat, Käse und Nachtisch. Man reserviere einen Fenstertisch im rustikalen Speisesaal. Die Bedienung läßt manchmal, vor allem am Wochenende, etwas länger auf sich warten. Klar, ein jeder stürzt sich auf diese Spitzenadresse.

Sehenswert

- Die *Veranus-Kirche* (Eglise-Saint-Véran): der Besucher betritt die Basilika – 14. Jh., im 17. Jh. verändert – durch eine gotische Vorhalle. Auf den Türflügeln erzählen zwölf naive Bilder die Legende des hl. Veranus. Das Innere überrascht durch den Kontrast zwischen Architektur – Tonnengewölbe über romanischen Säulen und Kapitellen – und der üppigen klassizistischen bzw. barocken Stuckdekoration, die bis zu den Gewölbebögen reicht. Hinter dem Hauptaltar erkennt man auf einem geschnitzten Passionsaltar die Figur des hl. Veranus.
- Die *Kapelle der Weißen Büßer* (Chapelle des Pénitents-Blancs): unweit der Kirche. Enthält einen Schnitzaltar aus dem 17. Jh., der eine Kreuzabnahme zeigt.
- *La Madone d'Utelle:* dieser 6 km von Utelle liegende Ort ist seit 850 das Ziel zahlloser Besucher und Pilger. Das heutige Gotteshaus wurde 1806 errichtet. In der Nähe befindet sich unter einem Schutzdach – wir sind hier immerhin in 1174 m Meereshöhe! – eine Orientierungstafel: von hier aus reicht der unvergeßliche Rundblick über das Meer und die schneebedeckten Seealpen.
- *Wallfahrten* (Pèlerinages): insbesondere am 15. August und am 8. September.

Von Saint-Jean-la-Rivière nach Levens

Die Straße (D 19) schlängelt sich den Berg hinauf bis zum Aussichtspunkt, der den Namen »Franzosensprung« (Belvédère Saut des Français) trägt. Während der Rebellion im Jahre 1793 wurden an dieser Stelle republikanische Soldaten von traditionalistischen Einheimischen in den Abgrund gestürzt. Wenig später gelangen wir in das zwischen Weingärten und Obstgärten eingebettete *Duranus*. Sehenswert ist hier das in den Felsen integrierte Waschhaus.
Ein Wanderpfad führt zum *Col Saint-Michel* (953 m) und dann noch weiter bis zum Gipfel des *Rocca Seira* (1504 m).
Kurz vor Levens verläuft die Straße über der tief eingeschnittenen Vésubie-Schlucht.

● *LEVENS*

Reizendes Dorf auf einem Felssockel mit reichlich mittelalterlicher Substanz. Im 13. Jh. befand sich Levens unter der Lehnsherrschaft der Riquiers, später dann unter jener der Grimaldis. Im Jahre 1621 begehrte die Bevölkerung gegen das herrschaftliche Joch auf und erlangte die Unabhängigkeit. An der Stelle des zerstörten Schlosses errichtete man einen *Boutau* genannten Stein. Anläßlich des Patronatsfestes tanzt man die provenzalische Farandole und begibt sich an diesen Ort, wo jeder dann seinen Fuß auf den Boutau, Symbol für die überwundenen Unterdrücker, setzt.
Bei einem Bummel durch Gassen und Bogengänge stößt man u.a. auch auf das Wohnhaus der Familie André Massénas (1758-1817), der als Marschall unter Napoleon eine schillernde Rolle spielte. Steigt man vom Dorf aus zum Schwimmbad hinauf, so genießt man beim Kriegerdenkmal sowie ein Stück weiter, in einer Kurve des äußeren Boulevards, einen Blick auf den Zusammenfluß von Vésubie und Var als auch auf die Bergkulisse vom Cheiron bis zum Mercantour.

Kost & Logis

- *Les Grands Prés:* an der Straße nach Tourette-Levens, nach ca. 1 km auf der linken Seite, Quartier des Prés, 06670, Tel.: 93 79 70 35. Das einfache, aber tadellose Haus besticht mit einer hübschen Fassade aus kleinen Kacheln und weißen Fensterläden. Hinter dem Hotel verbirgt sich eine große Rasenfläche. Der Zimmerpreis bewegt sich um die 154 F. Vom geräumigen Speisesaal aus sieht man den Koch am Herd werkeln. Menüs ab 80 F, die sich durch ein vorteilhaftes Preis-/Leistungsverhältnis auszeichnen. Die ruhige und erholsame Atmosphäre findet ihre Ergänzung im freundlichen Empfang.
- *La Vigneraie:* 1,5 km südöstlich, 06670, Tel.: 93 79 70 46. Von Mitte Oktober bis Ende Januar geschlossen. Die komfortablen Zimmer belaufen sich auf 150 F, während die schnörkellose, aber dennoch akzeptable Küche Menüs zu 70 und 100 F anbietet. Provenzalisches Ambiente, erholsamer Garten.

214 / KÜSTE V. ST.-RAPHAEL BIS MENTON UND HINTERLAND

● *Etwas schicker*

– *Le Malausséna:* im Ort, 06670, Tel.: 93 79 70 06. Den ganzen November über geschlossen. Für die recht bequemen Zimmer blättert man hier 154 bis 231 F hin. Die gepflegte Küche zu vernünftigen Preisen hat dem Restaurant einen hervorragenden Ruf eingebracht. Da in der Nebensaison abends auch schon mal das Essen ausfällt, sollte man unbedingt vorher anrufen.

Fußwanderungen

– Zum *Mont Férion:* von der Kreuzung Saint-Roch gelangt man in ca. drei Stunden zum 1413 m hohen Gipfel.

– Zur 1258 m hoch gelegenen *Kapelle* kommt man über die Grand Prés in ungefähr zwei Stunden. Allein schon die zur Kapelle führende herrliche Zedernallee lohnt diese Tour.

Von Saint-Jean-la-Rivière nach Saint-Martin-Vésubie

● *Le Suquet:* hier münden drei Flüßchen in die Vésubie.

– Eine tadellose Herberge ist die *Auberge du Bon Puits*, 06450, Tel.: 93 03 17 65. Von Anfang Dezember bis Ende Februar und dienstags in der Nebensaison geschlossen. Die Preise: Zimmer von 200 bis 230 F, Halbpension von 180 bis 200 F und Vollpension von 210 bis 230 F. Im Riesenspeisesaal praktiziert man eine gepflegte, familiäre Küche. Die Menüs mit einem ausgezeichneten Preis-/Leistungsverhältnis belaufen sich auf 78 bis 120 F.

– *Camping des Merveilles:* 200 m von der Vésubie mit Blick auf die Berge. Der praktisch ausgestattete Zeltplatz ist von Mitte Juni bis Mitte September geöffnet. Für die Monate Juli-August ist eine Reservierung unumgänglich.

● *Lantosque* ist auf einem Kalksteingrat postiert, der sich quer durch das Tal zieht. Mehrfach wurde der Ort durch Erdbeben in den Jahren 1494, 1564, 1566 und 1644 hart getroffen, hat aber dennoch mit seinen alten Herrschaftssitzen, Treppengassen etc. einen gewissen Charme in unsere Zeit hinüberretten können.

– *Hôtel de l'Ancienne Gendarmerie:* an der durchs Tal führenden Hauptstraße, 06450, Tel.: 93 03 00 65. Während die Fassade geranienverziert ist, überragt die Gartenseite des Gebäudes den Fluß. Wir empfehlen natürlich die rückwärtigen Zimmer, 200 bis 350 F, denn neben der Sonnengarantie hat man hier auch noch einen Blick auf das alte Dorf und die Berge. Manche Zimmer sind im skandinavischen Stil eingerichtet. Die ausgesprochene Ruhe und der nette Empfang machen das Hotel noch darüberhinaus zu einer Adresse, die wir nur ungern verraten. Zugegeben nicht ganz billig. Das Restaurant (montags Ruhetag) bietet Menüs zu 145 und 170 F. Spezialitäten: Forelle und Meeresfische.

● **ROQUEBILLIERE**

Die Gemeinde setzt sich aus dem alten und dem neuen Dorf sowie Berthemont-les-Bains zusammen. Seit dem 6. Jh. mußte das alte Dorf sechsmal nach Zerstörung durch Erdrutsch oder Hochwasser wieder aufgebaut werden. Der letzte Erdrutsch im Jahre 1926 forderte siebzehn Todesopfer und verschonte nur einen Teil der alten, hohen Häuser. Seitdem baut man nur noch auf dem rechten Vésubie-Ufer, wo bereits im 15. Jh. die *Kirche Saint-Michel-de-Gast* errichtet wurde. Das Gebäude zeigt, wie häufig in der Provence zu beobachten, die Vermischung gotischer und, hier länger als anderswo beibehaltener, spätromanischer Stilmerkmale. Den Glockenturm mit steinerner Spitze verunziert leider eine Uhr. Die dreischiffige Anlage trägt gotische Gewölbe, die auf gedrungenen, romanischen Pfeilern ruhen. Altar aus der Nizzaer Schule mit einer Darstellung des hl. Antonius. In das Taufbecken aus vulkanischem Gestein ist ein Malteserkreuz gemeißelt, welches an die Stifter dieser Kirche erinnert. Zum Besichtigen wende man sich an den Schreiner, Monsieur Gatti, im Viertel Quartier de la Bourgade.

Kost & Logis

– *Auberge le Mas Provençal:* 06450, Tel.: 93 03 45 28. In der ersten Junihälfte, der ersten Oktoberhälfte und mittwochs geschlossen. In der recht schlichten, aber akzeptablen Herberge ist Halbpension obligatorisch (159 F). Die Vollpension beläuft sich auf 189 F. Die versierte Küche komponiert ein Menü zu einem ausgewogenen Preis-/Leistungsverhältnis: 58 F.

– *Hôtel Saint-Sébastien:* im alten Dorf, 06450, Tel.: 93 03 45 38. Im Januar geschlossen. Unsere sportlichen Leser werden Swimmingpool und Tennisplätze begeistern. Vorbildliche Zimmer zum Wohlfühlen von 220 bis 250 F. Auf der Speisekarte, Menüs von 70 bis 140 F.

● *Campingplatz*

– *Camping Les Templiers:* 500 m vom alten Dorf führt von der D 69 links ein Weg zum Ufer der Vésubie, 06450, Tel.: 93 03 20 28. Von Mai bis Oktober in Betrieb. Besonders reizvolle Lage mit Blick auf die Berge und ausgesprochen ruhig. Im Juli und August ist Reservierung erforderlich.

Ausflüge von Roquebillière aus

– Das *Gordolasque-Tal* (Vallon de la Gordolasque): am Ortsausgang von Roquebillière-Vieux rechts auf das kurvenreiche Sträßchen nach *Belvédère* abbiegen. Weiter durch die malerische Landschaft zwischen den Bergmassiven Cime du Diable und Cime de Lavalette das Gordolasque-Tal aufwärts. Das hübsche Dörfchen Belvédère trägt seinen Namen nicht zu unrecht und zeichnet sich durch seine gleichzeitige Lage über Vésubie und Gordolasque aus. Für die Wanderer sei der Pfad erwähnt, der über die *Granges du Colonel* zur *Cime de Rans* auf immerhin 2160 m Seehöhe führt. Von dort erreicht man über den Vallon de Cayros das Roya-Tal.

Bergwärts geht's über die D 171 weiter. Die Straße durchquert eine grandiose Felslandschaft mit rauschenden Wasserfällen. Zuerst gelangt man zum *Ray-Wasserfall* (Cascade du Ray) und dann zum *Estrech-Wasserfall* (Cascade de l'Estrech), wo ganz in der Nähe dieses beeindruckenden Naturschauspiels die Straße endet. Der Wasserfall entspringt einem, von ewigem Schnee bedeckten, Hochgebirgs-Talkessel. Wanderfreunde werden hochzufrieden sein, denn von hier aus führen unvergeßliche Wanderwege nach *Madone de Fenestre*, zum *Tal der Wunder* (Vallée des Merveilles) oder zum *Langen See* (Lac Long).

– *Berthemont-les-Bains:* rechts von der Straße nach Saint-Martin, nach 4 km. Thermalbad in einer schattigen Senke. Seine radioaktive, schwefelhaltige Quelle war bereits den Römern bekannt. Die *Saint-Julien-Grotte* birgt ein guterhaltenes römisches Bad, das zwanzig Personen fassen konnte. Von Berthemont führt in 1½ Stunden ein erholsamer Weg durch das Kastanienwäldchen nach Saint-Martin-Vésubie.

● *SAINT-MARTIN-VESUBIE*

Auf dem Grat eines Felsens, umschlossen von den Wildbächen Boréon und Madone de Fenestre. Im Umkreis erheben sich mehrere Zweitausender. Diese und das ausgezeichnete Höhenklima locken im Sommer viele Gäste sowie Bergsteiger und Bergwanderer an. Das Klima muß tatsächlich außerordentlich kräftigend sein, denn Saint-Martin ist die Heimat der Gebrüder Hugo – die haben nichts mit Victor Hugo zu tun – 2,30 m lange »Riesen« mit einem Gewicht von 200 kg!

Adressen

– *Fremdenverkehrsbüro:* place Félix-Faure, Tel.: 93 03 21 28. Im Winter mittwochs von 15 bis 18 Uhr und samstags von 10 bis 12 Uhr und von 15 bis 18 Uhr besetzt. Während der Schulferien gleiche Öffnungszeiten wie samstags. Im Juni und September täglich außer sonntags von 10 bis 12 Uhr und von 15 bis 18 Uhr geöffnet, im Juli und August täglich von 9 bis 12 Uhr und von 15 bis 19 Uhr. Sachkundige Auskünfte.

216 / KÜSTE V. ST.-RAPHAEL BIS MENTON UND HINTERLAND

– *Vereinigung der Bergführer* (Bureau des guides): rue Gagnoli, Tel.: 93 03 26 60, 93 03 44 30 und 93 03 41 08. Führt individuelle Bergtouren oder Gruppentouren, Fotowanderungen und dergleichen durch.
– *Französische Drachenflugschule* (Ecole française de vol libre): J.-J. Davillier, la Colmiane, Tel.: 93 02 83 50.

Anfahrt

– Per *TRAM-Bus* vom Busbahnhof, Promenade du Paillon in Nizza; Tel.: 93 85 61 81 und 93 85 92 22. Im Sommer wochentags um 9 und 17 Uhr, sonn- und feiertags um 8, 9 und 18 Uhr. Im Winter, sonn- und feiertags nur eine Abfahrt um 9 Uhr. Die Fahrt dauert knapp zwei Stunden.
Rückfahrt von Saint-Martin aus: im Sommer 7 und 17 Uhr, sonn- und feiertags um 7, 16 und 18 Uhr. Im Winter Abfahrt um 7 und 15 Uhr, an Sonn- und Feiertagen ausschließlich um 17 Uhr.

Unterkunft

● *In Saint-Martin-Vésubie*

– *La Bonne Auberge:* allées de Verdun, am Ortsausgang links in Richtung la Colmiane, Tel.: 93 03 20 49. In den Monaten Dezember und Januar geschlossen. Außerhalb der Saison bleibt mittwochs das Restaurant dicht. Komfortables und mustergültig geführtes Hotel in einem gewinnenden Natursteinhaus. Große Preisspanne bei den Doppelzimmern von 110 bis 250 F. Die Profis vom Fußballclub OGC Nizza kommen öfter zur Erholung hierher, ein gutes Omen. Nur Halbpension. Zwei Menüs zu 75 und 110 F.
– *Hôtel Edward's Parc et la Châtaigneraie:* allées de Verdun, Tel.: 93 03 21 22. Etwas weiter draußen als das vorhergehende Hotel und auf der rechten Seite. Nur vom 21. Juni bis zum 17. September geöffnet. Der Preis für die Vollpension in diesem Haus, das uns für Naturfreunde und Ruhesuchende sehr geeignet scheint, beläuft sich auf 209 bis 269 F.
– *La Trappa:* place du Marché, 06450, Tel.: 93 03 21 50. Im Januar und dienstags geschlossen. Für die Menüs gilt ein ausgezeichnetes Preis-/Leistungsverhältnis. Zwei üppige Vorspeisen (Aufschnitt und Ravioli), Hammelkeule und Nachtisch; süffiger Hausschoppen.

● *In Le Boréon* (8 km von Saint-Martin, 1500 m über NN)

– *La Chaumière du Cavalet:* Tel.: 93 03 21 46. Von Ostern bis Oktober geöffnet. In traumhafter Lage am Ufer eines kleinen Sees und unweit der Grenze des Mercantour-Nationalparks. Karge Zimmer; in der Hauptsaison beträgt die Vollpension höchstens 192 F. Die verschiedenen Menüs beginnen bei 64 und gehen bis 133 F. Als Spezialitäten werden angepriesen: Lammkeule, Forelle blau, Landschinken und die Heidelbeertorte.
– *Foyer de fond:* chalet »Le Janus«, gîte d'étape du Boréon, 06450, Tel.: 93 03 26 91. Ganzjährig geöffnet. Für die Halbpension in dieser Art Berghütte mit kleinen Schlafsälen für 3, 4 oder 5 Personen verlangt man 150 F.

● *In la Madone de Fenestre* (12 km von Saint-Martin)

– *Refuge du CAF* (Hütte des Französischen Alpenvereins): 06450, Tel.: 93 02 83 19 und 93 03 20 73. Hier gibt's Unterkunft und Verpflegung, aber nur in der Zeit vom 15. Juni bis zum 14. Oktober.

● *Campingplätze*

– *Le Champouns:* 1,5 km von Saint-Martin an der Straße nach Venanson, Tel.: 93 03 23 72. Ganzjährig in Betrieb. Wem's im Zelt zu kalt oder zu ungemütlich wird, der kann in einen Schlafsaal oder sogar in ein Appartement umziehen; natürlich gegen entsprechenden Aufpreis. Vor kurzem hat man zusätzlich noch eine Unterkunft im ländlichen Stil für Wanderer eingerichtet. In dieser gesunden und ruhigen Umgebung schlummert jeder bestimmt wie ein Murmeltier.

– *La Ferme Saint-Joseph:* 1 km von Saint-Martin an der D 2565. Ganzjährig bewirtschaftet. Campingplatz unweit der Tennisplätze und selbstverständlich mitten im Grünen; jede Menge Obstbäume und Blick auf die Berge.

Sehenswert

Eine Gedenktafel erinnert daran, daß Saint-Martin als zweite Stadt in Frankreich eine öffentliche Straßenbeleuchtung erhielt.
- Die enge *Rue Droite* oder *Rue du Docteur-Cagnoli* durchzieht den Ort von Nord nach Süd. Eine Wasserrinne für den Abfluß von Regen- und Schmelzwasser verläuft – ganz wie in Briançon – in ihrer Mitte. Häuser aus der Gotik mit ansehnlichen Toren und Türstürzen säumen die Straße.
- Die *Kapelle der Weißen Büßer* (Chapelle des Pénitents-Blancs oder Sainte-Croix) mit ihrem Zwiebelturm besitzt orientalisches Flair. Im Inneren sind die seitlichen Wände mit acht großflächigen Gemälden aus dem 18. Jh. ausgeschmückt. Das Interessante an diesen Darstellungen vom Leiden und Tod Christi ist die Tatsache, daß alle abgebildeten Personen Porträts von damals hier lebenden bekannten Personen sind. Unter dem Altar, eine Liegefigur Christi, deren Ecken vier, die Passionswerkzeuge tragende, Engelchen markieren.
- Die *Kirche:* im Innenraum mit schöner Ausstattung aus dem 17. Jh. befindet sich rechts des Chors die berühmte Holzfigur der Notre-Dame de Fenestre. Es handelt sich um eine reich bekleidete, sitzende Madonna aus dem 12. Jh. Am 2. Juli wird sie in einer Prozession zu ihrem Bergkirchlein getragen, wo sie bis Ende September bleibt. In der zweiten Kapelle des linken Seitenschiffs sind zwei Louis Brea zugeschriebene Altartafeln zu bewundern: Auf der linken erkennt man die Heiligen Petrus und Martinus, auf der rechten Tafel Johannes und die keusche Petronilla. Vom Kirchenvorplatz aus einen Blick auf einen Teil des Boréon-Tals und die vom bewaldeten Bergmassiv Tête du Siruol überragte Ortschaft Venanson riskieren.

Fußwanderungen von Saint-Martin aus

Chemin de Berthemont: an den Allées de Verdun den Weg einschlagen, der zur Schule hoch führt. Von dort immer geradeaus und an der Weggabelung dann nach rechts abbiegen, wo man alsbald den Wildbach Madone de Fenestre überquert. Danach zieht sich der Weg über 8 km am Hang eines Hügels zwischen Kastanienwäldchen und Wiesen dahin.
- *Venanson,* nur 4 km entfernt, erreicht man, wenn man Saint-Martin über die Boréon-Brücke verläßt und anschließend der schmalen D 31 folgt. Der Weiler liegt auf einem Felssporn. Vom Dorfplatz aus öffnet sich ein lohnender Blick auf Saint-Martin, das Vésubie-Tal und das Rund der umliegenden Berge.
- Der Pfad *nach la Palu:* auf dem Weg nach Berthemont nach 1 km links auf einen Pfad abbiegen, der bald darauf den Wildbach Toron überquert. Weiter geht's dann durch einen Kiefernwald, erneut über einen Wildbach, den Peyra-de-Villars, bis zur Senke (Baisse) von La Palu in 2093 m. Für die Anstrengung bei der Ersteigung des Gipfels (Cime de la Palu, 2132 m) entschädigt ein packender Rundumblick.

In der Umgebung

- *Le Boréon:* kleiner Bergort in 1500 m Höhe, 8 km von Saint-Martin. Der aus 40 m Höhe in eine Schlucht hinunterstürzende Wasserfall des Boréon, ein kleiner Stausee, Berghütten, Chalets: alles ist in eine sattgrüne, von Wäldern und Weiden bestimmte Berglandschaft eingebettet. Naturfreunde werden mehr als zufrieden sein.
Le Boréon ist Ausgangspunkt für Wanderungen in die Wälder, zu den Seen und Gipfeln der Umgebung und vor allem des *Mercantour-Nationalparks* (Parc National du Mercantour).
Es ist untersagt, Hunde, Gewehre und Kofferradios in den Nationalpark mitzunehmen; auch Zelten und Feuermachen sind nicht gestattet.

218 / KÜSTE V. ST.-RAPHAEL BIS MENTON UND HINTERLAND

Das rund 70.000 ha große Schutzgebiet bevölkern Gemsen, Steinböcke, Wildschafe, Murmeltiere, Feldhühner und Schneehasen. Unzählige Arten seltener Blumen und Pflanzen bedecken die Felsen mit ihren bunten Blüten. Auf der anderen Seite der Grenze schließt sich das italienische Naturschutzgebiet von Valdieri-Entracque an.

– *La Madone de Fenestre:* Saint-Martin über die D 94 verlassen, welche stark ansteigend durch das Tal zwischen Cime du Piagu und Cime de La Palu entlangführt. Dabei überquert man mehrmals den Wildbach. Darauf verläuft der Weg durch einen Mischwald aus Tannen- und Lärchenbestand mit üppigem Unterholz. Schließlich erreicht man Bergweiden und fährt durch eine malerische Hochgebirgslandschaft. Die Straße endet nach 13 km bei einem wilden Talkessel, dessen Hänge ein beliebtes Übungsgebiet für Bergsteiger sind. Nahebei erhebt sich, mächtig und spitz, der Berg Cayre de la Madone; nach Italien zu wird der Horizont von den firnweißen Hängen des Cime du Gélas (3143 m) begrenzt.

Die Wallfahrtskapelle mit Wallfahrten am 2. und 26. Juli, 15. August und 8. September birgt im Sommer die Statue der Notre-Dame de Fenestre, welche im September in feierlicher Prozession wieder nach Saint-Martin-Vésubie eskortiert wird.

DAS TINEE-TAL

Kommt man von Nizza über die den Var entlangführende N 202, so biegt man an der Mescla-Brücke nach rechts auf die D 2205 ab, welche anschließend durch die Tinée-Schlucht führt.

● LA TOUR

Nach etwa 3 km zweigt bei Pont de la Lune rechts die D 232 ab, die sich in malerischen Serpentinen über die Tinée erhebt. Das einsam in den Bergen gelegene Dorf beweist einen überraschend stark ausgeprägten provenzalischen Charakter. Am arkadengesäumten, schattigen Brunnenplatz die *Kirche* mit ihrem, mit Rundbogenfriesen verzierten, Turm. Der romanisch-gotische Innenraum birgt drei bemerkenswerte Renaissance-Altäre sowie zwei Weihwasserbecken aus dem 15. Jh. Wegen einer Besichtigung wende man sich an das Rathaus, Tel.: 93 02 91 32. Am Nordostende des Dorfes erhebt sich, an der D 332, die *Kapelle der Weißen Büßer* (Chapelle des Pénitents-Blancs). Die Fresken der Seitenwände mit 20 Szenen aus der Leidensgeschichte sowie Tugenden und Lastern stammen aus dem Jahre 1491 von Brevesi und Nadale. Sowohl diese Szenen als auch jene in der Apsis angebrachten Fresken über das Jüngste Gericht sind höchst sehenswert. Den Schlüssel holt man bei Monsieur Audisio; telefonische Anmeldung 93 02 91 32 oder 93 02 91 57.

– Eifrige steigen auf einem reizvollen Pfad bis zur *Chapelle Saint-Jean* hoch, um von dort noch weiter bis zum *Col de Gratteloup* (1411 m) zu klettern.

Alle anderen kehren zurück auf die D 2205 und biegen hinter *Pont-de-Clans* rechts ab auf die D 55 in Richtung Clans.

● CLANS

Hübsches Nest in 641 m Höhe oberhalb des Clans- und des Tinée-Tals. Clans ist von hohen Bergen und einem wundervollen Nadelwald mit Fichten, Lärchen, Tannen umgeben, der lange Zeit seine Haupteinnahmequelle bildete.

Kost & Logis

– *Auberge Saint-Jean:* 06420, Tel.: 93 02 90 21. Richtige Landherberge mit nur drei Zimmern, schlicht und billig. Nur Voll- oder Halbpension, 200 F pro Kopf. Im Restaurant regionaltypische Spezialitäten, die sich durch ein erfreuliches Preis-/Leistungsverhältnis auszeichnen.

Sehenswert

– Am Kirchplatz ist neben den mittelalterlichen Häusern das alte Waschhaus bemerkenswert. Das Barockgebäude der *Kirche* ging aus einer romanischen Stiftskirche hervor. Hinter dem Hauptaltar sind Fresken mit Jagdszenen aus dem 11. Jh. zu sehen, was in einer Kirche äußerst selten vorkommt. Angeblich handelt es sich um das älteste Gotteshaus in der Grafschaft Nizza.
– Die *Antonius-Kapelle* (Chapelle Saint-Antoine): 500 m außerhalb des Dorfes; Schlüssel sind im Lebensmittelgeschäft »Epicerie Marisette« bei der Kirche erhältlich. Die kleine Feldkapelle mit geräumiger Vorhalle wird von einer Glockenwand überragt. Die Wände im Innern sind mit deftigen Fresken aus dem 15. Jh. bedeckt, welche Szenen aus dem Leben des hl. Antonius und die Tugenden – zum Teil ganz verblaßt, welch ein Zufall! – und Laster darstellen. Ein Kommentar im Dialekt der Gegend erläutert die Darstellungen.

Fußwanderungen

– Den *Cayre Cros* (2088 m) erreicht man auf einem markierten Wanderweg, nachdem man nacheinander den Mont Casteo (1159) und die Pointe de Serenton (1839) bewältigt hat.
– Zum *Mont Tournairet* (2085 m) gelangt man über einen Pfad, der sich durch das kleine Tal von Clans zur Chapelle Saint-Anne hochschlängelt. Von dort geht's über den Col de Monigas zum Gipfel. Über den Col du Fort und die Granges de la Brasque kann man dann nach Roquebillière im Vésubie-Tal hinuntersteigen.
Wir kehren wieder zur Tinée-Talstraße zurück. Dort biegen wir 3 km vor der Abzweigung nach Valdeblore nach rechts zum Weiler Marie ab.

● *MARIE*

Inmitten seines Olivenhains strahlt dies Dorf ungemein viel Charme aus. Vor 100 Jahren zählte es noch 238 Einwohner; jetzt sind's gerade noch 60! Und doch ist es hier wunderschön: wer sich ein wenig umsieht, findet bald das von gotischem Gewölbe umgebene Waschhaus, die restaurierte Ölmühle, den Backofen und die engen Gassen mit ihren vielen Treppen.

Kost & Logis

– *Le Marie-Lou*: 06420, Tel.: 93 02 03 01. Von Mitte Januar bis Ende Februar geschlossen. Die kleine ländliche Herberge kann mit fünf blitzsauberen Zimmern aufwarten. Vollpension zu 176 F. Rettungsanker für Ausgehungerte ist die schmackhafte regionale Küche: Menüs von 64 bis 107 F.

Wanderung

– Den Gipfel des *Mont Tournairet* (2085 m) erreicht man, wenn man sich dem Pfad durch das Oglione-Tal und weiter oben dann dem Wanderweg GR 5 anvertraut.

● *SAINT-SAUVEUR-SUR-TINEE*

ist das an der Straße zu den Wintersportorten gelegene Geschäftszentrum des Tales. Natürlich bestehen von hier aus auch wiederum zahlreiche Ausflugs- und Wandermöglichkeiten. Sehenswert, die mittelalterliche *Kirche* mit dem viereckigen Turm von 1333. Im Chor befindet sich der Liebfrauenaltar von Guillaume Planeta aus dem Jahre 1483. Rechts vom Chor, ein modernes *Mobile* (1977), welches, sobald es beleuchtet wird, die bewegten Schatten von Christus und der Jungfrau Maria an die Wand wirft.
Im Dorf fallen einige typische alte Häuser auf und, in der Nähe der Kirche, das Aushängeschild eines Friseurs mit Kamm und Schere.

Unterkunft

– *Camping municipal*: 06420, Tel.: 93 02 03 20. Von Mitte Juni bis Mitte September bewirtschaftet. Korrekter Zeltplatz am Ufer der Tinée.

In der Umgebung

● *Roure:* zuerst 4 km von Saint-Sauveur auf auf der D 30, dann nach rechts abbiegen auf die D 130. Ehemalige Besitzung der Barone von Beuil mit Burgruine in alpiner Landschaft über der Violène; mit ihren Schindeldächern ein geradezu typisches Bergdorf. Die Häuser und großen Scheunen aus dem 17. und 18. Jh. sind teilweise mit Schutzdächern versehen. Zwei sehenswerte Kunstwerke in der Pfarrkirche: in der Mitte, der Laurentius-Altar, flankiert von gewundenen Säulen, und in der ersten Kapelle links einen Mariä-Himmelfahrtsaltar im Stile François Breas.
– *Hotel le Robur:* 06420, Tel.: 93 02 03 57. Die Zimmerpreise liegen zwischen 99 und 198 F, für die Vollpension muß man 209 bis 242 F blechen. Wir finden das Restaurant etwas teuer.

● *Isola:* erreicht man von Saint-Sauveur aus nach 14 km über die Straße der *Valabres-Schlucht* (Gorges de Valabres). Alpiner Weiler am Zusammenfluß von Tinée und Chastillon-Wildbach, inmitten von Kastanienhainen, die von zwei Felsabschnitten begrenzt werden. Südlich des Ortes stürzt der eindrucksvolle *Louch-Wasserfall* (Cascade de Louch) aus einem kleinen Tal 100 m tief in die Tinée. Schon aus der Ferne grüßt der viereckige romanische Turm der ehemaligen St. Peters-Kirche. Darüberhinaus bemerkenswert sind die schmucken alten Häuser mit Schindeldächern und ein hübscher Brunnen auf dem Kirchplatz.

● *ISOLA 2000*

Wintersportort anderthalb Stunden von Nizza. Garantiert laut Prospekt »für Schnee und Sonne«. Wie dem auch sei, Isola 2000 wird jedenfalls gerne besucht, auch wenn die Ortsmitte aus einem einzigen Geschäftskomplex mit Läden, Restaurants, Hotels usw. besteht. Mittlerweile hat man hier auch den Sommer als Saison entdeckt, so daß dem Besucher neben Skifahren noch etliche andere Sportmöglichkeiten offenstehen: Tennis, Schwimmen, Mountain-Bike, Reiten, Bergsteigen usw.

Adressen

– *Verkehrsbüro:* Tel.: 93 23 15 15.
– *Isola Locations:* sich unter Nummer 93 23 14 07 nach einem Appartement erkundigen. Im Winter von 9 bis 19 Uhr (samstags von 9 bis 20 Uhr) und im Sommer von 9 bis 12 Uhr und von 13.30 Uhr bis 18.30 Uhr besetzt.
– *Französische Skischule* (Ecole de ski français): 50 festangestelle Skilehrer warten hier auf ihre Schüler. Tel.: 93 23 11 78.

Anfahrt

Regelmäßige Busverbindung besteht ab Nizza, allerdings ist Reservierung unter der Nummer 93 23 15 15 erforderlich.
– Abfahrt vom Busbahnhof in Nizza um 9 Uhr, 16 Uhr (außer freitags und sonntags), 13.15 Uhr (nur am Wochenende) und 17.20 Uhr (freitags). Der »Skibus« verkehrt mittwochs, samstags und sonntags um 7.30 Uhr und bietet für Transport und Skilift einen Pauschalpreis an.

Unterkunft

Zwischen den Nebensaison- und Hauptsaisontarifen (Weihnachtsferien, Februar, Osterferien) besteht ein beachtliche Preisunterschied.
– *Hôtel Duos:* das einzige Hotel in Familienbesitz, 06420, Tel.: 93 23 12 20. Übernachtungspreise variieren je nach Saison und Lage des Zimmers zwischen 115 bis 247 F pro Person. Für das Frühstück wird man nochmal 23 F los.

Die Skipisten

Isola ist der höchstgelegene Wintersportort der südlichen Alpen und hält, was die Schneemenge angeht, den absoluten Rekord; und das, obwohl es nur 50 km Luftlinie bis zum Meer sind! Höhe und Mikroklima sorgen für massenhaft Pulverschnee. Die insgesamt 115 km Piste sind mit über 20 Skiliften und einer Kabinenbahn zu erreichen. Abends ist in Isola verhältnismäßig viel los, jedenfalls wesentlich mehr als in Auron.

Fußwanderungen

Dank seiner zentralen Lage im Mercantour-Nationalpark ist Isola 2000 der ideale Ausgangspunkt für eine Vielzahl von Ausflugsmöglichkeiten. Warum das Wegenetz derart gut ausgebaut ist? In diesem ehemals italienischen Gebiet besaß der frühere König Victor Emmanuel II. sein privates Jagdrevier. Als weitere Ausflugsziele bieten sich an die 30 mehr oder weniger große Seen in der Nähe an.
Wir empfehlen, sich die Gebietskarte von Didier Richard des Dr. Paschetta im Maßstab 1:50.000 zu besorgen, die hier überall erhältlich ist.
Hier einige Anregungen:
– *Le Pas du Loup:* dem links neben der Kapelle gelegenen Belvédère- Skilift folgen wir etwa 250 m bis zu einem Sträßchen, auf dem wir bis zum Wasserreservoir weitergehen. Nach einem kurzen, ebenen Stück links halten, an einem aus dem Gebirge kommenden Bach. Dieser verbreitet sich später etwas, aber man sollte auf keinen Fall den Hauptstrom des Wildbachs überqueren. Nach einer Weile gelangen wir fast zum *Lac de Terre Rouge* (Rotersee) dessen Namen von der Farbe der umgebenden Felsen rührt. Etwa 200 m vor diesem See folgen wir dem linken Weg, der seinerseits wiederum an einem kleinen, idyllischen See vorbeiführt. Am Hang entlang erreichen wir das Erosionstal *Combe du Malinvern*. Von dort klettern wir noch ein wenig bis wir die Pas du Loup-Bresche mit ihrem Grenzstein erreicht haben. Für die Aktion muß man hin und zurück drei Stunden veranschlagen.
– *Der Col de la Lombarde:* diesmal folgen wir dem Belvédère-Skilift nur 80 m. Unterhalb der Kapelle folgen wir der schmalen ungeteerten Straße, die an der Zollstelle vorbeiführt. In der ersten Kurve setzen wir unsere Wanderung auf dem grasbewachsenen Sträßchen fort, das uns zum Paß in 2360 m Höhe bringt. Von der Paßhöhe schlängelt sich links ein Weg zum 2474 m hohen Gipfel. Für diese Tour muß man ebenfalls mit etwa drei Stunden rechnen.

● *SAINT-ETIENNE-DE-TINEE*

Der Ort, nach der verheerenden Feuersbrunst von 1929 wieder schmuck aus seinen Trümmern erstanden, befindet sich in reizvoller Höhenlage am Ufer der schäumenden Tinée. Im Halbkreis umgeben ihn Berghänge mit Weideland und bebauten Terrassen. Saint-Etienne ist ein idealer Ausgangspunkt für Bergtouren und Ausflüge in die Umgebung sowie für Wintersport. Bis zum Beginn des 20. Jhs war der Ort ein bedeutendes Zentrum der Tuchherstellung.

Adresse

– *Fremdenverkehrsbüro:* rue des Communes-de-France, 06660, Tel.: 93 02 41 96. Geöffnet im Juli und August von 9 bis 12 Uhr und von 14 bis 18 Uhr.

Kost & Logis

– *La Pinatelle:* 8, bd d'Auron, 06660, Tel.: 93 02 40 36. Vierzehn Doppelzimmer für 150 F pro Nacht, aber in der Hauptsaison ist Vollpension (220 F pro Person) obligatorisch. Die familiäre Atmosphäre, ein netter Empfang und ein angenehmer Garten machen *La Pinatelle* zu einer empfehlenswerten Adresse. Sowohl preislich als auch qualitativ interessantes 90 F-Menü: zwei Vorspeisen, Tagesgericht, Käse und Dessert.
– Breites Angebot an *Ferienwohnungen* (Gîtes ruraux). Näheres im Verkehrsbüro.

● *Campingplätze*

– *Achiardy:* bd Rouery, 06660, Tel.: 93 02 41 43. Bestens ausgestattet und, mit Ausnahme vom Mai, ganzjährig in Betrieb.
– *Le Riou:* route de Nabinas-Auron, 06660, Tel.: 93 23 01 75. Ganzjährig geöffnet.

222 / KÜSTE V. ST.-RAPHAEL BIS MENTON UND HINTERLAND

Sehenswert

– *Die Kirche Saint-Etienne:* im 19. Jh. restauriert, fällt sie durch ihren hübschen romanischen Glockenturm mit Rundbogenfriesen und vier übereinanderliegenden Reihen von Fensteröffnungen auf. Der gotische Chorraum weist einen, spanischen Einfluß verratenden, vergoldeten Hauptaltar aus Holz auf.

– *Die Trinitarier-Kapelle* (Chapelle des Trinitaires): ehemalige Klosterkapelle mit mehreren Fresken aus dem 17. Jh. Eines davon soll die Seeschlacht von Lepanto darstellen, an der viele Männer aus der Region Nizza teilnahmen. Für alle, die bei diesem Kapitel gerade im Geschichtsunterricht gefehlt haben: in der Seeschlacht nördlich des Golfs von Korinth besiegte im Jahre 1571 die von Papst Pius V., Spanien und Venedig gebildete »Heilige Liga« die zahlenmäßig überlegene türkische Flotte und leitete damit den Niedergang der türkischen Vorherrschaft im Mittelmeerraum ein.

Darunter befinden sich zwei Bilder, die das Leben der Trinitarier zum Thema haben; diese Mönche hatten es sich zur Aufgabe gemacht, von maurischen Seeräubern gefangene Christen freizukaufen.

– *Die Sebastians-Kapelle* (Chapelle Saint-Sébastien): am Ortseingang. Den Innenraum schmücken dekorative, zum Teil gut erhaltene, Fresken, die in Zusammenarbeit von Baleisoni und Canavesio geschaffen wurden.

– In der *Michaels-Kapelle* (Chapelle Saint-Michel) ist ein Museum für sakrale Kunst untergebracht. Die Exponate wurden aus den Bergkapellen der Umgebung zusammengetragen.

Wegen einer Besichtigung dieser Kapellen wende man sich an das Verkehrsbüro.

Ausflüge zu Fuß

Dem Pfad folgen, der am Ardon-Flüßchen entlang und an der Chapelle Sainte-Anne vorbeiführt, ehe er die Paßhöhe *Col de Pal* (2208 m) erreicht. An der La Vacherie genannten Stelle besteht die Möglichkeit, nach links über den *Col de Bouchiet* nach Auron zu wandern.

● AURON

leuchtet wunderschön in 1608 m Höhe auf einem sonnendurchfluteten, von hohen Berggipfeln überragten, Hochplateau. Der frühere Weiler ist heute Sommererholungsort und bedeutendster Wintersportort der provenzalischen Alpen. In den Jahren 1977 und 1979 fanden hier die Skiweltmeisterschaften statt. Trotz allem hat Auron seinen familiären Charakter bewahren können: nach 20 Uhr sieht man hier nur noch wenige Leute auf der Straße und das Gehabe der Gäste ist viel »normaler« als in Isola 2000.

Die Siedlung soll der Legende nach an jener Stelle entstanden sein, wo das Pferd des Bischofs Aurigius von Gap bei der Rückkehr von Rom nach einem riesigen Sprung landete, mit dem es, auf der Flucht vor Straßenräubern, den Höhenunterschied von 500 m zwischen der Tinée und Auron überwand. Dem 604 verstorbenen, später heiliggesprochenen und zum Schutz vor Aussatz angebeteten Aurigius verdankt Auron auch seinen Namen.

Anreise

Vom Busbahnhof (Gare routière) in Nizza, täglich Busse um 9 Uhr, um 13.15 Uhr (samstags und sonntags, vom 20. Dezember bis zum 30. April), um 16.15 Uhr (an Werktagen außer Freitag und Feiertage) und freitags um 13.30 und 17.20 Uhr. Die Fahrt nimmt rund 1 3/4 Stunden in Anspruch. Reservierung unter der Telefonnummer 93 85 82 60 ist unbedingt notwendig.

– Zusteigemöglichkeiten auch am SNCF-Bahnhof oder am Flughafen.

Adressen

– *Verkehrsbüro:* immeuble la Ruade, 06660, Tel.: 93 23 02 66. Ganzjährig dienstbereit.

– *Französische Skischule* (Ecole de ski français): Tel.: 93 23 02 53.

Unterkunft

– *L'Edelweiss:* 10, place d'Auron, 06660. Gleich an den Liften; Tel.: 93 23 01 18. Ganzjährig geöffnet. Nur Halbpension zu 140 F im Sommer und 230 F im Winter. Die Menüs belaufen sich auf 63 und 92 F; abends wird zusätzlich ein Kindermenü für 39 F angeboten. Anständige Unterkunft.
– *Las Donnas:* Grande-Place, 06660, Tel.: 93 23 00 03. Von Juli bis September und von Dezember bis Ende April geöffnet. Für Übernachtung mit Halbpension berappt man im Winter 170 bis 280 F, im Sommer 155 bis 225 F. Erholsames Panoramahotel.
– *Saint-Erige:* bd Georges-Pompidou, 06660, Tel.: 93 23 00 32. Kleine, aber bequeme Zimmer. Preislich ist das Haus wie »Las Donnas« einzustufen, aber hier hat alles ein etwas altmodischeren Touch. Im geräumigen, geschickt mit Jagdtrophäen ausstaffierten Speisesaal darf man sich an einer einwandfreien Küche erfreuen.

● *Etwas schicker*

– *Le Savoie:* bd. Georges-Pompidou, 06660, Tel.: 93 23 02 51. Im Juli und August sowie vom 20. Dezember bis Mitte April geöffnet. Drei-Sterne-Komfort mit Bergblick, ergänzt durch eine weite Sonnenterrasse und eine sympathische Bar. Vermietet Doppelzimmer für 264 bis 374 F.

Essen

– *L'Ourson:* angeblich das beste Restaurant am Ort, 06660, unter dem Kino. Tel.: 93 23 02 26. Im Mai, Juni, September und Oktober bleibt die Küche kalt. Als Spezialitäten gelten Raclette sowie verschiedene Fondues. A la carte 130 F einkalkulieren.
– *Le Blainon:* 06660, Tel.: 93 23 00 79. Günstiges Preis-/Leistungsverhältnis. Ab 17.30 Uhr öffnet die Pianobar ihre Pforten.

● *An den Pisten*

– *Le Mickeou:* in der Domaine du Demandols, 06660, Tel.: 93 02 43 96. Ganz nach Süden ausgerichtet. Pluspunkte dieses Chalets sind Terrasse und Solarium.

Sehenswert

– *Die Aurigius-Kapelle* (Chapelle Saï -Erige): das romanische Kirchlein mit dem viereckigen Glockenturm besitzt ein `chiff mit zwei Apsiden. Im Jahre 1451 wurden die Wände mit Fresken versehen, welche u.a. die Hauptbegebenheiten aus dem Leben des hl. Aurigius wiedergeben. Den Schlüssel erhält man im Verkehrsbüro.
– *Die Seilbahn von Las Donnas* (Téléphérique de Las Donnas): täglich außer Mai, Juni, Oktober und November von 9 bis 17.30 Uhr. Preis für Hin- und Rückfahrt: 18 F.
Die Seilbahn bringt einen in vier Minuten auf 2256 m Höhe, an den Fuß des Las Donnas, von wo sich ein weiter Blick auf das obere Tinée-Tal und die französischen sowie italienischen Alpen öffnet.
– *Die Pisten:* mit über 120 km markierten Pisten übertrifft Auron noch Isola 2000. Die sonnige Lage bringt es mit sich, daß der Schnee nicht immer optimal zum Skifahren ist; aber da die meisten Gäste hier erfahrene Skihasen sind, kommen sie auch damit zurecht.

Unternehmungen

– Im Sommer Klettern, Wandern, Ponyreiten ... Auron verfügt über so viele Sportmöglichkeiten, daß jeder auf seine Kosten kommt.

DER »TRAIN DES PIGNES«

Eine Fahrt mit diesem Zug – wenn auch nur über ein Teilstück – gehört zum Pflichtprogramm einer jeden Provencereise! Die folkloristische Bimmelbahn durchquert traumhafte Landschaften, schnauft durch tiefe Schluchten, überquert Flüsse, Wildbäche und Berge und hält in ruhigen Dörfern, wo die Zeit stehengeblieben zu sein scheint und wo man auf den ersten Blick fühlt, daß es sich dort angenehm leben läßt.

Für das Zustandekommen des eigenwilligen Namens – Train des pignes, »Kiefernzapfenzug« – gibt es mehrere Deutungen: einmal behauptet man, daß der Zug so langsam fuhr, daß die Reisenden unterwegs aussteigen und Kiefernzapfen sammeln konnten. Andere wiederum erzählen, daß Reisende das Feuer unter dem Dampfkessel immer wieder anblasen mußten und dazu Kiefernzapfen in das Feuer warfen. In der Tat scheint die Lokomotive immer mit ein paar zuzätzlichen Kiefernzapfen angefeuert worden zu sein, bevor sie losdampfte.

Die Arbeiten begannen 1892, aber die Strecke konnte erst 1912 übergeben werden. Es waren etliche technische Kunstwerke und Tunnels notwendig, um eine gleichermaßen rebellische Landschaft zu überlisten. Allein der Colle-Saint-Michel-Tunnel bei Thorame-Haute bohrt sich ca. 3,5 km durch den Berg!

Wanderfreunde tun gut daran, sich den Führer »75 Fußwanderungen mit dem Train des Pignes-Zug« (75 randonnées pédestres avec le train des Pignes) von Raoul Revelli zu besorgen. Das Büchlein findet man in allen gut sortierten Buchhandlungen von Nizza und in manchen Bahnhöfen.

Der Streckenverlauf der Train des Pignes-Bahn

Von der Mescla-Brücke bis Annot folgt die Bahnlinie der Nationalstraße N 202 bzw. N 207, wobei sie sich in die teilweise recht schmalen Flußtäler des mittleren Var, der Vaïre, des Verdon, der Asse und der Blève regelrecht hineinquetscht. Siehe auch unter »Adressen« bei Nizza.

Aufpassen: die ursprüngliche Dampflok verkehrt nur noch an wenigen Sommertagen – genaue Angaben erhält man bei Chemins de Fer de Provence, 33, av. Malausséna, 06000 Nizza, Tel.: 93 84 89 71 – und dann auch nur ab Puget-Théniers. Vom eisenbahntechnischen Fortschritt einmal abgesehen – heute verkehren sommertags fünf, im Winter vier Triebwagen täglich zwischen Nizza und Digne – bleibt die Romantik voll erhalten und wir möchten diese Tour nochmals aufs wärmste empfehlen!

● *VILLARS-SUR-VAR*

Bloß eine Zugstunde von Nizza – noch viel weniger mit dem Auto, sofern es keinen Stau gibt – und man fühlt sich schon meilenweit entfernt von der Küste! Seit dem Mittelalter baut man hier Wein an, und man ist stolz darauf, den einzigen Wein der ganzen Gegend zu produzieren, der die Herkunftsbezeichnung Côtes-de-Provence tragen darf. Natur- und Wanderfreunde finden sich hier im Sommer ein, um sich in der frischen Luft zu erholen.

Für Autofahrer sind die alten, engen Dorfstraßen tabu, so daß man sich zuerst einmal die Beine vertreten muß, bevor man sich dem Kunstgenuß widmen kann. Im Mittelpunkt der Kirchenbesichtigung steht eine Darstellung der Grablegung sowie darüber die Anbetung der Heiligen Drei Könige, die Marienkrönung und die Flucht nach Ägypten. Der Verkündigungsaltar an der linken Chorwand entstammt der Nizzaer Schule (um 1520).

Rechts von der Kirchenfassade gelangt man durch eine Tür zu einer Kolonnade im Grünen, die zu einem Aussichtspunkt führt: hier schweift der Blick ungehindert über das Var-Tal.

● *TOUET-SUR-VAR*

Die alten, schmalen, hohen Häuser schmiegen sich übereinander gestaffelt an den Felshang; deshalb nennen manche diesen Ort auch »tibetanisches Dorf«. Ein Labyrinth von zum Teil überwölbten Gassen verbindet sie. Fast alle Häuser weisen unter dem Dach eine nach Süden offene Loggia auf, den sogenannten

»Soleilloir«, auf dem Feigen getrocknet werden. Unverkennbares Merkmal der, aus dem 17. Jh. stammenden, Pfarrkirche ist ihr Standort auf einem Brückenbogen über einem Bach, dessen reißende Fluten durch eine kleine Öffnung im Boden des Mittelgangs der Kirche zu sehen sind. Das moderne Wohnviertel liegt unterhalb dieser Siedlung im Var-Tal.

Kost & Logis

– *L'Auberge des Chasseurs:* rechts an der von Norden kommenden Nationalstraße, 06710, Tel.: 93 05 71 11. Im Februar und dienstags geschlossen. Mit seinen Holzbalkonen und der rebenbewachsenen Fassade macht das kleine Haus einen richtig lieblichen Eindruck. Das ausgezeichnete Restaurant bringt erlesene Gerichte zu durchaus akzeptablen Preisen mit Menüs zu 89 bis 144 F auf den Tisch. Spezialitäten: Fleisch- und Wurstwaren vom Schwein.

Fußwanderungen

– *Le Mont Rourebel* (1210 m): der Pfad überquert zunächst den Var um dann rechts und später nach links zur Paßhöhe und schließlich zum Gipfel zu führen. Für die gesamte Tour veranschlage man ungefähr drei Stunden.
– *Thiéry:* das einsam in einem wilden Talkessel versteckte Dorf erreicht man in etwa zwei Stunden über einen besonders reizvollen Weg.

● *PUGET-THENIERS*

Am Zusammenfluß von Roudoule und Var wachen Berge über das alte provenzalische Dorf. Einer von ihnen trägt noch die Ruine einer Grimaldi-Burg. Hier fühlt man sich im Innersten der Provence und zugleich im Gebirge.
Der am rechten Roudoule-Ufer gelegene alte Dorfkern bildete im 13. Jh. das Kreuzritterviertel. Viele alte Häuser zeigen noch stattliche Türen sowie grob in den Stein gehauene Ladenschilder. In der Rue Gisclette sieht man heute noch die Eisenringe, an denen die schweren Ketten befestigt waren, die allabendlich den Zugang zum Judengetto versperrten.
Über den brunnenbestandene Place A.-Conil erreicht man die Kirche. Im 13. Jh. von den Kreuzrittern errichtet, erhielt sie vier Jahrhunderte später eine neue Fassade. Unter den Kunstwerken fallen der Schnitzaltar, der die Kreuzigung, Grablegung und Auferstehung Christi veranschaulicht, sowie die am Hauptaltar, aus einem Ölbaumstamm herausgearbeitete, bemalte Darstellung Mariens bei der Himmelfahrt, besonders auf.
Am Rande der Nationalstraße befindet sich auf einem, von Palmen und Ulmen bestandenen, Platz das Denkmal »Die Gefesselte Aktion« (L'Action enchaînée). Aristide Maillol schuf diese Skulptur zum Gedenken an *Auguste Blanqui*, einen Sohn des Ortes, der als Sozialist an den Aufständen von 1830, 1848 sowie 1871 an der Pariser Kommune führend beteiligt war und deswegen 36 Jahre seines Lebens hinter Gitter verbrachte.
Von Puget-Théniers aus gelangt man über die D 16 zur nördlich von Puget-Théniers gelegenen *Roudoule-Schlucht* (Gorges de la Roudoule). Biegt man auf der selben Straße 2,5 km hinter Puget-Théniers rechts auf die D 116 ab, so erreicht man zuerst *Puget-Théran* und später das völlig einsam zu Füßen der Vorberge des Dôme de Barrot gelegene *Auvare*. Von diesen beiden malerischen Orten ziehen sich zahlreiche Wanderwege quer über die Berge zu den Nachbartälern.

Kost & Logis

– *Gîte d'étape:* rue Papou, Tel.: 93 05 04 55. Warum nicht einmal in einem ehemaligen Templerhaus logieren? Für 40 F pro Nacht oder 100 F bei Halbpension. Das ganze Jahr über geöffnet.

● *Campingplatz*

– *Camping municipal:* Tel.: 93 05 04 11. Von Anfang Mai bis Ende Oktober in Betrieb. Komfortabler Campingplatz in Uferlage mit Schwimmbad und Tennisplatz in 150 m Entfernung.

226 / KÜSTE V. ST.-RAPHAEL BIS MENTON UND HINTERLAND

• ENTREVAUX

Am linken Var-Ufer, vis-à-vis einer Römersiedlung, von der heute nichts mehr vorhanden ist, liegt das Städtchen Entrevaux, dessen militärisch geprägtes Erscheinungsbild überrascht. Dieses läßt sich auf die früher strategisch wichtige Lage an der Grenze zu Savoyen zurückführen. Zwischen 1692 und 1706 wurde der Ort von Vauban befestigt. Man merkt gleich, daß Entrevaux ziemlich weit von den Touristenzentren der Küste entfernt ist, denn hier wurde noch nicht allzuviel restauriert. Endlich wieder ein anschauliches Beispiel dafür, wie der Zahn der Zeit an der alten Bausubstanz nagt ...
Durch die Zugbrücke beim Stadttor gelangen wir in die Altstadt, seit dem 18. Jh. kaum verändert. Ihre dunklen und kühlen Sträßchen sind, vor allem im Umkreis der Kathedrale, überaus malerisch. Bei der Place de l'Italie und dem Rathausplatz laden schöne Promenaden zum Flanieren. Die Kirche wurde im 17. Jh. an die Stadtmauer geklebt. Ihr Glockenturm, von Zinnen gekrönt, trägt mit zur militärischen Prägung des Stadtbildes bei. Bis zur Französischen Revolution war Entrevaux Bischofssitz. Durch ein riesiges barockes Portal mit geschnitzten Flügeln betritt man die Kirche. Der Hauptaltar, einer der schönsten in der ganzen Gegend, zeigt eine im 17. Jh. gemalte Darstellung der Himmelfahrt Mariens, die auch »Die drei Lebensalter« genannt wird. Das aus der gleichen Zeit stammende Chorgestühl aus Nußbaum ist das Werk ortsansässiger Handwerker.
In einer halben Stunde gelangen wir unter zwanzig wehrhaften Toren hindurch zur *Zitadelle*, 135 m über der Stadt auf einem Felssporn. Von hier aus, herrlicher Ausblick auf die Stadt und das Var-Tal.

• ANNOT

Wir haben dieses halb provenzalische, halb alpenländische Dorf, das eine gewisse Frische ausstrahlt, in unser Herz geschlossen. Es bietet eine Vielzahl von Wandermöglichkeiten in einer landschaftlich reizvollen Berggegend. Und im Sommer duftet das ganze Tal nach Lavendel und Lindenblüten. Außerdem findet man hier gute bis ausgezeichnete Hotels und Restaurants, welche die Reisekasse noch nichtmal über Gebühr strapazieren.
Annot ist berühmt wegen der Felslandschaft in seiner Umgebung. Die Felsen bestehen aus einem spezifischen Sandstein, dem sogenannten *»Annot-Sandstein«* (Grès d'Annot), welcher an manchen Stellen durch Erosion bizzare Formen angenommen hat. Zu diesen sehenswerten Felsen führen etliche Spazierwege. Gleich am Dorfeingang fallen einem schon die in den Fels gehauenen Häuser auf.
Annot beweist viel Charakter: gewundene, steile, manchmal durch Passagen führende Gäßchen, alte Häuser mit windschiefen Mauern, skulptierte Türen und Tore aus dem 16. bis 18. Jh. verleihen ihm seine unverwechselbare Prägung. Dieses wird besonders in der, am Stadttor beim Korso beginnenden, Grande Rue deutlich, die zur Kirche hinaufführt. Für Pflaster, Gehsteige, Pfeiler und Hausteine der Häuser hat man natürlich häufig den bereits erwähnten Annot-Sandstein verwandt. Das romanische Gebäude der Kirche wurde um das im 15. Jh. angefügte Seitenschiff und den hübschen Renaissance-Glockenturm, mit den Statuen der vier Evangelisten geschmückt, erweitert. Sein außergewöhnliches Aussehen jedoch verdankt es der, in Form eines Wehrturms, überhöhten Apsis.

Ein wenig Geschichte

Gegen Ende des 19. Jhs, als die Grafschaft Nizza nicht mehr zur Provence gehörte, wuchs die Bedeutung von Annot. Aufgrund der Grenznähe richtete man eine Garnison ein, und die Stadt spielte eine bedeutende Rolle als Handelszentrum zwischen der Provence, der Grafschaft Nizza und dem Piemont. Ein Wochenmarkt sowie eine Freihandelsmesse zogen – ganz wie in unseren Tagen – zahllose Kunden an.
Im 18. Jh. entwickelte sich die Wollindustrie, aber Annot besaß auch gleichzeitig noch Ziegeleien, Hutfabriken und Lavendeldistillerien. Drei Ölmühlen in der Umgebung produzierten um die 30.000 l Nußöl. Um 1870 kümmerte man sich immer weniger um die Nußbäume mit der Folge, daß 1890 praktisch kein Nußöl mehr verarbeitet wurde.

Die Situation heute: dank seiner Höhenlage (705 m) und seines günstigen Mikroklimas hat Annot sich zu einem aufstrebenden Ferienort gewandelt, der zumindest im Sommer ein lebendiges Bild abgibt. Hinzu kommen zahlreiche Freizeitanlagen wie Schwimmbad, Tennisplätze, Reitstall usw. Der breite, von prächtigen hundertjährigen Platanen bestandene Korso (Cours) ist eine typisch provenzalische Anlage und ein beliebter Treffpunkt.

Adresse

– *Fremdenverkehrsamt:* neben dem Rathaus, Tel.: 92 83 21 44. Die Angestellten sind überaus kompetente Kenner der Gegend und bei der Vermittlung von Ferienwohnungen, Sportkursen usw. gern behilflich. Von 10 bis 12 Uhr und von 15 bis 18 Uhr sowie sonntagvormittags zu Diensten.

Kost & Logis

– *Hôtel de l'Avenue:* avenue de la Gare, 04240, Tel.: 92 83 22 07. Von Ende März bis Anfang November geöffnet. Reizende Zimmer mit Bad und WC à 155 bis 185 F. Für das Restaurant mit seiner gepflegten familiären Küche gilt ebenfalls ein gutes Preis-/Leistungsverhältnis. Für 65 F, eine Vorspeise, ein Schweinekotelett oder ein anderes Stück Fleisch mit Beilagen sowie ein Nachtisch. Beim Menü zu 80 F sind es dann schon zwei Vorspeisen, aber Gourmets werden ja eh dem Menü zu 130 F den Vorzug geben. Dafür serviert man eine Geflügelleber-Terrine mit Pistazien, eine zweite Vorspeise nach Wahl, als Hauptgericht z.B. eine gefüllte Wachtel sowie Käse und Nachtisch. Die reichhaltigen Portionen werden noch dazu mit einem Lächeln serviert; kurzum, eine vielversprechende Adresse.
– *Hôtel du Parc:* reizendes altes Gebäude an der großen Place des Platanes, 04240. Wer zu zweit unterwegs ist, kann für 110 bis 155 F unterkommen. Im Angebot mehrere Menüs ab 70 F. Von Oktober bis April ruht der Betrieb allerdings.

● *Campingplätze*

– *Camping la Rivière:* an der D 908 Richtung Allos-La Foux mitten im Grünen am Flußufer. Alles andere als anonym, heiße Duschen, Imbiß, Gerichte zum Mitnehmen.
– *Camping à la ferme* (Bauernhof): in Fugeret, 5 km nördlich von Annot über die D 908.

Tips für Wanderlustige

– *Königszimmer* oder *Sandsteinmeer* (Chambre du Roi oder Chaos de grès d'Annot): hinter dem Bahnhof nehmen wir den markierten Pfad, der sich bis zur Höhe von 1000 m den Berg hinaufwindet. Man erreicht einen Engpaß, hinter dem sich rechterhand die »Königszimmer« genannte Höhle auftut. Setzt man seinen Weg fort, so kommt man am *Balcon* an, wo sich einem am Rand des steilen Felsens eine prachtvolle Aussicht bietet. Kurz darauf erreicht man die *Portettes* genannten natürlichen Sandsteinbögen ehe man durch das kühlende Unterholz von *Espaluns* zur Kapelle *Notre-Dame-de-Vers-la-Ville* gelangt. Für diesen fantastischen Marsch knapp drei Stunden einplanen.
– *Argenton:* für diese Dreistundentour folgen wir dem gelb-rot markierten Weg an der Kirche, der später immerhin eine Höhe von 1315 m erreicht.
– *Le Baou de Parou:* wir starten wieder an der Kirche und biegen hinter dem Viadukt links ab. Der Baou de Parou ist ein gewaltiger Felsblock, der Annot im wahrsten Sinne des Wortes beherrscht.
– Die *Ufer der Vaïre:* von der Place de Platanes ausgehend überqueren wir den Fluß und folgen auf der gegenüberliegenden Seite rechts dem Weg, der zur reizenden Kreuzritterkapelle *Verimande* (Chapelle de Verimande) führt.

Ausflüge mit dem Auto

Von Annot aus läßt sich die Gegend gut mit der Benzinkutsche erkunden. Ein Vergnügen, die Vaïre entlangzufahren, wo man zunächst *le Fugeret* mit seinem Brunnen und seiner alten Brücke durchquert, ehe man kurz darauf von der hart am

Felsen entlangführenden Straße einen fantastischen Blick auf die alte Ortschaft *Méailles* hat. Die Straße steigt weiter an bis zur *Colle Saint-Michel*, einem Skilanglaufzentrum, um auf der anderen Seite der Paßhöhe (Col de la Colle Saint-Michel) hinunter nach *Thorame-Haute*, an der Bahnstrecke Nizza-Digne, abzufallen.
- *Hôtel-restaurant de la Gare:* in Thorame-Haute, 04170, Tel.: 92 89 02 54. Von Anfang März bis Ende Oktober Rettungsboje für staubige Kehlen und müde Knochen. Verfügt über einen Garten und Zimmer mit Blick ins Tal für 55 bis 220 F. Zwei Menüs zu 44 und 55 F.

Aus dieser kargen, aber dennoch wundervollen Ecke, könnte man jetzt z.B. die Tour durch das Verdon-Tal nach Saint-André-des-Alpes fortsetzen.

Von Annot aus erreicht man Saint-André schneller über die N 207. Dabei passiert man *Vergons*, wo sich die Möglichkeit zur Einkehr und einem leckeren Essen im *Relais de Vergons* bietet. Bemerkenswert, die hoch oben auf einem Felsen gelegene Kapelle, die schon von weitem auf der rechten Seite ins Blickfeld tritt.

Schließlich langen wir am *Staudamm* (Barrage de Castillon) und bald darauf in Saint-André an.

DIE DALUIS- UND CIANS-SCHLUCHTEN

Freunde von Naturschauspielen werden entzückt sein, diese beiden – durch die Straße von Valberg verbundenen – Schluchten auskundschaften zu können.

Wir beginnen die Expedition auf halber Strecke zwischen Annot und Entrevaux. Hier biegt die D 2202 in Richtung Daluis von der Nationalstraße ab. Bis Daluis verläuft das Sträßchen auf dem Talgrund. Von Daluis aus folgt die Strecke als Höhenstraße dem rechten Ufer, hoch über dem klaren, grünen Wasser des Var. Wo die Haarnadelkurven allzu eng werden, wird der Gegenverkehr durch Tunnel geleitet. Gerade an diesen Stellen bieten sich die schönsten Ausblicke über die Schlucht: die Steilwände verlaufen dort rötliches, von der Vegetation teilweise grün geflecktes, Schiefergestein, das zuweilen seltsame Formen annimmt. So wird z.B. ein Schieferfelsen in Frauengestalt »Wächterin der Schlucht« genannt.

Schließlich gelangen wir nach *Guillaumes*, wo am Zusammenfluß von Var und Tuébi die Ruinen einer alten Burg das Dorf überragen.
- *Fremdenverkehrsamt:* Tel.: 92 05 50 13.
- Zum Verschnaufen empfehlen wir ein gutes Restaurant: *Les Chaudrons*, an der Hauptstraße, 06470, Tel.: 93 05 50 01. Mittwochabend und donnerstags geschlossen. Das Menü zu 46 F beinhaltet nach der hausgemachten Terrine ein Schweinsragout à la carte Art. Für 96 F, nach der jeweiligen Tagesvorspeise, eine frische Forelle nach Müllerin-Art, gefolgt von geschmorten Kalbsnieren und Nachtisch. Wer gleich hierbleiben will: die Vollpension in einem Zimmer mit Bad kommt auf 176 F, in einem Zimmer mit Waschbecken auf 135 F.

● *VALBERG*

Von Guillaumes aus die tannengesäumte D 28 hinaufkutschieren, die sich bis nach Valberg auf eine Höhe von 1670 m hochschraubt. Das sonnige Valberg, im Sommer und Winter als Ferienort beliebt, liegt inmitten einer Landschaft aus Lärchenwald mit grünen Matten, mit Blick auf die kahlen Hänge der Seealpen, und ist noch nicht einmal zwei Stunden von der Großstadt Nizza entfernt.

Adressen

- *Verkehrsbüro:* 06470, Tel.: 93 02 52 77 und 93 02 52 54. Hier ist unter anderem auch eine Liste der möblierten Zimmer erhältlich.
- *Büro der Bergführer* (Bureau des guides): 06470, Tel.: 93 02 52. 34.

Sehenswertes und Unternehmungen

Valberg ist seinen Konkurrenten Auron und Isola 2000 durchaus ebenbürtig: auch hier kann man sich bis in den April hinein auf zwei Brettern austoben.
- Sich die *Maria-Schnee-Kapelle* (Chapelle Notre-Dame-des-Neiges) einmal anschauen: von außen wirkt die Bergkirche ganz schlicht; im Innern tragen unmit-

telbar vom Boden ausgehende Bögen die Balkendecke. Der Kassettenschmuck thematisiert in allegorischer Form die Gebete der Jungfrau. Insgesamt stellt der Bau ein gelungenes Beispiel sakraler Kunst dar.
– Ein Spaziergang zum *Kreuz von Valberg* (Croix de Valberg) bietet sich ebenfalls an: man folgt der Straße zum Col du Sapet und anschließend einem Pfad bis zum Gipfelkreuz (1829 m). Ausgezeichneter Rundblick auf die umliegenden Berge bis zum Mercantour-Nationalpark. Hin- und Rückweg nehmen etwa eine 3/4 Stunde in Anspruch.

● *BEUIL*

Beuil, in geringerer Seehöhe als Valberg (1480 m), scheint wie ein Adlerhorst an seinem Felsen zu pappen. Gleichgültig, ob als Wintersportort oder als Sommerfrische: Beuil verspricht in jedem Fall einen erholsamen Aufenthalt.

Adresse

– *Fremdenverkehrsbüro:* Tel.: 93 02 30 05.

Kost & Logis

– *Hôtel l'Escapade:* 06470, Tel.: 93 02 31 27. Von Mitte November bis Mitte Dezember sowie dienstags und mittwochs geschlossen. Von manchen Zimmern (220 F fürs Doppelzimmer), sagenhafte Aussicht. Wer noch 70 F in der Brieftasche hat, bekommt dafür hier ein Menü.
– *Le Bellevue:* 06470, Tel.: 93 02 30 04. Bescheidene Bleibe, nur in der Saison geöffnet. Zimmer mit Bergblick von 99 bis 137 F. Höhenluft macht hungrig: Abhilfe schafft das einwandfreie Menü mit Getränk zu 62 F.

Sehenswert

Mitten im Dorf, ein entzückender, kleiner Platz mit *Kirche* und hübscher Kapelle, das Ganze in italienisch anmutenden Farben. Die im 17. Jh. erbaute Kirche, deren zwei Jahrhunderte älterer Glockenturm auf die Romanik zurückgeht, lohnt vor allem ihrer Gemälde wegen eine Besichtigung: »*Die Anbetung der Heiligen Drei Könige*« aus der Veronese-Schule, ein fragmentarisches Altarbild, auf dem die hl. Lucia zu erkennen ist sowie eine Darstellung der Hochzeit Mariens. Und das ist längst noch nicht alles.

● *DIE CIANS-SCHLUCHTEN*

Die Schluchten dieses Nebenflusses des Var zählen zu den aufregendsten ihrer Art in den Alpen. Auf einer Strecke von nur 25 km überwindet der Fluß 1600 m Höhenunterschied, wobei er tiefe Schluchten gegraben hat, deren Felsformation und Aussehen sich je nach dem durchschnittenen Gestein ändern. Man unterscheidet die Untere Schlucht aus hellem Kalkstein und die Obere Schlucht aus rötlichem Schiefergestein.
Untere Cians-Schlucht: hier quillt überall aus der auffällig nadelförmig geprägten Oberfläche der Felswände Wasser heraus. Die teilweise recht miserable Straße folgt am Grund der Schlucht genau den Windungen des Flußlaufes.
Die *Obere Cians-Schlucht* nimmt 1,5 km hinter Pra-d'Astier ihren Anfang. Hier sollte man anhalten und auf den reißenden Cians hinunterschauen, der in 100 m Tiefe mit dem Pierlas-Bach verschmilzt. Die beiden engsten und zugleich beeindruckendsten Stellen der Schlucht: *Grande Clue* und *Petite Clue*.

● *SAINT-ANDRE-DES-ALPES*

Das mittelgroße Bergdorf, das durch den Stausee von Castillon mittlerweile auch zum Ferienort avanciert ist, hat dennoch nichts von seiner Ursprünglichkeit verloren. Noch gibt es das Café du Commerce mit seinem alten Schaufenster, den Bäckerladen mit seinem hölzernen Fachwerk, ... Und da wir hier auch in sicherer Entfernung von den Auswüchsen an der Küste sind, findet man in der Tat noch Restaurants mit Niveau zu unschlagbaren Preisen.

230 / KÜSTE V. ST.-RAPHAEL BIS MENTON UND HINTERLAND

Adressen

- *Fremdenverkehrsamt:* im Rathaus, von Anfang Juli bis Anfang Oktober, 04170, Tel.: 92 89 02 04 und in der Rue principale, von Anfang September bis Ende Juni, Tel.: 92 89 02 46.

Kost & Logis

- *Grand Hôtel du Parc:* place de l'Eglise, 04170, Tel.: 92 89 00 03. Von Anfang Februar bis Ende November geöffnet. Wer 90 bis 180 F erübrigen kann, findet hier ein adrettes Zimmer. Garten hinter dem Haus. Der große Speisesaal bietet auch fürs Auge einiges: einen anheimelnden Kamin, in dem in der Nebensaison gar nicht selten Feuer prasselt; von den Wänden schauen Köpfe von Wildschweinen und Hirschkühen auf die Gäste, dazwischen hängen glänzende Kupfertöpfe, nicht zu vergessen die rot-weiß karierten Tischdecken, die hier noch nicht einmal kitschig wirken. Aber das wichtigste kommt noch: für ganze 80 F – man halte sich fest – serviert man als Vorspeisen Landschinken, Schweinskopfsülze, Würstchen mit Linsengemüse, gefolgt von einer Lammschulter mit Pommes und, zum Abschluß, von einem leckeren Stück Heidelbeertorte.
- *Camping municipal les Iscles:* über die N 207 in Richtung Annot und nach einem Kilometer links abbiegen. Von Mai bis September in Betrieb. Der Zeltplatz, ganz nah am Verdon, bietet ausreichend Ruhe und Schatten.

● DIGNE

Die Stadt, von den Voralpen umzingelt, hat sich vor allem wegen ihrer Heilquellen einen Namen gemacht.

Adresse

- *Verkehrsbüro:* le Rond-Point, 04000, Tel.: 92 31 42 73.

Unterkunft

● Für schmale Geldbeutel

- *Hôtel du Petit Saint-Jean:* 2, cours Arès, 04000, Tel.: 92 31 30 04. Wer alte, anständig geführte Hotels mag, bekommt hier ein Doppelzimmer mit Bad oder Dusche für 90 bis 160 F. Einige Zimmer mit Stilmöbeln ab 120 F. Ansprechend dekorierter Speisesaal und drei Menüs von 60 bis 120 F.

● Immer noch günstig

- *Hôtel Central:* 26, bd Gassendi, 04000, Tel.: 92 31 31 91. Im Februar ruht der Betrieb. Preispalette fürs Doppelzimmer von 90 F, mit Waschbecken und Bidet, bis 220 F, mit Dusche und WC; alle Zimmer mit Telefon und Radio. Manche können auch noch mit freigelegten Balken, Stilmöbeln oder einem kleinen Balkon aufwarten. Wer sich langweilt: am Empfang lassen sich Bücher ausleihen, die man sich dann im schnuckeligen Leseraum im Zwischengeschoß zu Gemüte führen kann.

● Campingplätze

- *Camping municipal:* an der Straße nach Barcelonnette, 1,5 km von der Stadt; Tel.: 92 31 04 87. Wird von März bis Oktober bewirtschaftet. Tadelloser Campingplatz an einem Flüßchen; besitzt sogar einen Tennisplatz.
- *Camping des Eaux Chaudes:* 1,5 km von der Stadt in Richtung Thermalbad. Neuere Zwei-Sterne-Anlage mit 200 Stellplätzen.

Essen

● Für den schmalen Geldbeutel

- *Le Tivoli:* von Sisteron kommend am Stadteingang, 04000. Das Menü zu 58 F bietet als Vorspeise Terrine oder Melone oder Tomaten mit Basilikum. Als Hauptgang: geschnetzeltes Rindfleisch nach Berner Art oder Kalbsragout nach Nizzaer Art und anschließend Käse oder Nachtisch. Breitere Auswahl natürlich beim Menü zu 69 F. Sieben renovierte Doppelzimmer in der Preiskategorie 74 und 107 F. Laut Inhaber sollen die Übernachtungspreise stabil bleiben. Warum sich also nicht im *Tivoli* zur Ruhe betten?

● *Immer noch günstig*

– Restaurant de l'Hôtel de Bourgogne: av. de Verdun, 04000, Tel.: 92 31 00 19. Wie man für 80 F seine Geschmacksnerven in freudige Erregung versetzt? Zum Beispiel mit einer Geflügelterrine oder einem Feinschmeckersalat, gefolgt von einem dorschähnlichen Fisch nach Müllerinart mit Gemüse-Blätterteig oder einem gekochten Hähnchen mit Lauch. Zum Finale Käse oder Nachtisch. Die ausgesuchten Gerichte werden in einem schlichten Speisesaal gereicht.

● *Etwas schicker*

– Restaurant de l'Hôtel Mistre: 65, bd Gassendi, 04000, Tel.: 92 31 00 16. Samstags, ausgenommen Juli und August, geschlossen. Speisesaal luxuriös ausgestattet. Übrigens befindet sich dieses Hotel seit drei Generationen in Familienbesitz. Beim Menü zu 135 F, große Auswahl an Vorspeisen: Geflügel-Terrine mit Pistazien, Forellenpastete mit feinen Kräutern, Pilzschaumcreme, eisgekühlte Provence-Melone mit Pfirsichwein. Anschließend unter anderem zwischen Lammkeule und »Pieds et Paquets« wählen. Nicht zu vergessen, die leckeren Desserts.

Alexandra David-Néel

Der Schriftsteller und Filmemacher Herbert Achternbusch schreibt in einem Nachwort zu ihrer Lebensgeschichte: »In einer Zeit, da zehn Millionen kräftige, wohlgerüstete, europäische junge Männer sich zum gegenseitigen Umbringen bewegen lassen, treibt es eine kleine, sich alt und häßlich fühlende Pariserin durch Zentralasien ...«

Alexandra Davis-Néel wird 1868 als Tochter eines Journalisten und einer »Betschwester« in Paris geboren. Ihre ausgeprägte Neugier und ihr Individualismus führen dazu, daß sie noch vor ihrer Volljährigkeit das Elternhaus verläßt und zu ihrer ersten ausgedehnteren Reise mit dem Fahrrad nach Spanien aufbricht.

Nach Studien der orientalischen Sprachen und der Musik macht sie sich mit 23 Jahren in den Vorderen Orient auf. Über viele Zwischenstationen landet sie 1895 als Sängerin an der Oper von Hanoi. Auf Empfehlung des berühmten Komponisten Jules Massenet bewirbt sie sich an der Komischen Oper von Paris, wo sie jedoch vom Intendanten abgewiesen wird. Sie singt nun in Besançon, Poitiers und in der Auvergne.

In Tunis trifft sie 1900 Philippe Néel, einen Eisenbahningenieur, der in Nordafrika ein Vermögen erworben hat und an Bord seiner Jacht »Hirondelle« ein Leben als Playboy genießt. Sie überredet ihn »eher aus Bosheit, denn aus Zuneigung« zur Ehe. Bald wird er die Expeditionen seiner Angetrauten in Gegenden finanzieren müssen, von denen er nicht einmal aus der Zeitung gehört hat. Sie bricht zu einer erneuten Asienreise auf, die 18 Monate dauern sollte, und kehrt erst 13 Jahre später zurück. Dazwischen liegen viele tausend Kilometer und Begegnungen mit dem Dichter und Nobelpreisträger Rabindranath Tagore, mit Mahatma Ghandi, mit dem Philosophen Sri Aurobindo und vielen anderen.

Auf einer weiteren Asienreise gerät sie in China in die Wirren des Bürgerkriegs, so daß sie das Land nicht mehr verlassen kann und praktisch als Gefangene fast ein Jahrzehnt dort verbringen muß. Immerhin erreichen sie die Geldüberweisungen ihres Gatten sogar noch im Reich der Mitte. China kann sie erst im Juli 1945 verlassen. Unterwegs von einer schweren Gallenkolik befallen, trifft sie erst im Oktober 1946 in Frankreich ein. Hier wird ihre erste Aufgabe sein, den Nachlaß ihres ein paar Jahre zuvor verstorbenen Gatten zu regeln.

In Frankreich fühlt sie sich am wohlsten in der Provence. So wählt sie Digne aus, um hier Samter Dzong, ihr tibetanisch beeinflußtes Meditationszentrum, zu gründen und in drei Jahren fünf Bücher zu schreiben. Einen Tag vor ihrem 101. Geburtstag läßt sie noch einmal ihren Paß verlängern, in dem ihre Körpergröße mit 1,56 m eingetragen wird. Im gleichen Jahr stirbt sie in Digne. Ihre Asche wird zusammen mit der ihres langjährigen Begleiters, des Inders Yongden, dem Ganges übergeben.

Mehr über das Leben dieser außergewöhnlichen Frau erfährt man bei einem Besuch (gratis!) der Stiftung *Fondation Alexandra David-Néel* in Digne, Route de Nice, 27, av. du Maréchal-Juin, Tel.: 92 31 32 38. Besonders interessant, weil geführt von ihrer langjährigen Sekretärin, Marie-Madelaine Peyronnet; täglich um 10, 14, 15 und 16 Uhr.

Sehenswert

– *Boulevard Gassendi*, der mit seinen herrlichen Platanen zum Bummeln einlädt, und Charles-de-Gaulle-Platz sind Treffpunkte der Digner und der Kurgäste. Auf dem Platz erhebt sich eine Statue des bei Digne geborenen Philosophen, Mathematikers und Physikers Pierre Gassendi (1592-1655), welcher mit den namhaften Gelehrten seiner Zeit, insbesondere Descartes, dessen Ansichten er oft nicht teilte, in Kontakt stand.

– Südlich des Boulevard Gassendi, das *alte Viertel* der Oberstadt mit seinen verwinkelten und von Treppen unterbrochenen Gassen, welche zu der, dem Heiligen Hieronymus geweihten, Kathedrale führen. Zur Erinnerung sei noch gesagt, daß Victor Hugo eine Szene seines Romans »Die Elenden« (Les Misérables) in Digne spielen läßt: nachdem er von ihm empfangen wurde, stiehlt der Romanheld Jean Valjean dem Bischof einen Teil des Silberschmucks. Der Bischof aber rettet ihn vor der Polizei und gibt ihm sogar noch mehr von seinem Silber ... Apropos, wo wohnt der nächste Bischof?

– Das *geologische Schutzgebiet* (Réserve Géologique): aufgrund vieler interessanter Gesteinsfunde und Versteinerungen hat man 1979 dieses geologische Zentrum eingerichtet. Hier, 4 km vom Stadtzentrum an der D 900, kann man auf Entdeckungsreise in Millionen Jahre Erdgeschichte gehen. Geöffnet montags bis freitags von 9 bis 12 Uhr und von 14 bis 17.30 Uhr (freitags nur bis 16.30 Uhr), Tel.: 92 31 51 31. Von hier aus werden auch Entdeckungswanderungen mit Führer zu Fuß oder hoch zu Roß organisiert.

AUSFLÜGE VON DIGNE AUS

Von Digne nach Riez

Vor Châtauredon und vor Riez, besonders interessante Aussichtspunkte auf dieser äußerst reizvollen Straße.

Kurz vor Châtauredon, dort wo die Straße nach Riez rechts abbiegt, sollte man die paar Kilometer auf der N 85 bis Chabrières weiterfahren. Die wilde Landschaft findet in der *Kluse von Chabrières* (Clue de Chabrières) ihren Höhepunkt und die insgesamt 12 km Umweg wird niemand bereuen.

Kost & Logis

– *Hôtel-Restaurant les Lavandes:* in der Nähe von Châtauredon, 04270, Tel.: 93 35 52 80. Von Anfang Juni bis zum 19. September geöffnet. Übernachtungspreise: Doppelzimmer mit WC 91 F, mit Dusche 121 F, Dreibettzimmer 147 F. Zwei Menüs mit breiter Auswahl an Hauptgängen für 42 und 60 F.

– *Le Relais de Chabrières:* im Nest Chabrières, 04270, Tel:. 92 31 06 69. Den ganzen November über geschlossen, Dienstag Ruhetag. Hier berappt man 116 F fürs Doppelzimmer mit Waschbecken bzw. 155 F mit Dusche. Badezimmer auf jedem Stockwerk. Im reizenden Speisesaal serviert man ein Menü zu 55 F mit Gemüse-Terrine in Aspik oder rohem Schinken, gefolgt von Forelle oder halben Hähnchen mit Beilagen, Käse oder Nachtisch. Beim Menü zu 75 F ist die Auswahl an Hauptgängen etwas umfangreicher. Darüber hinaus zwei weitere Menüs.

– *Camping la Célestine:* an der Straße nach Riez.

– *Camping à la ferme et gîte rural* (Zelten auf dem Bauernhof und Wanderunterkunft): 7 km hinter Estoublon links abbiegen.

Am Ende des Anstiegs nach Riez, ehe die Straße durch Lavendelfelder führt, prächtiges Panorama.

● *RIEZ*

Am Zusammenfluß von Auvestre und Colostre hatten sich schon die Gallier und später die Römer niedergelassen. Heute erhebt sich an dieser Stelle im Schutz des Stadtbergs Mont Saint-Maxime der Ort Riez. Er war einst Bischofssitz und spielte jahrhundertelang eine gewichtige Rolle in dieser Gegend.

Ein Spaziergang durch *Alt-Riez* wird zeigen, daß das Städchen nicht viel von seinem provenzalischen Charme verloren hat. Die beiden Hauptsehenswürdigkeiten befinden sich jeweils ein paar hundert Meter außerhalb: die ehemalige *Taufkapelle* (Baptistère) aus dem 6. oder 7. Jh. mit einem kleinen Ausgrabungsmuseum und die *antiken Säulen* (Colonnes Antiques). Diese vier ästhetischen, jeweils ganz aus einem Granitblock gehauenen Säulen mit weißen korinthischen Marmorkapitellen stehen auf einer Wiese. Es handelt sich um Reste eines Ende des 1. Jhs n.Chr. errichteten, wahrscheinlich dem Apoll geweihten, Tempels.

Besonders lohnt ein Besuch des *Naturkundemuseums der Provence* (Musée »Nature en Provence«). Geöffnet von 10 bis 12 Uhr und von 15 bis 19 Uhr in der Zeit von Anfang Juli bis Ende September, sonst von 10 bis 12 Uhr und von 15 bis 18 Uhr. Geschlossen von Anfang Januar bis Mitte Februar sowie dienstags und zusätzlich mittwochs außerhalb der Saison. Eintritt: 8 F.

Das Museum ist in einigen Räumen des Rathauses, also im ehemaligen, im 15. Jh. erbauten, Bischofspalast, untergebracht.

In vierzehn Vitrinen werden 3000 verschiedene, mit Texterklärungen und Schaubildern versehene Beispiele von Mineralien, Fossilien und Felsformationen aus 600 Millionen Jahren Erdgeschichte präsentiert. Sie verdeutlichen die geologische Entwicklung der Provence vom Paläozoikum bis heute. Das Glanzstück der Fossiliensammlung ist das im Mergel entdeckte, wunderbar konservierte, *Skelett eines Stelzvogels*, der vor 35 Millionen Jahren gelebt hat.

Ein stilvoller überwölbter Raum, in dem auch Sonderausstellungen stattfinden, zeigt heute noch in der Provence vertretene Pflanzen, Insekten und Wirbeltiere.

Kost & Logis

– *Camping à la ferme:* in Saint-Jurs, 04410 Puimoisson, Tel.: 92 74 44 18, bei *Hélène* und *Christian Sauvaire*. Viel Leistung fürs Geld; Sauberkeit wird hochgehalten.

– *Restaurant les Abeilles:* Restaurant Jaubert, 04500, Tel.: 92 74 51 29. Hier sitzt es sich drinnen ebenso angenehm wie auf der Terrasse. Die Abeilles (Bienen) haben einige originale Gerichte – Polenta mit Tomate, provenzalisches Aïoli usw. – gesammelt und wissen sie schmackhaft zuzubereiten. Preise bewegen sich zwischen 60 und 80 F. Besonders süffig, der Rotwein aus dem Krug (en pichet).

Von Digne nach Sisteron

● *CHATEAU-ARNOUX*

Der Ferienort, benannt nach seinem Renaissanceschloß, schaut auf den Stausee von L'Escale hinunter, welcher zum Wassersport, Angeln und Bootfahren einlädt. Möglichkeit zum Segelfliegen im nahen Saint-Auban.

Adresse

– *Verkehrsbüro:* 1, rue Maurel, 04160, Tel.: 92 64 02 64.

Kost & Logis

– *Relais Alpes-Côte d'Azur:* von Sisteron kommend, am Ortseingang von Château-Arnoux, 04160. Für die großen und unaufwendig möblierten Doppelzimmer muß man zwischen 75 und 108 F anlegen. Altmodischer, aber ansprechend

234 / KÜSTE V. ST.-RAPHAEL BIS MENTON UND HINTERLAND

gestalteter Speisesaal. Dorthin kommt man zum Menü à 54 F mit einem Buffet an Vorspeisen, gebratenem Schweinerücken (Carré de porc rôti), kaltem Braten mit Mayonnaise, Käse oder Nachtisch. Beim Menü zu 80 F gibt's einen zusätzlichen Gang, Forelle oder Pastete mit Meeresfrüchten, Käse und Nachtisch.
- *Hôtel du Lac:* am Ortseingang von Château-Arnoux, 04160, Tel.: 92 64 04 32. Der Preis pro Doppelzimmer mit Dusche und WC (118 bis 154 F) hängt davon ab, ob es zur Straße oder zur Durance hin liegt. Schlichte, mit Fliesen ausgelegte Zimmer. Menü zu 54 F mit einer breiten Auswahl an Hauptgängen. Neulich hat das Haus den Besitzer gewechselt, so daß es zu einigen Änderungen kommen kann, besonders, was die Preise angeht: für Mitteilungen dazu danken wir.
- *La Taverne Jarlandine:* mitten in Château-Arnoux, 04160. Doppelzimmer 120 bis 142 F. Die Zimmer mit einer Art Teppichboden (moquette) an der Wand sind den andern vorzuziehen. Wer mit einem einfachen Menü vorlieb nehmen möchte, kommt mit 53 F zu Rande. Für 70 F indes wartet ein reichhaltiges Menü auf Feinschmecker: Wildschweinmedaillon oder Scampi-Terrine, gefolgt von Kotelett »maître d'hôtel«, Rindfleischspießchen oder Kalbsragout mit Tomaten und Champignons in Weinsauce (Sauté de veau marengo), Salat, Käse und Nachtisch. Diese Gourmandisen genießt man in einem nett hergerichteten Speisesaal mit rustikaler Anrichte und schmiedeeisernem Kronleuchter. Man hat den Eindruck, daß der Chef des Hauses sich sichtbar Mühe gibt, seine Kundschaft zufriedenzustellen.

● *Campingplatz*

- *Camping Les Salettes:* 1 km vom Ort am See, Tel.: 92 64 02 40. Vom ruhig gelegenen Zeltplatz aus prima Aussicht. Wem's im See zu kalt ist, der wandert in das geheizte Schwimmbad. Die Preise sind akzeptabel; im Sommer sollte man reservieren.

● **SISTERON**

liegt in einem Durchbruchstal der Durance, an der Grenze zwischen Dauphiné und Provence, und wird deshalb oft auch »Tor zur Provence« genannt. Hohe, alte Gebäude zu Füßen des Burgfelsens, von dem aus früher einmal die Zitadelle Stadt und Umland beherrschte.

Kost & Logis

● *Campingplatz*

- *Le Jas du Moine:* in Salignac, 04290 Volonne, Tel.: 92 61 40 43, an der D 4 zwischen Volonne und Sisteron. Ruhige schattige Anlage.

● *Immer noch günstig*

- *Hôtel-restaurant de la Citadelle:* 126, rue Saunerie, 04200, Tel.: 92 61 13 52. Tiptop ausgestattete Doppelzimmer – Zimmer mit Aussicht (avec vue) verlangen – zu 176 F. Im Restaurant, zwei Menüs zu 56 und 80 F, zum Beispiel mit Aufschnitt und Rohkostsalat oder Fischsuppe, gefolgt von Zwischenrippenstück Maître d'hôtel oder paniertem Schnitzel, Käse und Nachtisch. Wer sich zum Essen auf der Terrasse niederläßt, blickt zur einen Seite auf die Durance, zur anderen auf den Berg und die Kirche. Allerdings muß man draußen 10% Bedienungszuschlag blechen.
- *Hôtel-restaurant Tivoli:* 21, place du Tivoli, 04200, Tel.: 92 61 15 16. Von Mitte Dezember bis Anfang Februar geschlossen. Die Preise variieren hier von 80 F fürs Doppelzimmer mit WC über 161 F (mit Dusche) bis 203 F für ein Doppelzimmer mit Bad. Ausreichend Platz und praktisch. Kommen wir zum Menü à 58 F: Aufschnittteller oder Rohkostsalat, dann die ab hier Richtung Süden unvermeidlichen Pieds et Paquets oder das Tagesgericht gefolgt vom Nachtisch. Wer mehr investieren will, kann immer noch auf die Menüs zu 86 und 119 F ausweichen. Natürlich gibt's auch hier eine Terrasse.

Sehenswert

Viele Touristen nehmen auf ihrer hastigen Fahrt an die Küste das Städtchen kaum richtig wahr. Die Passage des Straßentunnels an dieser Felsenge vermittelt einem wirklich das Gefühl, in der Provence angekommen zu sein, obwohl man die ersten kleineren Lavendelfelder sogar schon nördlich von Sisteron ausmachen kann. Sisteron hat im August 1944 unter deutschen Bombenangriffen schwer gelitten, profitierte aber nach dem Krieg von sorgfältigen Wiederaufbauarbeiten. Man sollte sich hier zumindest eine Pause gönnen. Vom linken Durance-Ufer, dort wo die D 4 nach Süden führt, läßt sich die Altstadt mit der Zitadelle am besten fotografieren.

– Die ehemalige Kathedrale, jetzt *Liebfrauenkirche* (Eglise Notre-Dame), im provenzalisch-romanischen Stil besitzt ein elegantes lombardisches Portal mit abwechselnd weißen und schwarzen Keilsteinen. Drinnen geht dieser Eindruck von Eleganz und Leichtigkeit durch das dunkle Langhaus etwas verloren.

– Was von der alten *Zitadelle* aus dem 12. Jh. übrig blieb, wurde im Zweiten Weltkrieg zerstört. In die wiederhochgezogenen Mauern hat man ein Freilichttheater (Théâtre de Plein Air) integriert, alljährlich Schauplatz eines Drama- und Tanzfestivals von Mitte Juli bis Anfang August. Der Blick von hier oben auf die Unterstadt, den gegenüberliegenden La-Baume-Felsen, die Berge im Norden und den Stausee im Süden ist allein schon die Mühe des Aufstiegs wert.

Von Digne nach Manosque

● *FORCALQUIER*

Städtchen in malerischer Umgebung, an einem nicht sonderlich hohen Sandsteinhügel.

Unterkunft

– *Le Grand Hôtel:* 10, bd Latourette, 04300, Tel.: 92 75 00 35. Die schlichten und geräumigen Doppelzimmer sind ab 89 F (mit WC) bis 154 F (mit Bad und WC) zu haben. Das Angebot wird noch ergänzt durch einen Fernsehraum, den Privatparkplatz, den dahinterliegenden Garten mit schöner Aussicht und einen liebenswürdigen Empfang.

● *Etwas schicker*

– *Hostellerie des Deux Lions:* 11, place du Bourguet, 04300, Tel.: 92 75 25 30. Angenehme, geräumige Zimmer; rustikal, aber geschmackvoll eingerichtet. Bei einem Übernachtungspreis von 225 F pro Doppelzimmer und diesem Komfort muß man von einem ausgezeichneten Preis-/Leistungsverhältnis sprechen. Das gilt ebenso für das komplette, schmackhafte Frühstück. Im Salon im 1. Stock wird man bestimmt gerne verweilen. Das Haus ist von Mitte November bis Mitte Februar sowie Sonntagabend und Montag in der Nebensaison zusätzlich geschlossen.

Essen

– *Restaurant le Commerce:* place du Bourguet, 04300, Tel.: 92 75 00 08. Dienstag Ruhetag, im November dicht. Hübscher Speisesaal im 1. Stock, Spitzentischdecken und ein sorgfältig arrangiertes Buffet. Der Chef des Hauses versteht sich auf eine leichte und dennoch reichhaltige Küche. Dazu zählen als Vorspeise die Roquefort-Creme in Blätterteig (Menü zu 75 F) und der Räucherlachs mit Schlagsahne (Menü zu 150 F). Es folgt der Hauptgang mit Petersfischfilet (Filet de Saint Pierre) oder Lammschnitzel mit Knoblauch. Beim Menü zu 150 F darf man sich dann noch auf die Lammkeule mit frischen Kräutern freuen.

● *Etwas schicker*

– *Hostellerie des Deux Lions:* Adresse s.o. Hier paßt alles wunderbar zusammen: ein fast prunkvoller Rahmen, sorgfältig gedeckte Tische und eine perfekte Bedienung. Die feine Küche beweist Erfindungsreichtum – das Menü wechselt täglich – und ist mit 77 F durchaus erschwinglich. Vor dem eigentlichen Menü bietet man sozusagen als Appetitmacher eine Tapenade an: ein Püree aus Oliven, Kapern, Anchovis, Öl, Senf und Zitronensaft.

Sehenswert

– Die *Kirche Notre-Dame:* der hohe, massive Viereckturm der ehemaligen Kathedrale wirkt romanisch, obwohl er erst im 17. Jh. errichtet wurde. Über dem stattlichen gotischen Portal läßt eine Fensterrose Licht in das hohe, von einem Spitztonnengewölbe abgeschlossenen, Schiff fallen: ein typisches Beispiel provenzalischer Romanik.
– Im *Franziskanerkloster* (Couvent des Cordeliers), einer der ersten Franziskanergründungen in der Provence, finden im Sommer Ausstellungen und Konzerte statt.
– Den im Norden des Städtchens angelegten *Friedhof* (Cimetière) sollte man auf keinen Fall versäumen. Durch einen kunstvollen Zuschnitt bilden die Hecken richtige Arkaden und andere Kunstformen, so daß man hier gleichsam von einer grünen Architektur sprechen kann.
– Die *Plätze Saint-Michel* und *du Bourguet* mit ihren *Brunnen* in die Besichtigung miteinbeziehen.

● MANOSQUE

ist die Heimatstadt von Jean Giono (1895-1970), dem provenzalischen Dichter *par excellence,* dessen Werke größtenteils in Manosque und Umgebung spielen.

Adresse

– *Verkehrsbüro:* place du Docteur-P.-Joubert, Tel.: 92 72 16 00.

Unterkunft

● Für schmale Geldbeutel

– *Jugendherberge:* parc de la Rochette, Tel.: 92 87 57 44. 800 m von der Stadtmitte und ganzjährig geöffnet.
– *Chez Artel:* 8, place de l'Hôtel-de-Ville, 04100, Tel.: 92 72 13 94. Das Doppelzimmer zu 59 F und das Dreibett-Zimmer zu 105 F, jeweils mit fließend warmem und kaltem Wasser. Hat schon einige Jährchen auf dem Buckel; die Möbel stammen unverkennbar aus den 60er Jahren.

● Immer noch günstig

– *Hôtel Peyrache:* 37, rue Jean-Jacques-Rousseau, 04100, Tel.: 92 72 07 43. Die achtzehn Zimmer mit Bad, WC und Telefon liegen preislich zwischen 104 bis 165 F. Unten neben der Rufanlage lassen sich die Zimmer schon mal auf dem Foto begutachten. Eher modern möbliert.
– *Le François I.:* 18, rue Guilhempierre, 04100, Tel.: 92 72 07 99. Ganzjährig geöffnet. Für alle, die's modern und bequem wünschen und 125 bis 200 F zu zahlen bereit sind.

● Etwas schicker

– *Le Provence:* route de la Durance, 04100, Tel.: 92 72 39 38. Im November geschlossen. Dreizehn modern möblierte Doppelzimmer mit Bad, WC, Telefon, Fernseher und Minibar. Kostenpunkt: zwischen 198 bis 209 F. Als weiteres Plus kann das Hotel einen Privatparkplatz und einen Swimmingpool verbuchen. Restaurant s.u.

Essen

● *Für schmale Geldbeutel*

- *L'Aubette:* av. Saint-Lazare, 04100. Gepflegter, liebevoll eingerichteter Speisesaal vom alten Schlag. Laut Karte, Menü zu 52 F. Für 107 F speist man à la Carte, z.B. Salat oder Anchoïade (provenzalische Paste aus Sardellen, Knoblauch und Öl), Rinderfilet oder Hammelkeule, sowie Käse oder Nachtisch.
- *Le Provence:* Adresse s.o. Menü zu 69 F: Rohkostsalat am Buffet wählen; danach gibt's das Tagesgericht, Käse oder Nachtisch. Das Menü zu 96 F überrascht mit zwei Hauptgängen und einer appetitanregenden Auswahl, die sich beim Menü zu 133 F kaum mehr steigern läßt. Kleine Gäste unter sieben Jahren kommen bei ihrem Kindermenü zu 37 F ebenfalls auf ihre Kosten.
- *Chez André:* 21 bis, place des Terreaux, 04100, Tel.: 92 72 03 09. Den Juni über, sonntags abends und montags geschlossen. Hübsch gedeckte Tische im rustikal-modernen Speisesaal. Ein Kompliment verdient das Menü zu 55 F, Bedienung extra, mit Rohkostsalat oder Pastete gefolgt von provenzalischem Schmorbraten und dem Nachtisch, der entweder aus Pudding, Obst oder Eis besteht. Beim Menü zu 65 F zuzüglich Bedienung serviert man eine Terrine oder andere gemischte Vorspeisen, dann ein saftiges Grillsteak mit Schalotten oder Kalbskopf mit Gribiche-Sauce (aus hartgekochten Eiern, Öl, Essig, Karpern, Pfeffergürkchen und Petersilie) und zum Abschluß Käse oder Nachtisch.
- *Le Bois d'Asson:* im Dörfchen Sainte-Maxime an der D 13, in Richtung Forcalquier und Oraison, 04300; Tel.: 92 79 51 20. Im Speisesaal herrscht eine nicht nur von der Temperatur her bedingte frische Atmosphäre, die vermuten lassen könnte, man säße in einem Garten. Natürlich hat niemand etwas dagegen, wenn man gleich auf der Terrasse mit Blick auf den hübschen Garten speist. Spürbar höheres Preisniveau als in den vorangegangenen Restaurants: Mittagsmenü zu 98 F und abends zwei Menüs zu 145 und 230 F.

Sehenswert

- *Alt-Manosque* umgeben heute breite Boulevards, denen die Stadtmauer fast überall weichen mußte. Auch hier stößt man auf die typisch provenzalischen engen Straßen, von hohen schmalen Häusern mit Innenhöfen oder kleineren verborgenen Gärten gesäumt.
- *Das Saunerie-Tor* (Porte Saunerie), nach dem hier befindlichen Salzlager benannt, wurde im 14. Jh. erbaut. Im Mauerwerk über dem Durchgang sieht man zwei Öffnungen, durch die im Verteidigungsfall Steine auf den Gegner hinabprasselten; mächtige Pechnasen krönen den Bau.
- *Die Kirche Notre-Dame-de-Romigier:* über dem trefflichen Renaissanceportal befindet sich eine von Pierre Puget (1620-1694) geschaffene Marienstatue aus Marmor. Das alte romanische Hauptschiff wurde im 17. Jh. wiederhergerichtet und mit Seitenschiffen versehen.

NIZZA

»Nizza ist kein Hafen wie Marseille; es fehlt der richtige Durchgangsverkehr. Nizza ist ein Stück Welt, wo die Zeit einfach ein wenig stehengeblieben ist. Die Stadt ist gezeichnet durch ihren verblichenen Glanz: das war vor dem Krieg, das war noch der Luxus, das war noch die Côte d'Azur, von der Fitzgerald träumte, die Villen von Cimiez, die Spielkasinos, die großen Hotels, die man zu Garagen und Ferienwohnungen umgebaut hat. Nizza ist eine zerbrechliche Stadt geworden.«
Soweit die Meinung des 1947 in Paris geborenen Schriftstellers *Patrick Modiano*.

Adressen

- *Verkehrsbüro:* av. Thiers, 06000, Tel.: 93 87 07 07. Bei Verlassen des Bahnhofs gleich links. Täglich von 8.45 bis 19 Uhr, an Sonn- und Feiertagen von 8 bis 12.30 Uhr und von 14 bis 18 Uhr geöffnet. Anlaufstelle für aktuelles Informationsmate-

rial. Weitere Verkehrsbüros beim Park Albert I., 5, av. Gustave-V, Tel.: 93 87 60 60 und beim Flughafen, Nice-Parking, Tel.: 93 83 32 64. Letzteres ist von Juli bis September täglich von 8.30 bis 20 Uhr dienstbereit.
- *Informationszentrum für Jugendliche* (Centre d'informations jeunesse): esplanade des Victoires, 06000, Tel.: 93 90 93 93. Montag bis Freitag von 8.45 bis 18.45 Uhr geöffnet. Kleinanzeigen, jede Menge Auskünfte über Kurse usw. Die Leichtbauweise des Gebäudes stellt einen interessanten Kontrast zum Betonklotz Acropolis nebenan her.
- *Bahnhof SNCF:* av. Thiers, 06000, Tel.: 93 87 50 50 (Auskunft) und 93 88 89 93 (Reservierung). Zahlreiche Züge, wie der Métrazur, teilweise schon eine Art S-Bahn, verkehren entlang der Küste und halten fast in allen Bahnhöfen zwischen Saint-Raphaël und Menton. Die Strecke Nizza-Tende mit mehreren Verbindungen täglich durch das bergige Hinterland ist ein Erlebnis für sich.
Die Duschen im Untergeschoß sind von 8 bis 12 Uhr und von 14 bis 19.45 Uhr in Betrieb und kosten 12.40 F. Zugegeben, für das Geld bekommt man eine Menge Erfrischungstücher ...
- *Chemins de fer de Provence:* 33, av. Malausséna, 06000, Tel.: 93 84 89 71. Aus diesem interessanten Bahnhofsgebäude Anno 1892, das die Einheimischen Südbahnhof (Gare du Sud) nennen, dampfte über einige Jahrzehnte hinweg die Lokomotive der legendären Kiefernzapfenbahn (Train des Pignes) ins 151 km entfernte Digne. Heute stellen moderne Triebwagen die Verbindung (im Sommer fünfmal, im Winter viermal täglich) her, aber die Fahrt bleibt nach wie vor ein Erlebnis. Siehe auch Streckenbeschreibung und »Train des Pignes-Zug«.
- *Busbahnhof* (Gare routière): promenade du Paillon, in der Nähe der place Saint-François in der Altstadt, 06000, Tel.: 93 85 61 81. Auskunft über Busverbindungen in der Halle. Fahrscheine löst man im jeweiligen Bus. Gepäckaufbewahrung sonntags geschlossen.
- *Öffentliche Verkehrsmittel* (Transports urbains de Nice): 10, av. Félix-Faure, Tel.: 93 62 08 08. Übersichtsplan mit einer Liste aller Fahrscheinverkaufsstellen hier erhältlich. Besonders günstig erscheinen uns zwei Möglichkeiten: a) die *carte »touristique«*, sieben Tage gültig und b) die *carte »1 jour«*, mit der man einen ganzen Tag lang das gesamte Busnetz ausnutzen kann. An manchen Haltestellen läßt sich auf einem Bildschirm der jeweilige Standort des Busses verfolgen. So will man angeblich die ungeduldigen Fahrgäste beruhigen ...
- *Air Inter* (Innerfranzösische Flugverbindungen): Reservierung unter Tel.: 93 31 55 55.
- *Aventures sans Frontières:* 37, rue Pairolière, 06000, Tel.: 93 62 40 03. Der dynamische und sehr sympathische Verein bietet eine Vielzahl von Ausflügen und Unternehmungen an, die sich allesamt dadurch auszeichnen, daß sie einen abseits der Touristenpfade interessante Aspekte des Hinterlandes entdecken lassen. So werden Fußwanderungen in die Gegend von Menton, das Roya-Tal, das Felslabyrinth von Annot usw. durchgeführt. Im Programm darüberhinaus Skiwanderungen, Radtouren, Kletterkurse, Wanderungen durch verschiedene Schluchten usw.
- *SNCM* (Société nationale maritime Corse-Méditerranée, Nationale Schiffverkehrsgesellschaft Korsika-Mittelmeer): 3, av. Gustave-V. 06000, Tel.: 93 88 60 63. Hauptsächlich Auskünfte und Buchungen für die Überfahrt nach Korsika.
- *Nicea Location Rent:* 12, rue de Belgique, 06000. Schräg gegenüber vom Bahnhof, Tel.: 93 82 42 71. Seriöses Unternehmen, vermietet zwischen 9 und 19 Uhr Zweiräder aller Art.
- *Wetterinformationen* (Météo): Tel.: 93 83 17 24 (allgemein), 93 71 01 21 (Wetter in den Bergen) und 93 83 91 12 (Wettermeldungen für die Seefahrt).
- *Veranstaltung:* in der Anlage des ehemaligen Amphitheaters (Arènes de Cimiez) findet alljährlich Anfang Juli die große Jazz-Parade statt. Auskunft über diese Musikveranstaltung in ungewöhnlich stimmungsvoller Umgebung erhält man unter Tel.: 93 21 22 01.
- *Hauptpost:* 23, av. Thiers, Tel.: 93 88 55 41.

Ein wenig Geschichte

Die ersten Spuren einer menschlichen Besiedlung auf der Gemarkung der heutigen Stadt Nizza weisen 400.000 Jahre in die Vergangenheit. Sie wurden bei *Terra Amata* im heutigen Stadtgebiet gefunden. Schon etwas näher an unserer Zeit, nämlich im 4. Jh. vor Christus, gründeten Griechen von ihrer Kolonie Marseille aus eine Handelsniederlassung, der sie den Namen *Nikaia* (Sieg) gaben. Später schufen die Römer auf einem benachbarten Hügel ihr *Cemenelum* (das heutige Cimiez), das es zur Provinzhauptstadt der Seealpen brachte. Die Siedlung mit ihrem Amphitheater, ihren Thermen und einer Art Warmwasser-Zentralheizung gehörte um 300 zu den zivilisiertesten Städten im Abendland. Griechische und römische Siedlung bestanden offensichtlich über mehrere Jahrhunderte hinweg friedlich nebeneinander.

Das Jahr 1388 sollte ein Schicksalsjahr in der Geschichte Nizzas werden. Die Vorgeschichte dieses Ereignisses wurde eingeleitet durch den Tod der Königin Johanna von Sizilien und Gräfin der Provence, der sogenannten *Reine Jeanne*. Als Rivalen standen sich die Adoptivsöhne der Toten, Ludwig von Anjou und dessen Cousin, Karl von Durazzo, gegenüber. Johanna soll sehr schön gewesen sein. Sie war bei den Provenzalen, die sie nur selten in ihrem Land zu Gesicht bekamen, höchst beliebt. Ihr bewegtes Leben, die dreimalige Witwenschaft und schließlich, 1382, ihr Tod durch die Hand eines von Durazzo gedungenen Mörders rührte die Herzen und ließ ihre Gestalt zur Legende werden. In dieser Zeit des allgemeinen Durcheinanders und der Zerwürfnisse schien es *Amadeus VII.*, dem Grafen von Savoyen, günstig, in das Geschehen einzugreifen. Er zog in die Provence, um die Sympathien der Provenzalen für sich zu gewinnen. Im Jahre 1388 erreichte er endlich sein Ziel: die Stadt Nizza und ihr Hinterland schlossen sich Savoyen an und er konnte unter dem Jubel der Bevölkerung in die Stadt einziehen. Nizza blieb mit einigen Unterbrechungen nahezu fünf Jahrhunderte im Besitz der Savoyer, die Fürsten von Piemont und dann Könige von Sardinien wurden. Erst 1860 wurde es Frankreich angeschlossen.

Im Jahre 1748 begannen mit Hilfe von Turin die Bauarbeiten für den Hafen Lympia auf der Ostseite des Burgfelsens. Doch die in den Ausbau dieses Hafenbeckens gesetzten Hoffnungen erwiesen sich recht bald als trügerisch. Nizza konnte keine Seemacht werden. Bei den Aushebungsarbeiten mußte man nämlich feststellen, daß in der Bucht von Lympia nicht behebbare mächtige Steinblöcke Untiefen bildeten, die ein Einlaufen tiefergehender Frachtschiffe zu riskanten Manövern machten.

● *Napoleon in Nizza*

Die Grafschaft Nizza wurde 1792 vom französischen Nationalheer besetzt und später zum Departement Alpes-Maritimes ernannt. Während der Kämpfe gegen die Sarden und Österreicher war Napoleon 1794 einige Zeit als General der Artillerie in Nizza stationiert. Er wohnte im Haus Nr. 6 der Straße hinter dem Hafen, die heute seinen Namen trägt, und schmiedete Hochzeitspläne mit der Tochter des Hauses. Im Jahre 1796 kam Bonaparte, frisch mit Josephine vermählt, erneut nach Norden, um das Oberkommando im Italienfeldzug zu übernehmen. Als das Erste Kaiserreich 1814 zusammengebrochen war, wurde Nizza mit seinem Hinterland im Vertrag von Paris wieder dem König von Sardinien und damit dem Haus Savoyen zugesprochen.

● *Die Entwicklung des Tourismus*

Nizza war durch den Verlust seiner Festungsanlagen nicht nur offen für potentielle Angreifer, sondern auch offen für Fremde geworden. Als erste Ausländer fühlten sich englische Marineoffiziere in dieser herrlichen Gegend wohl. In der Folgezeit wurden die Engländer eindeutig die bestimmende Gruppe der Fremden. Im Jahre 1775 meinte dazu der Schweizer Arzt Sulzer dazu: »Diese kleinen Dörfer haben durch ihre Originalität einige Engländer verführt, hier den Winter zu verbringen, um ihre Gesundheit wiederherzustellen, ihren chronischen Spleen zu bekämpfen oder ihre Fantasie zu befriedigen«. Dieser medizinische Irrtum, daß das milde Klima der Côte besonders Lungenkrankheiten zu heilen imstande sei, war bis zum 19. Jh. ein wichtiger Anreiz dafür, hier zu überwintern oder sich ganz niederzulassen. Den

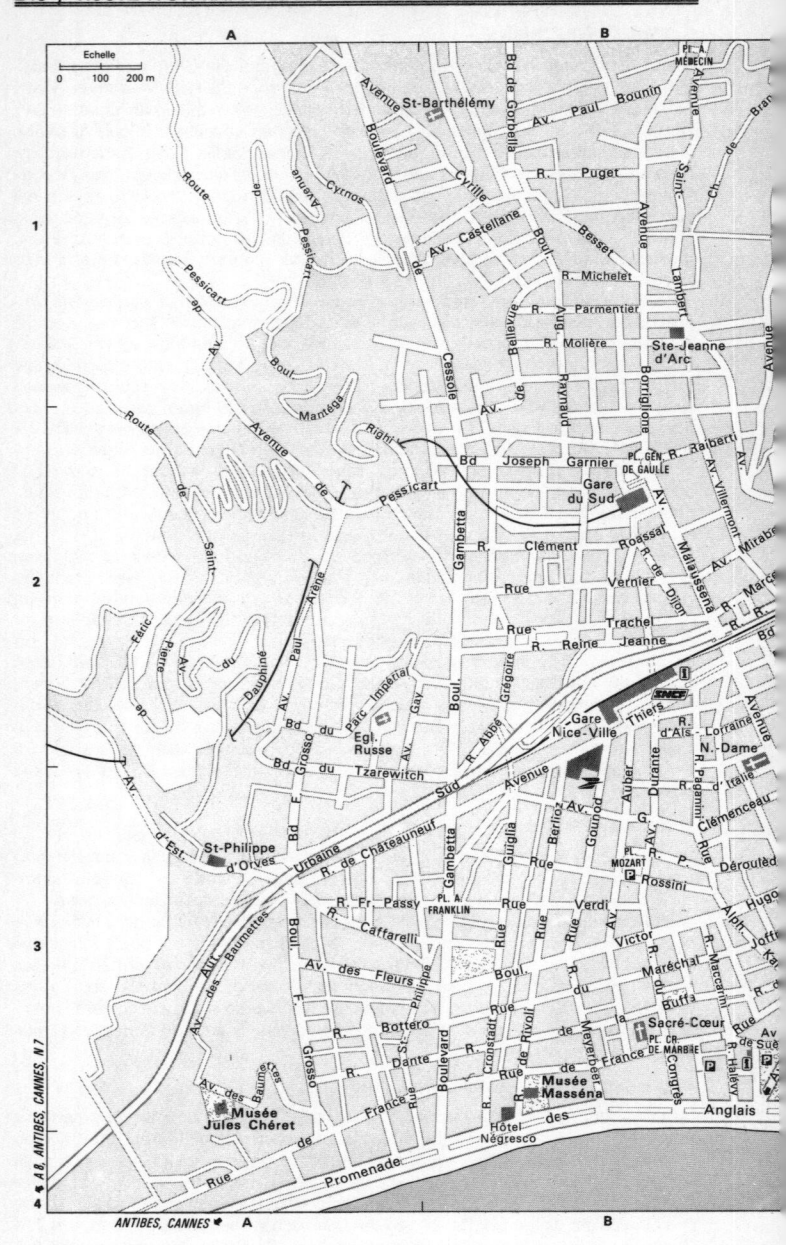

240 / KÜSTE V. ST.-RAPHAEL BIS MENTON UND HINTERLAND

PLAN

NIZZA / 241

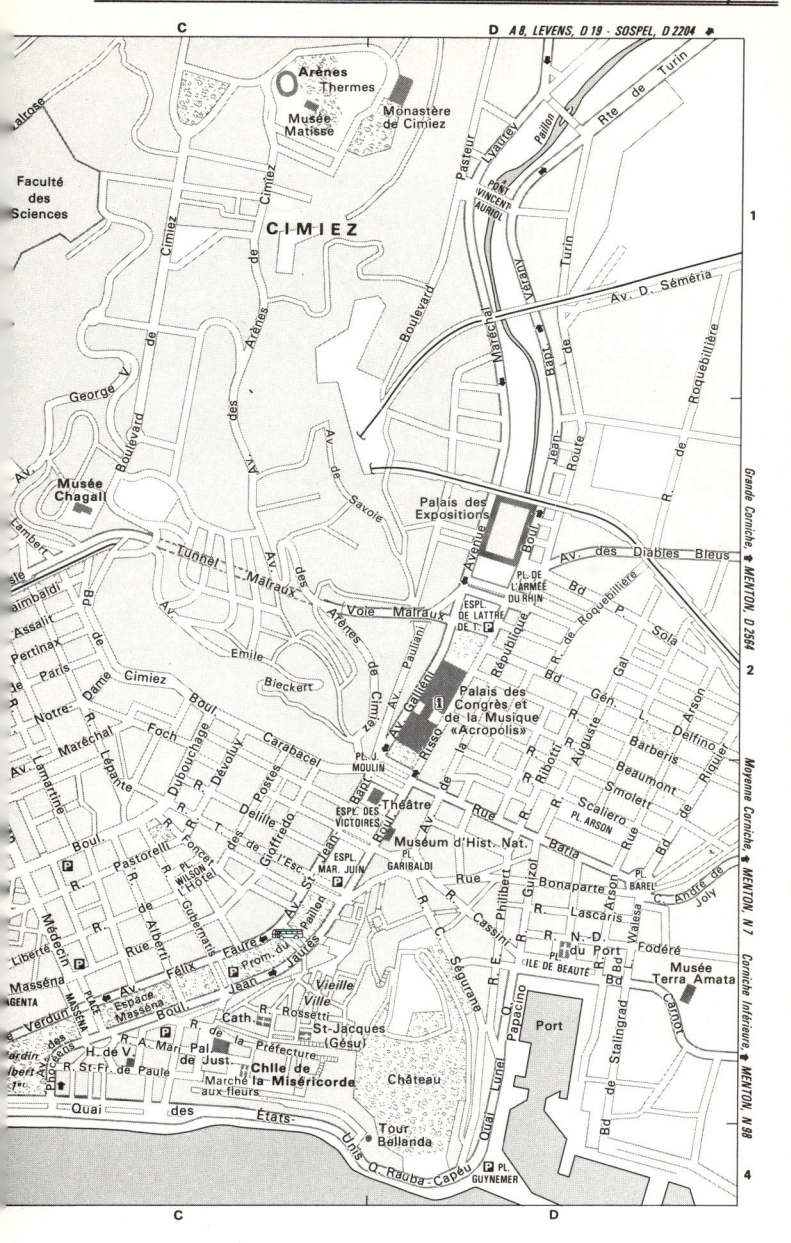

NICE

englischen Adligen war die Altstadt bald schon zu laut, zu schmuddelig und ungesund. Daher ließen sie die ersten Strandresidenzen errichten und es entstand eine kleine Uferpromenade für den Ausritt zu Pferd oder eine abendliche Kutschfahrt. Der Ausbau dieser staubigen Uferstraße zur heute weltberühmten Promenade des Anglais geht auf die Privatinitiative des Reverend Lewis Way zurück. Die hohe Arbeitslosigkeit bei der einheimischen Bevölkerung war seinem christlichen Empfinden ein Dorn im Auge, so daß er eine Schar Elender und Armer damit beauftragte, eine bessere Straße zu bauen. Durch eine Kollekte in der englischen Kolonie brachte er die dazu nötigen Mittel auf. Die neue Uferstraße erhielt sehr bald bei den Einheimischen den Namen »lou camin deï Angles« (Engländerweg). Im Jahre 1859 war zwischen Frankreich und Sardinien ein Bündnis geschlossen worden, aufgrund dessen Napoleon III. verpflichtet war, Sardinien bei der Vertreibung der Österreicher aus den norditalienischen Provinzen zu unterstützen. Als Gegenleistung sollte Frankreich Nizza und Savoyen erhalten. Da dann doch alles etwas anders kam, wurde ein Volksentscheid ausgehandelt. Dabei befürworteten 25.743 Nizzaer den Anschluß an Frankreich und nur 260 Personen waren dagegen. Am 14. Juni 1860 fand ein Festakt zur Eingliederung statt, und die französischen Truppen zogen in die Stadt ein. Im selben Jahr zählte Nizza erst 40.000 Einwohner. Der noch sehr in den Anfängen steckende Tourismus konnte sich jetzt immer gedeihlicher entwickeln. Das größte Problem für die überwiegend englischen Newcomers aber war die Anreise. Von Paris bis Nizza brauchte man mit der Kutsche zwölf Tage. Am Ende dieser zermürbenden Kutschfahrt wartete die Hauptattraktion und -schwierigkeit in Gestalt der Überquerung des Var. Dieser war nicht nur seit 1481 Grenzfluß zwischen der Provence, Frankreich und dem Savoyen, sondern darüber hinaus ein höchst wilder und unbezähmbarer Geselle aus den Alpen. Delikat war die Überführung der Frauenzimmer. Diese mußten sich von zwei kräftigen Männern – jeweils mit einer Gesäßhälfte auf einer Schulter sitzend, von starken Händen am Oberschenkel gehalten – hinübertragen lassen, was bisweilen die allzu empfindlichen Gemüter mancher Hüter der Moral entsetzte. Es scheint, daß die Frauen selbst den festen Griff schwieliger Männerhände an ihren Oberschenkeln mit mehr Gelassenheit ertrugen. Wenige Tage nach der Ankunft waren die Strapazen der Anfahrt vergessen, man war im Paradies gelandet: »Oh, Nizza! Glückliche Bleibe, wohlklingende Berge aus duftendem Lavendel, Thymian und Zitronen« (J.Delille).

Über etwa fünf Jahrzehnte hinweg war Nizza im Winter eine der strahlendsten Städte der Welt. Fast der gesamte europäische Hochadel war hier versammelt. Das wiederum hatte zur Folge, daß Künstler aus ganz Europa hierher kamen, war doch die Möglichkeit mehr als günstig, unter den illustren Gästen einen Mäzen zu finden. Der Bau von Privatpalästen und großen Hotels zog auch einen bedeutenden Teil des Pariser Großkapitals nach Nizza. Der Pariser Schriftsteller und Journalist Jean Lorrain, der selber keinen Zutritt zu dieser exklusiven Welt hatte, schrieb 1905: »Alle Verrückten und Irren der Welt, alle Entgleisten und Hysterischen geben sich hier ihr Stelldichein, ja vollen Ernstes. Sie kommen aus Rußland, sie kommen aus Amerika, aus Tibet und dem südlichen Afrika ... Und darüber hinaus, welch unzählbare Menge alter Damen! Die Riviera ist ihre unverdiente Heimat; nirgends triffst du eine ähnliche Ansammlung von jungen Hundertjährigen und aufgeputzten Straußenvögeln ... Oh, Riviera! Riviera, blaues Paradies der Hochstapler und Ausgeflippten, die falschen Nasen blühen hier noch zahlreicher als die Mimosen, die falschen Nasen und die falschen Namen und die falschen Titel. Das kommt auf den zu, der den Var, den Rubicon der Alpes-Maritimes überschreitet.«

Der Erste Weltkrieg setzte diesem Treiben in der »Winterhauptstadt Europas« ein Ende. Nachdem Kaiser, Könige und Großmagnaten mehr oder weniger für immer vertrieben waren, gelang dem Bürgermeister Jean Médecin in seiner fast vierzigjährigen Amtszeit die Loslösung der einseitigen Abhängigkeit vom Tourismus. Neben der Gründung einer Universität, einer Hotelfachschule, dem Bau des Flughafens und eines großen Kongreßzentrums wurden zahlreiche Museen eingerichtet, die Nizza nach Paris zur zweitbedeutendsten Museumsstadt in Frankreich beförderten. Dennoch erstaunlich, daß die Stadt, die 1910 ungefähr 150.000 Ein-

wohner zählte, den Zuwachs auf heute etwa 350.000 Einwohner ohne Ansiedlungen nennenswerter Industrie verkraften konnte.
In den 50er und 60er Jahren ist Nizza mit dem Namen Arman, Raysse, Yves Klein und César als Mitglieder der »Schule von Nizza« in die moderne Kunstgeschichte eingegangen.

● *Der Karneval von Nizza*

Schon im 13. Jh. kamen die Grafen der Provence und die Herzöge von Savoyen nach Nizza, um hier an den Festivitäten teilzunehmen. Diese Tage hatten damals wegen ihrer Ventilfunktion für angestaute Triebe und Aggressionen jeglicher Art eine große Bedeutung für alle Bevölkerungsschichten. Und so verwundert es nicht, daß gerade die Kirche – wenn auch vergeblich – diese Ausschweifungen zumindest unter eine verschärfte Kontrolle bringen wollte. Aber es gelang ihr nur mit Ach und Krach, ihren armen Pfarrern das Tanzen und die Verkleidung zu verbieten.
Auch das weltliche Regiment hatte so seine Mühe und Not mit den alljährlichen Exzessen im Karneval, die gar nicht selten in blutige Auseinandersetzungen und richtige Klassenkämpfe mündeten. So stand hinter dem Beschluß der Stadt Nizza im Jahre 1539, in Zukunft dieses Frühlingsfest klassenweise getrennt abzuhalten, ganz eindeutig die Absicht, große Konflikte erst gar nicht mehr aufbrechen zu lassen.
Die Klassen des Adels, der Kaufleute, der Handwerker und Arbeiter sowie der Fischer hatten für die Zukunft die Auflage, sich gefälligst mit ihresgleichen und an einem nur für sie bestimmten Platz zu amüsieren. Deshalb war der Reiz des Verbotenen, nämlich sich auf dem Ball der jeweils anderen Gesellschaftsschicht zu verlustieren, einerseits besonders hoch, andererseits durch die entsprechende Verkleidung auch möglich.
Im 17. Jh. verlagerten sich die Festlichkeiten aufgrund des Bevölkerungszuwachses und der engen Straßen zunehmend in die großen Salons der Privathäuser. Ab dem Jahre 1873 wurde der ganze Trubel dann wieder auf die Straße verlegt und wohlgeordnet. Bis heute bestehen die Umzüge gegen Ende des Karnevals aus drei Hauptgruppen: den großen Umzugswagen (Chars), den berittenen Gruppen (Cavalcades) und den Fußtruppen (Mascarades). Der Karneval von Nizza beginnt mindestens zwei Wochen vor dem Faschingsdienstag mit dem Einzug der symbolischen Figur des »Prinzen Karneval« und endet, ganz wie in unseren Breitengraden, mit deren Verbrennung in der Nacht zum Aschermittwoch.

Unterkunft

● *Für schmale Geldbeutel*

– *Jugendherberge:* Route forestière du Mont-Alban, 06000, Tel.: 93 89 23 64. Zu Fuß ca. 3/4 Stunde vom Bahnhof aus. Am besten, man steigt in Bus Nr. 5 am Bahnhof oder Bus Nr. 14 am Boulevard Jean-Jaurès. Ganzjährig geöffnete JH, attraktiv auf dem Mont Alban postiert; verfügt aber leider nur über 60 Betten, so daß man im Sommer schon Dussel haben muß, um unterzukommen. Der Empfang ist von 7 bis 10 Uhr und von 18 bis 22.30 Uhr geöffnet; Toresschluß um 1 Uhr nachts. Für Bett, Frühstück und Dusche sind 48 F fällig.
– *Relais international de la jeunesse* (Internationales Jugendzentrum): avenue Scudéri, Cimiez, 06100, Tel.: 93 81 27 63. Mitten in einem herrlichen Park, ebenfalls ganzjährig geöffnet, 140 Plätze. Von der Place Masséna aus, entweder Buslinie 15 oder 22. Übernachtung mit Frühstück 43 F, Halbpension 90 F, Vollpension 120 F.
– *Les Collinettes:* 3, av. Robert-Schumann, 06000, Tel.: 93 97 06 64. Ganzjährig geöffnet, aber nur für Mädchen.
– *MJC Gorbella* oder *Forum Nice nord:* 10, bd Comte-de-Falicon, 06100, Tel.: 93 84 24 37. Das Jugend- und Kulturhaus bevorzugt Gruppen mit Reservierung. Als Einzelreisender sollte man auf jeden Fall vorher anrufen, um zu erfahren, ob noch einer der 80 Plätze frei ist. Buslinien 1, 18 und 20.

244 / KÜSTE V. ST.-RAPHAEL BIS MENTON UND HINTERLAND

- *MJC Magnan:* 31, rue Louis-de-Coppet, 06000, Tel.: 93 86 28 75. Nur 60 Plätze, aber dafür eine Bar. Buslinien 3, 9, 10, 12 und 22.
- *International House for Young People:* 22, rue Pertinase, Tel.: 93 62 02 79. 200 m vom Bahnhof. Englischsprachige Unterkunft mit sympathischem Flair. Übernachtung mit Frühstück 50 F.

● *Immer noch günstig*

In Bahnhofsnähe
Um den Hauptbahnhof herum findet man eine schier unglaubliche Zahl von Ein-Stern-Hotels. Wenn auch nicht immer blitzsauber, so doch vergleichsweise billig. Und man trifft dort auf junge und junggebliebene Leute aus der ganzen Welt.
- *La Belle Meunière:* 21, av. Durante, 06000, Tel.: 93 88 66 15. In den Monaten Dezember und Januar Betriebsruhe. Von den niedlichen Häuschen mit Stuckdekoration im Zuckerbäckerstil sind's nur 100 m bis zum Bahnhof. Den kleinen, angenehmen Garten würde man hier wahrscheinlich nicht vermuten, den Innenhof und den Parkplatz schon eher. Für ein Doppelzimmer mit Dusche verlangt man zwischen 114 bis 164 F. Nette Bleibe.
- *Hôtel Orsay:* 20, rue d'Alsace-Lorraine, 06000, Tel.: 93 88 45 02. In einer ruhigen Straße, ganzjährig geöffnet. Von den 32 komfortablen und sauberen Zimmern besitzen zehn ein eigenes Bad. Zimmer mit WC zu 100 F; mit Dusche und separatem WC mit 150 F für eine Person rechnen, Zweisame mit 240 F. Frühstück 15 F extra.
- *Hôtel Central:* 10, rue de Suisse, 06000, 2. Etage, Tel.: 93 88 85 08. Besonders ansprechend, Gästeunterkünfte wurden umgestaltet. Zur Straße eher laute Angelegenheit. Dafür aber mit 120 F pro Nacht preiswerter als die Zimmer zum Garten (180 F).
- *Hôtel Select Serraire:* im ersten Stock desselben Hauses, 10, rue de Suisse, 06000. Wer mindestens eine Woche bleibt, darf in einem Zimmer mit Miniküche hausen: 95 bis 150 F inkl. Dusche. Kommt nicht ganz an das *Central* heran.
- *Hôtel du Centre:* 2, rue de Suisse, 06000, Tel.: 93 88 83 85. Immer noch in der guten alten Rue de Suisse, aber mehr zur Avenue Jean-Médecin hin. Die 28 Zimmer in dem ganzjährig geöffneten Haus sind schon etwas komfortabler als jene in den vorgenannten Hotels. Zwei Personen sollten 120 bis 200 F einkalkulieren. Wegen Spezialtarifen in der Nebensaison und Ermäßigungen bei längerem Aufenthalt eine Adresse, die man sich merken sollte.
- *Hôtel Novelty:* 26, rue d'Angleterre, 06000, 1. Etage, Tel.: 93 87 51 73. Ganzjährig geöffnet. Einige der 29 Zimmer sind mit Kochnische ausgestattet. Fürs Doppelzimmer muß man 135 bis 160 F berappen, aber: Frühstück ist mit eingeschlossen.
- *Idéal Bistrol:* 22, rue Paganini, 06000, Tel.: 93 88 60 72. Hier stehen 32 Zimmer ganzjährig zur Verfügung. Soloreisende zahlen 90 F, zwei Personen zwischen 108 und 125 F. Neben dem Fernsehraum wurde uns die Terrasse im 5. Stock angepriesen, wo man angeblich »ein Sonnenbad nehmen oder picknicken« kann.
- *Hôtel le Petit Louvre:* 10, rue Emma Tiranty, 06000, Tel.: 93 80 15 54. Etwas weiter weg vom Bahnhof, Nähe *Nice-Etoile*. Einfache Zimmer, proper und ruhig. Übernachtung im Einzelzimmer 90 F; Doppelzimmer mit Dusche und WC 120 bis 180 F.
- *Hôtel Clair Meublé:* 6, rue d'Italie, 06000. Originelle Art der Unterbringung: ein Dutzend Zimmer mit Kochecke zu 100 F im ersten Stock eines Hauses. Dusche und WC über den Flur.

In der Altstadt
- *Hôtel Saint-François:* 3, rue Saint-François, 06000, Tel.: 93 85 88 69. Alles andere als aufwendige und taufrische Unterkunft. Einzelzimmer zu 70 F, Doppelzimmer 125 F und das Dreibett-Zimmer 165 F. Der Chef ist ein netter Zeitgenosse. Vorsicht: verdammt steile Treppe.
- *Hôtel Picardy:* 10, bd Jean-Jaurès, 06000, Tel.: 93 85 75 51. Doppelzimmer von 110 bis 145 F. Das ganze Jahr über geöffnet.

● **Etwas schicker**

In der Nähe der Fußgängerzone
- *Les Cigognes:* 16, rue Maccarani, 06000, Tel.: 93 88 65 02. Ausgesprochen komfortables Zwei-Sterne-Hotel an einem kleinen Platz und erst 1981 von Grund auf renoviert. Blitzsaubere Doppelzimmer mit Telefon und Fernseher für stolze 340 bis 360 F. Empfang mit Louis XVI-Möbeln ausstaffiert. Hunde dürfen hier nicht rein. Tagsüber kann man sein Gepäck aufbewahren lassen. Die Zimmer des ganzjährig geöffneten Hauses sind teilweise recht geschmackvoll mit Bildern usw. ausgestattet.
- *Nouvel Hôtel:* 19 bis, bd Victor-Hugo, 06000, Tel.: 93 84 86 85. Ein bißchen altmodisch, aber wir lieben diese Adresse ja gerade wegen ihrer Belle-Epoque-Architektur. Die Übernachtung beläuft sich auf 360 F. Klimaanlage, Telefon und komplette sanitäre Einrichtungen – was will man mehr?
- *Hôtel de Mulhouse:* 9, rue Chauvain, 06000, Tel.: 93 92 36 69. Wurde vor nicht allzu langer Zeit aufgemöbelt. Nach den zum Innenhof hinausgehenden Zimmern fragen. Als Einzelperson zahlt man mindestens 180 F, zwei Personen 280 F. Vom gastlichen Frühstücksraum im sechsten Stock aus, Blick auf die Dächer der umliegenden Häuser. Freundlich darum bitten, dann paßt man tagsüber auch auf Ihre Siebensachen auf.
- *Hôtel Rivoli:* 47, rue Pastorelli, 06000, Tel.: 93 62 17 84. Stattliches Hotel, wo Bequemlichkeit und Hygiene groß geschrieben werden. Klimatisierte Zimmer zum Preis von 170 bis 350 F.
- *Hôtel Alfa:* 30, rue Masséna, 06000, Tel.: 93 87 88 63. In der Fußgängerzone und trotzdem nur 100 m bis zum Meer. Kunden mit entsprechendem Gepäck dürfen bis zum Hotel fahren. Die mit Klimaanlage ausgestatteten Zimmer sind für 230 bis 340 F zu haben.

In Bahnhofsnähe
- *Excelsior:* 19, av. Durante, 06000, Tel.: 93 88 18 05. Angenehme und komfortable Bleibe mit Garten. Die Zimmerpreise liegen zwischen 165 und 295 F. In der Zeit vom 15. Juli bis 15. September nur Halbpension.
- *Hôtel de Bruxelles:* 15-17, rue de Belgique, 06000, Tel.: 93 88 47 61. Großes Standardhotel in günstiger Lage. Die Doppelzimmer sind mit 270 F, die Dreibettzimmer mit 280 F vergleichsweise günstig.
- *Hôtel Frank-Zurich:* 31, rue Paganini, 06000, Tel.: 93 88 36 77. Die Zimmer in dem großen Haus wirken banal, eher zweckmäßig aber ruhig. Preise halten sich mit 130 bis 230 F auch in Grenzen. Für das einfache Frühstück muß man 13,50 F, für das bessere hausgemachte Frühstück 15 F extra hinlegen.
- *Hôtel le Saint-Gothard:* 20, rue Paganini, 06000, Tel.: 93 88 13 41. Kürzlich renoviert, freundlicher Empfang. 280 bis 320 F kostet der Spaß zu zweit.

Etwas außerhalb
- *Relais Cimiez:* 128, bd de Cimiez, 06000, Tel.: 93 81 18 65. Von Mitte Oktober bis 5. Dezember geschlossen. Die Terrassen des ruhigen und komfortablen Hauses auf den Höhen über Nizza bescheren einen unvergeßlichen Blick. Für ein schlichtes, aber angenehmes Zimmer 170 bis 220 F veranschlagen, zwei Personen 220 bis 260 F. In manchen Erdgeschoßzimmern könnte man sich auf dem Land wähnen.

● **Merklich schicker**

- *Atlantic:* 12, bd Victor-Hugo, 06000, Tel.: 93 88 40 15. Endlich mal wieder eine Adresse für Filmfreunde: das Hotel kommt in Truffauts »Amerikanische Nacht« vor. Komfortabel eingerichtet; zeichnet sich durch die günstige Lage zwischen Hauptbahnhof, Meer und Altstadt aus. Ein Restaurant gehört ebenfalls dazu. Für die Doppelzimmer muß man mit 600 F rechnen.
- *Windsor:* 11, rue Dalpozzo, 06000, Tel.: 93 88 59 35. Bei der Ausstattung der 64 Zimmer wurde auf Bequemlichkeit und Stil geachtet, so daß man von einem guten Preis-/Leistungsverhältnis sprechen kann. Dazu kommt noch der in einem schattigen Garten lockende Swimmingpool. In manchen der Zimmer für 320 bis 440 F hängen interessante Gemälde oder andere Sammlungsstücke. Sogar

große Fresken zieren teilweise die Wände. Sehenswert auch die chinesischen Möbel am Empfang.
- *Malmaison:* 48, bd Vicotor-Hugo, 06000. Schallisolierte sonnige Zimmer in Richtung eines schattigen Parks. Krach darf man also auch machen. Komfort und Erholung schlagen zu zweit locker mit 620 F zu Buche, Tendenz steigend. Panoramaraum und Solarium im 6. Stock.
- *Hôtel Mercure Opéra:* 9, quai des Etats-Unis, 06000, Tel.: 93 85 74 19. Weist einige Zimmer mit Blick auf die Engelsbucht (Baie des Anges) auf: schwierig, sich loszureißen! In unmittelbarer Nachbarschaft von Alt-Nizza. Doppelzimmer in diesem überschaubaren, von Grund auf renovierten, Hotel für 420 bis 440 F.

Essen

Für jeden Geschmack und alle Geldbeutel ist gesorgt: von der Pizza auf die Hand in der Rue Pairolière oder in der Rue Neuve über die zahlreichen Restaurants, die ein Menü mit allem Drum und Dran für 50 F anbieten, bis zu einem Mahl in der »Poularde« oder im »Chantecler«, wo man locker 300 bis 500 F zurückläßt.

● *Für halb Abgebrannte*

Pans-Bagnats – eine Art »Riesen-Sandwich«, gefüllt mit Salade Niçoise und gewürzt mit Essig und Öl – Pizzen und Pissaladières, eine Zwiebeltorte mit schwarzen Oliven und Anchovis, werden fast an jeder Straßenecke in der Altstadt feilgeboten, sind lecker und wirklich nicht teuer.

● *Für schmale Geldbeutel*

In Bahnhofsnähe
- *La Braise:* 23, rue d'Angleterre, 06000, Tel.: 93 88 89 99. Die leckeren Pizzen, das ausgezeichnete Fleisch und der angenehme Rahmen lohnen einen Besuch. Mit ca. 64 F rechnen. Prima Rosé im Krug.
- *Au Soleil:* 7 bis, rue d'Italie, Tel: 93 88 77 74. Für 45 F inkl. Bedienung erhält man eine Vorspeise, ein Hauptgericht wie z.B. Seehecht mit Dampfkartoffeln, Nachtisch und ein Viertel Wein. Könnte man mehr verlangen? Seit 29 Jahren in den selben bewährten Händen.

In der Altstadt
- *Cave Ricord:* 2, rue Neuve, 06000, Tel.: 93 85 30 87. Auf den ersten Blick könnte man meinen, in einem Touristenschuppen gelandet zu sein. Aber bei genauerem Hinschauen stellt man fest, daß viele Einheimische hierher kommen. Man kauft sich draußen ein Stück Socca für 8 F, eine Nizzaer Spezialität aus Mehl und Kichererbsen, und trinkt drinnen ein Glas dazu. Auch zu empfehlen, das Pan bagnat und die Pissaladière.
- *Le Grand Café de Turin:* 5, place Garibaldi, 06000, Tel.: 93 62 29 52. Im uralten Speisesaal mit sympathischem Ambiente schmecken die gar nicht teuren Austern doppelt so gut! Allerdings nur in der Fangzeit 31. August bis 1. Mai. Dekoration aus Garibaldis Zeiten, oder fast.
- *Chez Acciardo:* 38, rue Droite, 06000, Tel.: 93 85 51 16. Dienstag abend, mittwochs und im August geschlossen. Gespeist wird ohne viel Aufhebens an großen Tischen, in einer heiteren, volkstümlichen Umgebung. Tagesgerichte, wie z.B. Kutteln auf Nizzaer Art für 30 F meist recht günstig. Auch mal den Schmorbraten oder die Gemüsesuppe mit Basilikum-Knoblauch-Paste (soupe au pistou) kosten.
- *La Trappa:* 06000. Rue Montela, Ecke Rue Jules-Gelly. Besteht schon seit 200 Jahren. Für 58 F, ordentliches Menü mit Salade Niçoise, aus Tomaten, Gurken, weißen Bohnen, Artischocken, grünem Paprika, Zwiebeln, hartgekochten Eiern, Anchovis, schwarzen Oliven und evtl. Thunfisch, Schnitzel oder Kutteln auf Nizzaer Art und Nachtisch.
- *Le Vieux-Nice:* rue Benôit-Bonico, 06000. Im klassischen Rahmen serviert man mittags für 48 F ein solides Menü mit gemischtem Salat, Steak oder dem Tagesgericht und als Getränk Sangria.
- *Le Nissa Socca:* 5, rue Sainte-Réparate, 06000, Tel.: 93 80 18 35. Sonntagabend und montags geschlossen. Abends ist das Lokal meist vollbesetzt – ein gutes Omen. Der ideale Ort, um Spezialitäten der einheimischen Küche wie

Socca, fritierte Auberginenscheiben in Teig, Polenta nach Jägerart usw. zu goutieren. Ausgezeichnetes Preis-/Leistungsverhältnis. Nichts wie hin.
- Das Restaurant schräg gegenüber, *Les Pâtes Fraîches* (»Die frischen Nudeln«), ist ebenfalls ganz sympathisch.
- *L'Ecurie:* rue du Marché. Über dem Holzkohlenfeuer gebackene Pizzen ziehen Menschenmassen an, die sich dann aber glücklicherweise über vier Räume verteilen.
- *Il Palio:* 5, rue de la Boucherie, Tel.: 93 80 06 25. Nicht nur die frischen Nudeln weisen hier auf die echte italienische Küche hin. Dante, der Patron, sorgt stets für gute Stimmung.

Etwas ferner der Innenstadt
- *Restaurant de l'Ecole hôtelière:* 144, rue de France, 06000, Tel.: 93 86 28 35. Samstags, an Sonn- und Feiertagen sowie selbstverständlich während der Schulferien geschlossen. Leider kann man in dem Restaurant der Hotelfachschule nur mittags speisen. Dennoch sollte man reservieren und vor 12.30 Uhr anrücken. Das einzige Menü ist regelmäßig ein Genuß und vom Preis her mehr als günstig.

● *Etwas schicker*

In der Altstadt
- *Atmosphère:* 36, cours Saleya, 06000, Tel.: 93 80 52 50. In der Nebensaison sonntags abends geschlossen. Neben den unzähligen Pizzerien und pseudorustikalen Restaurants, denen häufig jegliche Fantasie abgeht, hier endlich mal ein Lokal, wo die Fantasie in jeder Beziehung eine Rolle spielt. Das Neontransparent »Atmosphère« am Eingang könnte eventuell auf eine kühle, hypermoderne Inneneinrichtung schließen lassen. Aber genau das Gegenteil trifft zu: die kleinen Tische besitzen hübsche lachsfarbene Tischdecken, die Decke, von der mit Perlen besetzte Nostalgielämpchen baumeln, schmücken Perspektivmalereien. Der Küche mangelt es genauso wenig an Kreativität. Die beiden Brüder haben, bevor sie das Lokal eröffneten, ihr Handwerk in zahlreichen Luxusschuppen erlernt; Marcel Sandras, der Küchenchef, wurde unlängst sogar zum besten Jungkoch an der Côte d'Azur gewählt. Die wandlungsfähige Küche macht wenigstens nicht alle Launen der Nouvelle-Cuisine mit und sie zeichnet sich neben der ständig wechselnden Karte durch die ausschließliche Verwendung frischer Zutaten aus. Uns haben es die Artischocken mit bayrischer Creme und Sauce Vinaigrette, die Leberpastete mit Steinpilzen und die Entenkeule mit Nüssen besonders angetan. Beim Nachtisch hat man die Qual der Wahl zwischen Birnenauflauf und halbgefrorener Anisschaumcreme mit Sahne. Zwei ausgewogene Menüs zu 99 und 139 F. Beim Wein empfehlen wir die Réserve »Atmosphère« ... und die Atmosphäre stimmt! Hohe Küche zu vernünftigen Preisen – vorausgesetzt, es bleibt alles beim alten.
- *La Meranda:* 4, rue de la Terrasse, 06000. Samstag abend, sonntags, montags, im Februar und im August geschlossen. Manche machen halt öfter Ferien: recht so! Diese namhafte Nizzaer Adresse ist immer noch ohne Telefon. Sie werden genau wie wir sofort verstehen, warum es hier immer so gerammelt voll ist. La Meranda zelebriert eine Küche nach traditionellen Nizzaer Art und verwendet dafür nur frische Zutaten direkt vom Markt. Kutteln auf Nizzaer Art, filierte Sardinen mit Muschel-Mangold-Eier-Füllung, Würstchen mit frischen Bohnen, provenzalischer Schmorbraten usw., alles mit vielen Kräutern und Knoblauch. 139 F à la carte.
- *La Diva:* 4, rue de l'Opéra, 06000, Tel.: 93 85 96 15. Montags geschlossen. Der vielsagende Name verrät schon, daß das Restaurant in einer Straße liegt, die von der Oper zur Place Masséna führt. Unbedingt die verschiedenen Nudelsorten, wie die Agnelotti mit Gorgonzola und die Tortellinimischung probieren. Aber beim Menü zu 75 F wird man ebenfalls gut bedient: Fisch in Blätterteig mit Sahnecreme, Goldbrassenfilet mit Basilikum, frischer Salat sowie Nachtisch in Form von Erdbeeren mit Sahne oder einem Stück Apfelkuchen. Sympathische Einrichtung und zuvorkommende Bedienung. Die Kehrseite der Medaille: gegen 20.30 Uhr ist alles proppenvoll. Also entweder früh hin oder spät!

248 / KÜSTE V. ST.-RAPHAEL BIS MENTON UND HINTERLAND

In der Stadtmitte
- *Au Bon Coin Breton:* 5, rue Blacas, 06000, Tel.: 93 85 17 01. Sonntagabend, montags und im August geschlossen. Perfekte Bedienung und tadellose bürgerliche Küche in einem eher banalen Rahmen. Beim sehr reichhaltigen Menü zu 108 F gibt's Medaillons aus Gänseleber, eine gegrillte Lachsscheibe mit Sauerampfer, Käse und Nachtisch. Aufgepaßt: für einige Hauptgänge des Menüs ist ein deftiger Aufschlag fällig!
- *Lou Balico:* 20, av. Saint-Jean-Baptiste, 06000, Tel.: 93 85 93 71. Sonntagmittags geschlossen. In angenehmen, malvenfarbigen Speisesaal werden ordentliche, rustikale Speisen aufgetischt. Zu den Spezialitäten zählen verschiedene Gerichte mit Füllungen, Mangoldtorte und Schmorbraten nach alter Art. Beide Menüs sind für 96 und 125 F, Bedienung extra, zu haben.
- *Grand Café de Lyon:* 33, av. Jean-Médecin, 06000, Tel.: 93 88 13 17. Die mehr oder weniger unveränderte Einrichtung aus den 50er Jahren ist allein schon einen Besuch wert. Ältere Semester finden alles wieder: die roten Bänke aus Englischleder (Moleskin), die Neonlichter an der Decke, die rundum verspiegelten Säulen, ja, selbst den Schirmständer ... nicht zu vergessen die netten Bedienungen, die auch aus dieser Zeit zu stammen scheinen. Mit dem Tagesgericht ist man immer gut beraten. Für weniger als 110 F kriegt man noch einen halben Liter Côtes-de-Provence, einen Nachtisch und einen Kaffee dazu – und man denkt an die (gute?) alte Zeit zurück, als fast alle Cafés noch so aussahen wie dieses.

Disco

- *Findlater's:* 6, rue Lépante, 06000, Tel.: 93 85 09 54. Montag Ruhetag. Für Eintritt plus Getränk 80 F bereithalten. In dem zur Zeit sehr beliebten Laden sind Rockmusik und Video-Clips angesagt. Alle größeren und bekannten Bands von der Côte treten hier auf.

Sehenswert

● *Die Altstadt*

Burgberg, Boulevard Jean-Jaurès und Cours Saleya sind die markanten Grenzen Alt-Nizzas. Während die ersten Einwohner überwiegend auf dem Burgberg hausten, setzte im 13. Jh. eine Besiedlung der westlich davon gelegenen Gebiete ein. Als es dann im 16. Jh. zum Bau der Festungsanlagen kam, verließen dann auch noch die restlichen Einwohner die Oberstadt. Über die Hänge der Anhöhe zum Burgberg hin breiten sich die engen Gassen wie ein Netz aus. Zwischen den schattenspendenden, lückenlosen Zeilen der hohen Häuser, deren Fassaden bunte Blumen oder ein paar zum Trocknen aufgehängte Wäschestücke von den Fenstern malerisch beleben, herrscht den ganzen Tag lang südländisches Treiben. In einigen Straßen und vor allem in der Nähe des Boulevard Jean-Jaurès gruppieren sich besonders viele kleine Ladengeschäfte, Restaurants und Kneipen, die mit ihren feinen würzigen Düften zahlreiche Freunde der provenzalischen Küche anlocken. Ruhig einmal die altmodischen Schaufenster aus der Nähe betrachten! Oder den Laden aus dem Jahre 1902 in der Rue du Collet, Ecke Rue Centrale. Dort gibt's Uraltblusen, amerikanische Hemden und Schlüpfer aus 100% gekämmter Baumwolle, die so altmodisch sind, daß selbst unsere Großmütter sich nicht trauen würden, sie zu tragen. In einer Ecke, neben den Schlüpfern und Unterröcken, ist auf einem Schild zu lesen: »Fragen Sie nach der Männerunterwäsche im Laden«! Der Laden *Miloni*, ein paar Schritte weiter, mit seiner unglaublichen Auswahl an Strapsen, ist ebenfalls ganz lustig. Picasso, der gerne in der Altstadt, die ihn an den Barrio Chino in Barcelona erinnerte, herumtrödelte, kaufte seine Unterhosen meistens bei *Clérissy*, 24, rue Pairolière (Tel.: 93 62 30 60). Wir garantieren für den Wahrheitsgehalt dieser Information! In der *Rue du Pont-Vieux* befindet sich ein Schmuckstück von Apotheke aus dem Jahre 1767 mit gediegener Holztäfelung und einer ganz tollen Gläsersammlung.
- *Der Burgberg* (Le château) war Standort der 1706 zerstörten Nizzaer Burg; die Erinnerung an sie lebt im Namen fort. Für den Weg nach oben bieten sich mindestens drei Möglichkeiten an. Die Faulen oder Fußkranken nehmen den Fahrstuhl

(Ascenseur) links von der Treppe Montée Lesage. Fahrpreis für Auf- und Abfahrt: 2,60 F. Die Sportlichen steigen entweder gleich hier die 400 Stufen-Treppe hoch, halten sich an den Pfad, der von der malerischen Rue Rosetti abgeht, oder sie folgen, von der Place Saint-François kommend, der Rue Dufour und dann der Montée Monica-Rondelluy. Träumer und Romantiker wiederum werden sich dem höchsten Punkt über die Rue Catherine-Ségurane nähern. Hier geht's in Serpentinen gemütlich bergauf, wobei sich unterwegs immer wieder ein herrlicher Blick auf den Alten Hafen und den Boron-Berg bietet. Park ganztags von 7 bis 19 Uhr für die Öffentlichkeit zugänglich. Die wenigen Leute, die sich hierher verirren, kriegen vom Stadtgetümmel gar nicht mehr soviel mit, weil die grünen Eichen ziemlich viel abhalten. Von der Plattform der 92 m hohen Anhöhe bietet sich ein geradezu umwerfender Blick auf die *Baie des Anges*, die Engelsbucht, die Altstadt mit ihren Ziegeldächern und Kirchtürmen sowie auf das in der Ferne grüßende Cap d'Antibes. Etwas östlich wurden Grundmauern der Apsiden einer zerstörten Kathedrale aus dem 11. Jh. freigelegt; unter diesen kamen sogar Fundamente aus der Zeit der Römer und Griechen zutage.

– *Der Friedhof* (Cimetière): zuerst in Richtung Altstadt, dann Allée François-Aragon. Sonntags morgens, wenn die Glocken aller Kirchen unisono läuten, ein besonderes Erlebnis. Die Kieswege, die zahlreichen Grabsteine aus weißem Marmor sowie der blaue Himmel der Provence ergeben eine seltsame Kombination, die eine gewisse Ruhe und Heiterkeit ausstrahlt. Dazu kommt noch der Blick auf die Berge im Hinterland.

Wenn man am Friedhof ankommt, erhebt sich unmittelbar vor einem das den Opfern der Brandkatastrophe im Stadttheater gewidmete Denkmal. Überhaupt fällt die verschwenderische Fülle von Denkmälern und Statuen über den Gräbern auf. Man denkt sogleich an die italienischen Friedhöfe, wo die verschiedenen Ausdrucksmöglichkeiten des Schmerzes und der Trauer regelrecht zur Schau gestellt werden. Aus der Ferne, ja sogar von der Place Masséna aus, erblickt man das Grabmal der Familie *François Grosso*: der Vater mit dem Hut in der Hand und an seiner Seite die Frau mit den Kindern – ein rührender Anblick.

Rechter Hand das, von zwei steinernen Löwen bewachte, Grabdenkmal von *Robert Hudson*, des ersten Barons von Hamshead und Grafen von Lancaster: eine verschleierte Frau hält sich in einer verzweifelten Geste die Hand vor die Stirn. Unter den anderen Berühmtheiten ist auch die Familie *Jellinek Mercedes*. Eine Gedenktafel erinnert daran, daß Emile Jellinek im Jahre 1902 den Vornamen seiner Tochter Mercedes den Produkten der Daimler Motorengesellschaft verlieh. Nicht weit davon steht man dann etwas ratlos vor dem Grabmal der Familie Gastaud: hier versucht eine Hand den Sargdeckel zu heben. Im Mittelpunkt dieser kleinen, etwas erhöhten Terrasse erblicken wir das von der Stadt Nizza gestiftete Ehrenmal für den Politiker *Léon Gambetta*. Die kleine Friedhofskapelle mit ihren glasierten, vielfarbigen Ziegeln ist richtig schön anzusehen. In der Nähe der Eingangstür ruht *Gaston Leroux*, Journalist und Schriftsteller, der aber besonders durch die Schöpfung des berühmten »Fantomas« bekannt wurde.

Den Besuch dieses trotz allem so anmutigen und friedlichen Ortes schließen wir mit einer Besichtigung des Grabes von *Garibaldi*, »des berühmten Nizzaers« und italienischen Nationalhelden, ab. Hinter dem Denkmal für die Opfer der Brandkatastrophe, linker Hand in einer kleinen Allee.

– Nebenan, auf dem kleinen *jüdischen Friedhof*, einige uralte Gräber.

– Die *Martinus- und Augustinus-Kapelle* (Chapelle Saint-Martin-Saint-Augustin): fast zu Füßen des Burgbergs und vom Berg aus über die Rue Cathérine-Ségurane zu erreichen. Luther soll in der zu den ältesten Pfarrkirchen Nizzas gehörenden Kapelle 1510 eine Messe gelesen haben. Garibaldi wurde, wie eine beim Taufbecken links des Eingangs angebrachte Fotokopie seines Taufscheins bestätigt, hier getauft. Auf der rechten Seite, eine von dem islamisierten Griechen Aladin »Barbarousse« am 15. August 1543 abgefeuerte Kanonenkugel. Pietà im Chor aus dem Jahre 1489 von Louis Brea.

– Die *Place Garibaldi* wurde Ende des 18. Jhs im piemontesischen Stil angelegt und befand sich damals am Nordrand der Stadt. Die Nizzaer mögen diesen von ockerfarbenen Häusern mit Lauben umgebenen Platz zwischen der alten und der modernen Stadt besonders gern. In der Mitte, zwischen dichtem Grün und Was-

250 / KÜSTE V. ST.-RAPHAEL BIS MENTON UND HINTERLAND

serspielen, erhebt sich die Statue des italienischen Freiheitshelden Garibaldi. An der Südwestseite des Platzes liegt die *Heilig-Grab-Kapelle* (Chapelle du Saint-Sépulcre). Sie gehört der Bruderschaft der Blauen Büßer und ihre barocke Ausstattung ist konsequenterweise in Blautönen gehalten.

– Der *Hafen* (Port): von der Place Garibaldi gelangt man durch die Rue Cassini zur *Place de l'Ile-de-Beauté*, in deren Mitte sich die *Kirche Notre-Dame-du-Port* erhebt. Der Platz bildet mit den Quais Emmanuel-II und Papacino eine architektonisch gelungene zusammenhängende Gruppe. Die Nizzaer bummeln hier gerne entlang und beobachten das bunte Treiben zwischen den Korsikafähren, den Jachten, Fischerbooten usw.

– Die *Place Saint-François*: über die belebte Geschäftsstraße Rue Pairolière erreicht man diesen reizenden, kleinen Platz mit seinen Arkaden und gelben Mauern. Allmorgendlich wird um seinen hübschen Brunnen herum ein Fischmarkt abgehalten. Das stattliche Haus rechter Hand mit der klassizistischen Fassade war ehedem Stadthaus und ist heute Arbeitsamt (Bourse du Travail). Von dort aus nehmen wir die Rue Droite, die nicht ganz so gerade verläuft, wie es ihr Name verspricht. Aber hier wie in fast allen mittelalterlichen Städten bildete die Rue Droite den kürzesten Weg zwischen den Stadtmauern. Bei Nr. 15 befindet sich die *Bäckerei Espuno*. Im Brotsortiment, insbesondere das als einheimische Spezialität geltende Bouillabaisse-Brot.

– Der *Palais Lascaris*: 15, rue Droite, Tel.: 93 62 05 54. Montags, im Winter zusätzlich dienstags, sowie den ganzen November über geschlossen. Geöffnet von 9.30 Uhr bis 12 Uhr und von 14.30 bis 18 Uhr. Mittwochs, donnerstags und samstags finden jeweils um 10 und 15 Uhr Führungen statt. Kostenloser Eintritt.
Das Adelspalais wurde 1643 bis 1650 im lokal abgewandelten Genueser Stil erstellt. Sein Eigentümer war ein gewisser Graf von Ventimiglia, dessen Dynastie sich auf eine seit alters her bestehende Verbindung zu den Lascaris berief, welche im 13. Jh. in der kleinasiatischen Stadt Nizäa Kaiser waren. Bis zur Revolution blieb das Palais im Familienbesitz. Nach verschiedenen Eigentümern wurde es schließlich von einer Immobiliengesellschaft in Appartements aufgeteilt. Im Jahre 1922 kaufte die Stadt Nizza das ganze Gebäude zurück.
Im Erdgeschoß ist eine Apotheke aus dem Jahre 1738 untergebracht. Neben der schönen Vasensammlung und den kleinen Feuerböcken aus dem 18. Jh. fällt besonders die gesamte Einrichtung aus Holz mit den zahllosen, kleinen Schubladen ins Auge.
Eine majestätische Treppe geleitet in das Hauptgeschoß, die zweite Etage, hinauf. Das Treppenhaus schmücken Gemälde aus dem 17. Jh., eine barock verzierte Nische sowie eine Mars- und eine Venusstatue. Der weite Salon ist mit flämischen Wandteppichen, ferner einem Carlone zugeschriebenen Deckenfresko (Sturz des Phäton) in illusionistischer Malerei ausstaffiert. Im Nachbarsaal, zwei nach Vorlagen von Rubens angefertigte Wandteppiche. Das prunkvolle Schlafgemach wird durch eine durchbrochene, einem Portal mit Karyatiden ähnelnde, Holzwand vom Vorzimmer getrennt.

– Die *Jakobskirche* (Eglise Saint-Jacques): nachdem wir die Rue Rossetti mit ihren reizenden, pastellfarbenen Fassaden überquert haben, setzen wir unseren Spaziergang in der Rue Droite fort, wo wir linker Hand auf die Jakobskirche stoßen. Das einst zu einem Jesuitenkolleg gehörende Gotteshaus wurde im 17. Jh. nach dem Vorbild der Gesù-Kirche in Rom erbaut. Der Innenraum spiegelt die ganze Pracht des Barocks wieder und wirkt gerade deshalb etwas überladen und pompös. Es gibt allein 164 gemalte und 48 skulptierte Engelchen: wer's nicht glaubt, zähle gerne nach. Das Deckengemälde zeigt Szenen aus dem Leben des Kirchenpatrons. Bemerkenswert auch der über die Kanzel hinausreichende Arm mit einem Kruzifix.

– Wieder auf der Rue Rossetti, kreuzen wir die *Rue Benoît-Benico*, wo sich früher das Ghetto befand. Die Straße hieß *Rue Giudaria*, was nichts anderes als Judenstraße heißt, und führte bis zum Meer hinunter. Ein Gesetz aus dem Jahre 1430 ordnete die Einrichtung einer sicheren und abriegelbaren Straße für die Juden an. Die beiden Straßenenden wurden so bei Sonnenuntergang mit Hilfe von Gittern dichtgemacht. Allerdings hatte man nicht daran gedacht, daß man auch durch die Keller entkommen konnte. Im 18. Jh. ordnete der König von Sardinien das Tragen des gelben Judensterns an. Dieser Erlaß wurde erst mit der Französischen Revolution abgeschafft! Wir schlendern weiter durch die Rue Rossetti und gelangen an die reizende *Place Rossetti* mit ihren Cafés. Auf einer Gedenktafel lesen wir: »Hier begann die große Liebe zwischen Antonia, der Zeitungsverkäuferin, und Jalliez, dem Lehrerstudenten und Helden von »La Douceur de la vie« (Des Lebens Süße). Es handelt sich dabei um Band 18 des 27-bändigen Romanzyklus' »Les Hommes de bonne volonté« (Die Menschen guten Willens) von Jules Romains. In diesem Band gelang ihm eine treffliche Schilderung des alten Nizza.

– Von der *Reparata-Kathedrale* (Cathédrale Sainte-Réparate) wird man zumindest schon mal die charakteristische Kuppel mit ihren glasierten Ziegeln und den smaragdfarbenen Ringen gesehen haben. Der Glockenturm rechts wurde im 18. Jh. errichtet. Die ansprechend gestaltete Fassade läßt vor allem im Teil zwischen Boden und erstem Gesims, an den Bogen des Portals, dem Schmuck der Nischen sowie den Medaillons den Einfluß des Barocks erkennen. Im Innenraum entfaltet sich in Stuck und Marmor der ganze Überschwang barocken Stilempfindens. Wappen verschönern Hochaltar und Chorschranke aus Marmor. Unter den zahlreichen Reliquien soll sich auch das Skelett des hl. Alexander befinden, den man angerufen hat, um Regen herbeizubitten. Leider hat ein Brand Ende 1986 einige wertvolle Kunstwerke zerstört. Keiner wußte wohl mehr, wozu der Heilige taugte.

– Die *Jakobs-Kapelle* (Chapelle Saint-Giaume) wird auch Verkündigungs- oder Rita-Kapelle genannt. Diese italienische Heilige, deren Vorname sich von dem lateinischen *margarita* (Perle) herleitet, wurde zu einem echten Kultobjekt für die Nizzaer. In der ersten Kapelle linker Hand sieht man sie inmitten brennender Kerzen mit einem Arm voll Blumen. Den Innenraum schmücken in der Art italienischer Barockkirchen marmorne Einlegearbeiten, Kassettendecken und prunkvolle Altäre.

– Die *Rue de la Préfecture* verläuft parallel zum Cours Saleya. Im *Haus Nr. 23* lebte und starb am 27. Mai 1840 der italienische Violinist und Komponist Niccolò Paganini. Der als größter Geiger aller Zeiten betrachtete Künstler nervte die ganze Nachbarschaft damit, daß er mit seiner Geige das Miauen der Katzen imitierte. Seinen Beinamen »Teufelsgeiger« hatte der damalige Bischhof von Sainte-Réparate wohl etwas zu sehr für bare Münze genommen: er verweigerte Paganini die katholische Beerdigung, ja man sprach sogar davon, die Leiche in den durch Nizza fließenden Paillon zu werfen. Der Graf von Cessole, in dessen Haus Paganini gewohnt hatte, ließ daraufhin den armen Toten nach Villefranche und dann auf die Lerinischen Inseln bringen. Zwei Jahre später durfte er ihn auf den Friedhof von Genua schaffen lassen. Kurz darauf erfolgte ein neuer Umzug des Toten auf sein eigenes Grundstück bei Parma. Im Jahre 1896 fand der »Teufelsgeiger« endlich seine letzte Ruhe auf dem neuen Friedhof von Parma. Welch lange letzte Reise!

Im *Haus Nr. 17*, immer noch in der Rue de la Préfecture, sollte man sich die Treppenhausmalerein anschauen, im *Haus Nr. 22* die Skulpturen in den einzelnen Stockwerken und im Haus der Familie Capello, *Nr. 18*, die Säulenfenster.

– Der *Cours Saleya* war früher der Korso der eleganten Gesellschaft Alt-Nizzas. Uns gefällt er aber heute noch genauso gut. Leider fielen im Jahre 1900 die riesigen Ulmen dem neuen Marktplatz zum Opfer. Heute werden hier Obst und vor allem frische Blumen aus den sonnigen Tälern des Hinterlandes und den Küstensenken feilgehalten. Gegen Mittag verschwinden die Stände und Marktabfälle, und die Wirte rücken Tische und Stühle auf die Straße. Noch bis spät am Abend, während vom nahen Meer her eine leichte Brise durch Gassen und Tore säuselt, kann man es hier ganz gut aushalten. Am Montag Vormittag, interessanter Trödelmarkt: alte Schallplatten, Bücher, Spielzeug aller Art und Silbergeschirr werden ausgebreitet. Die ganze Ecke hat man mit viel Liebe zum Detail restauriert: selbst die Parkhausausfahrten verstecken sich hinter perspektivischer Malerei. Vom Korso aus ist das *ehemalige Regierungsgebäude* (Préfecture) zu sehen. Die Fassade aus dem 18. Jh. gliedern abwechselnd dorische und korinthische Säulen. Hier residierten die Gouverneure der ehemaligen Grafschaft. Ganz in der Nähe, die *Chapelle de la Miséricorde* oder *des Pénitents-Noirs*, von Kennern als Nizzas bemerkenswertester Sakralbau betrachtet. Die Besichtigung ist nur im Rahmen einer vom Fremdenverkehrsamt organisierten Stadtrundfahrt mit Führung (Circuits-conférences) möglich. Die 1736 erbaute Kapelle gehört der Bruderschaft der Schwarzen Büßer. Als meisterhaftes Beispiel Nizzaer Barocks weist sie eine mit Girlanden geschmückte gekrümmte Fassade mit runden und ovalen Ochsenaugen auf. Im Innern ergänzen sich Stuck, Marmor und Gold zu einem harmonischen Raumschmuck. In der Sakristei sind zwei *Tafelbilder* über das gleiche Thema Alter Nizzaer Meister vereint: die eine *Gnadenmadonna*, das Werk Jean Miralhets, ist noch ganz der Gotik verhaftet, während die andere, welche im Hintergrund die Umgebung von Nizza erkennen läßt, 80 Jahre später von Louis Brea geschaffen wurde und schon ganz den Einfluß der Renaissance verrät.

– Der *Senatspalast* (Palais du Sénat) erhebt sich am anderen Ende des Cours Saleya. Das schöne Gebäude im Genueser Stil wurde im 18. Jh. erheblich erweitert. Daneben die *Dreifaltigkeitskapelle* (Chapelle de la Trinité), heute im Besitz der Bruderschaft der Roten Büßer.

– Im *Haus Nr. 2* der *Rue Saint-François-de-Paule* hatte 1796 Napoleon sein Stabsquartier. In der *Nr. 8* wohnten neben Robespierre noch etliche andere Mitglieder des Konvents.

– Die *Oper* mit ihrer typischen Belle-Epoque-Fassade wurde an der Stelle des 1881 ausgebrannten Stadttheaters errichtet. Gegenüber ein weiteres gelungenes Beispiel Nizzaer Barocks: die *Saint-François-de-Paul-Kirche*. Das 1750 errichtete Gotteshaus trägt einen Glockenturm mit einem bunten Ziegeldach. Im Inneren, in der ersten Kapelle rechter Hand, wird die »Kommunion des Heiligen Benedikt« dargestellt, die Carle Van Loo, einem Nizzaer, zugeschrieben wird.

Neben der Kirche hat sich der renommierteste Nizzaer Hersteller von kandierten Früchten namens *Auer* angesiedelt. Es packt einen geradezu die Lust, diesen altmodischen Laden mit seinen Leuchtern und den vielen Zierleisten zu betreten.

Schließlich kommt man nicht daran vorbei, auch noch *Alziari* in der 14, rue Saint-François-de-Paul, aufzusuchen. Normalerweise verläßt man den Laden mit einem Alukanister voller besten Olivenöls.

● *An der Meeresseite*

– Die *Place Masséna*: im Jahre 1815 begann man, den Platz im Turiner Stil anzulegen. Er ist umgeben von hübsch anzusehenden, in rotem Ocker getünchten Arkadenhäusern. Im Südteil ein Brunnen, den Bronzepferde schmücken.

Mit dem Abriß des städtischen Kasinos, das durch einen Park mit Wasserspielen ersetzt wurde, wurden klare städtebauliche Perspektiven geschaffen. Im Norden schließt sich die belebte Geschäftsstraße *Avenue Jean-Médecin* an.

Im Westen bildet die Rue Masséna und ihre Fortsetzung, die Rue de France, an deren Rand sich Cafés, Restaurants, Kinos und Geschäfte jeglicher Art aneinanderreihen, eine Fußgängerzone, die sich von ihresgleichen in anderen Städten nur dadurch unterscheidet, daß hier neben Einheimischen eine Menge Touristen anzutreffen sind.

– Der *Albert I.-Park* (Jardin Albert I.) füllt die Lücke zwischen der Place Masséna und dem Meer. Hier unten begann man übrigens den durch Nizza fließenden Paillon abzudecken und zu überbauen. Heute verläuft der Fluß, welcher früher mit seinen plötzlichen Überschwemmungen die Stadt in Angst und Schrecken versetzte, von seiner Mündung bis zu den Ausstellungshallen (Palais des Expositions) im Untergrund. In das Grün der Anlage eingebettet, eine Freilichtbühne und ein Brunnen, den eine von Volti skulptierte Gruppe der »Drei Grazien« ziert.

– Die *Promenade des Anglais*, Nizzas berühmte Fassade, zieht sich vom Albert I.-Park über mehrere Kilometer in Richtung Westen am Meer entlang. Obwohl die Promenade nicht vom starken Autoverkehr verschont blieb, hat sie bis heute etwas von ihrer ursprünglichen Pracht bewahrt. Touristen aus aller Welt geben sich hier immer noch ein Stelldichein zwischen Palmen und den weißen Fassaden oder spiegelnden Fronten majestätischer Hotelpaläste. Und die Jungen auf ihren Rollschuhen vertragen sich eigentlich auch ganz gut mit den weniger Jungen, die hier täglich gemütlich auf und ab spazieren. Der tiefergelegene kieselsteinübersäte Strand mag manche Besucher bei der ersten Begegnung etwas enttäuschen, aber wie man z.B. am Beau Rivage-Strand sehen kann, lassen sich eingefleischte Sonnenanbeter durch nichts abschrecken.

Leider haben nicht allzu viele Hotelpaläste und andere Prunkbauten den Bauboom der letzten Jahrzehnte überstanden. Dazu zählt das *Palais de la Méditeranée*, im Jahre 1929 nach dem Vorbild des Théâtre des Champs-Elysées errichtet und vor einigen Jahren im letzten Moment vor der Spitzhacke gerettet. Natürlich gehört auch das berühmte Nobelhotel *Negresco* als Juwel der Belle-Epoque-Architektur dazu. Der 1912 vom Pariser Architekten Niermans erbaute Hotelpalast verfügt über 140 Zimmer, die preislich zwischen 1230 und 1390 F liegen. Weiter in Richtung Westen findet man noch ein paar Beispiele prachtvoller Villen wie die *Nr. 139*, die stellvertretend für den früher so beliebten »Nudelstil« (Style nouille) steht.

● **Cimiez**

Zur Besichtigung der römischen Ruinen vgl. unser Kapitel über das Archäologische Museum (s.u. »Museen«).

- Das *Kloster* (Monastère): im 16. Jh. kamen die Franziskaner hierher und restaurierten und erweiterten das im 9. Jh. erbaute Benediktinerkloster.

Auf dem Kirchenvorplatz ein interessanter Bildstock. Die zentrale gewendelte Säule aus weißem Marmor trägt ein Kleeblattkreuz von 1477. Auf der einen Seite ist der gekreuzigte Seraphim zu erkennen, welcher dem Heiligen Franz von Assisi erschien und ihm die Wundmale Christi aufprägte; auf der anderen Seite ist die Gottesmutter mit der heiligen Klara und dem heiligen Franz dargestellt.

Die heutige neugotische Fassade stammt aus der Mitte des vorigen Jahrhunderts, der Portikus aus dem 17. Jh. Im Inneren drei Kunstwerke, die zu den berühmtesten der Nizzaer Schule gehören: das dreiflügelige Altarbild von Louis Brea zeigt in der Mitte eine *Pietà* und auf den Seitenflügeln den hl. Martin und die hl. Katharina (1475). In der ersten Kapelle rechter Hand, eine *Kreuzigung* desselben Malers, jedoch erst 1512 entstanden und offenbar von der italienischen Renaissance beeinflußt. Das dritte Werk, eine *Kreuzabnahme*, wird Antoine Brea, dem Bruder Louis, zugeschrieben.

Ein mächtiger, im barocken Stil gestalteter, blattvergoldeter Schnitzaltar trennt den Mönchschor vom übrigen Chorraum.

Die Klostergebäude im Süden der Kirche sind von beeindruckender Schlichtheit. Im kleinen Kreuzgang, Stiche alter Volkskunst und venezianische Radierungen. Den großen Kreuzgang, während des Sommers Aufführungsort von Konzerten, trennt vom öffentlichen Park in Cimiez nur ein Gittertor. Die Sakristei und die benachbarte Kapelle tragen Gewölbe mit ausnehmend interessantem Schmuck: esoterische Malereien aus dem 17. Jh., deren geheimnisvolle Symbolik den Themenkreis der Bibel und der Alchemie berührt, was zumindest in einem Kloster überrascht. Im Süden des Klosters, oberhalb des Paillon-Tals, erstreckt sich die mit Zitronenbäumen und Blumenbeeten gestaltete Terrassenanlage. Von ihr schweift der Blick über Nizza, den Burgberg und das Meer, den Mont Boron und das Observatorium auf dem Mont Gros.

- Den kleinen *Friedhof* von Cimiez nicht vergessen. Neben den Gräbern alter Nizzaer Familien findet man hier die letzte Ruhestätte des Malers Raoul Dufy (gest. 1954) und des Schriftstellers Roger Martin du Gard (gest. 1958). Weiter nördlich, zwischen den Olivenbäumen, das Grab des Malers Henri Matisse.

- *Das heutige Cimiez*

Sowohl in den Anfängen Nizzas als auch nach der Neubesiedlung im 19. Jh. bildete der Hügel von Cimiez quasi eine Stadt für sich. Mit der Schaffung des *Boulevard de Cimiez* 1881 mauserte sich der Stadtteil zum bevorzugten Villenviertel der oberen Zehntausend. Die *Statue der englischen Königin Victoria* vor dem ehemaligen *Hotel Régina* erinnert daran, daß viele gekrönte Häupter hier residierten. Matisse wohnte zwanzig Jahre in Nizza, zuerst unten am Meer im *Hotel Beau Rivage*, das heute noch mit einer Perspektivmalerei von Fabio Rieti an der Fassade die Erinnerung an ihn wachhält, um danach ins *Hotel Régina* zu ziehen, wo er 1954 das Zeitliche segnete.

Der ganze Prunk einer vergangenen Epoche spiegelt sich noch heute im größten Bestand an außergewöhnlich luxuriösen und repräsentativen Bauten der Belle Epoque wieder. Dazu gehören unter anderem das eigens für die Queen Victoria erbaute *Palace Regina* mit seiner Veranda, den Loggien und dem Fenstererker im dritten Stock, der *Winter Palace*, das *Alhambra* und ganz unten das gewaltige

Majestic und das *Hermitage*. Die stattlichen Wohnsitze stehen diesen Hotelpalästen in nichts nach. Die Villa *El Paradisio* inmitten schöner Gärten ist heute Musikhochschule und das *Château de Valrose* ist in das Eigentum der Universität Nizza übergegangen.
Natürlich haben hie und da moderne, luxuriöse Schuppen die großen Villen verdrängt bzw. deren Privatparks erobert; aber das ganze Stadtviertel atmet nach wie vor luxuriösen Flair.

Museen

(Fast) alle Museen in Nizza sind *gratis* ... unbedingt ausnutzen!
– Das *Masséna-Museum:* 65, rue de France, gleich neben dem Hotel *Negresco*, Tel.: 93 88 11 34. Buslinien 3, 7, 8, 9, 10, 12, 14, 22. In der Saison von 10 bis 12 Uhr und von 15 bis 18 Uhr, in der übrigen Zeit von 10 bis 12 Uhr und von 14 bis 17 Uhr geöffnet. Montags und im November bleiben die Museumspforten geschlossen. Eintritt frei.
In einem Park eingebettet. Ende des 19. Jhs hat der Urenkel des Marschalls Masséna den Bau nach dem Vorbild der, im Ersten Kaiserreich in Mode gekommenen, italienischen Villen errichtet. Es wurde der Stadt 1919 unter der Bedingung überlassen, daß diese dort eine Art Heimatgeschichtsmuseum einrichtet.
Im Erdgeschoß mit Empire-Möbeln ausgestattete Salons, welche die Stadt Nizza auch heute noch für repräsentative Empfänge nutzt. Die Halle schmücken Skulpturen, Gemälde sowie vier Wandleuchter von Thomyre. Die Türen, mit Holzschnitzereien und Blattgold verziert, entstammen einem piemontesischen Schloß, einst Besitz Lucien Bonapartes.
Im Treppenhaus machen zwei Gemälde Esslings mit der Familie Masséna und Gemälde von Elchinger mit der Familie Ney bekannt, die hier von 1903 bis 1914 wohnte. In der ersten Etage birgt ein Saal des rechten Flügels Werke der frühen Nizzaer Schule, die zum überwiegenden Teil aus der Kirche von Lucéram stammen. Die Marienstatue aus dem Roya-Tal bietet ein anschauliches Beispiel für die Steinmetzkunst des 14. Jhs. Im linken Flügel, unter anderem eine Abteilung, welche die Entwicklung Nizzas von den Anfängen bis zur Französischen Revolution, die Zeit des Ersten Kaiserreichs und die Geschichte der Familie Masséna aufzeigt. Besonders amüsant: die Liste der »jungen Mädchen« der Stadt Nizza, die Ihrer Majestät, der Kaiserin Eugénie, am 11. September 1860 Blumen reichen durften. Es folgen die Dankesworte von Mlle Malausséna, der ältesten Tochter des Bürgermeisters von Nizza. Aber auch das Ergebnis der Volksbefragung zur Wiedereingliederung Nizzas an Frankreich ist hier veröffentlicht: es gab ganze 11 Personen, die lieber Italiener bleiben wollten. Ist ja auch kein Wunder – wer mag schon immer Spaghetti vorgesetzt bekommen? Auch wir sehnen uns nach 14 Tagen Italienaufenthalt nach echten teutschen Erdäppeln.
Die zweite Etage umfaßt die Abteilungen Heimatkunde und Stadtgeschichte. Sehr interessant z.B. eine wiederaufgebaute Küche aus dem oberen Tinée-Tal. Neben Modellen und Plakaten für den Nizzaer Karneval hat man hier provenzalische Keramik, Waffen, Rüstungen, aber auch Schmuck aus aller Welt, zusammengetragen.
– Das *Kunstmuseum* (Musée des Beaux-Arts Jules Chéret): 33, av. des Baumettes. Tel.: 93 44 50 72. Buslinien 38 und 40. Von Anfang Mai bis Ende September jeweils von 10 bis 12 Uhr und von 15 bis 18 Uhr, und von Anfang Oktober bis Ende April von 10 bis 12 Uhr und von 14 bis 17 Uhr geöffnet. Montags bleiben die Pforten des Museums geschlossen. Eintritt frei.
Die russische Fürstin Kotschoubey ließ 1878 das Gebäude, welches nun eine reiche Kunstsammlung birgt, im Stil der italienischen Renaissance errichten.
Im Erdgeschoß neben Bildern van Loos, einem wertvollen Ölgemälde eines Caravaggio-Schülers und einigen Werken von Fragonard, zahlreiche Bilder von Vertretern der sogenannten Salonmalerei. Sie wurden zwar im Salon ausgestellt und von der Akademie offiziell gefördert, wurden aber von den großen Künstlern ihrer Zeit wie Monet, Renoir, Cézanne, van Gogh, Picasso und Matisse vollkommen in den Hintergrund gedrängt. Bei der Betrachtung der Werke von Jean Béraud, Alexander Cabanel, Carolus-Duran, Eugène Carrière, Thomas Couture, J.-E. Blan-

che, Georges Moreau und anderen offenbart sich der Geist und der Geschmack der breiten Käuferschichten der Belle Epoque. Es handelte sich bei allen um spezialisierte und hochbezahlte »Handwerker«. Da sie aber nichts Revolutionäres schufen, erschienen sie über Jahrzehnte hin der Kunstgeschichte nicht nennenswert.
Im Treppenhaus und ersten Saal des 1. Stocks Wandteppiche, Pastelle und Ölbildern, u.a. »Frühstück im Grünen« von Jules Chéret (1836 bis 1932), der durch seine Malweise als einer der Wegbereiter des modernen Plakats gilt. Im Impressionistensaal sind vertreten: Sisley (»Pappelallee«, »Straße in Louveciennes«), ein Landschaftsbild Monets, ein Porträt von Degas und als Mittelpunkt des Raums die zweite Fassung von Renoirs »Großen Badenden«. Die in einem Saal vereinten Werke Dufys, Porträts, Akte, Landschaften, Szenen (»Die mexikanischen Maler«) und Blumen, verhelfen zu einem Überblick über die gesamte Schaffenszeit des Künstlers. Unter allen hier vertretenen modernen Malern war Dufy wahrscheinlich am ehesten von der Stadt Nizza und ihrem Leben geprägt, weshalb es ihm auch besonders gut gelang, die elegante Leichtigkeit von Ort und Zeit wiederzugeben. Seine Frau, eine gebürtige Nizzaerin, vermachte nach seinem Tod der Stadt 91 Werke. Alexis und Gustaf-Adolf Mossa, Vater und Sohn, hatten beide die Leitung des Museums inne und hinterließen einige tausend Aquarelle.
»Die eigentliche Sensation des Museums sind die Arbeiten des hierzulande fast gänzlich unbekannten Symbolisten Gustaf-Adolf Mossa. Im Alter von 21 bis 27 Jahren schuf Mossa ein gewaltiges Oeuvre, das Einsicht gewährt in tiefste Abgründe des menschlichen Seins. Ohne die geringste Kenntnis der Schriften von Freud entschleiert er die tiefsten, abstoßendsten Bereiche des Unbewußten und enthüllt dies am bekannten Repertoire klassischer Legenden und Mythen. Hinter einer verführerisch ästhetischen, subtilen und kultivierten Zeichen- und Aquarelltechnik bricht der Mensch, verkleidet in historische oder zeitgemäße Gewänder, bis zu seinen Eingeweiden auseinander.« Wenn das nicht neugierig macht?!
Schließlich noch ein ganzer Saal mit Werken des französischen Malers niederländischer Herkunft Kees van Dongen (1877 bis 1968). Ein besonders bemerkenswertes Werk dieses wildesten der »Wilden« ist der berühmte »Tango des Erzengels«.
– Das *Museum für Naive Malerei* (Musée d'Art Naïf): av. Val-Marie, château Sainte-Hélène, Tel.: 93 17 78 33. Buslinien 8, 9 und 10; Anschlußbus Nr. 34 oder Zufahrt über die Promenade des Anglais. Geöffnet von 10 bis 12 Uhr und von 14 bis 18 bzw. 17 Uhr vom 1. Oktober bis zum 31. Mai. Dienstags und an bestimmten Feiertagen geschlossen.
Das Schloß Sainte-Hélène wurde 1882 für den Gründer des Kasinos von Monte-Carlo aus der Taufe gehoben. Der letzte Bewohner dieses prächtigen Baus aus der Belle Epoque auf dem bewaldetem Fabron-Hügel war der Parfümfabrikant Coty.
Der Bestand umfaßt 600 Gemälde. Es handelt sich um eine Schenkung des Sammlers und Kunstkritikers *Anatole Jakovsky*, der auch ein Lexikon über Naive Malerei in aller Welt verfaßt hat.
Die 300 ständig ausgestellten Werke zeugen vom schier unerschöpflichen Einfallsreichtum der »Sonntagsmaler« aus aller Herren Länder. Den Jugoslawen, Meistern ihres Fachs, räumte man einen Ehrenplatz ein. Frankreich ist mit zahlreichen Exponaten vertreten, aber auch die Schweizer, Belgier, Italiener, Amerikaner (O'Brady mit der »*Mühle von Sannois*«) und die lateinamerikanischen Länder liefern bemerkenswerte Beiträge. In einem Saal hat man ältere anonyme Werke dieser Kunstrichtung, 17. bis 19. Jh., räumlich zusammengefaßt.
– Das *Naturkundemuseum* (Muséum d'histoire naturelle oder Musée Barla): 60 bis, bd Rosso, Tel.: 93 55 15 24. Geöffnet täglich von 9 bis 12 und von 14 bis 18 Uhr. Dienstags, an Feiertagen und in der Zeit von Mitte August bis Mitte September steht man vor verschlossenen Türen. 7.000 Abdrücke von Pilzen, fossile Meerestiere, Gesteine aus der Region.
– *Musée du prieuré du Vieux-Logis:* 59, av. St.-Barthélemy, Tel.: 93 84 44 74. Mittwochs, donnerstags, samstags und am ersten Sonntag des Monats von 15 bis 17 Uhr geöffnet. Buslinien 4, 7 und 18.

256 / KÜSTE V. ST.-RAPHAEL BIS MENTON UND HINTERLAND

Gründer des Museums war Pater Lemerre, ein passionierter Sammler von Möbeln und allen möglichen Gegenständen aus dem 14. bis 17. Jh. Er brachte seine zahlreichen Kunstwerke, unter denen vor allem eine Pietà des 15. Jhs aus der Franche-Comté auffällt, in den Mauern eines Bauernhofes aus dem 16. Jh., später sorgfältig restauriert und in ein Priorat umgewandelt, unter.

– Das *Schiffahrtsmuseum* (Musée naval): tour Bellanda, parc du château, Tel.: 93 80 47 61. Von Anfang Juni bis Ende September von 10 bis 12 Uhr und von 14 bis 19 Uhr, von Anfang Oktober bis Ende Mai von 10 bis 12 Uhr und von 14 bis 17 Uhr geöffnet. Freier Eintritt. Freunde der Seefahrt kommen hier voll auf ihre Kosten, denn vieles, was mit der militärischen und zivilen Beherrschung des Meeres zu tun hat, ist hier ausgestellt: Schiffsmodelle, Skulpturen, Waffen, Navigationsinstrumente usw. Ausstellung im Turm, wo einst Hector Berlioz wohnte, der hier auch 1844 die Ouvertüre zu »König Lear« komponierte.

– Das *Terra-Amata-Museum:* 25, bd Carnot, Tel.: 93 55 59 93; Buslinien 1, 2, 7, 9, 10, 14. Haltepunkt für Züge der Linie Villefranche-Menton. Motorisierte folgen aus Richtung Nizza der ersten Straße links (Basse Corniche). Von Anfang Oktober bis Ende April von 10 bis 12 Uhr und von 14 bis 18 Uhr und die übrige Zeit des Jahres von 10 bis 12 Uhr und von 14 bis 19 Uhr geöffnet. Montags geschlossen. Eintritt frei.

Eines der interessantesten Museen der Stadt in Gestalt einer prähistorischen Wohnstätte aus dem Altpaläolithikum vor etwa 400.000 Jahren (am Fundort), die mit zu den ältesten europäischen Siedlungen überhaupt gehören dürfte. Die Grabungen gehen auf das Jahr 1966 zurück, als man beim Bau eines Wohnhauses auf die ersten Funde stieß. Das Museum ist bestens gegliedert und an näheren Ausführungen, sowohl über die damalige Zeit als auch über die archäologischen Arbeitstechniken, herrscht kein Mangel.

Im Erdgeschoß, eine Nachbildung der Düne eines hier, 26 m über dem heutigen Meeresspiegel, an den Westhängen des Mont Boron, entdeckten fossilen Sandstrands. In der festen Kalkoberfläche kamen die Spuren eines Menschenfußes und Reste von Feuerstätten zum Vorschein. Knochenreste, Steinwerkzeuge, Zeichnungen, Karten und getreue Nachbauten, darunter eine aus Zweigen gebaute Hütte, veranschaulichen eindrucksvoll die Lebensweise der Jäger vor rund 400.000 Jahren.

– Das *Matisse-Museum:* 164, av. des Arènes-de-Cimiez, 06000, Tel.: 93 53 17 70. Buslinien 15, 17, 20 und 22. Wird von unten nach oben umgekrempelt, daher bis Frühjahr 1990 geschlossen.

Die stattliche Villa, im 17. Jh. im italienischen Stil konstruiert, beherbergt heute neben dem Matisse-Museum noch das archäologische Museum, dessen Umzug aber in den nächsten Jahren bevorsteht.

Die Werke Henri Matisses (1869-1954) stammen aus seinem Atelier in Cimiez und gewähren einen Einblick in das Schaffen dieses vielseitigen Künstlers. Etwa 30 Ölgemälde verdeutlichen die Entwicklung des Malers, beginnend mit den Ergebnissen seiner schüchternen Versuche von 1890 (Stilleben mit Büchern), die noch ziemlich dunkel wirken und seinen weiteren künstlerischen Werdegang nicht ahnen lassen ... Nach der Entdeckung der Mittelmeerlandschaft und ihres Lichts wich später die auffallende Vorliebe für dunkle Farben. Matisse war zuerst von Cézanne und dann von Signac beeinflußt. Ab 1916 verwendete er reine Farben. Unter den Ölgemälden gefallen uns das »Fenster auf Tahiti« und »Stilleben mit Granatäpfeln« aus dem Jahre 1947 besonders.

Unter den Zeichnungen aus allen Schaffensperioden befinden sich 30 Entwürfe zu der beeindruckenden Wanddekoration von 1933 »Der Tanz«. Zahlreiche Stiche bezeugen, daß Matisse auch ein hervorragender Illustrator von Büchern war. Etwa 50 große Bronzefiguren bekunden seine Begabung als Bildhauer. Auf zwei Räume verteilen sich Modelle und Entwürfe für die Kapelle in Vence, den großen Wandteppich von Beauvais »Polynesien« sowie Möbel, Kunst- und andere Gegenstände aus dem persönlichen Nachlaß des Künstlers.

Matisse war sicherlich einer der größten französischen Maler des 20. Jhs. Picasso betrachtete ihn als seinen einzigen Rivalen und es soll ihm sehr nahegegangen sein, als er erfuhr, daß Matisse im Verlauf eines Interviews kundtat: »Der hat keine vernünftige Farbenpalette!«. Picasso besaß zahlreiche Gemälde von Matisse.

Sowohl in Cannes als auch in Mougins thronte das »Stilleben mit Orangen« auf einer Staffelei mitten im Zimmer und Picasso bemerkte dazu: »Das ist das schönste Gemälde, das ich kenne«. Jedes Jahr schickte ihn der Meister aus Cimiez eine Kiste Orangen, die Picasso vor das Bild stellte. Es war ausdrücklich verboten, daran zu rühren: »Das sind die Orangen von Matisse«, sagte Picasso.

– Das *Archäologische Museum:* gleichfalls in einer grundlegenden Umgestaltung begriffen. Wird voraussichtlich im Frühjahr 1990 an anderer Stelle wiedereröffnet. Die Ausstellungsstücke stammen von in Cimiez erfolgten Ausgrabungen oder sind Schenkungen. Es handelt sich um Gegenstände des täglichen Lebens wie Keramiken, Gläser, Schmuck, Münzen und Werkzeuge. Desweiteren findet man Dokumente zur Geschichte der Seealpen-Provinz (Alpes Maritimes) vom 7. Jahrhundert v.Chr. bis zum 6. Jahrhundert n.Chr., insbesondere römische Meilensteine, Inschriften und Skulpturen.

Nach dem Museumsbesuch sollte man sich zwischen den Resten der Römersiedlung (Ruines Romaines) ein wenig die Beine vertreten. Den einen Franc für den Eintritt wird man ja wohl noch opfern können. Besonders interessant, die Anlage der *Nordthermen* mit einem Freibad, dessen Becken mit Marmor verkleidet war, und einem Kaltbad (Frigidarium), das von einem 10 m hohen und 9 m breiten Gewölbe abgeschlossen war. Reste der Warm- und Heißlufträume wurden ebenfalls freigelegt. Die weiland nur Frauen zugänglichen *Westthermen* sind recht gut erhalten, obwohl sie im 5. Jh. zu einer Basilika umgebaut worden waren. Im Nordteil der Anlage ist das sechseckige Taufbecken (Baptistère) zu sehen. Im Amphitheater (Arènes) veranstaltete man Wettspiele und Gladiatorenkämpfe, aber keine Tierkämpfe. Dort wo früher 4000 Zuschauer aus der römischen Provinz mit Interesse den Wettkämpfen folgten, treffen sich heute alljährlich Jazzfans aus der ganzen Welt zum Internationalen Jazzfestival. Ende des 2. Jhs vor Christus lebten in Cemenelum (Cimiez), dem Sitz des römischen Prokurators der Provinz Seealpen, immerhin rund 20.000 Menschen.

– Das *Chagall-Museum:* av. du Dr.-Ménard, Cimiez, Tel.: 93 81 75 75. Von Anfang Juli bis Ende September von 10 bis 19 Uhr, die übrige Zeit von 10 bis 12.30 Uhr und von 14 bis 17.30 Uhr geöffnet. Dienstags geschlossen. Buslinie 15. Eintritt: 21 F (sonntags 11 F). Es fällt jedesmal schwer, dieses in jeder Beziehung angenehme Museum zu verlassen. Allein schon die einmalige Lage in einem Park inmitten von Olivenbäumen, grünen Eichen und Zypressen beeindruckt. Der Architekt André Hermant von der staatlichen Direktion für Architektur entwickelte ein Konzept, bei dem die Architektur sowohl den Kunstwerken als auch der Landschaft angepaßt sein sollte. In dem modernen Flachbau aus Beton und Glas kommen die Gemälde durch das günstig einfallende mittelmeerische Licht besonders großartig zur Geltung. In der weiten Eingangshalle stimmt ein 1971 geschaffener bunter Wandteppich den Besucher auf die Welt der Heilsgeschichte ein, in die ihn die Werke des russisch-französischen, 1887 in Witebsk geborenen, jüdischen Malers versetzen werden. Die *»Biblische Botschaft«* mit 17 Großgemälden, allesamt zwischen 1954 und 1967 entstanden, wird wohl keinen Betrachter unbeeindruckt lassen. In einem großen Saal sind zwölf Bilder der Themenkreise Erschaffung des Menschen, Garten Eden, Noah, Abraham, Jakob und Moses vereint. In einem angrenzenden Raum befinden sich fünf Gemälde zum »Lied der Lieder«. Sie zeigen im glühenden Abendrot über schlafenden Städten schwebende Traumgeschöpfe. Neben einigen Skulpturen ist auch noch das große, sich in einem Wasserbecken spiegelnde Mosaik bemerkenswert. In anderen Räumen findet der Besucher neben wechselnden Ausstellungen noch Radierungen, Entwürfe, Lithographien usw. Zur besseren Einordnung von Chagalls Werken sei an dieser Stelle die Meinung des »Kollegen« Picasso wiedergegeben: »Wenn Matisse stirbt, wird Chagall der einzige Maler sein, der noch weiß, was Farbe ist. Ich bin nicht gerade versessen auf seine Hühner und Esel und fliegenden Geier und die ganze übrige Folklore, aber seine Bilder sind wirklich gemalt, nicht nur einfach zusammengekleckst. Einige der letzten Bilder, die er in Vence gemalt hat, haben mich davon überzeugt, daß es seit Renoir niemanden mehr mit einem solchen Gefühl für Licht gegeben hat wie Chagall«.

Nach dem Wunsch Chagalls stehen Studierzimmer und Bibliothek allen Interessierten offen und Wechselausstellungen, Musikabende und Dichterlesungen

machen aus der Anlage fast ein kleines lebendiges Kulturzentrum. Nach soviel Kunstgenuß kannn man sich dann in der netten Cafeteria im Park für weiteren Kulturkonsum stärken.
– *Musée d'Art contemporain:* esplanade Kennedy. Dürfte in der Zwischenzeit bereits eröffnet sein. Vorsichtshalber unter Tel.: 93 87 07 07 (Tourist information) nachfragen.

Was es sonst noch zu sehen gibt

– Die *Russisch-Orthodoxe Kathedrale:* bd. Tzarevitch. Besichtigungszeiten im Sommer von 9 bis 12 Uhr und von 14.30 bis 18 Uhr und im Winter von 9.30 bis 12 Uhr und von 14.30 bis 17 Uhr. Eintitt: 8 F, für Angehörige der orthodoxen Glaubensrichtung kostenlos; sind wir doch alle, oder? Messen finden samstags im Sommer um 18 Uhr statt und im Winter um 17.30 Uhr sowie das ganze Jahr über sonntags um 10 Uhr.
Irgendwie ist man schon erstaunt, in diesem modernen und lauten Nizza einen Ort vorzufinden, der soviel Ruhe und Stille ausstrahlt. Die fünf Zwiebelkuppeln dieser größten russischen Kirche außerhalb der Sowjetunion verleihen der Stadtsilhouette eine orientalische Note. Zar Nikolaus II. und seine Mutter ließen die Kirche 1912 für die russische Kolonie errichten. Die Anlage in Form eines griechischen Kreuzes ist überreich mit Fresken, Stuck und Täfelungen ausgestattet. Während eine reichverzierte Ikonengruppe den Gemeinde- vom Altarraum trennt, befindet sich auf der rechten Seite des Chors die kostbare Ikone der »Lieben Frau von Kazan«.
– Die *Jeanne-d'Arc-Kirche:* av. Saint-Lambert, Ecke Rue Charles-Péguy. Der moderne Bau ist ein gutes Beispiel für die Architektur der 30er Jahre.
– Das *Holzbauernhaus im Valrose-Park:* normalerweise muß man fast schon bis nach Sibirien reisen, um ein vergleichbares russisches Holzbauernhaus (Isba) genauer betrachten zu können. Allerdings: ein Isba paßt sich nicht gerade besonders harmonisch in die Mittelmeerlandschaft ein.
– *Bens Haus* (Maison de Ben): 103, route de Saint-Pancrace, auf einem der Hügel im Norden von Nizza. Noch so ein Unikum von Behausung! Der Künstler Ben wurde in Neapel als Sohn einer Schweizer Mutter und eines irischen Vaters geboren. Diese Internationalität findet ihre Fortsetzung in seinen Reisen durch die halbe Welt. Danach hat er sich in diesem großen weißen Haus niedergelassen, vollgestopft mit bunt zusammengewürfelten Objekten aus der ganzen Welt.
– Die *Acropolis:* esplanade Kennedy und de-Lattre-de-Tassigny. Nur überschäumende Fantasie bringt diesen riesigen, 1985 eröffneten, Kongreßpalast mit der Akropolis in Athen in Verbindung. Die Architektur der Anlage mit riesigen Beton- und dunklen Glasflächen zeugt auch nicht gerade von ausgeprägtem Einfallsreichtum. Auf den 54.000 m^2 können 4.500 Kongreßteilnehmer in jeder Art und Weise »abgefertigt« werden. Die klobige Anlage ist natürlich mit den modernsten Empfangs- und Kommunikationstechniken ausgestattet. Ein *Auditorium* – selbstverständlich auf den Namen Apollon getauft – bietet 2500 Zuschauern Platz und weist eine hervorragende Akustik auf. In der *Cinemathek* laufen ausgezeichnete Filme; das Ticket für 30 F berechtigt zum Besuch von drei Vorführungen.
– *Villa Arson:* 20, rue Stephen-Liégeard, Tel.: 93 51 30 00. Auf dem Cessole-Hügel. Dienstags geschlossen. Diesen prachtvollen Patrizierwohnsitz aus dem 17. Jh. suchte der berühmte Politiker Talleyrand auf, um sich von den Strapazen des Wiener Kongresses, wo er erfolgreich für Frankreich gestritten hatte, zu erholen. Heute ist hier neben der Nationalen Kunstgewerbeschule ein Internationales Zentrum für die Vermittlung zeitgenössischer Kunst beheimatet. Die Ausstellungen hier, wie z.B. »Die zeitgenössische italienische Malerei«, weisen meist ein hohes Niveau auf.
– Über das ganze Stadtgebiet verteilen sich teilweise recht verrückte Häuser im sogenannten Zuckerbäckerstil. Hier sei nur das *Château du Mont Boron* erwähnt, im Volksmund auch »Das Lustschloß von Smith« (La Folie de Smith). Smith war fast dreißig Jahre lang Oberst der englischen Kolonialtruppen in Indien gewesen. Im Jahr 1858 ließ er sich als Altersruhesitz diesen Bau in höchst ungewöhnlicher Mixtur abendländischer, mittelalterlicher und indischer Stile komponieren.

– *Zygofolis:* auf dem Cremat-Hügel. Am Schnittpunkt N 202 Nizza-Grenoble und A 8. Dieser 1987 eröffnete Freizeitpark stellt eine südfranzösische Spielart des Disneylands vor. Übrigens: die gigantische europäische Disneyland-Version soll in den nächsten Jahren in der Nähe von Paris fertiggestellt werden. Wasserrutschbahn, Wellenschwimmbad und noch 14 andere Großeinrichtungen ... wir wissen nicht, ob das Plansoll von 1,2 Millionen Besuchern im letzten Jahr erreicht wurde.

UM NIZZA HERUM: LES PEILLONS UND DIE BERGDÖRFER

Wir verlassen Nizza über den Boulevard J.-B.-Verani und die Route de Turin (D 2204). In Pont de Peille biegen wir rechts auf die D 21 ab, das Paillon-Tal hinauf. Hinter Saint-Thècle nehmen wir rechts die D 121 nach Peillon.

• PEILLON

Für unseren Geschmack eine der Perlen an der Côte d'Azur. Die enge und sehr steile Straße bietet hinter jeder Wegbiegung neue Ausblicke auf das malerisch gelegene Dorf. Aufgrund seiner Lage und der ehemals gegebenen Notwendigkeit der Verteidigung bildet es architektonisch eine harmonische Einheit. Die Häuser scharen sich am Hang bis hinauf zur Kirche an höchster Stelle. Unter den zahlreichen Künstlern, die es immer wieder hierher zieht, sei nur Marcel Carné, der in den 50er Jahren hier »Juliette oder der Schlüssel der Träume« drehte und der Schauspieler Claude Brasseur genannt, der hier ab und an im Hause seiner Eltern weilt. In Peillon läßt sich ausgezeichnet speisen und eines der besten Hotels an der Küste wartet auf die Gourmets; aber Vorsicht, die Preise sind auch dementsprechend ...

Essen

• *Ziemlich* schick

– *Auberge de la Madone:* 06440, Tel.: 93 79 91 17. Von Mitte Oktober bis Mitte Dezember geschlossen; Mittwoch Ruhetag. Provenzalisch eingerichtete und komfortable Zimmer mit Balkon und Aussicht auf das Tal und Peillon. Auf den Terrassen überall Blumen, kleine Olivenbäume und Mimosen. Für ein Zimmer in diesem netten Haus muß man zwischen 280 und 420 F springen lassen. Das lobenswerte Restaurant bietet eine bodenständige provenzalische Küche, die sich besonders durch die Frische der Produkte auszeichnet. Es ist mehr als angenehm, unter den Olivenbäumen auf der Terrasse zu speisen. Wochentags kommt man hier für ein Menü mit 170, an Sonn- und Feiertagen mit 200 F davon. Als Spezialitäten gelten Bouillabaisse in Aspik, Lammrücken mit jungem Gemüse, Schinken mit Feigen, Kaninchen nach Großmutterart usw. Den Wein fanden wir unangemessen teuer.

Sehenswert

– Reizender *Brunnen* am Dorfeingang, um 1800 errichtet.
– Das Dorf hat seinen mittelalterlichen Charakter in unsere Zeit hinüberretten können. Zum Glück hat man es auch vermieden, sich auf die Herstellung von irgendwelchem Nippes für Touristen oder von pseudohandwerklichen Artikeln zu verlegen. Ein herrliches Vergnügen, zwischen den dichtgedrängten, blumengeschmückten Häusern und durch die Passagen zu promenieren. Die Kirche aus dem 18. Jh. erhebt sich an der Stelle des ehemaligen Schlosses. Den Innenraum schmücken Ölgemälde des 17. und 18. Jhs sowie eine im 18. Jh. geschaffene Christusfigur aus Holz.
– Wanderfreunde werden sich vielleicht für den Wanderpfad begeistern, welcher der Trasse einer alten Römerstraße folgt und Peillon mit Peille in ungefähr zwei Stunden Fußmarsch verbindet.

260 / KÜSTE V. ST.-RAPHAEL BIS MENTON UND HINTERLAND

● PEILLE

Kehren wir auf die D 21 zurück: bald erblicken wir rechter Hand Peille an einem Berghang. Beim Zementwerk von La Grave rechts abbiegen und die D 53 benutzen, die sich mühsam den Berg hinaufwindet.

Anfahrt

Von Nizza aus bestehen zwei tägliche Busverbindungen um 14.15 Uhr und 18.30 Uhr; Fahrpreis: 24 F. Ab Peille verkehrt in umgekehrter Richtung ein Bus wochentags um 7 Uhr (an Sonn- und Feiertagen um 8 Uhr) und am Nachmittag täglich um 17 Uhr.

Nützliche Adresse

– *Verkehrsbüro:* Tel.: 93 79 30 32 und 93 79 93 35.

Ein wenig Geschichte

Peille hat bewegte Zeiten hinter sich. Im Mittelalter wurde es als freie Gemeinde von gewählten Ratsmitgliedern verwaltet. Als Hauptort eines Amtsbezirks hatte es den Mut, dem Bischof von Nizza die fälligen Steuergelder zu verweigern. Dem Bischof fiel darauf nichts Besseres ein, als die armen Einwohner gleich zweimal zu exkommunizieren!

Kost & Logis

– *Auberge du Seuillet:* 2 km vom Ort an der Straße von Peille nach La Turbie, zu Füßen des La Madone-Passes; 06440, Tel.: 93 41 17 39. Im Juli sowie mittwochs geschlossen. Mit Garten und Blick auf die benachbarten Hügel: zum Verlieben! Das vorbildliche Menü zu 117 F gibt's nur mittags; vorherige Buchung ratsam.
– *Le Belvédère:* 06440, Tel.: 93 79 90 45. Das kleine Hotel mit seinen fünf Zimmern macht einen einfachen, aber netten Eindruck. Während die obligatorische Halbpension 180 F kostet, müssen Gäste für die Menüs im ordentlichen Restaurant zwischen 60 und 120 F hinblättern.
– *Bar-tabac l'Absinthe:* place du Serre. Tagesgericht, Käse oder Nachtisch für läppische 40 F. Viertel Wein à 10 F, liebenswürdiger Empfang. Druckfrische Zeitungen gegen 13.30 Uhr.

Sehenswert

Wie geschaffen für einen Start ist die Place de la Tour, von wo man über einige Stufen zur steinigen Rue de la Sauterie gelangt und auf dieser zur Place A.-Laugier hinunter. Vom Platz geht rechts die Rue Centrale ab, die zu der im 13. Jh. errichteten ehemaligen Sebastianskapelle mit ihrer unverwechselbaren Kuppel führt. Sie wurde restauriert und fungiert heute als Rathaus. Nach zweimaligem Linksabbiegen erreicht man die Rue Saint-Sébastien. An der nächsten Kreuzung ist auf der linken Seite der alte Salzsteuerhof »Hôtel de la Gabelle« zu sehen. Man erreicht wieder die Place A.-Laugier, wo die Aufmerksamkeit speziell dem ehemaligen *Konsuln-Palast* (Hôtel des Consuls, auch »Palais du juge Mage« genannt) mit seinen alten Portalen und Zwillingsfenstern gebührt. Hinter einem gotischen Brunnen befinden sich im Unterbau eines Hauses zwei Bogen, die sich auf einen romanischen Pfeiler stützen. Durch den rechten geht der Weg weiter zur schmalen *Rue Lascaris*, dann nach links, die *Rue Mary-Garden* hinauf, zum Kriegerdenkmal (Monument aux Morts). Von diesem idealen Aussichtspunkt aus entdeckt man im Norden die Terrassengärten von Peille, die Schlucht des Faquin, die Kirche und den 1264 m hohen Pic de Baudon; im Süden den Rastel sowie, durch das Paillon-Tal, einen Ausschnitt von Nizza und der Engelsbucht.

Fußwanderungen

– *Zum Mont Baudon* im Nordosten gelangt man in rund zwei Stunden. Am besten geht's über den Collet Saint-Bernard und dann am Kiefernwald entlang.

Von hier oben, wie zu erwarten, lohnende Aussicht.
- *Peillon:* auf einer zu einem Maultierpfad heruntergekommenen ehemaligen Römerstraße erreicht man in etwa zwei Stunden das ebenso atrraktive Nachbardorf.
- Bis zum 300 m höher gelegenen *Col de la Madone* benötigt man eine Stunde.

Veranstaltungen

- Das *Baguettes-Fest* hat wohl eher mit einem Zauberstab als mit dem gleichnamigen Brot zu tun. Das Fest erinnert an eine mittelalterliche Begebenheit: als dem Dorf das Wasser ausging, rief man einen als Hexenmeister fungierenden Schäfer zu Hilfe. Er sagte nur unter der Bedingung zu, daß man ihm die Tochter seines Herrn zur Frau gebe, was man ihm schließlich auch versprach. Heute überreichen die Mädchen des Dorfes am ersten Septembersonntag ihren Verehrern einen geschmückten (Hexen-)Stab. Die Geschichte finden wir gut, haben daher nun allen möglichen Leuten das Wasser abgedreht und uns einen Zauberstecken zugelegt. Leider haben sich die passenden Hexen noch nicht gemeldet!
- Das *Fest des blühenden Apfelzweigs* (La fête du Poum fleuri) findet am 1. Januar statt.

● *L'ESCARENE*

Zurück zur D 21 und durch die Paillon-Schlucht, um wenig später in dem früher als Rast- und Zwischenstation auf dem Weg von Nizza nach Turin höchst beliebten Ort anzulangen. Die Wildbäche Braus und Lucéram fließen hier zusammen und bilden den Paillon von L'Escarène. Ein besonders schöner Blick auf den Ort bietet sich von der Paillon-Brücke aus. Die stattliche Pfarrkirche aus dem 17. Jh. besitzt eine barocke Fassade und ist auch innen entsprechend ausgestattet. Die Orgel von 1791 ist das Werk der Brüder Grinda, berühmten Orgelbauern aus Nizza. Idyllisch auch der von Platanen beschattete Dorfplatz.

Anfahrt

Von Nizza aus bestehen regelmäßige Busverbindungen. Wochentags ist die Abfahrt jeweils um 7.35, 8, 9, 12, 17.30 und 18 Uhr, sonntags um 9 Uhr. Die Busse des Unternehmens *Peirani* sind am preiswertesten.

Kost & Logis

- *Hostellerie Castellino:* 06440, Tel.: 93 79 50 11. Das ruhige Hotel-Restaurant mit Garten und Blick ins Tal kann mit einem ausgezeichneten Preis-/Leistungsverhältnis aufwarten. Die schlichten, aber einwandfreien Zimmer sind für 100 bis 250 F zu haben. Was will man mehr? Die familiäre Küche bringt ein Menü zu 80 F hervor: Salat mit Speckwürfeln, Hammelbraten und Eis. Beim Menü zu 140 F, Fischterrine mit Tomatenpüree, Kalbsschnitzel mit Estragon, Käse oder Salat oder ein Stück Schokolodenkuchen.

● *VON L'ESCARENE NACH CONTES*

Anschließend geht's in Richtung Contes, aber wer ein wenig Zeit zum Vertrödeln hat, sollte zuerst noch rechts nach *Berres-des-Alpes* abbiegen. Auf seinem Hügel, 675 m hoch, von Kastanienbäumen umzingelt, lädt das Dörfchen zu einem herrlichen Rundblick über die Nizzaer Voralpen und das Meer ein. Beste Sicht vom Friedhof. Das Schloß gehörte der Marquise von Cabris, einer Schwester des Revolutionsführers Mirabeau. Man kehrt auf die D 615 zurück und setzt seinen Weg rechts nach Contes fort. Die Fahrt von Berres-des-Alpes nach Contes ist trotz – oder gerade wegen? – der zahlreichen Kurven wundervoll. Das lockere Nebeneinander von Kastanienbäumen, Kiefern, Zypressen, Mimosen, Ölbäumen und bebauten Terrassen bildet den außerordentlichen Reiz dieser, für das Nizzaer Hinterland typischen, Landschaft. Der alte Teil von Contes liegt auf einem, wie ein Schiffsbug über den Paillon de Contes aufragenden, Felssporn, während der neue Teil des Ortes sich im Flußtal ausbreitet und den Gesamteindruck von dieser herrlichen Landschaft doch ein wenig beeinträchtigt.

262 / KÜSTE V. ST.-RAPHAEL BIS MENTON UND HINTERLAND

• CONTES

In der Kirche über dem Dorf, rechte Seitenkapelle, ein François Brea zugeschriebener Altar der Nizzaer Schule. Der hübsche Renaissancebrunnen mit zwei Etagen stammt aus dem Jahre 1587. Von der nahegelegenen Terrasse, prima Ausblick auf das Paillon-Tal. Über das Dorf erzählt man sich eine eigentümliche Geschichte: im Jahre 1508 wurde Contes von einer schrecklichen Raupenplage heimgesucht. Man rief den Bischof von Nizza zu Hilfe, der die Eindringlinge ganz offiziell vor Gericht zitierte, sie feierlich verbannte und sein Verdikt durch Aushang bekannt machte. Um das Urteil zu bekräftigen, zogen die Conteser in einer großen Prozession durch Dorf und Flur, woraufhin die Raupen auf Nimmerwiedersehen verschwanden. Hatten wohl aufmerksam die amtlichen Bekanntmachungen studiert ...

Adresse

– *Fremdenverkehrsbüro:* pl. A.-Ollivier, 06390, Tel.: 93 79 00 64.

Anfahrt

Wochentags fährt vom Busbahnhof in Nizza (Bussteig 25) etwa stündlich ein Bus nach Contes. Letzte Abfahrt um 19.45 Uhr, Fahrpreis: 9,80 F. Sonntags fahren die Busse in Nizza um 9, 10, 12.15, 14, 15, 16, 18.05 und 19 Uhr ab. Wochentags letzte Rückfahrt von Contes aus um 20.15 Uhr.

Kost & Logis

– *Auberge du Cellier:* links auf der nach Nizza führenden D 15, 06390; Tel.: 93 79 00 64. Fünf tadellose Zimmer (140 bis 170 F), jedoch oft ausgebucht. Das Restaurant (Sonntag Ruhetag) kann sich mit seinem Menü zu 74 F, Getränke inbegriffen, und seinem ausgezeichneten Preis-/Leistungsverhältnis sehen lassen. Leider liegt die Auberge gleich am Straßenrand in der Nähe einer Tankstelle.
– *Camping auf dem Bauernhof* (Camping à la ferme): chez M. Gambiez, in Sclos-de-Contes, 06390, Tel.: 93 79 04 03. Sechs Plätze auf einem teilweise bewaldeten Gelände. Einige Lebensmittel kann man hier unmittelbar an der Quelle beziehen.

Ausflüge

In Contes kommen Liebhaber von Bergdörfern auf ihre Kosten. Entweder fährt man noch weiter über die D 15 ins Hinterland nach Coaraze oder über La Grave nach Châteauneuf-de-Contes. Hier schraubt sich die D 815 in zahlreichen, von Kiefern und Olivenbäumen gesäumten, Haarnadelkurven in die Höhe über das Paillon-Tal.

• COARAZE

In diesem mittelalterlichen, geschmackvoll restaurierten, Dorf kommt man sich fast vor wie in der Toscana. Gerade wenn die Sonne hoch am Himmel steht, wird man einen Bummel durch die malerischen alten Gassen mit langen, überwölbten Passagen genießen. Dazwischen immer wieder mit Brunnen geschmückte kleine Plätze und die bekannten großen Tonkrüge, die hier oft die Blumentöpfe ersetzen. Das Dorf beherbergt zahlreiche Kunsthandwerker, vielleicht schon etwas zu viele. Vom Park am Hang blickt man, inmitten von Zypressen, über das Tal und auf den Gipfel der Rocca Seira.
Über den alten Friedhof, wo Betonkästen herkömmliche Gräber ersetzen, die hier wegen des felsigen Untergrundes nicht möglich sind, steigt man zur Kirche hinauf. Der Innenraum weist eine gefällige Barockdekoration auf. Vorne zeigt eine frühe Wandmalerei den von Pfeilen gespickten hl. Sebastian. Die Zeitanzeige auf dem Dorfplatz ist zumindest tagsüber kein Problem: gleich mehrere Sonnenuhren aus Keramik, darunter auch eine von Cocteau gestaltete, zeigen dem Touristen, was die Stunde geschlagen hat.

Anfahrt

Vom Busbahnhof (Bussteig 25) in Nizza aus täglich ein Bus um 10.30 Uhr nach Coaraze. Fahrpreis: 12,50 F. Am Samstag verkehrt ein zusätzlicher Bus um 17.30 Uhr; von montags bis freitags hat man um 18.05 Uhr eine weitere Verbindung.

Kost & Logis

– *Auberge du Soleil:* 06390, Tel.: 93 79 08 11. Ganzjährig geöffnete vorzügliche Adresse. In diesem Gebäude aus dem 19. Jh., mit viel Geschmack restauriert, freundliche Zimmer mit Bad und WC ab 220 F – für diese Lage und Umgebung ein wirklich akzeptabler Preis. Weitere Pluspunkte sind der Salon im Kellergewölbe sowie ein französisches Billard. Im Speisesaal ein offener Kamin, aber normalerweise wird man die exzellente Küche draußen auf der luftigen Terrasse mit Blick auf die friedliche Landschaft genießen. Beim Menü zu 95 F mit Käse und Nachtisch ist Zufriedenheit garantiert. Als Spezialität empfiehlt man Kaninchenfrikassee mit Weißwein (Gibelotte de lapin). Wem's zu heiß wird, hüpfe zur Abkühlung in den hauseigenen Swimmingpool im Garten.

Veranstaltungen

– *Katharinen-Bankett* (Festin de la Sainte-Catherine): am ersten Septembersonntag versammeln sich die Einwohner, wobei jeder ein selbstgemachtes Gericht mitbringt, das gemeinsam bei guter Laune und süffigem Rotwein verzehrt wird.
– *Olivenbaumfest* (Fête de l'olivier) am 15. August, *Kastanienfest* (Fête de la châtaigne) im Oktober.

Fußwanderungen

– Den 1410 m hohen *Mont Férion* erreicht man in 2½ Stunden.
– Bis *L'Escarène* benötigt man über la Baisse de la Croix und Berre-les-Alpes ungefähr drei Stunden.
– Zum *Rocca-Seira-Gipfel* (1500 m) folgt man zuerst dem am nördlichen Dorfausgang beginnenden Pfad zum 950 m hohen *Col Saint-Michel*. Quasi im Vorbeigehen sollte man noch die Ruine des *Château de Rocca-Sparviera* oberhalb des Passes »mitnehmen«. In ca. zwei Stunden erklimmt man von hier zuerst den *Autaret-Gipfel* (1300 m) und schließlich die Rocca Seira.

● CHATEAUNEUF-DE-CONTES

Die vielen Haarnadelkurven der D 815 sollten niemanden daran hindern, eine Besichtigung des Dorfes am Hang zwischen seinen Olivenhainen und Obstbaumkulturen einzulegen. Den Innenraum der romanischen Dorfkirche aus dem 11. Jh. hat man im 17. Jh. renoviert. Sicherlich wird unseren Lesern der Glockenturm mit seinen glasierten vielfarbigen Ziegeln genauso gut wie uns gefallen.
Zwei Kilometer hinter dem Ort zweigt links ein Weg zu den Ruinen des *mittelalterlichen Châteauneuf-de-Contes* ab. Als sich im Mittelalter die Bewohner des Dorfes Angriffen jeglicher Art erwehren mußten, legten sie hier in strategisch günstiger Lage eine befestigte Siedlung an. Das Mauerwerk der allmählich gänzlich verfallenden Ruinen und das Felsgestein gehen mittlerweile unmerklich ineinander über. Vom Gipfel der Anhöhe, weiter Rundblick bis zum Mont Chauve (Kahler Berg) und dem Férion im Westen, sowie zu den Alpenketten im Norden und Osten.
Auf der D 15 durch das Paillon de Contes-Tal und auf der nach Nizza führenden D 2204 zurück.

DIE UNTERE KÜSTENSTRASSE (Basse Corniche)

● VILLEFRANCHE-SUR-MER

Nach Lärm und Hektik in der Großstadt Nizza weiß man den Charme von Villefranche um so mehr zu schätzen. Die von bewaldeten Hängen eingerahmte tiefe Bucht, der kleine geschützte Hafen abseits des Hauptverkehrs mit Blick auf die Halbinsel von Cap Ferrat gefällt den Nizzaern auch so gut, daß sie sich bisweilen sogar in der Mittagspause, aber erst recht am Abend, hier einfinden, um ein paar ruhige und angenehme Minuten zu verbringen. Wer etwas für olle Steine und altes Gemäuer übrig hat, kommt an Villefranche ohnehin nicht vorbei.

Adresse

– *Fremdenverkehrsamt:* jardin François-Binon, an der Unteren Küstenstraße, 06230, Tel.: 93 01 73 68. Im Sommer von 8.30 bis 12 Uhr und von 14.30 bis 19.15 Uhr und im Winter von 9 bis 12 Uhr und von 14.30 bis 18 Uhr dienstbereit. Hinlänglich bestückt mit detailliertem Informationsmaterial.
– *Postämter:* av. Albert I und Sadi-Carnot.
– *Busverbindungen:* etwa alle 15 Minuten fahren Busse in beide Richtungen, nach Nizza, Monte Carlo und Menton ab.

Ein wenig Geschichte

Die Stadt verdankt ihren Namen (Villefranche = freie Stadt) Karl II. von Anjou, Graf der Provence, der sie zu Beginn des 14. Jhs gründete und ihr gleichzeitig Handelsfreiheit zusicherte. Im Jahre 1388 geht Villefranche im Verein mit Nizza in den Besitz von Savoyen über. Bis zur Anlage des Nizzaer Hafens Lympia im 18. Jh. war Villefranche der große savoyische und später sardische Staatshafen.
Im Jahre 1538 berief Papst Paul III., ehemaliger Bischof von Vence, den Kongreß von Nizza ein, um zwischen Franz I. und Karl V. Frieden zu stiften. Damals ereignete sich folgende Episode: die Königin von Frankreich besuchte ihren Bruder Karl V. auf seiner Galeere, die im Hafen von Villefranche vor Anker lag. Karl, hinterdrein der Herzog von Savoyen, welcher der Königin die Hand reichte und Gefolge, betraten majestätisch den hölzernen Verbindungssteg zwischen Galeere und Ufer. Als sich der gesamte vornehme Aufzug auf dem Steg befand, kam es wie es kommen mußte und dieser krachte unter der Last so vieler gewichtiger Persönlichkeiten zusammen. Ganz unfeierlich strampelten Kaiser, Königin und Herzog im Wasser, bis sie endlich tropfnaß aus ihrer mißlichen Lage befreit wurden. Es ist nicht überliefert, aber man kann wohl davon ausgehen, daß niemand von dieser illustren Gesellschaft schwimmen konnte.
Unabhängig davon dauerte der Frieden von Nizza ganze fünf Jahre. Im Jahre 1557 baute der Herzog von Savoyen Villefranche als Hafen und Festung noch weiter aus. Es ließ zum Schutz der Bucht die Zitadelle errichten und das Hafenbecken (Darse) wurde für große Galeeren ausgebaut.
Nach dem Bau des neuen Nizzaer Hafens ging der Betrieb hier allerdings so stark zurück, daß man sich gezwungen sah, die Reede an die russische Flotte zu vermieten. Nachdem die Grafschaft wieder zu Frankreich gehörte, machte Napoleon III. Villefranche zum fünftgrößten französischen Militärhafen. Von 1945 bis zur Loslösung Frankreichs von der NATO im Jahre 1966 war Villefranche eine bedeutende Marinebasis der Amerikaner.

Unterkunft

– *Pension Patricia:* chemin des Pépinières, pont Saint-Jean, 06230, Tel.: 93 01 06 70. Am Ortsausgang von Villefranche, unmittelbar an der Abzweigung der Straße zum Cap Ferrat mit einer tollen Aussicht auf die Reede von Villefranche. Die schlichte Pension praktiziert auch moderate Preise – zumindest für diese Gegend: fürs Doppelzimmer 150 bis 170 F und 200 F mit Bad oder Dusche. Ein bescheidenes Menü kostet 60 F. Für die Halbpension veranschlage man 160 F.

– *Hôtel de la Darse:* port de plaisance de la Darse, 06230, Tel.: 93 01 72 54. Von November bis 20. Dezember geschlossen. Logisch, daß man von der Terrasse direkt am Jachthafen einen eindrucksvollen Blick aufs Meer und das Cap Ferrat genießt. Für die zum Hafen orientierten Zimmer ist man mit 250 bis 310 F dabei.

● *Etwas schicker*

– *Hôtel la Flore:* av. Princesse-Grace-de-Monaco, 06230, Tel.: 93 76 67 64. Rund ums Jahr geöffnet. Von Nizza über die Untere Küstenstraße anreisend, gleich rechts am Ortseingang. Neben der fast schon selbstverständlichen fabelhaften Aussicht auf die Reede und das Cap hat das Hotel noch einen angenehm schattigen Garten mit einer Art Spielecke für Kinder zu bieten; Privatparkplatz und Schwimmbad nicht zu vergessen. Doppelzimmer: 250 bis 330 F. Das Restaurant pflegt eine gewählte Küche mit regionalen Spezialitäten. Das reichhaltige Menü zu 110 F zeugt von einem hervorragenden Preis-/Leistungsverhältnis.

Essen

– *Le Nautic:* 1, quai Courbet, 06230, Tel.: 93 01 94 45. Montag Ruhetag; außerdem sonntagsabends außerhalb der Saison und im Sommer donnerstags und freitagsmittags geschlossen. Eines der zahlreichen Restaurants am Hafen, das sich durch eine angenehme Atmosphäre und einen netten Empfang auszeichnet. Wer auf der Terrasse speisen möchte, muß schon ziemlich früh eintreffen. Neben dem Menü zu 72 F sind die Miesmuscheln, in Wein und mit Kräutern und Zwiebeln gekocht, und der Rochen mit Kapern besonders zu empfehlen.

– *L'Oasis:* 4, place de la République, 06230, Tel.: 93 01 70 69. Auf der einladenden Terrasse dieses kleinen, charmanten Platzes mit einer Pinie in der Mitte reicht man ein ordentliches Menü mit zwei Vorspeisen für 68 F.

– *La Grignotière:* 3, rue du Poilu, 06230. In der Altstadt. Wir schlagen das wirklich reichhaltige Grignotière-Menü mit zwei Vorspeisen zu 110 F, Bedienung inbegriffen, vor. Das könnte z.B. so aussehen: großer Bauernsalat mit Speckwürfeln und verlorenen Eiern, gefüllte Miesmuscheln auf Nizzaer Art, Quappen-Bouillabaisse, Krevetten und Muscheln und schließlich noch Käse und Nachtisch. Das kann sich doch sehen lassen, oder?

Sehenswert

– *Die Altstadt:* am besten, man bricht am hübschen Fischerhafen mit seinen bunten Hausfassaden auf. Kurz darauf erreicht man die *Rue du Poilu*, die sich als Hauptstraße durch ein malerisches Gewirr enger Gassen, welche teilweise in Stufen ansteigen, hinzieht. Gleich daneben die völlig überwölbte *Rue Obscure*, wo die Bevölkerung bei Bombardierungen Schutz suchte. Die Michaeliskirche aus dem 17. Jh. besitzt außer den Altären aus dem 18. Jh. eine liegende Christusfigur, im 17. Jh. von einem Galeerensträfling aus einem Feigenbaumstamm geschnitzt.

– Im *Fischerhafen* mit seinen roten und ockerfarbenen Häusern, den zahlreichen Restaurants und Cafés, landet man wie ferngesteuert ohnehin immer wieder.

– Die *Peterskapelle* (Chapelle Saint-Pierre): geöffnet von Juli bis September von 9.30 bis 12 Uhr und von 14.30 bis 19 Uhr, im Oktober und November von 9.30 bis 12 Uhr und von 14 bis 17 Uhr, von Dezember bis März von 9.30 bis 12 Uhr und von 16 bis 17 Uhr, von März bis Juni von 9.30 bis 12 Uhr und von 14 bis 18 Uhr. Freitags und von Mitte November bis Mitte Dezember geschlossen. Uff, hoffentlich blickt da noch ein Mensch durch!

Zwischen den Kriegen wohnte der vielseitig begabte Jean Cocteau zeitweise in Villefranche und schrieb hier unter anderem seinen »Orpheus«. Ähnlich wie Matisse in Vence und Picasso mit seinem »Krieg und Frieden« in der Kirche von Vallauris kam er auf die Idee, eine leerstehende Hafenkapelle innen und außen neu zu gestalten und sie 1957 ihrer ursprünglichen Bestimmung, dem Kult des Fischerapostels, zurückzugeben. Seitdem präsentiert sich die kleine Kirche seitdem in Weiß, Gelb und Altrosa, wobei ornamentale Umrahmungen den Linien der Bogenfenster folgen. Den Innenraum zieren in erster Linie Begebenheiten aus dem Leben des hl. Petrus, aber man findet auch Zigeuner und Engelsgestalten an den Wänden. Cocteau, der mit Religion und Kirche wenig am Hut hatte, erklärte

seinen »religiösen Anfall« mit folgenden Worten: »Ich habe die Poesie betreten, wie man in eine Religion eintritt. Deshalb ist die Kapelle von Villefranche religiös«. Das Eintrittsgeld (4 F) fließt übrigens in die Kasse der Fischerzunft, die früher eine Zeitlang in der Kapelle ihre Netze und das Flickzeug aufbewahrte.
- Die *Zitadelle:* die Ende des 16. Jh. durch den Herzog von Savoyen errichteten Festungsanlagen gefielen dem Festungsbaumeister Vauban so gut, daß sie verschont blieben, als Ludwig XIV. die Verteidigungsanlagen der Grafschaft Nizza schleifen ließ. Heute ist es sogar möglich, mit dem Auto in den riesigen Felsgräben herumzukurven.

● CAP FERRAT

Zweifelsohne einer der attraktivsten Orte an der ganzen Küste. So verwundert es nicht, daß die Halbinsel zu den letzten Nobeladressen von ganz Frankreich zählt. Größere Gebäude aus Beton sucht man hier vergeblich. Man könnte durchaus auch sagen, daß die Reichen hier noch Geschmack beweisen. Einen Eindruck davon erhält man angesichts der Villen und Landhäuser, die in wunderschönen Gärten oder in weitläufigen, mit Pinien und Seekiefern bestandenen Parks liegen. Raymond Barre, Jean-Paul Belmondo und andere berühmte Gäste unserer Zeit haben hier so berühmte Vorgänger wie Nietzsche, Léopold II, König von Belgien, den Filmregisseur Otto Preminger, Sommerset Maugham, Jean Cocteau und andere.

Anfahrt

- Vom Bussteig 15 am Busbahnhof in Nizza fährt etwa alle halbe Stunde ein Bus nach Saint-Jean-Cap-Ferrat, mit einer letzten Verbindung um 19.15 Uhr. Von Saint-Jean verkehrt der letzte Bus nach Nizza zurück um 19.45 Uhr.
Sonn- und feiertags starten die Busse in Nizza um 7, 8.15, 9.15, 10.15, 12.15, 14, 15.15, 16.25, 17.45 und 19.45 Uhr. Der letzte Bus nach Nizza fährt ebenfalls um 19.45 Uhr in Saint-Jean ab.

Kost & Logis

Schon etwas verwunderlich, aber tatsächlich findet man hier, wo es die teuersten Villen der ganzen Côte d'Azur gibt, noch einzelne angenehme und dennoch erschwingliche Hotels.
- *La Costière:* av. Albert-I., 06230, Tel.: 93 76 03 89. Schlichte tadellose Zimmer; obligatorische Vollpension 253 F. Als weiterer Pluspunkt läßt sich ein Garten in ruhiger Lage mit toller Sicht auf das Cap Ferrat und den Golf anführen.
- *La Bastide:* 3, av. Albert-I., 06230, Tel.: 93 76 06 78. Die zehn Doppelzimmer mit Meeresblick sind inkl. Frühstück schon für 200 F zu haben. Untadeliges Restaurant, erschien uns aber etwas teuer, während die Vollpension mit 240 bis 290 F nicht zu hoch bezahlt ist.

● Etwas schicker

- *Le Clair Logis:* av. Centrale, mitten auf der Halbinsel, 06230, Tel.: 93 76 04 57. Von Mitte November bis Mitte Dezember geschlossen. Im weitläufigen, umzäumten Garten herrscht eine geradezu paradiesische Ruhe. Die Zimmer mit Balkon oder kleiner Terrasse liegen mit 245 bis 350 F für diese Umgebung recht günstig. Eine ausgezeichnete Adresse. Fürs Frühstück verlangt man 29 F.
- *Le Sloop:* am neuen Hafen, 06230, Tel.: 93 01 48 63. Einladende Terrasse und netter Empfang. Der Küchenchef kommt vom Nobelrestaurant Chantecler und garantiert von daher eine äußerst gepflegte Küche. Als Spezialitäten gelten panierte Lammnüßchen mit Pinienkernen (Noisettes d'agneau panées aux pignons) und Kalbshaxe in Fenchel-Gelee (Jarret de veau en gelée de fenouil). Vernünftiges Menü zu 175 F zu einem ausgewogenen Preis-/Leistungsverhältnis. Mittwochs über Mittag geschlossen.

Sehenswert

– Das *Ile-de-France-Museum* bzw. die *Ephrussi de Rothschild-Stiftung:* täglich außer montags vom 1. Juli bis zum 31. August von 15 bis 19 Uhr, vom 1. September bis zum 30. Juni von 14 bis 18 Uhr geöffnet. Im November geschlossen. Die Parkanlage ist täglich von 9 bis 18 Uhr zugänglich. Tel.: 93 01 33 09. Eintritt: 15 F.
Die Baronin Ephrussi de Rothschild vermachte 1934 dem Institut de France ihre Villa zur Nutzung durch die Akademie der Schönen Künste. Das Gebäude, in einzigartiger Lage an einer Engstelle der Halbinsel mit Blick auf die Bucht von Villefranche und von Beaulieu, ist in einen herrlichen Park eingebettet. In Gärten verschiedenster Stilrichtungen aufgeteilte Parkanlagen von 7 ha Größe umgeben das Museum.
Zu Beginn des 20. Jhs ließ die Kunstsammlerin das heute von Magnolien und Bougainvilleen umrahmte Museumsgelände im Stil eines venezianisch-maurischen Palastes errichten, um ihre bis dahin zusammengetragenen Kostbarkeiten in würdigem Rahmen unterzubringen. In dieser Zeit waren in ganz Europa Experten unterwegs, um für die Rothschilds wertvolle Kunstgegenstände aufzukaufen. Das Museum sollte nach dem Wunsch der Baronin den Charakter eines Wohnhauses – damit war natürlich mindestens ein nobler Landsitz gemeint – beibehalten. Man betritt zuerst einen überdachten, mit Marmorsäulen umgebenen, Innenhof. Um ihn herum, Räume und Galerien mit Kunstschätzen aus verschiedenen Epochen. Dennoch lassen die wunderschönen Möbel im Louis XV und Louis VXI-Stil, wovon einige aus dem Nachlaß von Marie-Antoinette stammen, sowie die Arbeiten der Tapisseriemanufakturen von Beauvais und von Aubusson, die Gemälde von Boucher, Coypel, Fragonard, Lancret, Hubert Robert, die Terrakotten von Clodion und die Bronzearbeiten von Thermine die Vorliebe der Baronin für das 18. Jh. erkennen.
Die herrlichen Sammlungen mit Porzellan aus den Manufakturen von Vincennes, Sèvres sowie Meißen und die Ausstattung des »Affensalons« (Salon des Singes) sind eine Augenweide. Durch zwei mit chinesischer Lackarbeit versehene Türflügel gelangt man in den nach gotischem Schönheitsempfinden gestalteten Salon, in dem Wandschirme mit Koromandel-Lackarbeit, chinesische Vasen, Teppiche und, in einem Nebenraum, Mandarinkostüme Beispiele fernöstlicher Kunst präsentieren. Die Impressionistenabteilung schließlich verfügt über einige Landschaftsbilder von Monet, Sisley und Renoir.
Nach soviel Kunstgenuß tut ein Spaziergang im Park der Stiftung richtig gut. Der zentrale Teil wurde als Französischer Garten mit überwiegend am Mittelmeer heimischen Blumen und Gewächsen angelegt. Da darf ein Tempelchen als Nachbildung des Amortempels im Trianon von Versailles natürlich nicht fehlen. Über große Stufen geht's zum Spanischen Garten hinunter, wo Aronstab, Papyrusstauden, Granatbäume und Stechapfelbüsche gedeihen. Der angrenzende Florentinische Garten birgt die Marmorstatue eines Jünglings. Neben dem Japanischen und dem Englischen Garten ist je nach Kondition auch noch ein Tropengarten zu bestaunen.
Als kleine Episode am Rande sei noch erwähnt, daß die Baronin Béatrice de Rothschild hier insgesamt nur ein paar Tage weilte. Sie hielt sich entweder in einem ihrer beiden monegassischen Besitztümer oder in der Suite des Hôtel de Paris in Monte Carlo auf.
– Der *Leuchtturm* (Phare): Besichtigung in der Feriensaison von 9.30 bis 12 Uhr und von 14 bis 17 Uhr (sonst bis 16 Uhr). Die Mutigen belohnt am Ende der 164 Stufen ein herrliches Panorama vom italienischen Bordighera über die Voralpen und Alpen bis zum Estérel-Massiv.
– *Saint-Jean-Cap Ferrat:* das Fischerdorf von einst hat sich wegen seiner Ruhe und reizvollen Lage zu einem beliebten Bade- und Wintererholungsort entwickelt. Um den Hafen, weitgehend zum Jachthafen umfunktioniert, und um die kleine Kirche herum blieben einige alte Häuser für die Nachwelt erhalten.

Spaziergänge

– *Rundweg auf der Saint-Hospice-Landspitze* (Sentier de la pointe Saint-Hospice): der Pfad führt mit Blick auf Beaulieu, Eze und Monaco um die Landspitze

Pointe Saint-Hospice und dann um die südliche Landspitze Pointe du Colombier herum und zur Ausgangsstraße Avenue Jean-Mermoz zurück. Die Neugierigen kommen bei den zahlreichen Prachtvillen, die den Weg säumen, bestimmt auf ihre Kosten.
- *Maurice Rouvier-Promenade:* beginnt nördlich des Strandes von Saint-Jean und führt am Meer entlang nach Beaulieu.

Was es sonst noch gibt

Man sollte sich wirklich die Zeit nehmen, in aller Ruhe durch die stillen Straßen des Caps zu bummeln. Der Weg führt an langen, hohen und säuberlich geschnittenen Hecken vorbei, hinter denen sich Villen mit so vielsagenden Namen wie Bella Vista, La Désirade, La Créole, Chante-Vent usw. verbergen. Neben den zahlreichen »Achtung, bissiger Hund!«-Schildern fallen die vielen Plaketten auf mit Hinweisen, welche Wach- und Schließgesellschaft die jeweilige Villa bewacht. Ja, und dann die Geräusche, welche man hier vernimmt: das plopp, plopp eines Tennisballs, ein leichtes Plätschern im Swimmingpool ... dann wieder Villen mit Säulen, Balustraden, kunstvollen Brunnenschalen, Dienstboteneingängen usw., wo man selbst diese Geräusche nicht mehr vernimmt. Ach ja, auch in unserem Gärtchen haben wir das noch nicht gehört.

● BEAULIEU

Das Städchen ist im Sommer als Badeort und im Winter als Oase der Ruhe bei wohlhabenden Gästen äußerst beliebt. Es liegt zu Füßen einer Hügelkette, welche die Nordwinde abhält, so daß es zu den wärmsten Fleckchen der französischen Riviera zählt. In dem einstmals todschicken Ort gedeihen sogar Bananen! Viele Dinge, deren Herkunft man sich nicht genau erklären kann, führt man in dieser Gegend auf Napoleon zurück. So soll er angeblich beim Anblick dieses Fleckchens Erde »Qual bel luogo« (Welch schöner Ort = Beaulieu) gerufen haben, was zugegebenermaßen ja nicht gerade als originell zu bezeichnen ist! Dabei geht der Name mit hoher Wahrscheinlichkeit auf die Mönche von Saint Pons zurück, welche, gleichermaßen von jeher – wenn auch nicht immer hochoffiziell – den schönen Seiten des Lebens zugetan, schon ca. 900 Jahre vorher ihre kleine Niederlassung hier »Sancta Maria de bello loco« nannten, was auch nichts anderes als Beaulieu heißt.

Auch hier Prominenz en masse! Gustave Eiffel, der Erbauer des gleichnamigen Turms, sang mit 91 Jahren noch ein Loblied auf das milde Klima von Beaulieu. Gordon Bennett, seines Zeichens Direktor der »New York Herald Tribune«, wollte einen Jachthafen auf seine Kosten ausbaggern lassen. Dieser Wunsch sollte nicht in Erfüllung gehen; im Jahre 1968 erst legte man schließlich einen hypermodernen Jachthafen an. Die Anlagen an der *Baie des Fourmis* (Ameisenbucht) und am Boulevard Alsace-Lorraine mit ihren Palmen und Ziergärten wirken besonders reizvoll.

Unterkunft

- *Hôtel de France:* 1, montée des Orangers, 06310, Tel.: 93 01 00 92. Von Mitte November bis 20. Dezember geschlossen. Schlichte, aber tadellose Doppelzimmer à 170 bis 255 F.
- *Select Hotel:* 1, montée des Myrtes, 06310, Tel.: 93 01 05 42. Unterbringung in Doppelzimmern zu 120 bis 280 F.

● Etwas schicker

- *Le Havre Bleu:* 29, bd du Maréchal-Joffre, 06310, Tel.: 93 01 01 40. Ganzjährig geöffnet. Weiß zu gefallen; Doppelzimmern für 220 F, kein Restaurant.

Essen

- *Key Largo:* am Jachthafen, 06310, Tel.: 93 01 41 41. Täglich von Mittag bis Mitternacht geöffnet. Die Schatten der Leinwandgrößen Laureen Baccall und Humphrey Bogart schwirren hier im Raum herum bzw. zieren Wände und Speisekarte.

Die leckeren Pizzen und Tagesgerichte sind ihr Geld wert. Vielleicht steht gerade anläßlich unseres Besuches die empfehlenswerte Mini-Bouillabaisse für 70 F auf der Karte? Weitere Spezialitäten: der Fischeintopf (Marmite du pêcheur) und die Miesmuscheln in pikanter Sauce. Köstliche Nudelgerichte mit allen möglichen Saucen. Auch der Hauswein ist nicht von schlechten Eltern. Aufmerksamer Service.
- *La Pignatelle:* 10, rue Quincenet, 06310, Tel.: 93 01 03 37. Zwischen Bahnhof und Strand. Das blumenübersäte Gärtchen ist meistens gut besetzt, aber es gibt ja auch noch den kleinen rustikalen Speisesaal. Bei der einfachen Küche zu mäßigen Preisen wollen wir vor allem die Fischsuppe erwähnen. Nur frische Zutaten landen im Kochtopf. Menü zu 62 F, sonntags 90 und 138 F.

Sehenswertes und Unternehmungen

- Die *Villa Kerylos:* im Juli und August von 15 bis 19 Uhr und die restliche Zeit des Jahres von 14 bis 18 Uhr geöffnet. Montags und im November keine Besichtigung möglich.
Der wohlhabende Archäologe Theodor Reinach mag wohl an die Ufer der Ägäis gedacht haben, als er diesen Standort wählte. Zwischen 1902 und 1910 hatte er sich hier die getreue Nachbildung eines prunkvollen, griechisch-antiken Hauses errichten lassen, um wie die alten Griechen leben zu können – was ihm immerhin noch 20 Jahre vergönnt war. Die Villa wurde unter Verwendung kostbarster Materialien wie Marmor aus Carrara, Alabaster, Zitronenbaumholz und anderen exotischen Hölzern gebaut.
Bei den Fresken im Inneren handelt es sich um Kopien antiker Vorbilder oder Variationen zu deren Themen. Die Möbelstücke aus Holz mit Elfenbein-, Bronze- und Ledereinlegearbeiten wurden nach Abbildungen auf griechisch-antiken Vasen und Mosaiken gefertigt, während eine Anzahl der in den verschiedenen Räumen gezeigten Gebrauchs- und Dekorationsgegenstände Originale aus dem 6. bis 1. Jahrhundert v.Chr. sind. Ob der Park wirklich dem idealen Griechischen Garten von damals entspricht, wissen wir nicht: jedenfalls hat man von dort eine fabelhafte Aussicht aufs Meer, das Cap Ferrat, die Baie des Fourmis und das Cap d'Ail. Die Privatvilla ging nach dem Tod ihres Gründers in den Besitz des Institut de France über. Heute ist das Museum für 10 F (Kinder 5 F) in einer dreiviertelstündigen Führung zu besichtigen.
- Die *Maurice Rouvier-Promenade :* auf ihr gelangt man am Ufer entlang von Beaulieu nach Saint-Jean-Cap-Ferrat. Während auf der Meeresseite ein atemberaubender Aussichtspunkt auf den anderen folgt, säumen die Landseite märchenhafte Gärten mit Villen.
- Der *Fußweg zum Plateau Saint-Michel:* hoffentlich haben Sie stramme Waden, denn sowohl auf dem Hin- als auch auf dem Rückweg sind erhebliche Höhenunterschiede zu bewältigen; aber es lohnt sich! Der Weg (Sentier du plateau Saint-Michel) zweigt vom nördlichen Teil des Boulevard Edouard VII. nach Norden ab und führt steil auf das Plateau hinauf zu einer Orientierungstafel, wo das weite Gebiet von der Landspitze Cap d'Ail bis zum Estérel-Massiv zu überschauen ist. Für Hin- und Rückweg muß man 1½ bis 1 3/4 Stunden rechnen.

MONACO

Der 1,9 km^2 »große« Miniaturstaat besteht aus drei deutlich voneinander unterscheidbaren Stadtteilen. Da ist zum einen die auf dem Felsen thronende Altstadt *Monaco:* um den Bilderbuchpalast herum, wo jeden Mittag ganze Horden von Touristen zur »Wachablösung« auftauchen, erscheint alles wie geleckt. Die Heerscharen schieben sich an den unzähligen Andenkenläden vorbei und träumen in dieser operettenhaften Umgebung von den stürmischen Liebschaften der Illustriertenkinder Stéphanie und Caroline oder von der schönen und traurigen Idylle, die sich mit dem Namen Grace Kelly und Fürst Rainier verbindet.
Gegenüber, das mondäne *Monte-Carlo* – auch Manhattan genannt (der Vergleich drängt sich einem geradezu auf!) – mit seinem internationalen Publikum,

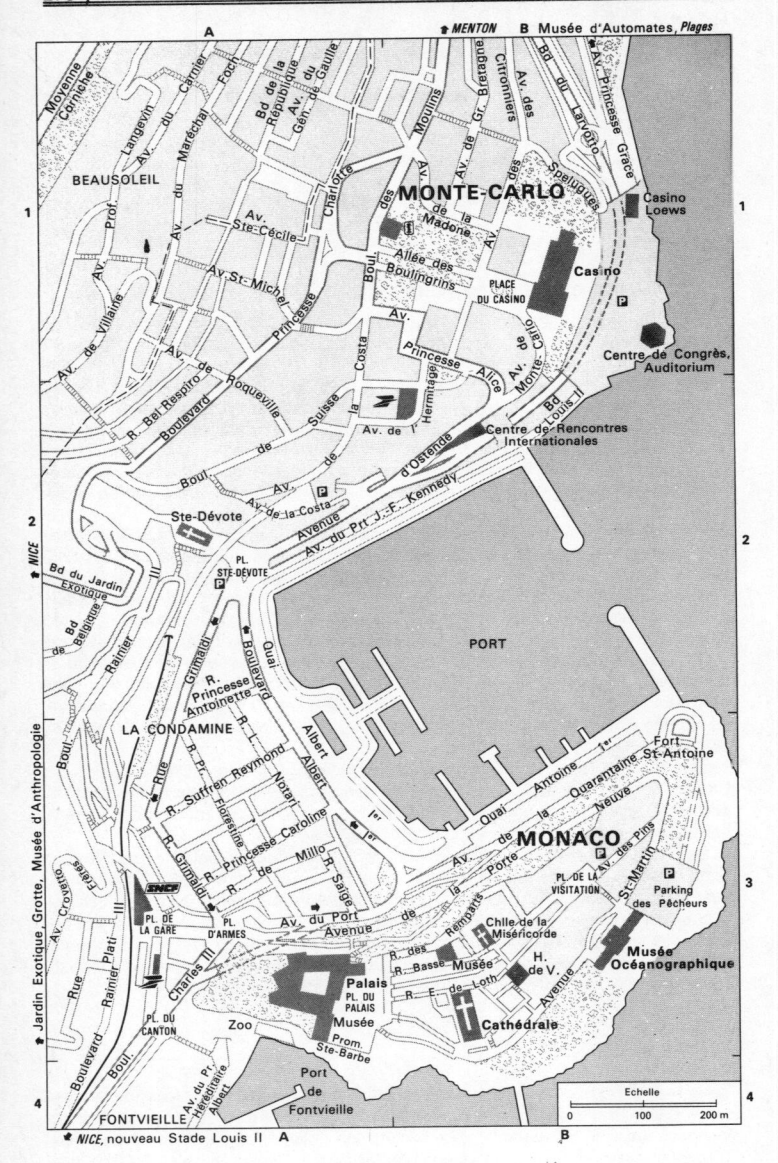

MONACO

seinen Belle Epoque-Palästen, seinem berühmten Spielkasino und den vielen Appartements, wo der Quadratmeter die Kleinigkeit von 12.000 DM kostet.
Beide Stadtviertel werden verbunden durch das Geschäfts- und Hafenviertel *La Condamine*.

Ein wenig Geschichte

Ein abrupt abfallender, leicht zu verteidigender Felsen, ein kleiner Hafen, geschützt in einer natürlichen Bucht, da brauchte es nicht viel, um Räuber und Ritter aller Zeiten auf den Plan zu rufen.

Die Geschichte des ehrwürdigen Zwergstaates reicht weit zurück. Obwohl die archäologischen Beweise dafür bis heute noch fehlen, weist der Name Heraklea Monoikos auf phönizische Herkunft hin. Sicher ist aber, daß Monoikos zu den vier, von Marseille aus gegründeten, Niederlassungen gehörte. Nachdem Goten, Lombarden und Sarazenen alle mal hier vorbeigeschaut haben, beginnt die Geschichte Monacos so richtig mit den Genuesen. Während der Auseinandersetzungen in Italien zwischen papsttreuen Welfen (Guelfen) und den Anhängern der Stauferkaiser, den Ghibellinen, wurde Franz Grimaldi aus Genua vertrieben. Ihm und einigen Helfern gelang es 1297, sich, als Mönche verkleidet, der Felsburg Monaco zu bemächtigen. Daher auch die beiden Mönche mit hocherhobenen Schwertern im Wappen des Stadtstaates. Franz Grimaldi konnte den Ort jedoch nicht halten. Im Jahre 1308 kaufte ein anderer Grimaldi den Genuesen Monaco ab und seitdem wurden Name und Wappen der Grimaldi von allen Titelerben bis heute weitergetragen, ob sie nun der Linie Goyon-Matignon (1731-1949) oder, wie im aktuellen Fall, der Linie Polignac entstammten. Karl I. von Grimaldi erwarb im 14. Jh. noch so ganz nebenbei Menton und Roquebrune.

Es war nie einfach, in Monaco Herrscher zu sein: im Jahre 1505 wurde *Johann II.* von seinem Bruder *Lucien* umgebracht. Aber da es schon immer Gerechtigkeit auf Erden gab, wurde Lucien wiederum von einem seiner Neffen ermordet. Ist das nicht eine fidele Familie?! Im Jahre 1604 stürzten die Monegassen ihren Fürsten *Honoré I.* ins Meer: dafür werden sie wohl auch ihre Gründe gehabt haben.

Mit Geschick und Skrupellosigkeit, aber auch Tapferkeit und politischer Weitsicht, verstanden es die Grimaldis sechs Jahrhunderte lang, zwischen Frankreich, Savoyen, Spanien und Genua zu lavieren und so ihre Unabhängigkeit vor den Großmächten zu bewahren.

Nach dieser Zeit geriet Monaco immer mehr in den Sog der französischen Politik. Nach der Revolution war das Fürstentum durch den Verlust von Menton und Roquebrune ohne kultivierbares Hinterland. Mehr oder weniger isoliert auf seinem Felsen stand es kurz vor der Pleite. Neue Geldquellen mußten gefunden werden. Der damalige Fürst von Monaco gab schließlich 1856 die Erlaubnis zur Eröffnung eines Spielkasinos. Gerade weil im benachbarten Frankreich durch kaiserliche Dekrete Glücksspiele verboten waren, hoffte man auf diese neue Attraktion. Aber der erste Versuch erwies sich mehr oder weniger als Fehlschlag. Kurz darauf verhalf das Zusammentreffen mehrerer günstiger Umstände der »Kasino-Idee« aber endgültig zum Durchbruch. Erbprinz Carlo III. zog sich *François Blanc*, den geschickten und reichen Kasinodirektor des hessischen Bad Homburg, an Land. Dieser wurde Lizenzinhaber des Kasinos und schloß sich mit einigen Leuten zu der vorsichtig als »Seebädergesellschaft« (*Société des Bains de Mer, SBM*) bezeichneten Gesellschaft zusammen. Die SBM ließ in Monte Carlo eine Luxusstadt aus Hotelpalästen, Villen und prächtigen Anlagen entstehen und förderte so gegen Ende des 19. Jhs den unter den Vornehmen Europas aufkommenden Trend, während des Erholungsaufenthaltes an der Französischen Riviera Abwechslung in Monte Carlo zu suchen. Als Bismarck schließlich 1873 auch noch im Deutschen Reich das Glücksspiel verbieten ließ, blieb den armen und gelangweilten Bourgeois ja gar nichts anderes mehr übrig, als nach Monte Carlo zu flüchten, um hier den hartverdienten Zaster zu verpulvern. Als weiterer Vorteil erwies sich die Anbindung des Fürstentums an die kurz zuvor eröffnete Bahnlinie Marseille-Menton. Man errichtete das prunkvolle *Hôtel de Paris*, das lange Zeit die Nr. 1 in Europa bleiben sollte, und Ende der 70er Jahre des letzten Jahrhunderts zählte das Spielkasino jährlich rund 160.000 Besucher. François Blanc, zuvor schon nicht gerade arm, spielte dort kein einziges Mal und starb als steinreicher Mann. Das ebenfalls neu eröffnete *Theater* genoß schon recht bald einen hervorragenden Ruf in der Musikwelt. Wer hier auftrat, konnte mit den höchsten Gagen überhaupt rechnen. Premieren von Saint-Saëns, Wagner, Massenet, Puccini, Gounod oder des berühmten Russischen Balletts unter Diaghilev festigten den internationalen Ruhm.

Im Jahre 1910 mußte Prinz Albert, um nicht dieselbe Preisgabe seiner Hoheitsrechte wie Nizza, Roquebrune oder Menton zu erleiden, einen Vertrag mit Frankreich abschließen, der vorsah, daß Frankreich die Souveränität Monacos garantierte, sofern dieses bereit wäre, seine Gesetze in Übereinstimmung mit den französischen Interessen zu gestalten. Mit der Freigabe des Glücksspiels in Frankreich und in Italien war es 1933 vorbei mit der Monopolstellung, der Monaco ja seinen ganzen Reichtum zu verdanken hatte. Die Monegassen, selbst schon von jeglicher Steuerlast befreit, beschlossen diese Vergünstigungen unter bestimmten Bedingungen – die erste war wohl, daß man jede Menge Kohle hatte – auch Zugereisten zu gewähren. So wurde aus dem Glücksspielparadies zunehmend ein Paradies für Steuerflüchtlinge (!) aus aller Welt, und die Situation war wieder einmal gerettet.

Als die Welle des Massentourismus und der Zustrom neuer Bewohner die Stadt des Glücksspiels und der Steuerfreiheit erreichten, wurden, ab Ende des Zweiten Weltkrieges, Wolkenkratzer aus dem knapp bemessenen Boden gestampft, die Bahnlinie unterirdisch geführt und zahlreiche Unterführungen und Tunnels gebaut. Dann begann man, durch Aufschütten dem Meer Baugrund abzuringen. Heute bestehen 22% der Gesamtfläche aus so gewonnenem Neuland. Ganz zu Recht lehnten selbst Einheimische diese gewaltige Bodenspekulation und die nachfolgende »Manhattanisierung« ab. Die letzte wirtschaftspolitische Krise spielte sich kurz nach der Unabhängigkeit Algeriens ab, als etliche französische Großindustrielle ihren Firmensitz nach Monaco verlegten und damit dem französischen Staat Steuereinnahmen in Milliardenhöhe entgingen. Der schlaue Staatspräsident de Gaulle erinnerte sich an den oben erwähnten Staatsvertrag von 1910 und zwang den jetzigen Fürsten Rainier, sich den französischen Steuergesetzen zu unterwerfen. Ein Teil der Karawane der Steuerflüchtlinge zog in irgendwelche Ministaaten in der Karibik weiter; Monaco wußte diesen Abzug von Kapital aber wiedermal durch eine geschickte Anheizung der Bodenspekulation auszugleichen.

Monaco heute

Natürlich ist es falsch, bei Monaco immer nur an Caroline und Stéphanie, die Rallye Monte-Carlo, die Fußballmannschaft oder das alljährliche Formel-Eins-Rennen zu denken.

Immerhin wohnen im Fürstentum 28.000 Menschen. Von den ca. 5000 echten Monegassen sind ungefähr 1000 weggezogen, weil ihnen ihre eigene Heimat schlichtweg zu teuer geworden war. Von den restlichen Einwohnern sind die Mehrheit Franzosen (ca. 13.000) und Italiener. Neben dem Fremdenverkehr ist als weitere Beschäftigungsgrundlage eine umweltfreundliche Leichtindustrie entstanden, die Bekleidung, Druckerzeugnisse, Arzneimittel, Parfüm, Kunststoffartikel, Präzisionswaren und Nahrungsmittel produziert. Auf dem Industriesektor finden immerhin 15.000 Franzosen und Italiener als Grenzgänger Arbeit und Brot.

Die Erbmonarchie wird zur Zeit durch den Fürsten Rainier III. repräsentiert und von einem Kronrat mit sieben Mitgliedern und einem Staatsrat von zwölf Mitgliedern verwaltet. Beide Ratsversammlungen werden alle fünf Jahre ausschließlich von den Monegassen gewählt. Der Monarch läßt zwar eigene Münzen schlagen, aber schon seit über 100 Jahren ist der französische Franc das amtliche Zahlungsmittel. Monaco gibt auch eigene Briefmarken heraus. Übrigens: wer – vergeblich – eine Grenze sucht, orientiere sich daran, daß Frankreich dort anfängt, wo die Briefkästen wieder gelb sind und nicht weiß wie in Monaco!

König Tourismus

Das Fürstentum wird alljährlich von mehreren Millionen Touristen heimgesucht. Die Gesellschaft SBM hat deshalb fast alle Hotels, besonders die Luxuskästen »Hôtel de Paris« und »Hermitage«, komplett renovieren lassen. Von einer Hotelauslastung von über 70% können die allermeisten Ferienorte nur träumen! Die Verantwortlichen haben sich hier mit Erfolg darum bemüht, nicht nur den Anforderungen des traditionellen Tourismus zu entsprechen, sondern auch die Geschäftswelt zu Kongressen und Veranstaltungen nach Monaco zu locken. Nicht nur mit dem perfekten Kongreßzentrum – mit Vasarély-Dachbild: eine interessante Variation von Kunst am Bau – sondern auch von der Unterkunftskapazität her kann die Stadt es mit Nizza und Cannes durchaus aufnehmen.

Adressen

- *Verkehrsbüro:* siehe Plan A1, bd des Moulins, in Monte-Carlo, Tel.: 93 30 87 01.
- *Bahnhof SNCF:* Planquadrat A3. Gute Verbindungen sowohl nach Nizza als auch in Richtung Italien und nach Menton.

Unterkunft

Nachfolgend einige Adressen; wir schlagen jedoch vor, besser außerhalb des Fürstentums in Menton, Roquebrune, Cap-d'Ail etc. zu übernachten. Die Unterkünfte sind meist netter und preisgünstiger.

● *Für schmale Geldbeutel*

In Monte-Carlo
- *Centre de la jeunesse »Princesse-Stéphanie«:* 24, av. Prince-Pierre, Tel.: 93 50 75 05. Nur vom 1. Juli bis Ende September. Zu 35 F die Nacht, inkl. Frühstück. Um 14 Uhr dort sein. Ausdrücklich nur für Studenten.
- *Hôtel de l'Etoile:* 4, rue des Oliviers, Tel.: 93 30 73 92. Im Dezember geschlossen. Da die elf Zimmer preiswert sind, ist meist alles belegt, so daß sich eine sehr frühzeitige Reservierung empfiehlt. Im Sommer zahlt man als Einzelreisender für die obligatorische Halbpension 205 F; Menü zu 62 F.

In Monaco
- *Hôtel de France:* 6, rue de la Turbie (beim Bahnhof), Tel.: 93 30 24 64. Doppelzimmer ohne Dusche liegen zwischen 115 und 145 F, mit Dusche oder Bad klettern die Preise gleich auf 200 bis 240 F. Das Frühstück gibt's hier für 22 F.
- *Hôtel Cosmopolite:* 4, rue de La Turbie, Tel.: 93 30 16 95. Gleich neben dem *France*; diesem ebenbürtig, aber billiger. Tadelloses Doppelzimmer ohne Dusche zu 106 F, mit Dusche 176 F.

● *Etwas schicker*

- *Hôtel Le Siècle:* 10, av. Prince-Pierre, Tel.: 93 30 25 56. Gleich neben dem Bahnhof. Etwas altertümliches, aber ganz angenehmes Hotel, das im November geschlossen bleibt. Die Doppelzimmer ohne Dusche sind für 148 bis 156 F, mit Dusche oder Bad für 253 bis 295 F zu haben. Das Restaurant bietet ein Tagesgericht für sage und schreibe 40 F.
- *Hôtel Terminus:* 9, av. Prince-Pierre, Tel.: 93 30 20 70. 08/15-Hotel mit Klimaanlage. Doppelzimmer zu 275 bis 330 F.

Essen

In Monaco existieren eine Vielzahl von Pizzerien und kleinen Restaurants, wo man zu einem akzeptablen Preis auch einigermaßen satt werden kann.
- *Bar-restaurant Bacchus:* 13, rue de La Turbie, Tel.: 93 30 19 35. In Bahnhofsnähe. Die familiäre Küche zaubert ein reichhaltiges Menü für 50 F; der dazugehörige Côtes-du-Rhône erscheint mit 28 F auf der Rechnung.
- *Les Deux Guitares:* rue de la Colle, Tel. 93 30 16 30. Dienstag Ruhetag. Mal die leckere und reichhaltige Pizza du Chef kommen lassen. Als Nachtisch wäre z.B. die Charlotte au chocolat zu empfehlen. Bis 22 Uhr wird auch ein Menü für 69 F mit Aufschnitt oder gemischtem Salat, einem gegrillten Steak oder dem Tagesgericht und Nachtisch gereicht.
- *Le Saint-Pierre:* 21, rue de La Turbie, Tel.: 93 30 99 96. Touristenmenüs zu 59 und 98 F. Restaurant zum Wohlfühlen.

Sehenswert

Das Fürstentum setzt sich aus *Monaco-Stadt* und seinem Felsen, *Monte-Carlo* und dem beide verbindenden *Condamine-Viertel* sowie *Fontvieille* im Westen zusammen.

● Die Altstadt

Die »Hauptstadt« des Zwergstaates liegt malerisch auf einem 300 m breiten und 800 m weit in das Meer hinausragenden, steil zum Wasser abfallenden, Felsen.
Autofahren ist in Monaco wirklich keine Freude. Die Zufahrten zu den spektakulären Parkmöglichkeiten am Fuß des Felsens sind im Sommer meist verstopft, von der Straße auf den Felsen selbst ganz zu schweigen. Da steht die Ampel fast den ganzen Sommer über auf Rot. Wer von Süden kommt, stelle sein Gefährt besser in der Parkanlage von Fontvieille hinter dem Stadion ab. Von hier, regelmäßige Busverbindungen zum Hafen und zum Schloß. Außerhalb der Saison empfiehlt sich ohnehin ein ca. halbstündiger Spaziergang vom Parkplatz über die Place d'Armes zum Ozeanographischen Museum. Von Norden kommend, steuert man die Avenue Princesse Grace an. Zwischen Strand und Spielkasino liegen vier große Parkplätze.
Wir starten unsere Altstadtbesichtigung am früheren *Exerzierplatz* (Place d'Armes). Von hier aus erkennt man auch ganz gut die an der Westspitze des Felsens errichtete Befestigungsanlage des Schloßes. Wir verlassen den mit bunten Marktständen angefüllten Platz und pilgern zur *Rampe Major*. Der 1714 angelegte Weg führt über Treppen oberhalb des Hafens und des Viertels La Condamine entlang und verläuft unter drei Toren aus dem 16. bis 18. Jh. hindurch zum Schloßplatz.
– Der etwas kahle *Schloßplatz* (Place du Palais) ist stets wie geleckt und im Sommer mindestens einmal pro Tag proppenvoll, denn pünktlich um 11.55 Uhr findet vor dem Hauptportal des Bilderbuchpalastes die reichlich operettenhaft wirkende Wachablösung statt. Die über den Platz verteilten Kanonen und Kugeln, die Ludwig XIV. dem damaligen Fürsten schenkte, verstärken eher noch das Kulissenhafte. Auf jeden Fall hat man von der Brüstung an der Nordseite einen malerischen Blick auf den Hafen, Monte-Carlo und die Küste bis zur Landzunge von Bordighera. Von der Südseite (Promenade Sainte-Barbe) blickt man auf Cap-d'Ail. Vis-à-vis vom Palast das im Genueser Stil errichtete Haus der Wachen.
– Das *Fürstliche Palais:* von der Festung aus dem 13. Jh sind nurmehr einige zinnenbekrönte Türme und ein Teil der von Vauban erweiterten und verstärkten Befestigungsanlage, die sich über dem steil abfallenden Felsen erhebt, übriggeblieben. Führungen finden nur in der Zeit vom 1. Juli bis 15. Oktober von 9.30 Uhr bis 18.30 Uhr statt. Eintritt: 20 F (Kinder 10 F).
Durch ein monumentales, die Wappen der Grimaldi tragendes, Tor betritt man den *Ehrenhof* (Cour d'honneur), zu dem sich ringsherum Galerien öffnen. Eine doppelläufige Marmortreppe leitet zu der im 17. Jh. mit Fresken verschönten *Herkules-Galerie* hinauf. Man besichtigt natürlich auch den *Thronsaal*, wo die staatliche Hochzeitszeremonie zwischen Fürst Rainier und Grace Kelly stattfand. Dieser Saal ist ebenso wie die übrigen, großen öffentlichen Empfängen dienenden, Räume mit kostbaren Teppichen, Möbeln sowie interessanten, von Rigaud, Van Loo und Largillière signierten, Porträts ausgestattet. Zur Enttäuschung aller Verehrer von Stéphanie muß an dieser Stelle unbedingt erwähnt werden, daß die dahinterliegenden Privatgemächer tabu sind. Wo kämen wir da hin ...
– Das *Napoleon-Museum* und *Palastarchiv* (Musée des Souvenirs napoléoniens et des Archives du Palais): täglich (außer montags) von 10.30 bis 12.30 Uhr und von 14 bis 17 Uhr geöffnet; außerhalb der Saison von 10 bis 18.30 Uhr. Das Museum in einem Flügel des Palais wird Bewunderer Napoleons besonders anziehen. Hier wurden etwa tausend Erinnerungsstücke und Dokumente des berühmtesten Sprosses der Familie Bonaparte, anscheinend mit der monegassischen Fürstenfamilie verwandt, zusammengetragen. Im ersten Stockwerk beginnt ein Gang durch die Geschichte Monacos. Selbst von amerikanischen Astronauten mitgebrachtes Mondgestein ist hier zu sehen: was das wohl mit der Geschichte des Fürstentums zu tun hat?
– Das *Wachsfigurenkabinett der Fürsten von Monaco* (Musée de Cire, historial des princes de Monaco): in mehreren Räumen mit gewölbter Decke veranschauli-

chen lebensgroße Wachsfiguren in 24 Szenen die Geschichte der Grimaldi: von Franz dem Listenreichen – das war natürlich der, welcher sich, als Mönch verkleidet, in die Festung eingeschlichen hat – bis zum heute heute regierenden Fürsten Rainier III.

– Die *Altstadtgassen:* mögen manche die engen Straßen der Altstadt noch malerisch finden, so meinen wir, daß das alles eine Spur zu geleckt wirkt. Und dann noch die Unmenge von Läden und Boutiquen! Irgendwie wird das Operettenhafte auch hier noch beibehalten; nichts als konsequent, möchten wir meinen. Die im neoromanischen Stil errichtete *Kathedrale* aus dem 19. Jh. paßt dann auch noch dazu. Die alte Nikolaus-Kirche aus dem 13. Jh. mußte dran glauben, als die Kathedrale aus weißem Stein von La Turbie errichtet wurde. Ruhig mal reingucken. Bemerkenswert ist vor allem eines der Hauptwerke von Louis Brea, ein *Nikolaus-Retabel* mit 18 Tafeln am linken Eingang des Chorumgangs. Dann noch einmal Brea mit einem wundervollen Retabel über der Tür zur Sakristei, der sogenannten »Pietà des Pfarrers Teste«, welcher der Stifter des Bildes war. Im Chorumgang, die letzte Ruhestätte der monegassischen Fürstenfamilie. Eine schlichte Steinplatte mit der Inschrift »Gratia Patricia Principis Rainier III.« bedeckt das Grab von Grace de Monaco, die 1982 bei einem Autounfall auf einer Corniche über La Condamine ums Leben kam.

– Der *Sankt-Martins-Park* (Jardins Saint-Martin): wer auf den schattigen Alleen zwischen prachtvoller afrikanischer Vegetation entlangbummelt, entdeckt ein 1951 geschaffenes Standbild des Fürsten Albert I. in mutiger Seefahrerpose sowie Fragmente von Säulen und Kapitellen des Vorgängerbaus der Kathedrale.

– Das *Ozeanographische Museum* (Musée océanographique) ist ganzjährig ohne Unterbrechung von 9.30 bis 19 Uhr geöffnet. Eintritt: 40 F (Studenten und Kinder: 20 F). Im Konferenzraum werden mehrmals täglich Filme vorgeführt.
Fürst Albert I., ein leidenschaftlicher Meeresforscher, gründete 1910 das der Meeresforschung gewidmete Museum. In dem Gebäude hoch über dem Meer hat man auch ein wissenschaftliches Forschungsinstitut eingerichtet.
Im Untergeschoß, ein Aquarium mit über 80 Bassins, wo in allen Farben schillernde exotische und einheimische Wassertiere in ihrer natürlichen Umgebung zu beobachten sind.
Im Erdgeschoß, neben den Geräten, die bei der Unterwasserforschung verwendet werden, u.a. das Skelett eines 20 m langen, von Fürst Albert I. gefangenen Wals, präparierte Meerestiere wie ein japanischer Riesenkrebs, eine 200 kg schwere Schildkröte und Seetiere verschiedenster Art.
In der ersten Etage erinnern das Walfangboot, Modelle der Jachten und das Forschungslabor des letzten Schiffs Fürst Alberts I. an so manche seiner Seereisen.
Im Saal für angewandte Ozeanographie rechts sind über 10.000 verschiedene Muscheln, Perlen und Korallen, präparierte Tiere sowie die naturgetreue Nachbildung eines 13 m langen, bei Neufundland an Land gezogenen, Riesenpolypens zu bewundern.
Die Dachterrasse des zweiten Stocks beschert eine fantastische, vom Esterél-Massiv bis zur Italienische Riviera reichende, Aussicht.

● *La Condamine*

Das Stadtviertel erstreckt sich in Gestalt eines Amphitheaters oberhalb des Hafens zwischen Monaco und Monte-Carlo. Wirklich schade, daß man auch hier alles zugebaut hat.

– In dem von Albert I. Anno 1901 angelegten *Hafen* reiht sich heute eine Luxusjacht an die andere. Übrigens lief Grace Kelly damals ganz stilgerecht mit einer Jacht zu ihrem ersten Besuch in den Hafen des Fürstentums ein. Mrs. Kelly soll wie viele ihrer Landsleute damals geglaubt haben, ihre Tochter habe sich mit einem Fürsten von Marokko (!) verlobt. Auf jeden Fall hat sich innerhalb von Wochen die Besucherzahl des Fürstentums verdoppelt.
Fürst Rainier ließ gleich am Hafen ein den Olympianormen entsprechendes Schwimmbad anlegen.

– Die *Devota-Kirche* (Eglise Sainte-Dévote): alljährlich am Abend des 26. Januar erinnert ein Festzeremoniell vor der Kirche an die folgende überlieferte Begebenheit. Der Leichnam der im 3. Jh. in Korsika den Märtyrertod gestorbenen Heiligen

Devota wurde in ein Boot gelegt, das auf dem Meer davontrieb und schließlich an der monegassischen Küste strandete. Hier wurden die Reliquien aufbewahrt. Im 11. Jh. versuchten Diebe, die Reliquien per Boot zu stehlen, doch die Monegassen holten die Räuber ein, retteten die heiligen Reste und verbrannten das Boot. Deshalb wird am Abend des 26. Januar auf der Kirchplatz ein Boot verbrannt und am darauffolgenden Tag eine Prozession veranstaltet.
Die Kirche wurde auf den Resten einer Kapelle aus dem 11. Jh. errichtet. Sehenswert der Marmoraltar aus dem 18. Jh.

● *Monte-Carlo*
– Das *Kasino:* für einen Zeitgenossen war es damals »die Höllenkathedrale, welche die beiden Spitzen ihrer maurischen Türme aus diesem Garten Eden der Perversität emporreckt« ... Wahrscheinlich bezieht sich diese Aussage nicht nur auf die Verwerflichkeit des Glücksspiels, sondern auch auf den architektonisch etwas abenteuerlichen Bau. Man muß sich schon etwas genauer damit beschäftigen, um die komplizierte Folge von ständigen Um- und Anbauten auf die Reihe zu kriegen. Der Erbauer der Pariser Oper, Charles Garnier, hat bei der Überbauung des Hauptpavillons mit einer Metallkuppel sowie bei dem im Westen anschließenden Theaterbau mitgewirkt.
Also hinein in die Haupthalle: vor uns der Theaterraum und rechts die verschiedenen Spielsäle. Beeindruckende Deckengemälde und großflächige Wandbilder. Im sogenannten amerikanischen Bezirk drängen sich die Gäste um die Spielautomaten und Spielmaschinen, die »einarmigen Banditen«, welche einen Höllenlärm fabrizieren. Die Einsätze sind natürlich bescheiden im Vergleich zu dem, was nebenan in den europäischen Salons über die Tische geschoben wird. Hier gingen schon viele Vermögen durch den Schornstein! Zum Beispiel verlor die schöne Otero, deren amouröse Karriere an diesen Spieltischen begann, in einer Nacht alles, was sie während einer triumphalen Tournee in den USA verdient hatte. Die ehemalige Favoritin des Kaisers (u.a.) sah sich später dazu verurteilt, den Rest ihres langen Lebens (1868-1965) in einer engen Nizzaer Wohnung zuzubringen.
Das Grand Casino hält von 10 Uhr morgens bis 4 Uhr nachts seine Pforten geöffnet. In der Eingangshalle können Personen über 21 Jahre unter Vorlage des Personalausweises oder des Reisepasses Eintrittskarten für die Spielsalons lösen. Für die europäischen Salons beträgt der Eintritt 20 F, während man in den Bezirk der amerikanischen Glücksspiele umsonst reinkommt. In den europäischen Plüschsalons, die man von Filmen her kennt, muß man nicht unbedingt spielen, aber auch nur beim Zugucken muß Mann Krawatte tragen!
Von der Terrasse des Kasinos schweift der Blick über die gesamte Küste bis rüber zum italienischen Bordighera. Unterhalb erstreckt sich das hypermoderne Kongreßzentrum. Im Ostteil, jene dem Meer abgerungenen künstlichen Strände von Le Lavorotto, die ultramodernen Freizeitzentren sowie jenseits der Staatsgrenze die älteren Anlagen des Monte-Carlo-Beach.
Bei einem Spaziergang durch den *Kasinopark* (Jardins du Casino) fällt gleich die prachtvolle Fassade des »Hôtel de Paris« mit seinen schönen Statuen auf. Natürlich ranken sich auch um dieses Gebäude, das dereinst die berühmtesten Gäste seiner Zeit beherbergte, eine Unzahl von Geschichten.
Die berühmte Schauspielerin Sarah Bernhardt wollte sich hier umbringen, Großherzog Michael von Rußland, welcher stets gleich mehrere Etagen mietete, soll Nacht für Nacht mit seinem Gefolge 60 Magnumflaschen Champagner geleert haben und Winston Churchill soll ganz verzweifelt gewesen sein, als ihm sein Wellensittich Toby aus der Suite entfleuchte. Erst eine Flasche Fine Champagne von 1810 soll ihn ein wenig über den schmerzhaften Verlust hinweggetröstet haben.
– Das *Nationale Puppen- und Automatenmuseum* (Musée national des poupées et des automates): av. Princesse-Grace. Geöffnet von 10 bis 12 Uhr und von 14.30 bis 18.30 Uhr. In einer hübschen, von Charles Garnier erbauten, Villa inmitten eines lieblichen, mit Skulpturen geschmückten, Rosengartens. In malerischem Rahmen wird hier eine lehrreich kommentierte, äußerst reizvolle Sammlung von über 100 Automaten aus dem 19. Jh. präsentiert, deren komplizierter Mechanismus durch einen Blick in die »Eingeweide« einer dieser mechanisch bewegten Puppen erkennbar wird. Außerdem sieht man über 400, seit dem 18. Jh. bis heute

zusammengetragene, Puppen und eine riesengroße neapolitanische Weihnachtskrippe mit 250 Figuren.

Was es sonst noch gibt

– Der *Tropengarten* (Jardin exotique): während der Saison von 9 bis 19 Uhr, sonst von 9 bis 17.30 Uhr zugänglich. Eintritt (incl. Tropfsteinhöhle und Anthropologisches Museum): 17 F (Kinder: 8,50 F).
In einem außergewöhnlichen Mikroklima gedeihen hier über 6000 Arten prächtiger, zum Großteil in den Halbwüsten Mexikos und Südafrikas beheimateter, Kakteen und Dickblattgewächse. Besonders eindrucksvoll sind die Euphorbien (Wolfsmilchgewächse) mit ihren hohen Säulen, die riesigen Aloen (Liliengewächse), die zum Teil eßbare Früchte tragenden Opuntien und die anschaulich »Schwiegermutterkissen« genannten Echinokakteen (Igelkakteen) mit ihren meist kugelförmigen Stämmen.
– Die *Tropfsteinhöhle* (Grottes de l'Observatoire) unterhalb des Tropengartens: bei der Führung durch mehrere übereinanderliegende Räume in dieser Kalksteinhöhle kommt man an wundervollen Stalagmiten und Stalaktiten vorüber.
– Das *Anthropologische Museum für Vor- und Frühgeschichte* (Musée d'Anthropologie préhistorique): eine reiche, differenzierte und übersichtlich angeordnete Sammlung gibt Aufschluß über die Frühgeschichte der Menschheit und der damaligen Tierwelt. Neben menschlichen Skeletten sind Knochen von Mammuts, Rentieren, Höhlenbären, Elefanten und Flußpferden zu begutachten.

DIE MITTLERE KÜSTENSTRASSE (Moyenne Corniche)

Die Mittlere Corniche (N 7) ist breit, vorzüglich ausgebaut und besticht durch ihre wundervolle Streckenführung. Manchmal durchquert sie in Tunnels den Fels, meist aber paßt sie ihren Lauf kurvenreich den natürlichen Gegebenheiten an. Neben den prachtvollen Ausblicken auf den Küstensaum bietet sich vor allem der Besuch von Eze, einem der besterhaltenen mittelalterlichen Bergdörfer, an.

● *EZE*

»Die Ruinen von Eze auf einem Felskegel mit seinem zuckerhutförmigen Dorf fesseln jeden Blick. Die schönste, vollkommenste und harmonischste Aussicht.« Der Beschreibung des »Adlerhorst«-Dorfes von George Sand kann man kaum widersprechen. Mit seinen 427 m ist Eze der höchstgelegene französische Ort in unmittelbarer Meeresnähe.
Leider haben die Brände der letzten Jahre beträchtliche Schäden angerichtet. Am Ortseingang wurden sogar einige Häuser bis auf die Grundmauern zerstört.
Der Name soll auf die Phönizier zurückgehen, die hier angeblich zu Ehren ihrer Göttin Isis einen Tempel errichtet haben.
Der berühmte französische zeitgenössische Fotograf Brassaï schoß hier seine letzten Aufnahmen.

Unterkunft

● *In Eze-Village*

– *Auberge des Deux Corniches:* 06360, Tel.: 93 41 19 54. Von Mitte Oktober bis Mitte Dezember geschlossen. Nur Halbpension: 150 F pro Person. Komfortables Haus mit gepflegter Küche.
– *Hôtel du Golf:* place de la Colette, 06360, Tel.: 93 41 18 50. Von November bis Januar geschlossen. Das Hotel mit seiner rosafarbenen Fassade liegt an der Mittleren Corniche. Zimmerpreise 160 bis 300 F. Manche Zimmer mit Meeresblick.
– *Hermitage du Col d'Eze:* 2,5 km von Eze-Village und über die D 46 und die Grande Corniche zu erreichen; 06360, Tel.: 93 41 00 68. Von Mitte November bis Anfang März geschlossen. Zimmer mit einer hübscher Aussicht von 143 bis 220 F. Allerdings ließ die Bettwäsche bei unserem Besuch zu wünschen übrig. Das

278 / KÜSTE V. ST.-RAPHAEL BIS MENTON UND HINTERLAND

Restaurant, Sonntag abend und Montag geschlossen, bietet eine ausgezeichnete Küche mit Menüs zwischen 69 bis 144 F.

● *In Eze-sur-Mer*

– *Le Soleil:* Basse Corniche, 06360, Tel.: 93 01 51 46. Vom 12. November bis zum 12. Dezember geschlossen. Kleines Haus mit nettem Empfang und neuen bequemen Zimmern sowie vernünftigen Preisen zwischen 170 bis 200 F. Bis zum Strand ist's auch nicht weit. Die Menüs im wirklich einwandfreien Restaurant belaufen sich unter der Woche auf 65 bis 75 F; an Sonn- und Feiertagen klettern sie aber auf 95 bis 120 F.

Essen

– *Au Nid d'Aigle:* ziemlich weit oben im alten Dorf, 06360. Das Lokal kündet auf seinem Wirtshausschild von einfachen (Tafel-) Freuden. Beim Menü zu 62 F zählen dazu Nizzaer Salat, Hähnchen à la Côte d'Azur (!) und Zitronencremetorte. Das Menü zu 81 F ohne Bedienung bietet unter anderem einen Salat nach Matrosenart, d.h. in Muschelsud mit Weißwein, Zwiebeln und Gewürzen (Salade marinière) gefolgt von Perlhuhn mit Trauben und einem Nachtisch. Anstelle eines Verdauungsspaziergangs besser mal eben über den Tropengarten hochkraxeln. Ein überwältigender Blick auf Himmel, Meer und Berge entschädigt für die Anstrengungen.
– *Le Troubadour:* ebenfalls im alten Oberdorf, 06360. Netter Empfang und ein Menü für 85 F (mit Bedienung): Gemüsesuppe mit Basilikum-Knoblauch-Paste (Soupe au pistou), Entchenragout und kleine weiße Rüben oder Lachsforellenscheibe, Käse und Nachtisch.

Sehenswert

– Die *alten Gassen:* durch ein im 14. Jh. errichtetes, mit Pechnasen und Wehrgang ausgestattetes Tor gelangt man zu den engen, steilen, streckenweise überwölbten und über Treppen hinwegführenden Gäßchen. Diese säumen sorgfältig restaurierte vornehme Wohnhäuser und leider zu viele Künstlerateliers und Andenkenläden. Die vielen alten Gemäuer sind auf angenehme Art und Weise durch Gärtchen, Laubwerk und eine Unzahl von Blumen aufgelockert.
– Die *Kirche:* bei ihrem Wiederaufbau im 18. Jh. erhielt sie eine klassisch-barocke Fassade und einen viereckigen, zweistöckigen Glockenturm. Im Inneren fallen die grünen Gartenstühle auf und die Kanzel, aus der ein Arm mit einem Kruzifix herausragt. Das wappenverzierte Taufbecken stammt aus dem 15. Jh. Vom Friedhof auf der anderen Seite des Kirchplatzes ungehinderte Sicht auf die Berge; manche Gräber sind in den Fels hineingearbeitet.
– Die *Kapelle der Weißen Büßer* (Chapelle des Pénitents-Blancs): links vom Eingang sieht man eine Kreuzigungsdarstellung, die von einem Meister der Brea-Schule stammt, sowie eine »Anbetung der Drei Könige« aus der Italienischen Schule. Links vom Hauptaltar, die »Madonna der Wälder«, eine Statue aus dem 14. Jh., bei der das Kind einen Tannenzapfen in der Hand hält.
– Der *Kakteengarten* (Jardin exotique): sommertags von 8 bis 20 Uhr, im Winter von 9 bis 12 Uhr und von 14 bis 18.30 Uhr geöffnet. Eintritt: 5 F. Umgibt die Reste der im 14. Jh. erbauten und 1706 auf Befehl Ludwigs XIV. geschleiften Burg. Von einer Terrasse, herrlicher Blick auf die gesamte Riviera. An klaren Tagen erkennt man in der Ferne sogar Korsika.
– Der *Friedrich Nietzsche-Weg* verbindet Eze-sur-Mer mit dem zwischen Olivenbäumen und Pinien gelegenen Eze-Village. Nietzsche vollendete hier 1883 mit »Also sprach Zarathustra« eines seiner Hauptwerke. Er schrieb damals: »Diesen Teil habe ich während des äußerst anstrengenden Aufstiegs vom Bahnhof zu dem inmitten der Felsen kauernden maurischen Dorf Eze erstellt!«

OBERSTE KÜSTENSTRASSE / 279

DIE OBERSTE KÜSTENSTRASSE (Grande Corniche)

Napoleon I. ließ die sogenannte Grande Corniche konstruieren, die teilweise dem Verlauf der antiken Römerstraße Via Julia Augusta folgt. An manchen Stellen eröffnen sich faszinierend weite Ausblicke.

● *LA TURBIE*

Berühmt wegen seiner Hauptsehenswürdigkeit, dem *Siegesdenkmal* (Trophée des Alpes), einem Meisterwerk römischer Baukunst. Von hier aus ließ auch der Herzog von Savoyen Monaco überwachen. Jammerschade, daß selbt hier oben die (Wochenend-) Häuschen wie Pilze aus dem Boden schießen.

Anfahrt

– Von Nizza aus verkehren wochentags Busse um 7, 11.15, 14.15, 17.30 und 18.30 Uhr und sonntags um 8, 11.15, 14.15, 17.30 und 18,30 Uhr. Fahrpreis: 15,90 F.
– Von Menton verkehrt um 14.25 Uhr ein Bus nach La Turbie.

Kost & Logis

– *Hôtel de France:* 12, av. du Général-de-Gaulle, 06320, Tel.: 93 41 09 54. Von Anfang November bis Mitte Dezember geschlossen. Die schlichten, aber properen Doppelzimmer mit Blümchentapete sind für 140 bis 200 F mit Bad oder Dusche und WC zu haben. Das Restaurant offeriert ein Menü zu 70 F mit Rohkostsalat, Forelle nach Müllerinart oder Kotelett.
– *Hôtel le Napoléon:* av. de la Victoire, 06320, Tel.: 93 41 00 54. Mit seiner frischgestrichenen, rosafarbenen Fassade und den grünen Fensterläden schaut das Hotel ganz ansprechend aus. Für ein mehr als sauberes und komfortables Doppelzimmer legt man 220 bis 300 F auf den Tisch. Die ausgesprochen feine Küche bietet bei ihren Menüs zu 95 und 120 F z.B. Tagliatelle mit Meeresfrüchten, gefolgt von einem Seezungenmedaillon mit Senfsauce und Nachtisch.

Sehenswert

– Die *Altstadt:* man beginnt am besten bei der Rue Comte-de-Cessole, der ehemaligen Römerstraße Via Julia Augusta, die zum Siegesdenkmal führt. Auf dem Eckstein eines Hauses prangen Verse aus der »Göttlichen Komödie«, in denen Dante von La Turbie spricht. Beim Bummel durch die engen Gassen, Passagen und überwölbten Sträßchen bemerkt man immer wieder die Mischung von Klassizismus, Barock und mittelalterlichen Stilelementen. Besonders sorgfältig restaurierte Häuser finden wir in der *Rue Dominique-Durandy* (das Haus mit dem Doppelfenster) und in der *Rue de l'Empereur-Auguste*, Ecke *Rue Droite*. Von den mittelalterlichen Festungsanlagen blieb nicht mehr allzuviel übrig.
– Das *Siegesdenkmal* (Trophée des Alpes): schon von Ferne lenkt das schönste und bedeutendste römische Denkmal in der ganzen Gegend alle Blicke auf sich. Es erinnert an den Sieg von Augustus über die aufständischen Völkerstämme der Alpenregion, die bis dahin die Verbindung Roms mit Gallien und Spanien immer wieder behindert hatten. Bis zum Tode Cäsars waren diese Völker der römischen Unterwerfung entgangen. Das Monument wurde im Jahre 6 v.Chr. am höchsten Punkt der Via Julia Augusta, die während der Operationen gegen die Alpenstämme gebaut worden war, errichtet. Ursprünglich *Tropea Augusti* genannt, gab das Siegesdenkmal nach mehreren phonetischen Umformungen dem Ort seinen heutigen Namen La Turbie.
Nach bewegten Zeiten, in denen das römische Siegeszeichen zur Festung umgebaut, als Steinbruch benutzt und schließlich teilweise gesprengt worden war, ermöglichte die Stiftung des Amerikaners Edward Tuck seine Restaurierung. Unter der Leitung des Altertumsforschers und Architekten Jules Formigé erstand 1924 bis 1933 der heutige Bau aus Ruinen und Fragmenten. Die ursprüngliche Gesamthöhe des Bauwerks betrug 50 m, bei einer Seitenlänge von 38 m. Heute mißt das Denkmal nurmehr 35 m Höhe; außerdem hat man einen ziemlich großen

Teil der Siegestrophäe unrestauriert gelassen. Im Sommer ist die Besichtigung des Denkmals mit einer Vorführung von Greifvögeln (Auskunft beim Centre des rapaces de La Turbie, Tel.: 93 41 06 43) kombiniert und belastet dann immerhin die Reisekasse mit 35 F. Wer sich für ein solches Spektakel nicht interessiert, kommt man am besten nach 17 Uhr, wenn der Eintritt nurmehr 7 F (für Kinder 1 F) beträgt. Ganzjährig geöffnet.

Im *Museum* wird die Geschichte des Siegesdenkmals ausführlich erläutert und durch eine Dokumentensammlung Formigés und ein Gipsmodell entsprechend ergänzt.

– Die *Aussichsterrassen* östlich des Denkmals bieten am Rande des Berghangs ein herrliches Panorama auf die italienische Küste, das Cap Martin, das über 450 m tieferliegende Monaco und die Wolkenkratzer von Monte-Carlo, Eze, das Cap Ferrat, das Esterél-Massiv und den Mont Agel.

● ROQUEBRUNE

Den alten Teil des modernen Seebads schützen immer noch seine Mauern und der hoch aufragende Wehrturm der Burg. Alt-Roquebrune ist Frankreichs einziges Beispiel eines befestigten Ortes aus der Karolingerzeit und Vorläufer der zwei Jahrhunderte später errichteten Ritterburgen. Die Burg vereinigte ursprünglich innerhalb ihres Mauerrings mit sechs Toren den Wohnturm (Donjon) und das Dorf. Im 15. Jh. übernahm der Donjon den Namen »Burg« (Château) und der Rest der befestigten Anlage wurde zum »Dorf« (Village), so wie es sich, mittelalterlich, bis heute erhalten hat. Man sollte das Dorf zu Fuß erobern und sich dabei genügend Zeit lassen. Die Gassen sind schmal, verwinkelt, steil und setzten sich manchmal über Treppen und unter Gewölben fort. Natürlich haben auch in Roquebrune Läden voller Nippes, Galerien und Werkstätten mit Kunsthandwerk Einzug gehalten.

Die malerische, in den Fels gehauene, *Rue Moncollet* ist geblieben wie einst. So bot sie sich schon den Besuchern der Burgherren, wenn sie durch die Gitterfenster der anliegenden Gästewohnungen auf sie hinunterspähten. Die *Place des Deux-Frères* verdankt ihren Namen den beiden Felsblöcken, die sie einrahmen. Am Ende der *Impasse du Four* ist der Lehnsherrenofen zu besichtigen. Über Jahrhunderte hinweg buken die Einwohner von Roquebrune hier ihr Brot. Den Pflichtspaziergang unternimmt man am günstigsten frühmorgens, bevor die Touristenbusse ihre Fracht abladen.

Sehenswert

– Die *Burg* (Château): in der Saison von 9 bis 12 Uhr und von 14 bis 18 Uhr (bis 19 Uhr im Juli und August), vom 30. September bis zum 1. April von 10 bis 12 Uhr und von 14 bis 17 Uhr geöffnet. Freitags geschlossen.

Nach Passieren der sogenannten »Blühenden Mauer« (Enceinte fleurie) gelangt man in den trutzigen Wohn- und Verteidigungsturm, der mit der gegenüberliegenden Fassade die Häuser der Rue Moncollet um 26 m überragt. Seine 2-4 m dicken Mauern waren mit Pechnasen, Schießscharten und Zinnen ausgerüstet. Zwanzig Stufen führen in das erste Stockwerk zum höfischen Festsaal hinauf. Man erkennt noch jene Stellen, wo der herrschaftliche Thron stand, sich ein Verlies befand sowie eine würfelförmige Zisterne. Unterhalb dieses Saals lag der aus dem Felsen gehöhlte Vorratsraum. Das Gefängnis wurde nur während der Grimaldi-Herrschaft um 1400 benutzt. Dieser Kerker ersetzte das vorher unter dem Wohnturm befindliche, nur 2 m^2 große »Verlies«.

Darüber folgt im dritten Stock die möblierte Wohnetage. Sie besteht aus einem Eßzimmer, der kärglich ausgestatteten Küche mit einem Brotbackofen und einem Rauchfang aus Olivenholz sowie dem Schlafraum, in dem einige alte Waffen plaziert sind.

Von der vierten Etage, auf der einst Geschütze postiert waren, hat man einen Blick auf die malerischen Dächer der Altstadt, das Meer, die Halbinsel Cap Martin und das Fürstentum Monaco.

– Die *Margaretenkirche* (Eglise Sainte-Marguerite) aus dem 12. Jh. wurde im 16. und 17. Jh. erweitert und stark verändert. Der reich mit mehrfarbig bemaltem

Stuck ausgestattete Innenraum enthält zwei Gemälde des im 17. Jh. lebenden Roquebruner Malers Marc-Antoine Otto: eine Darstellung der Kreuzigung Christi sowie ein Vesperbild über der Tür des zweiten Altars.

– Der *tausendjährige Olivenbaum* (Olivier millénaire): am Chemin de Saint-Roch, 200 m hinter dem Ortsausgang, erhebt sich ein Ölbaum, welcher mit seinem Umfang von über 12 m als einer der weltältesten gilt. Der Historiker und Politiker Gabriel Hanotaux ließ ihn jedes Mal von seinen illustren Gästen, zu denen auch die Präsidenten Clemenceau, Poincaré und Briand gehörten, gehörig bewundern. Hanotaux meinte, daß der Baum mindestens 4000 Jahre auf dem Buckel habe.

Veranstaltungen

Roquebrune ist berühmt wegen seiner traditionellen Umzüge, die seit Jahrhunderten den Jahresrhythmus des Ortes bestimmen.

– Die *Passions-Prozession* (Procession de la Passion): alljährlich findet am Nachmittag des 5. August eine etwa zweistündige Prozession statt, bei der, wie es 1467 die Roquebruner bei einer Pestepidemie gelobt hatten, Szenen der Leidensgeschichte Christi in lebenden Bildern dargestellt werden. Die Prozession zieht natürlich ganze Touristen- und Pilgermassen an.

– Die heute nicht mehr existierende Bruderschaft der Weißen Brüder begründete den Brauch der »Prozession des toten Christus«. In jeder Karfreitagnacht formieren sich etwa 60 Stadtbewohner, um als römische Legionäre und Zenturionen, Jünger und Heilige Frauen verkleidet, die Grablegung Christi nachzuvollziehen. Die Straßen, durch die sich der Zug bewegt, sind festlich geschmückt und erleuchtet. Tausende von Lichtern flackern in Muschelschalen und Schneckenhäuschen, die als Öllämpchen dienen.

MENTON

Willkommen am äußersten Zipfel Frankreichs: man fühlt sich auch prompt ein wenig am Ende der Welt. Nicht zuletzt wegen des unglaublichen Klimas, das an manchen Dezembertagen erlaubt, draußen zu speisen oder Zitronen zu pflücken oder des schon unverschämt blauen Himmels und der Felsen, die ins Meer zu stürzen scheinen. Die Altstadt mit ihrem Friedhof, die platanenbestandenen schattigen Plätze, wo der Pastis noch besser schmeckt, und die bunten Märkte machen den Charme von Menton aus.

Ein wenig Geschichte

Funde in den italienischen Grimaldi-Grotten, nahe der französischen Grenze, zeugen von der Existenz einer seit dem Paläolithikum nachweisbaren Urbevölkerung in dieser Gegend.

Im Jahre 1346 wurde die Stadt Eigentum der Grimaldi von Monaco, war der wechselvollen Geschichte dieses Fürstentums unterworfen und wechselte oft den Besitzer. Bald unterstand Menton sardischer Hoheit, bald französischem Protektorat usw. Diese sich über 500 Jahre hinziehenden ständigen Bündniswechsel hinderten die Stadt nicht an ihrer Entwicklung. Im Gegenteil: es wurden neue Straßen erschlossen und Wohnsitze für die städtischen Adelsfamilien errichtet. Bald nachdem Menton endgültig zu Frankreich gehörte, profitierte es auch von der umsichgreifenden Begeisterung des europäischen Adels für Aufenthalte an der Französischen Riviera. Es seien hier nur Gustav V. von Schweden, Königen Astrid von Belgien und der König von Württemberg stellvertretend für alle anderen erwähnt.

Adressen

– *Fremdenverkehrsamt:* palais de l'Europe, 8, av. Boyer, 06500, Tel.: 93 57 57 00. Hier Stadtplan und das neueste Hotelverzeichnis erhältlich.

– *Busbahnhof:* route de Sospel, 06500, Tel.: 93 35 93 60. Busunternehmen Rapides Côte-d'Azur. *Autocars Breuleux:* Tel.: 93 35 73 51.

– *Bahnhof SNCF:* in der Nähe des Busbahnhofs, Tel.: 93 87 50 50.

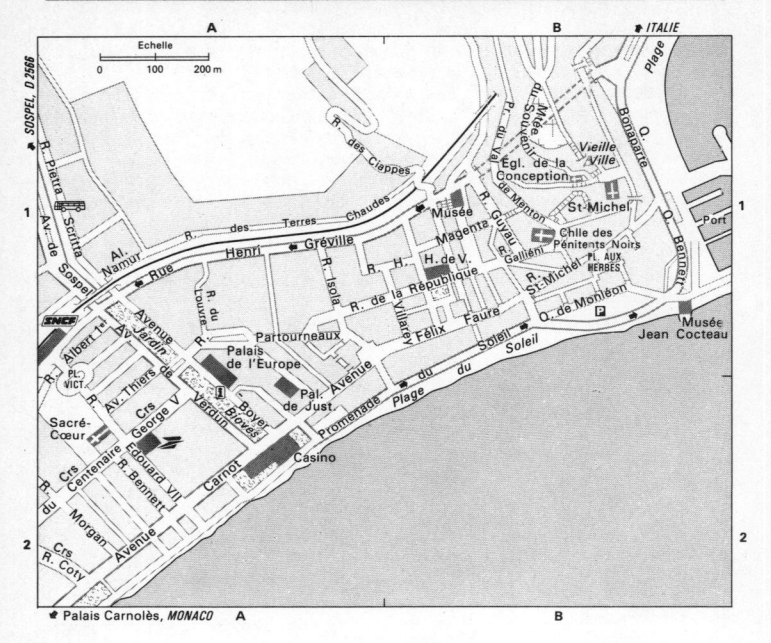

282 / KÜSTE V. ST.-RAPHAEL BIS MENTON UND HINTERLAND

MENTON

Verkehrsmittel

Zwischen Menton und allen anderen Städten der Côte-d'Azur bestehen zahlreiche Zug- und Busverbindungen (Rapides Côte-d'Azur).
Das nahe Hinterland ist dank vielfältiger Busverbindungen ebenfalls gut zu erreichen. Nachfolgend einige Busverbindungen von Menton aus:

– Nach *Sospel* verkehren Busse um 9.30, 14 und 18 Uhr, von Sospel nach Menton um 6.45, 12.45 und 16.30 Uhr. Die Fahrt dauert etwa 50 Minuten. Die Abfahrten von Menton um 14 Uhr und von Sospel um 12.45 Uhr gelten allerdings nur für Dienstag, Mittwoch, Donnerstag und Samstag.
Die Busse um 18 Uhr von Menton und um 12.45 Uhr von Sospel haben jeweils Anschluß an die Züge nach Breil, Saorge, Saint-Dalmas, Tende usw.

– Nach *Ventimiglia* sieben Busverbindungen täglich (sonntags weniger). Fahrpreis: 4 F.

– Nach *San Remo* dauert die Fahrt ca. eine Stunde. Fahrpreis: 9 F.

– Nach *l'Annonciade* Busse um 8.40, 11.45, 14.45 und 18.45 Uhr.

– Nach *Sainte-Agnès* verkehren während der Saison drei Busse täglich außer freitags; außerhalb der Saison bestehen eine bis drei tägliche Busverbindungen.

– Nach *La Turbie* Abfahrt um 14.25 Uhr, Ankunft um 15.15 Uhr. Die Rückfahrt von La Turbie ist um 17.20 Uhr die Ankunft in Menton um 17.50 Uhr.

– *Ausflüge per Schiff:* vom 1. März bis zum 30. Oktober laufen die Ausflugsschiffe täglich vom Quai Napoléon im Alten Hafen aus. Tel.: 93 35 58 81 und 93 35 51 72. Nach Monaco ist die Abfahrt um 14.30 Uhr und die Rückfahrt um 16 Uhr.

Unterkunft

● *Für schmale Geldbeutel*

– *Jugendherberge:* plateau Saint-Michel; an der Straße von Ciappes nach Castellar, die gleich neben dem Rathaus ihren Anfang nimmt. 06500, Tel.: 93 35 93 14. Die Jugendherberge ist ganzjährig, mit Ausnahme vom 15. Dezember bis zum 15. Januar, geöffnet. Der Weg dorthin ist ganz schön steil. Vom Busbahnhof Verbindungen um 8.50, 11, 14 und 16.50 Uhr und von der Jugendherberge in die Stadt zurück um 9.05, 11.05, 11.15, 14.15 und 17.05 Uhr. Für die Übernachtung mit Frühstück und Dusche muß man 41 F und für die Halbpension 80 F zahlen. Für ganze 34 F bekommt man hier ein Abendessen.

● *Immer noch günstig*

– *Hôtel Mondial:* 12, rue Partouneaux, 06500, Tel.: 93 35 74 18. Ehrliche Preise.
– *Hôtel de Belgique:* 1, av. de la Gare, 06500, Tel.: 93 35 72 66. Von Oktober bis Januar geschlossen. Hundsgewöhnliches Hotel, Übernachtungspreise 140 bis 200 F.
– *Pension Beauregard:* 10, rue Albert-I., 06500, Tel.: 93 35 74 08. Unmittelbar beim Bahnhof, von Januar bis Oktober geöffnet. Für die angenehmen Doppelzimmer muß man 200 F berappen. Das Frühstück (17 F) kann im Garten eingenommen werden. Freundlicher Empfang; Zimmer zur Straße bei Lärmempfindlichkeit besser meiden.

● *Etwas schicker*

– *Hôtel du Pin Doré:* 16, av. Félix-Faure und Promenade du Soleil (Eingang von zwei Seiten), 06500, Tel.: 93 28 31 00. Von Mitte November bis Ende Dezember geschlossen. Ausgezeichnete Lage: einerseits an der Uferpromenade, andererseits durch den dazugehörigen Garten leicht nach hinten versetzt. Netter Empfang. Für die komfortablen Doppelzimmer rechne man mit 280 bis 330 F. Swimmingpool und Privatparkplatz ebenfalls vorhanden.
– *Le Globe:* 21, av. de Verdun, 06500, Tel.: 93 35 73 03. Vom 10. November bis zum 27. Dezember geschlossen. 24 Doppelzimmer à 180 bis 200 F. Restaurant mit gepflegter Küche, Menüs von 72 bis 140 F, während Halbpension für 202 bis 281 F zu haben ist. In der Nebensaison ist das Restaurant montags geschlossen. Etwas grummeliger Empfang.
– *Hôtel Claridge's:* 39, av. de Verdun, 06500, Tel.: 93 35 72 53. 1986 komplett renoviert. Doppelzimmer in diesem ganzjährig geöffneten Hotel kosten 240 bis 260 F.
– *Hôtel le Magali:* 10, rue Villarey (Parallelstraße zur Rue Isola, s. Planquadrat A 1), Tel.: 93 35 73 78. Doppelzimmerpreise in diesem einwandfreien Haus zwischen 207 und 230 F; die teuren Zimmer befinden sich auf der Gartenseite und haben Balkon. Eine Klimaanlage ist vorhanden.

● *In der Umgebung*

– *Auberge des Santons:* colline de l'Annociade, 2,5 km nördlich, 06500, Tel.: 93 35 94 10. Von Mitte Oktober bis Mitte Dezember sowie montags geschlossen. Fünf Zimmer an einem angenehm ruhigen Ort zu Füßen eines Klosters. Fünf Appartements mit Kochnische zu 300 F. Im Restaurant provenzalische Spezialitäten und englische Desserts.
– *Le Paris-Rome:* 79, porte de France, in Garavan, 06500 Menton, Tel.: 93 35 73 43. Der Preis für ein Doppelzimmer in dem relativ neuen Haus beträgt 305 F. Man braucht nur die Straße zu überqueren und schon ist man am Strand. Bis nach Italien sind es auch kaum mehr als 500 m.

● *Campingplätze*

– *Camping municipal:* plateau Saint-Michel, 06500, Tel.: 93 35 81 23. Die 170 Stellplätze mit schöner Aussicht stehen von März bis November zur Verfügung.
– *Camping Fleur de Mai:* 67, route de Gorbio, 06500, Tel.: 93 57 22 36.

284 / KÜSTE V. ST.-RAPHAEL BIS MENTON UND HINTERLAND

– Wenn alle Stricke reißen: sich in Gorbio umsehen: *Aires naturelles Marius et Giandolla*.

Essen

Menton ist nicht gerade führend auf dem Feld der Gastronomie.
– *Le Terminus:* place de la Gare, 06500, Tel.: 93 35 77 00. Auf der netten Terrasse kriegt man ein kleines Menü für 40 F mit Vorspeise, Tagesgericht und Käse oder Nachtisch.

● Etwas schicker

– *L'Orchidée:* 2, rue Masséna, 06500, Tel.: 93 35 90 17. Dienstag Ruhetag. Man findet das angenehme Restaurant in einer kleinen, ruhigen Straße in Bahnhofsnähe. Menü für 80 F mit Geflügelleber-Terrine und Salat aus Löwenzahn mit Kopfsalat (Salade de mesclun, eine Spezialität der Nizzaer Gegend), ein Rinderlendenstück mit Pfeffer, eine Schokoladen-Schaumcreme (Marquise au chocolat) oder eine sogenannte Bayrische Creme mit Mango.
– *Chez Germaine:* 46, promenade du Maréchal-Leclerc, 06500, Tel.: 93 35 66 90. Vielleicht das beste Restaurant am Ort, wenn man Preis, Leistung und Empfang mit den anderen Lokalen vergleicht. Da es aus diesem Grund oft kein freies Plätzchen mehr gibt, sollte man unbedingt vorher anrufen. Zwei leckere Menüs zu 90 und 150 F. Als Spezialitäten gelten Fischeintopf (Marmite du pêcheur), Seezungen-Terrine und Rotbarbe mit Hummer-Cremesuppe.

Sehenswert

● Die Altstadt

– Am besten zuerst einmal zum Standbild des Heiligen Michael von Volti am Ende der Mole (Jetée Impératrice Eugénie). Von hier guter Gesamtüberblick auf das über Arkaden aufsteigende, alte Menton, die Berge des Hinterlands und die Küste vom Cap Martin bis Bordighera.
– Anschließend folgen wir der von der Rue Saint-Michel rechts abgehenden *Rue des Logettes*. Hinter der ruhigen, kleinen *Place des Logettes* gelangt man in die schmale Rue Longue, die auf der Trasse der antiken Via Julia Augusta verläuft und früher die Hauptverkehrsader der Stadt bildete. Das Pretti-Haus, Nr. 45, besitzt eine wunderschöne Innentreppe. Überhaupt wird man dort, wo man durch die offenen Türen einen Blick ins Hausinnere wagt, etliche ganz steile Treppen registrieren können. Im Haus Nr. 123 befand sich die ehemalige Residenz der Prinzen von Monaco.
– Über die Rampes du Chanoine-Ortmans oder du Chanoine-Gouget gelangt man auf den reizenden *Kirchplatz der Michaelis-Kirche* (Parvis Saint-Michel). Der Platz ist mit grauen und weißen, zum Grimaldi-Wappen zusammengefügten, Steinen gepflastert. Die auf ihn hinabschauenden barocken Fassaden zweier Kirchen und die alten Wohnhäuser an seinem Rand lassen an eine italienische Piazza denken. Hier finden, mit Blick auf Meer, Stadt und Küste, im August die unvergeßlichen Konzerte des Kammermusikfestivals statt.
– Die *Michaelis-Kirche* (Eglise Saint-Michel), ästhetischste und größte Barockkirche in der ganzen Gegend, besitzt eine gelb-rosa Fassade, die durch verschiedene Stilelemente stark gegliedert ist. Zwei Türme: der linke, von einer früheren romanischen Kirche stammend, erhielt erst im 17. Jh. seinen achteckigen Glockenaufsatz; der rechte, 53 m hohe, Glockenturm im Genueser Stil wurde im 18. Jh. errichtet. Die Annunziata-Kirche in Genua stand Pate für die prächtige Innenausstattung und die Architektur des Gotteshauses. Über dem Chorgestühl der rechten Seite, ein Michaels-Retabel von Antoine Manchello aus dem Jahre 1569. Die Darstellung des heiligen Petrus sowie Johannes des Täufers begleiten diese Zentralfigur des Kirchenheiligen. Der überreich verzierte barocke Hauptaltar stellt auf mehreren Fresken Begebenheiten aus dem Leben des hl. Michael dar. In den Seitenkapellen sind namenhafte Persönlichkeiten aus Menton und Monaco bestattet. Eine Empore an der Chorwand trägt die Kirchenorgel mit einem großen, im 17. Jh. geschaffenen, Orgelgehäuse.

— Die *Maria-Empfängnis-Kapelle* (Chapelle de la Conception oder Chapelle des Pénitents-Blancs): diese 1762 errichtete Kapelle der Weißen Büßer weist eine harmonische Fassade, verziert mit Stuck-Blumengirlanden, und einen, die Allegorien der drei Göttlichen Tugenden tragenden, Segmentgiebel auf.

Unser Spaziergang führt weiter über die *Rue Mattoni* mit ihren Passagen, dann über die steilere *Rue de la Côte* zur *Rue du Vieux-Château*. Straßen mit uralten Häusern, wo oben die Wäsche flattert und vor denen sich die Katzen in der Sonne aalen. Alles strahlt hier Ruhe und eine gewisse Frische aus.

— Schließlich der *Alte Friedhof* (Vieux cimetière), sommertags von 7 bis 19 Uhr und im Winter von 7 bis 18 Uhr zugänglich. Im vergangenen Jahrhundert wurde er am Standort der ehemaligen Burg angelegt. Die Anlage erstreckt sich über vier Terrassen, jeweils für Angehörige einer anderen Religion vorgesehen. Bei der Südspitze des englischen Friedhofsteils bietet sich eine Traumaussicht auf Frankreich zur einen und Italien zur anderen sowie die Berge, welche in ein strahlend blaues Meer eingetaucht zu sein scheinen, während die Friedhofszypressen noch dieses stimmungsvolle Bild ergänzen. Die Grabanlagen erinnern an jene Zeit, da betuchte Fremde die Stadt bevölkerten, um hier die Sonne und oft auch noch Heilung nach einer Tuberkuloseerkrankung zu suchen. Schon damals haben die Leute keine Entfernungen gescheut: so findet man das Grab der im Alter von 19 Jahren gestorbenen Evelyn, Eheweib von William Rosamond aus Toronto in Kanada. Daneben das Grab der im Alter von 15 Jahren verstorbenen Veronica Christine, Tochter des Generals Genkin Jones und etwas weiter, nach den russischen Inschriften, erfährt man, daß der dort begrabene Henri Taylor aus Dundee 1888 im Alter von 25 Jahren in Menton das Zeitliche gesegnet hat.

— Wir setzen unseren Spaziergang fort und nehmen eines der abschüssigen Gäßchen, die zur Altstadt hinunterführen. Von der dicken alten Stadtmauer sind nur noch zwei Tore übriggeblieben: die *Porte Saint-Julien* und der *sechseckige Turm*.

— Nachdem wir die *Rue Saint-Michel* mit ihren Orangenbäumen erreicht haben, wenden wir uns gleich links dem mit bunten Kieseln gepflasterten *Kräuterplatz* (Place aux Herbes) zu. Von einer Café-Terrasse aus genießen wir den Blick auf die Platanen, die Kolonnaden und den Brunnen. Am Vormittag bekommt man auch noch das bunte Markttreiben nebenan mit.

— Bleibt noch die 1618 *Rue de Brea* unterhalb der Michaels-Kirche zu erwähnen. In der Nr. 3 wohnte ... Na wer wohl? Natürlich der unvermeidliche Napoleon: wo der nicht überall logiert hat! Im Haus Nr. 2 wurde der spätere General Brea geboren. Er fiel im Jahre 1848 den Kugeln der Pariser Aufständischen zum Opfer.

Was es sonst noch gibt

— Die *Sonnen-Promenade* (Promenade du Soleil) zieht sich am Meer entlang und trennt den Strand von der Altstadt. Die Rentner bevölkern die seitlichen Terrassen und verbringen ihren Tag damit, sich, von Bank zu Bank wechselnd, in der Sonne aufzuwärmen. Übrigens hat Menton mit über 30 % der Bevölkerung den höchsten Anteil an Ruheständlern in ganz Südfrankreich.

— Das *Museum des Palais Carnolès* (Palais Carnolès): an der Av. de la Madone im Westen der Stadt. Geöffnet vom 15. Juni bis zum 15. September von 10 bis 12 Uhr und von 15 bis 18 Uhr. Montags, dienstags und an gesetzlichen Feiertagen geschlossen. Zuerst Sommerresidenz des Prinzen Antoine I. von Monaco, dann Spielkasino, wurde der Palast vor nicht allzulanger Zeit in ein Museum umgewandelt, das heute eine bedeutende Gemäldesammlung birgt. Die meisten Werke stammen aus der 1959 durch Erbschaft an Menton gefallenen Sammlung Wakefield Mori. Im ersten Stockwerk sind besonders frühe französische und italienische Meister vertreten. Hervorzuheben ist ein Madonnenbild Louis Breas. In anderen Sälen sind etliche Werke der Flamen und Holländer sowie verschiedene europäische Schulen des 17. und 18. Jhs vereint. Der letzte Saal birgt Zeichnungen und Aquarelle von Malern des frühen 20. Jhs wie Derain, Raoul Dufy, Vlaminck usw., und im Erdgeschoß sind modernere oder zeitgenössische Maler wie Camoin, Suzanne Valadon (»Nackte Negerin«), Gleizes, Desnoyer, Paul Delvaux (»Maria-

Serena«), Poliakoff, Sutherland, Gromaire usw. vertreten. Ferner werden preisgekrönte Werke der Internationalen Kunstbiennale von Menton präsentiert.

– Der *Biovès-Park* (Jardins Biovès): hohe Palmen, Zitronenbäume, Blumenbeete, Brunnen und Statuen verschönern den Stadtpark, der sich in der Achse des Carei-Tals vor der herrlichen Kulisse der Berge des Hinterlands ausdehnt.

– Der *Europa-Palast* (Palais de l'Europe): 1909 errichtet, diente der Bau mit seiner Belle Epoque-Fassade zunächst als Spielkasino. Heute ist er ein Mehrzweckgebäude und Sitz verschiedener Institutionen wie der Büros für Veranstaltungen, Kunstausstellungen etc., des Fremdenverkehrsamts. Alle zwei Jahre Schauplatz der Internationalen Kunstbiennale.

– Das *Rathaus* (Hôtel de ville) mit seinem von Jean Cocteau ausgemalten *Hochzeitssaal* (Salle des mariages): Besichtigung von 9 bis 12 Uhr und von 13.30 bis 17 Uhr (außer samstags, sonn- und feiertags). Cocteau mokierte sich über die karge Ausstattung der französischen Standesämter, die zwar die Kirche ersetzen sollten, aber deren Pomp und Pracht wenig entgegenzusetzen hatten. Deshalb gestattete der damalige Bürgermeister 1957 seinem Künstlerfreund, der gerade vorher die Fischerkapelle von Villefranche neu gestaltet hatte, das Standesamt der Stadt auszumalen. Die Wände zeigen einen Fischer mit der einst in Menton üblichen Kopfbedeckung und ein Mädchen, das einen typischen Nizzaer Hut trägt. Neben der Geschichte von Orpheus und Eurydike wird eine Fantasiehochzeit dargestellt. An der Decke ist die Muse der Dichtkunst zu bewundern, auf dem geflügelten Pegasus reitend.

– Das *Jean Cocteau-Museum* (Musée Jean Cocteau): bastion du Vieux-Port, Tel.: 93 57 72 30. Von 10 bis 12 Uhr und von 15 bis 18 Uhr geöffnet. Montags, dienstags und feiertags geschlossen.

Honoré II. von Monaco erbaute im 17. Jh. das kleine Hafenfort, in dessen Gemäuer heute das Cocteau-Museum untergebracht ist. Zunächst lenken draussen die nach Cocteaus Vorlagen aus Kieselsteinen gestalteten Mosaike das Augenmerk auf sich. Es folgen innen das aus grauen und weißen Kieselsteinen zusammengesetzte Fußbodenmosaik »*Der Salamander*« und ein schöner Wandteppich (»Judith und Holophernes«). Eine Etage höher geben die Reihe der »Fantastischen Tiere«, die Bildersammlungen mit Variationen zum Thema Liebe (die sogenannten *Innamorati*«), Pastelle, Zeichnungen und Entwürfe einen Eindruck von der schöpferischen Fantasie des besonders als Dichter, Schriftsteller und Filmregisseur hervorgetretenen Jean Cocteau (1889-1963).

– Der *Quai Napoléon III*, eine 600 m lange Mole, schützt den Alten Hafen. Von hier aus, die prächtigste Sicht auf die Altstadt und das bergige Hinterland.

• *GARAVAN*

Im Schutz der Hügel von Menton, welche die Nordwinde abhalten, kann sich der früher nur aus einigen Prachtvillen bestehende Stadtteil des mildesten Klimas an der ganzen Küste rühmen. Ende des 19. Jhs hatten sich hier inmitten von Olivenhainen kaiserliche und königliche Hoheiten sowie einige Künstler niedergelassen. Einige dieser ehemaligen Prachtvillen gammeln jetzt langsam vor sich hin.

– Der *Botanische Garten* (Jardin botanique exotique): av. Saint-Jacques in Garavan, Tel.: 93 35 86 72. Geöffnet von 10 bis 12 Uhr und von 14 bis 17 Uhr (in der Nebensaison bis 16 Uhr). Dienstags geschlossen. Eintritt: 10 F.

Die Anlage des Parks der Villa »Val Rahmeh« geht auf die Initiative der Wissenschaftler des Naturkundemuseums von Paris zurück, denen das Klima Mentons optimale Wachstumsbedingungen für die einheimische Mittelmeervegetation und gute Akklimatisierungsvoraussetzungen für tropische Pflanzen zu bieten schien. Tatsächlich gedeihen hier die übersichtlich nach Themen, Art und Verwandtschaft geordneten Pflanzen des Tropen-, Wildpflanzen- und Wasserpflanzengartens prächtig. Den herrlichen Olivenhain hat man in Terrassen angelegt. In der letzten Zeit läßt die Pflege dieser Anlage doch einiges zu wünschen übrig. Eine malerische Palmenallee führt zur Villa zurück, wo man einige der exotischen Früchte aus dem Park käuflich erwerben kann.

– Gleich nebendran, im *Pian-Garten*, ein uralter Olivenhain. Sich im Sommer nach den Abendveranstaltungen in dieser schönen Umgebung erkundigen!

– Ein Spaziergang führt uns von der Avenue du Bord-de-Mer durch die Avenue Blasco-Ibañez, dann rechts durch die Rue Webb-Ellis und ein Stück weiter wieder rechts zum Chemin Wallaya. Von hier aus steigen wir hinauf zur *Villa Isola Bella*, wo die neuseeländische Schriftstellerin Katherine Mansfield 1920 neun Monate lang wohnte. Zurück geht's zur Avenue Blasco-Ibañez, wo wir die *Villa Fontana Rosa* suchen. Der spanische Schriftsteller Vincente Blasco Ibañez schrieb hier sein »Mare Nostrum« und bewohnte die Villa von 1922 bis zu seinem Tod im Jahre 1928. Die Natur gewinnt auch hier die Überhand und vieles ist schon zugewuchert. Noch kann man die schönen Mosaiken bewundern, die Aquarium, Becken und Bänke zieren.

– Der *Colombières-Park* (Domaine des Colombières): von 9 bis 12 Uhr und von 15 bis 20 Uhr zu besichtigen; von Oktober bis Dezember geschlossen. Ferdinand Bac, der vielseitig begabte Großneffe von Napoleon Bonaparte, hat sein Talent als Architekt, Gartenbauer, Maler und Zeichner voll eingesetzt, um diesen wundervollen Park zu gestalten. Der märchenhafte Garten verzichtet auf Palmen und all die exotischen Pflanzen, die man in den anderen Tropengärten der Côte d'Azur antrifft. Hauptsächlich Zypressen, aber auch Pinien und andere heimische, immergrüne Gewächse bilden Hecken und Umfriedungen, zwischen denen Brunnen, Zierteiche, Ballustraden und Treppen immer wieder für Auflockerung sorgen. Bac hat in vierzigjähriger Bauen, Entwerfen und Bepflanzen hier ein kleines Paradies geschaffen, das unter Kennern zu den schönsten Parks überhaupt zählt. Am Ende des Rundgangs durch diesen »Zaubergarten« wird man sich in der Villa bei einem Drink erfrischen wollen. Die hohen Unterhaltskosten für diese Anlage erforderten es, in der Villa ein kleines Hotel mit sechs Zimmern einzurichten. Das Doppelzimmer mit Frühstück für 400 F wird wahrscheinlich zu teuer sein, aber auch ohne Übernachtung ist der Besuch des Colombières-Parks ein absolutes Muß!

DIE UMGEBUNG VON MENTON

Die Verkehrsanbindung der einzelnen Orte haben wir am Anfang des Kapitels über Menton aufgeführt.

● *SAINTE-AGNÈS*

Von der Avenue des Alliés aus sich an die nach Norden führende D 22 halten. Sainte-Agnès zeichnet sich durch seine außergewöhnlich reizvolle Lage am Fuß eines hoch aufragenden, grau und rötlich schimmernden, Kalkfelsens aus. Mit seinem dichten Gassengewirr, den alten Torbögen und den überwölbten Passagen stellt es fast den Urtyp eines provenzalischen Dorfes da – wären da nicht die zahlreichen Pseudo-Kunstgewerbeläden mit falschem Schmuck, Webprodukten, allerlei Kitsch usw. Ein kleiner Spaziergang durch die malerischen Gassen und durch die streckenweise überwölbte, mit Kieseln gepflasterte, Rue Longue ist äußerst reizvoll. An ihrem südlichen Ende blickt man auf die Autobahn »La Provençale«, die Mentoner Alpen, die Bucht von Menton und rechts auf den Mont Agel.

Als weiteres Ziel für einen Fußmarsch bietet sich der 754 m hohe Saint-Sébastien-Paß an, wo man von der Kapelle aus eine besonders schöne Aussicht auf Sainte-Agnès genießt. Weitere Wanderwege führen von hier aus nach Menton und Gorbio.

Kost & Logis

– *Le Saint-Yves:* 06500, Tel.: 93 35 91 45. Anständige einfache Bleibe in einer Traumlage; allerdings nur sieben Zimmer. Menüpreise 65 bis 120 F.

– *Le Logis Sarrasin:* 06500, Tel.: 93 35 86 89. Von Mitte November bis Mitte Dezember geschlossen. Der bekannte Familienbetrieb zeichnet sich durch ein angemessenes Preis-/Leistungsverhältnis und ordentliche Portionen aus. Deshalb ist der Laden auch manchmal dementsprechend voll. Überall diese Touristen! Menüs in der Preisspanne 75 bis 95 F.

288 / KÜSTE V. ST.-RAPHAEL BIS MENTON UND HINTERLAND

● GORBIO

Nach dem Palais Carnolès nehmen wir rechter Hand die Rue A.-Reglion, welche in die schmale und kurvenreiche D 23 übergeht. Die Straße führt im grünen, blühenden und als gute Wohnlage geschätzten Gorbio-Tal zu dem alten Bergdorf Gorbio hinauf, das in seiner ursprünglich gebliebenen felsigen Umgebung ein äußerst malerisches Bild abgibt. Dieser Eindruck bestätigt sich beim Gang durch die sich am Ortseingang auftuende überwölbte Gasse, am alten Brunnen vorbei über das Kieselsteinpflaster der engen Sträßchen zum Dorfplatz mit seiner 1713 gepflanzten Ulme.

Das Dorf ist berühmt wegen seiner *Schneckenprozession* (Procession aux limaces) an Fronleichnam. Wie in Roquebrune füllt man hier die Schneckenhäuschen mit Öl, in das man jeweils einen Docht taucht. Tausende von Muschellichtern auf den Straßen und Fensterbänken sorgen während dieser Tage für eine ganz besondere Stimmung.

– Ausgezeichnete Möglichkeiten für einen Fußmarsch bieten die Wanderwege nach Roquebrune und Sainte-Agnès.

● CASTELLAR

... läßt sich von Menton aus über zwei verschiedene Straßen erreichen: einmal auf der Promenade du val de Menton bzw. der D 24 oder weiter westlich über die Route des Ciappes. Bei *La Pinède*, kurz vor der Autobahn, vereinigen sie sich dann zu einer Straße, auf der man nach 2,5 km sein Ziel erreicht.

Alte, hie und da überwölbte Gassen durchziehen das Bergdorf. Die Rue de la République führt heute durch den ehemaligen *Lascaris-Palast*. Sehenswert ist auch die Kapelle im Friedhof unterhalb. Von der Terrasse des »Café des Alpes« an der Place Clemenceau läßt sich ein netter Blick auf das Meer und die Gipfel der umliegenden Berge genießen.

– *Wandermöglichkeiten:* über den gut gekennzeichneten Wanderweg GR 52 erreicht man in knapp zwei Stunden den *Restaud* (1145 m) an der Grenze zu Italien. Bis zum *Grammont* (1380 m) weiter im Norden rechne man mit ca. 3 Stunden, bis zu den *Ruinen von Alt-Castellar* eine Stunde.

● DAS CAP MARTIN

Die in Blumen und Parks eingebetteten Villen und Anwesen machen die Halbinsel Cap Martin zur vornehmsten Wohngegend. Von harzigem Duft erfüllte Kiefernwäldchen, Olivenhaine, Zypressenreihen und Mimosenbüsche verleihen den Straßen viel mittelmeerische Atmosphäre. So verwundert es nicht, daß bald nach der Errichtung eines Grandhotels Fürstlichkeiten und Geldadlige aus aller Welt hierherzogen. Erwähnt seien die Königin von Österreich, Elisabeth, auch Sissi genannt, und die Kaiserin Eugénie, die Sissi bei ihren Spaziergängen auf den Maultierpfaden begleitete. Die gute Luft hier scheint besonders Eugénie prächtig bekommen zu sein, denn sie ist immerhin 94 Jahre alt geworden. Weitere berühmte Gäste waren Churchill und Le Corbusier, der auf dem nahegelegenen Friedhof von Roquebrune seine letzte Ruhestätte fand. Cap Martin gilt bis heute noch als die beste Adresse an der Côte d'Azur, und so wundert's nicht, daß sich hier keine Einrichtungen des Massentourismus etablieren konnten: man will halt unter sich sein!

Die am östlichen Ufer der Halbinsel entlangführende Straße bietet eine großartige Aussicht auf Menton und die Italienische Riviera bis Bordighera.

Schließlich sei noch ein reizender Spazierweg erwähnt. Der ehemalige Zollweg heißt heute »*Promenade Le Corbusier*« und verbindet die Kapspitze von Cap Martin mit Monte-Carlo-Beach. Während der 1½ Stunden – eine Strecke – passiert man eine Unzahl herrlicher Villen und genießt mit jeder Anhöhe weitere Ausblicke.

SOSPEL

Die alten Häuser des Ortes reihen sich malerisch zu beiden Uferseiten der Bévera. Frisches Gebirgsklima und landwirtschaftliche Nutzung, vor allem Olivenanbau, zeichnen das von hohen Bergen umgebene Dorf aus. Der Kreuzungspunkt zahlreicher Verkehrswege bietet eine Vielzahl reizvoller Wandermöglichkeiten.

Anfahrt

Die Busverbindungen sind unter der entsprechenden Rubrik bei Menton aufgeführt.
- Sospel ist Haltepunkt an der *Bahnlinie* Nizza-Tende-Cuneo.

Unterkunft

- *Auberge Provençale:* an der Straße nach Menton, ca. 1,5 km von der Ortsmitte, 06380, Tel.: 93 04 00 31. Vom 11. bis zum 30. November geschlossen. Ein erholsamer Ort ohnegleichen mit angenehmer Terrasse und einem herrlichen Blick auf die Berge. Die Zimmerpreise rangieren zwischen 130 bis 250 F. Menüs von 60 bis 140 F.
- *Hôtel des Etrangers:* 7, bd de Verdun, 06380, Tel.: 93 04 00 09. Monsieur Domerego, ein Kind aus der Gegend, kennt die Umgebung wie seine Westentasche und hat auch schon etliche Artikel über seine Heimat verfaßt. In seinem Haus unmittelbar über dem Fluß vermietet er 35 komfortable Zimmer für 140 bis 240 F. Von der kleinen Terrasse aus, Aussicht auf das Gebirge. Einen Swimmingpool gibt's auch. Hinter dem Hotel besteht die Möglichkeit, in einem sogenannten Wanderer-Lager (Gîte d'étape) für 42 F zu nächtigen. Empfehlenswertes Restaurant (s.u.).

• Campingplätze

- *Le Mas Fleuri:* ca. 2 km außerhalb, in Richtung Col de Turini. Von der D 2566 biegt man links ab und erreicht ein grasbewachsenes Gelände mit reizender Aussicht. Für den Stellplatz zahlt man 10 F und für das Auto weitere 7 F. Dafür gibt's dann aber auch heiße Duschen und einen Swimmingpool.
- *Domaine Sainte-Madeleine:* ebenfalls an der Straße in Richtung Col de Turini, allerdings 4,5 km von Sospel. Etwas größer als der oben beschriebene Zeltplatz und auch mit Swimmingpool. Die Preise sind vergleichbar: 9,30 F für den Stellplatz und 6,50 F fürs Auto. Wen's plötzlich nach Komfort gelüstet, der kann für 150 F in eines der Doppelzimmer umziehen.

Essen

- *Hôtel des Etrangers:* Adresse s.o. Wer wird dem leckeren Menü zu 65 F, bestehend aus einer hausgemachte Terrine, zwei Gängen und Gebäck, schon widerstehen können? Vielleicht speist man sogar auf der angenehmen Terrasse? Als Spezialitäten gelten Lammspießchen mit Kräutern und Forelle mit Mandeln.
- *L'Escargot d'Or:* 3, bd de Verdun, 06380, Tel.: 93 04 00 43. Gleich nebenan und ebenfalls mit zum Fluß hin gelegener Terrasse. Zwei ordentliche Menüs zu 65 ung 90 F (inkl. Bedienung), letzteres mit Froschschenkelfrikassee, Schmorbraten auf provenzalische Art, Käse und Nachtisch. Für 32 F gibt's auch ein Kindermenü.

Sehenswert

• Linkes Ufer

Wir überqueren die *Alte Brücke* aus dem 11. Jh., einst die einzige Mautbrücke der ganzen Alpes-Maritimes. Die Brücke und vor allem der Brückenturm, wo man den Wegezoll zu entrichten hatte, wurden 1944 arg in Mitleidenschaft gezogen, aber nach dem Krieg sorgfältig restauriert. Hinter der Brücke gelangt man zu der kopfsteingepflasterten *Place Saint-Nicolas*. Unter den Arkaden des ehemaligen Gemeindehauses steht noch ein Brunnen aus dem 15. Jh. Anschließend nehmen wir die *Rue de la République*, deren alte Häuser sich alle ähneln. Ihre großen Keller waren alle untereinander verbunden. In dieser Gegend gab es viele Herbergen und Warenlager, wo die Händler vor Überqueren der Mautbrücke Halt machten.

● **Rechtes Ufer**

– Der *Kirchplatz* (Place de la Cathédrale): zur Zeit der Kirchenspaltung im 14./15. Jh. besaß die heutige *Michaelskirche* den Rang einer Kathedrale. Ein mit Rundbogenfriesen verzierter romanischer Glockenturm flankiert die Barockfassade. In der linken Chorkapelle ist eines der besten Werkes François Breas zu sehen: *Die Jungfrau der Unbefleckten Empfängnis* (la Vierge Immaculée). Das auf Holz im 15. Jh. gemalte Altarbild stammt aus der Kapelle der Schwarzen Büßer und zeigt Maria in einer idyllischen, von kleinen Engeln bevölkerten Landschaft. Das älteste der Laubenhäuser am Kirchplatz ist das *Palais Ricci* rechts von der Kirche. Papst Pius VII. logierte hier, als er auf Geheiß Napoleons nach Frankreich gebracht wurde.

– Die *Lange Straße* (Rue Longue), ebenfalls von mittelalterlichen Wohnsitzen gesäumt, führt zur Kapelle der Schwarzen Büßer.

– Im engen Gassengewirr spürt man noch so richtig den Hauch der Vergangenheit. Nicht vergessen, die *Rue Saint-Pierre* mit ihren Arkaden und dem alten Brunnen, die *Placette des Pastoris* usw. anzusehen. Lohnenswert ist auch ein Spaziergang am Ufer der Bévera.

Fußwanderungen

– *Le calvaire:* wir brechen im Westen auf, nehmen zunächst die D 2204 und dann die nach Moulinet führende D 2566. Hinter der Bahnunterführung links dem Pfad am Lavine-Bach entlang. Nach ungefähr 10 Minuten Fußmarsch erreichen wir den Calvaire, von dem aus wir eine tolle Aussicht über das ganze Sospel-Becken haben. Für Hin- und Rückweg muß man 1½ Stunden veranschlagen.

– Der *Mont Agaisen:* zuerst geht's einmal 1,2 km auf der Straße am linken Ufer der Bévera entlang. Dann biegt man rechts ab, um zur Saint-Jakobs-Kapelle und den Serres de Bérins zu gelangen. An der ersten Weggabelung bei Bérins schlägt man die südliche Richtung ein, um kurz darauf am 740 m hohen Mont Agaisen anzulangen. Nach weiteren 600 m führt linkerhand ein Weg unmittelbar nach Sospel. Für diesen Rundweg sollte man annähernd drei Stunden veranschlagen.

– *Le Merlanson:* Sospel beim *Hôtel de la Gare* verlassen. Nach der Bahnunterführung den Pfad am rechten Ufer des Merlanson entlang. Hinter Erch ein kurzes Stück das schmale Tal von Valescure hoch, um darauf linkerhand den Weg zum Castillon-Paß einzuschlagen. Vom Paß aus bietet sich für die Rückkehr nach Sospel die D 2566 an. Für Hin- und Rückweg sollte man ebenfalls rund drei Stunden einkalkulieren.

– *Le Mangiabo:* von der Schule in Sospel ausgehend, folgen wir dem Wanderweg GR 52 und erreichen über Cimelinière im 1801 m hohen Mont Mangiabo. Etwa 200 m nördlich, hinter dem Gipfel, rechts ab, mehr oder weniger den Mont Mangiabo umrundend. Bei der Cime du Ters geht's den linken Pfad zum Brous-Paß rauf. Auf der D 2204 schließlich, nach etwa sechs Stunden, zurück in Sospel.

– Die *Bévera-Schluchten:* zuerst marschieren wir von Sospel aus über die D 2204. Ab Le Golf geht's die Bévera entlang bis zur Grenzstation Olivetta, die man nach zwei Stunden Marschzeit erreicht. Nach einer kurzen Besichtigung des italienischen Dörfchens Olivetta-San Michele kehren wir über die normale Straße (D 93) nach Sospel zurück.

DER WALD VON TURINI

Küstenbewohnern und Touristen bietet dieser nur 30 km vom Meer entfernte Wald Frische und landschaftliche Abwechslung.

● VON SOSPEL ZUM TURINI-PASS

Von Sospel aus nehmen wir die Straße durch das Bévera-Tal. Dieses verengt sich allmählich, und in den wildesten Abschnitten verläuft die Straße teilweise unter Felsüberhängen hoch über der Bévera, deren Bett zuweilen mächtige Felsblöcke sperren. Kurz hinter dem Wasserfall passieren wir die kleine Piaou-Schlucht.
Am Hinweisschild der Kapelle »Notre-Dame-de-la-Menour« halten wir an. Die Brücke zur Kapelle führt über die Straße. Eine breite Freitreppe liegt vor der zweigeschossigen Renaissancefassade. Von hier aus, großartige Aussicht über das Tal und die Schlucht. Schon erstaunlich, daß selbst hier noch, in dieser wilden und rauhen Gegend, Reste von ehemals bebauten Terrassen zu finden sind. Meist wurden die handtuchbreiten Felder von Mäuerchen gehalten, die man *Restanques* nannte.
In ihrem weiteren Verlauf durchquert die Straße das hübsche Dörfchen *Moulinet* mit seinen rosafarbenen Häusern und dem schattigen, platanenbestandenen Dorfplatz. Nach zahlreichen Haarnadelkurven, mitten im Wald: der Turini-Paß.
Am Kreuzungspunkt mehrerer Straßen bietet sich der Turini-Paß als Ausgangspunkt für Ausflüge in die Umgebung in idealer Weise an.

Kost & Logis

- *Les Trois Vallées:* col de Turini, 06440, Tel.: 93 91 57 21. Zimmer, 200 bis 280 F, verfügen über Terrasse mit Blick auf den Wald. Beim Menü für 75 F serviert man Landschinken, eine Forelle Müllerinart oder das Tagesgericht sowie zum Nachtisch eine Karamelcreme. Alternativvorschlag zu 50 F: warmes Gericht, Käse oder Dessert und ein Getränk.
- *Les Chamois:* col de Turini, 06440, Tel.: 93 91 57 42. Bestens geführte Unterkunft, im November geschlossen, mit Zimmern zu 110 F. Vollpension: 187 F.
- *Le Ranch:* 06380, Tel.: 93 91 57 23. Im Mai geschlossen. Etwas einfacher als *Les Chamois*, aber einwandfrei. Für die Halbpension rechne man mit 143 F, für das zufriedenstellende Menü mit 58 F.

● L'AUTION

Vom Paß steigt die D 68 bis zur *Baisse de Tueis*, wo wir zunächst am *Kriegerdenkmal* (Monument aux morts) anhalten. Am Aution kämpften 1793 die Konventstruppen gegen die Austro-Sarden und 1945 Franzosen gegen Deutsche. Vom Denkmal aus bietet sich ein weiter Rundblick. Mit zunehmender Höhe nimmt der Tannen- und Lärchenbewuchs ab und die Aussicht wird fortwährend spektakulärer. Wir fahren die Schleife, welche die D 68 hier bildet, links herum. Nächstes Ziel ist die *Pointe des Trois Communes* (Drei-Gemeinden-Spitze) in 2082 m Höhe. Von hier aus sieht man die Gipfel des Mercantour-Nationalparks und die Nizzaer Voralpen. Wieder auf der Straßenschleife durchqueren wir Hochweiden und passieren *Camp de Cabanes Vieilles*, ehemalige Militärunterkünfte, welche bei den Kämpfen 1945 beschädigt wurden. Am Kriegerdenkmal folgen wir wieder unserem ursprünglichen Hinweg.

● VOM TURINI-PASS NACH LUCERAM

Die D 2566 führt zunächst durch den dichtesten und grünsten Teil des Turini-Waldes nach unten. In der *Auberge de la Source* sich nach soviel Natur bei einem Menü zu 60 F mit Landschinken, Kaninchen in Wein-Pilzsauce (Lapin chasseur) und Nachtisch stärken.
Der 1450 m hoch auf einem schmalen Grat postierte Wintersport- und Sommerferienort *Peïra-Cava* kommt einem vor wie eine Aussichtskanzel zwischen den Tälern von Vésubie und Bévera, denn von diesem Punkt aus läßt sich die Umgebung aus der Vogelperspektive betrachten. Wer noch höher hinaus will, pilgert zur Peïra-Cava-Spitze: am Ortseingang von Peïra-Cava bei der Post auf die ansteigende Straße abbiegen; dann geht's vom Parkplatz aus nochmals 15 Minuten zu Fuß auf den 1582 m hohen Gipfel. Grandioser Rundblick über Tal und Berge der Vésubie, das Bévera-Tal, den Mercantour, die hohen Gipfel entlang der

französisch-italienischen Grenze und, bei klarer Sicht, jenseits der Nizzaer Voralpen, sogar bis Korsika.
Bei La Cabanette, 1,5 km hinter Peïra-Cava, verlassen wir die D 2566 und biegen links auf die D 21 ab, die in Haarnardelkurven nach Lucéram strebt und dabei selbstverständlich viele fantastische Ausblicke ermöglicht.

● LUCERAM

Weiteres »Adlernest-Dorf« des Nizzaer Hinterlandes, wo die hohen Häuser gleichsam an den Felsen geklebt zu sein scheinen. Lucéram ist ebenfalls ein geeigneter Ausgangspunkt für verschiedene Ausflüge in die Umgebung.

Anfahrt

- Vom Busbahnhof Nizza, *Bus* wochentags um 8.00, 9.00, 17.30 und 18 Uhr, an Sonn- und Feiertagen um 9 Uhr.

Sehenswert

Zur Römerzeit und bis ins späte Mittelalter hinein war das an der Salzstraße gelegene Lucéram von einiger Bedeutung als Etappenstation an der Strecke nach Turin. Im Jahre 1272 sprach man dem Städchen sogar eine weitgehende Verwaltungsunabhängigkeit zu.
- *Alt-Lucéram:* ein Labyrinth steiler, über Treppen und durch Passagen führender, Gassen durchzieht das mittelalterliche Dorf, einst eine von Konsuln regierte Minirepublik. Während des Besichtigungsgangs passiert man zahlreiche gotische Häuser, Backöfen und eine von ionischen Säulen flankierte Tür aus dem 14. Jh. Um Platz zu gewinnen, baute man sogar *Pontis*, die von einer Seite zur anderen über die Straße hinweg die Häuser miteinander verbanden.
- Die *Margareten-Kirche* (Eglise Sainte-Marguerite) entstand in der Übergangszeit von der Romanik zur Gotik, bekam jedoch im 18. Jh. einen reich mit Stuck verzierten sehenswerten Innenraum im Rokokostil verpaßt. Die Kirche birgt die im Raum Nizza bedeutendste Retabelsammlung der Nizzaer Malerschule aus dem 15. und 16. Jh. Es handelt sich dabei um ein zehnteiliges *Altarbild der Heiligen Margareta* von Louis Brea, ein *Retabel des Heiligen Antonius von Padua* mit wunderschöner Landschaftsmalerei von Canavesio, *Retabeln der hl. Petrus und Paulus* (1500), ein *Altarbild des hl. Bernhard* (1500) sowie ein dem *heiligen Laurenzius* gewidmetes Exemplar.
Bemerkenswert ist natürlich auch der Beichtstuhl, von dem aus der Pfarrer die Kanzel über eine Falltür erreichen konnte ... Ob das wirklich so praktisch war? Der *Kirchenschatz* (Trésor) umfaßt eine wunderbare, im 15. Jh. gefertigt, *Heilige Margareta mit dem Drachen* aus Silber sowie weitere wertvolle Goldschmiedearbeiten. Bei der Reliquienstatue der *hl. Rosalie* wird man sich berechtigterweise fragen, wieso die Schutzpatronin von Parlermo ausgerechnet hier gelandet ist. Nun, des Rätsels Lösung ist ziemlich einfach: die Familie Barralis brachte im 17. Jh. die Reliquienstatue aus Sizilien mit hierher und seitdem wird die sizilianische Schutzpatronin auch hier verehrt.
Vom malerischen Kirchenvorplatz mit seinem Brunnen und dem Waschhaus, bildschöner Blick auf Lucéram, die Hügel des Nizzaer Hinterlandes und die Küste in der Ferne.

Fest

- Die *Hirtenweihnacht* (Noël des Bergers): nach uraltem Brauch finden sich an diesem Fest die Hirten aus den Bergen hier zusammen und bringen ihre Schafe mit in die Kirche. Der Pfarrer liest die Messe, unter Pfeifen- und Tamburinklängen werden Lämmer und Früchte Gott geweiht, während die Hirten getrocknete Feigen und Brot darbieten. Lämmerball im Hirtenhaus ...

DAS HOCHTAL DER ROYA

• BREIL-SUR-ROYA

Das Städtchen, auf halbem Wege zwischen Meer und Hochgebirge, liegt zusammengedrängt zwischen dem linken Ufer der Roya und den Resten der Befestigungsmauer mit ihren Toren. Seine Bewohner leben vom Ertrag aus Viehzucht (Käseherstellung, Milch) und Olivenbaumkulturen. Neben einer Schuhfabrik gibt es noch einige kleine Lederfabriken, so daß man es hier nicht mit irgendeinem Bergnest, sondern mit einem durchaus lebendigen Städchen zu tun hat.

Anfahrt

– Breil-sur-Roya ist Haltepunkt auf der Bahnlinie Nizza-Tende.

Nützliche Adresse

– *Verkehrsamt:* maison de la Presse, 06540, Tel.: 93 04 41 53.

Kost & Logis

– *Relais de Salines:* route de Tende, 06540, Tel.: 93 04 43 66. Von März bis Oktober geöffnet. In einem kleinen Park am Wildbach. Von hier aus hat einen reizvollen Bergblick. Davon läßt sich ein knurrender Magen bekanntlich nicht beeindrucken: von einem gefüllten Kaninchenrücken dagegen schon. Eine Spitzenadresse, wie wir meinen.
– *Hôtel de la Roya:* place Biancherie, 06540, Tel.: 93 04 45 46. Das ganzjährig geöffnete Hotel liegt ebenfalls an der Roya. Im Restaurant (1. Etage) serviert man für 58 F ein Menü mit Rohkostsalat, provenzalischem Schmorbraten und Nachtisch.

• Campingplatz

– *Camping municipal:* 06540, Tel.: 93 04 21 29. Von Mitte Juni bis Mitte September geöffnet. Der Campingplatz am Flußufer besitzt einen Swimmingpool.

Sehenswert

– Der *alte Dorfteil:* arkadengeschmückte Plätze wie die Place de Briançon, vielfarbige Häuser, teilweise sogar mit Perspektivmalerei, überwölbte Passagen – man wittert förmlich das naheliegende Italien. Sich auch die Reste der alten Stadtmauer, wie z.B. die *Porte Saint-Antoine,* anschauen.
– Die *Kirche Santa Maria* in Albis beeindruckt schon allein durch ihre Dimensionen. Mit bunten Ziegeln gedeckter, dreigeschossiger Glockenturm. Die langwierigen Restaurierungsarbeiten sind mittlerweile abgeschlossen, so daß man sich in aller Ruhe das prachtvoll mit vergoldetem Schnitzwerk verzierte Orgelgehäuse aus dem 17. Jh. zu Gemüte führen kann. Auf der linken Seite des Chors ist das Altarbild eines alten Meisters aus dem 15. Jh. zu bewundern, auf dem Petrus als Papst posiert.

Fußwanderungen

– *La Madone-des-Grâces:* wir starten auf dem rechten Roya-Ufer hinter dem Bahnhof und nehmen den *Chemin de Saint-Antoine,* der durch die Olivenkulturen zur Kapelle Notre-Dame-du-Mont führt. Von dort geht's weiter bis zur Kapelle Madone-des-Grâces. Entweder kehrt man von hier aus unmittelbar nach Breil zurück, wobei in diesem Fall die kleine Wanderung insgesamt zwei Stunden dauert, oder man kraxelt auf einem Pfad weiter bis zum knapp 900 m hohen Brouis-Paß.
– *Sainte-Anne:* auf der D 2204 2 km Richtung Brouis-Paß laufen. Das Sträßchen rechter Hand führt nach Gavas, La Tour, la Maglia und schließlich zur Kapelle Saint-Anne. Die gesamte Tour nimmt etwa vier Stunden in Anspruch.

Nördlich von Breil, besonders nach dem Weiler Giandole, sieht sich die Straße zunehmend durch das Tal eingezwängt, wobei wir spektakuläre Schluchten passieren. Am Ausgang dieser Schluchten taucht zwischen zwei felsigen Steilwänden das Dorf Saorge auf, das am Hang zu kleben scheint.

● SAORGE

Seine außergewöhnliche geographische Lage verschaffte dem Dorf über lange Zeit eine gewisse strategische Bedeutung. Saorge verriegelt gleichsam das obere Roya-Tal und galt über Jahrhunderte hinweg als uneinnehmbare Festung. Erst zweimal mußte das Dorf sich ergeben: im Jahre 1794 dem Marschall Masséna und das zweite Mal 1945. Der mittelalterliche Charakter blieb glücklicherweise bis heute erhalten: hohe, mit Steinplatten gedeckte Häuser aus dem 15. bis 17. Jh., die im Halbrund an den Berghängen zu kleben scheinen, und enge, oft düstere Gassen, die fast immer treppenförmig ansteigen. Saorge steht wohl zu Recht unter Denkmalschutz.

Kost & Logis

– *Auberge de la Roya:* an der Nationalstraße, 06540, Tel.: 93 04 50 19. Ganzjährig geöffnet. Ein Doppelzimmer in dem einfachen, aber anständig geführten Haus beläuft sich auf 99 bis 119 F. Im auch von Einheimischen frequentierten Restaurant serviert man beim Menü zu 58 F Rohkostsalat, gefolgt vom jeweiligen Tagesgericht (z.B. Kalbskotelett) und einen Nachtisch. Das Menü zu 90 F setzt sich zusammen aus Vorspeise, einer Forelle, dem Hauptgericht und einer Nachspeise.

● Campingplatz

In Fontan, 2,5 km weiter nördlich, *Camping municipal*, 06540, Tel.: 93 04 50 01. Von Mitte Juni bis Mitte September geöffnet.

Sehenswert

– Die *Erlöserkirche* (Eglise Saint-Sauveur) aus dem 16. Jh. erhielt im 18. Jh. ein neues Gewölbe. Sie birgt ein Gemälde von 1708, das den heiligen Eligius mit der Jungfrau und dem Kind darstellt, sowie ein Taufbecken aus dem 15. Jh.
– Die *Madonna del Poggio*-Kirche ist vor allem wegen ihres schlanken, sechsstöckigen lombardischen Turms bekannt. Die Retabel im Innern stammen aus dem 15. Jh. Interessenten wenden sich an die Gemeindeverwaltung (Mairie).

Fußwanderungen

– zur *Kapelle Sainte-Anne*, 2 km östlich,
– zur *Kapelle Sainte-Croix*, 2 km nordöstlich,
– zu den *Ruinen der Festung Malamorte* auf dem gegenüberliegenden Berghang, ca. 5 km von Saorge entfernt.
Hinter Fontan durchquert die Straße neue Schluchten und man gelangt in die malerischsten Gebirgsdurchbrüche der Alpen. Die Straßenschilder mit der Aufschrift »100 m Abstand halten wegen Steinschlaggefahr« sagen eigentlich schon alles.

● SAINT-DALMAS-DE-TENDE

In dem heute ruhigen Sommerferienort ging es in den 30er Jahren wohl etwas lebhafter zu, denn damals war Saint-Dalmas-de-Tende Grenzbahnhof der Eisenbahnstrecke Nizza-Cuneo. Der für so ein Dörfchen fast schon gigantisch anmutende Bahnhof läßt diese hektische Zeit ein wenig erahnen.
Saint-Dalmas ist einer der Hauptausgangspunkte für Ausflüge ins »Tal der Wunder«.

Kost & Logis

– *Hôtel Terminus:* route de la vallée des merveilles, in der Nähe des Bahnhofs, 06430, Tel.: 93 04 60 10. Vom 3. November bis Mitte Februar sowie freitags

geschlossen. In dem Hotel mit dem angenehmen Garten davor zahlt man zwischen 77 bis 187 F fürs Zimmer. Im riesigen Speisesaal mit Neonlampen wird den Gästen zu einem vernünftigen Preis eine üppige Mahlzeit vorgesetzt. Die Wände schmücken schöne Kupfertöpfe, alte Teller, Blumensträuße und eine Reihe Siegespokale.
Von Saint-Dalmas aus tuckern wir auf der D 43 durch das grüne Levense-Tal nach La Brigue.

● LA BRIGUE

Der Ort im Grenzgebiet gehört erst seit 1947 wieder zu Frankreich. Vorher war das Roya-Tal italienisch, auch nach der französischen Annexion der Grafschaft Nizza 1860, so daß der frischgebackene italienische König nicht auf seine angestammten Jagdgebiete verzichten mußte. Das malerische Dorf im kleinen Tal der Levense, die von einer romanischen Brücke überspannt wird, umgeben Obstgärten. Der mittelalterliche Charakter wird noch verstärkt durch die Ruinen der Burg und den Lascaris-Turm. Geschichtsträchtige Häuser aus grünem Roya-Schiefer lassen auf das lange Bestehen der Siedlung schließen. Türen und Fensterstürze vieler Häuser schmücken Wappen oder sonstige Verzierungen. Vom Dorfplatz aus hübscher Blick auf den Mont Bégo.

Kost & Logis

– *Hôtel des Fleurs des Alpes:* place Saint-Martin, 06430, Tel.: 93 04 61 05. Das schlichte, kleine Haus ist von März bis November geöffnet. Doppelzimmer von 150 bis 200 F. Das Restaurant – in der Nebensaison mittwochs geschlossen – bietet für 70 F ein einwandfreies Menü an.

● Etwas schicker

– *Hôtel Mirval:* 3, rue Saint-Vincent-Ferrier, 06430, Tel.: 93 04 63 71. Von April bis November geöffnet. Ruhige Bleibe mit Garten und Bergblick. Während man für die Doppelzimmer 143 bis 220 F zahlt, bietet das Restaurant zwei Menüs zu 69 und 96 F.

Sehenswert

– Die *Martinskirche* (Eglise Saint-Martin) besitzt einen viereckigen romanischen Glockenturm. Giebel und Außenwände der Seitenschiffe sind mit Schießscharten versehen, da die Kirche vorübergehend auch als Festung diente. Zu den Kostbarkeiten im Kircheninnern zählt eine bemerkenswerte Sammlung von Gemälden alter Meister. Dazu gehören eine Darstellung der *Kreuzigung* Christi aus der Brea-Schule, ein der *hl. Martha* geweihtes *Altarbild* aus der Italienischen Renaissance sowie eine drastische Darstellung des *Martyriums des hl. Erasmus.* Wenn man der Abbildung Glauben schenken darf, dann verlor Erasmus im Jahre 303 sein Leben, weil sein Henker ihm die Eingeweide regelrecht aus dem Leib riß. Die erste Kapelle links zeigt das 1507 von dem Italiener Fuseri geschaffene, im 18. Jh. in eine barocke Umrahmung gefaßte, *Triptychon Maria-Schnee* (Notre-Dame-des-Neiges).
– Der *Platz der Wiederangliederung* (Place du Rattachement) fällt auf durch seine Häuser beiderseits des Riu Sec, die allesamt im Erdgeschoß eine überwölbte Galerie aufweisen.

Fußwanderungen

– Die *Route de l'Amitié:* ein Sträßchen, das durch das Riu Sec-Tal aufwärts führt.
– Der *Mont Saccarel* (2200 m) bildet die Grenze zu Italien. Hin und zurück rund 20 km, aber dafür hat man vom Gipfel auch eine traumhafte Aussicht.

In der Umgebung

– Den Schlüssel zur *Kapelle Notre-Dame-des-Fontaines* (Sanctuaire Notre-Dame-des-Fontaines) erhält man in einem der Hotels des Ortes. Man verläßt La Brigue auf der D 43 in östlicher Richtung und fährt dann rechts der D 143 in ein Seitental bis zur Kapelle. Unterwegs passiert man eine doppelt gekrümmte Brücke und einen Kalkofen aus Ziegelsteinen. In diesem einsamen Tal wurde bei periodisch sprudelnden Quellen oberhalb des Wildbachs die Wallfahrtskapelle errichtet. Das bescheidene Äußere läßt in keiner Weise die kostbare, reiche Innenausstattung erahnen. Außergewöhnliche, hervorragend erhaltene, Fresken bedecken die Wände und stellen, von lateinischen Inschriften erläutert, einen Katechismus in Bildern dar.

Den Chor schmücken die ältesten Wandgemälde: sie werden Jean Balaison zugeschrieben und vergegenwärtigen das Leben Mariens und der Evangelisten.

Die übrigen Fresken sind von Jean Canavesio und stammen aus dem Jahre 1492 (richtig, Kolumbus entdeckt Amerika und das Mittelalter endet!). Sie zeichnen sich aus durch eine wunderbare Bildkomposition und Farbenpracht, eine ergreifend realistische Darstellungsweise sowie minutiös ausgearbeitete Details. Die Fresken illustrieren die wichtigsten Geschichten des Evangeliums. Uns wird, um nur eine Darstellung zu nennen, der verlorene Judas Iskariot unvergessen bleiben. Die grauenvoll realistische Schilderung zeigt, wie aus dem Bauch des Verräters Leber und andere Eingeweide hervorquellen, während der Arme vor Schmerz wie von Sinnen dreinschaut.

DAS TAL DER WUNDER (La vallée des Merveilles)

Das Gebiet westlich von Tende, im Umkreis des 2872 m hohen Mont Bégo, ist geprägt von der Gestaltungskraft des Eises: Talkessel, Gletscherseen und Moränen bestimmen diese felsige, durch das Fehlen von Straßen und das rauhe Hochgebirgsklima einsam gebliebene, weltabgeschiedene Bergregion. Zwar gedeiht in den Tälern von La Minière, Casterine und Fontanalbe dichter Lärchenbestand, doch das zwischen dem Mont du Grand Capelet und dem Mont Bégo verlaufende Tal der Wunder entbehrt jeglicher Vegetation, sieht man von dem im Sommer blühenden Kräuterteppich ab. Das Hochgebirge mit seinen Gipfeln, Tälern und Seen bildet hier ein grandioses Naturschauspiel, doch sind es besonders die zahlreichen Felszeichnungen, welche die Berühmtheit des Tals der Wunder ausmachen. Ein ganzer Tag ist eigentlich das Minimum für eine Besichtigung des Gebirgsmassivs; uns scheinen zwei volle Tage mit Übernachtung in einer Schutzhütte angebrachter.

Anfahrt

– *Mit dem Geländewagen (Jeep):*
a) von Saint Dalmas-de-Tende aus: M. Lancioli (Tel.: 93 04 62 32); M. Ronchetti (Tel.: 93 04 65 70); M. Berutti (Tel.: 93 04 60 07).
b) von Tende aus: M. Bresso (Tel.: 93 04 60 31) und M. Belière (Tel.: 93 04 63 99) Pro Person und Tag muß man mit 250 bis 300 F rechnen.
– Wenn man *mit dem eigenen Wagen* anreist, biegt man von der N 204 auf die D 91 ab und fährt durch das La Minière-Tal bis zum Mesches-See (Lac de Mesches), wo zwei Wildbäche zusammenfließen. Dort läßt man seinen fahrbaren Untersatz stehen.

Unterkunft

Abgesehen von den Schutzhütten, bei denen man schriftlich reservieren sollte, hier noch ein paar brauchbare Adressen in Castérino und Saint-Dalmas.
– *Auberge Marie-Madeleine:* 06430, Castérino, Tel.: 93 04 65 93. Vom 4. Oktober bis zum 15. April geschlossen. Einfache, aber sympathische Unterkunft im Chalet-Stil. Für die Halbpension muß man 176 F pro Person veranschlagen. Zwei Menüs zu 62 und 83 F.
– *Auberge des Mélèzes:* 06430 Castérino, Tel.: 93 04 64 95. Im November und Dezember geschlossen. Die etwas klein ausgefallenen Zimmer sind zumindest blitzsauber. Halbpension mit Bad 190 F pro Person; wer sich mit einem Waschbecken im Zimmer begnügt, für den wird's natürlich billiger. Das Menü zu 110 F

mit Aufschnitt, einer frischen Forelle, Käse oder hausgemachter Torte mundet ausgezeichnet.
– *Auberge Val Castérino:* 06430 Saint Dalmas-de-Tende, Tel.: 93 04 64 38. Durch und durch behagliche und ruhige Herberge.

Spezielle Hinweise für das »Tal der Wunder«

– Auskünfte und Tips erhält man im Fremdenverkehrsamt von Tende. Von hier aus werden auch geführte Wanderungen organisiert.
– Wer noch mehr darüber wissen will, wende sich an: Parc national de la Vallée des Merveilles, 23, rue d'Italie, 06000 Nice, Tel.: 93 87 86 10.
– Bis Ende Juni und ab Ende September ist mit Schnee zu rechnen, welcher nicht nur die Felsbilder verdeckt, sondern auch das Wandern äußerst mühsam gestaltet.
– Ohne Führer sind die berühmten Felsbilder nur schwierig zu finden, da sie über weite Flächen und in verschiedenen Höhen verteilt sind.
– Gutes Kartenmaterial ist unerläßlich: entweder Karten des Institut Géographique National (IGN) im Maßstab 1:25.000 oder die Karte »Haut Pays Niçois« im Maßstab 1:50.000 aus dem Verlag Didier et Richard, Grenoble.
– Zweckmäßige Ausrüstung für Bergwanderungen ist unbedingt erforderlich: Wanderschuhe, warme Kleidung, Regenschutz usw.

Ausflüge und Wanderungen

Für alle, die nicht groß wandern wollen oder die nur wenig Zeit haben, was gerade hier jammerschade wäre, weisen wir noch einmal auf die Möglichkeit hin, einen Jeep zu mieten. So kann man bei *M. Berlière, maison de la Montagne et des Loisirs,* 16, av. du 16-Septembre, 06430 Tende, Tel.: 93 04 62 54 einen allradgetriebenen Toyota am Vorabend reservieren. Man bringt Sie dann von Ihrer Herberge zur ersten Schutzhütte im Tal. Nach einer fabelhaften, ca. sechsstündigen Wanderung an Seen und Wasserfällen vorbei wird man wieder abgeholt und zu seinem Quartier zurückgebracht. Für diese Aktion muß man mit 250 bis 300 F pro Person rechnen.
Nachfolgend zwei Standard-Routen:
A) Zweitagestour: die ersten 10 km von Saint-Dalmas bis zum Mesches-See legt man mit dem Wagen zurück, den dort stehen läßt. Dann geht's etwa drei Stunden zu Fuß weiter. Der Weg führt am Unteren Langen See (Lac Long Inférieur) vorbei zur Schutzhütte »Refuge des Merveilles«, wo man übernachtet. Am nächsten Tag durchs »Tal der Wunder« bis zur Senke Baisse de Valmasque und schließlich wieder auf dem gleichen Weg zum Mesches-See zurück, wo man nachmittags eintrifft.
Gute Bergwanderer können bis zur Senke Baisse de Fontanalbe marschieren und dort immer in östlicher Richtung weiter (auf einer Strecke von 2 km sogar querfeldein) zu den Felsbildern bei der Schutzhütte »Refuge de Fontanalbe«. Die Rückkehr zum Meschessee erfolgt dann durch das Fontanalbe- und das Casterine-Tal.
B) Folgende Tour dauert insgesamt nur einen Tag: von Saint Dalmas-de-Tende fährt man durch das La Minière- und das Casterine-Tal bis zum Weiler Sainte-Madeleine. Von dort geht's zu Fuß weiter durch das Fontanalbe-Tal bis zu den Felszeichnungen bei der Schutzhütte »Refuge de Fontanalbe«.

Die Felszeichnungen

Die Umgebung des Mont Bégo erweist sich als wahres Freilichtmuseum der Frühgeschichte. Sein »Fundus« besteht aus mehr als 100.000 Felsbildern, welche man am konzentriertesten im Tal der Wunder, aber auch im Fontanalbe- und Vallaurette-Tal sowie am Le Sabion-Paß entdeckt hat. Sie sind in die vor 15.000 Jahren durch die eiszeitliche Erosion geglätteten Oberflächen der Felsen eingeritzt worden. Die ältesten Bilder stammen aus der Bronzezeit (um 1800-1500 v. Chr.). Die Technik der damaligen Felsgravierung war folgende: mit Quarzit- und Feuersteinwerkzeugen wurden Vertiefungen von 1-5 Millimeter Durchmesser dicht aneinandergereiht in die Felsoberfläche eingeschnitten. Die Felsgravierungen geben Aufschluß über das Leben und die Sorgen der damals in den Tälern beheimateten ligurischen Volksstämme, für die der Mont Bégo wahrscheinlich eine Gottheit darstellte, zu der sie pilgerten. Sie betrachteten ihn als Schutzgott, da er ihnen von den Hängen herab Wasser schickte, und sie fürchteten ihn, weil er häufig in Gestalt von Unwettern zürnte. Hier wie anderenorts war die Verehrung der Berggottheit mit dem Kult des Stiers verbunden: dies belegt die Hälfte der Gravierungen, welche Rinder und Hörnersymbole zeigen. Die Menschen in jener Zeit erscheinen ebenfalls in vielen Darstellungen; für die bekanntesten erfand man Namen wie Hexenmeister, Christus, Stammesführer, Tänzerin usw. Die abgebildeten Hakenpflüge oder Eggen und vorgespannten Zugtiere sowie die netzartigen Gebilde, welche Wiesen- oder Feldereinteilungen anzeigen, lassen darauf schliessen, daß damals bereits Ackerbau betrieben wurde. Die in hoher Zahl widergegebenen Waffen entsprachen ziemlich genau den bei archäologischen Ausgrabungen gemachten Funden aus dieser Zeit.

TENDE

Ähnlich wie Saorge ist Tende amphitheatergleich in das Tal der Roya hineingebaut. Hohe, mit Schieferplatten gedeckte, Häuser drängen sich an dem Gebirgsfluß zusammen, von der Steilwand des Ripe de Bernou überragt. Ebenso wie La Brigue ist Tende erst 1947 französisch geworden.
Im Mittelalter spielte das Städtchen eine wichtige Rolle, weil es die Hauptzugangsstraße zum Piemont kontrollierte. Im Jahre 1692 wurde die Lascaris-Burg im Krieg der Augsburger Liga von den Franzosen geschleift. Ein 20 m hoher, spitzer Mauerrest blieb von der Burg übrig und stellt ein Pendant zu dem etwas deplaziert wirkenden Glockenturm auf dem Friedhof nebenan dar.
Etliche der teilweise im 15. Jahrhundert errichteten Häuser bestehen aus grünem und violettem Schiefer. Im Gassengewirr entdeckt man zahlreiche wappen- oder figurenverzierte Türstürze, mehrstöckige Balkone sowie breite Dächer, die dem Dorf einen alpinen Charakter verleihen.
– Die *Mariä-Himmelfahrtskirche* (Eglise Notre-Dame-de-l'Assomption) besteht bis auf wenige Bauelemente aus grünem Schiefer. Am Renaissance-Portal stützen zwei Löwen dorische Säulen, für eine Kirche doch relativ selten.
– Von Tende aus bieten sich zahlreiche Möglichkeiten für ausgedehnte Spaziergänge und Wanderungen. Wir möchten an dieser Stelle nur das *Réfrei-Tal* erwähnen. Etwa 4 km nordöstlich von Tende zweigen hier an dem mit Granges de la Pré bezeichneten Punkt weitere Wanderwege ab.

Kost & Logis

– *Jugendherberge:* les Carlines, chemin Sainte-Catherine, 06430, Tel.: 93 04 62 74. Das 36-Betten-Haus ist vom 1. Februar bis zum 30. September geöffnet. Selbstverpflegern steht eine Küche zur Verfügung.
– *Hôtel du Centre:* 12, place de la République, 06430, Tel.: 93 04 62 19. Im März geschlossen. Schlicht zwar, aber dennoch brauchbar. Doppelzimmer für 90 bis 120 F.

● *Etwas schicker*

– *Hôtel Résidence Impérial:* 06430, Tel.: 93 04 62 08. Die Doppelzimmer mit Bad kosten in diesem komfortablen Hotel 176 F. Zu viert Reisende sollten sich überlegen, ob sie nicht zwei Zimmer mit Kochnische und Bad für 236 F mieten wollen. Wer länger zu bleiben beabsichtigt, kann einen Pauschalpreis aushandeln.

● *Campingplatz*

– *Camping municipal:* 06430, Tel.: 93 04 60 90. Verhältnismäßig spartanisch ausgestatteter Zeltplatz, vom 1. Mai bis zum 31. Oktober geöffnet.

FREMDSPRACHLICHE UND WENIG GEBRÄUCHLICHE AUSDRÜCKE

Apsis, Apside – halbrunde oder vieleckige Altarnische
Atlant – Männergestalt, die auf Haupt oder emporgereckten Armen das Gebälk trägt
Av. oder av. – Abk. für Avenue
Bd. oder bd. – Abk. für Boulevard
Belle Epoque – die ersten Jahre des 20. Jh.; galten als Inbegriff eines sorglosen, angenehmen Lebens
Boudoir – kleiner, eleganter Damensalon
Camping à la Ferme – »Camping auf dem Bauernhof«
Charité – Krankenhaus, von frz. »Nächstenliebe«
Col – frz. für Gebirgspaß oder Schlucht
Corniche – (felsige) Uferstraße
Ermetage – Einsiedelei, einsam gelegenes Landhaus
Falaise – Felswand, steil abfallende Felsküste
Gîte rural – Ferienwohnung auf dem Land
Karyatide – Gebälkträgerin, weibl. Säulenfigur
Klus(-e) – Engpaß, Talenge
Komturei – Verwaltungsbezirk eines Ritterordens bzw. Sitz eines Komturs
Kentaur oder *Zentaur* – Wesen der griechischen Sagenwelt, halb Pferd, halb Mensch
Mas – südfranzösisches Bauernhaus
Mistral – kalter Fallwind aus Nordwesten im Rhônetal, verbunden mit Temperaturstürzen von über 10°C
Pietà – Darstellung der Maria mit dem Leichnam Christi auf dem Schoß
Präfektur – Verwaltungsbehörde, in etwa vergleichbar einer Bezirksregierung. Der Präfekt ist der Pariser Zentrale verantwortlich.
Priorat – meist von einer Abtei abhängiges, kleineres, Kloster eines Konvents
R. oder r. – Abk. für Rue
Résistance – frz. Widerstandsbewegung im Zweiten Weltkrieg gegen die deutschen Besatzer bzw. deren Kollaborateure
Retabel – Altaraufsatz
RTM – Marseiller Verkehrsgesellschaft für Bus und U-Bahn (Régie des Transports de Marseille)
Satyr – lüstern-derber bocksgestaltiger Waldgeist; Begleiter des Dionysos
Semaphor – mehrflügeliger Signalmast
SNCF – französische Staatsbahnen (Société Nationale des Chemins de Fer)
Tartane – einmastiges Fischerboot im Mittelmeer
TCF – Touring-Club de France
Terrine – Pastete ohne Teig, Schüsselgericht
Triptychon – dreiteiliger Altaraufsatz
TTC – Abk. für »toutes taxes comprises«: alle Gebühren, im Restaurant Bedienung, Mehrwertsteuer usw., mit einbegriffen.
Votivtafeln/-bilder – einem Heiligen auf Grund eines Gelübdes geweihte/s Tafel/Bild

BILDLEGENDE

Feria in der Camargue	9
Zigeunerinnen in les Saintes Marie de la Mer	10
Glockenturm in Caromb	14
Rue Perolerie in Avignon	22
Arena von Arles	79
Brücke von Avignon u. Kapelle Saint-Bénézet	80
Mühle in L'Isle sur la Sorgue	132
Typisches prov. Landhaus (Mas)	133
Verdon-Schlucht	134
Schafherde bei Reillance	152
Zitadelle v. Sisteron	153
Olivenernte	154
Reispflanzung	Umschlag

alle Aufnahmen ca. 1950

Index

Agay 155
Aiguines 148
Aix-en-Provence 72
Alpilles 60
Ampus 146
Annot 226
Ansouis 60
Antheor 155
Antibes 183
Antibes, Halbinsel 182
Apt 55
Arles 68
Aups 144
Auron 222
Avignon 34
Bagnols-en-Foret 135
Bandol 96
Barbentane 67
Bargeme 138
Bargemon 138
Baux-de-Provence 61
Beaulieu 268
Beaumes-de-Venise 32
Beuil 229
Bédoin 34
Bésaudun-les-Alpes 208
Biot 188
Bonnieux 57
Bormes-les-Mimosas 112
Bouyon 209
Breil-sur-Roya 293
Cabasse 143
Cabasson 110
Cadenet 58
Cagnes-sur-Mer 192
Callian 135
Cannes 159
Cap Bregançon 110
Cap Ferrat 266
Cap Martin 288
Carpentras 44
Carros 210
Cassis 93
Castellar 288
Cavaillon 48
Cavalaire-sur-Mer 116
Chartreuse de la Verne 115
Chateau-Arnoux 233
Chateauneuf-de-Contes 263
Cians-Schluchten 229
Clans 218
Clansayes 23
Coaraze 262
Collobrières 114
Colorado von Rustrel 56
Contes 262
Cotignac 144
Coursegoules 207
Cros-de-Cagnes 195
Cucuron 59
Daluis-Schluchten 228
Dentelles de Montmirail 32
Digne 230
Draguignan 138
Entrecasteaux 143
Entrevaux 226
Esterel-Küstenstraße 155
Eze 277
Fayence 136
Flayosc 139
Fontaine-de-Vaucluse 46
Fontvieille 64
Forcalquier 235
Frejus 127
Garavan 286
Gassin 124
Gattières 210
Golfe-Juan 177
Gorbio 288
Gordes 50
Goult 54
Gourdon 204
Grasse 174
Greolieres-les-Neiges 208
Greolières 207
Grignan 26
Grimaud 125
Hyères 108
Iles d'Hyeres 104
Insel Sainte-Marguerite 169
Isola 220
Isola 2000 220
Joucas 53
Juan-les-Pins 180
Klusen der Hoch-Provence 206
Küstenstrasse v.
Le Lavandou-St. Tropez 116
L'Aution 291
L'Escarene 261
L'Ile du Levant 107
L'Isle-sur-la-Sorgue 46
La Brigue 295
La Ciotat 96
La Colle-sur-Loup 206
La Croix-des-Gardes 168
La Croix-Valmer 117
La Garde-Adhémar 23
La Garde-Freinet 125
La Roque-d'Antheron 60
La Tour 218
La Turbie 279
Lacoste 55
Le Bar-sur-Loup 204
Le Broc 209
Le Cannet 168
Le Dramont 155
Le Lavandou 111

Le Luc-en-Provence	141
Le Trayas	156
Le Vieux Cannet	141
Lerins-Inseln	168
Les Arcs-sur-Argens	140
Les Beaumettes	50
Les Peillons	259
Les Saintes-Maries-de-la-Mer	70
Levens	213
Lorgues	139
Loup-Schluchten	202
Luberon	49
Luceram	292
Madone d'Utelle	212
Mallemort	60
Mandelieu-la-Napoule	157
Manosque	236
Marie	219
Marina-Baie des Anges	192
Marseille	81
Massif des Maures	114
Maussane-les-Alpilles	63
Menton	281
Miramar	156
Mittlere Küstenstrasse (Moyenne Corniche)	277
Monaco	269
Monieux	33
Mont Ventoux	33
Montagnette-Höhenzug	67
Montauroux	135
Mougins	171
Moustiers-Sainte Marie	152
Murs	53
Nesque-Schlucht	33
Nizza	237
Oberste Küstenstrasse (Grande Corniche)	279
Oppède-le-Vieux	50
Orange	26
Palud-sur-Verdon	150
Peille	259
Peillon	259
Plan-du-Var	212
Porquerolles	104
Port-Cros	106
Port-Grimaud	125
Puget-Theniers	225
Ramatuelle	124
Regalon-Schlucht	60
Richerenches	26
Riez	233
Robion	49
Roquebillière	214
Roquebrune	280
Roure	220
Rousset-les-Vignes	26
Roussillon	54
Route des Cretes Kammstrasse	209
Roya, Hochtal	293
Saignon	57
Saint-André-des-Alpes	229
Saint-Cassien-See	135
Saint-Dalmas-de-Tende	294
Saint-Etienne-de-Tinée	221
Saint-Honorat-Insel	170
Saint-Jean	195
Saint-Jeannet	211
Saint-Martin-Vésubie	215
Saint-Paul-de-Vence	196
Saint-Paul-Trois-Château	23
Saint-Raphael	127
Saint-Restitut	23
Saint-Rémy-de-Provence	62
Saint-Sauveur-sur-Tinée	219
Saint-Tropez	117
Saint-Vallier-de-Thiey	176
Saint-Véran	195
Sainte-Agnes	287
Saorge	294
Seillans	137
Sillans-la-Cascade	144
Silvacane (Abtei)	60
Sisteron	234
Sophia-Antipolis	174
Sospel	289
St.-Michel de Frigolet (Abtei)	67
Suze-la-Rousse	23
Tal der Wunder (La vallée des Merveilles)	296
Tarascon	65
Tende	298
Theoule-sur-Mer	157
Thorenc	208
Thoronet, Zisterzienserabtei	141
Tinée-Tal	218
Touet-sur-Var	224
Toulon	99
Tourette-sur-Loup	202
Tourtour	145
Train des Pignes	224
Tricastin	23
Turini, Wald	290
Untere Küstenstrasse (Basse Corniche)	264
Utelle	212
Vaison-La-Romaine	29
Valberg	228
Valbonne	173
Vallauris	178
Valréas	26
Vence	198
Verdon-Schlucht	146
Vesubie-Tal	212
Via Aurelia	158
Villars-sur-Var	224
Villecroze	145
Villefranche-sur-Mer	264
Villeneuve-Loubet	191

Reihe Jobs Konkret

Susan Griffith — JOBBEN UNTERWEGS
Das Reisejobbuch
INTERCONNECTIONS
ca. 350 S.   DM 24,80

Siewert, Horst; Siewert Renate — BEWERBEN WELTWEIT
Adressen und Strategien zum Erfolg
INTERCONNECTIONS
ca. 224 S.   DM 24,80

FERIENJOBS & PRAKTIKA
Europa u. Übersee
Tausende von Jobmöglichkeiten
INTERCONNECTIONS
ca. 236 S.   DM 24,80

Anette Altenhoff — JOBBEN WELTWEIT
Arbeiten und Helfen
INTERCONNECTIONS
216 S.   DM 24,80

FERIENJOBS & PRAKTIKA
USA
Tausende von Jobmöglichkeiten
INTERCONNECTIONS
368 S.   DM 29,80

FERIENJOBS & PRAKTIKA
Großbritannien
Tausende von Jobmöglichkeiten
INTERCONNECTIONS
214 S.   DM 24,80

Andrea Fischer — FERIENJOBS & PRAKTIKA
Frankreich
Tausende von Jobmöglichkeiten
INTERCONNECTIONS
ca. 224 S.   DM 24,80

Jens Matthiesen / Ari Lipinski — KIBBUZ KONKRET
für Gast und Volontär-Kibbuz und Moshav
INTERCONNECTIONS
210 S.   DM 24,80

Kai Matthiesen — DAS AU-PAIR HANDBUCH
inkl. USA + Kanada
für Mädchen, Jungen und Gastfamilien
INTERCONNECTIONS
ca. 224 S.   DM 24,80

Reihe Wegfahren und Geld sparen

26,80 — London Preiswert — ISBN 3-924586-54-3

24,80 — Wien Preiswert — ISBN 3-924586-40-3

22,80 — Amsterdam Preiswert — ISBN 3-924586-39-x

24,80 — Rom Preiswert — ISBN 3-924586-44-6

24,80 — Madrid Preiswert — ISBN 3-924586-49-7

26,80 — Paris Preiswert — ISBN 3-924586-55-1

INTERCONNECTIONS

Schillerstraße 44 · D-7800 Freiburg · Tel. (07 61) 70 06 50

Reihe Wegfahren und Geld sparen

In die Hauptstädte der Welt fahren und Geld sparen!

Das ist die Idee hinter einer neuartigen Reihe von Einkaufsführern, von denen mittlerweile sieben Bände vorliegen. Geschrieben von Kennern und vor Ort recherchiert, geben diese Bücher zuverlässige Auskunft über alles, was Sie während Ihres Aufenthalts wissen müssen. Eine Menge Tips und Tricks lassen Sie alle Situationen des Allagslebens mühelos meistern. Die zahllosen Adressen aus allen Bereichen, die für Touristen interessant sind, geben Ihnen sichere Hilfen für die Wahl Ihrer Unterkunft, für Ihre Einkäufe und für Ihre Freizeit. An alles wurde gedacht: Hotels, Pensionen und Herbergen, Geschenke, Dekoration, Restaurants, Märkte etc. – für jeden Geschmack und jeden Geldbeutel. Angegeben werden nicht unbedingt die »billigsten« Adressen, aber sicher die preisgünstigsten, so daß Ihre Reisekasse spürbar entlastet wird.

ISBN 3-924586-60-8 · 26,80

»shopping in London ohne dieses Buch könnte sehr mühselig und teuer werden« – Hör Zu
»eine einmalige Zusammenstellung« – Treffpunkt Bibliothek
»ganz auf Verbraucherinteressen zugeschnittene Städteführer«
– Bustourist

Reihe Jobs Konkret

Ferienjobs & Praktika – USA

Völlig überarbeitete Neuauflage!
Auf nach Amerika!
Für Schüler, Studenten und Berufstätige. Etwa 30.000 Stellen in den USA als Ferienjobs in Touristenzentren, Hotels, Nationalparks und Ferienlagern etc. sowie als Berufspraktika bei den verschiedensten Unternehmen, Vereinen, Stiftungen und Verbänden jeweils mit Auflistungen von:

- Kontaktperson und Anschrift
- Art der Tätigkeit
- Anforderungen
- Anzahl der Stellen
- Dauer der Anstellung
- Entgelt/Vergünstigungen
- Mögliche Festanstellung
- Bewerbungsfristen

ISBN 3-924586-53-5 · ca. 380 Seiten · DM 29,80

Tips für die Bewerbung, Musterbriefe und besondere Kapitel über Einreisebestimmungen.

Alle Arbeitgeber suchen aktiv Personal und haben sich ausdrücklich bereiterklärt, ausländische Bewerber einzustellen und die nötigen Papiere zu besorgen.

Einige Pressestimmen:
»wir haben ein paar willkürlich herausgenommene Anbieter angerufen«; überall hieß es: »you're welcome« – szene München
»ein wahrhaft umfangreiches Adressenverzeichnis« – Stiftung Warentest

INTERCONNECTIONS

Schillerstraße 44 · D-7800 Freiburg · Tel. (07 61) 70 06 50

Reihe Wegfahren und Geld sparen

Übernachten Preiswert – USA

Ein »Strecker« des Reisebudgets und damit ein Werk, das unbedingt ins Reisegepäck gehört. Alles über Unterkunftsmöglichkeiten zwischen 3 und 30 Dollar die Nacht. Hotels, Hostals, Pensionen, Familienaufenthalte, Tausende von Adressen.
ISBN 3-924586-70-5 · ca. 350 Seiten
ca. DM 34,80

INTERCONNECTIONS
Schillerstraße 44 · D-7800 Freiburg · Tel. (07 61) 70 06 50

interconnections reisefieber

14 Bände:

- Italien
- Spanien
- Griechenland
- Großbritannien
- Paris
- Provence/Côte d'Azur
- Bretagne
- Türkei
- Portugal
- USA
- Tunesien/ Algerien/Sahara
- Irland
- Jugoslawien
- Thailand, Burma, Hongkong u. Macao

Ein neuer nützlicher Reisebegleiter für junge Leute — locker und verständlich geschrieben, mit zahlreichen günstigen Adressen und durch fortwährende Überarbeitung immer aktuell und zuverlässig. Jeder Titel enthält massenhaft Text, hier zu handlichen Büchern verarbeitet, so daß sie endlich wieder in die Tasche passen und trotzdem preiswert bleiben. Handfeste Informationen stehen im Vordergrund. Zusätzlich enthält jeder Band zahlreiche Landkarten, Stadtpläne und Fotos.

Mitfahrzentralen Weltweit

ISBN 3-924586-45-4

Ein nützlicher Reisebegleiter für Autofahrer und Mitfahrer.

Detaillierte Beschreibung der deutschen Zentralen sowie der ausländischen in Frankreich, Griechenland, Belgien, Spanien, in den Niederlanden, der Schweiz, Österreich, Großbritannien, Kanada, den USA etc. Öffnungszeiten, Arbeitsweise, Versicherungsschutz, Vermittlungsbedingungen. Mit Lageplänen und Übernachtungsmöglichkeiten, im handlichen Taschenformat.

„ein sinnvoller Beitrag" – *Tagesanzeiger Zürich*

192 Seiten · **DM 16,80**

Raum für Notizen

Raum für Notizen

Raum für Notizen